КЛАССИЧЕСКАЯ МЫСЛЬ

Петр Великий.
С гравюры Крамского, сделанной с портрета Никитина.

А.Г. БРИКНЕР

ИСТОРИЯ ПЕТРА ВЕЛИКОГО

издательство аст
Москва
2004

УДК 94(47) (092)
ББК 63.3(2)46
Б87

Серия основана в 1998 году

Серийное оформление С. Власова

Макет подготовлен О. Колесниковым

Подписано в печать с готовых диапозитивов 25.03.2004.
Формат 70 × 90$^1/_{16}$. Усл. печ. л. 42. Доп. тираж 5 000 экз.
Заказ № 103.

Брикнер А.Г.
Б87 История Петра Великого / А.Г. Брикнер. — М.: ООО «Издательство АСТ», 2004. — 666, [6] с. — (Классическая мысль).

ISBN 5-17-005696-6

Монументальный труд известного русского ученого второй половины XIX века, профессора Дерптского университета А.Г. Брикнера посвящен интереснейшей эпохе российской истории — периоду правления Петра Первого.

Детство и юность российского императора, годы учения в Европе, подавление стрелецкого бунта, Азовские походы, Северная война, преобразование старой России в сильное государство — обо всем этом в книге рассказывается живо и интересно.

Нетрадиционный взгляд автора на личность Петра и его деяния делает «Историю Петра Великого» не просто значительным научным произведением, но и увлекательной книгой, к которой хочется возвращаться вновь и вновь.

УДК 94(47) (092)
ББК 63.3(2)46

© Оформление.
ООО «Издательство АСТ», 2004

ОТ ИЗДАТЕЛЯ

Преобразование России при Петре Великом составляет, бесспорно, одну из важнейших эпох в истории нашего отечества, а между тем в нашей историографии до сих пор нет популярного, основанного на новейших данных и исследованиях сочинения о царе-преобразователе.

Научная разработка истории Петра Великого началась весьма недавно. Первым трудом в этом роде следует признать «Историю царствования Петра Великого» *Н. Г. Устрялова*, появившуюся в 1858 году. К сожалению, сочинение Устрялова, важное по обилию находящегося в нем архивного материала, осталось далеко не конченными. Вскоре затем, с 1863 года, начали выходить те тома *«Истории России с древнейших времен» С. М. Соловьева*, в которых заключается царствование Петра Великого. Монументальный труд Соловьева, во многих отношениях драгоценный, из-за своей обширности и документальности мало доступен обыкновенному читателю. В 1875 году было издано исследование *М. П. Погодина* под заглавием «Первые семнадцать лет жизни Петра Великого». В этом исследовании, отличающемся литературными достоинствами и критическими приемами, разработана только часть истории Петра; продолжение труда Погодина было прервано его кончиной. «Биография Петра Великого», написанная в 1876 году *Н. И. Костомаровым* и вошедшая в издаваемую им «Русскую историю в жизнеописаниях ее главнейших деятелей», достойна внимания, как и все, что выходило из-под пера нашего даровитого историка; но, предназначенная для сборника, издаваемого по определенному плану, она слишком сжато очерчивает предмет.

В 1879 году, за границей, в издании берлинского книгопродавца *Гроте* «Allgemeine Geschichte in Einzeldarstellungen», редактируемом профессором *Онкеном* (в Гиссене), появилась обширная монография о Петре Великом, составленная профессором русской истории в Дерптском университете *А. Г. Брикнером*, труды которого в области русской историографии XVIII столетия достаточно известны по многим исследованиям и статьями его, напечатанными в наших журналах. В течение 1880 и 1881 годов в журнале «*Scribner's Monthly*», выходящем в Нью-Йорке печаталась написанная г. *Скайлером* и украшенная множеством рисунков биография Петра Великого. Сочинение Скайлера, весьма добросовестное и удовлетворительное для иностранцев, разумеется, не представляет особенного значения для русской публики. Рисунки в нем очень хороши, хотя и имеют мало отношения к Петровской эпохе, касаясь более новейшей России и русского быта вообще.

Таким образом, оказывается, что иностранцы опередили нас в популяризации истории величайшего из русских государей. В то время как в России нет научно-популярной истории Петра Великого, подобные сочинения не только появляются, но и выдерживают несколько изданий в Англии, Америке и Германии.

Ввиду столь существенного пробела в нашей исторической литературе, я решился предпринять такое издание *истории Петра Великого*, которое, при общедоступности изложения, удовлетворяло бы научным требованиям и вместе с тем заключало в себе, по возможности, *все достоверные рисунки, относящиеся к Петровской эпохе*.

Для осуществления этой мысли я обратился к содействию *С. Н. Шубинского*, который любезно согласился принять в свое заведование литературный и художественный отделы.

По нашей просьбе *профессор Брикнер* перевел на русский язык и вновь проредактировал свое сочинение о Петре Великом. Согласно намеченному плану, автор, не придерживаясь строго хронологического порядка, разделил свой труд на несколько частей, или книг. Первые две посвящены истории развития Петра до 1700 года, т. е. времени, так сказать, подготовления его к широкой деятельности преобразователя; в третьей книге изложена упорная борьба его со сторонниками старины; предметом четвертой служит история внешней политики в эпоху Петра; в пятой помещена характеристика преобразований в области законодательства и администрации; в шестой очерчена личность Петра и указано значение некоторых его сотрудников.

Что касается рисунков, то из них выбраны для настоящего издания *только имеющее прямое отношение к царствованию Петра Великого* и притом преимущественно сделанные в его время. Портреты сподвижников Петра воспроизведены с наиболее достоверных подлинников; виды городов, зданий, местностей, костюмов, бытовые сцены и пр., большею частью, *с оригиналов, современных Петру*. Из картин и рисунков новейших художников вошли лишь те, которые исторически верны эпохе. Сверх того, приложено несколько факсимиле и *два портрета Петра* (Кнеллера и Моора), воспроизведенные фотолитографским способом в художественном заведении *Ремлера* и *Ионаса* в Дрездене.

Все гравюры на дереве исполнены, по нашему заказу, *Паннемакером* и *Маттэ* в Париже; *Кезебергом* и *Эртелем* в Лейпциге; *Клоссом* и *Хельмом* в Штутгарте; *Зубчаниновым, Рашевским, Шлипером* и *Винклером* в Петербурге.

Заглавный лист, заглавные буквы и украшения рисованы художником *Пановым*.

При выборе рисунков мы руководились указаниями и советами наших известных собирателей русских гравюр *П. Я. Дашкова* и *Д. А. Ровинского*, предоставивших в наше распоряжение свои богатые собрания. Кроме того, нам оказали в этом отношении содействии: *А. Ф. Бычков, Н. П. Собко, Д. Ф. Кобеко* и профессор Оксфордского университета *Морфиль*. Пользуемся настоящим случаем, чтобы еще раз выразить им нашу искреннюю признательность.

В заключение считаем не лишним оговорить, что, воспроизводя старинные гравюры, мы ставили граверам в непременное условие придерживаться, по возможности, факсимиле, сохраняя даже кажущиеся, при современном состоянии граверного искусства, недостатки подлинников.

Всех гравюр и других рисунков в настоящем издании около 250. Стараясь распределять их, насколько это было возможно, сообразно с содержанием текста, мы, разумеется, в иных главах должны были поместить их больше, и в других меньше.

ВВЕДЕНИЕ

Историческое развитие России в продолжение последних веков заключается главным образом в превращении ее из азиатского государства в европейское. Замечательнейшею эпохою в процессе европеизации России было царствование Петра Великого.

Изучение начала русской истории, наравне с исследованием происхождения других государств, представляет целый ряд этнографических вопросов. Не легко определить точно происхождение и характер разнородных элементов, встречающихся на пороге русской истории. Зачатки государственной жизни, сперва в Ладоге, затем в Новгороде, немного позже в Киеве, относятся к появлению и взаимодействию различных племен славян и варягов, финских и тюрко-татарских народов. Многие явления этого самого раннего времени, несмотря на все усилия ученых, остаются неразгаданными; сюда должно отнести и вопрос о варягах. Мы не беремся решить: славянам или неславянам должно приписывать ту силу и смелость, ту воинственность и предприимчивость, которые обнаруживаются в первое время истории России в больших походах к берегам Волги и Каспийского моря и на Византию.

Как бы то ни было, но с первого мгновения появления славян на исторической сцене в России заметно более или менее важное влияние на них иностранных, иноплеменных элементов. С одной стороны, славяне смешиваются с представителями Востока, с находившимися в близком соседстве степными варварами, с другой — они находятся под влиянием западноевропейской культуры.

Особенно же сильным было византийское влияние на развитие России. Византия стояла в культурном отношении гораздо выше других соседей России. От Византии Россия заимствовала религию и церковь. Однако не во всех отношениях влияние Византии было полезным и плодотворным. Византийскому влиянию должно приписать преобладание в миросозерцании русского народа, в продолжение нескольких столетий, чрезмерно консервативных воззрений в области веры, нравственности, умственного развития. И о светлых и о мрачных чертах византийского влияния свидетельствует «Домострой». Приходилось впоследствии освобождаться от домостроевских понятий, воззрений и приемов общежития. Византийского же происхождения были и монашество в России, и аскетизм, находящийся в самой тесной связи с развитием раскола.

Одновременно с этим влиянием Византии на Россию заметно старание римской церкви покорить Россию латинству. Попытки, сделанные в этом отношении при Данииле Романовиче Галицком, Александре Невском, Лжедимитрии, остались безуспешными; все усилия, направленные к соединению церквей, оказались тщетными. С одной стороны, в этом заключалась выгода, с другой — в таком уклонении от сближения с Западною Европою представлялась опасность некоторого застоя, китаизма. Отвергая преимущества западноевропейской цивилизации, из-за неприязни к латинству, и пребывая неуклонно в заимствованных у средневековой Византии приемах общежития, Россия легко могла лишиться участия в результатах общечеловеческого развития.

К этому злу присоединилось татарское иго. Россия сделалась вассальным государством татарского Востока. Влияние татар оказалось сильным, продолжительным. Оно обнаруживалось в области администрации и государственного хозяйства, в ратном деле и в судоустройстве, в отношении к разным приемам общежития и домашнего быта. О мере этого влияния можно спорить, но самый факт и существенный вред его не подлежат сомнению. Зато в духовном отношении сохранилась полная независимость от татар, между тем как в нравах и обычаях обыденной жизни, в усиленной склонности к хищничеству, в казачестве, в ослаблении чувства права, долга и обязанности, в нравственной порче чиновного люда, в порабощении и унижении женщины — нельзя не видеть доказательств сильного и, главным образом, неблагоприятного татарского влияния.

Результатом совместного влияния Византии и татар на Россию было отчуждение ее от Запада в продолжение нескольких столетий, а между тем важнейшее условие более успешного исторического развития России заключалось в повороте к Западу, в сближении с Европою, в солидарности с народами, находящимися на более высокой степени культуры и пользовавшимися более благоприятными условиями для своего дальнейшего развития.

Первым и главнейшим средством для достижения этой цели было соединение России в одно целое. Освобождение от татарского ига обусловливалось образованием сильного политического центра — Московского государства. Представители последнего приступили почти одновременно к решению задачи восстановления политической самостоятельности России и к принятию мер для доставления ей возможности участвовать в общечеловеческом прогрессе. И в том, и в другом отношении, успехи «собирателей русской земли» замечательны. Обозревая целый ряд северо-восточных государей, начиная с Андрея Боголюбского и до Ивана III, нельзя не заметить во всех необычайной стойкости воли, трезвости политического взгляда, сознания нужд государства. В их подвигах, в стремлении к политическому единству, к независимости, к развитию монархического начала, им помогал народ, собравшийся в плотную силу вокруг Москвы.

Последовательность и целесообразность действий московских государей обнаруживались наиболее в борьбе с татарами на Волге. Во что бы то ни стало нужно было взять Казань. Недаром окончательный успех 1552 года произвел столь глубокое впечатление на современников. Наравне с Мамаевым побоищем, взятие Казани сделалось любимым предметом народной поэзии. Личность Ивана IV, не выказавшего, впрочем, при этом случае особенного мужества, благодаря этому событию и несмотря на следующую затем эпоху террора, долго пользовалась некоторою популярностью. Летописцы говорят о его подвиге с жаром стихотворцев, призывая современников и потомство к великому зрелищу Казани, обновляемой во имя Христа. Борьба между исламом и христианскою верою была в полном разгаре. «Исчезла прелесть Магометова», говорит Иван народу, — «на ее месте водружен святый крест». После многих веков унижения и страдания возвратилось, наконец, счастливое время первых князей-завоевателей. Недаром митрополит сравнивал Ивана с Константином Великим, с Владимиром Святым, с Александром Невским, с Димитрием Донским; недаром жители степей и кибиток защищали Казань с таким ожесточением; здесь средняя Азия под знаменем Магомета билась за последний оплот против Европы, шедшей под христианским знаменем государя московского. До тех пор, пока существовала Казань, дальнейшее движение славянской колонизации на восток не имело простора; со времени взятия Казани европеизация Азии могла считаться обеспеченною. Более резко, чем когда-либо до этого, пробудилось чувство антагонизма между Россиею и исламом.

Тем важнее было именно в то время, когда Россия, благодаря победе, одержанной над Азией, сделалась более доступною влиянию западной цивилизации, другое событие, случившееся год спустя после взятия Казани, — открытие англичанами морского пути в Белое море. Пробираясь дальше и дальше по берегам Северного океана, английские мореплаватели Уйллоуби и Ченселор надеялись доехать до Китая и Индии. Первый погиб жертвою этой полярной экспедиции; второй очутился около устья Северной Двины.

Этот факт составляет эпоху в истории торговых сношений между Востоком и Западом. Для России такое географическое открытие было самым важным условием сближения с Европою. Однако при этом случае оказалось, что народы Запада гораздо более стремились к востоку, нежели русские к западу. Русским за несколько десятилетий до Ченселорова путешествия была известна дорога морем вокруг северной оконечности Скандинавии. Этим путем ехали в Западную Европу русские дипломаты — Григорий Истома в 1496 г., а немного позже Василий Власьев и Дмитрий Герасимов. Несмотря на это, не ранее как после прибытия англичан с запада к устью Двины означенный путь сделался весьма важным для торговли. Английские моряки, купцы, промышленники, приезжавшие в большом числе в Россию и отправлявшиеся через Россию дальше в направлении к Китаю, Индии, Персии и пр., сделались полезными наставниками русских. В продолжение полутора столетий место около Двины, где англичане устроили свою главную контору, имело для сближения России с Западом то самое значение, какое впоследствии получил Петербург.

Открытием северного пути в Россию было главным образом обеспечено дальнейшее сближение с западною цивилизацией. Пока, однако, сообщение с Европою было сопряжено с большими затруднениями, вследствие враждебных отношений друг к другу Польши и Московского государства.

Польша весьма долгое время на Западе считалась оплотом против враждебного Европе Востока. К последнему обыкновенно относили и Московское государство, о котором существовали такие же понятия, какие были распространены о Персии или Абиссинии, Китае или Японии. Польша, в области цивилизации вообще и ратного искусства в особенности, стояла выше России; к тому же Польша, через свои сношения с Римом и иезуитским орденом на востоке, в отношении к России занимала такое же место, какое на крайнем западе Европы занимала Испания в отношении к Англии. Одновременно со сближением между Англиею и Россиею, Польша, располагая довольно значительными средствами по всему протяжению западной границы Московского государства, заслоняла Европу от России.

Мало того, России, только что вышедшей победительницею из борьбы с Азиею, грозила опасность лишиться вновь недавно приобретенной самостоятельности и превратиться в польскую провинцию. Эту цель имели в виду и фанатические представители католицизма в Польше, и некоторые из польских королей и вельмож. Перевес Польши над Москвою обнаружился во время войны Стефана Батория с Иваном Грозным, а еще более в Смутное время. Впрочем, ожидание, что первый Лжедимитрий сделается орудием польских интересов, оказалось лишенным основания. Тушинский вор был доступнее польскому влиянию; когда затем, после свержения с престола царя Василия, полякам удалось принудить бояр к избранию в московские цари королевича Владислава, можно было опасаться совершенного уничтожения независимости Московского государства.

Тем не менее, Россия не сделалась польскою провинциею. Спасение ее заключалось в пробуждении национального чувства и сознания собственного достоинства, в ненависти к латинству, в ожесточении против врагов, безжалостно опустошавших даже центральные области Московского государства, в преобладании здоровых элементов в народе, одержавших верх над противо-общественными и противо-государственными элементами на юге и на юго-востоке России.

Изгнание поляков из столицы, протест против всяких притязаний Польши на русский престол, избрание царя Михаила Феодоровича, восстановление порядка после долгого времени неурядицы и безначалия — все это было геройским подвигом народа, было не только спасением, но обновлением государства, обеспечением его будущности.

Многого, однако, еще недоставало для установления мирных и благоприятных отношений между Польшею и Россиею. Не ранее как в 1667 году заключением мира в Андрусове кончилась ожесточенная борьба, в которой большие города — Смоленск, Киев, наконец Малороссия, — являлись яблоком раздора. В продолжение этого времени вполне изменилось отношение сил и средств обеих держав. Все более и более обнаруживался упадок Польши. Присоединение Малороссии к Московскому государству могло некоторым образом считаться началом разделов Польши.

Во время этой ожесточенной и упорной борьбы Россия оставалась отрезанною от Западной Европы; по крайней мере сообщение с Западом прямым путем встречало препятствия. Путь из Москвы в Западную Европу шел через Архангельск и вокруг Норвегии. Нельзя удивляться тому, что русские дипломаты, путешествовавшие, например, в Италию, по нескольку месяцев находились в дороге, подвергаясь страшным опасностям.

Благодаря перевесу Швеции Россия оставалась долго отрезанною от берегов Балтийского моря. Старания Ивана IV, около середины XVI века, и царя Алексея Михайловича, столетием позже, завладеть Прибалтийским краем не имели успеха. Недаром Густав Адольф по случаю заключения Столбовского договора в 1617 году с радостью говорил: «великое благодеяние оказал Бог Швеции тем, что русские, с которыми мы исстари жили в неопределенном состоянии и в опасном положении, теперь навеки должны покинуть разбойничье гнездо, из которого прежде так часто нас беспокоили. Русские — опасные соседи; границы их земли простираются до Северного, Каспийского и Черного морей; у них могущественное дворянство, многочисленное крестьянство, многолюдные города; они могут выставлять в поле большое войско; а теперь этот враг без нашего позволения не может ни одного судна спустить на Балтийское море. Большие озера — Ладожское и Пейпус, Нарвская область, тридцать миль обширных болот и сильные крепости отделяют нас от него; у России отнято море и, Бог даст, теперь русским трудно будет перепрыгнуть через этот ручеек».

Из всего этого видно, какое значение имели для России восстановившиеся, наконец, мирные сношения с Польшею. Обеспеченная со стороны Польши, Россия могла думать о решительных мерах против набегов татар, о наступательном движении к берегам Черного и Азовского морей. Польша и Россия решились вместе действовать против татар и турок; Польша и Россия соединились немного позже и для борьбы против Швеции. Таким образом, после того, как в начале XVII века положение России было крайне опасным, чуть не отчаянным, во второй половине того же столетия для нее открывались в разных направлениях новые пути торговли, возбуждались богатые надежды, рождалась новая политическая деятельность.

И не только в политическом отношении мир с Польшею принес богатые результаты. Польша более чем прежде могла сделаться школою для России. Отсюда можно было заимствовать вкус к занятиям науками; из Польши и из Малороссии, где академия служила рассадником молодых ученых, русские вельможи выписывали для воспитания своих детей домашних учителей и наставников. Польские нравы, знание польского языка, знакомство с латинским языком стали входить в обычай в некоторых кругах высшего общества в Московском государстве; малороссийские богословы, учившиеся в Западной Европе, начали приезжать в Россию, где успешно соперничали с греческими монахами и учеными, приезжавшими из турецких владений. В области драматического искусства, музыки, литературы делалось заметным польское влияние. Первые приверженцы западноевропейской цивилизации — Ордын-Нащокин, Ртищев, А. С. Матвеев, кн. В. В. Голицын — весьма многим были обязаны польскому влиянию. И первые государи царствующего дома Романовых находились под влиянием польской культуры. Отец Михаила Феодоровича, Филарет, несколько лет прожил в Польше; Алексей Михайлович принимал личное участие в войнах с Польшею в то время, когда русские войска пребывали в неприятельской стране; при дворе Феодора Алексеевича некоторое время господствовали польские нравы и польские моды. Петр родился в то время, когда уже завязалась борьба между стариною и новизною, между восточным китаизмом и западноевропейским космополитизмом, между ограниченностью исключительно национальных начал и обще-гуманными воззрениями.

Одновременно с развитием готовности России вступить в сношения с Западом усиливалось и внимание, обращаемое на Московское государство со стороны Западной Европы.

До XVI века на Западе почти ничего не знали о России. Затем труд Герберштейна некоторое время оставался главным, чуть ли не единственным источником познаний, относящихся к Московскому государству. Устные рассказы Герберштейна о его пребывании на Востоке казались многим современникам, например, брату Карла V, Фердинанду, Ульриху Гуттену и др., в высшей степени достойными внимания и занимательными. Открытие англичанами морского пути в Россию через Северный океан имело следствием появление целой литературы о России, так что знаменитый поэт Мильтон, написавший в XVII столетии краткую историю России, мог при составлении своего труда указать на целый ряд английских сочинений об этом предмете. Во второй половине XVI века появились на Западе опасения относительно быстрого развития сил и средств России. Когда туда начали отправляться в большом числе ремесленники и художники, инженеры и артиллеристы, рудознатцы и офицеры, не раз был возбужден вопрос о необходимости запрещения такой эмиграции. Между прочим, герцог Альба, знаменитый полководец эпохи короля Филиппа II, в послании к сейму во Франкфурте, от 10 июля 1571 года, выставлял на вид необходимость запрещения вывоза из Германии в Россию военных снарядов, в особенности огнестрельного оружия.[1] Король польский Сигизмунд писал к королеве английской Елисавете в 1567 году: «дозволить плавание в Московию воспрещают нам важнейшие причины, не только наши частные, но и всего христианского мира и религии, ибо неприятель от сообщения просвещается и, что еще важнее, снабжается оружием, до тех пор в

---

[1] Havemann. Innere Geschichte Spaniens, 287.

этой варварской стране невиданным; всего же важнее, как мы полагаем, он снабжается самыми художниками; так что, если впредь и ничего не будут привозить ему, так художники, которые при таком развитии морских сообщений легко ему подсылаются, в самой той варварской стране наделают ему всего, что нужно для войны и что доселе ему было неизвестно». «Сверх того», сказано в другом письме, от 1568 года, «всего более заслуживает внимания, что московиты снабжаются сведениями о всех наших даже сокровеннейших намерениях, чтобы потом воспользоваться ими, чего не дай Бог, на гибель нашим...» и пр.[1] Столь же враждебно относились к России и в таком же духе старались действовать ганзейские города: Любек, Ревель, Дерпт и пр. По крайней мере в некоторой части Западной Европы господствовало убеждение, что усиление Московского государства должно считаться несчастием, и что потому следует всеми силами препятствовать участию русских в результатах общей цивилизации.

В особенности католические страны были проникнуты убеждением о необходимости держать Россию в черном теле. К счастью для России, голландцы и англичане находили, однако же, для себя более выгодным не разделять мнений герцога Альбы и короля Сигизмунда, а, напротив, поддерживать оживленные сношения с Россиею.

Достойно внимания противоречие в отзывах о России около этого времени. В самых резких выражениях английский дипломат Флетчер, в своем сочинении «Of the russe commonwealth», явившемся в Лондоне в 1591 году, осуждает варварство России, сравнивая Московское государство с Турциею, порицая деспотизм царя, продажность приказных и подьячих, обскурантизм духовенства, рабский дух в обществе. Совсем иначе писал Маржерет к французскому королю Генриху IV, посвящая последнему свое сочинение «Estat de l'empire de Russie» (Paris, 1607): «Напрасно думают, что мир христианский ограничивается Венгриею; я могу уверить, что Россия служит твердым оплотом для христианства» и пр.

Немудрено, впрочем, что Россия в XVII веке производила на западноевропейцев впечатление чисто-восточного государства. Адам Олеарий в своем знаменитом сочинении говорит о России и Персии в одном и том же тоне, как о странах и в приемах общежития, и в государственных учреждениях не имеющих ничего общего с государствами Западной Европы. Русские дипломаты, являвшиеся на Западе, удивляли всех своим азиат-

---

[1] Гамель. Англичане в России, стр. 83 и 84.

ским костюмом, незнанием европейских языков и к тому же довольно часто отличались грубостью нравов, разными неблаговидными поступками.

С другой стороны, оригинальность и своеобразность всего, что относилось к России, не могли не возбуждать любопытства. В то время общими явлениями были стремление к географическим открытиям, страсть к изучению этнографии, языкознания. Во всех этих отношениях Россия представляла собою богатую почву для собирания всевозможных сведений. Тут встречалось и неисчерпаемое множество наречий, громадная масса любопытных предметов для изучения флоры и фауны, богатый материал для метеорологических наблюдений и для археологических изысканий. Между тем как некоторые государственные люди относились к России враждебно, отрицали пользу сношений с этою страною, ученые рассуждали совершенно иначе. Особенно англичане сумели соединять теоретическое изучение России в отношении к естественным наукам с практическими целями торговой политики. Таков характер трудов Традесканта в начале XVII века. Голландец Исаак Масса, в это же время находившийся в России, известный амстердамский бургомистр Николай Витзен, побывавший в ней во второй половине XVII века, чрезвычайно ревностно собирали сведения не только об Европейской России, но и о Сибири. Маржерет напечатал свой труд о России по желанию короля Генриха IV. Английский король Яков II с напряженным вниманием слушал рассказы Патрика Гордона о России, заставляя его сообщать ему разные сведения о военном устройстве, о главных государственных деятелях в Московском государстве. Сочинение Фабри о состоянии русской церкви, явившееся уже в первой половине XVI века, считалось авторитетным в этой области. Западноевропейские государи, подданные которых проживали в России, следя за судьбою последних, через них же узнавали многое об условиях жизни в России и через дипломатических агентов, имевших значение консулов, старались обеспечивать права иностранцев в России. Не раз возобновлялись попытки действовать в пользу распространения католицизма в России. Витзен был покровителем находившихся в Москве лиц реформатского исповедания; герцог Эрнст Саксен-Кобургский, протектор проживавших в Москве лютеран, получал нередко отчеты о состоянии немецкого прихода и денежными пособиями поддерживал нужды церкви и школы. Многие шотландцы, англичане, голландцы и немцы, проживавшие в Москве, сообщали своим родственникам и знакомым в Западной Европе разные сведения о России. В журнале «Theatrum Europaeum» в продолжение XVII века довольно часто печатались донесения из России о происходивших там событиях. Скоро после бунта Стеньки Разина, это событие послужило предметом ученой диссертации, публично защищаемой в Виттенбергском университете. В 1696 году в Оксфорде появилась грамматика русского языка, составленная Людольфом, секретарем принца Георга Датского.

Во второй половине XVII века Китай сделался предметом специального изучения в Западной Европе. Одновременно с этим и Россия все более и более удостаивалась внимания. Особенно же знаменитый философ Лейбниц с сочувствием относился к России. Раз он заметил, что в одно и то же время разные не европейские государи приступили к важным преобразованиям, а именно, китайский император, король Абиссинии и царь московский.[1] Лейбниц выразил желание содействовать преобразованию России. Он был убежден, что этим самым окажет услугу всему человечеству, и гордился своим космополитизмом.

Таким образом, развившейся мало-помалу восприимчивости России к западной цивилизации соответствовало усиливавшееся на Западе внимание к России. Космополитические стремления Витзена, Лейбница и др. относились к тому самому времени, когда Россия готовилась сблизиться с Европою занятием берегов Балтийского моря, принятием участия в войнах с Турциею и через оживление дипломатических сношений с западноевропейскими державами сделаться членом общей политической системы. Для западноевропейского мира этот процесс был эпохою, а для самой России настал новый период истории.

К этому же времени относится и молодость Петра Великого.

---

[1] Guerrier. Leibniz in seinen Beziehungen zu Russland und Peter d. Gr., 15.

ЧАСТЬ ПЕРВАЯ

Глава I. Детство Петра (1672—1689)

Отец и дед Петра не отличались особенными дарованиями, силою воли и богатством идей. Нельзя сказать, чтобы первый государь из дома Романовых, Михаил Феодорович, был обязан возведением на царство выдающимся личным качествам: тут главным образом действовали семейные связи. Зато отец первого царя, патриарх Филарет, игравший некоторое время роль регента, действительно был способным государственным человеком. О характере и личности Михаила мы знаем немного. Придворный этикет, господствовавший в то время и стеснявший свободу государя, не благоприятствовал развитию в нем самостоятельности и воли. К тому же, как кажется, в первое время царствования Михаила его власть была ограничена отчасти боярами. Михаил не принимал личного участия в войнах с Польшею и Швециею и в подавлении анархических элементов в государстве. Внешняя политика этого государя заключалась главным образом в обороне против перевеса соседних стран. Надежда на успешные наступательные действия против Польши, при помощи иноземных наемников, оказалась тщетною. Нужно было довольствоваться тем, что после страшных бурь междуцарствия и польского нашествия страна малопомалу отдыхала и приобретала свежие силы. Значительных преобразований внутри страны не происходило.

Подобно отцу, Алексей чуть не мальчиком вступает на престол; подобно отцу, имея сорок лет с небольшим, он сходит в могилу. Алексей был богаче одарен способностями, чем Михаил; его царствование было ознаменовано предприимчивостью во внешней политике и некоторыми преобразованиями внутри государства; сюда относятся «Уложение» и разные постановления в области церковного быта.

Хотя Алексей и не был лишен дарований, однако же не обладал ни смелостью соображения, ни силою воли. Главными чертами в его характере были кротость и некоторая патриархальность в обращении с окружавшими

Царь Алексей Михайлович.
С портрета, находящегося в Императорском Эрмитаже.

его лицами; но эти качества не мешали ему подчас собственноручно расправляться с людьми, навлекшими на себя чем бы то ни было его гнев; такие эпизоды, между прочим, происходили даже с царским тестем, Ильею Даниловичем Милославским. Алексей не имел достаточной силы воли для удаления людей недостойных его доверия; впрочем, бывали случаи, когда он выдавал на растерзание разъяренной черни сановников, употреблявших во зло свою власть. В первое время своего царствования, бывши еще юношею, царь не раз видел страшные вспышки гнева народа, толпою окружавшего царя и жаловавшегося на притеснения воевод. Он сам был любим народом, но многие из его сановников делались предметом общей ненависти.

Царь Алексей принимал личное участие в войнах со Швециею и Польшею. В этих походах, а также в страсти к охоте, у него обнаруживается гораздо бо́льшая подвижность и предприимчивость, нежели у его отца, Михаила, или у его сына, Феодора; однако в Алексее не замечается и следа той неутомимой рабочей силы, которою отличался Петр. Алексей был верным слугою церкви, благочестиво и строго соблюдавшим все религиозные обязанности, любил заниматься чтением богословских книг, употреблял в своих письмах церковные обороты, но в то же время он нередко нарушал правила строго-определенного придворного этикета. Подобно знаменитому императору Фридриху II из дома Гогешптауфенов, он был автором сочинения о соколиной охоте; в его частных письмах к разным лицам проглядывает некоторая мягкость и гуманность. Воспитание своих детей он поручил отчасти польским наставникам. До нас дошли кое-какие приписываемые царю стихи. По временам, освобождаясь от правил монашеского аскетизма, обыкновенно соблюдаемых царями, он любил шутить и веселиться, забавляться драматическими представлениями и музыкою.

В последнее время царствования Алексея, а также во время шестилетнего царствования Феодора (1676—1682), замечается уже указанное влияние малороссийско-польской цивилизации на Россию. В продолжение многолетних войн, бесконечных дипломатических переговоров с поляками, русские многому научились у последних. В русском языке в это время встречаются полонизмы. Русский резидент в Польше, Тяпкин, настоящий москвитянин, страдавший тоскою по родине, оказался весьма доступным влиянию польской культуры. Его сын воспитывался в польском училище; его донесения царю заключают в себе множество польских выражений и оборотов.

В самой России в это время играли важную роль малороссийские духовные лица, получившие свое образование в Польше, а также и настоящие поляки. При Михаиле и Алексее мы встречаем у некоторых русских особенную любовь к Польше. К таким почитателям польских нравов принадлежал дядя царя Алексея, боярин Никита Иванович Романов. Он одевал своих слуг в западноевропейское платье и сам являлся иногда в польском костюме. Говорят, что патриарх Никон вытребовал у боярина эти одежды и уничтожил их. Достойно внимания, что этот самый Романов был владельцем знаменитого бота, найденного Петром в сарае в Измайлове и сделавшегося зародышем русского флота.[1]

Уже в начале XVII века, автор сказания об осаде Троицкого Сергиева монастыря, Аврамий Палицын, сетует на подражание многим «армянским и латинским ересям», на то, что «старые мужи брады своя постризаху, во юноши преминяхуся».[2] За несколько лет до вступления на престол Петра, был обнародован указ, строго запрещавший «перенимать иноземские немецкие и иные извычаи, постригать волосов, носить платье, кафтаны и шапки с иноземных образцов» и пр.[3]

При Феодоре влияние Польши усиливается. Первая супруга царя, Грушецкая, была виновницею введения реформы относительно платья при дворе и в высших кругах русского общества; по ее влиянию начали в Москве стричь волосы, брить бороды, носить сабли и кунтуши польские, заводить школы, польские и латинские, и пр.[4] Еще при Феодоре было говорено и писано о неудовольствии многих бояр, вызванном этими нововведениями.

Таким образом, прежнее византийское влияние было отчасти сменено польским, отчасти же и то и другое встречаются вместе. Низшие классы общества, а также духовенство, находятся гораздо более под влиянием византийско-средневековой стихии, уклоняясь от влияния западноевропейской цивилизации, высказываясь одинаково резко, как против польско-латинской, так и против германско-протестантской культуры. Зато светские элементы высшего общества по необходимости начали учиться у Западной Европы.

Вопрос о том, какого рода западноевропейское влияние должно было иметь перевес в центре государства, был самым важным, роковым вопросом.

При Феодоре можно было считать вероятным окончательный перевес средневековой католической науки, пробившей себе путь в Россию через Польшу и Малороссию. Люди, подобные Симеону Полоцкому, при-

---

[1] Соловьев. Ист. Р. XII, стр. 348.
[2] Сказание об осаде Троицкого-Сергеева монастыря, изд. 2-е, стр. 20.
[3] Полн. Собр. Зак., I, № 607.
[4] Соловьев, XIII, 330; XIV, 32.

бывшему в Россию при царе Алексее и сделавшемуся наставником детей царя от первого брака, были представителями эрудиции, основанной на отвлеченных науках риторики, философии и богословия прежних веков. В этом отношении достойно внимания то предпочтение, с которым некоторые лица при московском дворе, в том числе Феодор и София, занимались церковною историею. Сын Петра, Алексей, — и эта черта характеризует, между прочим, бездну, открывшуюся впоследствии между отцом и сыном, — особенно охотно занимался чтением церковно-исторического сочинения Барония и делал из него выписки. Это направление некоторым образом классического, по крайней мере основанного на латинском языке, воспитания было диаметрально противоположно тому реальному обучению, которое русские могли приобрести от германского и протестантского мира. Многое зависело от решения вопроса, кто будет главным наставником России: Рим ли со своими отцами церкви и иезуитами, со своим латинским наречием и схоластикою, или те народы, которые упорно боролись против перевеса Рима, Габсбургцев, Испании, т. е. англичане, голландцы, немцы, — те народы, которых умственное и политическое развитие в эпоху реформации было выражением всестороннего прогресса человечества. Россия могла примкнуть или к романскому, католическому миру, великому в прошедшем, не забывавшему своих прежних прав и своего прежнего перевеса, державшемуся отсталых понятий о преимуществе империи и иерархии, жившему давними воспоминаниями, сделавшемуся анахронизмом, — или же к другой, северо-западной, обращенной к океану части Европы, к представителям новой идеи о государстве, новой политической системы, открывавшим новые пути в областях государственного и международного права, торговли, промышленности, науки, литературы и колонизации.

Россия решила этот вопрос в пользу последних народов: она предпочла учиться у новой Европы. Не малороссийские и польские монахи и богословы сделались наставниками Петра, а обитатели «Немецкой» слободы, находившейся у самой столицы и представлявшей собою образчик западноевропейской рабочей силы, предприимчивости и эрудиции.

Петр вырос не в рутине азиатского придворного этикета, он не получил латинско-схоластического воспитания, которое выпало на долю его брата, Феодора; этим выигрышем он был обязан близости и значению Немецкой слободы, население которой состояло из разнородных элементов, отличалось некоторым космополитизмом и представляло собою нечто вроде микрокосма всевозможных сословий, призваний, национальностей и исповеданий.

Уже в XVI веке у самой Москвы существовала Немецкая слобода; она сгорела во время междуцарствия и польского нашествия в начале XVII столетия. Указом паря Алексея около середины XVII века предместье это было возобновлено. Религиозные побуждения заставили царя выселить иностранцев, до того времени проживавших в самой столице. Поэтому Немецкую слободу можно сравнить с так называемыми «ghetto», т. е. с теми предместьями некоторых западноевропейских городов, где живут евреи. Тут в XVII веке сосредоточивалась жизнь иностранцев; тут были воздвигнуты лютеранские и реформатские церкви; тут жили врачи и негоцианты, пасторы и офицеры, инженеры и ремесленники. Население Немецкой слободы состояло главным образом из шотландцев, англичан, голландцев, немцев и пр. Здесь встречались несколько утонченные нравы, непринужденная обходительность, умственные интересы. То обстоятельство, что иностранцы жили особо, препятствовало их обрусению; они представляли собою своеобразный элемент и служили друг другу опорою при сохранении национальных и религиозных особенностей, при удовлетворении нравственных, научных и литературных потребностей.

До известной степени здесь существовали национальные, религиозные и политические партии; но такого рода антагонизм был смягчен космополитизмом, свойственным вообще колониям. Слобода находилась под влиянием умственного развития Западной Европы. Здесь было много знатоков латинского языка; английские дамы Немецкой слободы выписывали из своей родины романы и драмы; шотландец Патрик Гордон, игравший в Немецкой слободе в течение нескольких десятилетий весьма важную роль, старался узнавать о всех усовершенствованиях в области механики, технологии, картографии на западе Европы, о разных сообщениях, делаемых в лондонской «Royal Society». Жители Немецкой слободы находились в чрезвычайно оживленной переписке со своими родными и знакомыми на родине; весьма часто они предпринимали поездки заграницу по разным причинам, с напряженным вниманием следили за ходом политических событий на западе Европы, например, за событиями английской революции, войны между Англиею и Голландиею и т. д. Все это свидетельствует о том, что Немецкая слобода могла содействовать сближению русских с Западною Европою и сообщать России результаты западноевропейской культуры.[1]

---

[1] Brückner. Culturhistorische Studien. II. Die Ausländer in Russland. Riga, 1878, стр. 71—80.

Немецкая слобода.
С гравюры Генриха де-Витта, начала XVIII столетия.

Немецкая слобода.
С гравюры Генриха де-Витта, начала XVIII столетия.

Немецкой слободе было суждено служить звеном между Западною Европою и Петром во время его юношеского развития. На пути, пройденном Россиею от более азиатской нежели европейской Москвы XVII века до более европейского нежели азиатского Петербурга XVIII века, Немецкая слобода была, так сказать, важнейшею станциею.

И до Петра уже было заметно влияние Немецкой слободы на некоторых представителей русского общества. Были в России люди, которые не разделяли мнения духовенства, ненавидевшего иностранцев, как еретиков, и черни, оскорблявшей «немцев» и иногда даже мечтавшей об уничтожении всей Немецкой слободы с ее жителями; были в России люди, которые умели ценить превосходство западноевропейской культуры и были склонны к учению под руководством иностранцев.

Таким представителем прогресса может служить боярин Артамон Сергеевич Матвеев. Он пользовался особенным доверием царя Алексея, который часто посещал дом Матвеева, где, по преданию, познакомился с Натальею Кирилловною Нарышкиной, матерью Петра. Матвеев стоял у колыбели Петра, дарил ему разные игрушки, в том числе повозку с маленькими лошадками. Когда Петру уже минуло десять лет, Матвеев, почти на глазах юного государя, был убит стрельцами. Его личность должна была принадлежать к самым сильным детским воспоминаниям Петра.

Отец Матвеева был когда-то русским послом в Константинополе и в Персии, а его сын в течение Северной войны находился русским дипломатом в Париже и Вене, в Гааге и Лондоне. Он сам оказал царю существенные услуги во время приобретения Малороссии. При довольно затруднительных обстоятельствах он, в качестве дипломата и полководца, отстаивал могущество и честь России. Заведуя Посольским приказом, он был, так сказать, министром иностранных дел. Один путешественник-иностранец прямо называет его «первым царским министром». Довольно часто в доме Матвеева, украшенном различными предметами роскоши, заимствованными у Западной Европы, происходили переговоры с иностранными дипломатами. При опасности, грозившей царству со стороны Стеньки Разина, он давал царю мудрые советы. Матвеев заботился об интересах внешней торговли; заведуя Аптекарским приказом, он постоянно находился в сношениях со многими иностранными хирургами, докторами и аптекарями, служившими в этом ведомстве. Жена Матвеева, как говорят, была иностранного происхождения. Его сын получил весьма тщательное воспитание, учился разным языкам и приобрел такую широкую эрудицию, что даже Лейбниц с особенною похвалою отзывался о его познаниях.[1] В обществе хирурга Сигизмунда Зоммера, многолетнею практикою приобретшего в России значение и состояние, а также молдаванина Спафария, который служил в Посольском приказе и в то же время учил сына Матвеева греческому и латинскому языкам, любознательный боярин занимался естественными науками. Противники Артамона Сергеевича воспользовались этим обстоятельством в первое время царствования Феодора Алексеевича для того, чтобы погубить ненавистного боярина. Его обвиняли в колдовстве, в общении со злыми духами. По случаю ссылки своей на крайний север Матвеев, в письме к царю Феодору, говорил о написанных им исторических сочинениях, в которых трактовалось о титулах и печатях русских государей, о вступлении на престол царя Михаила и пр.[2] В какой мере царь Алексей любил Матвеева, видно из выражения царя в письме к последнему, в котором Алексей просит находящегося в отсутствии сановника возвратиться скорее, так как царь и его дети без Матвеева осиротели.

Детский возок Петра Великого.
С рисунка в книге Говарда «The Russian Empire».

Рассказ о том, как царь Алексей, овдовев, познакомился в доме Матвеева с Натальею Кирилловною Нарышкиной, на которой и женился, в частностях имеет несколько легендарный характер. Этот рассказ основан на семейном предании; однако, само по себе, это предание кажется правдоподобным: оно соответствует близким сношениям царя с Матвеевым и Матвеева с Нарышкиными, а также и некоторым намекам одного ино-

---

[1] Guerrier. Leibniz, S. 37 и 38.
[2] Истории о невинном заточении боярина Матвеева. Москва. 1785, стр. 39.

странца, во время свадьбы Алексея находившегося в Москве и немного позже издавшего сочинение о России.[1]

Известно, что знакомиться с невестою как бы частным человеком, в частном доме было не в обычае у русских царей. Правилом при женитьбах царей были торжественные смотры множества красавиц, между которыми царь выбирал для себя сожительницу. Известно, как часто при подобных случаях между различными семействами происходили страшные крамолы и даже преступления. Невесты, удостоенные выбора, при царях Михаиле и Алексее были не раз «испорчены» родными своих соперниц, со всем своим семейством ссылаемы в Сибирь; путем поклепов, доносов, разные семейства преследовали и губили друг друга.

Боярин Артамон Сергеевич Матвеев.
С гравированного портрета, приложенного к его жизнеописанию, изд в 1776 г.

Что-то похожее происходило и при женитьбе царя Алексея на Наталье Кирилловна. Как кажется, смотр невестам, устроенный по обычаю, на этот

---

[1] Штелин. Анекдоты о Петре Великом. Москва, 1830. I, 11—19. Reutenfels. De rebus Moscoviticis. Patavii, 1680. 97.

раз был пустою формальностью. Явились доносы на Матвеева; произведено следствие; дядя одной соперницы Натальи Кирилловны был подвергнут пытке. Бумаги этого дела лишь отчасти сохранились, однако мы узнаем из них о мере гнева противников Матвеева на выбор царя Алексея.[1]

Свадьба царя была отпразднована 22-го января 1671 года; 30-го мая 1672 года родился Петр.

Вскоре обнаружился антагонизм между родственниками первой супруги Алексея, Милославскими, и их приверженцами, с одной стороны, и Нарышкиными и Матвеевым — с другой. Здесь, разумеется, не было столкновения политических партий; антагонизм основывался на частных, семейных интересах. Началась борьба, окончившаяся падением Матвеева.

Сохранились кое-какие известия, свидетельствующие о том, что и непричастные к этим событиям современники не вполне оправдывали образ действий Матвеева. Так, например, в одной польской брошюре о стрелецком бунте 1682 года рассказано, что Матвеев преследовал в последнее время царствования Алексея детей от первого брака царя. Театральные представления при дворе, как кажется, служили Матвееву иногда средством для оскорбления своих противников. Когда давали пьесу «Юдифь и Олоферн», в Амане, повешенном по приказанию Артаксеркса, хотели узнавать кого-то из Милославских. В Мардохе приметен был Матвеев. Есфирь напоминала царицу Наталью Кирилловну.[2]

В вышеупомянутой польской брошюре рассказано также, что Матвеев, когда умирал царь Алексей, старался возвести на престол четырехлетнего Петра, помимо Феодора Алексеевича. Едва ли можно верить этому слуху: по крайней мере после падения Матвеева между обвинениями, взведенными на него противниками, не встречается ничего подтверждающего этот рассказ.[3]

Нам неизвестно, как распорядился царь Алексей относительно престолонаследия, но Феодор Алексеевич без всякого затруднения вступил на престол, и влияние и значение Матвеева и царицы Натальи вскоре кончились.

Впрочем, Матвеев пал не тотчас после кончины Алексея, что также может служить доказательством невероятности обвинения его в преступной агитации в пользу Петра. Несколько месяцев еще и при Феодоре Алексеевиче он заведовал внешнею политикою царства. Образ действий

---

[1] Забелин. Домашний быт русских цариц, 225—267.
[2] Семнадцать первых лет в жизни императора Петра Великого. Погодин. Москва, 1876, стр. 12.
[3] Соловьев. Ист. Р. XIII, 234. Устрялов. История Петра Великого. I, 263.

противников Матвеева, преследовавших и погубивших его путем коварства, скорее свидетельствует о его невинности.

Без формального обвинения, без правильного судебного следствия, Матвеев прежде всего был отрешен от должности начальника Аптекарского приказа; затем лишился и звания заведующего иностранными делами; наконец был сослан. О мелочности крамол, направленных против Матвеева, свидетельствует то обстоятельство, что в мерах, принятых против павшего боярина, занимает весьма видное место жалоба датского резидента о долге в размере 500 рублей за проданное Матвееву вино. Посыпались на Матвеева упреки в том, что он будто занимался колдовством, вызывал злых духов и покушался отравить царя Феодора. Главными доносчиками явились некоторые слуги Матвеева.

Он старался оправдываться, указывал на противоречия в обвинениях противников, на несостоятельность показаний подвергнутых пытке лиц, на недобрую репутацию одного из главных обвинителей, датского резидента. Из сборника оправдательных посланий боярина мы узнаем, что в то время занятия естественными науками, чтение какой-нибудь фармацевтической книги могли считаться преступлением. При таких уголовных случаях и с одной и с другой стороны аргументация основывалась на теории о волшебстве и злых духах, причем встречались бесчисленные ссылки на Священное Писание и творения Святых Отцов.[1]

Мы не знаем, были ли противники Матвеева убеждены в его вине или нет. Как бы то ни было, но он лишился всего состояния и был сослан сначала в Пустозерск, затем в Мезень.

Не один Матвеев был обвиняем в покушении на жизнь царя Феодора. Допрашивали о том же и ближайших родственников царицы Натальи Кирилловны. Голландский резидента Келлер все это считал «злостною выдумкою о мнимом заговоре».[2]

В кружках иностранцев рассказывали, что Матвеева обвиняли в желании сделаться царем,[3] что, после отправления братьев Натальи Кирилловны в ссылку, можно ожидать заключения в монастырь самой царицы.

Однако еще при жизни Феодора Алексеевича произошла перемена в пользу Матвеева.

Уже в 1678-м году рассказывали, что князь Долгорукий, бывший главным воеводою в Чигиринских походах, старался убедить царя в необ-

---

[1] «История о невинном заточении».
[2] Posselt. Franz Lefort, I, 232—234.
[3] «Lequel prétendait à la couronne», писал Лефорт.

ходимости возвращения Матвеева из ссылки, что двор нуждался в советах опытного государственного деятеля и что при дворе по поводу этого происходили оживленные прения. Голландский резидент, сообщающий некоторые частности этих событий, прибавляет, что в случае возвращения из ссылки Матвеева можно ожидать весьма важных перемен в государстве.[1]

Царица Наталья Кирилловна.
С портрета, находящегося в Императорском Эрмитаже.

Прошло, однако, два-три года до смягчения участи Матвеева и Нарышкиных. Вторая супруга царя Феодора, Марфа Апраксина, крестница Матвеева, хлопотала о его помиловании. Ему дозволили возвратиться в свое имение, Лух, находившееся в нынешней Костромской губернии, в

---

[1] Posselt. I, 234 и 278.

600 верстах от столицы. Здесь он получал от своих приверженцев ежедневно известия о ходе дел в столице, где в ближайшем будущем можно было ожидать кончины царя. Келлер писал Генеральным Штатам 25 апреля 1682 года: «В случае кончины его величества, без сомнения, тотчас же будет отправлен курьер к Матвееву с приглашением без замедления приехать в столицу для отвращения смут, беспорядков и несчастий, которые могли бы произойти при борьбе родственников царя между собою. Намедни прибыли сюда отец и сын Нарышкины, а другого Нарышкина, еще более обвиняемого, ожидают на днях; таким образом, все здешние обстоятельства принимают совершенно иной вид».

Никита Моисеевич Зотов.
С гравированного портрета Осипова.

Предсказания Келлера сбылись. Царь умер, и в Лух поскакал гонец за Матвеевым. Двор был разделен на две враждебные партии. На одной стороне находились дети от первого брака Алексея и их родственники, Милославские, на другой — Петр, Нарышкины и некоторые деятели последнего времени царствования Феодора, например, Языков, Лихачев и др.

Таково было состояние двора в первые годы жизни Петра. Его судьба в это время подвергалась многим превратностям. При жизни Алексея, он и мать его пользовались особенно выгодным положением при дворе. Вместе с падением Матвеева многое изменилось и в житье-бытье Натальи Кирилловны и Петра. Они жили в Преображенском, в некотором отдалении от двора. Нет сомнения, что мать царевича страдала от такого пренебрежения к ней; для ее сына большая свобода и отсутствие строгого придворного этикета в Преображенском могли считаться немалой выгодою. Обыкновенно царевичи на Руси до пятнадцатилетнего возраста содержались как бы узниками в Кремле. Петр вырастал на свежем воздухе, в окрестностях столицы.

Страница из учебной тетради Петра Великого.
Со снимка, приложенного к «Истории Петра Великого» Устрялова.

Минуты вынимаются такъ (въ радусе 60 минут) и буде минуты которыя солнце покажет болше декълинациевых минут и их вынимат просто (супстракциею) а буде декълинациевы минуты болше и тогъда занят один градус и прибавит ктем минутом которыя солнце покажет и вынимать также (супъстракъциею).

О первых годах жизни Петра сохранилось два рода источников: архивные дела и легендарные сказания. Последние, повторяемые бесконечно в продолжение XVIII века и поныне, представляют историю детства Петра в каком-то идеальном свете, заключают в себе множество небылиц о баснословных дарованиях царственного ребенка и не заслуживают почти никакого внимания. Совсем иное значение имеют кое-какие документы, изданные в последнее время и дающие нам довольно точное понятие о некоторых подробностях детства Петра. Мы узнаем, что юный Петр был окружен карлами и карлицами, что его первый наставник, подьячий Зотов, велел изготовлять для царевича так называемые «куншты», т. е. картинки для наглядного обучения; мы узнаем, что между игрушками Петра занимало видное место разного рода оружие и что для него писались иконы; все это не представляет собою ничего особенного и было обыкновенным явлением в отроческой жизни царских детей.

Однако число предметов, изготовленных для обучения и увеселения царевича, довольно значительно. Сохранились имена ремесленников, токарей, маляров и пр., которые участвовали в изготовлении этих предметов, стрел, сабель и пушек. Особенного внимания достойно то обстоятельство, что, как видно из архивных данных, в то время, когда Петру исполнилось двенадцать лет, ко двору были поставляемы для царевича разные ремесленные орудия, как то: инструменты для каменной работы, для печатания и переплета книг, а также верстак и токарный станок. Впоследствии, в 1697 году, курфюрстина София Шарлотта заметила, что Петр может считаться знатоком в четырнадцати ремеслах; епископ Бёрнет, в Англии, в 1698 году, порицал Петра за особое пристрастие его к ремесленным занятиям. Архивные данные, относящиеся к детству Петра, свидетельствуют о том, что он уже в ранних летах особенно охотно занимался техникою ремесл и отличался направлением реального обучения в противоположность брату Феодору, получившему в свое время главным образом богословское образование. Зато рассказы тех собирателей анекдотов, которые обращают особенное внимание на солдатские игры царевича, не имеют особенного значения.[1]

Во всяком случае, первоначальное обучение Петра было каким-то случайным, несистематическим и неосновательным. Из учебных тетрадей Петра, рассмотренных Устряловым и отчасти сообщенных этим ученым в приложениях к своему труду, мы видим, что Петр был уже юношею, когда начал заниматься основаниями арифметики. Ошибки правописания в тысячах собственноручных писем, набросков и выписок Петра, свидетельст-

---

[1] См. статью Астрова в «Русск. Арх.». 1875. II, 470. Забелин. Опыты. Москва, 1872. I ч. и след.

вуют также о недостаточности элементарного его обучения. Императрица Елизавета рассказывала Штелину, как ее отец однажды, застав своих дочерей, Анну и Елизавету, за учебным уроком, заметил, что он сам в свое время, к сожалению, не имел случая пользоваться выгодами основательного учения.[1]

В четыре года Петр, через ссылку Матвеева, лишился друга и покровителя, который лучше всякого другого мог бы позаботиться о воспитании царевича. В то время, когда кончина Феодора открыла десятилетнему Петру путь к занятию престола, можно было надеяться, что Матвеев, опытный государственный деятель и многосторонне образованный западник, сделается наставником и руководителем молодого государя.

Вышло иначе. В ближайшем будущем Матвеева ожидала страшная катастрофа. Последовали потрясающие события весны 1682 года.

Глава II. Кризис 1682 года

Государственное право тогдашней России заключало в себе пробел: недоставало закона относительно престолонаследия. Всего лишь несколько десятилетий прошло со времени вступления на престол дома Романовых. До этого события в России бывали неоднократно случаи нарушения правильности в порядке наследия престола. По смерти царя Феодора Ивановича царем сделался Борис Годунов, благодаря коварству и искусственно устроенным народным демонстрациям. Лжедимитрий пробил себе дорогу к престолу с оружием в руках. Василий Шуйский был выкрикнут царем партиею бояр, что может быть названо революционною мерою, а отнюдь не выбором. Вступление на престол Михаила Феодоровича Романова было также чрезвычайным событием, соответствовавшим неправильности предшествовавших фактов. Котошихин замечает, что даже при вступлении на престол царя Алексея Михайловича происходило нечто вроде выбора государя.[2] При вступлении на престол Феодора Алексеевича ожидали также, что дело не обойдется без затруднений. Когда умер Феодор Алексеевич, не было сделано никакого предварительного распоряжения о престолонаследии. В 1682 году в особенности обнаружилось неудобство отсутствия постановлений о престолонаследии; не было предусмотрено случая болезни, или несовершеннолетия тех лиц, которых мож-

---

[1] Чтения М. Общ. И. и Др. 1866. IV. Смесь, стр. 80.
[2] Котошихин. О России при царе Алексее Михайловиче, стр. 4 и 100.

но было иметь в виду для возведения на престол, и необходимого при таком обстоятельстве регентства. Решение вопроса о наследнике и регентстве зависело от исхода упорной борьбы личных, противоположных один другому интересов. Является раздор в царской семье. Двор делится на партии. Борьба Нарышкиных с Милославскими, невозможная при жизни царя Алексея, но начавшаяся уже при царе Феодоре, запылала, вследствие упразднения престола в 1682 году.

Достойно внимания, что за несколько лет до этих событий известный «Серблянин», Юрий Крижанич, в своих сочинениях, писанных для царей, Алексея и Феодора, указывал на необходимость определения точных правил о престолонаследии как на единственное средство отвратить ужасную опасность, грозящую государству при каждой перемене на престоле. Он говорил о несчастиях, постигших Россию в начале XVII века от недостатка точного и ясного закона о престолонаследии, указывал на смуты, случившиеся на Западе после кончины Людовика Благочестивого (в 840 году), причем старался обращать внимание читателей на опасность, заключающуюся в предпочтении при замещении престола младших братьев старшим. Крижанич выставляет на вид, что нужно самым точным образом предварительно определить меру умственной или физической слабости, исключающих для наследника возможность вступления на престол. Вся эта аргументация ученого публициста обставлена примерами из истории различных народов. Особенно любопытно замечание, что подобные пробелы в государственном праве дают войску возможность вмешиваться в решение вопроса о престолонаследии, причем указано на образ действий янычар в Турции, преторианцев в Риме.[1]

Рассуждения Юрия Крижанича оказались как бы пророчеством событий 1682 года. Борьба за престол являлась неминуемою.

В первые годы жизни положение Петра, при соперничестве Милославских с Нарышкиными, было очень невыгодно и в некоторых отношениях даже опасно. Родные братья царицы Натальи Кирилловны находились в ссылке; сама она подвергалась всяческим оскорблениям.

Тем не менее, в первые же дни после кончины царя Феодора Алексеевича дела необыкновенно быстро устроились в пользу Петра.

Феодором Алексеевичем, как мы уже сказали, не было сделано никакого распоряжения касательно престолонаследия. Быть может, его до последнего времени не покидала надежда иметь сына. Теперь же приходи-

---

[1] Изд. Бессонова. Русское государство в половине XVII века. I, 322, 437 и 438.

лось решить вопрос, кому царствовать: пятнадцатилетнему, хворому, слабоумному, почти совершенно лишенному зрения Ивану или десятилетнему Петру?

Двор был разделен на две партии. На одной стороне группировались представители правительства при царе Феодоре: Лихачев, Языков, Апраксин; они желали воцарения Петра; на другой были Милославские, желавшие перевеса своих родственников, детей от первого брака царя Алексея.

Хотя, как это видно из донесений голландского резидента Келлера, и можно было ожидать скорой кончины царя Феодора, все-таки подобное событие, кажется, застало врасплох враждебные друг другу группы при дворе. Милославские оказались неприготовленными к действиям; приверженцы же Петра думали, что при провозглашении нового царя дело дойдет даже до ножей. По свидетельству одного современника, Долгорукие и Голицыны, отправляясь во дворец на царское избрание, поддели под платье панцири.[1]

Как и прежде в подобных случаях, так и в 1682 году, решением вопроса о престолонаследии руководил патриарх. Как только скончался царь Феодор, 27-го апреля, в 4 часу по полудни, патриарх с архиереями и вельможами вышел в переднюю палату и предложил вопрос: кому из двух царевичей вручить скипетр и державу? Присутствующие отвечали, что этот вопрос должен быть решен всех чинов людьми Московского государства. Весьма вероятно, что они имели в виду придать этим бóльшую силу избранию Петра. Патриарх с духовными лицами и вельможами вышел на крыльцо, велел народу собраться на площади и спросил: кому быть на царстве? Раздались крики: «Быть государем царевичу Петру Алексеевичу!». Раздался голос и в пользу Ивана, но тотчас же был заглушен.

Очевидно, дело было решено раньше, до обращения к случайно собравшейся у крыльца толпе, названной «всех чинов людьми Московского государства». Нет сомнения, что приверженцы Нарышкиных в данную минуту были гораздо сильнее партии Милославских. Достойно внимания то обстоятельство, что ни в официальном документе, в котором рассказано это событие, ни в подробном описании современника и свидетеля, а к тому же сторонника партии Милославских, Сильвестра Медведева, ни слова не говорится, почему не было обращено внимания на права Ивана.[2] Только несколько позже, после кровопролития в половине мая, при совершенно изменившихся обстоятельствах, был составлен другой официальный

---

[1] Сахаров. Записки русских людей. Спб., 1841, стр. 5.
[2] П. С. З. № 914. Зап. рус. людей. 1—5.

рассказ о событии 27-го апреля, совсем не сходный с первым [1] и не заслуживающий доверия.

Голос, крикнувший в пользу Ивана и тотчас же заглушенный, принадлежал Сумбулову, который, по рассказу одного современника, вскоре после кризиса, в мае, был удостоен за этот подвиг звания думного дворянина. Показание это подтверждается архивными данными.[2]

Царь Иван Алексеевич.
С портрета, находящегося в Императорском Эрмитаже.

Таким образом, на этот раз о правах Ивана не было речи. Точно также и вопрос о регентстве оставался открытым.

---

[1] П. С. З. № 920.

[2] Зап. Матвеева. О повышении Сумбулова 26-го июня 1682 г. см. приложение к XIV тому Соловьева, LIII. Анекдот о Сумбулове, рассказанный Голиковым (Деяния Петра В. I, 155), имеет характер легенды.

Вся Москва в тот же день присягнула десятилетнему царю, а за Москвою и вся Россия беспрекословно. Было лишь одно исключение. Между бумагами, относящимися к делу присяги, мы находим следующую заметку: «Того ж числа учинились сильны и креста не целовали стрельцы Александрова приказа Карандеева; и Великий Государь указал к ним послать уговаривать окольничего князя Константина Осиповича Щербатова, да думного дворянина Веденихта Андреевича Змеева, да думного дьяка Емельяна Украинцева, и их уговорили, и они крест Великому Государю целовали».[1]

Присяга русских в XVII столетии.
С гравюры того времени.

Новое правительство — кажется, тут действовала главным образом мать Петра — позаботилось прежде всего сообщить о случившемся Матвееву. Между тем агитация в пользу прав Ивана усилилась. Через две недели после избрания Петра вспыхнул мятеж в Москве. Незадолго до этой

---
[1] Соловьев, XIV. Приложения, стр. XXVI.

смуты состоялся приезд Матвеева в Москву и последовало назначение брата царицы Натальи, Ивана Кирилловича Нарышкина, боярином и оружейничим.[1]

В то же время выступает на сцену старшая сестра юного Петра, царевна Софья Алексеевна, родившаяся в 1657 г. Если принять в соображение чрезвычайно неблагоприятные условия, при которых вообще тогда в Московском государстве вырастали царевны, если вспомнить о ничтожной роли, которую играли другие женщины царского семейства, то мы, судя по образу действий Софьи с 1682 по 1689 год, не можем сомневаться в ее способностях и чрезвычайной смелости. Рассказы о ее красоте, встречающиеся в записках таких путешественников,[2] которые были в России несколько позже, противоречат замечаниям людей, имевших случай видеть царевну.[3] Никто не отрицал в ней дарований и вместе с тем честолюбия и властолюбия. Андрей Артамонович Матвеев замечает, что героинею ее воображения была греческая царевна Пульхерия, которая, взявши власть из слабых рук брата своего, Феодосия, так долго и славно царствовала в Византии.[4]

Можно считать вероятным, что эпоха царствования Феодора Алексеевича была полезною политическою школою для царевны Софьи. Она имела возможность сблизиться с передовым, просвещенным и широко образованным русским человеком того времени, князем Василием Васильевичем Голицыным, которого страстно полюбила. Многому она могла научиться от князя Хованского и от своих родственников, Милославских. Довольно важное значение в воспитании царевны имел известный богослов Симеон Полоцкий. Одним из самых ревностных приверженцев ее был монах Сильвестр Медведев, считавшийся глубоко ученым человеком и бывший первым библиографом в России.

Люди, восхвалявшие Софью, сравнивали ее с Семирамидою и с английскою королевою Елизаветою. Средства, употребляемые ею для достижения желанных целей, для захвата власти и удержания ее, не всегда соответствовали началам нравственности. Чем менее интересы партии Милославских вообще, и царевны Софьи в особенности, были обеспечены законодательством и положительным правом, чем затруднительнее и опаснее было положение, в котором находились царевна и ее ближайшие

---

[1] Там же, XXXIII.
[2] Перри, Штраленберг.
[3] Шлейзинг, Нёвиль.
[4] Зап. рус. людей.

родственники, тем легче эти сторонники прав Ивана, оскорбленные избранием Петра в цари, могли думать о разных мерах для того, чтобы войти в силу, получить влияние, занять положение в государстве. При довольно подробных и достоверных сведениях, которые мы имеем об образе действий Софьи и ее приверженцев, должно считать неудавшеюся сделанную недавно попытку оправдать во всех отношениях царевну.[1]

В разных рассказах современников встречаются данные о том, что Софья старалась возбудить волнение в народе и что в день погребения царя Феодора она удивила всех, шествуя за гробом в собор, вопреки обычаю, не допускавшему царевен участвовать в подобных церемониях. Напрасно отговаривали ее, доказывали неприличие подобного поступка, — Софья никого не послушала и, говорят, обратила на себя внимание народа громкими воплями. Когда царица Наталья, с сыном Петром, вышла из собора до окончания службы, Софья отправила монахинь к царице с выговором за такое невнимание к памяти царя Феодора. По окончании погребения Софья, идя из собора и горько плача, обращалась к народу с такими словами: «видите, как брат наш, царь Феодор, неожиданно отошел с сего света: отравили его враги зложелательные; умилосердитесь над нами сиротами; нет у нас ни батюшки, ни матушки, ни брата; старший брат наш, Иван, не выбран на царство; а если мы перед вами или боярами провинились, то отпустите нас живых в чужие земли, к королям христианским». Слова эти, по рассказу современника, произвели сильное впечатление на народ.[2]

Как бы то ни было, антагонизм между Софьею и ее приверженцами, с одной стороны, и Натальею Кирилловною, Петром и их сторонниками — с другой, обнаружился тотчас же после кончины Феодора и избрания Петра. Несмотря на некоторые противоречия в рассказах современников и на пробелы в историческом материале, нельзя сомневаться в том, что партия Милославских употребляла разные усилия, чтобы приобрести значение наряду с господствующей партией Нарышкиных или даже, буде возможно, вытеснив последних, занять первое место в государстве. Нельзя сомневаться и в том, что Софья и ее ближайшие родственники для этой цели воспользовались стрелецкою смутою, начавшеюся в самое последнее время царствования Феодора. Не нужно было для устранения противников

---

[1] Такова была цель сочинения г. Аристова: Московские смуты в правление Софьи. Варшава, 1871.

[2] Diariusz zabòystwa tyrànskiego senatorow moskiewekich w Stolicy. Рукопись находится в Имп. Библ. в С.-Петербурге. Мы пользовались немецким переводом «Kurtze und gründliche Relation» и пр., напечатанным в 1686 г.

возбуждать бунт: оставалось лишь дать волнению уже и без этого раздраженного войска известное направление и указать на те жертвы, гибель которых могла казаться выгодною для ищущих власти.

Царевна Софья Алексеевна.
С портрета, находящегося в Романовской галерее.

Волнение в стрелецком войске началось, как мы уже сказали, еще при жизни царя Феодора. Нет сомнения, что жалобы стрельцов на недостатки военной администрации, на недобросовестность полковников имели основание. Стрельцам не давали следуемых им денег; их принуждали к работам, не входившим в круг их обязанностей.

При этом, как довольно часто и прежде, обнаружилась изумительная слабость правительства. Не раз, особенно в начале царствования Алексея Михайловича, правительство предоставляло разъяренной толпе наказывать недобросовестных сановников, так что обвинители становились палачами. То же самое случилось и в 1682 году. По распоряжению правительства, обвиняемые стрелецкие полковники были наказаны отчасти самими стрельцами, отчасти в присутствии стрельцов, причем мера наказания зависела главным образом от последних.[1]

Такой слабости правительства можно было удивляться тем более, что уже и прежде происходили частые случаи нарушения или, вернее, отсутствия дисциплины в стрелецком войске. В Чигиринских походах при царе Феодоре, как и потом в Азовских походах, стрельцы оказались плохими воинами. И во время бунта Стеньки Разина стрелецкое войско обнаруживало некоторую склонность к своеволию и непослушанию. Стрельцы, благодаря своим привилегиям, составляли касту в государстве и, не будучи воинами по призванию, гораздо более обращали внимания на занятия торговлею и промышленностью, нежели на ратное дело; между ними были люди знатные и зажиточные; они сплотились в организованную корпорацию, они через депутатов привыкли заявлять о своих нуждах и жалобах. Все это легко могло сделаться весьма опасным во время неопределенного положения правительства, в минуту перемены на престоле. Недаром Юрий Крижанич за несколько лет до 1682 года говорит о революционных действиях преторианцев и янычар. Недаром один из иностранцев-современников называл стрельцов русскими янычарами.

Наказание некоторых стрелецких полковников совершилось в первые дни царствования юного Петра. Страсти разгорелись. Произошло убиение нескольких полковников любимым тогда способом: несчастных встаскивали на башни и оттуда сбрасывали на землю. Главный начальник стрелецкого войска, князь Долгорукий, не был в состоянии успокоить мятежников. В такое время орудие, которым до того располагало правительство для сохранения тишины и порядка, легко могло обратиться против

---

[1] Рассказ свидетеля, датского резидента Бутенанта фон-Розенбуша, в соч. Устрялова, I, 330.

самой власти. Сила была в руках войска. От него зависело, кого признать настоящим правительством. Для лиц, недовольных избранием Петра в цари, стрельцы могли сделаться лучшими союзниками.

Трудно решить вопрос: родилось ли в рядах стрельцов, независимо от каких-либо внушений со стороны Милославских, сомнение в законности нового правительства, или же справедливо показание Матвеева, утверждающего, что Милославские распространением разных ложных слухов старались вооружить стрельцов против Нарышкиных? Мы видели, что уже в первый день царствования Петра один полк не хотел присягать младшему царевичу.[1]

Петр сам впоследствии указывал на Ивана Милославского как на главного виновника кровопролития, начавшегося 15-го мая. Это мнение соответствует подробным рассказам Андрея Артамоновича Матвеева о крамолах Ивана Милославского, о гнусных средствах, употребленных им с целью погубить Нарышкиных и вообще сторонников исключительных прав Петра. Нельзя не считать рассказ Матвеева правдоподобным: и прежде при таких случаях отчаянной вражды между различными семействами или отдельными лицами распространяемы были ложные слухи о действиях людей, обреченных на гибель. Доносы и поклепы весьма часто бывали в ходу в Московском государстве. Не мудрено, что в 1682 году были выдумываемы и тщательно распространяемы разные небылицы об отравлении царя Феодора, о стараниях Нарышкиных убить царевича Ивана, о желании Ивана Нарышкина вступить на престол и пр. Если бы даже некоторые подробности в записках Матвеева о ночных сходках у Ивана Милославского, о появлении разных агентов в Стрелецкой слободе и т. п. и подлежали сомнению, то все-таки можно считать вероятным, что стрельцы, поднимая знамя бунта 15-го мая, находились под влиянием высокопоставленных лиц придворной партии. Мы не знаем, каким образом появился в руках стрельцов список тем лицам, которые должны были погибнуть. Одною из первых и главных жертв был друг и советник царицы Натальи, боярин Артамон Сергеевич Матвеев.

Можно полагать, что царица Наталья Кирилловна с нетерпением ждала прибытия Матвеева. Его приезд 11-го мая был не столько средством спасения многих жертв, сколько сигналом начала кровопролития. Первый прием, оказанный знаменитому государственному деятелю, прожившему

---

[1] Г. Аристов, восставая против достоверности рассказа Матвеева, не сомневается в том, что самим стрельцам пришло в голову ходатайствовать на права Ивана; стр. 71.

несколько лет в ссылке, был благоприятен. С разных сторон ему оказывали уважение. Даже стрельцы всех полков поднесли ему хлеб-соль, «сладкого меду на остром ноже», как выражается сын Артамона Сергеевича в своих «Записках». На дороге в Москву встретили его семеро стрельцов, которые нарочно шли на встречу к нему, чтоб рассказать о волнениях товарищей и об опасности, которая грозит ему от них. Тем более удивительно, что Матвеевым, сколько мы знаем, не было принято никаких мер для предупреждения мятежа. Можно думать, что события 15—17 мая были результатом систематически задуманного, тайно подготовленного заговора.

15 мая, утром, мятеж вспыхнул. Стрельцы в полном вооружении побежали со всех сторон к Кремлю. Начались убийства, при которых мятежники действовали, очевидно, по предварительно составленному плану, руководствуясь списком жертв, на котором было обозначено не менее 46 лиц. Многочисленною толпою стрельцы явились у Красного Крыльца перед Грановитою Палатою и громко требовали головы Нарышкиных, погубивших будто бы царевича Ивана. Напрасно им был показан царевич Иван в доказательство, что он жив и здоров и что никто его не «изводил»; напрасно выходили к толпе, стараясь ее успокоить, Матвеев и царица Наталья с юным царем Петром. Когда начальник стрелецкого приказа, князь Михаил Юрьевич Долгорукий, грозно крикнул на стрельцов и велел им немедленно удалиться, его схватили, сбросили с крыльца вниз на подставленные копья и изрубили бердышами. Тотчас же после этого и Матвеев погиб подобною же смертью. Царица Наталья спешила укрыться с царевичами во внутренних покоях Кремля. Всякая деятельность правительства прекратилась. Не было никого, кто бы мог или захотел принять какие-либо меры против мятежников. Жизнь всех сановников оказалась в крайней опасности. Судьи, подьячие, приказные люди спрятались, кто где мог. Присутственные места опустели.[1]

Таким образом, стрельцы могли свирепствовать безнаказанно. Они ворвались во дворец и обыскивали в нем все палаты. В этот день были убиты еще некоторые вельможи, между ними брат царицы Натальи, Афанасий Кириллович Нарышкин. Другим родственникам ее удалось до поры до времени спрятаться в каком-то чулане. Там же находился и молодой сын боярина Матвеева, Андрей Артамонович, которому мы обязаны подробным рассказом об этих событиях. И вне стен Кремля происходили убийства. Погибли известный боярин Ромодановский, думный дьяк Ларион Иванов, управлявший Посольским приказом при царе Феодоре, и другие.

---

[1] Рассказ Медведева в изд. Сахарова, стр. 16.

Стрелецкий бунт в 1683 году.
Гравюра Паннемакера в Париже с картины Дмитриева.

На другой день убийства продолжались. С особенным упорством искали Ивана Нарышкина и иностранца-врача Даниила фон-Гадена, обвиняемого в отравлении царя Феодора Алексеевича. Обоих отыскали не ранее как на третий день бунта и убили самым мучительным образом. Подробности этих происшествий, в особенности гибель Ивана Нарышкина, который, по просьбе некоторых бояр, опасавшихся гнева черни, а также царевны Софьи, был отдан стрельцам на растерзание, рассказаны в записках Матвеева и других современников. Нельзя, однако, сказать, чтобы эти частности заключали в себе что-либо прямо служащее к обвинению царевны Софьи.

Стрельцы-начальники.
С рисунка, находящегося в «Описании одежд и вооружения русских войск».

Зато заслуживает внимания следующее обстоятельство, передаваемое в рассказе современника-очевидца, датского резидента, дающее нам возможность составить себе понятие о способе влияния придворной партии на стрельцов. Когда резидент, жизнь которого также находилась в опасности, стоял, окруженный толпою мятежников у Красного Крыльца, князь Хованский, принадлежавший, без сомнения, к приверженцам царевны Софьи, вышел из дворца и обратился к стрельцам с вопросом, не пожелают ли они удаления царицы Натальи от двора? В ответ, разумеется, раздались неистовые крики, что удаление царицы желательно.[1]

Стрельцы-рядовые.
С рисунка, находящегося в «Описании одежд и вооружения русских войск».

Из следующих данных можно видеть, что 16-го мая началось фактическое царствование царевны Софьи. Князь Василий Васильевич Голицын

---

[1] Устрялов, I, 344.

в этот день был назначен начальником Посольского приказа; начальником Стрелецкого приказа сделался князь Иван Андреевич Хованский; начальником приказов: Иноземского, Рейтарского и Пушкарского, был назначен родной дядя царевны, боярин Иван Михайлович Милославский.[1]

В некоторых случаях мятежники действовали, без сомнения, по собственной воле — подобно тому, как во время бунта Стеньки Разина в мае 1682 года были разграблены правительственные архивы и сожжены в особенности бумаги, относящиеся к крестьянским делам. В старании уничтожить грамоты, на основании которых богатые люди владели крестьянами, можно видеть попытку дать толчок движению низшего класса. Попытка осталась тщетною. Крестьянской войны не было. Но целый ряд чрезвычайно строгих мер, принятых правительством против крестьян после восстановления порядка и тишины, свидетельствует о мере опасности, в которой находились государство и общество в этом отношении.[2]

После кровопролития еще несколько дней Петр оставался царем один. Пока об Иване не было речи. На деле, однако ж, с самого начала бунта вся власть находилась в руках царевны Софьи. Нарышкины были устранены совершенно. Родственники царицы Натальи или были убиты, или, переодетые в крестьянское платье, бежали из Москвы. Относительно отца царицы в делах встречается следующее замечание: «мая в 18-й день приходили всех приказов выборные люди без ружья и били челом Великому Государю и Государыням Царевнам, чтобы боярина Кириллу Полуектовича Нарышкина указал Великий Государь постричь. И Великий Государь указал его постричь в Чудове монастыре» и пр.[3] Таким, образом, мать Петра оставалась в одиночестве, в беспомощном положении. Многие вельможи, которые могли бы сделаться советниками царицы, пали жертвою мятежа. Торжество Софьи и ее приверженцев было полное.

Приходилось наградить мятежников, которые во время бунта «положили меж собою ничьих домов не грабить» и казнили тех, которые нарушали это правило. 19-го мая солдаты и стрельцы пришли к дворцу и просили выдать следуемые им деньги, в количестве 240 000 рублей. Затем они требовали, чтобы имения убитых вельмож были конфискованы и розданы мятежникам. Наконец, они указали на некоторых вельмож, которых должно сослать.[4]

---

[1] Соловьев, XIV. Приложения, стр. XXXVI.
[2] Рассказ Бутенанта фон-Розенбуша, у Устрялова. I. 341. На строгие меры указано было Аристовым. — П. С. З. № 992.
[3] Соловьев, XIV. Приложения, XL.
[4] Там же, XIV. Приложения, XL.

Желания стрельцов были отчасти исполнены. Каждому из них дано по 10 рублей. Кроме того, было велено «животы боярские и остатки опальные ценить и продавать стрельцам самою дешевою ценою, а кроме стрельцов никому купить не велено».[1]

Эти меры производят впечатление сделки, заключенной между новым правительством и мятежниками. Царевна, таким образом, наградила стрельцов за оказанные ей услуги.

Иван Кириллович Нарышкин.
С портрета, находящегося в картинной галерее Н.И. Путилова.

Теперь Софья стояла на первом плане. Несколько лет спустя, в 1697 году, полковник Цыклер рассказывал, как в 1682 году, после побиения бояр и ближних людей стрельцами, царевна призывала его и приказывала, чтобы он говорил стрельцам, чтоб они от смущения унялись «и по тем словам он стрельцам говаривал».[2] В продолжение всей смуты Софья отли-

---

[1] Желябужский. Записки, 2.
[2] Соловьев, XIV, 248.

чалась хладнокровием и решимостью, не раз говорила со стрельцами и заставила их очистить улицы и площади столицы от трупов. Стрелецкое войско, начальником которого сделался Иван Андреевич Хованский, было удостоено почетного названия Надворной пехоты.

Стрелецкое знамя.
С фотографии, сделанной с подлинника, хранящегося в Оружейной палате.

При таких условиях скоро должно было кончиться единодержавие Петра. Перемена произошла, по-видимому, по требованию стрельцов; едва ли, однако, можно сомневаться в том, что на них было произведено давление со стороны партии Милославских. Смута началась с распространения слуха об опасности, угрожавшей жизни Ивана. Теперь же стрельцы вздумали отстаивать право Ивана на престол. 23-го мая они прислали во дворец выборных, которые через князя Хованского объявили царевнам, что все стрельцы и многие чины Московского государства хотят видеть на престоле обоих братьев, Петра и Ивана. «Если же кто воспротивится тому, они придут опять с оружием и будет мятеж немалый». Царевны собрали бояр, окольничих и думных людей в Грановитой Палате. Все согласились с требованием стрельцов. Тогда послали за патриархом и властями, призвали также выборных чинов от всех сословий и образовали собор. Некоторые члены решились сказать, что двум царям быть трудно; но другие возразили, что государство получит от того великую пользу, особенно в случае войны: один царь пойдет с войском, другой останется в Москве для управления государством; люди грамотные приводили и примеры из древних времен; ссылались на Фараона и Иосифа, на Аркадия и Гонория, на Василия и Константина, царствовавших совокупно.[1] Собор, определил: «быть обоим братьям на престоле». После этого в Успенском соборе совершено благодарственное молебствие с возглашением многолетия царям Ивану и Петру. Оба они стояли на царском месте рядом.[2]

Но главная цель еще не была достигнута. Нужно было идти дальше. Стрельцов известили, что царь Иван болезнует о своем государстве, да и царевны сетуют, давая тем понять, что между царями происходят распри. Опять выборные от стрельцов явились во дворец, сказали: «чтобы не было в государских палатах смятения», и требовали, чтобы Иван был первым, а Петр вторым царем. Опять был созван собор (26-го мая) и опять все присутствовавшие согласились исполнить требование стрельцов. Иван сделался первым царем, Петр вторым. Цари угощали по два полка стрельцов ежедневно в своих палатах.

Наконец, 29-го мая стрельцы объявили боярам, чтобы «правительство, ради юных лет обоих государей, вручить сестре их». По рассказу современника, цари, царицы, патриарх и бояре обратились к Софье с просьбами принять на себя бремя правления. Она, как и следовало в подобных случаях, долго отказывалась, но наконец изъявила готовность сделаться правительницею. «Для совершенного же во всем утверждения и постоянной крепости», она повелела во всех указах имя свое писать вместе с именами царей, не требуя, впрочем, другого титула, кроме «великой государыни, благоверной царевны и великой княжны Софии Алексеевны».[3]

Все эти события оказались возможными лишь при отсутствии государственных постановлений относительно права престолонаследия. Они доказывали слабость авторитета патриарха и ничтожность так называемых «соборов». Двор вообще, вельможи, высшее духовенство, представители

---

[1] Не странно ли, что не вспомнили о двоевластии Михаила и Филарета?
[2] По рукописному созерцанию Медведева, у Устрялова, I, 42.
[3] Созерцание Медведева, у Устрялова, I, 44 и 279.

власти и общества играли жалкую роль орудия в руках стрельцов; стрельцы же действовали очевидно под влиянием партии царевны Софьи.

Смута кончилась торжественным объявлением заслуг стрельцов. Они сами требовали такого объявления. 6-го июня жалованною грамотою, за красною печатью, от имени обоих царей злодейства стрельцов были объявлены «побиением за дом Пресвятые Богородицы», и в честь полков надворной пехоты велено было на Красной Площади, близ Лобного Места, воздвигнуть каменный столб с прописанием мнимых преступлений несчастных жертв трехдневного бунта, при строжайшем запрещении попрекать стрельцов изменниками и бунтовщиками. О Долгоруких было сказано, что они не слушались указов государя; Ромодановский был обвинен в изменнической отдаче Чигиринской крепости туркам; Матвеев назван «отравщиком» и пр. Кроме того, стрельцам дарованы разный льготы, прибавлено жалованье, ограничена служба; запрещено полковникам употреблять стрельцов в свои работы или наказывать их телесно без царского разрешения.[1]

Как видно, Софья должна была исполнить все требования стрельцов. Полковникам Цыклеру и Озерову было поручено наблюдать за тем, чтобы столб был воздвигнут очень скоро. Памятник не имел монументального характера. Надписи были сделаны на жестяных досках. Столб этот простоял недолго.

Единодержавие Петра продолжалось не более четырех недель. О занятиях десятилетнего отрока в то время сохранились некоторые документальные данные, из которых видно, что (до кровопролития) дядя царя, Иван Кириллович Нарышкин, в качестве оружейничего, велел доставлять ему для игры в солдаты копья, два лука, пищали, карабины, древки, тафты для знамен и т. п.[2] 15-го мая Петр был свидетелем убиения боярина Матвеева. В ту минуту, когда началось кровопролитие, он вместе с матерью находился на Красном Крыльце.

Все то, что впоследствии было рассказываемо о каком-то геройском мужестве юного царя, не заслуживает внимания. Через 15 лет после смуты русские послы в Голландии говорили одному миссионеру, что среди убийств Петр не обнаруживал ни малейшей перемены в лице и своим бесстрашием изумил стрельцов. До чего доходили легендарные рассказы об этих событиях, видно из сообщаемого Штелином анекдота, что во время смуты Петр с матерью бежал в Троицу, что там несколько стрельцов во-

---

[1] Жалованная грамота в Актах Арх. Экспед. IV, 361.
[2] Погодин, 37—88.

рвались в церковь и увидели отрока-царя в объятиях матери в алтаре, что один из стрельцов замахнулся на царя ножом и пр. Этот рассказ лишен всякого основания. Петр во время смуты 1682 года не оставлял столицы и в достоверных источниках нет ни малейших следов какого-либо покушения на жизнь царя в это время.[1]

Глава III. Начало регентства Софьи

Только два раза до 1682 года женщины управляли государственными делами в России. Добрую память по себе оставила великая княгиня Ольга, мудро царствовавшая в X веке. Зато регентство матери Ивана Грозного, Елены Глинской, было тяжелым временем смут, придворных крамол, упорной борьбы боярских партий. После Петра, в продолжение бо̀льшей части XVIII века, царствовали женщины. Семилетнее правление Софьи (1682—1689) было как бы вступлением в эту эпоху преобладания женского элемента в правительстве.

Дочери царя Алексея во время его царствования воспитывались и жили, по обычаю, в строгом уединении скромного терема. При царе Феодоре им жилось гораздо свободнее и привольнее. Молодая мачеха, царица Наталья, не имела никакого на них влияния, не могла сдерживать их. Они начали обращать внимание на государственные дела, полюбили польские моды, подумывали о светской жизни, в противоположность существовавшему до этого затворничеству царевен. Всех способнее, образованнее, предприимчивее была Софья. Ей удалось забрать в свои руки бразды правления. Наравне с нею могли иметь право на регентство другие женщины царской семьи; мать Петра, супруга царя Феодора, дочери царя Михаила, Анна и Татьяна. О них, однако, при смелости и силе воли Софьи, не было и речи.

Спрашивалось: сумеет ли правительница, при чрезвычайно неблагоприятных условиях развития политических способностей женщин в то время, решить предстоявшие ей трудные задачи, избрать советников и сотрудников, сделать кое-что полезное для государства до достижения Петром совершеннолетия? Чем успешнее бы она управляла, тем легче можно было забыть о том насилии и кровопролитии, которому она была обязана своим положением во главе правительства.

---

[1] См. замечания Устрялова, I, 279—281.

Прежде всего, нужно было думать о средствах для успокоения государства после смуты. Буря утихала мало-помалу; однако существовало еще много революционных элементов, устранение которых лежало на обязанности правительства. Для этого была необходима чрезвычайная сила воли, диктаторская власть. В продолжение первых месяцев правления Софьи опасности, грозившие государству, не прекращались. Нельзя отрицать, что правительница действовала при этом смело и целесообразно.

Прения раскольников в Грановитой Палате.
С рисунка художника Дмитриева.

Анархические элементы, с которыми приходилось бороться новому правительству и впоследствии, в царствование Петра, довольно часто делались весьма опасными. То были: крестьянское движение, раскол, мятежи войска. И при Софье, и потом при Петре, эти опасные явления вызывали со стороны правительства строгие меры.

Прежде всего оказались опасными раскольники.

Двадцать лет с небольшим прошло с тех пор, как при патриархе Никоне распространение раскола приняло большие размеры. В последние годы царствования царя Алексея раскольники восставали с оружием в руках против правительства. Несмотря на казни, пытки и ссылку, зло не прекращалось. Религиозная борьба находилась в тесной связи с противогосударственными элементами в народе. Раскольники соединялись охотно и легко с людьми, ненавидевшими усиленную государственную власть, с противниками недобросовестного чиновного люда, с казачеством. Каждый случай столкновения с властью легко получал некоторый религиозный оттенок. Общество, мало заботившееся о чисто политических вопросах, всегда было склонно к богословским рассуждениям; фарисейство заменяло настоящую религиозность. Довольно часто взбунтовавшиеся крестьяне, солдаты и казаки оправдывали свой образ действий тем, что они стоят за дом святой Богородицы. Мы видели, что и стрельцы в 1682 году употребляли это выражение. Чем менее образование вообще проникало в народ, тем более он был доступен теориям ограниченного византинизма и фарисейского застоя. Чем бо́льшее внимание обращалось на обрядность раскольниками, на внешнее благочестие, тем сильнее они действовали против новшеств не только церковных, но и гражданских. Между тем как правительство сознавало необходимость сближения с Западной Европой, раскольники, косневшие в своей старинной исключительности и односторонности, считали такое стремление к Западу религиозной изменой. Масса народа, сознание которого было устремлено не вперед, а назад, сочувствовала воззрениям раскольников. Одним из самых замечательных знатоков раскола последний был справедливо сравнен с Лотовою женою, обернувшеюся назад и оставшеюся неподвижною.

Раскол был в одно и то же время элементом анархическим и ультраконсервативным. Анархическим — по готовности каждую минуту восставать против власти, консервативным — по склонности к протесту против всякого нововведения и всякой реформы. Чем более склонно к преобразованиям было правительство, тем сильнее оно должно было столкнуться с расколом. Недаром между приверженцами Стеньки Разина, незадолго до 1682 года, находилось много раскольников. Немного позже, в течение нескольких лет сряду, приходилось осаждать Соловецкий монастырь, сделавшийся притоном раскола. Многие современники и соучастники этих событий еще были в живых: они ожидали случая для возобновления враждебных действий против власти.

Когда во время стрелецкой смуты авторитет правительства исчез совершенно, раскольники надеялись, воспользовавшись удобным случаем, поправить свое положение. При этом они могли рассчитывать на покровительство некоторых вельмож. Начальник стрелецкого приказа, князь Хованский, был старовер. Несколько дней спустя после кровопролития в разных местах столицы появились расколоучители, требовавшие мер и средств к восстановлению истинной, старой веры; началась агитация против государственной церкви; посыпались обвинения на образ действий патриарха; началось составление челобитен, в которых раскольники, жалуясь на применение истинной веры, требовали доставления им возможности защищать ее в публичных прениях по вопросам церкви и религии. Во всем этом проявлялась ненависть к высшим классам общества, зараженным, по мнению массы, латинскою ересью.

Хованский покровительствовал этому движению, принимал у себя некоторых вожаков раскола и давал им советы.

Старообрядцы требовали, чтобы при предстоявшем тогда венчании Ивана и Петра на царство литургию служили по старому обряду и при этом случае были употреблены просфоры с старым крестом. Главным агитатором был единомышленник известного Аввакума, Никита Пустосвят, который, написав сочинение в защиту раскола, был сослан в 1667 году, а затем помилован за свое мнимое отвлечение от раскола. Он-то именно находился в сношениях с князем Хованским. Ко дню венчания царей Никита Пустосвят напек просфоры по своему толкованию и в самый день коронации отправился в Успенский собор, но, за несметным множеством народа на площади, не смог пробраться в церковь. Между тем венчание совершилось по установленному чину, с обычными обрядами и торжественным величием. Это было 25-го июня.[1]

В следующие дни волнение возросло. С разных сторон раскольники собрались в большом числе в Москву; происходили сходки. Агитация была в полном разгаре, особенно в частях города, обитаемых стрельцами. Расколоучители являлись на улицах и площадях, наставляли народ, возбуждали толпу к мятежным действиям. Впрочем, стрельцы далеко не все были за раскол. Сторонники различных мнений спорили горячо и упорно; с обеих сторон сыпались нарекания и угрозы.

---

[1] Устрялов, I, 53—60.

Печатный двор в Москве в XVII столетии.
С рисунка, находящегося в «Древностях Российского Государства».

При посредничестве князя Хованского, фанатики достигли того, что 5-го июля в Кремле в Грановитой Палате происходил между раскольниками и архиереями диспут о вере и религии. Трудно понять, каким образом правительство могло согласиться на эти публичные прения. К тому же, каждую минуту можно было ожидать открытого мятежа, потому что взволнованная чернь, толпившаяся около дворца, требовала, чтобы спор о вере происходил в присутствии всего народа, на Красной Площади.

Царевна Софья угощает стрельцов.
С рисунка художника Дмитриева.

Согласившись на устройство прений, правительница требовала, чтобы последние происходили в ее присутствии. Весь двор, царевны, патриарх, высшее духовенство, собрались для выслушания жалоб раскольников. Толпа, ворвавшаяся во дворец, тут же у дверей Грановитой Палаты столкнулась с некоторыми духовными лицами. Произошла схватка, так что Хованский вооруженною рукою должен был восстановливать тишину.

Заседание открылось вопросом, с которым Софья обратилась к раскольникам: «Зачем они так дерзко и нагло пришли во дворец?». После этого начал говорить Никита Пустосвят, которому возражали патриарх и Афанасий, архиепископ Холмогорский. Никита разгорячился и бросился к Афанасию с неистовством. Выборные стрельцы должны были защитить архиепископа. В самых резких выражениях царевна порицала образ действий Никиты, особенно когда он осмелился нападать на учение Симеона Полоцкого, бывшего наставника Софьи. Затем спорили некоторое время о разных пунктах раскольничьей челобитной. Несколько раз говорила и царевна, с особенным раздражением, когда староверы стали доказывать свою любимую мысль, что еретик Никон поколебал душою царя Алексея Михайловича. Спор превратился в сильный шум. В гневе Софья сошла с трона. «Нам ничего более не остается, как оставить царство!» сказала она. В мятежной толпе заговорили: «пора, государыня, давно вам в монастырь; полно-де царством мутить; нам бы здоровы цари-государи были, а без вас-де пусто не будет». Но бояре и выборные стрельцы, окружив царевну, клялись положить свои головы за царский дом и уговорили ее возвратиться на прежнее место. Прения продолжались; но когда Никита Пустосвят назвал архиереев «плутами», царевна велела объявить раскольникам, что за поздним временем нельзя продолжать спора. Царские особы и патриарх удалились. Выходя к народу, раскольники торжествовали, показывая вид, что одержали победу над архиереями.

Правительница решилась принять энергические меры. Она призвала выборных стрельцов от всех полков, обласкала их, сулила им награды, угостила их из царских погребов, раздала им деньги. «Нам нет дела до старой веры», сказали они, возвратившись в слободы.

Смятение продолжалось около недели. Носилась молва, что опять будет кровопролитие, что стрельцы собираются идти к Кремлю. Однако царевна велела схватить главных предводителей раскола. Никита Пустосвят был казнен на Красной Площади. Мало-помалу волнение утихало. Оставалась лишь опасность, что начальник стрелецкого войска, князь Хованский, благоприятствовал движению раскольников.[1]

Из этих событий видно, как легко можно было влиять на стрельцов. С одной стороны, они были доступны влиянию расколоучителей, с другой — их задобрила без труда царевна, нуждавшаяся в их помощи для расправы со староверами. Эта черта имеет значение и для оценки событий в мае 1682 г.

---

[1] Главными источниками для истории этого эпизода служат записки Медведева и Саввы Романова. См. Устрялова, I, 46—77, и приложения I, 284.

Коломенский дворец за год до его разрушения.
С редчайшей гравюры Гильфердинга, находящейся в коллекции П.Я. Дашкова.

Светская власть, позаботившаяся о защите церкви, должна была принять строгие меры против раскола вообще. После наказания главных расколоучителей в столице их приверженцы, прибывшие в Москву во время волнения, спасались в разные места. Приходилось следить за ними и в отдаленных от столицы областях, для предупреждения и там мятежных действий. Этим объясняется целый ряд крутых мер, принятых в то время. Преимущественно берега Волги и Дона сделались убежищем староверов. В ноябре 1682 года разосланы были грамоты ко всем архиереям о повсеместном сыске и предании суду раскольников. Правительство, и духовное и гражданское, вооружилось против раскола грозными средствами, когда почувствовало свою силу. Благодаря этим мерам сделалось очевидным, что борьба против новой церкви, против государства, против «антихриста» в массе народа была в полном разгаре. Сохранились данные о следствиях, произведенных по этим делам. Пытки и казни, ссылка и костры не помогали. Были случаи самосожжения раскольников, осаждаемых в деревнях и монастырях царскими войсками. Многие староверы спасались заграницу, в Польшу, или в Швецию, или к казакам на крайнем юго-востоке, где борьба с ними приняла впоследствии, при Петре Великом, широкие размеры.[1]

Едва правительство успело избавиться от опасности, грозившей ему от раскола, возник новый кризис. То была опасность военной диктатуры князя Хованского.

Хованский сам выводил свой род от Гедимина, но предки его не были известны в старину. Он не пользовался хорошею репутациею относительно своих способностей, так что царь Алексей Михайлович мог говорить ему: «я тебя взыскал и вызвал на службу, а то тебя всяк называл дураком». Его считали человеком заносчивым, не умеющим сдерживать себя, непостоянным, слушающимся чужих внушений. Народ дал ему прозвание «Тарарyя».[2]

Сделавшись начальником стрелецкого войска, Хованский обнаруживал неприязнь к боярам. Ходили слухи о старании его вооружить стрельцов против бояр. Опасаясь сделаться жертвою бунта в пользу Хованского, Иван Милославский уехал из Москвы, укрывался, переезжая из одной подмосковной в другую, «как подземный крот», по выражению современника, Андрея Артамоновича Матвеева. Стрельцам же в это время старались внушить, что бояре замышляли перевести стрелецкое войско. Волнение усиливалось. Разносились слухи о немедленно предстоявшем бунте

---

[1] Соловьев, XIV, 89. Аристов, 115.
[2] Там же, XII, 349—350.

против государей и царевны. Поэтому 20-го августа царское семейство удалилось в Коломенское. Москва опустела. Вельможи или также уехали в Коломенское, или отправились в свои деревни. На торжестве новолетия (1-го сентября), всегда совершаемом с пышностью, в присутствии всего двора, никто из вельмож не участвовал, к досаде патриарха и к общему изумлению жителей столицы. Народ ждал больших бед.

Пеший жилец.
С рисунка, находящегося в «Описании одежд и вооружений русских войск».

Стрельцы отправили в Коломенское выборных с уверениями, что они не имеют никакого умысла, и с просьбою, чтобы двор возвратился в столицу. Сам Хованский поехал в Коломенское и рассказывал здесь, будто новгородское дворянство замышляет нападение на Москву, где станут сечь всех, без разбора и без остатка. Когда правительница потребовала от Хованского, чтобы он отпустил в Коломенское Стремянной полк, на привязанность которого двор мог рассчитывать безусловно, он сначала ослушался. Нужно было повторить указ несколько раз, и тогда только он отпустил этот полк.

Между тем, явилось подметное письмо, в котором заключался извет на Хованского и сына его, Андрея, в замышлении цареубийства. Хованские, говорилось в письме, хотят убить царей, Ивана и Петра, царицу Наталью, царевну Софью, патриарха и множество бояр, вооружить крестьян против господ, избрать старовера в патриархи и пр.

Конный жилец.
С рисунка, находящегося в «Описании одежд и вооружений русских войск».

Мы не знаем, действительно ли поверила правительница этому доносу или показывала только вид, что верит ему, но как бы то ни было, двор удалился еще дальше от Москвы, переехав, 2-го сентября, в село Воробьево, оттуда, 4-го, в Павловское, затем, 6-го, в Саввин-Сторожевский монастырь, затем еще дальше, в Воздвиженское. Отсюда 14-го сентября был послан царский указ «быть в поход в село Воздвиженское из Москвы всем боярам, окольничим, думным людям, стольникам, стряпчим, дворянам московским и жильцам к 18-му сентября». В окружных грамотах, отправленных во Владимир, Суздаль и другие города, Софья говорила об открытии страшного заговора Хованского и стрельцов, осуждала образ действий последних в середине мая, обвиняла их в совместном действии с раскольниками. «Спешите», обращалась царевна в своем призыве к дворянам и всякого звания ратным людям, «спешите, всегда верные защитники престола, к нам на помощь: мы сами поведем вас к Москве, чтобы смирить бунтующее войско и наказать мятежного подданного».[1]

Старинная церковь в селе Воздвиженском.
С рисунка, находящегося в «Русской старине», изд. Мартыновым.

Напомним, что правительство в жалованной грамоте от 6-го июня запрещало всем и каждому попрекать стрельцов изменниками и бунтов-

---
[1] Акты Арх. Эксп. IV. №№ 268 и 189.

щиками. Теперь же само правительство сделалось их обвинителем. Та же самая царевна, которая в мае угощала стрельцов вином, давала им денег и приказала воздвигнуть в честь их памятник, теперь, в надежде на помощь и защиту ратных людей всякого звания в борьбе со стрелецким войском, начала говорить о действиях стрельцов как о преступлениях; тот самый Хованский, который в мае действовал в качестве сообщника царевны, теперь считался преступником именно потому, что льстил стрельцам и считал их орудием для достижения своих целей.

На пути к Троицкому монастырю, который легко мог превратиться в неприступную крепость, двор и бояре остановились в селе Воздвиженском. Сюда правительница пригласила Хованского, чтобы выманить его из столицы, ласково похвалив его за верную службу, как бы для совещания по делам малороссийским. Хованский поехал с сыном Андреем и с небольшим отрядом стрельцов в Воздвиженское. Там, однако, до приезда князей Хованских происходило у царевны «сиденье» с боярами о важном деле: обсуждались вины Хованских; обвинение основывалось главным образом на подметном письме и состоялся приговор: «по подлинному розыску и по явным свидетельствам и делам и тому изветному письму согласно, казнить смертью».

Боярин князь Лыков был отправлен с большим отрядом придворных по Московской дороге — схватить Хованских. Их привезли в село Воздвиженское и прочитали им приговор. Когда Хованские стали оправдываться и слезно просить, чтобы их выслушали, было приказано немедленно исполнить приговор. Хованских, отца и сына, казнили тотчас же у большой Московской дороги.

Судить о мере преступности Хованского нелегко; но ясно, что опасность военной диктатуры грозила ужасными последствиями. Власть стрельцов и их начальника могла уничтожить разом весь двор, правительство, бояр. Нужно было действовать быстро, решительно, даже пренебрегая правилами нравственности. Казнь Хованского была спасением. О громадном значении его, как начальника войска, свидетельствует то обстоятельство, что после его казни оказалось вовсе не трудным справиться с этим так называемым вторым стрелецким бунтом. И в 1698 году стрельцы не были особенно опасны именно потому, что не имели начальника.[1]

---

[1] Подробности этого события по рассказам Матвеева и Медведева, у Устрялова. I, 83 и след. Сиденье Софии с боярами до казни Хованских см. у Соловьева, XIII, 376 и след. Приговор в П. С. З. 964.

Что правительница придавала очень серьезное значение бунту Хованского, видно из ее признательной памяти к Саввину-Сторожевскому монастырю. Там была построена церковь, освященная в 1693 году, в память спасения царей и царевны, «когда Хованский со стрельцами на жизнь обоих государей и ее покушался».[1]

Саввин-Сторожевский монастырь в начале XVIII столетия.
С гравюры того времени.

Хованского обвиняли в намерении убить царей Ивана и Петра. Однако младший сын Хованского, Иван, сосланный при Софье, после государственного переворота 1689 года занял довольно видное место. Можно думать, что Петр вовсе не был убежден в преступных умыслах Хованских.

Этот младший сын князя Хованского, бывший в селе Воздвиженском свидетелем казни отца и брата, ускакал в Москву и сообщил стрельцам о

---

[1] См. Аристова, приложение XXIV.

случившемся. Стрельцы заняли Кремль и захватили запасы военных снарядов. Патриарх не был в состоянии остановить движение стрельцов: они грозили убить его и перебить всех бояр. Можно было ожидать отчаянной борьбы между различными классами общества.

Между тем князь Василий Васильевич Голицын позаботился об укреплении Троицкого монастыря; сюда собрались со всех сторон ратные люди на помощь правительству. Достойно внимания, что сюда были призваны и иноземцы — воины, проживавшие в Немецкой слободе, близ Москвы. Правительство доверяло им вполне. И в 1662 году, по случаю Коломенского бунта, царь Алексей пригласил иноземцев на помощь; позже, в **1689 году, когда происходила развязка борьбы между Софьею и Петром, иноземцы также явились в Троицко-Сергиевском монастыре и этим содействовали** победе Петра над Софьею.

Троицкая-Сергиева лавра в начале XVIII столетия.
С редкой гравюры того времени Малютина.

Видя военные приготовления в Троицко-Сергиевском монастыре, стрельцы, лишившиеся начальника, решились отказаться от дальнейших мятежных действий. По приглашению правительницы, они отправили в Троицу выборных, которые, от имени стрелецкого войска, изъявили раскаяние.

Как видно, стрельцы мало надеялись на свою силу и свое военное искусство. Только что подняв знамя бунта, они мгновенно превратились в покорных рабов. Не только в записках современников, переполненных анекдотическими и легендарными чертами, но и в архивных делах встречается замечание, что стрельцы прибыли в Лавру с плахою и топором, в знак того, что они достойны смертной казни и отдают себя во власть правительства.[1]

Воин-иноземец в русской службе в XVII столетии.
С рисунка, находящегося в «Описании одежд и вооружений русских войск».

Немногие стрельцы были казнены; вообще же мятежников помиловали. Между условиями, на которых им даровалось прощение, встречаются следующие: к раскольникам не приставать, в чужие дела не мешаться (т. е.

---

[1] Крекшин. — Соловьев, XIV. Приложение XLIII.

не поднимать вопроса о крестьянах), за казнь Хованского не вступаться ни под каким видом.[1] Челобитчики на все согласились беспрекословно.

Немного позже стрельцы, очевидно, по внушению правительства, подали челобитную, в которой отказывались хвалиться преступлениями, совершенными ими в мае, уверяя, что лишь по злоумышлению Хованских просили тогда поставить на Красной Площади столб. «И ныне мы», сказано было в челобитной, «видя свое неправое челобитье, что тот столп учинен не к лицу, просим: пожалуйте нас, виноватых холопей ваших, велите тот столп с Красной Площади сломать, чтоб от иных государств в царствующем граде Москве зазору никакого не было».[2]

Столб был сломан 2-го ноября; 6-го двор возвратился в Москву. Мятежный дух еще продолжал, по временам, обнаруживаться в стрелецком войске, но думный дьяк Феодор Леонтьевич Шакловитый, пользовавшийся особенным доверием правительницы и сделавшийся теперь начальником стрелецкого войска, умел сдерживать стрельцов.

Оказывались необходимыми некоторые строгие меры в отношение крестьян, между которыми господствовало также сильное волнение. Недаром правительство требовало от стрельцов, чтобы они не вмешивались в чужие дела. Разграбление во время майского кровопролития Судного и Холопьего приказов, в которых находились крепостные книги, было именно таким вмешательством в чужие дела. Теперь же, 13-го февраля 1683 года, издан был указ: «Которые холопи взяли у бояр отпускные в смутное время за страхованием и с теми отпускными били челом кому-нибудь во дворы и дали на себя кабалы, тех отдать прежним их боярам, и впредь таким отпускным не верить, потому что они их взяли в смутное время, неволею, за смутным страхованием; да этим же холопям при отдаче их чинить жестокое наказание, бить кнутом нещадно; если же прежние господа не возьмут их, то ссылать их в Сибирские и другие дальные города на вечное житье».[3]

В Москве узнали, что в разных областях и городах «тамошние жители и прохожие люди про бывшее смутное время говорят похвальные и другие многие непристойные слова, на смуту, страхованье и соблазн людям». Вследствие этого в мае 1683 года был объявлен указ, которым, под страхом смертной казни, запрещено хвалить прошлое смутное время.[4]

---

[1] Устрялов, I, 91.
[2] Соловьев, XIII, 383.
[3] П. С. З. № 992.
[4] Собр. гос. гр. и дог. IV № 160.

Оказалось, что в областях скрывалось множество беглых стрельцов в крестьянском платье. Особенно в Путивле, Конотопе, в Переяславле и в других местах малороссийских, а также на Дону, вероятно, не без влияния московских стрельцов, рассеивались разные ложные слухи, происходили волнения. Против всего этого правительством были приняты разные меры.[1] На Дону было столько недовольных, что тамошние представители власти просили не ссылать более в донские города преступников, потому что они возбуждают смуты. На Дону, между прочим, ходило по рукам мнимое послание царя Ивана Алексеевича, в котором приказывалось казакам идти на Москву, где бояре не слушаются его, царя, и пр. Каждую минуту можно было ожидать повторения времен Стеньки Разина.[2]

За границею думали, что восстановление порядка в Московском государстве окажется невозможным. В Польше надеялись воспользоваться этими смутами для приобретения вновь Малороссии. Так что и для сохранения авторитета правительства в области внешней политики нужно было заботиться о подавлении во что бы то ни стало всякого мятежного духа в России.

Из всего сказанного видно, что в первое время правления Софье приходилось бороться со страшными затруднениями. Прошло несколько месяцев, пока новое правительство получило возможность настоящим образом направить свою деятельность. Нельзя отрицать, что сила воли правительницы и ее способности содействовали спасению авторитета власти в это время.

Глава IV. Правление Софьи

Семь лет управляла царевна Софья делами. Нельзя сказать, чтобы это время было особенно богато какими-нибудь важными событиями или правительственными распоряжениями. Однако характер внешней политики в правление Софьи, а именно война с татарами на юге, а также программа преобразований внутри государства, приписываемая князю Василию Васильевичу Голицыну, вполне соответствуют тому направлению, в котором впоследствии шел вперед Петр и относительно Восточного вопроса, и относительно реформ в духе западноевропейского просвещения.

Князь Василий Васильевич Голицын, человек замечательный умом, образованием и опытностью в делах, сторонник западноевропейской культуры, восхищавший иностранных дипломатов утонченностью и лю-

---

[1] См. подробности в соч. Аристова, 107 и след.
[2] Соловьев, XIII, 387.

безностью обращения с ними, — может быть назван в отношении смелости своих намерений в духе реформы предшественником Петра. Хотя Голицын и не отличался особенною независимостью мнений или силою воли, но должен считаться одним из самых достойных представителей эпохи преобразования России.

Князь Василий Васильевич Голицын.
С редчайшего гравированного портрета того времени Тарасевича.

Голицын был знатного происхождения и родился в 1643 г. Еще при царе Алексее Михайловиче он занимал довольно важные посты при дворе. В царствование Феодора он участвовал в Чигиринских походах. Особенно важную услугу оказал он государству своим содействием отмене местничества. Этою мерою, главным образом, обусловливалось преобразование войска. При этом случае Голицын оказался истым сторонником прогресса; имея в виду государственную выгоду, он упорно боролся с сословными предрассудками и отказывался от личных выгод в пользу усиления власти.

Уже во время царствования Феодора Голицын, как рассказывают современники, находился в близкой связи с царевною Софьею. В течение смуты 1682 года он оставался на заднем плане. По крайней мере ничего неизвестно о его участии в майских событиях. Мы только знаем, как уже было сказано выше, что в самый разгар стрелецкого бунта он сделался начальником Посольского приказа. 19-го октября 1683 года он получил звание «Царственных больших печатей и государственных великих дел оберегателя»[1] и заведовал иностранными делами до падения Софьи, т. е. до осени 1689-го года. Как преемник Матвеева в этом звании и как предшественник Петра, он действовал в пользу сближения с Западною Европою. В беседах с иностранными дипломатами он мог обойтись без помощи толмачей, так как вполне владел латинским языком. Особенно понравился он представителям католических держав изъявлением готовности предоставить иезуитам некоторые права и вообще обеспечить существование и развитие католицизма в России. Из дневника Патрика Гордона мы узнаем, как охотно и как часто Голицын находился в обществе иностранцев и как старался составить себе точное понятие о делах в Западной Европе. Голицын был покровителем Лефорта, сделавшегося, после государственного переворота 1689 года, другом царя Петра. Барон фон-Келлер, нидерландский посланник, в своих донесениях Генеральным Штатам упоминал не раз о том, что пользуется расположением князя. Иногда Голицын с многочисленною свитою бывал в гостях у Келлера и за столом, в торжественных речах на латинском языке, восхвалял Нидерландскую республику.[2]

Особенно высоко ставил Голицына французско-польский дипломатический агент Нёвиль; Голицын, рассказывает он, принял его так, как принимали в то время у себя приезжающих итальянские государи, то есть с утонченностью опытного придворного и с ловкою учтивостью государственного деятеля, привыкшего вращаться в кругу высшего общества. Когда, например, по тогдашнему обычаю, гостю подали водку, сам хозяин советовал ему не пить ее. Он с необычайным знанием дела беседовал с Нёвилем о делах в Западной Европе. Беседа происходила на латинском

---

[1] Соловьев, XIV, 8.
[2] Posselt. Lefort, I, 341.

языке. О том, что он предполагал сделать для России, о разных реформах, которые имел в виду, Голицын говорил с таким жаром и столь красноречиво, что Нёвиль был в восхищении. Ему казалось, что с преобразованиями Голицына для России настанет новая эпоха. Голицын мечтал о распространении просвещения, о разных мерах для поднятия материального благосостояния народа. Он говорил Нёвилю о своем намерении содержать постоянных резидентов при иностранных дворах, отправлять русских для учения заграницу, преобразовать войско, превратить преобладающее тогда в управлении финансами натуральное хозяйство в денежное, развить торговлю с Китаем и пр. Даже о своем намерении освободить крестьян и обеспечить их материальное благосостояние достаточным наделом Голицын рассказывал собеседнику-иностранцу, который после падения Голицына заметил, что Россия, вместе с этим гениальным человеком, лишилась будущности.[1]

Нет сомнения, что у Голицына были обширные планы и что он умел говорить о них с жаром и увлечением, но Нёвиль чересчур уж превозносит его способности. Нёвиль писал свою записку о России, очевидно, вскоре после государственного переворота 1689 года, когда еще нельзя было предвидеть широкой и плодотворной деятельности Петра, а потому он мог сожалеть о несчастии, будто бы постигшем Россию. Большая разница между намерениями Голицына и действительными результатами его управления делами представляется странным противоречием. История не может указать ничего выдающегося в законодательстве и администрации во время семилетнего регентства Софьи. Были произведены некоторые перемены в уголовном судопроизводстве и сделаны неважные полицейские распоряжения; можно упомянуть еще о нескольких постройках. Вызванные в конце царствования царя Феодора выборные со всего государства для разборов и уравнения всяких служб и податей были распущены по домам. С тех пор не было уже более никаких земских соборов.[2]

При всей ничтожности эпохи правления царевны Софьи и князя Голицына, все-таки любопытно, что последний был таким же учеником западноевропейской культуры, каким сделался позже Петр.

До нас дошло описание великолепного дома, в котором жил Голицын. Тут находились разные астрономические снаряды, прекрасные гравюры, портреты русских и иностранных государей, зеркала в черепаховых

---

[1] De la Neuville. Relation curieuse et nouvelle de la Moscovie. A la Haye. 1699, стр. 16, 55, 175, 215.
[2] Соловьев, XIV, 78.

рамах, географические карты, статуи, резная мебель, стулья, обитые золотными кожами, кресла, обитые бархатом, часы боевые и столовые, шкатулки со множеством выдвижных ящиков, чернилицы янтарные и пр. Сохранился также список книг, принадлежавших Голицыну. Между ними встречаются книги латинские, польские и немецкие, сочинения, относящиеся к государственным наукам, богословию, церковной истории, драматургии, ветеринарному искусству, географии, зоологии и пр. В списке упоминается «рукопись Юрия Сербинина». Нет сомнения, что это было одно из сочинений Крижанича, проектировавшего за несколько лет до царствования Петра целую систему реформ и отличавшаяся громадною ученостью, начитанностью и необычайным знакомством с учреждениями и бытом Западной Европы.[1]

По этим данным можно составить себе некоторое понятие о вкусе, наклонностях и кругозоре князя Голицына. Говоря о необычайном образовании его, один из иностранцев-немцев, бывших тогда в Москве, замечает, что такая эрудиция должна была в России считаться «диковиною».[2] Однако пример князя Голицына свидетельствует о том, что Россия уже до Петра находилась на пути прогресса в духе западноевропейской культуры.

Голицын, подобно Петру, любил иностранцев и иноземные обычаи. Любопытно, что иезуиты хвалили Голицына за расположение к Франции и к католицизму, а Петр не любил ни Франции, ни иезуитов. Иностранцы рассказывали, что Голицын был чрезвычайно высокого мнения о короле Людовике XIV и что его сын носил на груди портрет последнего.[3]

Голицын, так же как и Петр, был ненавидим многими, очевидно, за свою склонность к иноземным обычаям. Из его переписки с Шакловитым мы знаем, что он и между сановниками имел сильных и влиятельных противников.[4] Бывали покушения и на жизнь Голицына, причем виновниками оказывались фанатики из черни, ненавидевшей иностранцев; но правительство старалось держать в тайне подобные эпизоды. Во всяком случае, Голицын не пользовался популярностью в народе. Страстно любившая его царевна Софья видела в нем героя. Судьба князя была тесно связана с судьбою правительницы. Подробности отношений последней к Голицыну

---

[1] Соловьев, XIV, 97—99. Из приказных дел архива Мин. Ин. Дел, 1674 г., видно, что между книгами, которые переплетал иноземец Яган Энкуз, был список с «Книжицы Юрия Сербинина». Соловьев, XIII, 194—195.
[2] Schleusing: «em seltenes Wildbret».
[3] Voyage en divers états d'Europe et d'Asie, стр. 216, у Соловьева, XIV, 97.
[4] Устрялов, I, 346—356.

мало известны, хотя об этом предмета ходили разные слухи, рассказанные, между прочим, в записках Нёвиля.

Кроме Голицына, замечателен во время регентства Софьи молдавский боярин Спафарий. Он, как уже было сказано, находился в близких сношениях с боярином Артамоном Сергеевичем Матвеевым и вместе с последним занимался разными науками. Он прибыл в Россию из Молдавии после разных превратностей судьбы и после пребывания в Польше и Бранденбургии. В Москве он был хорошо принят, так как мог оказывать великую пользу знанием разных языков, переводом книг, опытностью в делах. В качества дипломата он совершил путешествие в Китай, где находился в близких сношениях с иезуитами. С Нёвилем он, так же как и с Голицыным, говорил о разных проектах преобразований: он предлагал разные меры для оживления торговли через Сибирь; мечтал об устройстве судоходства на реках Азии. При Петре его имя встречается в связи с делами, относящимися к Оттоманской Порте. Мы знаем, что Спафарий переписывался с ученым амстердамским бюргермейстером Витзеном и что последний был высокого мнения о нем.[1] Он производит некоторым образом впечатление авантюриста, но в то же время впечатление человека, богатого идеями, предприимчивого, смелого. В таких людях нуждалась Россия в эпоху преобразования.

Выдающимся сотрудником царевны Софьи был монах Сильвестр Медведев, получивший образование в Малороссии. Симеон Полоцкий, наставник царевны Софьи, был учителем и Медведева. Последний отличался редкою в то время ученостью: в его библиотеке насчитывалось несколько сот книг, большею частью на польском и латинском языках. Царь Феодор довольно часто бывал гостем у Медведева, которого очень уважал. При дворе Софьи он занимал место придворного священника и придворного поэта. Он был представителем латинской эрудиции, в противоположность учености греческих монахов, приезжавших в то время в Россию. При случае он умел участвовать и в светских делах. Когда-то, до избрания духовного звания, он имел намерение посвятить себя дипломатической карьере под руководством известного государственного деятеля Ордына-Нащокина. Патриарх Иоаким находился в несколько натянутых отношениях к Медведеву: они расходились в некоторых вопросах богословской догматики. Существовал слух, что Медведев ласкал себя

---

[1] Guerrier. Leibniz in seinen Beziehungen zu Russland und Peter dem Grossen. St. Petersburg und Leipzig, 1873, стр. 29. См. также статью Кедрова: Николай Спафарий и его арифмология, в Журн. Мин. Нар. Просв., 1876, январь.

надеждою рано или поздно сделаться патриархом. Судьба Медведева, подобно судьбе Голицына, была тесно связана с первенствующим положением царевны. Во всяком случае, он принадлежал к числу ближайших советников правительницы. О той роли, которую играл Медведев в событиях, имевших следствием падение Софьи, мы не имеем подробных сведений. Однако он сам погиб при этом случае трагическим образом.

Царевна Софья Алексеевна.
С портрета, находящегося в картинной галерее Н.И. Путилова.

Гораздо менее замечательною личностью был думный дьяк Шакловитый, занимавший во все время правления Софьи весьма видное место.

Он был склонен к насильственным и коварным действиям. Уступая далеко князю Василию Васильевичу Голицыну в образовании, он превосходил его энергиею и решимостью. Впоследствии он был главным виновником тех направленных против Петра умыслов, которые, имея целью упрочить власть царевны, положили конец ее управлению делами. В Шакловитом мы не замечаем каких-либо политических идей, какой-либо систематической программы. В противоположность многосторонне образованной царевне, ученому и начитанному Медведеву, утонченно-вежливому Голицыну, Шакловитый был обыкновенным честолюбцем, готовым жертвовать всем и всеми для достижения своих целей. Он не был способен, подобно Софье, Голицыну, Медведеву, действовать в духе западноевропейского прогресса. Все они погибли в 1689 году, уступая место Петру. Катастрофа Шакловитого была самою насильственною. Как государственный человек, он был гораздо менее важен, нежели Голицын, но все-таки играл главную роль в драме, положившей конец правлению Софьи.

Усерднее чем делами внутренними правительство занималось внешнею политикою. Как скоро было решено совместное царствование Ивана и Петра, с известием о таком событии были отправлены дипломаты в Варшаву, в Стокгольм, в Вену, в Копенгаген, в Гаагу, в Лондон и в Константинополь. При этом, однако, не было упомянуто о регентстве Софьи.[1]

Отношение к Швеции при царе Феодоре не было особенно благосклонным. Существовало несогласие по поводу разных пограничных пунктов. Софья, нуждаясь в мире, действовала осторожно и не настаивала на прежних требованиях. С самого начала XVII века, из-за событий смутного времени, Россия должна была отказаться от береговой линии. Стремления царя Алексея устранить постановления Столбовского договора, заключенного в 1617 году, не увенчались успехом. Кардисский мир (1662) был в сущности подтверждением Столбовского. Во время регентства Софьи России скорее грозила опасность со стороны Польши, нежели со стороны Швеции. Уже по этим соображениям нужно было желать мирных отношений к Швеции. К тому же, быть может, уже в начале правления Софьи, в России думали о наступательных действиях против татар. Юрий Крижанич в своих подробных рассуждениях о внешней политике России говорил в пользу мира с Польшею и Швециею, проповедуя войну с татарами, завоевание Крыма. И Петр сравнительно поздно начал думать о завоеваниях

---

[1] По случаю вступления на престол одного Петра не было отправлено за границу известий об этом. Может быть, общее волнение служило препятствием; см. соч. Устрялова, I, 117.

на северо-западе, а сначала сосредоточивал все свое внимание на берегах Черного моря. Переговоры со Швециею при царевне Софье о царском титуле, о свободном отправлении православного богослужения в Эстляндии, Ингерманландии и Корелии и пр. не имеют особенного значения.[1]

Посольский дом в Москве, в XVII столетии.
С гравюры того времени.

Отношения к Бранденбургскому государству, которое впоследствии сделалось самым важным союзником Петра в борьбе со Швециею, заслуживают внимания. Подданным курфюрста были дарованы некоторые права относительно торговли в Архангельске. Кроме того, он служит посредником между гугенотами, выселившимися из Франции вследствие отмены

---

[1] Устрялов, I, 117—143.

Нантского эдикта, и Россиею, в которой некоторые из них пожелали поселиться.[1]

Мы видели выше, что Голицын ставил особенно высоко Францию. Однако сделанная при нем попытка вступить в близкие сношения с Людовиком XIV оказалась весьма неудачною. Голицын, приглашая Францию к участию в войне с Турциею, очевидно, не особенно подробно был знаком

Одежда бояр и боярынь в XVII столетии.
С рисунка, находящегося в «Древностях Российского Государства».

с положением дел на Западе; иначе, ему было бы известно, что Франция именно в то время была расположена к Турции. Прием, оказанный русским дипломатам во Франции, не был благоприятен. К тому же есть основание думать, что князь Долгорукий, в качестве посланника России, вел

---

[1] П. С. З. №№ 1826, 1330, 1331.

себя неосторожно и бестактно. Вообще, с русскими во Франции обращались неучтиво. Поэтому когда немного позже явились в Москву два французских иезуита, Авриль и Боволье, с грамотою от Людовика XIV, прося позволения проехать через Россию в Китай, им отвечали отказом.[1]

Надежда на помощь Франции в борьбе с Турциею оказалась тщетною. Довольно странным также было старание московского правительства

Одежда бояр и боярынь в XVII столетии.
С рисунка, находящегося в «Древностях Российского Государства».

занять деньги у Испании, которая в то время была совершенно разорившеюся страною.

Гораздо успешнее Россия действовала в отношении к Польше, где и после заключения Андрусовского договора никак не хотели помириться с

---

[1] Соловьев, XIV, 64—68.

мыслью о вечной потере Малороссии. По случаю смуты в Москве в 1682 году в Малороссии были распространяемы польскими эмиссарами «прелестные» листы; у двух монахов, бывших тайными агентами Польши, нашли инструкцию, как должно действовать для распространения мятежного духа в Малороссии.[1]

Особенно же Киев оставался яблоком раздора в борьбе между Россией и Польшею. Киев, в силу Андрусовского договора, должен был оставаться только два года под властью России; однако московское правительство надеялось навсегда удержать за собою это важное место. В Малороссии было много недовольных, противников московского правительства, которое, впрочем, могло вполне надеяться на гетмана Самойловича. Через него в Москве заблаговременно узнали об агитации польских эмиссаров. Он советовал поселить несколько тысяч великороссиян в Малороссии с целью показать этим, что Малороссия навсегда останется достоянием Московского государства.

При содействии Самойловича русскому правительству удалось провести в области церковного управления в Малороссии весьма важную меру. До этого киевский митрополит посвящался константинопольским патриархом. Благодаря особенно удачным переговорам с высшими представителями церкви в турецких владениях и ловкой и успешной деятельности московских агентов в Малороссии, было достигнуто, что отныне киевский митрополит стал посвящаться в Москве. Разумеется, прежде всего нужно было отыскать личность, легко доступную влиянию московского правительства. Таким лицом оказался луцкий епископ, князь Гедеон Святополк Четвертинский, избранный в киевские митрополиты 8-го июня 1685 года и посвященный в Москве 8-го ноября этого же года патриархом Иоакимом. По совету Самойловича, московское правительство старалось задобрить константинопольского патриарха. Дело это стоило и труда и денег. Дионисий константинопольский уступил очень скоро, но зато патриарх иерусалимский, Досифей, был крайне недоволен уступчивостью своего товарища и, между прочим, писал патриарху Иоакиму: «Пожалуй, вы захотите самый Иерусалим обратить в вашу епископию, чтобы мы ноги ваши мыли!... делайте что хотите, а нашего благословения нет» и пр.[2]

В этой перемене заключалась довольно важная выгода: представители православия в польских владениях, зависевшие в духовных делах от киевского митрополита, отныне очутились, так сказать, хотя бы косвенно,

---

[1] Там же, XIV, 5 и след.
[2] См. соч. Устрялова, I, 150 и 291. а также Соловьева, XIV, 32 и след.

под духовным надзором московского правительства. Вмешательство в польские дела, как это обнаружилось впоследствии из истории вопроса о диссидентах, сделалось одним из важнейших условий разделов Польши.

Отношения между Москвою и Польшею, несмотря на заключение Андрусовского договора, оставались враждебными. Дипломатические съезды в 1670, 1674 и 1678 годах приводили лишь к временным результатам. И Польша, и Москва нуждались в заключении окончательного мира. Уже двадцать семь лет продолжалась борьба за Малороссию, когда началось правление Софьи. Надежда польского правительства, во время царствования Феодора, возбуждением раздора между Турциею и Россиею возвратить себе Малороссию оказалась тщетною. Хотя в Польше царствовал деятельный и способный король, Ян Собесский, она все-таки не была в состоянии воевать серьезно из-за Малороссии. Зато и Польша, и Московское государство должны были думать о союзе против турок и татар.

Отношения России к крымским татарам все еще были чрезвычайно натянуты. Поминки, отправляемые ежегодно в Крым московским правительством, имели отчасти характер дани. Несмотря на приносимые жертвы такого рода, каждую минуту можно было ожидать вторжения хищников в пределы России. Иногда случалось, что города, находившиеся близ татарской границы, страдали ужасно от набегов татар, уводивших в плен десятки тысяч жителей.

Юрий Крижанич писал в 1667 году в своем сочинении «О промысле» следующее: «На всех военных судах турок не видно почти никаких других гребцов, кроме людей русского происхождения, а в городах и местечках по всей Греции, Палестине, Сирии, Египту и Анатолии, или по всему Турецкому царству, видно такое множество русских пленных, что они обыкновенно спрашивают у наших: остались ли еще на Руси какие-нибудь люди?» [1]

Таким образом, пострадали, например, в то время города Елец, Ливны, Бельцы и др. В дневнике Гордона мы встречаем множество рассказов о насилии и грабежах со стороны татар. В начале 1662 года Гордон сообщает подробно о появлении татар у Севска и Карачева и об уведении ими в плен значительного числа жителей. В 1684 году рассказано о сожжении города Умани, бывшего тогда под властью Польши, о появлении татар целыми сотнями в окрестностях Киева, о сожжении города Немирова и об уведении в плен всех его жителей и пр.[2]

---

[1] О промысле, стр. 9.
[2] Дневник Патрика Гордона, изд. Поссельтом на немецком языке, I, 305. II, 30, 34, 46, 66, 67, 68, 71, 72, 82, 89, 103 и пр.

Как крымский хан обращался иногда с русскими дипломатами, видно из случая с Таракановым, который в 1682 году дал знать из Крыма, что хан, домогаясь подарков, велеть схватить его, отвести к себе в конюшню, бить обухом, приводить к огню и стращать всякими муками. Когда Тараканов объявил, что ничего лишнего не даст, его отпустили в стан на реку Альму, но пограбили все его вещи без остатка.[1]

Московская площадь в конце XVII столетия.
С гравюры того времени, находящейся в «Путешествии» Олеария.

Не мудрено, что при подобных обстоятельствах московское правительство начало думать о наступательных действиях против крымцев. И народ желал такой войны, имевшей некоторым образом значение крестового похода. Нужно было во что бы то ни стало избавиться от опасности, вечно грозившей со стороны татар, которых русские ненавидели не только

---

[1] Соловьев, XIV, 36.

за то, что они были разбойниками и грабителями, но также потому, что они нередко делались союзниками Польши и были подданными султана.

Юрий Крижанич весьма красноречиво проповедовал необходимость занятия Крыма, или, как он выражается, «Перекопской державы». По его мнению, нужно было сосредоточивать все внимание и все силы на татарах; он советовал построить целый ряд крепостей для защиты пределов России от набегов хищных кочевников. Крижанич умел ценить выгоды более благоприятного географического местоположения прибрежных стран и считал легко возможным завоевание Таврического полуострова. Крижанич полагал, что в случае войны с татарами можно ожидать содействия Польши. Особенно любопытно следующее замечание его в записке, составленной для царя Алексея Михайловича: «там была столица Митридата, славного короля, царствовавшего над двадцатью двумя народами и знавшего их языки. Нельзя выразить, насколько Перекопская держава лучше и богаче России и в какой мере она годится сделаться столицею. Если же Бог дал бы русскому народу завоевать этот край, то или ты сам, или кто-либо из твоих наследников мог бы туда перейти и устроить там столицу». Крижанич удивлялся тому, что государи посылали татарам подарки и не могли освободиться от такой дани; он приходил к заключению, что с народом, живущим лишь разбоем, не знающим «никакого человечества», нельзя заключать договоров, и был даже того мнения, что соблюдение обыкновенных правил международного права в обращении с татарами должно считаться делом лишним и т. п.[1]

В то время и в Западной Европе усердно занимались Восточным вопросом и мечтали о наступательных действиях против Оттоманской Порты. После осады Вены турками — папа, Венецианская республика, Польша и др. собирались напасть на Турцию. В то время и на Балканском полуострове, и в Италии говорили о пророчестве, грозившем Оттоманской Порте какой-то катастрофой и предсказывавшем ее падение.[2]

Для России движение на запад, направленное против мусульман, имело большое значение. Совершенно так же, как в Венгрии Тэкели сделался союзником Турции против Австрии, малороссийский гетман Дорошенко сделался вассалом султана для борьбы с Московским государством. При таком сходстве отношений России и Австрии к Турции должно было появиться и окрепнуть убеждение в солидарности России и западноевро-

---

[1] Соч. Крижанича, изд. Бессоновым, II, 88, 177 и след.
[2] См. мою статью в «Древней и Новой России», 1876, III, 385—409. Юрий Крижанич о Восточном вопросе.

пейского христианского мира. Когда император австрийский Леопольд и польский король Ян Собесский заключили между собою союз против Турции, то решили пригласить к участию в этой войне и московских царей; то же самое решение состоялось в 1684 г., когда Венецианская республика примкнула к австрийско-польскому союзу. Собесский писал царям Ивану и Петру, что настало удобное время для изгнания турок из Европы.

Для Московского государства означенный вопрос должен был считаться особенно важным по следующим соображениям: неучастие России в этом движении во всяком случае могло иметь пагубные следствия; в случае победы турок над Польшею, — можно было ожидать появления турецких войск у самых стен Киева; в случае победы поляков над турками без содействия России можно было опасаться перевеса Польши, и без того мечтавшей о занятии вновь Малороссии, — и тогда опять-таки можно было ожидать потери Киева.

Поэтому оказалось необходимым вести с Польшею переговоры о предстоявших действиях против татар и турок. Пользуясь обстоятельствами, московское правительство могло заставить Польшу заключить вечный мир с уступкою Киева. Переговоры об этом мире начались в январе 1684 года, на старом месте, в пограничном селе Андрусове. Тридцать девять раз съезжались уполномоченные и ничего не решили: поляки не уступали Киева, русские не соглашались дать помощь против турок.[1]

В то самое время, когда в Андрусове происходили, эти переговоры, Василий Васильевич Голицын просил генерала Патрика Гордона изложить в особой записке свои соображения о походе на Крым. В дневнике Гордона сказано, что боярин был склонен к предприятию против татар, но что он не надеялся на Польшу и вообще понимал те затруднения, которые предстояли в таком походе. Гордон, напротив, не сомневался в успехе и указывал на целый ряд благоприятных обстоятельств, которыми, по его мнению, следовало воспользоваться.

В своей записке Гордон выставлял на вид, что Россия нуждается в мире, потому что цари малолетны, и регентша и ее министр, предприняв неудачную войну, легко могут навлечь на себя гнев государей, когда последние достигнут совершеннолетия. При двоевластии в государстве, легко могут возникнуть раздоры, борьба парий, соперничество вельмож, а во время войны все это может повести к неудаче военных действий. Дальше Гордон указывает на недостаток в денежных средствах и плохую дисциплину в войска, как на препятствия для наступательной войны. При всем

---

[1] Соловьев, XIV, 14 и след.

том, однако, Гордон советовал решиться на отважное дело; он полагал, что можно надеяться на помощь Польши, считал не особенно трудной задачей истребление гнезда неверных и говорил, что этим можно «оказать существенную услугу Богу». Он указывал на выгоды освобождения из плена многих тысяч христиан, приобретение громкой славы опустошением Крымского полуострова, избавление христианства от этого «ядовитого, проклятого и скверного исчадия», мщение за столь многие обиды, нанесенные татарами русским в продолжение многих столетий, обогащение России путем такого завоевания. Гордон говорил, впрочем, и о затруднении, заключающемся в том, что на пути в Крым нужно идти несколько дней безводною степью; но на это обстоятельство, которое впоследствии оказалось самым важным и опасным, им не было обращено достаточного внимания.[1]

Как видно, однако, некоторые соображения Гордона впоследствии оказались вполне основательными. Неудавшиеся походы сильно не понравились Петру и, совершенно согласно с опасениями Гордона, навлекли гнев Петра на того самого Голицына, для которого Гордон писал свою записку. Опасения Гордона относительно вражды и соперничества между вельможами также сбылись: во время отсутствия Голицына другие вельможи интриговали против него в Москве. Зато главная мысль Гордона, его вера в успех войны, не нашла себе оправдания: он считал возможным занятие Крыма; но русские войска даже не проникли туда ни в 1687, ни в 1689 году.[2]

Голицын не разделял оптимизма Гордона и на первых порах прервал переговоры с Польшею. Однако несколько недель позже в Москву приехали цесарские дипломаты, Жировский и Блюмберг, которые объявили желание императора Леопольда, чтоб великие государи помогли против султана и отняли у последнего правую руку — Крым. Переговоры не привели к желанной цели, потому что Голицын считал невозможным согласиться на какое-либо действие до тех пор, пока Польша не откажется от своих требований относительно Киева.

Вскоре, однако, положение дел изменилось. Польша, после неудачных военных действий с турками, сделалась уступчивее.

В начале 1686 года в Москву приехали знатные послы королевские, воевода познанский Гримультовский и канцлер литовский Огинский. Семь недель продолжались переговоры, в которых Голицын принимал личное участие и при которых он выказал замечательное дипломатическое искусство. Несколько раз переговоры прерывались, и польские дипломаты

---

[1] См. мое сочинение: «Патрик Гордон и его дневник», Спб., 1878, стр. 47.
[2] Там же.

собирались уехать. Наконец 21 апреля заключен был вечный мир. Польша уступила навсегда России Киев, а великие государи обязались разорвать мир с султаном и ханом и сделать нападение на Крым. Кроме того, было постановлено, что Россия, в вознаграждение за Киев, должна заплатить Польше 146 000 рублей.[1]

Поезд знатной русской боярыни в XVII столетии.
С рисунка, сделанного в 1674 г. шведом Пальмквистом.

Успех русского дипломатического искусства считался тогда весьма замечательным. Формальное приобретение Киева на вечное время было важною выгодою. Рассказывали, что у Яна Собесского, когда к нему во Львов приехали боярин Шереметев и окольничий Чаадаев за подтвердительною грамотою на договор московский, навернулись на глазах слезы: жаль ему было отказаться от Киева и других мест, за которые так спорили его предшественники. Зато Софья с радостью возвестила народу: «никогда еще при наших предках Россия не заключала столь прибыльного и славного мира, как ныне» и пр. В конце извещения было сказано, что: «преименитая держава Российского царства гремит славою во все концы мира».[2] Софья, однако, не объявила народу, что вечный мир с Польшею был куплен довольно дорого, — обещанием напасть на татар.

То обстоятельство, что именно после заключения упомянутого договора Софья начала называть себя «самодержицею», свидетельствует также

---
[1] Соловьев, XIV, 16. Подробности у Устрялова, I, 152—172.
[2] Устрялов, I, 169.

о значении, приписываемом ею этому событию. Правительница, очевидно, не ожидала, что своими действиями приближала себя к катастрофе.

Вообще же для Московского государства сближение с Польшею действительно могло считаться большою выгодою. Несколько лет позже поляки говорили: «надобно москалям поминать покойного короля Яна, что поднял их и сделал людьми военными, а если б союза с ними не заключить, то и до сей поры дань Крыму платили бы, и сами валялись бы дома, а теперь выполируются».[1]

Спрашивалось: насколько можно было ожидать успеха в войне с татарами? Воспоминания о Чигиринских походах не были утешительны. Война с Турциею при царе Феодоре кончилась тем, что Россия должна была просить мира.[2]

В противоположность мнению, высказанному Юрием Крижаничем и Гордоном, о выгоде союза с Польшею, малороссийский гетман Самойлович советовал не надеяться на Польшу и не начинать войны с татарами. «Крыма никакими мерами не завоюешь и не удержишь», говорил он в беседе с думным дьяком Украинцевым. Затем он указывал на неурядицу в русском войске во время Чигиринских походов. «Бывало», рассказывал он, «велит боярин Ромодановский идти какому-нибудь полку на известное место, куда необходимо, и от полковников начнутся такие крики и непослушания, что трудно и выговорить». И как представитель православия, Самойлович порицал сближение с католическими державами. Зато он указывал на необходимость рано или поздно помочь против турок православным народам на Балканском полуострове, валахам, молдаванам, болгарам, сербам и грекам, рассчитывающим на покровительство России. Что же касается Польши, то Самойлович считал более выгодным союз с татарами против Польши, нежели наоборот — союз с Польшею против татар.[3]

Союз с татарами был и оставался невозможным. После рассказанного выше случая с русским дипломатом Таракановым, правительница велела объявить хану, что московских посланников он уже не увидит больше в Крыму, а необходимые переговоры и прием даров будут производиться на границе. Сближаясь после этого с Польшею, Софья требовала от хана, чтобы татары не нападали на Польшу, хан же изъявлял, напротив того, желание, чтобы Россия возобновила войну с Польшею.

---

[1] Соловьев, XIV, 231.
[2] См. депешу Келлера в соч. Поссельта: Lefort, I, 279.
[3] Соловьев, XIV, 23—28.

Московский кремль в начале XVIII столетия.
С гравюры того времени Бликланда.

Каменный мост в Москве в начале XVIII столетия.
С гравюры того времени Бликланда.

В Москве было решено в ближайшем будущем выступить в поход на Крым. Поэтому гетману Самойловичу, не перестававшему проповедовать мир с татарами и войну с поляками, через окольничего Неплюева сделан выговор за его «противенство»; ему было приказано «исполнять государское повеление с радостным сердцем». Также и письмо от константинопольского патриарха Дионисия, умолявшего царей не начинать войны с турками, потому что в таком случае турки обратят свою ярость на греческих христиан, осталось без внимания.[1] Еще осенью 1686 г. объявлен был ратным людям поход на Крым. В царской грамоте говорилось, что поход предпринимается для избавления Русской земли от нестерпимых обид и унижения: ни откуда татары не выводят столько пленных, как из нее, продают христиан, как скот, ругаются над верою православною. Но этого мало: Русское царство платит бусурманам ежегодную дань, за что терпит стыд и укоризны от соседних государей, а границ своих этою данью все же не охраняет: хан берет деньги и бесчестит русских гонцов, разоряет русские города; от турецкого султана управы на него нет никакой.

Успех походов 1687 и 1689 годов не соответствовал смелости и предприимчивости московского правительства. В 1687 году русские войска даже не дошли до Перекопа; в 1689 году они остановились у Перекопа и возвратились, не сделав никакой попытки вторгнуться в Крым. И в том и в другом походе русскому войску приходилось бороться не столько с татарами, сколько с климатом. Страшная жара, безводие, невозможность прокормить людей и лошадей в степи, а также некоторая робость полководца, князя В. В. Голицына, сделались причинами неудачи. Как дипломат — Голицын успел оказать России довольно важную услугу; как полководец — он не имел успеха.

Впрочем, он уже с самого начала неохотно взял на себя главное начальство над войском. Его беспокоила мысль, что многочисленные противники воспользуются его отсутствием для крамол. Из переписки Голицына с Шакловитым во время похода 1687 года видно, что опасения враждебных действий со стороны разных вельмож и желание по возможности скорее возвратиться в столицу лишали его того спокойствия и той сосредоточенности, которые столь необходимы для полководца.

К тому же, Голицыну приходилось бороться с разными затруднениями. Мобилизация войск, из-за недостатков военной администрации, шла чрезвычайно медленно и неуспешно. Выступив в поход с некоторою частью войска, Голицын несколько недель ждал на дороге прибытия разных пол-

---

[1] Там же, XIV, 37.

ков. Многие тысячи не являлись; «нетчиков» было очень много. К тому же приходилось наказывать непослушание находившихся в армия царедворцев, не привыкших к дисциплине и не желавших подчиняться воле Голицына. Нужно было выхлопотать из Москвы полномочие «поступать покрепче» с непослушными. Когда, наконец, все войско выступило в поход, громадный обоз служил чрезвычайным затруднением. Насчитывалось до 20 000 повозок. Голицын доносил двору, «что он идет на Крым с великим поспешением», и в семь недель перешел не более 300 верст. К этим затруднениям присоединилась неохота гетмана малороссийского, Самойловича, и малороссийских казаков участвовать в походе. Казаки не желали вовсе завоевания Крыма. Прежде они довольно часто воевали, как союзники татар, против Польши и России. Каждый успех московского правительства усиливал ту власть, которая и без того старалась лишить казаков прежней вольности и уничтожить самостоятельность Малороссии.[1]

Но гибельнее всего был степной пожар, ставший роковым для всего похода. Едва ли когда сделается известным, кто был виновником зажжения степной травы. Легко может быть, что ее зажгли татары. Гордон, дневник которого служит важнейшим источником для истории этих походов,[2] говорит о слухе, что зажжение степной травы, имевшее столь гибельные последствия для русского войска, было сделано по распоряжению Самойловича; но сам он однако нигде не указывает на гетмана как на виновника этой меры. Напротив того, Лефорт сомневался в измене Самойловича. В новейшее время обвинение гетмана в измене считается клеветою.[3] Степной пожар мог быть также и делом случая.

Как бы то ни было, вследствие степного пожара оказался недостаток в корме для лошадей; из-за безводия в войске начали свирепствовать болезни. Армия остановилась в расстоянии 200 верст от Перекопа.[4] Здесь решили отступить, хотя еще и не встретили неприятеля.

Между тем, правительница сильно испугалась неудачи похода, потому что враги Голицына торжествовали. Она отправила к войску Шакловитого, который должен был посоветовать Голицыну уговорить донских казаков сделать нападение на Крым с моря, а малороссийских казаков —

---

[1] См. некоторые подробности в моем сочинении о Гордоне, стр. 162—163.
[2] Posselt. Tagebuch Gordon's, II, 161—201.
[3] Устрялов. В брошюре Шлейзинга «Derer beiden Czaaren in Russland Jwan und Peter Regimentsstab, Zittau 1693», а также в брошюре «Gespräche im Reiche der Todten» Leipzig, 1737, стр. 1184, сказано, что сам Голицын велел зажечь степь (!).
[4] По донесению Голицыну — 90 верст; по картам — 200 верст.

напасть на кизикерменские города, т. е. на турецкие форты по Днепру и пр. Если бы все это оказалось невозможным, то Голицын должен был построить на Самаре и на Орели форты, «чтоб впредь было ратям надежное пристанище, а неприятелям страх».[1]

Московская улица в конце XVII столетия.
С гравюры того времени, находящейся в «Путешествии» Олеария.

Голицын не исполнил ни одного из этих советов и возвратился в Москву. На пути он, кажется, принимал деятельное участие в низвержении гетмана Самойловича. Вследствие крамол, происходивших в малороссийском войске, Самойлович был лишён звания гетмана и заменен Мазепою. Для московского правительства эта перемена оказалась невыгодною. Са-

---

[1] Соловьев, XIV, 41.

мойлович был полезен и оказывал существенные услуги России. Он умер в ссылке, а один из сыновей его был казнен.[1] Рассказывали, что, при конфискации имущества Самойловича Голицын успел присвоить себе некоторые драгоценные вещи, принадлежавшие павшему гетману.[2] Из архивных дел видно, что Голицын заставил нового гетмана, Мазепу, подарить ему 10 000 рублей.[3]

Несмотря на полную неудачу похода, и полководец и войско были награждены. Голицыну дана золотая цепь и медаль весом в 300 червонцев; генералы и полковники также получили медали; даже солдаты были удостоены наград. Софья пышно и велеречиво, именем государей, возвестила русскому народу о необычайных подвигах воевод и всего воинства, о поспешном сборе ратных людей на указных местах, о быстром наступлении на крымские юрты до самых дальних мест, о паническом ужасе хана и татар и пр. Были также приняты меры для распространения и в Западной Европе ложных слухов о необычайном успехе русского оружия в борьбе с татарами. Через посредство нидерландского дипломата, барона Келлера, в голландских газетах была напечатана составленная самим Голицыным реляция о Крымском походе, где действия русского войска выставлялись в самом выгодном свете.[4] Однако в то же самое время шведский резидент Кохен доносил своему правительству, что в Крымском походе погибло не менее 40—50 000 человек.[5]

Положение московского правительства оказалось затруднительным. Недоставало и денежных средств для скорого возобновления военных действий.[6] В продолжение 1688 года были приняты некоторые меры к подготовлению нового похода. Была построена крепость Богородицкая на реке Самаре, притоке Днепра. Это место должно было служить сборным пунктом для войска и складом военных снарядов; но окрестности его постоянно подвергались нападениям татар. Носился слух, что новая крепость была построена также с целью отсюда наблюдать за действиями малороссийских казаков и препятствовать их сношениям с татарами.[7]

---

[1] Гордон, II, 177 и след. П. С. З. № 1254. Собр. гос. гр. и дог. IV, № 186. Устрялов, I, 210. и след. Некоторые частности см. в донесениях Кохена в «Русской Старине» 1878, II, 123.

[2] Нёвиль.

[3] Устрялов, I, 356.

[4] Posselt. Lefort, I, 389.

[5] «Русская Старина», 1878, II, 122.

[6] См. донесения Келлера в соч. Поссельта, I, 363, 368, 389.

[7] Кохен, в «Р. Старине» 1878, II, 123.

Нельзя было не думать о втором походе. Набеги татар повторялись. В марте 1688 года было уведено в татарский плен до 60 000 русских.[1] Для России было невыгодно, что в это время Польша также воевала неудачно. На польскую помощь была плохая надежда; к тому же опять узнали кое-что об агитации поляков в Малороссии, а потом о намерении польского правительства заключить сепаратный мир с Турциею. Тем более странными кажутся надежды русского двора путем дипломатических действий достигнуть важных результатов.

Московская торговая лавка в XVII столетии.
С гравюры того времени, находящейся в «Путешествии» Олеария.

В польских делах Главного Архива найдена царская грамота, заключающая в себе наказ русскому резиденту в Польше, Возницыну. Послед-

---
[1] См. о таких случаях в Дневнике Гордона, II, 209, 306, 307, 336 и пр.

нему велено объявить императорскому послу в Варшаве, Жировскому, что московский двор с удивлением услышал известие о склонности цесаря и польского короля заключить отдельный мир с Турциею; если же цесарь и король твердо решились прекратить войну, то Россия потребует от султана: 1) всех татар вывести из Крыма за Черное море, в Анатолию, а Крым уступить России; иначе никогда покоя ей не будет; 2) татар и турок при Азовском море также выселить, а Азов отдать России; Кизикермен, Очаков и другие города в низовьях днепровских также уступить России, или по крайней мере разорить; 4) всех русских и малороссийских пленных освободить, без всякого выкупа и размена; 5) за убытки, причиненные набегами татар в прежнее время, вознаградить двумя миллионами червонных. Неизвестно, была ли эта грамота только черновым проектом. Трудно верить, чтобы правительство могло серьезно думать о таких предложениях. Подобных условий, замечает Устрялов, не предлагала и Екатерина II, предписывая Турции мир в Кайнарджи. Может быть, Софья только хотела уверить своих и чужих, что Россия приобрела в ее правление необычайные силы;[1] может быть, она надеялась самоуверенностью произвести некоторое давление на Польшу. Во всяком случае, из этого наказа видно, что московское, правительство не придавало особенного значения неудачному походу 1687 года или, по крайней мере, что в России ожидали бо́льшего успеха от второго похода, в 1689 г.

Время казалось удобным для совместных действий против турок и татар. Австрийские и венецианские войска именно тогда действовали весьма успешно в Венгрии, в Далмации и в Морее. Надежды южных славян и вообще христиан Балканского полуострова на освобождение от турецкого ига оживились. Бывший константинопольский патриарх Дионисий, свергнутый, как он писал, за уступку царскому желанию в деле о киевской митрополии, извещал царей, что теперь самое удобное время для избавления христианства от турок. Это письмо он отправил осенью 1688 года в Москву, через архимандрита Афонского Павловского монастыря Исаию. «Всякие государства», писал Дионисий, «и власти благочестивых королей и князей православных все вместе восстали на антихриста, воюют на него сухим путем и морем, а царство ваше дремлет. Все благочестивые святого вашего царствия ожидают, сербы и болгары, молдаване и валахи; восстаньте, не дремлите, придите спасти нас». Исаия привез грамоту и от валахского господаря, Щербана Кантакузена, который тоже писал, что от

---

[1] Устрялов, I, 217.

русских царей православные ожидают избавления своего из рук видимого Фараона. Третья грамота такого же содержания была от сербского нареченного патриарха Арсения. Исаия объявил, что он пошел от всех греков и славян умолять великих государей воспользоваться удобным временем для нападения на турок. Это необходимо сделать и для того, «чтобы не отдать православных из бусурманской неволи в неволю худшую. Церковь православно-греческую ненавидят папежники; которые города в Венгрии и Морее цесарские и венецианские войска побрали у турок, повсюду в них папежники начали обращать православные церкви к унии, другие превращать в костелы. Если римлянам посчастливится вперед, достанут под свою власть православно-христианские земли; если возьмут самый Царьград, то православные христиане в большую погибель придут и вера православная искоренится. Все православные христиане ожидают государских войск с радостью; да и турки, которые между ними живут, лучше поддадутся великим государям, чем немцам, потому что все они рождены от сербов, болгар и других православных народов».

От имени Щербана Исаия говорил, чтобы великие государи послали войска свои в Белгородскую орду на Буджаки, и Дунаем в судах прислали к нему, Щербану, который с семидесятитысячным войском придет на помощь к русским на Буджаки и пр.

Государи отвечали Дионисию и Щербану, что имеют о всех православных христианах, живущих под игом поганским, попечение неотменное, и указали для того воевод своих со многими ратями на крымские юрты и пойдут войска самым ранним вешним временем; а когда Крым будет разорен, тогда удобно будет идти и на ту сторону Днепра, на Белгородскую орду и за Дунай.[1]

Как видно, между Россиею и южно-славянским православным миром существовала солидарность. Уже Богдан Хмельницкий говорил с сочувствием о православных христианах, терпящих беду и живущих в утеснении от безбожных; Ордын-Нащокин выражал надежду на освобождение при помощи России молдаван и валахов от турецкого ига и на соединение «детей одной матери, восточной церкви»; об этом же говорили и польские, и русские дипломаты во время переговоров о мире при царе Алексее; об этом писал, и писал красноречиво, Юрий Крижанич.[2]

---

[1] Соловьев, XIV, 55—56.
[2] См. мою статью: Юрий Крижанич о восточном вопросе. В «Древней и Новой России», 1876, III, 386—388.

Впоследствии также не раз повторялись призывы на помощь славянам, подданным Турции. И Петр не оставался равнодушным к такого рода выражениям сочувствия к России и надежды на ее могущество. Однако и при Петре оказалось делом слишком трудным освободить «детей одной матери, восточной церкви», от турецкого ига. Во время правления Софьи Россия располагала гораздо меньшими средствами. Правительница обещала после занятия Крыма идти дальше, в направлении к Дунаю; но Крым не был занят, и второй поход Голицына был лишь немного удачнее первого.

Уже до похода было заметно некоторое раздражение в обществе, где Голицын имел много врагов. Рассказывают, что убийца бросился к нему в сани и едва был удержан слугами князя; убийцу казнили в тюрьме после пытки, без огласки. Незадолго перед отправлением в поход у ворот Голицына найден был гроб с запискою, что, если и этот поход будет так же неудачен, как первый, то главного воеводу ожидает гроб.[1] Барон Келлер доносил Генеральным Штатам, что в случае неудачи и второго похода можно ожидать повсеместного бунта. При этом он не считает возможным говорить подробнее о причинах такого раздражения.[2]

Таким образом, в то самое время, когда правительство надеялось на успех внешней политики, готовился переворот внутри государства.

В 1689 году войска выступили в поход еще зимою, для избежания сильной жары и безводия в степи. Разлив рек сначала затруднял движение армии. Приходилось бороться с громадными затруднениями при перевозке съестных припасов и военных снарядов. Однако на этот раз Голицыну все-таки удалось дойти до самого Перекопа. На пути туда он, в середине мая, встретился с татарами. Произошло несколько неважных стычек; настоящего сражения не было, хотя Голицын в своих донесениях и говорил о весьма важных военных действиях.

20-го мая войско, наконец, стало у Перекопа. Еще до этого продовольствие армии представляло, как мы сказали, большие затруднения. По ту сторону сильно укрепленного перешейка расстилалась безводная степь. Тем не менее, войска ожидали распоряжения о нападении на татарские укрепления, как вдруг неожиданно последовало приказание отступить.

---

[1] В брошюре «Gespräche im Reiche der Todten» рассказана басня о страшном заговоре, в котором будто участвовало не менее 300 юношей, готовых убить Голицына. Соловьев, XIV, 58.

[2] Posselt. Lefort, I, 819.

Дело в том, что между татарским ханом и князем Голицыным начались переговоры, результатом которых было не заключение какого-либо договора, или перемирия, или мира, а отступление русского войска.

Голицын и его товарищ, Неплюев, в официальных донесениях, а затем при судебном следствии, говорили, что не ими, а ханом были начаты переговоры; русские и поляки, находившиеся в плену у татар, напротив, уверяли, что инициатива переговоров принадлежала не хану, а Голицыну. Трудно решить, которое из этих показаний заслуживает бо́льшего доверия. Во всяком случае, из подробного сопоставления различных данных в источниках можно заключить, что Голицын действовал самовластно и произвольно; при решении вопроса о дальнейших военных действиях не спрашивали мнения опытных военачальников, как, например, Мазепы и Шеина; донесения Голицына, посылаемые в Москву, не соответствовали самому ходу событий. Нельзя удивляться, что образ действий Голицына в данном случае сильно содействовал его падению вскоре после этого неудачного похода. Слух о том, что Голицын был подкуплен татарами, как кажется, лишен основания. Источником этого слуха служили в основном рассказы русских, находившихся в татарском плену.[1]

Поход 1689 года дорого обошелся России. Лефорт, участвовавший в нем, писал к своим родственникам в Швейцарии: «русские потеряли 20 000 человек убитыми и 15 000 взятыми в плен, к тому же 70 пушек и множество других военных снарядов».[2] Из письма Гордона к графу Эрролю также видно, что потеря была значительна и что отступление, во время которого татары постоянно окружали русское войско, было сопряжено со страшными опасностями и затруднениями.[3]

Напрасно Голицын, ложными донесениями и пышными фразами о своих подвигах, старался выставить поход в самом выгодном свете. В русском обществе знали довольно подробно о печальном исходе дела и о жалкой роли, которую играло войско, как это видно, между прочим, из чрезвычайно резких замечаний о походе Ивана Посошкова в письме к боярину Головину, от 1701 года.[4]

За границею московское правительство также старалось распустить слух о победе, одержанной над татарами. Русский резидент в Варшаве,

---

[1] См. подробности о всех походе и о рассказах о подкупе у Устрялова, I, 217 и след., а также мое сочинение о Голицыне в журнале «Russische Revue», т. XIII. 298 и след.

[2] Posselt. Lefort, I, 399.

[3] Tagebuch Gordon's, II, 259 и след. III, 235 и след.

[4] Соч. Посошкова, изд. Погодиным, I, 280—281.

отправленный в Вену и в Венецию, должен был рассказывать там о поражении татарских орд, в количестве до полутораста тысяч человек, на полях Колончацких, о бегстве хана за Перекоп и о всеобщем ужасе татар.[1] Общею молвою Голицын думал заглушить истину и бесславное осьмидневное бегство пред татарами, сопряженное с несметною потерею людей, лошадей, обозов, хотел выставить таким «победительством, какого издавна не бывало».[2]

Во время похода Софья не раз писала к Голицыну. Письма эти свидетельствуют о близкой связи, существовавшей между правительницею и князем. «Свет мой, братец Васенька!» сказано в одном из этих писем, «здравствуй, батюшка мой, на многия лета! И паки здравствуй, Божиею и пресвятыя Богородицы милостию и твоим разумом и счастием победив Агаряне! Подай тебе, Господи, и впредь враги побеждать! А мне, свет мой, не верится, что ты к нам возвратишься; тогда поверю, как увижу в объятиях своих тебя, света моего», и пр. Когда Софья получила известие о предстоявшем возвращении Голицына в Москву, она писала: «Свет мой, батюшка, надежда моя, здравствуй на многия лета! Зело мне сей день радостен, что Господь Бог прославил имя Свое святое, также и Матери Своея, пресвятыя Богородицы, над вами, свете мой! Чего от века не слыхано, ни отцы наши поведоша нам такого милосердия Божия. Не хуже Израильских людей вас Бог извел из земли Египетския: тогда через Моисея, угодника Своего, а ныне чрез тебя, душа моя! Слава Богу нашему, помиловавшему нас чрез тебя! Батюшка мой, чем платить за такие твои труды несчетные? Радость моя, свет очей моих! Мне не верится, сердце мое! чтобы тебя, свет мой, видеть. Велик бы мне день тот был, когда ты, душа моя, ко мне будешь. Если бы мне возможно было, я бы единым днем тебя поставила пред собою» и пр.

«Если б ты так не трудился, никто бы так не сделал»,[3] заключила Софья одно из своих писем к Голицыну. Очевидно, она сама считала успех похода замечательным. Опять, как и в 1687 году, главного полководца и его товарищей в Москве ожидали награды.

Однако неудача сделалась известною. Несоответствие между фактическим ходом дела и официальными донесениями о походе должно было повлечь за собою роковые последствия и для Голицына, и для правительницы. Недаром в 1684 году Гордон в своей записке о Восточном вопросе

---

[1] Памятники дипломатических сношений, X, 1374.
[2] Устрялов, I, 240.
[3] Устрялов, I, 235 и 238.

заметил, что правители, начав неудачную войну, легко могут навлечь на себя гнев государей, как скоро они достигнут совершеннолетия.

Оказалось, что опасения опытного генерала имели основание. Государственный переворот, жертвами которого сделались Софья и Голицын, был неминуем.

Глава V. Падение Софьи

Петр, во все время правления Софьи, разве только при торжественных случаях, например, по случаю приема иностранных послов, играл роль царя. Для Ивана и Петра был сделан двойной трон, на котором они сидели при подобных церемониях.

Сохранилось известие о впечатлении, произведенном в 1683 году братьями на иностранцев при таком случае. Путешественник Кемпфер рассказывает следующее. Старший брат, надвинув шапку на глаза, с потупленным взором, сидел почти неподвижно; младший смотрел на всех с открытым, прелестным лицом, на котором, при обращении к нему речи, беспрестанно играла кровь юношества. Дивная красота его, говорит Кемпфер, пленяла всех присутствовавших, а живость приводила в замешательство степенных сановников московских. Когда посланник подал верительную грамоту, и оба царя должны были встать в одно время, чтобы спросить о королевском здоровье, младший не дал времени дядькам приподнять себя и брата, как требовалось этикетом, быстро встал со своего места, сам приподнял царскую шапку и бегло заговорил обычный привет: «Его королевское величество, брат наш, Каролус Свейский, по здорову ль?» Петру было тогда с небольшим 11 лет; но Кемпферу он показался не менее 16 лет.[1]

О жалком впечатлении, производимом царем Иваном, в противоположность свежести и здоровью Петра, особенно подробно говорит цесарский посол Хёвель (Hövel), бывший в Москве в 1684 году.[2] Врач Рингубер, около этого же времени видевший Петра, с восхищением упоминает о красоте и уме юного царя, замечая, что природа щедро одарила его.[3]

---

[1] См. соч. Аделунга о бароне Мейерберге. Спб., 1827, стр. 349 и 350.

[2] «Czarus Joannes ein gantz ungesunder contracter blinder Herr, dem die Haut gar uber die Augen gewachsen... wie dan nicht wol einzubilden, dass es also lange in duobus simul bestehen werde». Adelung, Übersicht der Reisenden in Russland. II, 373.

[3] Adelung. II, 373.

Трон царей Петра и Ивана Алексеевичей.
С рисунка, находящегося в «Древностях Российского Государства».

Нельзя удивляться тому, что, когда Гордон в 1684 году находился в Москве и должен был иметь аудиенцию при дворе, он ждал выздоровления хворавшего в то время оспою царя Петра, чтобы не быть принятым одним Иваном. Когда Гордон был у последнего, царь Иван был как-то печален и оставался совершенно безмолвным.[1]

Из донесений барона Келлера Генеральным Штатам видно, как сильно беспокоились иностранцы, проживавшие в Москве, по случаю болезни Петра в 1684 году. Когда он выздоровел, были устроены празднества, к которым приглашались Голицын и другие вельможи. Вообще, в депешах Келлера часто говорится о Петре, его занятиях и увеселениях, о добрых отношениях его к брату Ивану и т. п. В 1685 году он пишет: «Молодому царю ныне пошел тринадцатый год; он развивается весьма успешно, велик ростом и держит себя хорошо; его умственные способности замечательны; все его любят. Особенное внимание он обращает на военные дела; без сомнения, от него можно при совершеннолетии ожидать храбрых и славных подвигов, в особенности в борьбе с крымскими татарами.[2]

О солдатских играх Петра во время правления Софьи сохранились отчасти весьма недостоверные данные. Менее всего заслуживают внимания анекдоты о потешном войске, служившем будто бы исходною точкою новой военной организации в России, и о мнимом значении в этом деле Лефорта. В настоящее время нет сомнения в том, что Петр познакомился с Лефортом не раньше, как после государственного переворота 1689 года. Не раз в последнее время был исследован вопрос о времени начала потешного войска, вопрос о том, должно ли отнести это начало к 1682, или к 1683, или же к 1687 году, вопрос, в сущности, не особенно важный.[3]

Из архивных данных мы узнаем, что солдатские игры, бывшие в ходу, как мы видели, и до 1682 года, продолжались в том же виде и после кризиса, случившегося весною этого года. Молодому царю доставлялись барабаны, копья, знамена, деревянные пушки, сабли и пр. Сохранились и имена некоторых лиц, доставлявших царю эти предметы; между ними встречаются лица, занимавшие впоследствии важные посты: Стрешнев, Головкин, Шереметев, Борис Голицын, Лев Кириллович Нарышкин. Упоминается также о немецком офицере Зоммере, который, прибыв в Россию в 1682 году, устроил, 30-го мая 1683 года, в день рождения Петра, в селе Воробьеве потешную огнестрельную стрельбу пред великим государем.[4]

---

[1] Tagebuch Gordon's. II, 11.
[2] Posselt, Lefort. I. 406, 409, 410.
[3] См. Устрялова, I, 23—25 и 327—331, а также Погодина, стр. 149—811.
[4] Погодин, 100 и след.

Сохранились имена некоторых товарищей Петра в потешном войске; из них только Меншиков сделался знаменитостью.[1] Как кажется, в 1687 году солдатские игры Петра приняли бо́льшие размеры. Число молодых людей, в них участвовавших, росло значительно. То в Преображенском, то в Семеновском, то в селе Воробьеве были устраиваемы маневры. Здесь именно и было положено начало русской гвардии. По настоящее время близ села Преображенского еще сохранились следы сооруженной тогда небольшой крепости, носившей название Пресбурга.[2] Начиная с 1688 года, Петр не раз обращался для укомплектования своего войска к генералу Гордону; 7-го сентября он через нарочного требовал, чтобы Гордон прислал ему из своего полка пять флейтщиков и столько же барабанщиков. Василий Васильевич Голицын был крайне недоволен, что эти люди были отправлены к царю без его ведома. Вскоре после этого Петр вновь потребовал еще несколько барабанщиков, и Гордон, одев пять человек в голландское платье, отправил их к царю. Очевидно, Гордон понимал, что угождать Петру — дело выгодное. В борьбу партий, о которой Гордон пишет уже осенью 1688 года, он не вмешивался, но зато искал случаев доставлять удовольствие юному царю. 9-го октября, осматривая свой полк в слободе, он выбрал 20 флейтщиков и 30 маленьких барабанщиков «для обучения». Очевидно, эти люди были назначены для потешного войска Петрова. 13-го ноября потребовали всех барабанщиков Гордонова полка к царю Петру, и сверх того 10 человек взяты в конюхи.[3]

Из этих данных видно, что военные игры Петра принимали все бо́льшие и бо́льшие размеры и обращали на себя внимание современников.[4] Любопытно, что юный царь, при всем этом, нуждался в помощи и наставлении иностранцев. В качестве полковника Преображенского потешного войска упоминается лифляндец Менгден. Врачом Петра в это время был голландец фан-дер-Гульст.

Петр сам впоследствии рассказывал подробно, в введении к Морскому регламенту, о начале морского дела в России, как после постройки, в царствование царя Алексея, корабля «Орел» оставались жить в Москве некоторые иностранцы, и между ними корабельный плотник Карстен

---

[1] Posselt, I, 406, где указано на исследования генерала Рача.
[2] Там же, I, 412.
[3] Дневник Гордона, II, 227, 231, 236.
[4] См. также некоторые данные о поставки в Преображенское и в Коломенское разных предметов, как то: пороху, кремней, шомполов, свинцу и пр. у Погодина, 112.

Брант, затем как он, Петр, просил отправляемого во Францию князя Долгорукого купить ему астролябию и, наконец, как он, гуляя в Измайлове, нашел в амбаре английский бот и пр.¹

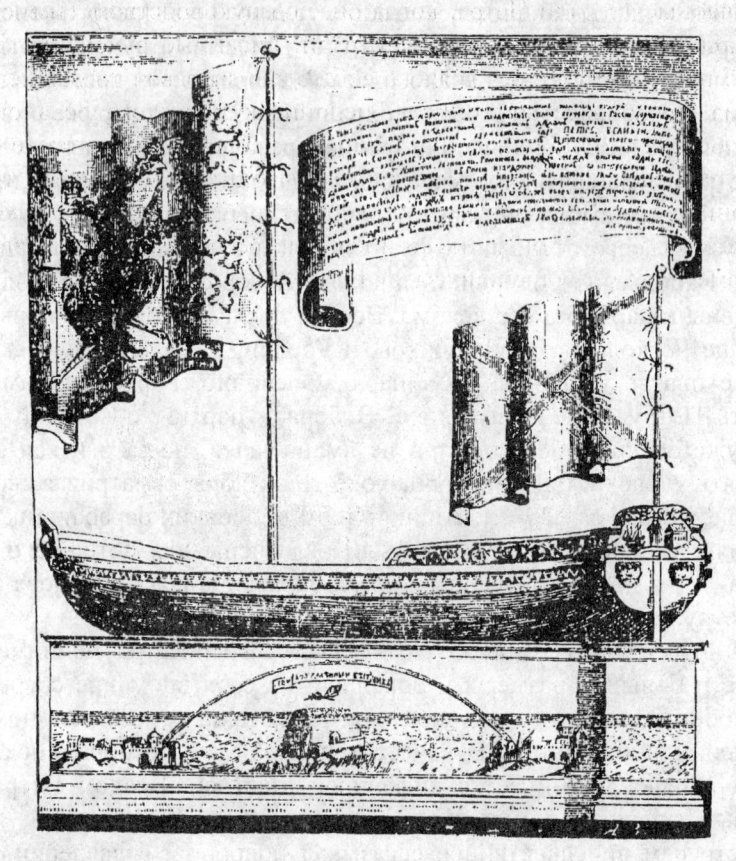

Измайловский ботик.
В настоящем его виде.

При этих случаях, через посредство доктора фан-дер-Гульста, он познакомился с Карстеном Брантом и с голландцем Францем Тиммерманом. Начались потешные поездки, сначала по реке Яузе, затем на Просяном пруде, наконец, на Переяславском озере, а потом уже появилась охота видеть и море.

¹ Устрялов, II, 398—399.

Брант и Тиммерман, люди скромные, простые ремесленники, представители среднего класса, сделались товарищами и наставниками царя. В последнем развилась охота учиться геометрии и фортификации. Сохранились и учебные тетради Петра, когда он, под руководством Тиммермана, изучал арифметику и геометрию; тетради, писанные рукою нетвердою, очевидно непривычною, без всякого соблюдения правил тогдашнего правописания, со множеством описок, недописок и всякого рода ошибок. Свидетельствуя с одной стороны, как было небрежно воспитание Петра, который на шестнадцатом году едва умел выводить, с очевидным трудом, буквы, они, с другой стороны, удостоверяют, с каким жаром, с какою понятливостью принялся он за науки и как быстро переходил от первых начал арифметики до труднейших задач геометрии.[1]

«Fortuna», ботик Петра I на Переяславском озере.
В настоящем его виде.

В это время некоторым образом роль дядьки юного царя Петра играл князь Борис Алексеевич Голицын, двоюродный брат Василия Васильевича. Барон Келлер в донесении 1686 года называет его «близким советником и другом» царя. И он, подобно Василию Васильевичу Голицыну, принадлежал к числу тех немногих русских вельмож, которые находились в довольно оживленных сношениях с жителями Немецкой слободы и владели разными языками. Келлер, Лефорт, Гордон отзывались довольно выгодно о Борисе Голицыне; они знали его короче, чем Нёвиль, называвший его неучем, человеком без всякого стремления к образованию, пьяницею. Из дневника Корба мы узнаем, что дети Бориса Алексеевича воспитыва-

---

[1] Устрялов, II, 19.

лись польскими наставниками и что в его доме проживали польские музыканты.[1] Из введения к изданной в Оксфорде в 1696 году и посвященной князю Борису Голицыну грамматике русского языка видно, что он считался хорошим знатоком латинского языка. В его письмах к царю Петру местами встречаются латинские слова и выражения. Можно думать, что Борис Алексеевич Голицын своим образованием далеко уступал Василию Васильевичу Голицыну. Однако мы знаем, что он был хорошо знаком с весьма тщательно образованным Андреем Артамоновичем Матвеевым, с датским резидентом Бутенантом фон-Розенбушем и другими лицами, принадлежавшими к лучшему обществу того времени. Нельзя сомневаться в том, что он любил попойки, и в этом отношении был также товарищем Петра. Для последнего особенно важным обстоятельством было то, что связи, наклонности и общественное положение Бориса Голицына доставили ему возможность служить посредником между юным царем и жителями Немецкой слободы, которым было суждено сделаться наставниками царя.

О матери Петра, царице Наталье Кирилловне, мы знаем только, что она в это время была недовольна прогулками Петра на воде[2] и, как увидим ниже, раздражалась образом действий Софьи. Она женила Петра, быть может, в надежде, что он привыкнет сидеть дома, вместо того чтобы заниматься постройкою судов в Переяславле. Невестой молодому царю была избрана Евдокия Феодоровна Лопухина, дочь окольничьего Феодора Абрамовича, и 27-го января 1689 года состоялось бракосочетание.

Правительница Софья видела, как вырастал ее брат, Петр, между тем как царь Иван, впрочем, также женившийся в это время, в некотором смысле всегда оставался несовершеннолетним: можно было ожидать, что Петр скоро будет в состоянии взять в руки бразды правления. Есть основание думать, что вследствие этого Софья мечтала, как бы удержать за собою хотя некоторую долю власти; она приняла меры для превращения, буде возможно, двоевластия в троевластие. Тотчас же после заключения вечного мира с Польшею она присвоила себе титул самодержицы.[3] С того времени, все правительственные бумаги являлись с означенным титулом. В этом чрезвычайно смелом действии царевны заключалось нарушение

---

[1] Korb. Diarium itineris, 66.
[2] См. письма Петра к матери, у Устрялова, II, 29.
[3] П. С. З., № 1187.

прав братьев ее. Софья своим поступком наделала шуму. Барон Келлер доносил своему правительству: «здесь сомневаются, чтобы младший царь, достигнув совершеннолетия, оставался доволен таким поступком».[1] Мы не знаем, как думал сам Петр об этом деле; зато сохранилось известие о резком замечании, сделанном по этому поводу царицею Натальею Кирилловною. «Для чего учала она», сказала царица о Софье, «писаться с великими государями обще? У нас люди есть, и того дела не покинут».[2]

Франц Тиммерман.
С портрета того времени, находящегося на гравюре Шхонебека «Взятие Азова».

Пока, однако ж, никакой открытой борьбы не было. Софья начала действовать еще смелее. Накануне дня св. митрополита Алексея, 19-го мая 1686 года, она торжественно явилась перед народом, как никогда не являлись даже царицы. Рядом с царями она стояла в храме и вообще участвовала во всей церемонии в Чудовом монастыре. Такие случаи повторялись чаще и чаще.

---

[1] Pusselt, I, 410.
[2] Устрялов, II, 35—36.

Царевна Софья Алексеевна.
С весьма редкого портрета того времени, гравированного в Голландии Блотелингом.

Все это возбуждало негодование в кругу приверженцев и родственников царя Петра. Особенно резко высказывались относительно образа действий царевны князь Борис Алексеевич Голицын и Лев Кириллович Нарышкин. Клевреты Софьи, узнав об этом, сильно беспокоились и находились в раздражении. Утешая Софью, Шакловитый говаривал: «чем тебе, государыня, не быть, лучше царицу известь». Даже Василий Васильевич Голицын, как рассказывали, выразил такую же мысль, замечая: «для чего и прежде вместе с братьями ее не ушли? Ничего бы теперь не было». Шакловитый, склонный к энергичным действиям, распорядился об арестовании некоторых подозрительных людей и собственноручно пытал их за то, что они сожалели о номинальном лишь царствовании Петра. Лиц, неосторожно выражавших свою безусловную приверженность Петру, наказывали строго — вырезанием языка, отсечением пальцев и т. п.

Опять, как в 1682 году, начались тайные сношения между Софьею и стрельцами. В августе 1687 года в селе Коломенском она сказала Шакловитому: «если бы я вздумала венчаться царским венцом, проведай у стрельцов, какая будет от них отповедь». Ответ стрельцов был уклончивый; они не хотели подать челобитную о принятии Софьею короны.

Все подробности этих событий сделались известными позднее, в 1689 году, из следствия, произведенного над Шакловитым и его товарищами, источника довольно мутного. Показания, данные в застенке, нельзя считать вполне соответствующими фактам. Но все-таки, не обращая внимания на частности, мы, благодаря этим данным, не можем сомневаться в самом существовании агитации, интриг, направленных против приверженцев и родственников царя Петра, и связях, возникших между правительницею и стрельцами.

Как кажется, Софья и ее приверженцы распространяли слухи о мнимом заговоре Натальи Кирилловны, Бориса Голицына и патриарха против Софьи и говорили о необходимости мер против заговорщиков. Разными способами старались вооружить стрельцов не столько против самого Петра, сколько против его матери. Однако, как кажется, и жизнь самого Петра находилась в некоторой опасности. Когда в 1697 году казнили полковника Цыклера за покушение на жизнь Петра, он перед казнью сделал следующее показание: «перед Крымским первым походом царевна его призывала и говаривала почасту, чтоб он с Федькою Шакловитым над государем учинил убийство. Да и в Хорошове, в нижних хоромах, призвав его к хоромам, царевна в окно говорила ему про то ж, чтоб с Шакловитым над государем убийство учинил, а он ей в том отказал» и пр.[1] Филипп Сапогов, бывший в числе главных клевретов Софьи, при следствии 1689 года упорно уличал Шакловитого в посягательстве на жизнь Петра. «Много раз подговаривал меня Шакловитый», извещал Сапогов при розыске, «как пойдет царь в поход, бросить на пути ручные гранаты или украдкою положить их в потешные сани; также зажечь ночью несколько дворов в Преображенском и во время смятения умертвить государя». Шакловитый запирался в умысле на жизнь Петра.[2] Как бы то ни было, если даже мысль о покушении на жизнь Петра может подлежать сомнению, то нельзя сомневаться в честолюбивых умыслах Софьи.

Был сделан портрет Софьи в короне, с державою и скипетром и надписью, в которой Софья названа «самодержицею». Вокруг этой надписи Шакловитый с Медведевым придумали аллегорические изображения семи даров духа или добродетелей царевны: разума, целомудрия, правды, надежды, благочестия, щедроты и великодушия. С этого портрета печатались оттиски на атласе, тафте, объяри, также на бумаге и раздавались разным людям. Один оттиск портрета был послан в Голландию, к амстердамскому бургомистру Витзену, с просьбою снять с него копию и надписать полное именование царевны вместе с виршами на латинском и немецком языках, чтобы, по словам Шакловитого, «такая же была слава великой государыне за морем, в иных землях, как и в Московском государстве». Витзен исполнил это желание, и более сотни отпечатанных в Голландии оттисков прислал в Москву.[3]

Между тем, для многих становилось очевидным, что распря между Софьею и Петром приближается к развязке. Уже в сентябре 1688 года Гордон в своем дневнике употребляет выражение «партии», говоря о приверженцах Петра и о клевретах Софьи. Так, например, мы узнаем, что Петр призвал к себе одного подьячего и расспрашивал его, что, как замечает Гордон, возбудило неудовольствие «другой партии». Довольно характеристично следующее обстоятельство: Петр 23-го ноября 1688 года отправился на богомолье в один из монастырей в окрестностях столицы; он возвратился оттуда 27-го ноября, а три дня спустя туда же отправились царь Иван и Софья. Есть еще другой факт, рисующий нам антагонизм между Софьею и Петром. 29-го июня 1689 года у Гордона отмечено: «хотя в этот день были именины младшего царя, но никакого празднества не было».

---

[1] Соловьев, XIV, 248.
[2] Устрялов, II, 37—45.
[3] Там же, II, 47.

Иностранцы ожидали, что Петр скоро станет принимать участие в делах. Барон Келлер писал 13-го июля 1788 года: «молодой царь начинает обращать на себя внимание умом, сведениями и физическим развитием; он ростом выше всех царедворцев. Уверяют, что его скоро допустят к исполнению суверенной власти. При такой перемене дела примут совершенно иной оборот».[1]

Князь Борис Алексеевич Голицын.
С портрета, находящегося в картинной галерее Н.И. Путилова.

Уже в январе 1688 года Петр участвовал в заседании думы.[2] Шведский дипломат Кохен, в письме от 16-го декабря 1687 года, замечает: «теперь царя Петра стали ближе знать, так как Голицын обязан ныне докла-

---
[1] Posselt, I, 416.
[2] Об этом пишут Келлер и Гордон.

дывать его царскому величеству обо всех важных делах, чего прежде не бывало»; в письме от 10-го февраля 1688 года: «Петр посещает думу и, как говорят, недавно ночью секретно рассматривал все приказы»; в письме от 11-го мая 1688 года: «кажется, что любимцы и сторонники царя Петра отныне примут участие в управлении государством; несколько дней тому назад брат матери его, Лев Кириллович Нарышкин, пожалован в бояре» и пр.[1] Впрочем, судя по некоторым другим данным, Петра в это время занимали более военные игры и прогулки на воде, нежели государственные дела.

Новодевичий монастырь в XVIII столетии.
Со старинной гравюры.

И в чужих краях удивлялись такому странному соцарствованию трех лиц, какое учредилось тогда в России. Когда русский посланник Волков сообщил в Венеции, что царевна Софья «соцарствует», один из сенаторов заметил: «дож и весь сенат удивляются, как служат их царскому величеству подданные их, таким превысоким и славным трем персонам государским». Нужно было ожидать случая, когда для подданных окажется невозможным служить вместе «трем персонам». Таким случаем могло быть любое несогласие между «тремя персонами».

---

[1] См. донесения Кохена, сообщенные К. А. Висковатовым в «Русской Старине», сентябрь, 1878, II, 124 и след.

Окончательный разлад обнаружился около того времени, когда войска возвратились из второго Крымского похода. 8-го июля 1689 года был крестный ход по случаю праздника Казанской Божией Матери. Когда кончилась служба и подняли иконы, Петр сказал Софье, чтобы она в ход не ходила. Она не послушалась, взяла образ, сама понесла и явилась народу в полном сиянии смиренного благочестия. Петр вспыхнул, не пошел за крестами и уехал из Москвы. 25-го июля праздновалось тезоименитство старшей из царевен, Анны Михайловны. Петра ждали в Москву. Шакловитый приказал стрельцам, в числе 50 человек, быть в Кремле с ружьями и стать близ Красного Крыльца, под предлогом охранения царевны от умысла потешных. Однако столкновения не произошло. Петр приехал, поздравил тетку и уехал обратно в Преображенское.[1]

В это же время между Софьею и Петром возник спор по поводу Крымского похода. Правительница желала наградить Голицына, Гордона и других военачальников. Петр не соглашался на это. Только 26-го июля его с трудом уговорили дозволить раздачу наград. Гнев Петра обнаружился в тот самый день, когда он не хотел допустить к себе полководцев и офицеров для выражения благодарности за полученные награды. Гордон в своем дневнике сообщает о разных слухах, распространившихся в офицерских кружках: каждый понимал, что Петр нехотя согласился на эти награды, и все предвидели при дворе катастрофу. Никто, однако, замечает Гордон, не смел говорить о том, хотя все знали о случившемся.[2]

Москва и Преображенское представляли как бы два враждебные лагеря. Обе партии ожидали друг от друга нападения и обвиняли друг друга в самых ужасных умыслах.

Партия Петра взяла верх. Побежденные, при следствии, произведенном после развязки, явились подсудимыми. При тогдашнем состоянии судопроизводства мы не можем надеяться на точную справедливость показаний в застенке. Поэтому мы не имеем возможности определить меру преступлений противников Петра и не можем считать доказанным намерение последних убить самого царя; зато нельзя сомневаться в том, что деятельность Шакловитого была направлена преимущественно против матери и дяди Петра, а также против Бориса Голицына. Нельзя, далее, сомневаться в том, что при ожесточении враждебных партий опасность кровопролития была близка. Правительница располагала стрельцами, партия

---

[1] Устрялов, II, 50—51.
[2] Tagebuch Gordon's, II, 267.

Петра — потешным войском. Нельзя удивляться тому, что последняя считала себя слабейшею. Этим объясняется удаление Петра и его приверженцев в Троицкий монастырь.

7-го августа стрельцы густою толпою собрались у Кремля. Мы не в состоянии утверждать, что они были созваны с целью сделать нападение на Преображенское. Быть может, Софья считала эту меру необходимою для обороны, в случае нападения потешного войска на Кремль. Когда, два дня спустя, Петр велел спросить правительницу, с какою целью она собрала около себя столько войска, она возразила, что, намереваясь отправиться на богомолье в какой-то монастырь, считала нужным созвать стрельцов для ее сопровождения.[1]

Как бы то ни было, созвание войска сделалось поводом к окончательному разладу. Ночью явились в Преображенском никоторые стрельцы и другие лица[2] с известием, что в Москве «умышляется смертное убийство на великого государя и на государыню царицу». Петра немедленно разбудили; он ужасно перепугался. Гордон рассказывает: «Петр прямо с постели, не успев надеть сапог, бросился в конюшню, велел оседлать себе лошадь, вскочил на нее и скрылся в ближайший лес; туда принесли ему платье; он наскоро оделся и поскакал, в сопровождении немногих лиц, в Троицкий монастырь, куда, измученный, приехал в 6 часов утра. Его сняли с коня и уложили в постель. Обливаясь горькими слезами, он рассказал настоятелю лавры о случившемся и требовал защиты. Стража царя и некоторые царедворцы в тот же день прибыли в Троицкий монастырь. В следующую ночь были получены кое-какие известия из Москвы. Внезапное удаление царя распространило ужас в столице, однако клевреты Софьи старались держать все дело в тайне или делали вид, будто оно не заслуживает внимания».

Как видно, Петр прежде всего думал о своей личной безопасности и даже в первом испуге не заботился о спасении своих родственников. Для него, так же, как и для Софьи в 1682 году, Троицкий монастырь сделался убежищем: тут можно было защищаться и, в случае необходимости, выдержать осаду.

Спрашивалось теперь, которое из двух правительств, московское или троицкое, возьмет верх, т. е. будет признано народом, общим мнением, за настоящий государственный центр. Вопрос этот оставался открытым в

---

[1] Tagebuch Gordon's, II, 268.

[2] Устрялов, II, 68. О других лицах сказано у Гордона, II, 268.

продолжение нескольких недель, от начала августа до середины сентября. Однако очень скоро после появления Петра в Троицкой лавре обнаруживается некоторый перевес юного царя, главным советником которого в это время был Борис Голицын. К людям расчетливым, предвидевшим торжество Петра, принадлежал, и полковник Цыклер, до тех пор пользовавшийся доверием правительницы. Он сумел устроить дело так, что в Москве было получено приказание Петра немедленно отправить к нему в Троицкую лавру Цыклера с 50 стрельцами. После некоторых «совещаний и отговорок», как рассказывает Гордон, в Москве решились отправить Цыклера в лавру. Здесь он, разумеется, сделал довольно важные сообщения относительно замыслов Софьи и ее клевретов. Его показания — им даже была подана записка — не дошли до нас. Нельзя считать вероятным, чтобы показания человека, изменившего Софье, а впоследствии и Петру, вполне соответствовали истине.

В Москве тем временем показывали вид, что не придают никакого значения удалению Петра в лавру. «Вольно же ему», говорил Шакловитый о Петре, в тоне презрения, «взбесяся, бегать»; Однако Софья все-таки считала нужным принять меры для примирения с братом. С этой целью она отправила в лавру, одного за другим, боярина Троекурова, князя Прозоровского, наконец, патриарха Иоакима.

Между тем, царь, получив с разных сторон известия о намерениях сестры, приказал, чтобы стрельцы и прочие войска тотчас же были отправлены к нему в лавру. Софья, напротив, велела созвать во дворец всех полковников со многими рядовыми и объявила им, чтобы они не мешались в распрю ее с братом и к Троице не ходили. Полковники недоумевали, колебались. Софья сказала им: «кто осмелится идти к Троице, тому велю я отрубить голову». То же объявлено и в солдатских полках. Генералу Гордону, начальнику Бутырского полка, сам Голицын сказал, чтобы он без указа не трогался из Москвы.

Петр повторил приказание, немедленно отправить к нему войско, но в Москве нарочно был распространен слух, что эти мнимые приказания присланы без ведома царя. Таким образом, до конца августа в Троицкой лавре находилось немного войска. Однако Софья все-таки считала нужным, после того как посланные в Троицу для объяснений клевреты ее, Троекуров и Прозоровский, не имели успеха, отправить для переговоров патриарха. Иоаким поехал и нашел для себя выгодным остаться у Петра. Такого рода случаи, без сомнения, должны были действовать сильно на общественное мнение.

Село Измайлово в XVIII столетии.
С весьма редкой гравюры того времени.

Петр I в селе Измайлово.
Гравюра Кезеберга и Эртеля в Лейпциге с картины Мясоедова.

27-го августа в Троицкую лавру отправились некоторые стрелецкие полковники с несколькими сотнями стрельцов. Есть основание думать, что и от них Петр получил разные сведения о намерениях Софьи, Шакловитого и В. В. Голицына. По совету последнего в лавру были отправлены вслед за тем некоторые стрельцы, пользовавшиеся особенным доверием Софьи, с целью уговорить уже находившихся в лавре стрельцов возвратиться в Москву. Все это оказалось безуспешным.

При таких обстоятельствах Софья сама решилась отправиться в лавру; однако в селе Воздвиженском, в 10 верстах от монастыря, ее остановил комнатный стольник Бутурлин, объявив волю государя, чтобы она в монастырь не ходила. «Конечно, пойду», отвечала она с гневом; но вскоре прибыл из лавры боярин князь Троекуров и объявил, что в случае прихода ее в лавру «с нею поступлено будет нечестно».

Тотчас же после возвращения Софьи в Москву туда прибыл из Троицы полковник Нечаев, с требованием от имени царя выдачи Шакловитого, Медведева и других лиц, приближенных Софье. Медведев спасся бегством к польской границе; другие спрятались в самой Москве; для бегства Шакловитого были сделаны некоторые приготовления: у заднего крыльца Кремлевского дворца для него стояла оседланная лошадь, у Новодевичьего монастыри находился наготове экипаж. Однако он не решился бежать, опасаясь, что стрельцы остановят его. Василий Васильевич Голицын, упав духом, удалился на время в одно из своих подмосковных имений. И при дворе, и вообще в столице распространилось уныние. Стрельцы казались склонными перейти на сторону Петра. Гордон 1-го сентября сам видел около Кремля многих стрельцов, наблюдавших за тем, чтобы не бежали главные противники Петра. Требование выдачи Шакловитого, как рассказывает Гордон, произвело сильное впечатление: народ был поражен; большинство, по словам Гордона, решило оставаться спокойным и ждать, чем кончится дело.

Одна Софья действовала. То она принимала у себя стрельцов, то говорила с толпою народа, объясняя всем подробно положение дела и стараясь привлечь всех на свою сторону. Гордон, следивший за всем этим, удивлялся ее бодрости, неутомимости и красноречию. Она выставляла на вид, что вся распря ее с братом была лишь следствием коварства клевретов Петра, желавших лишить жизни ее и царя Ивана, и умоляла присутствовавших не изменять ей. Когда приехал Нечаев, Софья, в первом порыве гнева, приказала отрубить ему голову, но затем изменила свое решение, и Нечаев остался в живых.

Обе враждебные партии решились обратиться к народу. Шакловитый написал манифест, в котором говорилось о причинах разлада и обвинялись Нарышкины в крамоле против царя Ивана. Этот манифест остался лишь в проекте. Зато Петр, не упоминая о распре с сестрою, обратился к городам и областям с призывом о доставлении денег и съестных припасов в Троицкую лавру. Московское правительство, с своей стороны, запретило всем и каждому возить деньги и припасы в Троицу, требуя, чтобы все это, как и прежде, доставлялось в Москву. Таким образом, можно было ожидать столкновения враждовавших между собою партий, тем более, что стрельцы, находившиеся в Троице, предлагали свои услуги вооруженною рукою привлечь к суду находившихся в Москве противников царя. Благодаря умеренности советников Петра, кровопролития не произошло.

Тем временем шла переписка между родственниками, князем Борисом и князем Василием Голицыными. Князь Борис писал, чтобы двоюродный брат приехал в лавру и этим заслужил расположение царя Петра; князь Василий уговаривал Бориса, чтобы тот старался примирить обе стороны. Несчастный друг Софьи медлил решением и пока оставался в Москве.

Софья все еще располагала значительными средствами. Иноземцы-офицеры, игравшие весьма важную роль в войске, все еще находились в Москве. Между ними были люди, которые, как, например, Гордон, занимали видное место в обществе: к ним Петр пока еще не обращался. Однако им становилось чрезвычайно неловко. Они были в недоумении, отправиться ли к Петру или оставаться в Москве. 1-го сентября распространился слух, что Гордон получил из Троицы особое послание; однако этот слух оказался неосновательным. Гордон начал считать свое положение довольно опасным, и поэтому когда 2-го сентября некоторые лица из Немецкой слободы отправились к Троице, он поручил одному из этих лиц доложить царю, что иноземцы вообще не идут к Троице только потому, что не знают, будет ли ему приятен их приход или нет. «Все соединилось к ускорению важной перемены», говорит Гордон в своем дневнике в это время, — и действительно, развязка приближалась.

4-го сентября в Немецкой слободе появилась царская грамота, в которой Петр приказывал всем иностранным генералам, полковникам и офицерам, в полном вооружении и на конях, отправиться к Троице. Решиться было нетрудно. Однако Гордон, намереваясь исполнить желание царя, считал своим долгом сообщить об этом Голицыну. Последний был сильно смущен, но не считал удобным или возможным препятствовать удалению иноземцев. Как скоро в Немецкой слободе узнали о решении

Гордона, все тотчас же приготовились к отъезду в Троицкую лавру, где по прибытии были приняты царем весьма ласково. Гордон сам придает своему образу действий в настоящем случае большое значение. «Прибытие наше в Троицкий монастырь», пишет он, «было решительным переломом; после того все начали высказываться громко в пользу младшего царя».[1]

Между тем и стрельцы, оставшиеся в Москве, начали действовать в пользу Петра. Они схватили некоторых лиц, считавшихся заговорщиками против Петра, и отправили их к Троице. Потом они настаивали на выдаче царю самого Шакловитого. Софья сначала не соглашалась на исполнение этого требования, но, наконец, не могла не уступить. Шакловитого отправили в лавру, где он тотчас же был подвергнут пытке и казнен.

Есть основание думать, что, при судебном следствии, произведенном над Шакловитым, и при решении его дела играло довольно важную роль некоторое пристрастие. Шакловитый считался опасным противником бояр. Теперь они имели возможность отмстить ему. Судьями были люди партии; самое следствие имело не столько характер судопроизводства, сколько значение политической меры. Сохранилось известие о том, что сам царь относился к Шакловитому несколько мягче, чем некоторые из окружающих его лиц. Бояре требовали, чтобы Шакловитого до казни еще раз подвергли пытке; Петр отвечал, что им не пригоже мешаться в это дело. Рассказывается также, что Петр сначала не соглашался на казнь Шакловитого и его сообщников, но что патриарх уговорил его казнить Шакловитого.[2]

Судьба Василия Васильевича Голицына свидетельствует о том значении, которое имели вельможи в подобных делах. Он, пожалуй, мог считаться менее виновным, чем Шакловитый, но едва ли он избег бы казни, если б не имел заступника в своем двоюродном брате, Борисе. 7-го сентября он, наконец, решился добровольно отправиться к Троице. Сначала не хотели впустить его в монастырь; затем ему было приказано стать на посаде и не съезжать до приказа. Гордон побывал у князя и нашел его в раздумье — «не без причины», как замечает Гордон. Два дня спустя, Голицыну и сыну его был прочитан указ, что они лишаются чести, боярства, ссылаются с женами и детьми в Каргополь и что их имение описывается на государя. Голицын с

---

[1] Устрялов находить показание Гордона несправедливым; по его мнению, все дело уже давно было решено в пользу Петра, II, 74. Зато Соловьев соглашается с Гордоном, замечая: «в такое время натянутого ожидания и нерешительности, всякое движение в ту или другую сторону чрезвычайно важно, сильно увлекает». XIV, 130.

[2] Tagebuch Gordon's, II, 83.

семейством был отправлен сначала в Яренск, затем в Пинегу. В 1693 году на основании ложного доноса возобновилось следствие над Голицыным, и его положение ухудшилось. Он умер в 1714 году. Обвинение в 1689 году относилось к неудаче в Крымских походах и к титулу Софьи, как «самодержицы»; в других преступлениях его не обвиняли.

Можно удивляться такой мягкости в обращении с Голицыным. Противники его были чрезвычайно недовольны. Гордон пишет, что все знали о значении Голицына в партии Софьи и были убеждены в том, что он по крайней мере знал об умыслах против Петра, если и не был главным их зачинщиком. К этому Гордон прибавляет, что только семейным связям Голицын был обязан спасением от пытки и казни. Этим, замечает Гордон, Борис Голицын навлек на себя гнев народа и родственников Петра; особенно царица Наталья Кирилловна была возбуждена против Бориса Голицына. Все это, однако, пока не мешало последнему оставаться другом и советником царя.[1]

Ужаснее была судьба Медведева. Его схватили в одном монастыре близ польской границы, привезли в Троицкую лавру, пытали и заключили в монастырь. В 1693 году следствие над ним было возобновлено по случаю новых показаний, обличавших его в разных умыслах. Он был подвергнут страшным истязаниям и казнен мучительным образом. Есть основание думать, что религиозная нетерпимость противников ученого монаха имела некоторое значение в катастрофе Медведева, считавшегося способным искать патриаршества.[2]

Оставалась одна царевна. И ее судьба должна была решиться. Из Троицы Петр написал к брату Ивану письмо, в котором между прочим было сказано: «Милостию Божиею, вручен нам, двум особам, скипетр правления, а о третьей особе, чтобы быть с нами в равенственном правлении, отнюдь не вспоминалось. А как сестра наша, царевна Софья Алексеевна, государством нашим учала владеть своею волею, и в том владении, что явилось особам нашим противное, и народу тягости и наше терпение,

---

[1] Gordon's Tagebuch. II, 280—287. О судьбе В. Голицына в иноземной литературе встречается страшная путаница, см. Нёвиля, стр. 167, и брошюру «Copia litterarum ex Stolicza Metropoli Moschorum imperil de proditione archistrategi Golliczin scriptarum etc». Разбор всего этого в моей статье «Материалы для источниковедения истории Петра Вел.» в Журн. Мин. Нар. Пр. 1879, август, стр. 280—283.

[2] Соловьев, XIV, 136—137. Непосредственно до казни Медведева, его упрекали в чтении опасных книг. См. соч. Пекарского: «Наука и литература при Петре Вел.», I, 5.

о том тебе, государь, известно... А теперь настоит время нашим обоим особам Богом врученное нам царствие править самим, понеже пришли есмы в меру возраста своего, а третьему зазорному лицу, сестре нашей, с нашими двумя мужескими особами в титле и в расправе дел быти не позволяем; на тоб и твояб, государя, моего брата, воля склонилася, потому что учала она в дела вступать и в титла писаться собою без нашего изволения, к тому же еще и царским венцом, для конечной нашей обиды, хотела венчаться. Срамно, государь, при нашем совершенном возрасте, тому зазорному лицу государством владеть мимо нас».[1]

О судьбе, ожидавшей «зазорное лицо», в этом письме не сказано ни слова. Письмо было писано между 8 и 12 сентября. Вскоре после этого царским указом повелено исключить имя царевны из всех актов, где оно доселе упоминалось вместе с именем обоих государей. Затем был послан в Москву боярин князь Троекуров, просить Софью удалиться из Кремля в Новодевичий монастырь. Софья медлила исполнением желания царя. Только в последних числах сентября она переселилась в монастырь. Здесь она была окружена многочисленною прислугою, имела хорошо убранные кельи и все необходимое для спокойной жизни; только не имела свободы выезжать из монастыря и могла видеться единственно с тетками и сестрами, которым дозволялось навещать ее в большие праздники.[2]

Началом действительного царствования Петра можно считать 12 сентября. К этому дню относится назначение царем некоторых вельмож на разные административные должности. Не ранее как в первых числах октября Петр явился в столицу, которую покинул в начале августа. Таким образом, кризис продолжался около двух месяцев.

Глава VI. Немецкая слобода

Молодой царь до 1689 года не принимал почти никакого участия в государственных делах. Он присутствовал лишь при торжественных аудиенциях и участвовал иногда в заседаниях думы. С одной стороны, Софья не могла желать посвящения брата в тайны политики, с другой, — он сам был занят своим потешным войском и прогулками на Яузе, Просяном пруде и Переяславском озере, и потому не обращал внимания на дела.

---

[1] Соловьев, XIV, 138.
[2] Устрялов, II, 79.

Однако и после удаления Софьи Петр несколько лет еще не занимался политикою. До Азовских походов он предоставлял управление делами другим лицам и посвящал свое время любимым занятиям, учению, увеселениям.

Мало того, были и после падения Софьи разные случаи, свидетельствующие о том, что Петр не имел влияния и тогда, когда он по-настоящему должен был и желал иметь влияние. Укажем на некоторые примеры такого рода.

Патрик Гордон.
С портрета, находящегося в картинной галерее Н.И. Путилова.

Мы увидим ниже, что тотчас же после государственного переворота 1689 года завязались близкие сношения между Петром и генералом Гордоном. Царь нуждался в нем, как в наставнике в области военной техники, как в собеседнике, вообще полезном своим многосторонним образованием. Он видел Гордона чуть ли не ежедневно. Однако патриарх Иоаким, который после падения Медведева упрочил свое положение при дворе, играл важную роль и имел сильное влияние, — не любил иностранцев, осуждал и прежде предоставление им должностей офицеров и был недоволен их положением в кругах высшего общества и при дворе. Неудачу Крымских походов патриарх приписывал участию в них «еретиков». Когда шли приготовления ко второму Крымскому походу, патриарх в сильных выражениях говорил о Гордоне, утверждая, что нельзя надеяться на успех русского войска, если этим войском будет командовать еретик. «Вельможи, — рассказывает Гордон — улыбались и не обращали внимания на слова патриарха».[1] Тем важнее оказывается следующий факт.

Несколько месяцев спустя после государственного переворота Гордон, по случаю празднования рождения царевича Алексея Петровича (в феврале 1690 года), был приглашен к торжественному столу. Однако он не мог участвовать в обеде, потому что патриарх объявил решительно, что иноземцам в таких случаях бывать при дворе непригоже. Можно думать, что Петру этот эпизод очень не понравился. Желая показать внимание оскорбленному генералу, он на другой же день после этого происшествия пригласил его отобедать с ним где-то загородом. На возвратном пути оттуда царь дружески беседовал с Гордоном.[2]

Впрочем, и кроме патриарха были люди, не любившие иностранцев. Скоро после государственного переворота 1689 года были приняты разные меры, свидетельствовавшие о некоторой неприязни к иноземцам. В то время, когда сношения между Петром и иноземцами становились со дня на день более близкими (например, в почтовом ведомстве были приняты меры для затруднения сообщения с западом), почтмейстеру Виниусу было поручено просматривать все частные письма, прибывавшие из-за границы или отправляемым туда, и, смотря по содержанию, уничтожать из них те, в которых заключалось что-либо предосудительное. Об этих произвольных действиях администрация мы узнаем некоторые любопытные подробности из жалоб находившегося тогда в Москве польского резидента, а также из переписки генерала Гордона с сыном Джемсом.[3]

На иностранцев вообще тогда смотрели косо в России. Недаром в то время Гордон советовал сыну, желавшему вступить в русскую службу,

---

[1] Gordon's Tagebuch, II, 233.
[2] Там же, II, 221.
[3] Posselt, Lefort, I, 480.

выждать более благоприятных обстоятельств.¹ К этому же времени относится изгнание иезуитов из России, а также сожжение на костре еретика Кульмана. Петр, вероятно, не принимал никакого участия в подобных делах. Очевидно, во всем этом важнейшую роль играл патриарх, бывший виновником некоторой реакция после эпохи западничества князя Василия Васильевича Голицына.

Патриарх Иоаким умер 17-го марта 1690 года, значит, спустя несколько месяцев после государственного переворота. Завещание, оставленное им, объясняет нам, почему именно к этому времени относится распоряжение, затрудняющее приезд иноземцев в Россию,² и запрос, сделанный жителям Немецкой слободы, на основании каких прав или привилегий они там построили протестантские церкви.³ В завещании, между прочим, сказано следующее: «молю царей и Спасителем, нашим Богом, заповедываю, да возбранят проклятым еретикам-иноверцам начальствовать в их государских полках над служилыми людьми, но да велят отставить их, врагов христианских, от полковых дел всесовершенно, потому что иноверцы с нами, православными христианами, в вере неединомысленны, в преданиях отеческих несогласны, церкви, матери нашей, чужды; — какая же может быть помощь от них, проклятых еретиков, православному воинству!» В этом роде патриарх пишет подробно о том, что не должно иметь «общения с латины, лютеры, кальвины, безбожными татары», а в заключение сказано: «дивлюсь я царским палатным советникам и правителям, которые бывали в чужих краях на посольствах: разве не видели они, что в каждом государстве есть свои нравы, обычаи, одежды, что людям иной веры там никаких достоинств не дают, и чужеземцам молитвенных храмов строить не дозволяют? Есть ли где в немецких землях благочестивыя веры церковь? Нет ни одной! А здесь, чего и не бывало, то еретикам дозволено: строить себе еретических проклятых сборищ молбищныя храмины, в которых благочестивых людей злобно клянут и лают идолопоклонниками и безбожниками».⁴

Впрочем, и мать Петра, царица Наталья Кирилловна, как кажется, разделяла воззрения патриарха Иоакима. Мы, по крайней мере, знаем о следующем случае нанесенной царицею иноземцам обиды. 27-го августа 1690 года, празднуя день своего тезоименитства, она жаловала из собственных

---

¹ Gordon's Tagebuch, III, 255, 259.
² П. С. З. III, № 1358.
³ Собр. гос. гр. и дог. IV, 622.
⁴ Устр. II, 467—477.

рук чаркою вина всех русских сановников, в том числе полковников стрелецких, также гостей и купцов, но генералов и полковников иноземных не удостоила этой чести и в чертоги свои не впустила. В тот самый день оскорбили иностранцев и тем, что гости и купцы при приеме занимали место выше их.[1] Иноземцы считали себя обиженными тем более, что именно в то время сам Петр ежедневно находился в их обществе, ел и пил с ними.

Из следующего эпизода видно, что влияние Петра, даже после кончины патриарха Иоакима, было слабым, ограниченным. Петр желал избрания в патриархи псковского митрополита Маркелла, тогда как царица Наталья Кирилловна и некоторые духовные лица, опасаясь учености и веротерпимости Маркелла, стояли за избрание казанского митрополита Адриана. Опасались, пишет Гордон, что Маркелл, сделавшись патриархом, станет покровительствовать католикам и вообще приверженцам других исповеданий. Игумен Спасского монастыря передал царице записку, в которой заключалось обвинение Маркелла в ереси. «Однако», заключает Гордон свой рассказ, «царь Петр держался твердо стороны Маркелла и со старшим царем и со всем двором удалился в Коломенское».[2]

Когда Петр впоследствии, в 1697 году, был проездом в Митаве, он, как кажется, смеясь, рассказывал самим иностранцам об этом случае. Вот что пишет некто Бломберг, сообщая о пребывании царя в Митаве: «царь рассказал нам следующую историю: когда умер последний патриарх московский, он желал назначить на это место человека ученого, который много путешествовал и говорил по-латыни, по-итальянски и по-французски; но русские шумным образом умоляли царя не назначать такого человека, а именно по следующим причинам: во-первых, потому что он знал варварские языки, во-вторых — что его борода не была достаточно велика и не соответствовала сану патриарха, в-третьих — что его кучер сидел обыкновенно на козлах, а не на лошади, как требует обычай».[3]

Из следующего письма Гордона к одному знакомому в Лондоне видно также ничтожное влияние Петра на управление делами в это время; 29-го июля Гордон пишет: «я все еще при дворе, что причиняет мне большие расходы и много беспокойства. Мне обещали большие награды, но пока я еще получил мало. Когда молодой царь сам возьмет на себя управление государством, тогда я, без сомнения, получу полное удовлетворение.[4]

---

[1] Tagebuch Gordon's II, 316.
[2] Там же, II, 309 и 311.
[3] Blomberg. An account of Livonia, London, 1701.
[4] Gordon, III, 260.

О влиянии и силе партии, враждебной людям, окружавшим Петра, свидетельствует следующее обстоятельство. Когда царь в 1692 году был опасно болен, то люди, близкие к нему, Лефорт, кн. Борис Голицын, Апраксин, Плещеев, на всякий случай запаслись лошадьми, в намерении бежать из Москвы.[1]

Как видно, царствовала реакционная партия. Спрашивалось, насколько можно было считать вероятным, что направление в пользу западной культуры, представителем которого сделался Петр, одержит верх над партиею национальною?

По крайней мере, в частной жизни, в своих занятиях и увеселениях Петр пользовался совершенною свободою. Он окружал себя иностранцами, не обращая внимания на то, что этим нарушал господствовавшие до того обычаи, оскорблял национальное чувство и патриотизм своих родственников, родных матери и жены, и многих вельмож, вызывал осуждение народа, твердо державшегося старых обычаев. Петр был убежден в необходимости учиться в школе иностранцев и, таким образом, сделался постоянным гостем в Немецкой слободе.

До 1689 года отношения Петра к иностранцам ограничивались знакомством с доктором фан-дер-Гульстом, с ремесленниками, например, Тиммерманом и Брантом, и с военными, например, полковником Менгденом. Зато ко времени после государственного переворота относится его близкое знакомство с двумя иностранцами, влияние которых на царя сделалось чрезвычайно важным, именно: с Гордоном и Лефортом.

Патрик Гордон родился в Шотландии в 1635 году и принадлежал к знатному роду, преданному католицизму и роялизму. Покинув рано родину, он долго служил в шведском и польском войсках. В 1660 году он вступил в русскую службу. Опытность в делах, многостороннее образование, добросовестность и необычайная рабочая сила доставили ему весьма выгодное место в России, уже при царях Алексее и Феодоре. Тем не менее, он несколько раз старался, впрочем, безуспешно, оставить русскую службу и возвратиться на родину. В нем нуждались; он участвовал в Чигиринских походах, несколько лет прожил в Киеве в качестве коменданта этого города; затем принимал участие в Крымских походах. В Немецкой слободе он пользовался всеобщим доверием и, как человек зажиточный, образованный, обходительный, играл весьма важную роль. Будучи завзятым сторонником Стюартов, он постоянно находился в связи с противниками английского короля Вильгельма III и узнавал вообще обо всем, что происхо-

---

[1] Донесение Кохена в сочинении Бергмана «Peter der Grosse», I, 183.

дило на западе. Постоянно он был занят обширною перепискою: случалось, что он отправлял в один день до двадцати писем и более. Он был лично известен королям Карлу II и Якову II; однажды, в Гамбурге; он был приглашен в гости к бывшей шведской королеве Христине. Герцог Гордон, занимавший в 1686 году место губернатора в Эдинбурге,[1] приходился ему двоюродным братом. Из Англии он весьма часто получал карты, инструменты, оружие, книги; он постоянно следил за новыми открытиями английской Академии Наук, считался опытным инженером, довольно часто оказывал существенные услуги при постройке крепостей и был изобретателем разных военных снарядов. Часто хворая, он, однако, был веселым собеседником, участвовал в попойках и не только в кругу иностранцев, но и между русскими пользовался большою популярностью. Нет сомнения, что Гордон, прожив около тридцати лет в Россия до сближения с Петром, вполне владел русским языком. Таким образом, он мог сделаться полезным наставником юного царя.

В сентябре 1689 года, после пребывания царя в Троицком монастыре, установились постоянные сношения Петра с Гордоном, и молодой царь ежедневно любовался военными упражнениями, производившимися под руководством Гордона. Семь дней сряду происходили учения, маневры. Гордон показал царю разные движения конницы, велел своим солдатам стрелять залпами и пр. Однажды при этих упражнениях Гордон упал с лошади и сильно повредил себе руку. Петр сам подошел к нему и с некоторым волнением спрашивал, как он себя чувствует. Доказательством значения, которое Гордон приобрел после государственного переворота, может служить и то, что его посещал кн. Борис Алексеевич Голицын. В свою очередь, и Гордон обедал несколько раз у князя.

Очевидно, Петр стал нуждаться в обществе Гордона. Он весьма часто посылал за ним. Главным занятием их было приготовление фейерверков: царю чрезвычайно понравилась эта потеха. Гордон постоянно участвовал в пирушках у царя, у Нарышкина, Шереметева, Ромодановского, Андрея Артамоновича Матвеева и др. В дневнике его упоминается о беседах с Петром, об удовольствии, доставленном царю особенно удавшимся фейерверком или успешными и ловко веденными маневрами. Сын и зять Гордона тоже трудились с Петром над фейерверком, в царской лаборатории. Иногда он проводил с царем целые дни, занимаясь опытами над военными снарядами. Любопытно, что однажды по желанию Петра были сделаны два фейерверка с целью состязания между русскими и иностран-

---

[1] Macauley (Tauchn. ed.) II, 350, 395.

цами; фейерверк иностранцев, как пишет Гордон, произвел «отличный эффект»; на другой же день был спущен фейерверк русских, который также произвел «хороший эффект». При одном фейерверке Гордон обжег себе лицо, а в другой раз сам Петр был ранен.

Постоянно находясь у себя в компании «еретиков», Петр скоро решился побывать в гостях и у них, в Немецкой слободе. 30-го апреля 1690 года он с некоторыми вельможами обедал у Гордона. Все чаще и чаще затем повторялось появление Петра в слободе. Как кажется, Петр в первый раз обедал у Лефорта 3-го сентября 1690 года. У Гордона царь бывал весьма часто, во всякое время, иногда рано утром и без свиты, как бы в качестве частного человека. Многие черты свидетельствуют о непринужденности обхождения царя с Гордоном. Когда Петр однажды отправился к персидскому посланнику, то взял с собою Льва Кирилловича Нарышкина и Гордона. Они видели там льва и львицу, которых посланник привез в подарок царю, и были угощаемы сластями, напитками и музыкою. Петр присутствовал у Гордона на свадьбе его дочери и на похоронах зятя. Иногда посещения царя были очень продолжительны: так, например 2-го января 1691 года он объявил Гордону, что на другой день будет у него обедать, ужинать и останется ночевать; при этом было 85 человек гостей и около 100 человек прислуги; к ночи расположились спать «по лагерному». На другой день, вся компания отправилась обедать к Лефорту и т. п. Но молодой царь посещал Гордона не ради одних попоек; когда однажды Гордон заболел, после роскошного обеда у Бориса Алексеевича Голицына, Петр сам пришел к нему узнать подробнее о болезни, а затем прислал ему лекарства. Раз он посетил Гордона и взял у него три книги об артиллерийском искусстве; в свою очередь, и Гордон брал книги у царя, и выписывал для него через купца Мюнтера книги из-за границы. Иногда они беседовали о разных военных снарядах и оружии, осматривали новые шомпола, которые Гордон получил из Англии и которые чрезвычайно понравились Петру. Когда начали составлять план больших маневров в Коломенском, Гордон изобрел машину, посредством которой можно было вламываться в неприятельский лагерь, несмотря на рогатки. Петр сам пришел к Гордону для осмотра этой машины. Довольно часто царь вместе с Гордоном испытывал пушки, мортиры, бомбы и пр. Когда начались потехи Петра на Переяславском озере, он и туда приглашал Гордона, который даже купил там себе дом. Гордон должен был отправиться и в Архангельск в то время, когда царь находился там в 1694 году, а до того он был назначен шаутбенахтом, или контр-адмиралом.

В январе 1694 года умерла царица Наталья Кирилловна. Петр беседовал с Гордоном о болезни матери. В тот самый день, как она скончалась, Петр должен был удостоить своим присутствием ужин и бал у Гордона. Рано поутру Гордон отправился к Петру, но уже не застал его дома. Простившись с умирающею матерью, Петр удалился в Преображенское. Гордон поехал туда и застал царя сильно встревоженным и печальным. Гордон остался у него. «Около 8 часов», пишет он в своем дневнике, «получили мы известие, что царица скончалась, на 42-м году жизни». Несколько позже Гордон получил для Петра от английско-московского торгового общества разные подарки, великолепное оружие, шляпу с белым пером, часы, инструменты и несколько дюжин бутылок лучших вин и ликеров. Царь сам приехал к Гордону за этими вещами.

Многое во всех этих поступках Петра являлось смелою новизною. Бывало, прежде, если кто присутствовал на похоронах, то после этого три дня сряду не мог являться ко двору. Теперь же сам царь весьма часто бывал на похоронах иноземцев-офицеров в Немецкой слободе. Патриарху казалось ужасным нарушением прежних порядков существование иноверных церквей в Немецкой слободе. Теперь же царь иногда вместе с Гордоном присутствовал при католическом богослужении в молельне, построенной благодаря стараниям Гордона. Недаром народ с ужасом стал примечать, что царь «возлюбил немцев»: в глазах народа это было ересью.

К этому же времени относится начало дружественных отношений царя к Лефорту. Можно считать вероятным, что последний принадлежал к числу иностранцев, отправившихся к Петру в Троицкий монастырь в августа или сентябре 1689 года; однако мы не имеем точных сведений об этом. Во всяком случае, Петр познакомился прежде с Гордоном, а затем только сблизился с Лефортом.

Франц Лефорт родился в 1653 году, следовательно, был гораздо моложе Гордона. Он, как и Гордон, до приезда в Россию много путешествовал, не имев, однако, случая приобрести той опытности в делах и того многостороннего образования, каким отличался Гордон. В Россию он приехал в 1675 году; однако здесь ему не так скоро, как Гордону, удалось составить себе положение. Впрочем, он находился в тесной связи со многими жителями Немецкой слободы и, отличаясь веселостью нрава, добродушием и честностью, пользовался всеобщим уважением. Богатые иностранные купцы, знатные дипломаты были покровителями Лефорта. Князь Василий Васильевич Голицын также был его доброжелателем. Он получил чин полковника, купил дом в Немецкой слободе и женился.

Нельзя сомневаться в том, что Лефорт был талантливым человеком, но в то же время не может быть и речи о каких-либо чрезвычайных способностях его. Гордон любил заниматься чтением ученых книг, — Лефорт был равнодушен к науке. К сожалению, лишь весьма немного известно об его участии в военных операциях в Малороссии, где он сблизился с Гордоном. Образ его действий в Азовских походах не может считаться свидетельством особых военных способностей. Относительно сведений в области политики, он далеко уступал Гордону, беседы которого могли заменить для Петра чтение газет. Зато Лефорт был дорог для Петра главным образом своею личностью, своим прекрасным сердцем, бескорыстною, беспредельною преданностью к особе Петра. Гордон гораздо более, чем Лефорт, мог считаться представителем западноевропейской политической и общественной цивилизации и потому скорее, чем Лефорт, мог быть наставником Петра и посредником в его сближении с европейскою культурою. Лефорт был 18-ю годами моложе Гордона и 19-ю старше Петра, но, по своему характеру и наклонностям, оставался юношею до гроба. Напротив того, Гордон, который был 37-ю годами старше Петра, уже в юных летах отличался необычайною зрелостью характера, обдуманностью действий, ясностью воззрений и неутомимым трудолюбием. В противоположность к некоторой женственности в характере Лефорта, не отличавшегося ни самостоятельностью воли, ни ясным сознанием своего личного достоинства, Гордон был настоящим мужем, никогда не забывавшим своего достоинства. Удовольствия веселой жизни, дружеская попойка с разгульными друзьями, пиры по несколько дней сряду, с танцами, с музыкою, были для Лефорта, кажется, привлекательнее славы ратных подвигов. Гордон, напротив того, с трудом перенося увеселения придворной жизни, предпочитал им походы и занятия за письменным столом. Именно при этой солидности, серьезности, при некотором педантизме Гордона, в противоположность широкой натуре Лефорта, достойны внимания близкие отношения Гордона к Петру, не изменившиеся до кончины первого. Эти отношения были менее интимными, нежели отношения Петра к Лефорту, но принесли царю большую пользу, расширяя круг его знаний, наводя его на новые мысли, упражняя его в делах военной техники и приучая его к более основательному изучению разных предметов. Лефорт оставался царедворцем, Гордон не переставал быть тружеником. Лефорт легче мог сделаться другом Петра, потому что он, так сказать, перестал быть швейцарцем, не думал о возвращении на родину, между тем как Гордон оставался верным своей национальности, своему исповеданию и до последнего времени жизни надеялся на возвращение в Шотландию. Ни на одну минуту Гордон не переставал считать себя подданным Стюартов, тогда как вся жизнь Лефорта сосредоточивалась в личной привязанности к Петру. К сожалению, не сохранилось ни одного письма царя к Лефорту; письма последнего к Петру свидетельствуют о любви к царю и веселом нраве Лефорта; здесь очень много говорится о попойках, о разных сортах вин. Петр запретил раз навсегда принуждать Гордона напиваться допьяна; такого распоряжения не было сделано в отношении к Лефорту. Никто в той мере, как Лефорт, за исключением Екатерины, не имел столь сильного влияния на настроение духа Петра, который любил его всею душою. Когда Лефорт умер, он, как рассказывают, воскликнул: «Друга моего не стало! Он один был мне верен. На кого теперь могу положиться?»[1]

Пребывание Петра в Немецкой слободе и его ежедневное общение с иностранцами должны были иметь громадное значение в развитии юного царя. Непринужденность его близких отношений к людям, каковы были Гордон, Лефорт и другие жители Немецкой слободы, была гораздо более полезною школою для царя, чем замкнутость придворного этикета и церемониала, господствовавших в Кремле. В Немецкой слободе Петр встречался всюду с началами веротерпимости и космополитизма, в противоположность религиозным и национальным предубеждениям, господствовавшим в исключительно русских кругах общества. В Немецкой слободе, служившей образчиком западноевропейских приемов общежития, Петр несколько лет сряду, до отправления в Западную Европу, уже находился некоторым образом за границею. Шаг, сделанный Петром в 1690 году из Кремля в Немецкую слободу, может считаться более важным, чем поездка заграницу в 1697 году. Немецкая слобода сделалась для него как бы первою станциею на пути в Германию, Голландию и Англию; она служила посредником между западом и востоком; пребыванием в ней Петра оканчивается эпоха древней истории России, начинается новая эра для ее развития.

Познакомившись с разными дипломатами, офицерами, инженерами, купцами, Петр сделался у них домашним человеком, заглянул в их семейную жизнь, сблизился с их женами и дочерьми. Весьма часто в это время он уже бывал в Немецкой слободе на свадьбах и крестинах. При таких случаях присутствовали дамы. Когда однажды летом 1691 года барон Келлер, бывший холостым человеком, устроил пир для государя, были приглашены дамы. Петр участвовал в танцах и особенно, как рассказыва-

---

[1] Устрялов, III, 264. О Гордоне вообще см. мое сочинение «Патрик Гордон и его дневник». Спб., 1878. О Лефорте см. сочинение Посссельта.

ют, полюбил так называемый «гросфатертанец». С этим временем совпадает начало его близких отношений к прекрасной дочери золотых дел мастера, бочара и виноторговца Монса. Он познакомился с нею через посредство Лефорта.

Франц Лефорт.
С гравированного портрета Шенка 1698 г.

В 1553 году англичане открыли морской путь в Белое море. Затем, однако, особенно во второй половина XVII века, не столько англичане, сколько голландцы играли важнейшую роль в торговле, которая шла через город Архангельск. И в Москве, и в Архангельске, и в Вологде, и в других городах жило много голландских купцов. Русское правительство как-то более сочувствовало Нидерландам, чем Англии, особенно при Карле II и Якове II. Для русских дипломатов, отправляемых в XVII веке в разные западноевропейские государства, во Францию, Италию и пр., Голландия почти всегда была важною станциею. Долгорукий в 1687 году, на пути во Францию и Италию, некоторое время пробыл в Голландии и был очарован государственным и общественным строем, порядком администрации, солидностью учреждений Нидерландов, имевших в то время значение первоклассной державы.[1] Нет сомнения, что рассказы Долгорукого о Голландии, после возвращения в Россию, производили глубокое впечатление на Петра. И через Лефорта, жившего когда-то в Нидерландах, Петр мог узнать кое-что об этом крае. Келлер, голландский дипломат, с которым Петр виделся весьма часто, сообщал ему разные сведения о всемирном значении голландской торговли, промышленности и пр. Через Келлера, Гордона и других иностранцев Петр узнавал о подробностях войны между Англиею и Голландиею, с одной стороны, и Франциею — с другой.

Архангельск в начале XVIII столетия.
С голландской гравюры того времени.

В 1691 году Петр получил от известного ученого и государственного деятеля, амстердамского бургомистра Ник. Витзена, письмо, в котором

---

[1] Posselt, Lefort, I, 388.

говорилось подробно о средствах развития торговых сношений с Китаем и Персиею. Витзен считался опытным знатоком этого предмета. Он был хорошо знаком с Россиею, которую посетил в 1666 году, и в 1672 году издал весьма замечательный труд «О северной и восточной Татарии». Нам известно из донесений барона Келлера, что Петр уже в это время начал обращать внимание на вопросы торговой политики; Келлер доносил Генеральным Штатам, что надеется на довольно важные правительственные распоряжения относительно торговли.

Соловецкий монастырь в XVIII столетии.
С гравюры того времени.

Понятно, что, при важности торговых интересов для иностранцев, проживавших в России, жители Немецкой слободы с усиленным вниманием следили за развитием умственных способностей и расширением круга знаний Петра. Келлер доносил, что царь любит иностранцев, но что его подданные этим не довольны. «Мы имеем важнейшие причины», сказано в одной из депеш голландского резидента, «желать молодому царю здравия и благополучия». С усиленным вниманием Петр следил за событиями в Западной Европе; особенно он восхищался успехами английского короля

Вильгельма III; однажды он выразил даже желание участвовать в военных действиях Англии против Франции под руководством самого короля. Когда летом 1692 года англичане на море одержали победу над французами, Петр, находившийся в то время на Переяславском озере, праздновал это событие залпом из пушек новопостроенных судов.[1]

Полезною школою для Петра было знакомство и с другими иностранцами. От Андрея Виниуса; сына зажиточного голландского купца, занимавшегося еще при царе Михаиле Феодоровиче горным промыслом в России, он узнавал о многих делах, происходивших на западе. Виниус, в качестве дипломата, бывал за границею, занимался переводом разных сочинений на русский язык, был автором труда по географии, заведовал некоторое время Аптекарским приказом, находился довольно долго в Малороссии в качестве дипломатического агента и в первое время царствования Петра управлял почтовым ведомством. Уже это звание доставляло ему возможность сообщать царю множество заграничных новостей. Петр, видевшийся весьма часто с Виниусом, давал ему разные поручения, относившиеся к морскому делу, к горному искусству и пр. Через Виниуса он выписывал из-за границы разные книги, инструменты, а также мастеров-ремесленников. Позже Виниус устраивал для царя пороховые и оружейные заводы, лил пушки, основал школу для моряков и пр.

Между другими лицами, окружавшими царя после государственного переворота 1689 года, можно назвать еще полковника Менгдена, инженера Адама Вейде, капитана Якова Брюса, переводчика Посольского приказа Андрея Кревета и др.

Шагом вперед в направлении к Западной Европе были путешествия Петра в Архангельск, предпринятые им в 1693 и 1694 годах. Тут главную роль играли иностранные купцы и моряки; тут, на берегу Двины, была также немецкая слобода, в которой находилась реформаторская церковь. Проездом в Архангельск, Петр бывал и в Вологде, где также проживало значительное число иностранцев. Та часть города, где они жили, отличалась особенно красивыми и солидно построенными домами.[2] Патрик Гордон должен был в 1694 году отправиться в Архангельск. Он рассказывает, как Петр там бесцеремонно и весело пировал с голландскими и английскими шкиперами, играл с ними в кегли, и как они угощали его в своих домах и каютах.

Архангельск был главною станциею на пути в Западную Европу. Здесь Петр впервые увидел море; здесь иностранцы-шкипера посвящали

---

[1] Posselt, I, 502, 505, 508, 511, 514, 519.
[2] Gordon's Tagebuch, II, 482.

его в тайны морского дела, техники мореплавания и кораблестроения. Один моряк из Саардама, с которым Петр сблизился в Архангельске, учил его лазить на мачты и объяснил ему все составные части корабельных снастей. В Архангельске Петр осмотрел корабли, нагруженные иностранными товарами, был в таможне, в конторах иностранных купцов. Здесь он заложил корабль, который затем был отправлен в Западную Европу с грузом русских товаров. Отсюда Петр послал письмо к Витзену с поручением купить в Голландии корабль.

В помощи иностранцев Петр нуждался для устройства маневров и для своих опытов судоходства, положивших начало русскому флоту.

Мы видели выше, как Петр, непосредственно после государственного переворота в 1689 году, чуть ли не ежедневно был свидетелем военных упражнений, устраиваемых Гордоном. Все это было, так сказать, приготовлением к большим маневрам, продолжавшимся до Азовских походов. Маневры начались летом 1690 года. Они были не совсем безопасны: бывали случаи серьезного повреждения ручными гранатами и горшками, начиненными горючими веществами. 2-го июня 1690 года, по случаю так называемого первого Семеновского похода, один из таких горшков лопнул близ государя; взрывом опалило ему лицо и переранило стоявших возле него офицеров. Гордон был также ранен: неосторожный выстрел повредил ему ногу выше колена, а порохом обожгло лицо так, что он с неделю пролежал в постели.

Главный характер этих военных упражнений заключался в том, что потешное войско боролось со стрельцами. В этом высказывался антагонизм между новою и прежнею системами военной организации.

В 1691 году маневры возобновились. Они кончились отчаянным штурмом потешной крепости «Пресбургской», защищаемой безуспешно стрелецким войском под начальством «генералиссимуса» Бутурлина. Войска Петра бились «накрепко», «с яростью», — и взяли крепость. Князь Иван Димитриевич Долгорукий, жестоко раненый в правую руку, умер на девятый день; было много раненых. Петр, Лефорт и Гордон принимали самое деятельное участие в сражениях.

Еще бо́льшие размеры имел «Кожуховский» поход, в 1694 году. Тут на стороне Петра сражался «генералиссимус» князь Е. Ю. Ромодановский, командовавший новыми полками, с «польским королем» Бутурлиным, войска которого главным образом состояли из стрельцов. Защищая «безымянный городок», Бутурлин должен был сдаться. Оружием и на этот раз служили ручные гранаты, горшки, начиненные горючими веществами, и длинные шесты с зажженными на конце их пуками смоленой пеньки. Многих переранили и обожгли, в том числе и Лефорта, которому взрывом огненного горшка опалило лицо так, что он несколько дней хворал серьезно, что̀, впрочем, не помешало ему угостить у себя в шатре, после сражения, царя и главных офицеров.

Главным образом руководил маневрами Гордон. Еще во время пребывания в Архангельске он трудился над подробным планом Кожуховского похода и даже составил подробную записку об этом предмете. Хотя «генералиссимусы» и были русские, но все-таки главными руководителями являлись иностранцы. Эти маневры были полезным приготовлением к Азовским походам, а далее они должны были служить средством сближения между Петром и иностранными офицерами. Лефорт, Гордон и пр. постоянно были в обществе царя. Петр ценил высоко военно-техническое образование иностранцев. Невольно в нем родилась и окрепла мысль, что успехи русской политики и русского оружия обусловливаются главным образом участием в этих делах людей западноевропейской школы.

Мы уже знаем, в какой мере царь нуждался в иностранцах при своих опытах плавания по Переяславскому озеру и при постройке судов. Эти занятия принимали все бо́льшие и бо́льшие размеры. В последствии сам царь, во введении к Морскому Уставу, рассказал подробно начало кораблестроения в России и каким образом в нем самом «охота стала от часу более».[1] Располагая, после государственного переворота 1689 года бо́льшими средствами и полною свободою, Петр мог заняться всем этим еще гораздо успешнее, чем прежде.

На Переяславском озере уже в 1689 году была заложена верфь. На ней было построено, под руководством голландцев, Карстена Бранта и Корта, несколько судов. Тут трудился сам Петр, в качестве корабельного плотника. Тут он, зимою на 1692 год, был занят постройкою большого военного судна. Он работал с таким усердием, что не без труда его уговорили прервать на короткое время занятие для путешествия в Москву, где нужно было дать торжественную аудиенцию персидскому посланнику. Спуск нового корабля происходил 1 мая 1692 года. При этом случае были устраиваемы разные празднества. Из кратких записок Петра к матери в это время видно, в какой мере он был занят судостроением. Даже мать царя и его супруга должны были приехать в Переяславль для участия в прогулках

---

[1] Басни о мнимой первоначальной водобоязни Петра, встречающиеся впервые в сочинении Штраленберга и повторенные затем Фоккеродтом, Манштейном, Крекшиным, Вольтером, Голиковым, не заслуживают внимания.

на воде. Когда он в 1693 году задумал отправиться в Архангельск, то, по его собственным словам, не без труда получил позволение матери «в сей опасный путь». Из ее писем к сыну видно, как сильно она в это время беспокоилась. В Архангельске Апраксин, сделавшийся впоследствии адмиралом, руководил постройкою нового корабля. Ромодановский сделался адмиралом, Гордон — шаутбенахтом, или контр-адмиралом; сам Петр довольствовался скромным званием шкипера.

Крест, поставленный Петром Великим на берегу Белого моря.

С рисунка, приложенного к «Истории Петра Великого» Устрялова.

Крест, сделанный Петром Великим и находящейся в настоящее время в соборе г. Архангельска.

С рисунка А.П. Норовлева.

Летом 1694 года, во время путешествия в Соловецкий монастырь, Петр едва не погиб: была ужасная буря; крушение казалось неизбежным. Опытность и хладнокровие лодейного кормчего, Антипа Тимофеева, спасли государя и его товарищей. В воспоминание своего избавления, Петр собственноручно сделал деревянный крест с надписью на голландском языке. Сам царь отнес его к тому месту, где вышел на берег, и водрузил в землю на память потомству.[1] Около этого же времени и Гордон, по случаю бури, находился в большой опасности, о чем подробно рассказывает в своих записках.[2]

Нельзя не удивляться рабочей силе, предприимчивости и энергия царя, который своим потехам придавал обыкновенно весьма серьезное значение, но в то же время любил прерывать работу шумными увеселениями и разгульными пиршествами. Кораблестроение и игра в кегли, химические опыты в лаборатории и веселые попойки, ученые разговоры о вопросах технологии и странные шутки и маскарады непосредственно следовали друг за другом. То можно было видеть Петра в церкви, читавшим апостола и певшим с певчими на клиросе, то на корабле, лазившим по мачтам и такелажу; иногда, пропировав всю ночь в веселой компании, он утром рано, с топором в руках, отправлялся на верфь, где работал над постройкою судов. По достоверному свидетельству шведского агента Кохена, оказывается, что к одной яхте, при ее постройке, не прикасалась ни одна рука, кроме царской.[3] Весьма часто Гордон в своем дневнике упоминает о подробных беседах с царем, в которых обсуждались вопросы военной техники и политики; весьма часто говорится и о том, что царь с большою компаниею (до 100 и 200 лиц) по целым суткам бражничал у своих знакомых, иностранных дипломатов, офицеров и пр. По словам Кохена, Келлера и Гордона, такие посещения бывали им подчас в тягость.

В 1692—93 годах Петр велел построить для Лефорта великолепный дом, роскошно меблированный: здесь происходили самые веселые попойки; здесь царь до отправления в Архангельск однажды пировал около четырех дней сряду. В погребе у Лефорта находились постоянно большие запасы виноградных вин на несколько тысяч рублей. Во время таких пиршеств беседовали о государственных делах на западе, пивали за здоровье короля английского, Вильгельма III, или произносили тосты в честь Женевской республики, Генеральных Штатов. Таким образом, и попойки имели некоторое политическое значение и были некоторым образом политическою школою.[4]

---

[1] Устрялов, II, 166—168.
[2] Tagebuch Gordon's, II, 483.
[3] Устрялов, II, 359—360.
[4] Некоторые примеры таковых бесед встречаются в сочинении Корба, Diarium itineris in Moscoviam.

Разумеется, подчас, увеселения царя доходили до буйства; бражничанье принимало ужасающие размеры; молодому царю, от природы чувственному, изобилующему силой, трудно было знать меру в веселье и разгуле. При его положении, все угождали ему. Царь освободился от азиатского церемониала и этикета, господствовавших до того в Кремлевском дворце; из таинственного полумрака царских покоев он «выбежал на улицу». Наш знаменитый историк С. М. Соловьев пишет: «Петр выбегает из дворца на улицу, чтобы больше уже не возвращаться во дворец с тем значением, с каким сидели там его предки... Молодой богатырь расправляет свои силы. В то время, когда Россия повернула на новый путь, как нарочно грусть и скука выгоняют молодого царя из дворца, в новую сферу, где он окружен новыми людьми, где он вождь новой дружины, разорвавшей с прежним бытом, с прежними отношениями. Без оглядки бежит он из скучного дворца чистым и свежим, новым человеком, и потому способным окружить себя новыми людьми; он убежал от царедворцев и ищет товарищей, берет всякого, кто покажется ему годным для его дела... Для Петровых деда, отца и брата, кроме их природы, недоступный, окруженный священным величием и страхом дворец служил тем же, чем терем для древней русской женщины — охранял нравственную чистоту, хотя мы узнаем, что более живой по природе царь Алексей Михайлович любил иногда попировать, напоить бояр и духовника. Младший сын его, с пылкою, страстною природою, выбежал из дворца на улицу, а мы знаем, как грязна русская улица в конце XVII века; справимся с известиями о господствовавших пороках тогдашнего общества, и нам объяснятся привычки Петра, которые так нам в нем не нравятся».[1]

Петр не только пировал смелее, разгульнее отца — он и работал гораздо более отца. Алексей Михайлович мечтал о сооружении флота, но не успел осуществить этого дела, в котором не принимал личного, непосредственного участия. Петр успел создать флот именно самоличною работою моряка и корабельного плотника. Не мудрено, что царь, превратившись в матроса и ремесленника, подчас любил отдыхать от труда, как отдыхали его товарищи, — в гавани и на верфях. Отсюда некоторая необузданность в попойках, недостаток в поддержании достоинства государя, нарушение правил внешнего приличия, подобающего царю. Отказавшись играть роль полубога на престоле, царь подчас, в кругу подданных, людей скромных, вел себя как равный между равными. Нельзя по этому удивляться тому значению, которое имел в увеселениях царя «Ивашка Хмель-

---

[1] Соловьев, XIV, 110—112.

ницкий», о котором так часто упоминается в шутливых записках царя и его товарищей.

Дом Лефорта в Немецкой слободе.
С редкой гравюры того времени Генриха де-Витта, находящейся в коллекции П.Я. Дашкова.

Охота Петра к странным шуткам, маскарадам и пр. напоминает некоторые черты подобных эпизодов, случавшихся при Иване Грозном. При дворе Петра было множество шутов, карликов.[1] Уже в это время встречаются многие шутки с «князем-папою» Зотовым, бывшим дядькою царя. В начале 1695 года Петр отпраздновал свадьбу своего шута Тургенева следующим образом. В поезде были бояре, окольничие и думные люди; «ехали они», как рассказывает современник, «на быках, на козлах, на свиньях, на собаках; а в платьях были смешных, в кулях мочальных, в шляпах лычных, в крашенинных кафтанах, опушенных кошачьими лапами, в серых и разноцветных кафтанах, опушенных белыми хвостами, в соломенных сапогах, в мышьих рукавицах, в лубочных шапках» и пр.[2] Можно считать

---
[1] Поссельт, II, 88.
[2] Желябужского записки, стр. 39—40.

вероятным, что самому царю принадлежала весьма важная доля в устройстве таких сумасбродных увеселений. Зато некоторые из шуток и увеселений его свидетельствуют о влиянии западноевропейского образования. При фейерверках, нередко представлялись сцены мифологические. В письмах Петра к Виниусу упоминается, например, по случаю пожара, о Вулканусе; говоря о буре, он шутил относительно коварства Нептунуса; во время военных упражнений он писал о Марсовой потехе и т. п.

Пылкая, страстная натура Петра обнаруживалась иногда при попойках бранью или даже дракою. Однажды на пиру он собственноручно нанес побои своему шурину Лопухину, который чем-то обидел Лефорта. Такие случаи взрывов царского гнева повторялись часто, и тогда стоило большого труда успокаивать молодого государя.

Государственными делами Петр пока не занимался. Нельзя поэтому удивляться ничтожности распоряжений в области законодательства и администрации в это время. Управляли делами главным образом дядя государя, Лев Кириллович Нарышкин, и князь Борис Алексеевич Голицын. В области внешней политики главным дельцом был думный дьяк Емельян Украинцев. Бояре Троекуров, Стрешнев, Прозоровский, Головкин, Шереметев, Долгорукий и Лыков были начальниками важнейших приказов.

Петр пока ограничивался приготовлением средств, необходимых для успеха во внешней политике. Он занимался развитием войска и положил начало флоту. Сделавшись воспитанником наставников-иностранцев, он мало-помалу становился способным заняться и внутренним преобразованием государства. Ближайшим результатом эпохи учения Петра и его пребывания в Немецкой слободе были Азовские походы. За ними следовало еще более важное событие — путешествие за границу.

Глава VII. Азовские походы

Лжедимитрий, во время своего краткого царствования, мечтал о походе на турок и татар. Накануне своей гибели он был занят приготовлениями к войне. Подобно тому, как впоследствии Петр, он устраивал военные потехи, маневры и говорил о необходимости взятия Азова. Вообще, между Лжедимитрием и Петром Великим в некоторых отношениях есть небольшое сходство. И тот, и другой старались освободиться от господствовавших до того правил придворного этикета; их обоих было можно назвать западниками; оба они, начиная заниматься делами внешней политики, останавливались по преимуществу на восточном вопросе; оба они считали необходимыми наступательные действия.

С той поры, как Лжедимитрий мечтал о завоевании Крыма и Азова, о союзе с Генрихом IV против мусульман, происходили разные столкновения между восточным миром и Россиею, которая, однако, не могла похвалиться особенно успешными действиями. Хотя московскому правительству и удалось отстоять Малороссию от притязаний турок, — Чигиринские походы все-таки служили доказательством превосходства турецкого оружия над русским. Еще менее утешительными были, как мы видели, Крымские походы при царевне Софье.

Отношения России к туркам и татарам оставались с тех пор неопределенными, натянутыми. Не было войны, но не было заключено и мира. Союз с Польшею, имевший главною целью войну с татарами и турками, оставался пока в полной силе. Однако военные действия были прерваны. Существовало лишь что-то вроде фактического перемирия. Старания малороссийского гетмана Мазепы склонить хана Саадат-Гирея к заключению мира не повели к желаемой цели, потому что хан хотел мира не иначе, как на основании существовавших до 1687 года между Россиею и ханом условий. Значит, хан требовал, чтобы Россия по-прежнему присылала ему поминки, т. е. дань. В 1692 году был отправлен в Бахчисарай дипломатический агент, но переговоры не повели ни к какому результату: хан не хотел отказаться от дани и не соглашался на требование дать свободу находившимся в Крыму русским пленникам.

Шаткость положения дел в Малороссии была выгодна для татар; — в Малороссии всегда находились люди, мечтавшие о союзе с татарами против московского правительства.

В свою очередь, Польша и император Леопольд постоянно требовали от России возобновления военных действий против турок и татар. Гордон в мае 1691 года писал к своему родственнику, в Шотландию: «здесь находится императорский ингернунций, который должен заставить нас сделать диверсию против татар. Он, однако, не успеет в своем намерении, потому что мы, по недостатку сил и средств, должны довольствоваться лишь прикрытием наших границ».[1] В январе 1692 года он писал: «мы здесь живем в мире, и самые настоятельные требования наших союзников не заставят нас предпринять что-либо важное».[2]

---

[1] Tagebuch Gordon's, III, 280. О стараниях Курца см. также соч. Поссельта о Лефорте, I, 516.
[2] Tagebuch Gordon's, III, 809.

Между тем, набеги татар повторялись беспрерывно; в начале 1692 года под стенами города Немирова, в Малороссии, появилось не менее 12 000 татар; они выжгли предместья города и увели с собою множество народа, лошадей и пр. Рассказывали, что турки, находившиеся в Азове, готовились также сделать нападение на Россию.[1]

Автоном Михайлович Головин.
С портрета, находящегося на гравюре того времени «Взятие Азова».

Мы не знаем, каким образом возникла и развилась мысль об Азовском походе: нельзя сомневаться в том, что мысль о войне довольно часто служила предметом бесед между Петром, Лефортом и Гордоном. Во всяком случае, уже летом 1694 года начали говорить о каких-то предприятиях. Лефорт писал к своим родственникам, в Женеву, что идет речь о путешествии царя в Казань и Астрахань; в сентябре, он писал о намерении царя соорудить флот на Волге и начать какие-то важные переговоры с Персиею. Лефорт пока молчал о турецкой войне. Зато барон Келлер писал около того же времени: «меня уверяли, что Их Царские Величества скоро

---
[1] Там же, II, 317, 346, 398, 400.

докажут, в какой мере они склонны к решительным действиям против неверных».[1] Также и Гордон писал в конце 1694 года своему другу, ксёндзу Шмидту: «я думаю и надеюсь, что мы в это лето предпримем что-нибудь для блага христианства и наших союзников».[2] Так как уже в самом начале 1695 года, именно 20-го января, были сделаны первые распоряжения для мобилизации войска, причем было указано на Крым, как на цель похода, то можно считать вероятным, что Гордон в декабре 1694 года уже знал точно о намерениях царя, но не считал себя в праве высказываться об этом иначе, как в виде предположений.

Со стороны иерусалимского патриарха Досифея также было сделано царям увещание к решительным действиям. Он в раздражении жаловался на то, что французы, посредством подкупа, забрали в свои руки священные места в Иерусалиме, на их козни в Константинополе, направленный против московского правительства, и т. п. Из всего этого патриарх выводить заключение о необходимости войны. «Вам не полезно», писал Досифей, «если турки останутся жить на севере от Дуная, или в Подолии, или на Украйне, или если Иерусалим оставите в их руках: худой это будет мир». Далее, в этом послании сказано: «если татары погибнут, то и турки с ними, и дойдет ваша власть до Дуная, а если татары останутся целы, то они вас обманут. Вперед такого времени не сыщете, как теперь... Александр Великий, не ради Бога, но ради единоплеменников своих, на персов великою войною ходил, а вы, ради святых мест и единого православия, для чего не бодрствуете, не трудитесь, не отгоняете от себя злых соседей? Вы упросили у Бога, чтоб у турок была война с немцами; теперь такое благополучное время, — и вы не радеете!.. Смотрите, как смеются над вами... татары, горсть людей, и хвалятся, что берут у вас дань, а так как татары подданные турецкие, то выходит, что и вы турецкие подданные. Много раз вы хвалились, что хотите сделать и то, и другое, и все оканчивалось одними словами, а дела не явилось никакого».[3]

В народе считали Лефорта главным виновником Азовских походов. Трудно сказать, насколько это предположение было справедливо. Слишком смелою кажется гипотеза нашего известного историка Соловьева: «Лефорт хотел, чтоб Петр предпринял путешествие за границу, в Западную Европу; но как показаться в Европе, не сделавши ничего, не принявши деятельного участия в священной войне против турок. Не забудем, что,

---

[1] Соловьев, XIV, 217.
[2] Posselt, II, 229.
[3] Соловьев, XIV, 216—220.

тотчас по взятии Азова, предпринимается путешествие за границу; эти два события состоят в тесной связи».[1] Дело в том, что нет никаких данных, подтверждающих предположение, что мысль о путешествии за границу возникла до Азовских походов, — напротив, это путешествие было вызвано опытами, сделанными во время Азовских походов.

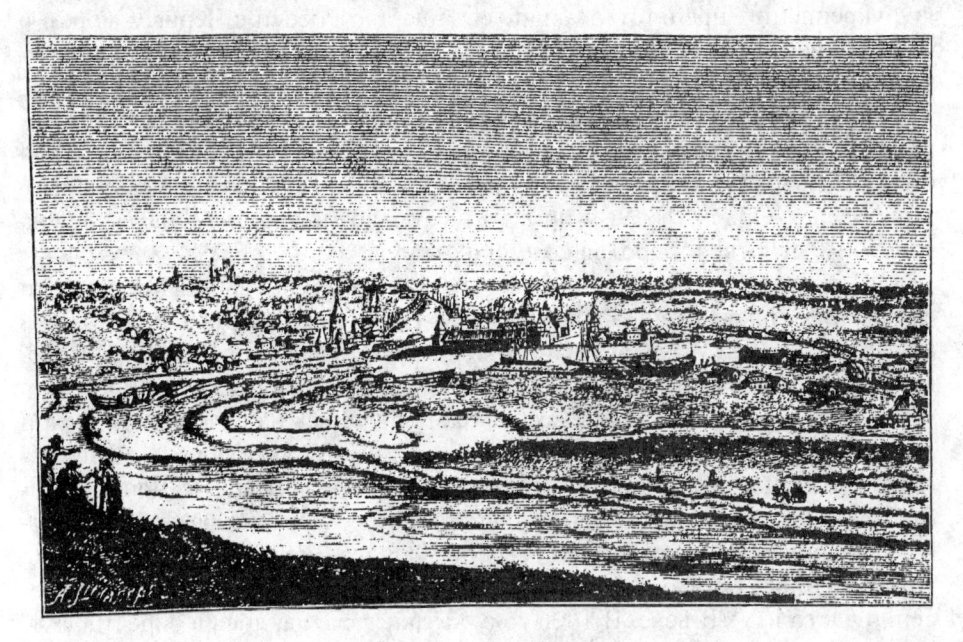

Воронеж в конце XVII столетия.
С голладской гравюры того времени.

Зато нельзя сомневаться в тесной связи между маневрами предыдущих годов и Азовскими походами. Австрийский дипломатический агент Плейер, находившийся в то время в России, видел в Кожуховском походе приготовление к турецкой войне и смеялся над русскими, не понимавшими значения этих военных упражнений. К тому же Плейер узнал, что царь через атамана донских казаков собирал сведения о положении крепости Азова.[2]

Сам Петр в письме к Апраксину таким образом говорил о некоторой связи между маневрами и войною: «хотя в ту пору, как осенью, в продолжение пяти недель, трудились мы под Кожуховым в Марсовой потехе, ни-

---

[1] Там же, XIV, 217—218.
[2] Устрялов, II, 568.

чего более, кроме игры на уме не было, однако ж эта игра стала предвестником настоящего дела».[1]

Указывая в манифестах на Крым, как на цель похода, правительство, кажется, старалось скрывать настоящую цель военных операций. Предполагалось занятие устьев Днепра и Дона. И там, и здесь находились турецкие укрепления, препятствовавшие сообщению России с Черным морем и служившие базисом при набегах татар на Россию. Для обеспечения южных границ московского государства, для охранения городов (Белгорода, Тамбова, Козлова, Воронежа, Харькова и др.), для развития торговли и промышленности во всем этом крае было необходимо завладеть, с одной стороны, Азовом, с другой — приднепровскими крепостцами (Кизикермен, Арслан-Ордек, Таган и пр.); тогда только можно было надеяться на успешные действия и против крымских татар.

Походы Голицына не имели успеха преимущественно потому, что сообщение голою степью представляло громадные затруднения. Теперь же, при походе на Азов, водный путь для передвижения войска, припасов, военных снарядов представлял значительные преимущества.

До этого русские воины весьма часто являлись на низовьях Днепра и Дона. Днепр был частью пути «из Варяг в Греки»; этой дорогою шли когда-то полчища Олега и Игоря при походах на Византию. На Дону, до самого устья, много раз показывались казаки — морские разбойники, отправлявшиеся нередко грабить берега Черного моря и возвращавшиеся обыкновенно с богатою добычею. Такие набеги казаков повторялись особенно часто в XVII веке. В 1626 году казаки даже явились в окрестностях Константинополя, где разграбили какой-то монастырь. Около этого же времени они обратили в пепел малоазиатские города Трапезунт и Синоп. Нередко турецкое правительство жаловалось московскому на неистовство казаков. Цари оправдывались тем, что не имеют средств сдерживать их.

К 1637 году относится взятие Азова казаками. Затем они выдержали там осаду. «Азовское сиденье» сделалось любимым предметом народных песен. Когда казаки предложили московскому правительству удержать за собою эту крепость, царь Михаил Феодорович не решился на эту меру, которая легко могла повести к совершенному разладу с Оттоманскою Портою.

С тех пор прошло несколько десятилетий. Турки успели возобновить старинные укрепления Азова; 26 000 человек работали несколько лет; соорудили каменную крепость в виде четыреугольника, с бастионами и от-

---

[1] Там же, II, 219.

дельным внутри замком; обвели ее высоким земляным валом, с глубоким рвом; выше Азова построили две каменные каланчи, а на Мертвом Донце (северном притоке Дона) каменный замок Лютин. Азов сделался крепостью сильною, тем более, что турки всегда могли подать ему помощь с моря, на котором не имели соперников.[1]

Между тем как шли приготовления к походу на Азов, за границею думали, что целью военных операций будет Крым. В письме к одному знакомому Лейбниц выразил надежду, что Петр вытеснит совершенно татар из полуострова и этим окажет услугу христианству.[2]

Цейхгауз Петровского времени в Воронеже.
В его современном виде.

Распоряжения относительно командования войсками в предстоявшем походе заслуживают внимания: боярину Борису Петровичу Шереметеву было вверено начальство над 120 000-м войском старинного московского устройства; это войско, вместе с малороссийскими казаками, должно было действовать против турецких укреплений на Днепре. Труднейшая задача, осада Азова, была предоставлена войскам нового устройства, в числе 31 000. Само собою разумеется, что царь находился при этом войске; начальство над ним было поручено консилии трех генералов: Головина, Лефорта и Гордона. Дела решались в этой консилии, но приговоры ее

---

[1] Устрялов, II, 223.
[2] Guerrier. «Leibniz in seinen Beziehungen zu Russland und Peter d. Gr.», 7.

исполнялись не иначе, как с согласия «Бомбардира Преображенского полка, Петра Алексеева».

Как кажется, Петр предоставил себе начальство над артиллериею. Мысль вверить главное управление над всем войском трем генералам оказалась весьма неудачною. В течение всего похода заметно некоторое соперничество между Гордоном и Лефортом. Вследствие этого в русском лагере иногда недоставало единства военной мысли и согласия. Петр сам не имел опытности и не был в состоянии решать беспристрастно, чье мнение, Гордона или Лефорта, заслуживало большого доверия. В это время, бесспорно, Лефорт находился в более близких отношениях к царю, нежели Гордон. В дневнике последнего не раз говорится с озлоблением о Лефорте, мнения и распоряжения которого действительно оказывались довольно часто нецелесообразными.[1]

Уже в самом начале похода пришлось бороться отчасти с теми самыми затруднениями, жертвою которых сделался Голицын в 1687 и 1689 годах. Между прочим, ощущался сильный недостаток в лошадях. Войска и скот страдали от недостатка воды. Дисциплина в войске оказалась далеко не образцовою. Даже степной пожар, сделавшийся роковым в 1687 году, повторился и в 1695 году, хотя и в меньших размерах.

Гордон, находившийся в авангарде, должен был употреблять большие усилия для того, чтобы принудить казацкого атамана Фрола Минаева к энергическим действиям. Из бесед Гордона с ним видно, что и в настоящем случае казацкий элемент оказался ненадежным, шатким, своевольным, склонным к измене.

Как скоро начались приготовления к осаде, несогласие между главнокомандующими обнаружилось еще резче. Работы шли медленно, вяло, неудачно. Много бед наделала измена голландского матроса Якова Янсена, передавшегося туркам и сообщившего им самые подробные сведения о состоянии и расположении русской армии. Янсен пользовался особенным доверием Петра, проводившего с ним дни и ночи, не скрывая от него своих намерений. В Азове находились также русские раскольники, изменившие своему отечеству. Один из них пробрался в траншеи осаждавшего Азов войска, отозвался по-русски на оклик часовых, что он казак, все осмотрел и возвратился в крепость.[2]

---

[1] Поссельт в своем сочинении о Лефорте обвиняет Гордона в пристрастии. Однако сочинение Поссельта, в свою очередь, оказывается далеко не беспристрастным.

[2] Устрялов, II, 236.

Скоро все могли убедиться в том, что настоящая война не похожа на прежние маневры. Напрасно Петр до Азовского похода писал к Апраксину: «шутили под Кожуховым, а теперь под Азов играть едем».[1] Напрасно Плейер в своих донесениях к императору Леопольду хвалил «великолепную артиллерию» русских,[2] — средства, которыми располагал Петр, оказывались далеко не достаточными. Из-за недобросовестности поставщиков съестных припасов войско между прочим страдало от недостатка соли. Вообще военная администрация оказалась несостоятельною. На стрельцов была плохая надежда: они не слушались своих начальников и вообще неохотно участвовали в походе.

В середине июля удалось овладеть каланчами выше Азова. Этот подвиг, совершенный донскими казаками, произвел в армии неописанную радость. В происходивших затем стычках с неприятелем турки всегда оказывались сильнее и опытнее. Особенной опасности подвергалась та часть лагеря, в которой командовал Лефорт. Гордон при одной вылазке турок потерял несколько пушек. В военном совете главнокомандующих царствовало полнейшее несогласие. Гордон пишет: «все делалось так медленно и беспорядочно, будто мы не имели вовсе в виду серьезно взять крепость».[3]

Вскоре явилась мысль о приступе. Все, рассказывает Гордон, заговорили об этом, хотя никто не имел понятия об условиях, необходимых для такого дела. Напрасно Гордон подробно объяснял в военном совете, почему нельзя было пока надеяться на успех приступа: ему не удалось убедить царя в невозможности этого предприятия до окончания некоторых работ, предпринятых с целью обеспечения войск на случай неудачи.

Приступ, сделанный 5-го августа, имел весьма печальный исход. Много людей погибло совершенно понапрасну. Гордон подробно пишет об унынии, господствовавшем в войске. Недоставало искусных инженеров. Главным инженером был Франц Тиммерман, а его помощниками: Адам Вейде, Яков Брюс и швейцарец Морло. Они действовали неудачно и, кажется, не умели взяться за дело. Однажды устроили в подкопе камеру и наполнили ее порохом. Гордон доказывал, что преждевременный взрыв не принесет никакой пользы и только перебьет своих же. Но созванный государем военный совет решил взорвать подкоп, и, как скоро обрушится стена, занять пролом войсками. Предсказания Гордона сбылись буквально. Крепостная стена осталась невредимою, а множество русских погибло.

---

[1] Там же, II, 449.
[2] Там же, II, 569.
[3] Gordon's Tagebuch, II, 576, 578, 601.

«Эта неудача», говорит Гордон, «сильно огорчила государя и произвела неописанный ужас в войске, потерявшем после этого всякое доверие к иностранцам».[1]

Корабль «Молящийся св. Апостол Петр»,
построенный Петром I в Воронеже в 1696 году.
С гравюры того времени Шхонебека.

Такого рода ошибки повторялись. Опять пошла речь о штурме и опять Гордону пришлось говорить против него. Возражения его были оставлены без внимания. Распоряжения царя основывались на советах Лефорта и противоречили убеждениям Гордона. Лефорт и Головин ласкали себя какими-то ни на чем не основанными надеждами и даже дали понять

---

[1] Там же, II, 603.

Гордону, что его сомнения и опасения вызваны как будто нежеланием взять крепость. Одним словом, между генералами постоянно царствовало полнейшее разногласие.

Впрочем, и Лефорт в одном из своих писем заметил, что царю, очевидно, не была известна численность азовского гарнизона, — иначе он позаботился бы о собрании под стенами крепости бо́льшего количества войска. Трудно сказать, имело ли основание предположение Лефорта, что при более многочисленном войске крепость была бы взята. Как бы то ни было, но на этот раз предприятие Петра кончилось полною неудачею. 27-го сентября решили, что нужно отступить. Единственным сравнительно скромным успехом было занятие каланчей.

В свою очередь, и Шереметев лишь отчасти действовал успешно. Он занял два форта на Днепре: Кизикермен и Таган.

Петр во время пребывания под Азовом участвовал самолично во всех трудах и подчас подвергал себя опасностям. В дневнике Гордона сказано, что царь весьма часто находился в мрачном расположении духа. Два товарища царя, его сотрудники в Потешном войске, Воронин и Лукин, были убиты под Азовом. Он горевал также о потере Троекурова, своего «друга», как он назвал его в письме к князю Ромодановскому. Впрочем, сохранились и другие относящиеся к этому времени письма царя, в которых он, смеясь, говорил о «наишутейшем», «всеяузском патриархе» Зотове, о «Марсовой потехе», о подвигах «Ивашки Хмельницкого» и пр. Неудачи при осаде Азова, кажется, нисколько не повредили отношениям царя к иностранцам. Зато, как мы видели, раздражение в войске против иностранных офицеров и инженеров могло повести легко к перемене их положения. Александр Гордон, племянник Патрика, также участвовавший в осаде Азова, замечает в своей «Истории Петра Великого», что Адам Вейде, которому приписывали неудачу с вышеупомянутым подкопом, сделался предметом общей ненависти и несколько дней сряду не смел показываться солдатам.

Ко всем неудачам под Азовом присоединилась еще та беда, что отступление войска и возвращение его в пределы Московского государства было сопряжено с ужасными затруднениями. По случаю бури, имевшей следствием разлив вод у берегов Азовского моря, утонуло много народу. Арьергард войска, начальником которого был Гордон, страшно страдал от нападений татар, со всех сторон окружавших отступавшее войско. Один полк был разбит совершенно, а полковник взят в плен.[1] Впоследствии в народе рассказывали друг другу подробности этого печального эпизода.[2]

---

[1] Gordon's Tagebuch, II, 619.
[2] Соч. Ив. Посошкова, I, 38.

О лишениях и страданиях войска во время отступления мы узнаем из донесений австрийского дипломатического агента Плейера, который, после пребывания под Азовом, по случаю болезни на пути в Москву пролежал в Черкасске. Возвращаясь оттуда в Москву, он видел всю дорогу, на протяжении 800 верст, усеянною трупами людей и лошадей; все деревни были переполнены больными, заражавшими местных жителей своими недугами; смертность была ужасная.[1]

Князь Федор Юрьевич Ромодановский.
С портрета, находящегося в Императорском Эрмитаже.

Неудача первого Азовского похода числом жертв превосходила неудачи Голицына в Крымских походах 1687 и 1689 годов. Однако, несмотря на все это, царь, после краткого пребывания в Туле, где он на железном заводе ковал собственными руками железные полосы, торжественно всту-

---
[1] Устрялов, II, 582.

пил с войсками в столицу. Правительство старалось придать особенное значение занятию турецких каланчей близ Азова. Это место, укрепленное по советам Гордона, получило название «Новогеоргиевска». Сам Петр, однако ж, не мог не сознавать, что первое его предприятие, в котором ответственность лежала на царе и на окружавших его иностранцах, потерпело полную неудачу.

Боярин Алексей Семенович Шеин.
С портрета, находящегося на гравюре того времени «Взятие Азова».

Но именно здесь, благодаря этой неудаче, и проявился великий человек: Петр не упал духом, но вдруг вырос от беды и обнаружил изумительную деятельность, чтобы загладить неудачу и упрочить успех второго похода. С азовской неудачи, как справедливо замечает Соловьев, начинается царствование *Петра Великого*.[1]

---

[1] Соловьев, XIV, 225.

После азовской неудачи в народе легко могли вспомнить слова патриарха Иоакима, что не может быть успеха, если русскими полками будут предводительствовать иностранцы-еретики. Но царь, готовясь ко второму походу, более прежнего рассчитывал на помощь иностранцев, выписывал из-за границы инженеров и судостроителей; Тиммерман, Вейде, Брюс, жившие давно в Москве и не имевшие возможности следить за успехами техники, оказались плохо приготовленными. Нужно было обратиться к западноевропейским правительствам, к Австрии, Венеции, Бранденбургскому курфюрсту, чтобы достать людей более опытных и сведущих.

Еще до возвращения в Москву Петр известил польского короля и императора Леопольда о том, что нельзя было взять Азова, по недостатку оружия, снарядов, а более всего — искусных инженеров. Одновременно с этим, царь требовал, чтобы и польский король, и император, в свою очередь, приступили к решительным действиям, когда, на будущую весну, государи пошлют под Азов и в Крым войска многочисленнее прежних.[1]

Особенно нужными для предстоявшего похода оказались военные суда, которые могли бы пресечь неприятелю средства получать во время осады помощь с турецких кораблей войском, снарядами и продовольствием. Поэтому Петр призвал из Архангельска голландских и английских плотников с чужеземных судов. Все они были, волею и неволею, отправлены в Воронеж, где, уже со времен царя Михаила Феодоровича, производилась постройка плоскодонных судов. По берегами реки Воронежа росли дремучие леса, дубовые, липовые и сосновые, доставлявшие обильный материал для кораблестроения. Были устроены верфи; работа закипела. Около 26 000 человек всю зиму трудились на воронежских верфях. Отовсюду, с частных железных заводов, волею и неволею, были собираемы необходимые для судостроения предметы.

Образцом для строившихся судов служила галера, заранее заказанная в Голландии и привезенная в Москву, а затем в Воронеж. Работали не только в Воронеже, но и в Козлове, в Добром, в Сокольске; кроме военных судов, нужно было изготовить до 1000 транспортных судов.[2]

В конце февраля 1696 года сам Петр прибыл в Воронеж для участия в этих работах. 2-го апреля происходил спуск первой галеры, которая получила название «Принципиум». В апреле же окончено сооружение 36-ти-

---

[1] Устрялов, II, 257. О переписке с Венециею см. Пам. дипл. сношений, VIII, 198—210, 353—357.

[2] Веселого, «Обзор ист. р. флота», I, 85. Елагин, «Ист. р. флота». Азовский период, I, 22 и след.

пушечного корабля «Апостол Петр». Начальником галеры «Принципиум» сделался сам царь.

Приходилось бороться с разными затруднениями. Многие рабочие бежали с работ; свирепствовали болезни; погода не благоприятствовала делу. Сам царь недомогал в это время, но все-таки работал усердно и писал к боярину Шереметеву: «мы, по приказу Божию к прадеду нашему Адаму, в поте лица едим хлеб свой». Немудрено, что работа шла гораздо успешнее, чем во время постройки корабля «Орел» при царе Алексее Михайловиче.

Вопрос о главном начальстве над войском был решен иначе, нежели в первый поход. 14-го декабря 1695 года Петр приехал за Гордоном и отправился с ним к Лефорту, куда явились Головин и другие вельможи. Там происходило совещание, кого избрать генералиссимусом. На это место был назначен боярин Шеин. Можно думать, что тогда же было решено назначение Лефорта адмиралом нового флота.

Обсуждались также предстоявшие военные операции. Шереметев опять должен был действовать на Днепре, между тем как главная армия двигалась к Азову. Достойно внимания, что те люди, которые во время маневров под Москвою разыгрывали роль «генералиссимусов», Бутурлин и Ромодановской, преспокойно оставались дома. С Ромодановским, который в шутку величался «кесарем» и которого Петр называл обыкновенно «Min herr Kenih», Петр переписывался в это время, извещая его, как «своего государя», о ходе работ, иногда же, за недосугом, посылал поклоны ему и Бутурлину вместе с другими, в письмах к Стрешневу и Виниусу. Ромодановский был этим недоволен и делал «господину капитану» выговоры. Царь оправдывался. «В последнем письме», отвечал он Ромодановскому, «изволишь писать про вину мою, что я ваши государские лица вместе написал с иными: и в том прошу прощения, потому что корабельщики, наши братья, в чинах не искусны».[1]

Таким образом, шутки и серьезные работы сменяли друг друга. В январе 1796 года скончался брат Петра, царь Иван. Это событие, кажется, не произвело на современников никакого особенного впечатления. В источниках даже не упоминается о торжественном погребении усопшего царя, не имевшего, впрочем, при жизни никакого значения.

Нельзя сказать, чтобы главный полководец, боярин Шеин, во втором Азовском походе имел большое значение. Он, без сомнения, столь же мало был приготовлен для своего поста, как Лефорт для должности адмирала.

---

[1] Устрялов, II, 268.

Главным дельцом все-таки оставался Гордон, ранее других прибывший к Азову, весною 1696 года. Что же касается до новых инженеров, выписанных из-за границы, то они приехали довольно поздно, уже во время осады.

Военные операции начались в мае. Царь в это время, по-видимому, был особенно занят вопросом, окажется ли новопостроенный флот, с совсем еще неопытным экипажем, способным к борьбе с турецкими судами. 21-го мая, сделав рекогносцировку и увидав довольно значительную турецкую эскадру, Петр пришел к Гордону и сообщил ему, что дал приказание русскому флоту избегать столкновения с турецкою эскадрою. Рассказывая об этом в своем дневнике, Гордон замечает, что Петр при этом случае казался печальным и озадаченным. Скоро после этого, однако, узнали, что казаки напали на турецкий флот, повредили и разогнали его и многих турок убили.[1] Довольно часто повторяемый рассказ о личном участии царя в этом деле лишен всякого основания.

Хотя новый русский флот не считался способным сражаться с турецкою эскадрою, он все-таки, во время второго Азовского похода, был чрезвычайно полезен тем, что отрезывал крепость от турецкого флота. Турки, в свою очередь, не решились атаковать русский флот.

Бомбардирование крепости началось 16-го июня. До этого происходили небольшие стычки с татарами, нападавшими на русский лагерь. Во время бомбардирования Петр бо́льшею частью оставался на своей галере «Принципиум» и являлся в лагерь только для совещаний с генералами. Иногда он подвергался опасностям. На увещания сестры Натальи быть осторожнее Петр отвечал: «по письму твоему, я к ядрам и пушкам близко не хожу, а они ко мне ходят. Прикажи им, чтоб не ходили; однако, хотя и ходят, только по ся поры вежливо».[2]

Бомбардирование, впрочем, не принесло выгод. Турки пока и не думали о сдаче. Нужно было прибегнуть к другим мерам.

22-го июня, когда спросили мнение солдат и стрельцов, каким образом они думают овладеть городом, они отозвались, что надобно возвести высокий земляной вал, привалить, его к валу неприятельскому и, засыпав ров, сбить турок с крепостных стен. Полководцы согласились на общее желание войска; ночью на 23-е июня приступили к гигантской работе, к возведению земляной насыпи, под неприятельскими выстрелами. Немного позже Гордон развил мысль, выраженную войсками, в обширнейших размерах и составил проект

---

[1] Tagebuch Gordon's, III, 6. Желябужского зап., 68.
[2] Соловьев, XIV, 229.

такому валу, который превышал бы крепостные стены, с выходами для вылазок, с раскатами для батарей. Работа шла довольно успешно.

Между тем, 25-го июня прибыли иностранные инженеры. Они не ускорили своего путешествия, потому что в Вене ничего не знали о начале военных операций. Между прибывшими инженерами находился Боргсдорф, известный как писатель в области военной техники. Особенно отличился впоследствии в русской службе Краге. Когда Гордон водил этих инженеров по всем укреплениям, они дивились огромности работ, однако мы не знаем, какого мнения они были о земляном вале.

Инженеры оказались полезными. Под их руководством, бомбардирование шло успешнее прежнего, так что угловой бастион крепости был разрушен. Зато приступ, предпринятый 17-го июля с земляного вала Запорожскими казаками, не имел успеха, потому что храбрые воины не были поддержаны другими частями войска. В то время, когда в военном совете обсуждался вопрос о повторении штурма, турки открыли переговоры о сдаче крепости.

Сооружение вала, отважность запорожцев, искусство иностранных инженеров, помощь флота, отрезывавшего крепость от сообщения с морем, приготовления к общему штурму — все это вместе побудило турок сдаться.[1]

Азов не был взят русскими с бою, а сдался на капитуляцию; но все-таки сдача Азова являлась результатом искусных действий Петра и его войска. Обрадованный этою победою, Петр сообщил о ней Ромодановскому, Виниусу и пр. В своем ответе Ромодановский называл царя вторым Соломоном, Самсоном, Давидом. В покоренном Азове пировали. Гордон занялся исправлением укреплений. Петр поехал отыскивать удобное место для постройки гавани. Затем он возвратился в Москву, где 30 сентября происходил торжественный вход войск.

И в этом празднестве, устроенном главным образом под наблюдением Виниуса, но по указаниям Петра, заметно влияние иностранцев. Триумфальные ворота были построены по образцу древне-классических; везде были видны непонятные для народа эмблемы и аллегории; было множест-

---

[1] Лефорт приписывал главную долю успеха флоту; см. соч. Поссельта, II, 348. — Сохранилось предание, что Петр приписывал взятие Азова главным образом доблести и искусству Гордона. Нартов, рассказывая о похоронах Гордона, сообщает, что Петр, кинув земли в могилу, сказал: «я ему даю только горсть земли, а он дал мне целое государство с Азовом». Этот рассказ не может считаться историческим фактом. Гордон не был завоевателем Азова. См. мое сочинение о Гордоне, стр. 97.

во лавровых венков; надписи гласили о победе Константина над Максентием, о подвигах Геркулеса и Марса. Гораздо нагляднее были картины. Желябужский пишет: «на Каменном мосту всесвятском, на башне, сделана оказа азовского взятия, и их пашам персуны написаны живописным письмом, также на холстине левкашено живописным же письмом, как что было под Азовым, перед башнею по обе стороны».[1] Лефорт ехал в золотых государевых санях в шесть лошадей. За великолепными санями адмирала шел сам Петр, в скромном мундире морского капитана, «с протозаном» в руке, в немецком платье, в шляпе.

Такая скромность государя сильно не понравилась народу.[2]

Взятие Азова произвело глубокое впечатление на современников. После неудач Чигиринских походов, при царе Федоре, и Крымских, при царевне Софье, этот успех царя Петра имел особенное значение. С тех пор, как русское оружие одерживало победы, при царе Алексее Михайловиче, прошло несколько десятилетий. Затем следовал целый ряд неудач. При громадном значении восточного вопроса в то время, победа царя, одержанная над турками, должна была придать России некоторый вес в Европе. Московское государство явилось в борьбе с исламом полезным союзником Польши и императора.

Вскоре, однако, оказалось, что успехи русского оружия в войне с Турциею вовсе не нравились полякам. Еще прежде взятия Азова один француз, провожавший иностранных офицеров в Россию и возвращавшийся через Варшаву, рассказывал панам с похвалою о действиях русских под Азовом. Сенаторы слушали, качали головами и говорили про Петра: «какой отважный и беспечный человек! и что от него вперед будет?»

После получения в Варшаве известия о взятии Азова, к русскому резиденту, Никитину, приезжал цесарский резидент и рассказывал, что сенаторы испугались, что паны не очень рады взятию Азова. Никитин писал в Москву, что хотя поляки и празднуют эту победу царя над турками, «будто совершенно тому радуются», хотя они и приезжают к нему с поздравлением, но «на сердце у них не то». Литовский гетман Сапега говорил громко, что царские войска никакого храброго дела не показали, что они взяли Азов на договор, а не военным промыслом, и пр. На это Никитин возразил: «дай Господи великому государю взять на договор не только всю турецкую землю, но и самое государство Польское и княжество Литовское в вечное под-

---

[1] Желябужский, 93.
[2] См. мое сочинение о Посошкове, Спб., 1876, стр. 27.

данство привесть, и тогда вы, поляки, будете всегда жить в покое и тишине, а не так как теперь, в вечной ссоре друг с другом от непорядка своего».

1-го сентября Никитин в торжественном собрании сената и земских послов говорил следующую речь: «Теперь, ясновельможные господа сенаторы и вся Речь Посполитая, да знаете вашего милостивого оборонителя, смело помогайте ему по союзному договору, ибо он, знаменем креста Господня, яко истинный Петр, отпирает двери до потерянного и обещанного христианам Иерусалима, в котором Христос, Господь наш, на престоле крестом триумфовал... Теперь время с крестом идти, вооруженною ногою топтать неприятеля; теперь время шляхетным подковам попрать наклоненного поганина и тыл дающего; теперь время владения свои расширить там, где только польская зайти может подкова, и оттуда себе титулами наполнить хартии, согласно договорам, вместо того, чтоб писаться такими титулами, каких договоры не позволяют».

Последнее замечание было угрозою, которая и произвела свое действие. На третий день после этой церемонии, приезжал к Никитину цесарский резидент и рассказывал, что сенаторы испугались и порешили, чтоб впредь короли их не писались лишними титулами — Киевским и Смоленским.

Гиперболически и витиевато Никитин в письме к Петру поздравлял его со взятием Азова, замечая: «орел польский от окаменелого сердца своего в нечаемости задумался храбрости вашей, а лилии французские не сохнут ли от гуков и от молнии триумфов вашего царского величества; одним словом: Гишпанское, Португальское, Английское государства, Голландская и Венецианская Речь Посполитая, на те победительства смотря, радуются и славу воссылают. Велия вашего царского величества слава, которая разошлась от захода до восхода солнца... Пред вашим царским величеством дрожит Азия, утекает пред громом Африка, кроется под блистанием вашего меча Америка» и т. д.[1]

К счастью для России, были и государства, довольные успехом Петра. Бранденбургский курфюрст сочувствовал царю. Когда позже Петр был в гостях у Фридриха III, в Кенигсберге для него устраивались празднества; особенно ему понравился фейерверк, представлявший великолепную картину русского флота пред Азовом, искусно придуманную наставником Петра, инженером Штейтнером-фон-Штернфельдом.[2] В Голландии и в Италии сочинялись стихи, восхвалявшие славу русского оружия при взятии Азова.[3]

---

[1] Соловьев, XIV, 231—234. Прилож. XIV — XV.
[2] Устрялов, III, 89.
[3] Пекарский. «Наука и литература при Петре Великом», I, 29. Памятники дипломатических сношений, VIII, 298—299.

Взятие Азова в 1696 году.
Гравюра Паннемакера в Париже с гравюры того времени (1699 г.) Шхонебека.

Успех царя обещал многое в будущем. Он стал твердою ногою на берегах Азовского моря и положил начало флоту. То было лишь начало других подвигов.

Но пока нужно было продолжать учение. Для этого приходилось отправиться на запад. Путешествием 1697 года обусловливался целый ряд преобразований, долженствовавших создать новую Россию.

ЧАСТЬ ВТОРАЯ

Глава I. Путешествие за границу (1694-1698)

Знаменитый английский историк Маколей, говоря о пребывании Петра за границею, замечает: «это путешествие составляет эпоху в истории, не только России, но и в истории Англии и во всемирной истории».[1]

Путешествие Петра было необходимым следствием многолетнего пребывания юного царя в Немецкой слободе. В свою очередь, оно повело к непосредственному сближению России с Западною Европою. Внешним поводом к этому путешествию служило желание подготовить все способы к усиленной борьбе с турками и татарами. На возвратном пути из-за границы, созрела мысль и о нападении на Швецию. Таким образом, это путешествие занимает видное место в истории восточного вопроса и в то же время служит как бы введением в историю Северной войны.

Мы не знаем, каким образом появилась первоначальная мысль о поездке за границу.

В Венском архиве было найдено относящееся к тому времени письмо неизвестного лица, в котором рассказано, что царь однажды на пиру, в присутствии бояр, сообщил о своем намерении отправиться в Рим для того, чтобы там поклониться мощам св. апостолов Петра и Павла. Поводом к этому намерению царя, сказано далее, служило чудесное спасение жизни Петра во время ужасной бури на Белом Море в 1694 г. Бояре были недо-

---

[1] «His journey is an epoch in history, not only of his own country, but of our's, and of the world». Macauley, «History of England» (Tauchnitz ed.), IX, 84.

вольны таким намерением царя и подозревали, что мысль о поездке за границу была внушена ему Шереметевым.[1]

Однако предположение, будто путешествие Петра имело главным образом религиозную цель, нисколько не подтверждается другими данными и оказывается лишенным всякого основания.

Австрийский дипломатический агент Плейер писал императору Леопольду, что Петр поехал за границу для развлечения, и что отправление посольства, в свите которого находился царь, было лишь предлогом для замаскирования «прогулки» царя.[2] И этот отзыв свидетельствует о полнейшем непонимании значения и целей путешествия Петра.

Печати, употреблявшиеся Петром I во время пребывания его в Голландии.
С факсимиле, приложенных к «Истории Петра Великого» Устрялова.

Зато нельзя не признать существования тесной связи между путешествием и турецкою войною. Для дальнейшего успеха в борьбе с турками было необходимо развитие сил и средств России на море. Сам царь, в введении к Морскому Регламенту, объясняет причины своего путешествия следующим образом: «дабы то новое дело (т. е. строение флота) вечно утвердилось в России, государь умыслил искусство дела того ввести в народ свой и того ради многое число людей благородных послал в Голландию и иные государства учиться архитектуры и управления корабельного. И что дивнейше, аки бы устыдился монарх остаться от подданных своих в оном искусстве, и сам восприял марш в Голландию» и пр.[3]

---

[1] Posselt, II, 565. Автор письма, кажется, принадлежал в свите посольства Гвариента. К числу тех лиц, которые не одобряли путешествия Петра, как сказано в этом письме, принадлежала и мать Петра. Однако Наталья Кирилловна скончалась еще до путешествия Петра в Архангельск, 1694 года.

[2] Устрялов, III, 640.

[3] Там же, III, 400.

Петр находился за границею полтора года. Бо́льшую часть этого времени, а именно девять месяцев, он посвятил работам на верфях Голландии и Англии.

Одной из важнейших задач посольства, в свите которого находился Петр, было: приглашение в русскую службу искусных мастеров для кораблестроения, капитанов, матросов и пр., и покупка пушек для новых судов, разных предметов, необходимых для строения и оснастки кораблей.[1]

Сам царь собирался работать и учиться. Царские письма, присылаемые из-за границы, были обыкновенно за сургучною печатью, которая представляла молодого плотника, окруженного корабельными инструментами и военными орудиями, с надписью: «аз бо есмь в чину учимых, и учащих мя требую».[2]

Довольно часто впоследствии высказывалось предположение, что Петр решился отправиться за границу, «чтобы научиться лучше царствовать». Мы, однако, не думаем, чтобы эта мысль стояла на первом плане. В 1697 году Петр был отчасти уже специалистом в морском деле, между тем как вопросы, относящиеся к управлению государством, тогда его почти совсем не интересовали. Но, разумеется, во время самого путешествия он не только выучился морскому делу, но также собрал множество сведений о государственных учреждениях. Многостороннее политическое образование было не столько поводом и целью, сколько результатом путешествия Петра, которое, таким образом, сделалось исходною точкою для разных реформ и нововведений. Некоторые сторонники прогресса на западе, как, например, философ Лейбниц и англичанин Ли, ранее самого Петра сознавали настоящее значение его путешествия и старались воспользоваться пребыванием царя за границею для внушения ему мыслей о всесторонних преобразованиях.

Судя по письмам Лефорта к родственникам в Женеве, решение отправиться за границу было принято не ранее, как в конце 1696 года. Вероятно, Лефорту принадлежала влиятельная роль в этом намерении. В народе, по крайней мере, его считали внушителем мысли о путешествии. Он находился во главе посольства, в свите которого путешествовал царь, и руководил приготовлениями к путешествию.

6-го декабря 1696 года думный дьяк Емельян Украинцев объявил в Посольском приказе, что царь намерен отправить посольство к цезарю, к королям английскому и датскому, к папе римскому, к голландским шта-

---

[1] Устрялов, III, 8—10.
[2] Там же, III, 18.

там, к курфюрсту бранденбургскому и в Венецию, «для подтверждения древней дружбы и любви, для общих всему христианству дел, к ослаблению врагов креста Господня, салтана турского, хана крымского и всех бусурманских орд, и к вящшему приращению государей христианских».[1]

Федор Алексеевич Головин.
С портрета, находящегося в Императорском Эрмитаже.

Как видно, цель посольства не была точно определена и задачей ему ставилось вообще поддержание дипломатических отношений с западноевропейскими государствами. Товарищами Лефорта по посольству были назначены: сибирский наместник Федор Алексеевич Головин и думный дьяк Прокофий Богданович Возницын.

---
[1] Устрялов, III, 6.

Посольская свита состояла более нежели из двух сот лиц. Между ними находилось тридцать с чем-то «волонтеров», отправлявшихся исключительно с целью изучения морского дела и составлявших особый отряд, разделенный на три десятка. «Десятником» во втором десятке был Петр Михайлов, т. е. царь.

Участие царя в путешествии должно было оставаться тайною. Узнав об этом, Плейер донес императору Леопольду о такой новости не иначе, как в шифрах.[1] Даже купец Любс, которому было поручено сообщить в Риге о предстоявшем прибытии посольства, как кажется, не знал, что сам царь находится в посольской свите. Он писал Лефорту из Риги: «меня спрашивал маиор Врангель, правда ли, что его царское величество намерен быть в Ригу? я отвечал, что это более детское, чем правдивое разглашение».[2]

Царь, во время своего путешествия, переписываясь с друзьями, употреблять «тайные чернила» и вставлял в свои письма обыкновенными чернилами условные выражения, значившие, что в письме есть приписка тайными чернилами. Надпись на обертке во всех письмах Виниуса к государю за границу была следующая: «Myn Heer, myn heer Peter Michailowiz». Не ранее, как в сентябре 1697 года, следовательно после шестимесячного пребывания в дороге, Лефорт сообщил своим родственникам, что между его спутниками находится сам царь, прибавляя, что оказалось невозможным сохранить это в тайне.

Инкогнито Петра представляло собою большие выгоды. Этим он освобождался от стеснительных правил церемониала и этикета, мог свободнее наблюдать и учиться, знакомиться с частными лицами и в то же самое время самолично вести переговоры с коронованными лицами и государственными деятелями.

На время своего отсутствия Петр передал управление государственными делами трем лицам: Нарышкину и князьям Борису Голицыну и Прозоровскому. В дневнике Гордона эти правители в течение всего означенного времени носят название «Его Величества». Князю Ромодановскому был поручен надзор над столицею. Так как царь до 1697 года не принимал особенно деятельного участия в управлении государством, то можно думать, что его отсутствие мало было заметно в отношении к текущим делам администрации и законодательства.

---

[1] Устрялов, III, 634.
[2] Там же, III, 419.

Въезд русского посольства в Амстердам в 1697 году.
Гравюра Паннемакера в Париже с гравюры того времени Мушерова.

Сначала Петр намеревался отправиться прежде всего в Вену, для заключения наступательного и оборонительного союза с императором, а затем поехать оттуда в Венецию, для изучения морского дела. Узнав, однако, в самом начале 1697 года о том, что заключение союза с императором уже состоялось, он переменил свой план и, оставляя Москву 10-го марта, решился отправиться прежде в Голландию и Англию. На пути в Западную Европу нужно было миновать польские владения, потому что там происходили беспорядки по поводу выбора короля. Таким образом, Петр должен был ехать через шведские владения.

Рига в XVIII столетии.
С редкой гравюры того времени Шенка.

В Риге царь остался крайне недоволен оказанным ему приемом. Когда через три года началась Северная война, на этот эпизод было указано как на «casus belli». В сущности, жалобы на рижского губернатора, Эриха Дальберга, не имели основания: он исполнял лишь свою обязанность.

В Лифляндии в то время был голод. Правительственные места не без труда поставляли необходимое для русского посольства число лошадей и экипажей. Вследствие этого, а также и по причине весенней распутицы, путешествие совершалось медленно. Как кажется, русские путешественники не известили заблаговременно лифляндских властей о своем предстоящем проезде и о числе лиц, для которых нужно было держать наготове подводы.[1]

Прием, оказанный в Риге русским послам, был довольно пышный и торжественный, но путешественникам приходилось платить дорого за все необходимое. Дальберг имел полное право и даже был обязан не показывать вида, что знает о пребывании царя в свите посольства, и поэтому не искал случая встретиться с Петром. К тому же, у него не было ни малейшего повода к личному сближению с русскими дипломатами, так как посольство находилось в Лифляндии лишь проездом, не имея поручений вступить в какие-либо переговоры с представителями шведского правительства. Впрочем, Дальберг относился к русским путешественникам без всякой предупредительности, с некоторою холодностью, не забавлял их увеселениями, не устраивал фейерверков, парадов и пр.[2]

Происходили даже столкновения между путешественниками и городскими властями. Когда Петр, в сопровождении некоторых лиц, спустился однажды к берегу Двины для осмотра стоявших там на якорях голландских судов, шведские офицеры и солдаты не хотели пропустить его туда, потому что на пути к набережной царю приходилось проходить мимо крепости. Кроме того, некоторые лица из свиты послов, — а между ними, быть может, и сам царь — попытались осмотреть, хоть издали, укрепления города и даже измерить глубину рвов, окружавших крепость. Шведская стража не хотела допустить этого. Дело дошло до объяснений между Дальбергом и Лефортом. Капитан Лильешерна, отправленный губернатором к Лефорту, составил впоследствии записку об этом эпизоде. В ней между прочим сказано: «я имел поручение от графа Дальберга просить от его имени извинения за то, что стража не хотела дозволить некоторым лицам, принадлежавшим к свите посольства, прогуливаться на валах и по контр-эскарпам крепости, и, так как эти лица не хотели удалиться, была вынуждена настаивать на запрещении, грозя оружием. Господин

---

[1] По рассказу современника Кельха, «Liefländische Historia». Dorpat, 1875, II, 47 и след.

[2] См. оправдательную записку Дальберга в сочинении Ламберти «Mémoires pour servir à l'histoire du XVIII siècle». A la Haye, 1724, I, 176—181.

первый посол принял эти объяснения очень благосклонно и возразил, что стража исполнила свой долг и действовала совершенно правильно; он обещал даже дать приказание, чтобы такого рода приключения не повторялись».[1]

Желание Петра, замечает Соловьев, осмотреть Рижские укрепления не могло не возбудить подозрительности губернатора. Отец этого самого царя стоял с войском под Ригой, а сын без устали строит корабли и, вместо того, чтобы сражаться с турками, предпринимает таинственное путешествие на запад.

Из писем Петра к Виниусу видно, что царь, находясь в Риге, зорко наблюдал за всем, относившимся к вооружению и укреплению города. Он писал о числе солдат, составлявших гарнизон, и послал Ромодановскому образчики солдатских перевязей, бывших в употреблении в шведском войске.[2]

Петр, как мы уже заметили, был недоволен своим пребыванием в Риге. «Здесь мы рабским обычаем жили и сыты были только зрением», писал он Виниусу, «здесь зело боятся, и в город, в иные места, и с караулом не пускают, и мало приятны». Он припомнил нанесенное ему оскорбление через 12 лет, когда, осадив Ригу и сам бросив в нее первые три бомбы, написал князю Меншикову: «тако Господь Бог сподобил нам видеть начало отмщения сему проклятому месту».[3]

Прожив в Риге неделю, Петр отправился в Курляндию, и 10 апреля прибыл в Митаву. Герцог Фридрих Казимир принял русских путешественников с особенным радушием. Он когда-то, гораздо раньше, в Голландии, находился в близких, чуть не дружеских отношениях к Лефорту. Свидание бывших приятелей происходило при совершенно изменившихся обстоятельствах.[4]

Петр был в гостях у герцога и герцогини, познакомился с разными частными лицами и беседовал с ними совершенно непринужденно. В письме одного современника, познакомившегося в Митаве с царем, говорится подробно о Лефорте и лицах, составлявших свиту посольства.

---

[1] См. соч. Посссельта о Лефорте, II, 385. Рассказ Лильешерна вполне подтверждается подробными замечаниями в труде Кельха, Lieflândische Historia, 57—58. Напрасно Устрялов столь резко осуждает образ действий Дальберга; новейшие историки, Соловьев («Ист. Р.», XIV; 250) и Костомаров («Русская история в жизнеописаниях», II, 554), отнеслись к этому вопросу гораздо справедливее и спокойнее.

[2] Устрялов, III, 420—421.

[3] Там же, III, 30.

[4] Posselt I, 90—104.

«Царь», сказано в этом любопытном источнике, «желает усовершенствовать свой народ и для этой цели предпринял путешествие».[1]

Во время своего трехнедельного пребывания в Митаве царь занимался между прочим плотничьею работою. До новейшего времени в Митаве показывали отесанное им бревно, имевшее 11 сажень длины.[2]

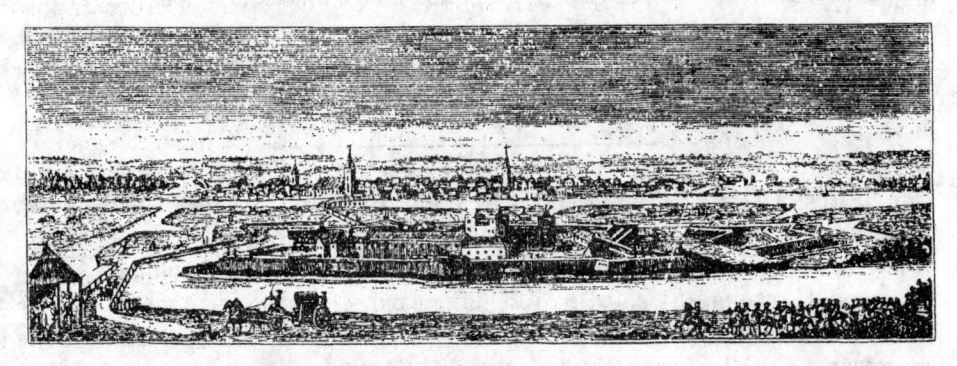

Митава в XVIII столетии.
С шведской гравюры того времени.

В Либаве Петр впервые увидел Балтийское море. Едва ли он считал тогда вероятным, что через несколько лет значительная часть берегов этого моря сделается достоянием России. Не раз русские государи напрягали усилия занять эти берега. Старания Ивана IV и Алексея Михайловича оставались тщетными. При царе Борисе со стороны Польши было сделано Московскому правительству предложение соорудить на Балтийском море общий польско-русский флот. В 1662 году московское правительство обратилось в Курляндию с вопросом: не можно ли будет завести строение русских кораблей в одной из курляндских гаваней? — на что курляндский дипломат возразил: «думаю, что пристойнее великому государю заводить корабли у Архангельска».[3]

Желая отправиться из Либавы водою в Кенигсберг, Петр, по случаю неблагоприятной погоды, должен был оставаться несколько дней в Либа-

---
[1] Blomberg, «Au account of Livonia».
[2] См. подробные, заимствованные из курляндских архивов данные о доставленных русским путешественникам съестных припасах и о плотничьей работе Петра в статье барона Клопмана: «Peters des Grossen Anwesenheit in Curland», в Записках Курл. Общества лит. и искусства, 1847, тетр. 2.
[3] Соловьев, XII, 237—238.

ве, где сошелся с некоторыми шкиперами, сиживал с ними в винном погребе, шутил и до излишества угощал их вином, выдавая себя за шкипера одного из московских судов, назначенных для каперства.[1] Из Либавы же Петр писал Виниусу: «здесь я видел диковинку, что у нас называли ложью: у некоторого человека в аптеке сулемандра в скляннице, в спирту, которого я вынимал и на руках держал; слово в слово таков, как пишут».[2]

В то время как посольство отправилось в Кенигсберг сухим путем, Петр сам поехал в Пиллау, а оттуда, для свидания с курфюрстом бранденбургским, в Кенигсберг.

Встреча Петра с Фридрихом III происходила, так сказать, накануне превращения бранденбургского курфюрста в прусского короля; не много позже последовало превращение московского царя во всероссийского императора. Пруссия и Россия, не имевшие важного значения в европейской системе государств в продолжение XVII века, сделались первоклассными державами в XVIII столетии. Поводом к сближению их послужила война со Швециею.

Курфюрст, заблаговременно извещенный о приближении русских гостей, готовил им великолепный прием. Он сам находился в Кенигсберге, где царя встретил церемониймейстер Бессер, в квартире, заранее приготовленной для Петра. Соблюдая строгое инкогнито, царь отправился во дворец к курфюрсту, беседовал с ним на голландском языке, выпил несколько бокалов венгерского вина и, уходя, просил курфюрста, ради соблюдения инкогнито, не отдавать ему визита.[3]

Особенно торжественно были приняты курфюрстом русские послы, прибывшие в Кенигсберг несколько позже царя. Рассказывали, что пребывание русских в этом городе обошлось курфюрсту не менее 150 000 таллеров.[4]

Судя по некоторым письмам философа Лейбница и курфюрстины Софии Шарлотты, Петр в Кенигсберге произвел вообще чрезвычайно выгодное впечатление. Хвалили его оживленную беседу; воспроизводили некоторые из его замечаний и отзывов о разных предметах. Он оказался

---

[1] См. донесение Рейера Чаплича министру Данкельману из Мемеля, по рассказу одного студента, видевшего русских в Митаве и Либаве. Заимств. из берлинского архива Поссельтом, II, 688.
[2] Устрялов, III, 422.
[3] По депешам Геемса в венском архиве. Posselt, II, 391.
[4] См. письмо Арпенгона из Гааги в Женеву, у Поссельта, II, 513.

искусным трубачом и не менее искусным барабанщиком; подчас он обнаруживал вспыльчивость и раздражительность.[1]

В Кенигсберге Петр занялся изучением артиллерии, под руководством главного инженера прусских крепостей, подполковника Штейтнера-фон-Штернфельда, и получил от него, по возвращении в Москву, аттестат, в котором наставник царя просил всех и каждого «господина Петра Михайлова признавать и почитать за совершенного, в метании бомб осторожного и искусного огнестрельного художника» и пр. О рвении и прилежании ученика свидетельствуют собственноручные заметки его, сохранившиеся в государственном архиве, о разных составах пороха, о калибре орудий, о правилах, каким образом попадать бомбою в данную точку.[2]

По случаю торжественного приема посольства в Кенигсберге происходили различные празднества. Курфюрст устроил для своих гостей охоту. При аудиенции Лефорта и его товарищей с обеих сторон было обращено особенное внимание на частности церемониала. При этом случае послы выразили курфюрсту благодарность за отправление в Россию инженеров, принесших пользу при осаде Азова. Министр курфюрста попытался было завести речь о союзном договоре, но послы уклонились от переговоров. Бранденбургское правительство желало помощи со стороны России в случае нападения Швеции на владения курфюрста. Московское правительство, в то время занятое турецкою войною, не могло желать столкновения со Швециею. И личные беседы курфюрста с царем об этом предмете оставались безуспешными. Царь не соглашался на заключение оборонительного союза. Договор, заключенный 12 июля, не имел важного значения, но касался лишь вопросов торговой политики, выдачи преступников, церемониала и прав русских, отправленных за границу для учения.

Бранденбургские дипломаты сделали замечание, что в русских послах не было более того упрямства, которым отличались прежние московские дипломаты.[3] Вообще, несмотря на некоторую неудачу в переговорах с послами и царем, государственные деятели в Бранденбургской области остались очень довольны первым непосредственным сближением с московским правительством. Курфюрстина, в письме к одному знакомому, выразила надежду на большие выгоды вследствие сближения с Россиею.[4]

---

[1] Gerrier, Leibniz, 11—12. Varnhagen von Ense, «Leben der Königin von Preussen Sophie Charlotte». Berlin, 1837, 77.

[2] Устрялов, III, 34.

[3] Posselt, II, 595.

[4] «La visite du czar sera d'un grand avantage à l'avenir». Erman, «Mémoires pour servir à l'histoire de Sophie Charlotte». Berlin, 1801, 114.

Собираясь в дальнейший путь, царь, по случаю весьма важных событий, совершавшихся в Польше, пробыл три недели в Пиллау. Решение вопроса о выборе одного из кандидатов, принца Конти или Августа Саксонского, в польские короли интересовало царя в высшей степени. Обрадованный известием, что выбор Августа не подлежал сомнению, он отправился дальше.

Курфюрст Бранденбургский Фридрих-Вильгельм.
С гравированного портрета Буха.

До отъезда из Пиллау случился эпизод, свидетельствовавший о пылком нраве царя.

29 июня Петр праздновал день своего тезоименитства; к этому дню он приготовил великолепный фейерверк и ожидал, приезда курфюрста, который, однако, извинился неотложными делами и послал вместо себя своего канцлера. Царь был очень недоволен, и его раздражение выразилось в обращении с лицами, которым было поручено объяснить причину отсутствия курфюрста. В донесении графа Крейзена министру Данкель-

ману этот эпизод рассказан следующим образом: «я произнес поздравление по возможности кратко, потому что мне советовали говорить не долго; однако я все-таки должен был сократить свою речь еще более, так как г. главный посол, Лефорт, дал мне знак кончить поскорее, что я и сделал. По окончании моей речи царь, без всякого ответа, удалился в соседнюю комнату, между тем как тут же при нем были его послы, а также и толмачи... Нас пригласили к обеду... Мы держали себя скромно и с великим терпением оставались до конца обеда. Как скоро царь встал из-за стола, мы проводили его величество до смежной комнаты и пошли затем в нашу квартиру. Тогда нам дали знать, что мы тотчас же должны возвратиться к обществу. Мы пошли немедленно: комната была до того наполнена музыкантами и другими людьми, что движение было почти невозможно. При этом поднялась совсем неожиданно мрачная туча; царь на голландском языке сказал Лефорту: «курфюрст добр, но его советники черти». При этом он на меня смотрел с выражением неудовольствия. Я ни слова не возразил, но подался немного назад, в намерении уйти от раздражения царя, но его величество, удаляясь и положив свою руку на мою грудь, два раза сказал: пошел, пошел! — я тотчас же отправился в свою квартиру и, полчаса спустя, оставил город Пиллау».

В тот же самый день Петр обратился к курфюрсту со следующим собственноручным письмом: «Милостивый государь, ваши депутаты сегодня, поздравив меня от вашего имени, не только поступили неприветливо, но даже причинили нам такую досаду, какой я никогда не ожидал от вас, как от моего искреннего друга; а что еще хуже, они, не заявив об этом и не дождавшись нашего ответа, убежали. Я должен сообщить об этом вам, лучшему моему другу, не для разрушения нашей дружбы, но в знак неподдельной дружбы: дабы из-за таких негодяев-служителей не возникло без всякой причины несогласия».[1]

Об этом странном и несколько загадочном эпизоде не встречается нигде какого-либо объяснения. Только папский нунций в Польше в одном из своих донесений, сообщив о некоторых частностях пребывания Петра в Кенигсберге, прибавляет следующий краткий рассказ об этом эпизоде: «царь, подозревая, что его обширные приготовления к празднеству не удостоены надлежащего внимания, рассердился, тем более, что он заметил

---

[1] Донесение Крейзена, у Поссельта, II, 600—601. Письмо Петра, там же, II, 407. Эти документы найдены в Берлинском архиве. Письмо царя найдено лишь в виде «Traduction des Czarischen eigenhändigen Schreibens»; можно думать, что подлинник писан на русском языке.

улыбку на лице канцлера. Он в раздражении бросился на последнего с кулаками и взялся бы даже за оружие, если бы не был удержан своими же царедворцами. После этого происшествия курфюрст не думал более о свидании с царем».[1]

Домик, где жил Петр I в Саардаме.
С гравюры того времени.

Таким образом, пребывание Петра во владениях бранденбургского курфюрста кончилось не совсем удачно. Оставив Пиллау, царь морем отправился в Кольберг, был проездом, но, кажется, не останавливаясь, в Берлине,[2] осмотрел в Гарце железные заводы в Ильзенбурге, побывал на Блоксберге и затем, в местечке Коппенбрюгге, встретился с ганноверской и бранденбургской курфюрстинами.

---

[1] Theiner, Monuments historiques de Russie. Rome, 1859, стр. 369. О празднестве и фейерверке см. Пам. дипл. сношений, VIII, 376.

[2] Из походного журнала видно, что царь не останавливался в Берлине. Послы же там были приняты хорошо и пробыли несколько часов; см. Пам. дипл. сношений, VIII, 890—891.

София Шарлотта и ее мать следили с большим вниманием за путешествием царя. Находившийся с ними в близких сношениях философ Лейбниц занимался составлением проектов для разных научных предприятий, на осуществление которых, при помощи царя, он твердо надеялся.

О пребывании царя в Коппенбрюгге сохранились любопытные данные в письмах обеих курфюрстин. Сначала Петр дичился, однако потом разговорился; застенчивость его пропала; он ужинал с дамами, танцевал, слушал итальянских певцов. София Шарлотта, описывая Петра, говорит: «я представляла себе его гримасы хуже, чем они на самом деле, и удержаться от некоторых из них не в его власти.[1] Видно также, что его не выучили есть опрятно, но мне понравились его естественность и непринужденность». Курфюрстина София пишет: «царь высок ростом; у него прекрасные черты лица и благородная осанка; он обладает большою живостью ума; ответы его быстры и верны. Но при всех достоинствах, которыми одарила его природа, желательно было бы, чтобы в нем было поменьше грубости. Это государь очень хороший и вместе очень дурной; в нравственном отношении он полный представитель своей страны. Если б он получил лучшее воспитание, то из него вышел бы человек совершенный, потому что у него много достоинств и необыкновенный ум».[2]

Лейбница не было в Коппенбрюгге. Однако немного позже он писал к племяннику Лефорта о благоприятном впечатлении, произведенном русскими на курфюрстин, и обещал доставить Головину ноты тех пьес, которые ему особенно понравились. В письмах к разным знакомым Лейбниц говорил о громадном значении путешествия Петра, хвалил способности и сведения царя и выражал надежду, что в Западной Европе сумеют воспользоваться пребыванием его для распространения цивилизации в России. Впоследствии он осуждал образ действий голландцев и англичан, по его мнению, далеко не достаточно действовавших в этом направлении.[3]

Русских в то время на западе считали варварами. На пути в Амстердам, в местечке Шанкеншанце, местные жители окружили царя и его свиту и спрашивали: «Какие вы люди? Христиане ли вы? Мы-де слышали, что ваших послов в Клеве крестить станут».[4]

---

[1] Известно, что голова Петра тряслась и на лице являлись конвульсивные движения.
[2] Erman, Mémoires, 116—121.
[3] Guerrier, Leibniz, стр. 20—47 и приложения 13—20.
[4] Юрнал 1697 года, август.

7-го августа царь прибыл в Амстердам.

С давних пор существовали близкие отношения между Голландиею и Россиею. Голландские купцы играли важнейшую роль во внешней торговле московского государства; голландские ремесленники были товарищами царя на верфях в Воронеже; с голландскими моряками он встречался в Архангельске. С амстердамским бургомистром Витзеном он был в переписке. Лефорт, еще до 1697 года, находился в сношениях с этим ученым.

Внутренность домика Петра I в Саардаме в настоящее время.
С гравюры Слюйтера.

Нидерланды в то время были замечательнейшею страною, не только по кораблестроению, но и по торговле и промышленности; там процветали и науки, и искусства. Витзен был в одно и то же время купцом и писателем; за его счет отправлялись научные экспедиции; он заказывал великолепные телескопы, был владельцем богатых коллекций.[1] В Голландии Петр имел случай учиться естественным наукам. Голландская архитектура послужила впоследствии образцом для построек разного рода в России, при заложении С.-Петербурга. Пребывание Петра в Голландии оказалось

---

[1] Perry, «State of Russia», нем. изд., стр. 256.

более полезною для него школою, чем ознакомление с приемами роскоши и расточительности при дворе бранденбургского курфюрста. К тому же, Петр сам чувствовал себя как-то свободнее в кругу представителей среднего класса, нежели в обществе коронованных особ. Ни Фридрих III, ни Август II, ни Леопольд I — не могли быть для царя столь полезными наставниками, как голландские купцы, мореплаватели, инженеры, фабриканты и ученые. На время Петр сделался ремесленником. Сближение с людьми скромными и обучение технике кораблестроения имели для него громадное значение. Недаром в истории знаменитого путешествия царя рассказ о его пребывании в Саардаме занимал весьма видное место, хотя, в сущности, он прожил тут не более восьми дней. Недаром и он сам дорожил воспоминаниями об этом местечке.

Вид города Амстердама в начале XVIII столетия.
С голландской гравюры того времени.

Саардам славился множеством верфей и мастерских для постройки торговых судов. Недаром саардамские плотники, с которыми Петр познакомился в Воронеже, Москве и Архангельске, хвалили свою родину.

Не останавливаясь в Амстердаме, Петр тотчас же отправился в Саардам, где встретился со старым знакомым, кузнецом Герритом Кистом, работавшим некогда в Москве. Он поселился в его доме, приобретшем через это, впрочем не ранее, как в конце XVIII века, громкую известность. Иосиф II, Густав III, великий князь Павел Петрович, Наполеон I, Мария-Луиза, Александр I — посетили этот домик. Когда в нем был, еще наследником, Александр II, его спутник, Жуковский, написал на стене карандашом следующие стихи:

> Над бедной хижиною сей
> Летают ангелы святые.
> Великий князь! благоговей:
> Здесь колыбель империи Твоей,
> Здесь родилась великая Россия.[1]

Стихи прекрасны, но мысль несправедлива. Новая Россия родилась ранее, еще до путешествия царя в Западную Европу.

В Саардаме царь работал на верфи корабельного мастера Рогге, бывал в гостях у родственников некоторых ремесленников, с которыми встречался в России, осматривал разные фабрики и мастерские, маслобойни, прядильни, пильные и канатные заводы, кузницы и пр. В первый день своего пребывания в Саардаме он купил себе лодку, на которой разъезжал по каналам и рекам в окрестностях города и по заливу И.

Появление русских в Саардаме наделало много шуму, особенно когда узнали, что между приезжими находился сам царь. Один саардамский плотник, работавший в то время в Москве, писал к своим родственникам еще ранее, что царь приедет и что его можно узнать по конвульсивным движениям головы и лица. Царя узнали. Он был постоянно окружен толпою, с которою, не имея привычки сдерживать себя, сталкивался, так что должен был жаловаться бургомистру на назойливость черни. Когда 14-го августа царь должен был присутствовать при поднятии корабля в доках, толпа не давала ему прохода. Он рассердился, спрятался и на другой день переехал в Амстердам.[2]

16-го августа происходил торжественный въезд послов в Амстердам. Им был оказан пышный и роскошный прием. При въезде послов царь, соблюдая полное инкогнито, сидел в одном из последних экипажей.

---

[1] Устрялов, III, 400.

[2] Чуть ли не исключительным источником всему этому служит сочинение Шельтема: «Peter de Groote in Holland en te Zaardam in 1697 en 1717», vols 1—2, Amsterdam, 1814.

На другой день Петр, в сопровождении амстердамских бургомистров, был в ратуше, а вечером в театре; затем он, в следующие дни, посетил адмиралтейство, корабельные верфи, магазины. Город угостил послов торжественным обедом и фейерверком; в честь царя устроили маневры на воде, на которые Петр смотрел с военного корабля.

Амстердамский бургомистр Витзен.
С гравированного портрета Шенка, 1701 г.

Витзен выхлопотал для царя дозволение работать на Остиндской верфи, где он и занял квартиру и трудился в продолжение четырех месяцев с половиною, учась систематически кораблестроению, под руководством мастера Геррита Клааса Пооля. Труды царя находились в самой тесной связи с мыслью о продолжении турецкой войны, как видно из письма его к патриарху Адриану: «Мы в Нидерландах, в городе Амстердаме, благодатию Божиею и вашими молитвами, при добром состоянии живы, и, последуя Божию слову, бывшему к праотцу Адаму, трудимся, что чиним не от нужды, но доброго ради приобретения морского пути, дабы, искусясь совершенно, могли, возвратясь, против врагов имени Иисуса Христа победителями, а христиан, тамо будущих, свободителями благодатию Его быть. Чего до последнего издыхания желать не перестану».[1]

Петр Великий в матросском платье (Piter-baas) в Саардаме.
С гравированного портрета Маркуса.

Современники передают многие черты трудолюбия царя, его скромного отношения к товарищам на верфи, любознательности и пр. Он сердился, когда его называли «величеством», ходил постоянно в одежде плотника и учился не только плотничному мастерству, но и рисованию, математике и астрономии. Наставников для царя выбирал Витзен.

---
[1] «Р. Арх.» 1878, стр. 1.

По временам царь предпринимал поездки в окрестности Амстердама. В Саардаме, где он бывал несколько раз, учились кораблестроению другие «волонтеры», между которыми приобревший впоследствии знаменитость Александр Данилович Меншиков отличался особенною способностью к учению и трудолюбием. В Текселе царь был у китоловов, которых заставил объяснить ему все подробности этого промысла. Далее Петр посетил города Утрехт, Дельфт, Гаагу и постоянно возвращался к своей работе на Остиндской верфи.

Какие сведения в теории кораблестроения приобрел Петр на Остиндской верфи, видно из собственноручных записок его, которые он вел в Амстердаме и в которых излагает правила корабельного чертежа. В аттестате, данном ему Герритом Клаасом Поолем, сказано, между прочим, что Петр Михайлов, во все время своего пребывания в Амстердаме, был прилежным и разумным плотником, также в связывании, заколачивании, сплачивании, поднимании, прилаживании, натягивании, плетении, конопачении, стругании, буравлении, распиловании, мощении и смолении поступал, как доброму и искусному плотнику надлежит, и помогал в строении фрегата Петр и Павел, от первой закладки его почти до окончания, и пр.[1]

Но царь был недоволен своими наставниками в Голландии. Он рассказывает в предисловии к Морскому Регламенту следующее: «государь просил той верфи баса (т. е. мастера), Пооля, дабы учил его пропорции корабельной, который ему через четыре дня показал. Но, понеже в Голландии нет на сие мастерство совершенства геометрическим образом, но точно некоторые принципии, прочее же с долговременной практики, о чем и вышереченный бас сказал, и что всего на чертеже показать не умеет, тогда зело ему стало противно, что такой дальний путь для сего восприял, а желаемого конца не достиг. И по нескольких днях, прилучилось быть е. в. на загородном дворе купца Яна Шесинга в компании, где сидел гораздо невесел, ради вышеописанной причины; но когда, между разговоров, спрошен был: для чего так печален? Тогда оную причину объявил. В той компании был один англичанин, который, слыша сие, сказал, что у них, в Англии, сия архитектура так в совершенстве как и другие, и что кратким временем научиться мочно. Сие слово е. в. зело обрадовало, по которому немедленно в Англию поехал и там, чрез 4 месяца, оную науку окончал».

Уже и прежде Петр старался вникнуть в теорию кораблестроения. За три года до путешествия в Голландию он просил Витзена прислать ему размеры разных судов, как то: флейт, гальот, яхт. Витзен писал тогда: «невозможно показать меры разным судам, потому что всякий корабельный

---

[1] Устрялов, III, 92—94.

мастер делает по своему рассуждению, как кому покажется». Теперь же Петр окончательно потерял доверие к голландским кораблестроителям и послал окольничему Протасьеву повеление: всех голландских мастеров, работавших на Воронеже, подчинить надзору и руководству мастеров датских и венецианских.[1]

Петр Великий в голландском платье.
С гравюры Свистунова.

По рассказу одного современника, Петр заявил впоследствии, что остался бы лишь плотником, если бы не учился у англичан.[2] Как видно,

---

[1] Устрялов, III, 91.
[2] Перри, State of Russia, 169.

царь хотел учиться серьезно, вникнуть в самую суть дела, составить себе полное и ясное понятие о предмете. Рутинным, исключительно эмпирическим знанием дела он не довольствовался.

Впрочем, хотя Голландия в отношении к кораблестроению оказалась менее полезною школою для царя, чем можно было ожидать, Петр в этой стране научился весьма многому иному. Нельзя сказать, чтобы он в это время обращал особенное внимание на политические учреждения и общественный строй Нидерландов. Промыслы шкиперов и рыбаков его интересовали более, чем вопросы государственного права; частности администрации и полиции занимали его не столько, сколько наблюдения в области естественных наук, опыты физики, анатомические исследования.

Петр I в кабинета голландского собирателя редкостей, Вильде.
С офорта того времени, сделанного дочерью Вильде.

Высокая степень культуры Нидерландов, чрезвычайное богатство этого края, склонность к научным занятиям — все это не могло не возбудить в царе множества новых мыслей, не могло не заставить его сравнивать цивилизацию Западной Европы с тогдашним состоянием России.

Весьма часто он посещал разные музеи и лаборатории. В богатой коллекции Якова де Вильде он осматривал монеты, скульптурные произведения, резные камни, предметы археологии и пр. Под руководством ученого и художника Шхонебека, издавшего иллюстрированный каталог этой коллекции, он выучился искусству гравирования.[1] Весьма часто он посещал анатомический театр и лекции профессора Рюйша, в сопровождении которого бывал в больнице. С Рюйшем он и впоследствии находился в переписке, посылая ему разные предметы для наблюдений и спрашивая совета о том, как должно сохранять зоологические препараты и т. п. В Лейдене, он познакомился со знаменитым анатомом Бёргаве, в Дельфте — с натуралистом Левенгуком. Последний показал царю микроскоп, учил его делать микроскопические наблюдения и впоследствии отзывался весьма выгодно о чрезвычайных способностях и любознательности царя. С архитектором Шинфётом (Schinvoet) он беседовал подробно о зодчестве. По целым часам он следил в мастерской механика фан-дер-Гейдена за опытами с механическими приборами; особенно интересовала его пожарная труба. Знакомством со знаменитым инженером Кёгорном Петр воспользовался для того, чтобы через его посредство привлечь к вступлению в русскую службу некоторых голландских инженеров и определить к нему нескольких русских для обучения их военным наукам. Довольно важным было знакомство Петра с семейством Тессинг. Один из братьев был купцом в Амстердаме и состоял в торговых сношениях с Россиею; другой был купцом в Вологде; третий, по предложению царя, учредил в Амстердаме русскую типографию.

Из весьма оживленной переписки царя с приятелями и сановниками в Москве видно, как он в это время, учась и работая в Голландии, зорко следил за событиями внешней политики. Чаще всего в письмах говорится о турецких и польских делах; упоминается также о Рисвикском мире, заключенном именно в это время в самой Голландии между Людовиком XIV и его противниками; особенно часто в этих письмах, местами отличающихся игривостью и юмором, говорится о найме иностранцев-техников, о покупке разных припасов, необходимых для кораблестроения и для турецкой войны, об успехах учения русских «волонтеров» в Голландии и пр.

Важнейшим предметом переговоров русских послов с Генеральными Штатами был восточный вопрос. Без сомнения, об этом же предмете главным образом царь беседовал с английским королем Вильгельмом III, с которым имел свидание в Утрехте.[2]

---

[1] Одна из гравюр, сделанных Петром, представляет собою торжество христианства над исламом. См. соч. Пекарского, «Наука и лит. при Петре Вел.», стр. 9.

[2] О медали, чеканенной по этому случаю, см. соч. Иверсена, «Medaillen auf die Thaten Peters d. Gr.» S.-Petersburg, 1872, стр. 7. Об этом событии племянник Лефорта писал, как о «une chose très-secrète». Posselt, II, 420.

17-го сентября происходит торжественный въезд русских послов в Гаагу. Для этого были заготовлены великолепные экипажи, новые ливреи и пр. Посланники всех держав, за исключением Франции, побывали с визитами у Лефорта, Головина и Возницына; в честь послов город устраивал разные празднества.

Русское посольство в Гааге, в 1697 году.
С гравюры того времени Маркуса.

При всех этих церемониях царь держал себя в стороне и, соблюдая инкогнито, удивлял всех своею скромностью. Он отправился в Гаагу в сопровождении Витзена; когда на пути туда в городе Гарлеме толпа старалась увидать его, он спрятался, закутавшись в плащ. Однажды, когда ему вздумалось осмотреть великолепный дом одного богача, он потребовал сперва удаления всех жильцов, что́ и было исполнено. В Гааге, в отведенной ему квартире, он сначала спал в лакейской, на полу. По случаю торжественной аудиенции он, в платье скромного дворянина, находился в смежной комнате, откуда смотрел украдкою на церемонию. Впрочем, он побывал у замечательнейших сановников Нидерландской республики и имел второе свидание с королем Вильгельмом III. Во время торжественного обеда, устроенного городом в честь русских послов, царь сидел между бургомистром Витзеном и статс-секретарем Фогелем, причем, не без некоторой наивности, обратился к последнему с вопросом, не может ли он рекомендовать ему человека, способного к образованию и руководству государственной канцелярии.[1] Очевидно, царь считал возможным и в области администрации и законодательства употребить иностранцев совершенно так же, как приглашал ко вступлению в русскую службу артиллеристов и плотников, инженеров и матросов.

В Гааге Петр оставался не более недели. Он вернулся в Амстердам, к своей работе на Остиндской верфи. Между тем, русские послы в конференциях с представителями Генеральных Штатов старались уговорить их к участию в наступательных действиях против Порты. Старания Лефорта и товарищей оставались безуспешными; голландские государственные деятели уклонялись от решительного ответа. Генеральные Штаты, только что окончившие войну с Франциею, не могли желать войны с Турциею, с которою, находились в весьма выгодных для себя торговых сношениях. Таким образом, в области дипломатии русские потерпели неудачу, которой особенно обрадовались французы, вообще как-то недружелюбно относившиеся к московскому государству и распространявшие разные неблагоприятные слухи о пребывании русских в Голландии.[2]

Между тем, царь продолжал свои частные занятия, расширяя постоянно круг сведений и опытности, обращая внимание на вопросы торговой политики и промышленности. Благодаря своему пребыванию в Голландии, он впоследствии весьма часто, в указах, относившихся к политико-экономическим вопросам, выставлял на вид, что должно следовать примеру западноевропейцев в предприимчивости, прилежании, постоянстве и труде. Наблюдая за всеми порядками в гаванях и на ярмарках Голландии, удивляясь опрятности частных домов, веселию городских празднеств, зажиточности среднего класса, смелости мореплавателей, размерам торговли и промышленности, веротерпимости и либерализму голландцев, царь во время своего пребывания в этой стране учился весьма многому и готовился к управлению своим государством.

---

[1] Scheltema, I, 175—183.
[2] Posselt, II, 442 и след.

В голландских источниках рассказано, что город Амстердам подарил царю корабль, над сооружением которого он трудился на Остиндской верфи. Этот рассказ, кажется, лишен основания.[1] Зато от короля Вильгельма III царь получил в подарок великолепную яхту.[2] Лорд Кармартен, от имени короля, писал к царю об этом и назвал себя изобретателем усовершенствований, с которыми была построена яхта.

Петр Великий в русском платье,
в бытность свою в Голландии в свите великого посольства.
С гравированного портрета того времени Оттенса.

---

[1] Scheltema, I, 195. Устрялов, III, 87—89.
[2] Устрялов, III, 466—467.

6-го января 1698 года царь отправился в путь в Англию. Лефорт остался в Нидерландах. Король Вильгельм приказал предоставить в распоряжение царя два военных судна и две яхты для переезда в Англию. Во время переправы была бурная погода. Петр был одет в матросское платье и все время беседовал с вице-адмиралом Мичелем о частностях морского дела. 11-го января он прибыл в Лондон, где для него и для его свиты, состоявшей из десяти человек, было приготовлено помещение на берегу Темзы.[1]

Вид города Гааги в XVIII столетии.
С голландской гравюры того времени.

Король Вильгельм, познакомившийся с царем в Утрехте и Гааге, еще до приезда его в Англию, отзывался о нем не особенно выгодно. Королю не понравилось, что Петр обращал чрезмерное внимание на морское дело, оставаясь, как казалось королю, совершенно равнодушным к другим предметам.[2]

---

[1] О помещениях, занимаемых Петром в Англии, см. статью Фирсова в журнале «Др. и нов. Россия», 1875, III, 75—77.

[2] Донесение Гофмана, в венском архиве, изд. Гёдеке в журнале «Die Neuen Reich», перепеч. в соч. Задлера, «Peter d. Gr. als Mensch und Regent». S.-Petersburg, 1872, стр. 242.

Впрочем, король Вильгельм поручил вице-адмиралу Мичелю постоянно находиться при Петре, для сообщения ему необходимых сведений о морском деле. Особенно близко Петр сошелся с маркизом Кармартеном, отличным моряком и многосторонне образованным человеком.[1]

Король английский Вильгельм III.
С гравированного портрета Хубракена.

Через три дня после приезда Петра король Вильгельм посетил его. Царь принял короля в небольшой комнате, служившей ему и некоторым лицам свиты спальною. Воздух в ней оказался до того испорченным, что, несмотря на бывший в то время холод, нужно было отворить окно. Несколько дней спустя царь отдал визит королю. При этом случае он был одет в московское платье; беседа происходила на голландском языке, которым Петр владел в совершенстве.[2] На прекрасные картины, которыми был украшен Кенсингтонский дворец короля, царь не обращал ни малей-

---

[1] О Кармартене см. Маколея, «Hist. of England», IX, 91.
[2] Hoffmann, 242.

шего внимания; зато ему чрезвычайно понравился находившийся в комнате короля прибор для наблюдения за направлением ветра.[1]

Царь провел в Англии четыре месяца. В течение первого он съездил в Вулич и Детфорд, для осмотра доков и верфей, а вскоре совсем поселился в Детфорде, в доме Эвелина, который стоял рядом с доками. Нет доказательств, чтобы царь собственноручно работал на детфордской верфи. Он был занят главным образом собиранием сведений о судостроении, через комиссара и инспектора флота, сэра Альтона Дина. Петра можно было видеть ежедневно на Темзе, либо на парусной яхте, либо на гребном судне; более всего он любил плавать на каком-нибудь небольшом, принадлежавшем верфи палубном судне.[2]

В Лондоне Петр посетил театр, был в маскараде, в музее ученого общества «Royal Society», в Тауэре, на монетном дворе и в астрономической обсерватории. Несколько раз он обедал у Кармартена и других английских вельмож, а также угощал их у себя. В это время знаменитый живописец Кнеллер, ученик Рембрандта, написал великолепный портрет царя, сделавшийся собственностью короля Вильгельма. В апреле Петр пожелал видеть заседание парламента, на которое смотрел сквозь слуховое окно, находившееся над залою заседания.[3] Царю при этом сильно не понравилось ограничение власти короля правами парламента.

Петр завязал сношения с главными представителями англиканской церкви; его посетили некоторые епископы; он побывал у архиепископа Кентерберийского, присутствовал при богослужении в англиканской церкви и в собрании квакеров. По поручению духовенства епископ Салисберийский Бёрнет несколько раз был у Петра. Он отозвался о царе весьма неблагоприятно. «Царь человек весьма горячего нрава», писал он между прочим, «склонный к вспышкам, страстный и крутой; он еще более возбуждает свою горячность употреблением водки, которую сам приготовляет с необычайным знанием дела. В нем нет недостатка в способностях; он даже обладает более обширными сведениями, нежели можно ожидать при его недостаточном воспитании; зато в нем нет меткости суждения и постоянства в нраве, что̀ обнаруживается весьма часто и бросается в глаза. Особенную наклонность он имеет к механическим работам; природа, кажется, скорее создала его для деятельности корабельного плотника, чем

---

[1] Macauley, 91.
[2] См. статью Фирсова, 76.
[3] О комическом эффекте этой сцены см. статью Фирсова, 97, и донесения Гофмана в означенном месте.

для управления великим государством; корабельные постройки были главным предметом его занятий и упражнения во время его пребывания здесь (в Англии). Он очень много работал собственными руками и заставлял всех лиц, окружавших его, заниматься составлением корабельных моделей. Он рассказывал мне о своем намерении отправить азовский флот для нападения на Турцию; однако он не казался мне способным стать во главе столь великого предприятия, хотя, впрочем, с тех пор его образ действий при ведении войны обнаружил в нем больше способностей, чем казалось тогда (т. е. во время его пребывания в Англии). Он не обнаруживал желания исправить положение Московского государства: он, пожалуй, хотел возбудить в своем народе охоту к учению и дать ему внешний лоск, отправив некоторых из своих подданных в другие страны и пригласив иностранцев в Россию. Была в нем странная смесь страсти и строгости. Он отличается решимостью, но в военных делах не знает толку и кажется вовсе не любознательным в этом отношении. Видевшись с ним часто и беседуя с ним довольно много, я не мог не удивляться глубине Божественного промысла, который вверил такому свирепому человеку неограниченную власть над весьма значительною частью мира».[1]

Не все англичане разделяли невыгодное мнение Бёрнета о Петре. В разных английских современных сочинениях восхваляется стремление Петра к просвещению. В сочинении ученого богослова Френсиса Ли встречается составленный, как кажется, по просьбе самого царя, проект о реформе в самых обширных размерах. В проекте, о котором мы будем говорить в другом месте, благим намерениям царя отдана полная справедливость.[2]

Бёрнет видел в царе лишь плотника, не чуя в нем великого преобразователя. Лейбниц и Ли ожидали от него коренных и важнейших преобразований. История следующих десятилетий, доказав ошибочность взгляда английского епископа, оправдала мнения Френсиса Ли и Лейбница.

Впрочем, Петр во время своего пребывания в Англии тем легче мог казаться односторонним и особенно склонным к ремесленному труду, что, кроме изготовления моделей разных судов, занимался столярною работою. В «Лондонской газете» от 6-го февраля 1698 года напечатан список разной мебели, сделанной самим Петром.[3]

---

[1] Bishop Barnet's «History of his own time», vol. III, p. 306—308. London, 1763.
[2] «Απολειπόμενα or dissertations etc». London 1752. См. также соч. Крёлля (Crull), «The ancient and present state of Moscovy», 1698 и 1699.
[3] Недавно в одной немецкой газете был помещен рассказ о том, что эта мебель была найдена где-то в Лондоне, на чердаке одного дома в «Great Tower

Из Детфорда Петр часто ездил в Вулич, главный склад корабельных орудий, знаменитый литейным заводом, обширнейшим в мире арсеналом, практиковаться в метании бомб и учиться морскому искусству. Особенное удовольствие Петру доставили маневры на море, устроенные нарочно для него близ Портсмута. Путешествие в Портсмут и обратно подробно описано в «Юрнале»; при этом царя более всего интересовали железные заводы, мосты, доки и пр. Весьма тщательно осмотрел он в Портсмуте военные суда. На обратном пути он побывал в Соутгемптонском, Виндзорском и Гемптонкортском дворцах.

Лорд Кармартен.
С редкого портрета, доставленного профессором Оксфордского университета Морфилем.

Между тем, из Голландии в Англию, по приказанию Петра, приехал второй посол, Головин, для заключения контрактов с разными мастерами,

---

Street». К этому было прибавлено, что эту мебель купил будто какой-то дворянин для поднесения ее покойному императору Александру II.

вступавшими в русскую службу. К этому же времени относится и отдача на откуп маркизу Кармартену торговли табаком в России.[1]

Как кажется, личное знакомство царя с королем Вильгельмом не имело особенного значения. Австрийский дипломат, граф Ауерсперг, в то время находившийся в Лондоне, писал императору весною 1698 года, что английскому двору «надоели причуды царя». К этому, однако, прибавлено, что король вообще доволен образом действий Петра, застенчивость которого во время пребывания в Англии несколько убавилась; король — пишет, впрочем, граф Ауерсперг, — редко видел царя, потому что последний не изменял своего образа жизни, вставая и ложась спать очень рано. Об общем впечатлении, произведенном Петром в высших слоях английского общества, можно судить по следующим замечаниям австрийского дипломатического агента Гофмана, написанным по случаю отъезда Петра из Англии: «говорят, что царь намерен поднять своих подданных на уровень цивилизации других народов. Однако из его здешнего образа действий нельзя было усмотреть другого намерения, как лишь желания сделать из русских моряков: он почти исключительно вращался в кругу моряков и уехал таким же мизантропом, каким приехал в Англию».[2]

В свою очередь, царь остался очень доволен Англиею. По отзывам некоторых современников, например, Перри и Вебера, эта страна произвела на него глубокое впечатление.

Простившись с королем 18-го апреля, Петр 21-го уехал в Голландию, где его с нетерпением ожидал Лефорт.[3]

Три недели Петр еще пробыл в Голландии до отправления в Вену. Дальнейшее путешествие совершалось через Клеве, где Петр осмотрел великолепный парк бранденбургского наместника этого герцогства, и Бильфельд, где обратили на себя внимание царя полотняные фабрики; затем он, через Минден, Гильдесгейм, Гальберштадт и Галле, поехал в Лейпциг.

Саксонский дипломат Розе, в Голландии наблюдавший за царем, в одном из своих писем выразил удивление тому обстоятельству, что Петр

---

[1] П. С. З. № 1628. О переговорах по этому случаю и с другими лицами см. брошюру «The case of the Contractors with the Czar of Moscovy for the sole Importation of Tobacco in his dominions» (в Публ. Библ. в Спб.), а также некоторые замечания у Гофмана, стр. 242.

[2] Задлер, 244.

[3] См. довольно забавные письма Лефорта к Петру из Голландии у Устрялова; приложения в первой половине IV тома, стр. 553—611.

охотнее всего вращается в кругу людей скромных.[1] Строгое инкогнито, соблюдаемое царем в Лейпциге и Дрездене, однако, не мешало устройству разных празднеств в честь его в обоих городах. В Лейпциге он занимался артиллерийскими упражнениями. При въезде русских послов в Дрезден он сидел в четвертой карете; при выходе из нее старался спрятать свое лицо под черную шапочку, и был очень недоволен тем, что некоторые лица увидели его на пути к приготовленным для него комнатам, требовал, чтобы никто на него не смотрел, и грозил, в случае неисполнения требования, немедленным отъездом. Его успокоили и уговорили поужинать. Затем он всю ночь провел в кунсткамере, осматривая особенно тщательно математические инструменты и ремесленные орудия.

На другой день, при посещении цейхгауза, Петр удивил всех своими точными сведениями о пушках, замечал малейшие недостатки различных показываемых ему орудий и объяснял причины таких недостатков. После визита матери курфюрста, Анны-Софии, он опять побывал в кунсткамере, а затем в обществе некоторых дам, между которыми находилась известная графиня Кенигсмарк, ужинал у наместника, графа Фюрстенберга. Тут он, развеселившись, взял у одного из барабанщиков барабан и барабанил так искусно, что своею ловкостью превзошел даже настоящих барабанщиков.

Выехав из Дрездена, Петр осмотрел крепость и арсенал в Кенигштейне и затем через Прагу отправился в Вену.

Граф Фюрстенберг, описывая подробно все частности пребывания царя в Саксонии, замечает: «я благодарю Бога, что все кончилось благополучно, ибо опасался, что не вполне можно будет угодить этому немного странному господину».[2]

Император Леопольд не мог не обратить серьезного внимания на сближение с Россиею и потому придавал важное значение появлению царя в Вене. Со времен Герберштейна между Австриею и Московским государством существовали постоянно более или менее оживленные сношения. Теперь же Петр и Леопольд были союзниками в борьбе с Оттоманскою Портою. Незадолго до появления в Вене самого Петра, его послу, боярину Шереметеву, там был оказан отменно хороший прием. Дипломаты разных держав, находившиеся в Вене, с напряженным вниманием следили за путешествием Петра. Из донесений папского нунция мы узнаем довольно

---

[1] См. статью Вебера в журнале «Archiv für sächsishe Geschichte» 1873, XI, 337, и мою статью «Петр Великий в Дрездене в 1698, 1711 и 1717» в «Р. Старине» XI, 726—730.

[2] См. мою статью в «Р. Старине» XI, 730.

любопытные подробности о переговорах между русскими послами и императорским правительством об этикете и церемониале, соблюдаемых по случаю пребывания Лефорта и его товарищей в Вене, а также о расходах для содержания русского посольства в Вене. Представители католицизма питали надежду на успешную пропаганду в России и желали воспользоваться для этой цели пребыванием Петра в Вене и его тогда еще предполагавшимся путешествием в Италию.

В Голландии был распространен слух об особенной склонности Петра к протестантизму; рассказывали о его намерении соединить православную церковь с реформатскою; даже передавали басню, будто Петр, во время пребывания в Кенигсберге, причастился св. тайн вместе с бранденбургским курфюрстом по лютеранскому обряду; говорили о желании царя пригласить в русскую службу протестантских ученых для учреждения университетов и академий.[1] Ухаживание за царем англиканского духовенства свидетельствует о некотором старании действовать в пользу англиканской церкви. В Вене рассказывали, что боярин Шереметев тайно принял католицизм и что от Петра можно ожидать того же самого.[2] Нельзя удивляться тому вниманию, которое высокопоставленные духовные лица в Вене обращали на ожидаемое прибытие царя.

Торжественный въезд русских послов в Вену происходил 16-го июня вечером; при этом русские жаловались на отсутствие в Вене роскоши и пышности, в противоположность расточительности и великолепию в Кенигсберге.[3] На содержание русских послов император назначил 3 000 гульденов в неделю.[4] Аудиенция была отложена до прибытия подарков царя императору Леопольду, что, впрочем, не мешало свиданию Петра с Леопольдом в «галлерее» дворца «Favorita». Эта встреча имела совершенно частный характер; до нее было определено, что ни царь, ни император не заговорят о делах, но среди дипломатов шли разные слухи о том, что оба государя все-таки в своей беседе затронули восточный вопрос.[5] Передавали разные подробности о наружности царя, его манерах, безграничном уважении к императору Леопольду и т. п. Между прочим, рассказы-

---

[1] См. письмо Арпенгона у Поссельта II, 411.
[2] Theiner, Monuments historiques, стр. 374. О том, как уже в Митаве католики ухаживали за Петром, см. мою статью «Материалы для источниковедения истории Петра Великого» в Журн. Мин. Нар. Просвещения, 1881, часть CCV, отд. 2, стр. 275.
[3] Posselt, II, 483.
[4] Theiner, 371—372. Памятники диплом. сношений VIII, 1330 и след.
[5] Там же, 376. Донесение испанского посланника.

вали, что Петр сильными жестами, большою подвижностью старается скрывать судороги, бывшие действием яда, данного ему будто еще в детстве. «Страсть царя работать на верфях», писал папский нунций, «также объясняется его болезненностью, так как он, вследствие действующего в теле яда, принужден искать некоторые облегчения в сильных телодвижениях». Затем сказано кое-что об умственных способностях Петра и о том, что он во внешнем обращении не столько варвар, сколько образованный человек; к этому, однако, прибавлено, что природная грубость нравов обнаруживается в суровом обращении царя с подчиненными, что царь имеет сведения в области истории и географии и стремится к усовершенствованию своего образования. В другом месте нунций пишет: «царь оказывается вовсе не таким, каким его описывали, по случаю его пребывания при разных дворах, но скорее учтивым, осторожным, приличным и скромным».

Весьма любопытно замечание в донесении венецианского дипломата Рудзини: «может быть во всей истории нет примера, чтобы государь без политических причин и не ради дипломатических переговоров, но только по своей наклонности и любознательности предоставлял управление делами в своем государстве другим лицам и предпринял долгое и далекое путешествие, в качестве частного человека, в свите посольства, которое в сущности служить ему свитой и средством безопасности. Может быть, тут действовало намерение пошатнуть древнейшие и важнейшие обычаи, а может быть, имелось в виду заставить подданных последовать примеру государя» и пр. Указав далее на пребывание Петра в Германии, Голландии и Англии, Рудзини описывает личность царя: «хотя он везде обнаруживал некоторую странность нрава, но в то же время выказывал необычайные способности, которые еще гораздо более бросались бы в глаза при более тщательном образовании. Он везде обращал особенное внимание на нравы и обычаи иностранцев, а также на полезнейшие учреждения при управлении государством, тщательно осматривал все относящееся к военному искусству, особенно к артиллерии, более же всего к морскому делу» и т. д.[1]

После свидания с императором Леопольдом Петр был в театре; затем посетил арсенал, библиотеку, кунсткамеру, побывал с визитами у императрицы и у римского короля Иосифа. Отношения царя к австрийскому двору были весьма дружеские и непринужденные.

Зато в области внешней политики не установилось полного согласия между императором Леопольдом и царем. Петр желал, чтобы император

---

[1] «Fontes rerum austriacarum». Zweite Abtheilung, 27 Bd. Wien, 1867, стр. 429—430.

продолжал и усилил военные действия против турок, Леопольд же был склонен к заключению мира. Еще до открытия переговоров между русскими послами и министром императора, графом Кинским, о делах восточных, Лефорт требовал решительного ответа на вопрос, намерена ли Австрия вообще продолжать войну или нет. В личной беседе с Кинским Петр заметил, что желал бы приобрести крепость Керчь в Крыму, дав в то же время почувствовать графу, что императору, как союзнику Московского государства, не следует заключать мира с Портою, не настояв на этой уступке в пользу России. Ответ графа Кинского был уклончив.[1]

Между тем, происходили разные празднества. В день тезоименитства царя, 29 июня, у него собралось более 1000 гостей; были музыка, танцы и фейерверк. Достойно внимания, что в этот день утром царь присутствовал при католическом богослужении. Иезуит Вольф в своей проповеди восхвалял царя и, как сказано в статейном списке послов, «объявлял приклады, дабы Господь Бог, яко апостолу Петру дал ключи, так бы дал Великому Государю, Его Царскому Величеству, взять ключи и отверсть турскую область и ею обладать».[2]

При дворе в честь Петра было устроено особое празднество, так называемое «Wirthschaft» (11 июня). На этом празднестве царь был в фрисландском костюме. Без соблюдения особенных формальностей, Петр за ужином выпил за здоровье радушного хозяина, а Леопольд осушил бокал за здоровье дорогого гостя. После ужина начался бал. Петр участвовал в танцах с замечательным рвением.[3]

Три дня спустя Леопольд посетил царя, соблюдая при этом строгое инкогнито. Затем только, а именно 18 июля, происходила торжественная аудиенция русских послов у императора. При этой церемонии сам царь находился в свите посольства. Император спросил, по обычаю, о здоровье Российского государя; послы отвечали, что как они с Москвы поехали, Его Царское Величество остался в желаемом здоровье. За обедом, последовавшим за аудиенциею, Лефорту поднесли несколько сортов вина; он попробовал каждого сорта, нашел все вина равно вкусными и на французском языке просил дозволения дать отведать их своему доброму другу, стоявшему за его стулом: то был сам царь.[4]

---

[1] Устрялов, III, 134 и след. Соловьев, XIV, 261—262.
[2] См. важные документы из Венского архива, которыми пользовался Устрялов, а также Памятники дипл. сношений, VIII, 1362—64.
[3] Испанский посланник доносил, что царь «ballò senza fine e misura», Theiner, стр. 377.
[4] Устрялов, III, 145—150. Пам. дипл. снош., VIII, 1368—75.

Аудиенция Б. П. Шереметева у австрийского императора Леопольда.
С гравюры, приложенной к книге «Записка о путешествии Шереметьева».

Празднество кончилось посещением царя римским королем. Затем Петр, в сопровождении небольшой свиты, выехал из Вены. Известие о стрелецком бунте заставило его спешить с возвращением в Москву.

В католических кружках крайне сожалели, что не состоялась предположенная поездка в Италию. Нет сомнения, что и сам царь сожалел об этом. Особенно Венеция могла считаться одною из главных целей путешествия Петра. Венецианская республика принимала деятельное участие в турецкой войне. Венеция могла бы сделаться для царя полезною школою в отношении к морскому делу. Ни в Англии, ни в Голландии Петр не видел галерного флота, устройство которого в России имело весьма важное значение для турецкой войны. Венеция же славилась своим галерным флотом. Во время путешествия Петра весьма часто заходила речь о предстоящем пребывании его в Венеции. В беседе с венецианским дипломатом Рудзини, в Вене, царь говорил с особенным уважением о республике, выразил благодарность за присылку ему оттуда инженеров и желание видеть Венецию и ее богатый арсенал. До выезда из Вены царь велел сообщить венецианскому дипломату о своем крайнем сожалении, что не имеет возможности побывать в Венеции.[1]

Некоторые лица свиты Петра из Вены уже были отправлены в Венецию. Там были сделаны приготовления для приема царя. Правительство решилось потратить для этой цели значительную сумму, намереваясь показать великолепный арсенал и богатые верфи в самом выгодном свете и блестящем состоянии. Число рабочих было значительно умножено к этому времени. В арсенале намеревались в присутствии царя вылить несколько пушек, с надписями в честь его, и поднести их ему в подарок.

Решение отменить путешествие в Италию последовало совершенно неожиданно. 16-го июля папский нунций писал, что в этот самый день царь должен был отправиться в Италию,[2] а 19-го июля Петр выехал в Москву; его сопровождали Лефорт и Головин. Возницын остался в Вене для ведения переговоров о продолжении турецкой войны.

Очевидно, опасения, внушаемые стрелецким бунтом, заставляли Петра торопиться; он ехал очень быстро, день и ночь. Даже в Кракове, где для царя был приготовлен торжественный обед, он вовсе не останавливался. Однако вскоре были получены более утешительные известия, и это обстоятельство дало Петру возможность осмотреть в Величке известные со-

---

[1] «Fontes rerum austriacarum», 430.
[2] Theiner, 374. И для Меншикова, «Alessandro Minshiof, Volontario», был приготовлен паспорт для путешествия в Италию, см. Устрялова, III, 136.

ляные копи; недалеко от города Бохни он осмотрел находившуюся там в лагере польскую армию.

В местечке Раве происходило затем (от 31-го июля до 3-го августа) достопамятное свидание между Петром и польским королем. Здесь оба государя решили сделать нападение на Швецию. Этим самым изменилась, так сказать, система внешней политики России. До этого восточный вопрос стоял на первом плане; теперь же началась борьба за балтийские берега.

Король польский Август II.
С гравированного портрета того времени.

Три дня, проведенные царем в Раве, представляли собою целый ряд тайных конференций, шумных увеселений и военных маневров. Петр и Август понравились друг другу: они обменялись оружием.[1]

Из донесений папского нунция в Польше и иезуита Воты мы имеем сведения о некоторых любопытных эпизодах, случившихся во время пребывания царя в Польше.

---

[1] Корб «Diarium itineris», 5 сентября 1698 г.

Папский нунций видел Петра в Замостье, где ему был сделан великолепный прием у пани Подскарбиной. Нунций за столом сидел между Петром и Лефортом и старался, беседуя с ними, выхлопотать католическим миссионерам свободный проезд через Россию в Китай. Царь отвечал весьма благосклонно, но выразил желание, чтобы между миссионерами не было французов.

Иезуит Вота уже ранее жил в Москве и был лично знаком с Петром. Он видел царя в Томашеве и беседовал с ним о турецких делах. Вота выразил надежду, что Петр, вместе с королем польским, покончит с Турциею, на что царь, шутя, возразил, что дележ медвежьей шкуры происходит обыкновенно не ранее, как после убиения зверя. С особенным удовольствием иезуит Вота прибавил к этому, что царь с благоговением присутствовал при католическом богослужении, охотно принял благословение от него и пр.

Эти, как казалось, особенно близкие отношения царя к представителям католицизма были, однако, нарушены отчасти следующим весьма неприятным эпизодом, случившимся в Брест-Литовске. Здесь представился царю католический агент, монсиньор Залевский, и, беседуя с Петром, как-то неосторожно выразился о разделе церквей, называя греческую церковь схизматическою. Царь очень обиделся и сказал, что не намерен терпеть такой грубости, и что если б эти выражения были употреблены в Москве, виновник непременно был бы казнен смертью. Петр до того был раздражен, что обратился к виленской кастелянше, у которой гостил в это время, с просьбою позаботиться тотчас же об удалении неучтивого прелата, так как он, царь, не ручается за себя, если еще раз увидит пред собою виновника столь грубого оскорбления. Залевский должен был уехать немедленно.[1]

25-го августа царь и его спутники прибыли в Москву. Проводив Лефорта и Головина до их квартир, царь отправился в Преображенское.

Недаром за границею путешествию Петра приписывали громадное значение. Бломберг писал тогда же: «пребывание Петра на западе не может считаться неслыханным фактом. Совершилось некогда событие, похожее на нынешнее путешествие Петра: в X веке, один русский государь посетил двор императора Генриха IV, в Вормсе». Очевидно, Бломберг имел в виду появление великого князя Изяслава Ярославовича в Западной Европе, в 1075 году. То обстоятельство, что для приискания подходящего факта нуж-

---

[1] Theiner, 380—383.

но было обратиться к столь отдаленному времени, лучше всего доказывало новость и значение появления московского государя в Западной Европе.

Обыкновенно русские посольства, отправляемые за границу в XVII веке, производили странное впечатление уже по одному тому, что костюм дипломатов и их свиты был азиатский. Русские дипломаты обыкновенно не знали западноевропейских языков и объяснялись не иначе, как через толмачей. Все это начало изменяться понемногу и именно по случаю путешествия Петра. Правда, Лефорт, Головин и Возницын, особенно при торжественных случаях, были одеты в русское платье; сам Петр, например, посещая в первый раз короля Вильгельма, был одет по-русски; в беседе с императором Леопольдом он говорил по-русски. Свита послов и царя состояла отчасти из татар, калмыков и пр. Но все-таки Лефорт владел другими языками; царь мог свободно говорить по-голландски, весьма часто одевался по западноевропейскому обычаю и вообще старался усвоить себе нравы голландцев, англичан и др.

В это время, на западе нередко отзывались о Петре как о представителе прогресса и обсуждали вопрос о переменах в России, которых можно было ожидать вследствие путешествия царя. В августе 1698 года в Торне в гимназии происходил диспут, предметом которого служило путешествие Петра. Тут были защищаемы положения вроде следующих: «по настоящее время русские пребывали во тьме невежества; ныне же царь Петр введет в Россию искусства и науки и этим самым сделается знаменитым государем». В других тезисах пересчитываются главные путевые впечатления во время пребывания царя в Кенигсберге, в Голландии, Англии и Вене, и прибавлено замечание, что царь непременно захочет ввести многое, виденное им, и в России. Россия, сказано в последнем тезисе, примет совершенно иной вид, посвящая себя изучению искусств, наук и военного дела.[1] В том же самом панегирическом духе написана брошюра, явившаяся по случаю пребывания Петра весною 1698 года в Дрездене. В ней выражена надежда, что царь никогда не перестанет содействовать просвещению подданных и пр.[2]

Более скептически к этому предмету относился венецианский дипломат Рудзини, замечая: «нельзя сказать, окажутся ли наблюдения, сделанные во время путешествия царя, и приглашение многих лиц в Россию, для обучения подданных и для развития ремесел, достаточным средством для пре-

---

[1] Conjecturae aliquot de susceptis Magni Moscoviae ducis sc. itineribus (В Импер. Публ. Библ. в Спб.).

[2] См. загл. этой брошюры в соч. Минцлофа «Pierre le Grand dans la litterature étrangère», стр. 234—235.

вращения этого варварского народа в цивилизованный и для пробуждения в нем деятельности. Если бы громадным размерам этого царства соответствовали дух и сила воли народа, то Московия была бы великою державою».[1]

Мы видели, что Петр, не только занимаясь техникою морского дела, но также и при посещении арсеналов, лабораторий и крепостей, производил впечатление специалиста, эксперта. Нельзя отрицать, что обращение особенного внимания на технику военного дела находилось в самой тесной связи с теми политическими задачами, решение которых предстояло царю в ближайшем будущем. Хотя его и не интересовали отвлеченные вопросы, но он все-таки в беседе с людьми науки и искусства производил впечатление человека чрезвычайно способного и многосторонне образованного. Витзен писал к одному знакомому, что царь в беседе о религиозных вопросах оказался весьма сведущим и подробно знакомым со священным писанием. Петр не ограничивался изучением артиллерийского искусства у людей вроде Штейтнера-фон-Штернфельда: он посещал библиотеки, осматривал нумизматические коллекции, бывал в театрах и пр. Выдержав испытание в качестве корабельного плотника у Геррита Клааса Пооля, он занимался зоологиею, анатомиею и хирургиею. Приготавливая в химической лаборатории фейерверки, он в то же время учился делать микроскопические наблюдения. Его интересовала не только работа на железных заводах и в кузницах, но также и искусство гравирования на меди и пр.

Гораздо бо́льшее значение, чем все такого рода специальные знания, имело для царя и для России общее впечатление, которое Петр вынес из посещения Западной Европы. Несравненно рельефнее, чем при посещении Немецкой слободы, Петру должна была броситься в глаза громадная разница между приемами общежития в Западной Европе и нравами и обычаями, господствовавшими в Московском государстве. Ознакомившись столь подробно с более высокою культурою, царь не мог не мечтать о преобразованиях и у себя дома. И в письмах Петра во время путешествия, и в его административных и законодательных мерах непосредственно после возвращения в Россию, всюду заметны следы того влияния, которое произвело на него пребывание за границею.

Весьма важно было также, что около этого времени целые сотни русских путешественников находились за границею, и что, вследствие путешествия Петра, иностранцы целыми сотнями стали приезжать в Россию. Еще до 1697 года было сделано замечание, что русские вельможи начали устраивать свои дома, свою домашнюю утварь, свои экипажи на ино-

---

[1] «Fontes rerum austriacarum» I, с. 431.

странный лад; такое влияние западноевропейских обычаев отныне должно было становиться сильнее и сильнее. Прежде было строжайше запрещено хвалить иноземные нравы; теперь же, мало-помалу, изменялись в этом отношении воззрения и правительства, и подданных.

Народ, правда, продолжал коснеть в прежних предрассудках, осуждал путешествие Петра и отрицал пользу нововведений. Даже, как мы увидим ниже, в массе распространилась молва, будто царь погиб за границею, а вместо него приехал чужой, самозванец-немец. Народ жестоко ошибался. Петр вернулся таким же, каким он уехал за границу, т. е. настоящим русским. Путешествие его было необходимым результатом всего предыдущего развития России. Главная перемена, состоявшаяся, вследствие путешествия, в самом Петре, заключалась в том, что он, уезжая за границу, хотел научиться прежде всего кораблестроению, а возвратился на родину с обширными и многосторонними познаниями; до этого путешествия он предоставлял заведование делами другим лицам, а после него он взял в свои руки бразды правления. Для России этим самым настала новая эпоха.

Глава II. Русские за границею

Современники, зорко следившие за путешествием Петра, имели полное право придавать особенное значение тому обстоятельству, что царь, не ограничиваясь своим собственным пребыванием на западе, заставлял и многих своих подданных отправляться за границу.

Здесь-то именно царь столкнулся с глубоко вкоренившимися предрассудками народа. Котошихин в своем сочинении о России при царе Алексее Михайловиче, говоря о недостатках русского народа, замечает: «Благоразумный читатель! Чтучи сего писания, не удивляйся. Правда есть тому всему; понеже для науки и обычая в иные государства детей своих не посылают, страшась того: узнав тамошних государств веру и обычаи, начали бы свою веру отменять и приставать к иным, и о возвращении к домам своим и к сродичам никакого бы попечения не имели и не мыслили».[1]

Несколько десятилетий до Котошихина произошел случай, доказывающий, что такого рода опасения не были лишены основания. При царе Борисе были отправлены в Германию, во Францию и в Англию пятнадцать молодых людей для обучения. Из них только один возвратился в Россию. Когда русское правительство требовало от английского выдачи

---

[1] Котошихин, гл. IV, 24.

«ребят», оставшихся в Англии, английский дипломат отвечал, что русские не хотят возвратиться и что английское правительство не хочет и не может заставить их покинуть Англию. Оказалось, что один из этих «ребят» сделался английским священником, другой служил в Ирландии секретарем королевским, третий был в Индии, где занимался торговлею, и пр. Узнали даже, что русский, сделавшийся английским священником, «за английских гостей Бога молит, что вывезли его из России, а на православную веру говорит многую хулу».[1]

В то время каждый русский, хваливший чужие государства или желавший ехать туда, считался преступником. При Михаиле Феодоровиче князя Хворостинина обвиняли в ереси и вменяли в преступление его желание отправиться за границу и выражение вроде того, будто «на Москве людей нет, все люд глупый, жить ему не с кем». Чрезвычайно любопытно замечание князя Голицына в первой половине XVII века: «русским людям служить вместе с польскими нельзя, ради их прелести: одно лето побывают с ними на службе, и у нас на другое лето не останется и половины русских людей».[2]

Нельзя не вспомнить при этом случае, что наставниками молодого Ордына-Нащокина, бежавшего за границу, были поляки. Лжедимитрий, находившийся под влиянием польской цивилизации, упрекал бояр в невежестве, говоря, что они ничего не видали, ничему не учились, и обещал дозволить им посещать чужие земли, где они могли бы хотя несколько образовать себя.[3]

При царях Михаиле и Алексее господствовали на этот счет мнения, противоположные воззрениям Бориса и Димитрия. Олеарий рассказывает, что когда однажды какой-то новгородский купец намеревался отправить своего сына для обучения за границу, царь и патриарх не хотели дозволить этого.[4]

Известный Юрий Крижанич, который сам своим богатым и многосторонним образованием был обязан западу, ратовал против поездок за границу. Упадок и анархию Польши он приписывал обычаю молодых дворян отправляться за границу. Поэтому-то он и предлагал запретить всем царским подданным «скитание по чужих землях».[5] И действительно,

---

[1] См. мою статью «Русские дипломаты-туристы в Италии». Москва, 1878, стр. 7.
[2] Соловьев, «Ист. России», IX, 461 и 473.
[3] «Сказание совр. о Димитрие Самозванце», I, 63.
[4] Olearius, изд. 1663 г., 221.
[5] «О промысле», 70 и 71. «Русское госуд. в половине XVII века», I, 333.

существовало что-то вроде такого запрещения. Шведские дипломаты, находившиеся в России в XVII веке, заметили, что русским запрещено ездить за границу из опасения, что они возлюбят учреждения запада и возненавидят порядки Московского государства.[1] Котошихин пишет: «о поезде московских людей, кроме тех, которые посылаются по царскому указу и для торговли, ни для каких дел ехать не дозволено».[2]

Поводом к путешествиям русских за границу в XVII веке служили дела дипломатические и религиозные цели. Русские дипломаты в то время никогда не оставались долго за границею. Путешествия с благочестивою целью предпринимались не в Западную Европу, а в турецкие владения. Ни дипломаты, ни пилигримы не имели в виду систематического изучения чего-либо за границею.

До эпохи Петра русские отправлялись за границу ради учения в самых лишь редких исключениях. Зато иногда проживавшие в Москве иностранцы посылались за границу ради усовершенствования в какой-либо науке или в каком-либо мастерстве.[3]

В 1692 году сын подьячего посольского приказа Петр Постников был отправлен за границу для изучения медицины. В г. Падуе в 1696 году он приобрел степень доктора. Затем, однако, сделался не врачом, а дипломатом.[4]

В самом начале 1697 года, следовательно, за несколько недель до отъезда самого царя за границу, Петр отправил 28 молодых дворян в Италию, преимущественно в Венецию, 22 других в Англию и Голландию, — «учиться архитектуры и управления корабельного». Все они принадлежали к знатнейшим в то время фамилиям. Ни один из них не сделался замечательным моряком; зато некоторые, например, Борись Куракин, Григорий Долгорукий, Петр Толстой, Андрей Хилков и пр., прославились на поприще дипломатическом, военном, гражданском. Следовательно, та специальная цель, с которою были отправлены эти молодые дворяне за границу, не была достигнута; зато результат пребывания их на западе оказался гораздо богаче и заключался в многостороннем образовании вообще. Отправляя молодых дворян в Венецию, Англию и Голландию с целью создать русских моряков, Петр как-то невольно создал школу государственных деятелей.

---

[1] Herrmann, «Gesch. d. russ. Staats», III, 541.

[2] Котошихин, гл. IV, 24.

[3] См. о таких примерах соч. Олеария, нем. изд. 1663, стр. 221; Рихтера, «Gesch. d. Medicin in Russland», Moskau, 1815, II, 289—291, 361—368.

[4] Richter. «Geseh d. Med.», II, 401—408; Памятн. дипл. сношений, VIII, 699. Устрялов, III, 489.

Не легко расставались молодые русские аристократы с родиною. Едва ли кто из них знал какой-нибудь иностранный язык. Бо́льшею частью они были женаты, имели детей, занимали должности стольников и спальников. Не легко было царедворцам, привыкшим к праздной жизни, учиться ремеслу матросскому. К тому же, им грозили строгими наказаниями в случай неуспешного учения, неудовлетворительных свидетельств со стороны иноземных наставников.[1]

Петр Андреевич Толстой.
С портрета, находящегося в Императорском Эрмитаже.

Сохранилась инструкция, данная Петру Толстому при отправлении его за границу в 1697 году. В ней сказано, что он послан «для науки воинских дел». Он должен был научиться: 1) знать чертежи или карты, компасы «и прочие признаки морские», 2) владеть судном, знать снасти и инструменты, паруса, веревки и пр.; далее, ему предписывалось по возможно-

---

[1] См. донесение Плейера у Устрялова, III, 633.

сти присутствовать в битвах на море; наконец, ему обещана особая награда, если он подробно изучит кораблестроение.

Отправленным за границу молодым дворянам вменялось в обязанность привезти в Россию «на своих проторях» двух иностранных мастеров; в бо́льшей части случаев путешественники содержались не на счет казны, а из собственного кармана.[1]

За этой первой, как видно, довольно многочисленной группой путешественников, уехавших в январе 1697 года, следовала вторая, состоявшая из «волонтеров» при посольстве Лефорта, Головина и Возницына.[2] В июле 1697 года, т. е. через несколько недель после отъезда этой второй группы, австрийский дипломатический агент Плейер доносил императору Леопольду: «ежедневно отсюда молодые дворяне отправляются в Голландию, Данию и Италию».[3]

Во время своего пребывания за границею царь, по возможности, следил за учением и занятиями своих подданных за границею. Так, например, он в августе 1697 года писал к Виниусу: «спальники, которые прежде нас посланы сюды, выуча кумпас, хотели к Москве ехать, не быв на море: чаяли, что все тут. Но адмирал наш намерение их переменил: велел им ехать» и пр. Посылая князю Ромодановскому собственноручно составленный список учащимся в Голландии русским, Петр сообщает, что такие-то «отданы на Остиндский двор к корабельному делу», другие учатся «всяким водяным мельницам»; что те «мачты делают», другие определены «к ботовому делу», или «к парусному делу», или «блоки делать», или «бомбардирству учиться», или «пошли на корабли в разные места в матросы», и пр.[4]

Были случаи сопротивления русских, которых заставляли учиться за границею;[5] рассказывали об одном русском дворянине, отправленном в Венецию ради учения, что он, из ненависти к чужбине и из опасения впасть в ересь латинян, не выходил из своей комнаты.[6] «И я, грешник, в первое несчастие определен», говорил один из молодых русских дворян, отправленных за границу учиться. Другой писал из-за границы к родственникам: «житие мне пришло самое бедственное и трудное... Наука оп-

---

[1] См. статью Н. Попова о П. Толстом в журнале «Атеней», 1859, стр. 301 и следующие.
[2] См. полный список у Устрялова, III, 575—576.
[3] Устрялов, III, 637.
[4] Там же, III, 426.
[5] Штелин, «Анекдоты о Петре Великом». Москва, 1830, III, 5.
[6] Voltaire, «Hist. de Pierre le Grand», Paris, 1803, II, 208.

ределена самая премудрая; хотя мне все дни своего живота на той науке себя трудить, а не принят будет, для того — не знамо учиться языка, не знамо науки». Другие жаловались на морскую болезнь и т. п.[1]

Но были также случаи успешного и полезного учения русских за границею. Меншиков, назначенный царем учиться деланию мачт, успевал в работе лучше всех. Головин, работавший в Саардаме, был весел и доволен. Об одном из москвитян, учившихся в Саардаме, сохранилось предание, что он работал на верфи весьма усердно, но когда начинался роздых, то к нему являлся служитель с умывальником; господин умывал себе руки и переменял платье. Любопытный пример усердия представлял Петр Андреевич Толстой. Он решился пойти, так сказать, навстречу планам царя преобразователя. Будучи уже женатым и имея детей, пятидесяти лет с небольшим, он сам вызвался ехать за границу для изучения морского дела. В то время, как другие с неудовольствием покидали отечество для трудной и непривычной жизни за морем и возвращались в Россию, не доучившись тому, чего требовал от них Петр, Толстой доказал своим путешествием, что его способности равнялись скрывавшемуся в нем честолюбию. Он, через Польшу и Австрию, отправился в Италию, по целым месяцам плавал по Адриатическому морю и получил свидетельство, что ознакомился совершенно с морским делом, картами морских путей, названием дерев, парусов, веревок и всяких инструментов корабельных и пр. Побывав в Мальте, он получил свидетельство и оттуда, что встречался с турками и показал бесстрашие. Он отлично выучился итальянскому языку, в Венеции с большим успехом занимался математикою и т. д.[2]

Впрочем, русские, находившиеся за границею, учились не только морскому и военному делам, но также и другим предметам. Некоторое число молодых дворян было отправлено в Берлин для изучения немецкого языка. В этом же городе несколько русских обучались «бомбардирству». Петру писали из Берлина, что о «Степане Буженинове с товарищами свидетельствует их мастер, что они в своем деле исправны и начинают геометрию учить».[3] Об Александре Петрове, находившемся в Ганновере, доносил Лейбниц, что тот уже успел выучиться немецкому языку и перешел к занятиям латинским языком.[4] С никоторыми из этих молодых людей Петр сам переписывался. Так, например, в ответ на письмо царя из Детфорда Васи-

---

[1] Пекарский, «Наука и литература при Петре Великом», I, 141—142.
[2] См. статью Н. А. Попова о Толстом в «Древней и Новой России», 1875, I, 226.
[3] Памятн. дипл. снош., VIII, 1221.
[4] Guerrier, Leibniz, Beilagen, 34.

лий Корчмин писал из Берлина: «мы с Стенькою Бужениновым, благодаря Богу, по 20-е марта выучили фейерверк и всю артиллерию; ныне учим тригиометрию. Мастер наш — человек добрый, знает много, нам указывает хорошо... Изволишь писать, чтобы я уведомил, как Степан (т. е. Буженинов), не учась грамоте, гиометрию выучил, и я про то не ведаю: Бог и слепцы просвещает». Корчмин жаловался, что учитель просит за ученье денег и требует с человека 100 талеров. Далее, ему поручено было собрать сведения о жалованье, которое получали офицеры и генералы в армии бранденбургского курфюрста. Он и послал подробный список всем этим данным.[1]

И в следующее за путешествием царя время не прекращалось отправление молодых русских за границу. Так, например, в 1703 году 16 человек холмогорцев было отправлено в Голландию, где в то время находился вступивший в русскую службу вице-адмирал Крюйс, которому и было поручено «раздать их в науки, кто куда годится». Около этого же времени Петр, желая доставить войскам своим хорошую школу и нуждаясь также в деньгах, предлагал Генеральным Штатам за деньги отряд русского войска на помощь против французов, но предложение это не было принято.[2]

В 1703 же году один русский дворянин просил у царя дозволения отправить своих малолетних сыновей для воспитания во Францию. Со стороны короля Людовика XIV было сделано Петру предложение прислать царевича Алексея для воспитания в Париж.[3] Еще раньше шла речь об отправлении царевича вместе с сыном Лефорта в Женеву.[4]

Мало-помалу русские дворяне начали привыкать к мысли о необходимости учения, о выгодах всестороннего светского образования. Отец одного молодого аристократа, отправленного в Голландию в 1708 году, писал сыну между прочим: «нынешняя посылка тебе сотворится не в оскорбление или какую тебе тягость, но да обучишься в таких науках, в которых тебе упражнятися довлеет, дабы достойна себя сотвориши ему, великому государю нашему, в каких себе услугах тя изволить употребити; понеже великая есть и трудная преграда между ведением и неведением». Затем отец советует сыну прилежно учиться немецкому и французскому языкам, арифметике, математике, архитектуре, фортификации, географии, картографии, астрономии и пр. При этом сказано, что сын должен выучиться всему перечисленному не для того, чтобы сделаться инженером

---

[1] Устрялов, III, 472—478.
[2] Соловьев, XV, 57, 61.
[3] Донесение Плейера у Устр. IV, 2, 622 и 623.
[4] Устрялов, III, 413.

или моряком, но для того, чтобы иметь возможность при занятии какой-либо должности в ратном деле судить о мере добросовестности и правильности действий техников-иностранцев.

Мало того, автор этого любопытного послания к сыну, отправленному в Голландию для обучения, пишет: «не возбраняю же тебе между упражнением в науках, ради обновления жизненных в тебе духов и честные рекреации, имети в беседах своих товарищей от лиц благоценных, честных; овогда же комедиях, операх, кавалерских обучениях, как со шпагою и пистолетом владети, на коня благочинно и твердо сидеть, с коня с различным ружьем владеть, и в прочих подобных тем честных и похвальных обучениях забаву иметь».[1]

Из этих замечаний видно, как изменился взгляд русского высшего общества на значение светского образования в эпоху царствования Петра. Незадолго до этого многие русские считали «кавалерские обучения» чем-то вроде ереси. Сообразно с понятиями «Домостроя», не только театр, но даже «гудение, трубы, бубны, сопели, медведи, птицы и собаки ловчие, конское уристание» и т. п. считались грехом, достойным вечного наказания в аду.[2] Незадолго до того времени, когда просвещенный вельможа советовал сыну учиться иностранным языкам и разным наукам, раскольники ратовали против «немецких скверных обычаев», против «любви к западу», против «латинских и немецких поступок» и пр.

Каково жилось русским за границею и в какой степени пребывание там могло быть весьма полезным приготовлением к политической карьере, видно из автобиографии Ивана Ивановича Неплюева; он родился в 1693 году, воспитывался в училище, устроенном каким-то французом в Москве, и в 1716 году, вместе с двадцатью другими воспитанниками этой школы, был отправлен за границу для учения. Сначала он отправился в Венецию, где был в действительной службе на тамошнем галерном флоте. Оттуда он и его товарищи поехали в Испанию и учились там в морской академии «солдатскому артикулу, на шпагах биться, танцевать»; Неплюев рассказывает, что им было невозможно заниматься математикою, так как они недостаточно владели испанским языком. В 1720 году они возвратились в Россию. Во время своих переездов по Европе они встречали и других русских: в Тулоне тогда жили 7 русских гардемаринов, которые учились во

---

[1] Соч. Посошкова, изд. Погодиным в Москве 1842, 295 и след. — В «Русском Вестнике», т. CXII, стр. 779, я доказал, что автором этого письма не мог быть Иван Посошков, как полагал Погодин и как за ним думали весьма многие ученые.

[2] Домострой, изд. Яковлева, стр. 16.

французской академии «навигации, инженерству, артиллерии, рисовать мачтабы, как корабли строятся, боцманству и пр.». В Амстердаме, в проезд Неплюева с товарищами, было около пятидесяти русских; иные из них учились «экипажеству и механике», другие «школьники» — всяким ремеслам: медному, столярному и судовым строениям. По возвращении Неплюева в Россию сам царь участвовал в испытании, которому были подвергнуты он и его товарищи. При этом Петр говорил: «видишь, братец, я и царь, да у меня на руках мозоли, а все от того: показать вам пример и хотя б под старость видать мне достойных помощников и слуг отечеству».[1]

Число проживавших в Голландии «школьников» было до того значительно, что к ним был определен особенный надзиратель, князь Иван Львов. До нас дошли донесения его к царю, из которых видно, что с русскими, учившимися в Голландии и Англии, случались неприятности. Молодежь входила в долги; бывали драки, даже увечья. Львов спрашивал у царя инструкций о плане учения молодых русских, отправленных за границу. Петр отвечал: «учиться навигации зимой, а летом ходить на море, на всяких кораблях, и обучиться, чтобы возможно оным потом морскими офицерами быть». Василий Васильевич Головин, в своей автобиографии об учении в Голландии, замечает лаконически: «в Саардаме и в Роттердаме учился языку голландскому и арифметике и навигации, с 1713 по 1715 год, а потом возвращен в Россию, где все-таки продолжал учиться в морской академии навигацкой науке и солдатскому артикулу» и пр. Товарищами Головина в Голландии были люди из самых знатных фамилий: Нарышкины, Черкасские, Голицыны, Долгорукие, Урусовы и пр.[2]

Петр все время зорко следил за учением русских, отправленных в Западную Европу. Конон Зотов, сын «наишутейшего всеяузского патриарха», учился за границею и писывал к отцу о своих успехах; царь читал иногда эти письма, и однажды, похвалив ревность молодого Зотова, выпил кубок за здоровье его. Довольно часто он и сам писал к Конону Зотову, который, находясь впоследствии агентом царя во Франции, давал Петру советы вроде следующих: «понеже офицеры в адмиралтействе суть люди приказные, которые повинны юриспруденцию и прочия права твердо знать, того ради не худо бы, если бы ваше величество указал архиерею рязанскому выбрать двух или трех человек лучших латинистов из средней статьи людей, т. е. не из породных, ниже из подлых, — для того, что везде породные презирают труды (хотя по пропорции их пород и имения, должны также быть и в науке отменны пред

---

[1] «Рус. Арх.» 1871, 640.
[2] Пекарский, 141—142.

другими), а подлый не думает более, как бы чрево свое наполнить, — и тех латинистов прислать сюда, дабы прошли оную науку и знали бы, как суды и всякия судейские дела обходятся в адмиралтействе. Я чаю, что сие впредь нужно будет. Прошу милосердия в вине моей дерзости: истинно, государь, сия дерзость не от единого чего, только от усердия» и пр.[1]

Петр I экзаменует учеников, возвратившихся из-за границы.
С картины Н.Н. Каразина.

В 1716 году по случаю учреждения коллегий было сделано распоряжение: «послать в Кролевец (Кенигсберг) человек тридцать или сорок, выбрав из молодых подьячих, для научения немецкого языка, дабы удобнее в Коллегиуме были, и послать за ними надзирателя, чтобы не гуляли».[2] В 1719 году отправлено за границу около тридцати человек молодых русских для изучения медицины под руководством доктора Блументроста. В 1715 году Петр сделал одному агенту, находившемуся заграницею, следующие замечания: «ехать во Францию в порты морские, а наипаче где главный флот их, и там, буде возможно и вольно жить и присматривать волонтирам, то быть волонтиром, буде же невозможно, то принять какую службу. Все, что по флоту надлежит на море и в портах, сыскать книги,

---
[1] Пекарский, 157.
[2] П. С. З. № 2986 и 2987.

также чего нет в книгах, но от обычая чинят, то пополнить и все перевесть на славянской язык нашим штилем, токмо храня то, чтоб дела не проронить, а за штилем их не гнаться. Суворова и Туволкова отправить в Мардик, где новый канал делают, также и на тот канал, который из окиана в Медитеранское море проведен и в прочия места, где делают каналы, доки, гавани и старые починивают и чистят, чтоб они могли присмотреться к машинам и прочему и могли тех фабрик учиться». Одному «ученику» было поручено в Англии учиться пушечному литью, однако в Англии находили, что это «несходно с правами здешнего государства».[1]

Поводы к отправлению молодых людей за границу становились все более и более разнообразными. В 1716 году было велено «на Москве выбрать из латинских школ из учеников робят добрых, молодых пять человек, для посылки в Персиду для учения языкам турецкому, арабскому и персидскому».[2] Немного позже были отправлены: Земцов и Еропкин в Италию для обучения архитектуре, Никитин и Матвеев в Голландию для обучения живописи, Башмаков и некоторые другие также в Голландию для обучения каменщичьему ремеслу.[3] Во многих случаях русские сами просили позволения отправиться за границу. Брат вышеупомянутого Конона Зотова, Иван, просил позволения ехать за границу лечиться.[4] Иван Иванович Неплюев, отправляя своего малолетнего сына за границу для воспитания, просил царя: «повели, государь, послать указ в Голландию князю Куракину,[5] чтоб сына моего своею протекциею не оставил, повели определить сыну моему жалованье на содержание и учение и отдать его в академию для сциенции учиться иностранным языкам, философии, географии, математике и прочих исторических книг чтения; умилостивься, государь, над десятилетним младенцем, который со временем может вашему величеству заслужить».[6] Приобретший впоследствии, при императрице Елизавете, знаменитость министр Алексей Петрович Бестужев во время Петра учился в одной гимназии в Берлине, а затем в продолжение нескольких лет находился при английском дворе на службе.[7]

---

[1] Соловьев, XVI, 311.

[2] П. С. З. № 2978.

[3] Штелин, Анекдоты, I, № 100 и № 66.

[4] Соловьев, XVI, 301.

[5] Русскому послу в Голландии.

[6] Соловьев, XVIII, 63.

[7] Штедин, II, стр. 165. О пребывании Бестужева в Англии см. некоторые любопытные данные в донесениях Роботона, см. изд. Германа, «Zeitgenöss. Ber. z. Gesch. Russlands», Leipzig, 1880, стр. 187—188, 197.

В 1722, 1723 и 1724 годах приехали из Англии, Голландии и Франции русские мастеровые, учившиеся там: «столяры домового дела трое, столяры кабинетного дела четверо, столяры, которые делают кровати, стулья и столы, двое, замочного медного дела четверо, медного литейного дела двое, грыдоровального один, инструментов математических один». Петр велел построить им дворы и давать жалованье два года, а потом дать каждому «на завод денег с довольством, дабы кормились своею работою, и о том им объявить, чтоб заводились и учеников учили, а на жалованье бы вперед не надеялись».[1]

Андрей Артамонович Матвеев.
С гравированного портрета Колпакова.

Как видно, во время Петра русские целыми сотнями проживали за границею. В жизни каждого из них пребывание в Западной Европе составляло эпоху. Русские дипломаты, до царствования Петра бывшие за границею лишь проездом, не могли в такой мере вникнуть в самую суть западно-

---

[1] Соловьев, XVIII, 187.

европейской цивилизации, как «ученики» Петровского времени, проживавшие по несколько лет в Голландии, Англии, Франции и Германии и невольно находившиеся под влиянием той среды, которая их окружала на западе и которая во многих отношениях отличалась от русского общества того времени.

Впрочем, «ученики», отправленные за границу, обыкновенно были плохо приготовлены к учению. Многие из них отличались грубостью нравов, нерадением к учению, равнодушием к вопросам науки; некоторые даже оказывались склонными к преступным действиям. Священник, находившийся при Александре Петрове, который в Ганновере учился немецкому и латинскому языкам, вел себя в высшей степени безнравственно и однажды пытался убить Петрова.[1] Зотов писал царю из Франции: «господин маршал д'Этре призывал меня к себе и выговаривал мне о срамотных поступках наших гардемаринов в Тулоне: дерутся часто между собою и бранятся такою бранью, что последний человек здесь того не сделает. Того ради обобрали у них шпаги». Немногим позже новое письмо: «гардемарин Глебов поколол шпагою гардемарина Барятинского и за то за арестом обретается. Господин вице-адмирал не знает, как их приказать содержать, ибо у них (французов) таких случаев никогда не бывает, хотя и колются, только честно, на поединках, лицем к лицу», и пр. Подобные жалобы слышались и от русского посланника в Англии Веселовского, который писал: «ремесленные ученики последней присылки приняли такое самовольство, что не хотят ни у мастеров быть, ни у контрактов или записей рук прикладывать, но требуют возвратиться в Россию без всякой причины... и хотя я их добром и угрозами уговаривал, чтоб они воле вашего величества послушны были, однако ж они в противности пребывают, надеясь на то, что я их наказать не могу без воли вашего величества, и что, по обычаю здешнего государства, наказывать иначе нельзя, как по суду».[2] Львов, которому, как мы видели, был поручен надзор над молодыми русскими, учившимися за границею, в 1711 году убедительно просил не посылать навигаторов в Англию «для того, что и старые там научились больше пить и деньги тратить». Граф Литта писал из Англии: «тщился я ублажить англичанина, которому один из московских глаз вышиб, но он 500 фунтов запросил». Львов совсем вышел из терпения и писал: «иссушили навигаторы не только кровь, но уже самое сердце мое; я бы рад, чтоб они там меня убили до смерти, нежели бы мне такое злострадание иметь и несносные тягости» и пр.[3] И в Голландии происходили не-

---

[1] Письмо Рёбера к Лейбницу в соч. Герье, стр. 34.
[2] Соловьев, XVI, 302—303.
[3] Пекарский, I, 141.

приятности. Типографщик Копиевский в Амстердаме давал уроки русским князьям и боярам по повелению царя; ученики потом разъехались, не сказав и спасибо своему наставнику, а двое из них даже увезли у Копиевского, не заплатив денег, четыре глобуса. Подобных случаев было несколько.[1] Даже на самого Львова присылались доносы, что он «хаживал самым нищенским образом, всей Голландии был на посмешище, брал грабительски из определенного жалованья навигаторам» и пр. Некоторые из русских за долги в Англии сидели под караулом; о каком-то Салтыкове писали, что он, «прибыв в Лондон, сделал банкет про нечестных жен и имеет метрессу, которая ему втрое коштует, чем жалованье».[2]

Впрочем, бывали случаи, что русские оставались без денег не по собственной вине. Сохранились некоторые письма «учеников», пребывавших в Италии и во Франции, к самому царю, к кабинет-секретарю Макарову, в которых они жаловались, что их оставляют без денег и что, вследствие этого, они находятся в отчаянном положении.[3]

Вообще говоря, русские, учившиеся за границею, не пользовались особенно хорошею репутациею. Когда в 1698 году началось в Голландии учение, было сделано замечание, что русские ничему не учатся, что разве только царевич Александр Имеретинский обнаруживает некоторую охоту к учению, и что только сам царь умеет учиться, как следует.[4]

Некоторые иностранцы, проживавшие в России и наблюдавшие за преобразованиями Петра, как, например, ганноверский резидент Вебер и прусский дипломат Фокеродт, сомневались в пользе отправления молодых русских для учения за границу. По их мнению, русские за границею обнаруживали особенную способность научиться всему худому, и что, усвоив себе за границею некоторый внешний лоск, они остаются по-прежнему невеждами и, возвращаясь на родину, в короткое время лишаются даже и этого внешнего лоска, приобретенного на западе. Техническое обучение русских, по мнению Вебера, не оказывало ни малейшего влияния на их нравственность и т. п. Достойно внимания замечание Вебера, что было отправлено за границу для учения «несколько тысяч» русских.[5]

---

[1] Там же, I, 14.
[2] Соловьев, XVI, 406.
[3] Пекарский, I, 158, 163.
[4] Meermann. «Discours sur le premier voyage de Pierre le Grand, principalement en Hollande». Paris, 1812.
[5] Weber, «Verändertes Russland», I, 12. Herrmann, «Zeitgenössische Berichte aus d. Zeit Peters d. Gr.» Leipzig, 1872, 107.

Эти взгляды оказываются односторонними, несправедливыми. И техническое образование, и внешний лоск в приемах общежития в большей части случаев не могли не оказывать некоторого влияния на развитие и образование русских путешественников. Уже ознакомление с иностранными языками должно было иметь большое значение. В этом же отношении русские обнаруживали необычайную способность. Сын русского посланника в Польше, Тяпкина, однажды приветствовал короля Яна Собесского речью, в которой благодарил его за «науку школьную, которую употреблял, будучи в его государстве». Речь эта говорилась по латыни, «довольно переплетаючи с польским языком, как тому обычай наук школьных надлежит».[1] Толстой и Неплюев, побывавшие в Италии, именно благодаря совершенному знакомству с итальянским языком были способны занять трудный пост русского посла в Константинополе. Татищев столь охотно занимался изучением иностранных языков, что и во время своего пребывания на Урале для надзора над горными заводами имел при себе двух студентов для своего усовершенствования в знании латинского, французского, шведского и немецкого языков. Письма и записки русских путешественников изобилуют галлицизмами и германизмами, словами и оборотами, заимствованными из итальянского, испанского и др. языков.

Нет сомнения, что некоторые из русских, путешествовавших за границею, имели полную возможность составить себе точное понятие о выгодах и преимуществах западноевропейской цивилизации, о необходимости подражать во многом иностранцам. Так, например, Шереметев, Курбатов, Татищев, Толстой своим многосторонним образованием, развитием своих политических способностей были главным образом обязаны пребыванию за границею, изучению нравов, обычаев, учреждений запада. Уважение к другим народам у таких людей являлось весьма важным результатом ближайшего знакомства с ними. Развитие понятий о государственных учреждениях и об условиях общественного развития было плодом наглядного обучения, сопряженного с такого рода путешествиями. Пребывание за границею являлось самым удобным средством для избавления от прежней замкнутости, для уничтожения множества предрассудков и односторонних воззрений, для устранения, одним словом, начал китаизма. Соприкосновение с другими народами должно было содействовать развитию сознания о хороших и дурных чертах собственного национального характера.

Стоит только пересмотреть записки русских людей, находившихся за границею, чтобы убедиться в пользе такого непосредственного сближения

---

[1] Соловьев, XII, 225.

с Европою. Из них видно, что путешественники делались более опытными в делах внешней политики, в приемах дипломатических сношений; они кое-что узнавали об истории и географии тех стран, через которые проезжали и в которых проживали; они могли сравнивать западноевропейский быт с русским, например, в отношении к народному хозяйству; они видели на западе множество предметов роскоши, совсем до того неизвестных в России, произведения искусств, ученые коллекции и пр.; они знакомились с богослужением разных исповеданий и пр.

Особенным даром наблюдения отличался Петр Андреевич Толстой, из путевых записок которого видно, с каким вниманием он следил за всеми новыми явлениями, окружавшими его в Польше, в Силезии, в Австрии и в Италии, и как тщательно он осматривал церкви и монастыри, дворцы государей и вельмож, дома частных лиц, гостиницы и больницы, сады и водопроводы, архитектурные памятники и промышленные заводы. Мы встречаем его то в академии в Ольмютце, то при каком-то судебном следствии в Венеции, то он осматривает библиотеку какого-то капуцинского монастыря, то присутствует при докторском диспуте в одном из итальянских университетов или посещает аптекарский сад в Падуе; он упоминает о какой-то рукописи, приписываемой св. Амвросию, о математических книгах, о гравюрах, о фресках и пр. Местами он сравнивает страны и народы между собою. Так, например, не ускользнуло от его внимания, что в Силезии и Моравии народное богатство находилось на более высокой степени, чем в Польше, что разные ткани в верхней Италии продаются гораздо дешевле, чем в других странах; он предпочитает жителей Милана венецианцам и т. п. Ему не понравилась «пьяная глупость поляков», не успевших построить мост через Вислу; относительно политического быта в Польше он замечает: «поляки делом своим во всем подобятся скотам, понеже не могут никакого государственного дела сделать без боя и без драки». Зато он удивлялся рабочей силе и предприимчивости итальянцев, замечая: «всюду и во всем ищут прибыли». Его удивило то, что в Польше женщины разъезжают по городу в открытых экипажах «и в зазор себе того не ставят», что в Вене, по случаю процессии, император Леопольд шел сам и свободно, т. е. что его не водили «под руки», как это при подобных случаях бывало в России, что в Венеции не было пьяных, что при азартных играх в Италии не бывало обмана, что при судопроизводстве в Неаполе все держали себя чинно и что судья обращался с обвиненными и свидетелями тихо и учтиво, не кричал на них, не ругался. Особенно же любопытным казалось Толстому, что в Италии народ предается веселию «без страху», что там существует «вольность», что все живут «без обиды» и «без тягостных податей» и пр.[1]

Одновременно с Толстым и боярин Борис Петрович Шереметев путешествовал по Польше, Австрии и Италии. Он не был «учеником»; зато, быть может, он имел от царя тайные дипломатические поручения. В его «путевой грамоте» сказано, что он отпущен за границу «по его охоте», «для ведения тамошних стран и государств». Как видно из «Записки путешествия» Шереметева, боярин имел случай беседовать с высокопоставленными лицами, например, с королем польским, с императором, с венецианскими сенаторами, с папою, с мальтийскими рыцарями и пр. И Шереметев, подобно Толстому, оказывается хорошим наблюдателем. Так, например, он замечает разницу между архитектурою во Флоренции, с одной стороны, и в Риме и Венеции — с другой. Особенно тщательно он осмотрел богоугодные заведения, больницы и сиротские дома в Италии и пр.

Не менее любопытны путевые записки одного вельможи, бывшего в Голландии, Германии и Италии и особенно подробно описывающего виденные им предметы роскоши, произведения искусства, ученые коллекции и т. п. Этот путешественник, имя которого осталось неизвестным, отличался, очевидно, особенною любознательностью и восприимчивостью. Он завел знакомство с итальянскими аристократами-богачами, бывшими в то же время и меценатами, живал в великолепных дворцах князей Памфили и Боргезе, сошелся с кардиналами в Риме, с сенаторами во Флоренции и пр.[2]

Мы раньше говорили о тщательном воспитании, которое получил Андрей Артамонович Матвеев. Нельзя удивляться тому, что он оказался хорошо приготовленным для пребывания за границею и что его рассказ о впечатлении, произведенном на него западноевропейскою культурою, оказывается особенно любопытным. Он в первые годы XVIII века несколько лет прожил в Голландии, Англии, Франции и Австрии. Кажется, ему особенно понравилась Франция. Хотя его и поразила в этой стране бедность сельского населения, страдавшего от чрезмерных налогов, хотя он и порицал финансовую систему Франции, но удивлялся тому, что во Франции никто не может безнаказанно нанести обиду другому, что и сам король не имеет власти сделать кому-либо «насилование», что не бывает случаев произвольной конфискации имущества, что принцы и вельможи не могут делать народу

---

[1] См. извлечение из записок Толстого в «Атенее» 1859 г., стр. 300 и след.

[2] См. некоторые подробности о путешествии Шереметева и Незнакомца в моей монографии «Русские дипломаты-туристы в Италии», в «Русском Вестнике» 1877 года (март, апрель, июль).

«тесноты», что строжайше запрещено брать взятки и пр. Ничто, однако, так не интересовало Матвеева, как тщательность воспитания детей высших классов общества во Франции. Он рассказывает, что молодых людей обучают математике, географии, арифметике, воинским делам, конной езде, танцам, пению и пр., что и женщины занимаются науками и искусством, не считая для себя «зазором во всех честных поведениях обращаться». Он говорит подробно о визитах и «ассамблеях», о домашнем театре у некоторых французских вельмож, о балах и маскарадах, о старании мужчин и женщин усовершенствоваться в произношении французского языка и пр. Искусство французов беседовать друг с другом восхищало Матвеева. Для него было столько же новым, сколько привлекательным зрелищем, как в салонной болтовне мужчины и женщины говорили, по выражению Матвеева, «со всяким сладким и человеколюбивым приемством и учтивостью».[1]

Как видно из всего сказанного, между русскими, находившимися за границею, были многие, умевшие ценить преимущества культуры западноевропейской. И они сами, и все те, кому они сообщали о виденном и слышанном ими за границею, учились смотреть на иные государства и народы иначе, чем прежде. Следствием таких поездок было расширение кругозора русских; благодаря им, обеспечивалось дальнейшее сближение с западом.

Глава III. Иностранцы в России

Нельзя было довольствоваться отправлением молодых русских дворян для учения за границу. Нужно было приглашать иностранных наставников в Россию. Сотни и даже тысячи мастеров, ремесленников, инженеров, моряков и пр. при Петре приехали в Россию. Появление иноземцев в России было гораздо менее новым делом, чем появление русских учеников в Западной Европе. Как мы видели, московские государи уже в XV и XVI столетиях приглашали из Италии и Германии артиллеристов и литейщиков, рудознатцев и золотых дел мастеров, аптекарей и врачей, архитекторов и оружейных мастеров.

Борис Годунов намеревался устроить в России высшие школы по образцу германских университетов и в 1600 году отправил иностранца Иогана Крамера за границу для приглашения профессоров. За границею тогда восхваляли царя Бориса за подобную мысль; один профессор юрис-

---

[1] Записки Матвеева напечатаны Пекарским в «Современнике» 1856 г., отд. II, стр. 39—66.

пруденции назвал царя отцом отечества, просвещенным государем и пр.; другой сравнивал его с Нумою Помпилием и т. п.

В то время, когда родился Петр, число иностранцев, вообще проживавших в России, по мнению одного иностранца-путешественника, доходило до 18 000 человек.[1] Это число увеличивалось постепенно в течение царствования Петра.

Еще до своего путешествия царь, главным образом через Лефорта, выписывал из-за границы фейерверкеров, инженеров, врачей, ремесленников и военных. Лефорт в своих письмах к родственникам и знакомым выставлял на вид, что иностранцы пользуются в России расположением правительства и получают очень порядочное жалованье. Не мудрено, что между приезжими иностранцами находились родственники Лефорта.[2] Азовские походы, сооружение флота, как мы видели, побудили царя вызвать значительное число инженеров, канониров, корабельных капитанов, плотников, кузнечных мастеров, канатников, парусных дел мастеров и пр.[3]

В инструкции послам, в свите которых находился сам царь, было сказано, что Лефорт, Головин и Возницын должны «сыскать капитанов добрых, которые бы сами в матрозах бывали», «поручиков и подпоручиков», «боцманов, констапелев, стурманов, матрозов», затем «рошплагеров, маштмакеров, риммакеров, блок-макеров, шлюп-макеров, пумп-макеров, маляров, кузнецов», «пушечных мастеров, станошных плотников», «лекарей» и пр.[4] Во время путешествия Лефорт постоянно был занят наймом иностранцев. В Риге он «приговорил для садового на Москве строения» садовника,[5] в Кенигсберге нанял некоторое число музыкантов.[6] Сам Петр занимался выбором разных мастеров для отправления их в Россию, переписываясь об этом предмете весьма усердно с Виниусом. «Мы о сем непрестанно печемся», пишет он 31-го августа 1697 года. В письме от 10-го сентября сказано: «из тех мастеров, которые делают ружье и замки, зело добрых сыскали и пошлем, не мешкав; а мастеров же, которые льют пушки, бомбы и пр., еще не сыскали; а как сыщем, пришлем, не мешкав». В письме от 29-го октября: «а что пишешь о мастерах железных, что в том деле бургумистр Вицын мо-

---

[1] См. мое соч. «Culturhistorische Stadien», статья II, «Die Ausländer in Russland», Riga, 1878, 74. — Не слишком ли высока эта цифра, встречающаяся в сочинении Рейтенфельса «De rebus moscoviticis»?
[2] Posselt, II, 101—107, 110—120.
[3] Устрялов, II, 389—394.
[4] Там же, III, 8—10.
[5] «Пам. дипл. снош.», VIII, 772.
[6] Там же, VIII, 833—34.

жет радение показать и сыскать: о чем я ему непрестанно говорю, а он только манит день за день, а прямой отповеди по ся поры не скажет; и если ныне он не промыслит, то надеюсь у короля польского чрез его посла добыть не только железных, но и медных». Об этих «железных мастерах» Пётр писал из Детфорда 29-го марта 1698 года: «здесь достать можно, только дороги; а в Голландской земле отнюдь добиться не могли» и т. п.[1] Лефорт в это время чуть не ежедневно был занят переговорами с разными лицами, желавшими вступить в русскую военную службу. Он писал своим родственникам, что имеет поручение приговорить до 300 офицеров.[2]

Адмирал Крюйс.
С редкой голландской гравюры Кнюйна, находящейся в коллекции П.Я. Дашкова.

В Детфорде Пётр утвердил условия, на которых соглашался вступить в русскую службу один из лучших голландских капитанов Корнелий Крёйс (Cruys). Последний же, по поручению царя, нанял: 3-х корабельных

---

[1] Устрялов, III, 425, 427, 430, 434, 435, 437.
[2] Posselt, II, 452—454.

капитанов, 23 командиров, 35 поручиков, 32 штурманов и подштурманов, 50 лекарей, 66 боцманов, 15 констапелей, 345 матросов и 4 «коков», или поваров. Офицеры были почти исключительно голландцы; матросы — отчасти шведы и датчане; между лекарями, при выборе которых оказывал помощь профессор Рейш (Ruysch), были многие французы.[1]

В Англии было нанято 60 человек, между которыми замечательнейшею личностью был инженер Джон Перри, специалист при постройке доков и каналов, автор богатой содержанием книги о России.

Служилые люди, нанятые в Голландии и Англии, были отправлены на нескольких кораблях к Архангельску. На тех же кораблях, в ящиках, сундуках и бочках, под клеймом «П. М.» (Петру Михайловичу), были привезены в Россию разные вещи, купленные в Амстердаме и Лондоне «про обиход государя»: ружья, пистолеты, парусное полотно, гарус, компасы, пилы железные, плотничные инструменты, блоки, китовые усы, картузная бумага, корка, якори, пушки, дерево пакгоут и ясневое и пр.[2]

В Саксонии и в Австрии Петр, как кажется, не имел случая нанимать иностранцев; зато в Польше он приговорил некоторых немецких офицеров ко вступлению в русскую службу.[3] Как видно, и эта цель путешествия была достигнута совершенно. Поводом к найму иностранцев служила турецкая война. Однако за границею считали вероятным, что пребывание в России столь значительного числа иностранцев окажется средством образования народа. Поневоле специалисты разного рода должны были сделаться наставниками русских в области тактики, стратегии, гражданской архитектуры, медицины и пр. Приглашая в столь значительном числе иностранцев-техников, Петр не упускал из виду общеобразовательного влияния, которого можно было ожидать от таких мер. Достопамятен в этом отношении тон и характер указа 1702 года, в котором говорится о необходимости приглашения иностранцев и указано на начала веротерпимости, которыми руководствовался царь при этом случае. Тут сказано, что правительство отменило и уничтожило «древний обычай, посредством которого совершенно воспрещался иностранцам свободный въезд в Россию», и что такая мера вызвана искренним желанием царя, «как бы сим государством управлять таким образом, чтобы все наши подданные попечением нашим о всеобщем благе более и более приходили в лучшее и благополучнейшее состояние»; для достижения этой цели, правительство «учинило некото-

---

[1] Устрялов, III, 104 и след.
[2] Там же, III, 110.
[3] Weber, «Verändertes Russland», III, 235.

рые перемены, дабы наши подданные могли тем более и удобнее научаться по ныне им неизвестным познаниям и тем искуснее становится во всех торговых делах». Далее сказано: «понеже здесь, в столице нашей, уже введено свободное отправление богослужения всех других, хотя с нашею церковью несогласных христианских сект, — того ради и оное сим вновь подтверждается, таким образом, что мы, по дарованной нам от Всевышнего власти, совести человеческой приневоливать не желаем и охотно предоставляем каждому христианину на его ответственность пещись о блаженстве души своей.[1] Итак мы крепко того станем смотреть, чтобы по прежнему обычаю никто, как в своем публичном, так и частном отправлении богослужения, обеспокоен не был» и т. д.[2]

Число иностранцев, вызываемых в Россию, росло постоянно. Турецкая война в конце XVII века, шведская — в начале XVIII, заставляли русское правительство надеяться главным образом на содействие иностранных моряков, офицеров и инженеров. Затем реформы Петра в области администрации и законодательства, народной экономии, искусств, наук и пр., служили поводом к приглашению специалистов совершенно другого рода. Русские послы, находившиеся за границею, должны были приговаривать ко вступлению в русскую службу, например, садовников, земледельцев, форстмейстеров, плавильщиков меди, делателей стали. Из Англии был вызван учитель математики Фергарсон. Когда царь решил устроить коллегии, то поручил генералу Вейде достать иностранных ученых, в особенности юристов, «для отправления дел в коллегиях».[3] Резиденту при императорском дворе, Веселовскому, царь писал: «старайся сыскать в нашу службу из шрейберов (писарей) или из иных не гораздо высоких чинов, из приказных людей, которые бывали в службе цесарской, из бемчан (чехов), из шленцев (силезцев) или моравцев, которые знают по-славянски, от всех коллегий, который есть у цесаря, кроме духовных, по одному человеку, и чтоб они были люди добрые и могли те дела здесь основать».[4] По случаю кончины прусского короля Фридриха I резидент Головкин писал: «многим людям нынешний король от двора своего отказал, и впредь чаем больше в отставке будет, между которыми есть много из

---

[1] Почти слово в слово сходно с знаменитым изречением Фридриха Великого несколько десятилетий позже: «in meinem Lande kann Jeder nach seiner Façon selig werden».

[2] П. С. З. № 1910.

[3] Соловьев, XVI, 186.

[4] Там же, XVI, 187.

мастеровых людей, которые службу ищут; отпустите генерала Брюса в Берлин для найму мастеровых людей знатных художеств, которые у нас потребны, а именно: архитекторы, столяры, медники» и пр.[1] В 1715 г. царь писал Зотову во Францию: «понеже король французский умер, а наследник зело молод, то чаю многие мастеровые люди будут искать фортуны в иных государствах, чего для наведывайся о таких и пиши, дабы потребных не пропустить». Затем были вызваны из Франции некоторые художники, например, Растрелли, Лежандр, Леблон, Луи Каравак, т. е. архитекторы, живописцы, резчики, «миниатурные мастера», «исторические маляры» и пр.[2]

Между русскими и иностранцами, в столь значительном числе приезжавшими в Россию, нередко происходили столкновения. Сам Петр относился к «немцам» иначе, чем подданные. Иногда он заступался за иностранцев пред русскими чиновниками, относившимися неблагосклонно к приезжим западноевропейцам. Узнав однажды, что вызванных из-за границы иностранцев задержали в Риге, он приказал рижскому губернатору немедленно отправить задержанных иностранцев, замечая при этом, что иностранцы «в задержании оных кредит теряют, так что многие, на то смотря, неохотно едут, и для того гораздо их опасись».[3] Князя Голицына, разными притеснениями препятствовавшего успешному ходу работ английского инженера Джона Перри при постройке канала, царь отрешил от должности.[4]

Неприятности, которым довольно часто подвергались иностранцы в России, обсуждались в печати. Завязалась по этому поводу отчаянная полемика между некоторыми публицистами. Упрекали не только подданных царя, но и самого Петра, в дурном, варварском и недобросовестном обращении с иностранцами, вступившими в русскую службу.

Автором довольно любопытного памфлета «Послание знатного немецкого офицера к одному вельможе о гнусных поступках москвитян с чужестранными офицерами»[5] был некто Нейгебауер, находившийся некоторое время в русской службе, занимавший должность воспитателя царевича Алексея и имевший сильные столкновения с русскими. Он должен был выехать из России и за границею напечатал несколько брошюр, имевших це-

---

[1] Соловьев, XXII, 12.
[2] Там же, XVI, 319—320.
[3] Восемнадцатый век, IV, 23.
[4] Джон Перри, нем. изд., стр. 7.
[5] См. заглавия этих брошюр в соч. Минцлофа «Pierre le Grand dans la littérature étrangère», стр. 106. Биографические данные о Нейгебауере см. у Поссельта, I, 563 и след., и у Соловьева, XV, 106, 107.

лью вредить России и препятствовать вступлению в русскую службу иностранцев. Все эти брошюры отличаются чрезмерною резкостью, односторонностью, пристрастием. Некоторые из обвинений, впрочем, имели основание. Довольно часто действительно не исполнялись обещания, данные иностранцам. Довольно часто их подвергали произвольно и несправедливо телесным наказаниям, разного рода оскорблениям и пр. Особенно резко Нейгебауер осуждал образ действий Меншикова, что, впрочем, как можно думать, объясняется личною ненавистью автора к этому вельможе.

Брошюра Нейгебауера явилась в разных изданиях; ее систематически распространяли за границею; так, например, в Гамбурге ее разносили бесплатно по домам частных лиц; ее рассылали коронованным лицам, сановникам разных государств, посланникам разных держав.

Об авторе можно судить по следующему обстоятельству. До напечатания первого издания этого памфлета он послал список его боярину Головину, сообщая, что эта брошюра случайно попалась ему в руки и что он предлагает свои услуги для опровержения таких неблагоприятных для России слухов; за это он требовал, однако, для себя должности русского посла в Китае. Разумеется, переговоры между Нейгебауером и Головиным не повели к желанной цели; литературный скандал оказался неминуемым; брошюра появилась в печати.[1]

Хотя и цинизм, и раздражение в тоне и характере этой брошюры свидетельствовали об односторонности взглядов автора, о преувеличении рассказанных им фактов, тем не менее Петр не мог оставаться равнодушным к этому литературному эпизоду. Именно в это время он сильно нуждался в содействии иностранцев в борьбе с Карлом XII; он считал их необходимыми сотрудниками в деле преобразования; он должен был придавать значение господствовавшим на западе мнениям о России. Слишком неблагоприятные отзывы, чрезмерно невыгодные взгляды — могли препятствовать сближению России с западною Европою, лишить Россию средств для дальнейшего развития. Поэтому Петр считал необходимым оправдываться, возражать, полемизировать.

Уже в 1702 году вступил в русскую службу доктор прав Генрих фон Гюйсен, который обязался приглашать в русскую службу иностранных офицеров, инженеров, мануфактуристов, художников, берейторов и пр., переводить, печатать и распространять царские постановления, издаваемые для устройства военной части в России, склонять иностранных уче-

---

[1] См. ст. Пекарского в «Отеч. Зап.» 1860, CXXXII, 689—727.

ных, чтобы они посвящали царю или членам его семейства или царским министрам свои сочинения, также чтоб эти ученые писали статьи к прославлению России и пр.[1]

Барон Гюйсен.
С гравированного портрета того времени.

Барону Гюйсену было поручено возражать на брошюру Нейгебауера. Его сочинение явилось в 1706 году. Оно отличалось спокойным тоном; в нем опровергались некоторые факты, рассказанные Нейгебауером. Останавливаясь особенно на вопросе о наказаниях, которым подвергались иностранцы в России, он старался доказать, что иностранцы были виноваты и достойны наказания. Далее Гюйсен говорил о личности Нейгебауера, вы-

---

[1] Соловьев, XV, 116.

ставляя на вид его безнравственность, его раздражение, отсутствие в нем беспристрастия.¹

Нельзя, впрочем, сказать, чтобы брошюра Гюйсена отличалась особенною силою аргументации, литературным талантом. Она не могла уничтожить действия Нейгебауерова памфлета. Многие обвинения, заключавшиеся в последней, не были опровергнуты; на другие Гюйсен возражал общими местами. Некоторые замечания Гюйсена о безусловно гуманном обращении с военнопленными, о том, что иностранцам дозволено во всякое время возвратиться на родину, не соответствовали истине. Было множество фактов, опровергавших справедливость показаний Гюйсена.

При всем том, однако, было важно развитие, так сказать, официозной русской печати в Западной Европе. И эта черта свидетельствовала об успешном сближении России с прочими странами и народами. Кроме брошюры Гюйсена, явились некоторые другие сочинения, написанные под влиянием русского правительства. К тому же, близкие отношения царя к прусскому и польскому королям дали возможность настоять на том, чтобы памфлет Нейгебауера, по крайней мере в Пруссии и Саксонии, был строго запрещен и даже сожжен палачом. Далее, Гюйсену, в 1705 году отправившемуся за границу, удалось подействовать на издателя журнала «Europäische Fama», Рабенера, который с того времени стал хвалить царя и Россию не только в своем журнале, но и в разных особых сочинениях.²

Нет сомнения, что с иностранцами в России довольно часто обращались строго и сурово, а иногда и несправедливо. Во многих случаях строгость бывала необходима. Между приезжими иностранцами были люди распутные, склонные к пьянству, насилию и разным преступлениям.³ Происходили многие случаи драк, поединков, убийств и пр. Неумолимо строгая дисциплина в войске была необходима.

Однако были тоже случаи, в которых с людьми достойными и полезными поступали неблаговидно. Рассказы Нейгебауера о несправедливых наказаниях, которым подвергался вице-адмирал Крюйс, подтверждаются замечаниями в донесениях австрийского дипломатического агента Плейера.⁴

---

¹ Заглавие брошюры Гюйсена «Beantwortung dee freventlichen und lügenhaften Pasquills». Он назвал себя псевдонимом Петерсе́ном. Нейгебауер написал возражение: «Der ehrliche Petersen wider den schelmischen». Altona, d. 10. September, 1705.

² См. соч. Пекарского, I, 94. Минцлоф, 9.

³ См. указания на отзывы современников в этом отношении в моем сочинении «die Ausländer in Russland», в «Culturhistorische Studien», Riga, 1878, II, 75.

⁴ Устрялов, IV, 596.

Он же говорит, что довольно часто иностранцам не выплачивалось следуемое им жалованье, что нарушались заключенные с ними договоры и пр. Мы не имеем основания сомневаться в справедливости показания Джона Перри, что во время его четырнадцатилетнего пребывания в России сократили ему жалованье на несколько тысяч рублей. Подобные жалобы повторялись часто, как видно между прочим из случаев с математиком Фергарсоном, с голландскими купцами и пр.[1]

Все это соответствует господствовавшей в то время в России ненависти к иностранцам. Петр в этом отношении расходился с подданными. Его твердое решение употребить иностранцев как сотрудников в деле преобразования не могло встретить сочувствия в народе. Гнев на «немцев» обнаруживался постоянно и обращался иногда и на самого государя, покровителя «еретиков». Однако царь был прав, высоко ценя заслуги иностранцев. В начале Северной войны он для дипломатических переговоров нуждался в содействии Паткуля, а при заключении мира оказал царю весьма важные услуги Остерман. Военные люди, вроде Огильви, Рённе и др., в продолжение войны считались необходимыми. И в отношении к земледелию и промышленности, и в отношении к наукам и искусствам Петр считал иностранцев полезными наставниками. Западноевропейские нравы и обычаи как в области государственных учреждений, так и в приемах общежития, считались Петром образцовыми. Мы видели, что в России и до Петра существовала эта склонность к западноевропейской цивилизации; не даром Шлейзинг в начале 90-х годов XVII века заметил, что «русские уже многому успели научиться у иностранцев»; недаром также Нёвиль, до преобразовательной деятельности Петра, восхваляя образ мыслей и действий князя В. В. Голицына, выразился в том же самом духе, как Шлейзинг. Однако при Петре приглашение иностранцев в Россию приняло гораздо бо́льшие размеры и поэтому такое доверие к западу должно было вызвать в народе негодование и сопротивление. Не все в той мере, как известный современник Петра, «крестьянин» Иван Посошков, были в состоянии соединять сознание о народной самостоятельности с пониманием нужд русского государства и общества. Посошков писал: «много немцы нас умнее наукою, а наши остротою, по благодати Божией, не хуже их, а они ругают нас напрасно»; однако именно в сочинениях Посошкова, истинного патриота, встречаются в разных местах предложения, вроде следующих: «надлежит достать мастеров, которые умели бы делать то и то»...

---

[1] См. соч. Джона Перри, нем. изд., 8 и след., 57 и след., 338 и след. Донесение Плейера от 25 дек. 1707 года у Устрялова, IV, 2. 596.

«Надлежит призвать иноземцев, которые учили бы нас тому и тому» и пр. Некоторая зависимость от представителей более высокой культуры, некоторое учение у западноевропейских наставников были необходимым условием для достижения значения и самостоятельности, и главное, равноправности в семье государств и народов.

Глава IV. Начало преобразований

Ранее уже было сказано, что Петр до Азовских походов не занимался ни внешнею политикою, ни законодательством и администрациею; затем все внимание царя было обращено на турецкую войну, которая, как мы знаем, и побудила его отправиться за границу. По возвращении в Россию начинается новая эпоха его царствования; с этого времени он начал управлять всеми делами самолично и сделался душою всех предприятий в области внешней политики, всех реформ внутри государства. Начался настоящий процесс преобразования России, требовавший со стороны народа значительных пожертвований, но обещавший ему великую будущность; настало переходное состояние, сопряженное с нарушением разных прав и интересов, с уничтожением на долгое время прежнего покоя общества; открылась широкая законодательная деятельность преобразователя, казавшаяся народу проявлением деспотизма и произвольной причуды.

Нельзя отрицать, что все это было сопряжено с чрезвычайно крутыми мерами, что переход от старого к новому был в некоторых отношениях слишком внезапен, что многие из мер и распоряжений царя производят впечатление революционных действий. Петр во всех отношениях брал на себя самую тяжелую ответственность. В частностях он, здесь и там, мог ошибаться, увлекаясь, ожидая слишком быстро результатов преобразований, не взвешивая меры тягости многих нововведений для народа. В главных чертах, однако, его деятельность оказалась целесообразною и плодотворною. Создавая новую Россию, Петр не обращал внимания на жалобы подданных, не понимавших смысла и значения многих новшеств, не постигавших той цели, к которой стремился государь, и жестоко страдавших от чрезмерно насильственной опеки царя-воспитателя. Сам же он руководствовался во все время отчаянной борьбы против старины чувством долга, давая и себе, и народу отчет в своей деятельности, объясняя весьма часто, более или менее подробно, необходимость коренной перемены.

Нет сомнения, что начало преобразовательной деятельности Петра находилось в самой тесной связи с его путешествием в Западную Европу. Реформы начались непосредственно после возвращения его в Россию. В Англии, Голландии и Германии он мог собрать богатый запас сведений, новых мыслей, смелых проектов, применение которых на практике должно было составлять задачу Петра в следующее за путешествием время. Мы видели, что многие замечательные люди в Западной Европе, следя за путешествием Петра, не сомневались в том, что царь, тотчас же после возвращения в Россию, приступит к делу преобразования. Лейбниц говорил, что Петр, вполне сознавая недостатки своего народа, непременно постарается развить в нем новые силы и способности и искоренить прежнее невежество и грубость нравов.[1] В этом же смысле рассуждали в Торне по случаю описанного нами раньше диспута в августе 1698 г., т. е. как раз в то время, когда Петр, после долгого отсутствия, явился в Москву; в этом же смысле выразился англичанин Крёлль. «Путешествие Петра», писал он, «вызвано жаждою знания, стремлением к образованию, желанием развить народ; совсем иначе», продолжает он, «смотрели на это предшественники Петра; они считали невежество подданных краеугольным камнем своей безусловной власти». «От этого путешествия», заключает Крёлль, «самые дальновидные люди ожидают важных результатов».[2] В вышеупомянутой брошюре Венделя, напечатанной в 1698 году по случаю пребывания Петра в Дрездене, сказано, что Петр, без сомнения, «станет продолжать действовать в пользу просвещения народа».[3]

Сохранилось известие, что Петр во время пребывания в Англии поручил одному ученому, Френсису Ли, составить обширный проект для важнейших преобразований в России. К сожалению, о личности этого Фр. Ли нам почти ничего неизвестно. Но мы не имеем повода сомневаться в том, что его проект, как он сам говорит, составлен «по желанию царя».[4]

Укажем вкратце на содержание этого поныне остававшегося совсем незамеченным документа. Восхвалив царя за предпринятое им путешествие, от которого, как полагает автор, можно ожидать большой пользы для

---

[1] Guerrier, I, 10.
[2] Crull, «The ancient and present state of Muscovy», London, 1698, II, 207.
[3] «Czarischer Majestät Bildniss» Dresden, 1698.
[4] «At his own request». Сочинение Ли явилось в 1752 году. Заглавие его: «'Απολειπόμενα», or dissertations, theological, mathematical and physical». Проект напечатан в виде приложения, и был составлен для царя «for the right framing of his government».

Московского государства, Ли продолжает: царь должен после своего возвращения из-за границы устроить семь различных присутственных мест (Colleges), в которых должна сосредоточиваться главная деятельность при преобразовании государства. Коллегии эти следующие: 1) коллегия для поощрения учения (for the advancement of learning); при устройстве школ нужно обращать внимание на такие познания, которые допускают применение к практике и этим самым приносят пользу. Так, например, прикладная математика должна занять важное место в ряду предметов учения; 2) при учреждении «коллегии для усовершенствования природы» (for the improvement of nature) должны служить образцом королевские общества в Лондоне и во Франции; она должна заняться составлением проектов постройки новых каналов и удобрения почвы, вопросами народного, в особенности же сельского хозяйства, собиранием данных о производительности страны, статистикою; 3) коллегия для поощрения художеств (for the encouragement of arts) должна заниматься исследованием пользы и удобоприменимости новых изобретений и открытий и давать привилегии и награды изобретателям; 4) коллегия для развития торговли (for the increase of merchandize) должна следовать примеру голландских и английских компаний; далее, нужно иметь в виду меры для понижения роста и пр.; 5) коллегия для улучшения нравов (for the reformation of manners) должна заботиться об усовершенствовании нравственности в народе, бороться с пороками, награждать добродетель; некоторые члены этой коллегии должны постоянно, в качестве «цензоров», объезжать весь край и доносить о состоянии нравственности в разных частях государства. Должны быть раздаваемы награды, особенно добросовестным и верным слугам и служанкам, детям, отличающимся послушанием, и пр.; 6) коллегия для законодательства (for the compilation of laws) должна постоянно заниматься кодификацией, причем могут служить образцами Феодосий и Юстиниан; 7) коллегия для распространения христианской религии (for the propagation of the Christian religion) имеет исключительно духовную цель. Тут говорится о распространении св. писания в славянском переводе во множестве экземпляров, о проповедовании христианской религии между инородцами, об учреждении в Астрахани училища для изучения языков еврейского, персидского, татарского, арабского, китайского и для образования миссионеров. Затем следуют в проекте Ли замечания об учреждении местных коллегий в разных частях государства, о финансах, которыми должна заниматься вторая и четвертая коллегия, об учреждении университетов, об устройстве ссудных касс для бедных, об уголовном судопроизводстве и пр.

Нельзя отрицать, что в этом проекта ученого англичанина проглядывает некоторое доктринерство и обнаруживается незнакомство с бытом русского народа. Автор, как оптимист, вовсе не упоминает о тех затруднениях, с которыми приходилось бы бороться при осуществлении проекта. В то же время, однако, нельзя не заметить, что некоторые меры и распоряжения Петра соответствуют разным предложениям, заключающимся в проекте Ли. При учреждении школ, например, Петр обращал внимание на реальное обучение, на прикладную математику; созданием системы каналов он старался «усовершенствовать Природу»; при учреждении Академии Наук ему отчасти служило образцом английское «королевское общество»; поощряя деятельность подданных в области внешней торговли, он имел в виду акционерные общества голландской и английской вест- и ост-индских компаний; «ревизии» соответствовали предложениям Ли относительно статистики; наконец, самое учреждение системы коллегий в 1716 году было, в сущности, осуществлением основной идеи ученого английского богослова, с которым Петр познакомился в Англии в 1698 году.

Однако самые обширные и коренные реформы Петра относятся не ко времени, непосредственно следующему за его первым пребыванием в Западной Европе. Хота и можно удивляться тому, что Петр даже в первые годы Северной войны мог обращать столько внимания на внутренние дела, все-таки важнейшая деятельность его в этом отношении началась лишь после Полтавской битвы, обеспечившей существование России как великой державы и давшей царю возможность и покой успешнее прежнего заняться законодательством и администрациею, привести в некоторую систему дело реформы. Меры, принятые царем в продолжение первого десятилетия после путешествия на запад, оказываются некоторым образом бессвязными, отрывочными, произвольными, случайными, хотя в них всюду заметно желание приурочиться к западноевропейским нравам и обычаям, подражать другим народам, например, относительно внешней моды, календаря и пр.

Вопрос о необходимости перемены русского платья был поднят уже за несколько десятилетий до относящихся к этому предмету указов Петра; а именно знаменитый «серблянин» Юрий Крижанич, преподававший вообще целую систему преобразований, говорил в своих сочинениях о русском платье совершенно в духе Петра. Он находит русский «строй власов, брады и платья мерзким и непристойным», «непригожим к храбрости»; в характере русского платья он не находит «резвости и свободы», а «рабскую неволю»; напрасно, замечает Крижанич, русские в своем платье подражают «варварским народам, татарам и туркам», вместо того, чтобы следовать примеру «наиплеменитых европцев»; затем он доказывает, что русское платье неудобно во всех отношениях, не отличаясь ни дешевизною, ни прочностью, ни красотою, что оно «мягкоту и распусту (т. е. распущенность, изнеженность) женскую показует» и пр. В русском платье нет карманов, продолжает он, поэтому русские прячут платок в шапке, ножи, бумаги и другие вещи в сапогах; деньги берут в рот. К тому же он находит, что русские обращают слишком большое внимание на драгоценные украшения платья, замечая: «у иных народов бисер есть женский строй, и остудно (т. е. позорно) бы было мужу устроиться бисером; а наши люди тый женский строй без меры на клобуках и на козырех (т. е. на шапках и воротниках) оказуют». Затем он рассказывает, что где-то за границею он видел русских послов, ехавших на торжественную аудиенцию в азиатском платье и что при этом публика смотрела на русских «не с подивлением, но паче с пожалованием».[1] Кто не верит, говорит Крижанич далее, в какой мере некрасивым должно показаться другим народам русское платье, тот может убедиться в этом через сравнение портретов государей разных народов с портретами русских царей. Или, сказано у Крижанича, нужно переменить платье, или же не иметь никаких сношений с Западною Европою. Дальнейшее отправление русских послов за границу в прежнем костюме Крижанич считает средством лишиться уважения других народов. Он предлагает, чтобы государь своим примером, одеваясь не по-прежнему, а следуя образцам западноевропейских народов, подействовал на своих подданных, а далее, чтобы новое платье было введено и в войске. Таким путем, говорит он, Россия выразит свое желание и твердое намерение отстать от прежней связи с азиатскими народами, с персианами, турками и татарами, и примкнуть к французам, немцам и другим европейским народам. Он сознавал, что придется упорно бороться с предрассудками, с вековыми привычками народа, но, говорит он: «кто скажет, что не следует нарушать старых законов, тому мы отвечаем: старых заблуждений не должно терпеть».[2]

Мы видели, что в высших слоях русского общества в продолжение XVII века не раз обнаруживалась склонность к подражанию иноземцам: стригли бороды, носили польское платье и т. п. При царе Алексее Михайловиче случилось, однажды, что протопоп Аввакум не хотел благословить

---

[1] «Мне есть сердце пукало от жалости».
[2] Русское гос. в пол. XVII стол., в изд. Бессонова, I, 94—97, 124—143.

Матвея Шереметева, выбрившего себе бороду.[1] Тогда же князь Кольцов-Мосальский лишился места за то, что подрезал у себя волосы.[2] При Феодоре Алексеевиче господствовали иные правила. В 1681 году царь издал указ всему синклиту и всем дворянам и приказным людям носить короткие кафтаны вместо прежних длинных охабней и однорядок; в охабне или однорядке никто не смел являться не только во дворец, но и в Кремль. Патриарх Иоаким стал ратовать: «еллинский, блуднический, гнусный обычай брадобрития, древне многаще возбраняемый, во днех царя Алексея Михайловича совершенно искорененный, паки ныне начаша губити образ, от Бога мужу дарованный». Он отлучал от церкви не только тех, которые брили бороды, но и тех, которые с брадобрийцами общение имели.[3] Преемник Иоакима, Адриан, издал также сильное послание против брадобрития, «еретического безобразия, уподобляющего человека котам и псам»; патриарх стращал русских людей вопросом: «если они обреют бороды, то где станут на страшном суде: с праведниками ли, украшенными брадою, или с обритыми еретиками?»[4]

Бородовой знак.
С рисунка, находящегося в «Описании русских монет» Шуберта.

Несмотря на все это, Петр еще до своего путешествия за границу иногда одевался в немецкое платье. В Англии рассказывали, что он в начале 1694 года явился в иностранном костюме к матери и встретился там с патриархом, который сделал царю замечание; Петр посоветовал Адриану, вместо того, чтобы заботиться о портных, пещись о делах церкви.[5] Шлейзинг рассказывает, что царь очень часто ходит в немецком платье, «чего не делал ни один из прежних государей, так как это считалось несоглас-

---

[1] Соловьев, XIII, 208.
[2] Там же, XIII, 148.
[3] Там же, XIV, 278.
[4] Устрялов, III, 193.
[5] Crull, 206.

ным с их религиею».¹ Приглашая своих родственников приехать в Россию, Лефорт писал, весною 1693 года: «вы здесь найдете великодушного монарха, который покровительствует иностранцам и постоянно одет à la française».² На маневрах в 1694 году «польский король», Иван Иванович Бутурлин, был в немецком платье.³

Бородовой знак.
С рисунка, находящегося в «Описании русских монет» Шуберта.

По случаю аудиенции Шереметева у польского короля, императора, папы и гроссмейстера Мальтийского ордена в 1697 году сам боярин, как видно из картин, помещенных в его записках о путешествии, носил западноевропейское платье и большой парик, между тем как его свита была одета во что-то среднее между немецкою и русскою одеждою.⁴ Находясь за границею, Петр большею частью являлся в костюме шкипера. При первой аудиенции русских послов у Бранденбургского курфюрста, в Кенигсберге, карлики, находившиеся в свите, были одеты в русское платье, при второй — они явились в великолепном костюме по западноевропейской моде.⁵ За границею рассказывали во время путешествия Петра, что царь намерен, по возвращении в Россию, ввести там брадобритие и ношение немецкого платья.⁶

Иностранцы, проживавшие в то время в Москве, рассказывают, что когда ожидали возвращения царя, сановники были в страшном волнении.

---

¹ «Die beiden Zaren, Iwan und Peter», 1693, 10.
² Posselt, II, 101. «Лефорт сам одевался не иначе, как «à la française». Posselt, II, 130.
³ Желябужский, 33.
⁴ См. изображения в «Записке путешествия графа Бориса Петровича Шереметева», Москва, 1773.
⁵ Weber, «Verändertes Russland», III, 321.
⁶ Blomberg: «The czar is resolved to bring the Muscovites to the German habit and has ordered their beards to be shaved».

Бояре собирались по два раза в день для совещаний; в разных приказах происходило что-то вроде ревизий.[1]

25-го августа вечером царь прибыл в Москву и тотчас же отправился в Преображенское. На другой день рано утром вельможи, царедворцы, люди знатные и незнатные явились в Преображенский дворец поклониться государю. Он ласково разговаривал с разными лицами; между тем, к неописанному изумлению всех присутствующих, то тому, то другому собственною рукою обрезывал бороды; сначала он остриг генералиссимуса Шеина, потом кесаря Ромодановского, после того и прочих вельмож, за исключением только двух, Стрешнева и Черкасского. Та же сцена повторилась дней через пять на пиру у Шеина. Гостей было множество. Некоторые явились без бороды, но не мало было и бородачей. Среди всеобщего веселья, царский шут, с ножницами в руках, хватал за бороду то того, то другого и мигом ее обрезывал. Три дня спустя на вечере у Лефорта, где между прочим присутствовали и обыватели немецкой слободы с женами, уже не видно было бородачей.[2]

Дошла очередь и до кафтанов. По рассказу одного иностранца, Петр в феврали 1699 года на пиру, заметив, что у некоторых из гостей были, по тогдашнему обычаю, очень длинные рукава, взял ножницы, обрезал рукава и сказал, что такое платье мешает работать, что такими рукавами можно легко задеть за что-либо, опрокинуть что-либо и пр.[3]

Все это могло казаться произвольною причудою, деспотическим проявлением минутной выдумки; но все это имело глубокий смысл, важное историческое значение. Наш знаменитый историк С. М. Соловьев пишет: «говоря о перемене платье, мы должны заметить, что нельзя легко смотреть на это явление, ибо мы видим, что и в платье выражается известное историческое движение народов. Коснеющий, полусонный азиятец носит длинное, спальное платье. Как скоро человечество, на европейской почве, начинает вести более деятельную, подвижную жизнь, то происходит и перемена в одежде. Что делает обыкновенно человек в длинном платье, когда ему нужно работать? он подбирает полы своего платья. То же самое делает европейское человечество; стремясь к своей новой, усиленной деятельности, оно подбирает, обрезывает полы своего длинного, вынесенного из Азии платья... и русский народ, вступая на поприще европейской деятельности, есте-

---

[1] Плейер у Устрялова, III, 637 и 640. Корб, «Diarium itineris», 27 авг. 1698 нов. ст.

[2] Единственным источником для этого рассказа служат записки австрийских дипломатов, Гвариента и Корба.

[3] Korb, Diarium, 22 февр. 1699.

ственно, должен был и одеться в европейское платье, ибо вопрос состоял в том: к семье каких народов принадлежать, европейских или азиатских? и соответственно носить в одежде и знамение этой семьи».[1]

Бородовой знак.
С рисунка, находящегося в «Описании русских монет» Шуберта.

К сожалению, мы не имеем данных о впечатлении, произведенном таким образом действий царя на общество. Не сохранилось и точных архивных данных о первых административных и законодательных мерах, относившихся к брадобритию. Австрийский дипломат Плейер доносил императору Леопольду о введении налога на бороды, можно было также, как сказано у Плейера, внесением капитала приобрести право носить бороду: сохранился медный знак с изображением на лицевой стороне усов и бороды под словами: «деньги взяты», с надписью на обороте: «207 году».[2] Из этого можно заключить, что уже в конце 1698 или в первой половине 1699 года установлена была бородовая пошлина для желавших спасти свои бороды. Кто именно платил ее и как была велика она, неизвестно, потому что первоначальный указ о бородовой пошлине не найден; вероятно, он касался не всех и был повторен в начале 1701 года, как видно из приведенного замечания Плейера. В 1705 году царь предоставил своим подданным на выбор или отказаться от бороды, или платить за нее ежегодную пошлину: гостям и гостинной сотне по 100 рублей; царедворцам, людям дворовым, городовым,

---

[1] Соловьев, XV, 337.
[2] Т. е. 7207 года по сотворении мира — 1698—1699 г. по Рожд. Хр.

приказным и служилым людям всякого чина, также торговым второй статьи, по 60 р.; третьей статье, посадским людям боярским, ямщикам, извозчикам и пр. по 30. С крестьян, при въезде в город или при выезде за город, велено взыскивать у ворот каждый раз по 2 деньги. Заплатившим бородовую пошлину выдавались из земского приказа медные знаки. Бородачи обязаны были носить знаки при себе и возобновлять их ежегодно.[1]

Фузелер Преображенского полка при Петре Великом.
С рисунка, находящегося в «Описании одежд и вооружений русских войск».

Нет сомнения, что весьма многие решались платить эту высокую пошлину. Плейер замечает, что эта пошлина составит очень порядочный доход, так как русские большею частью не захотят расстаться со своею бородою, и между ними есть даже такие, которые скорее готовы отдать свою голову, нежели согласиться на брадобритие.[2]

---

[1] П. С. З. № 2015, Устрялов, III, 195. Пошлина оказывается очень высокою, если принять в соображение величину тогдашней монетной единицы. Четверть ржи стоила в то время 40—50 коп.

[2] Устрялов, IV, 2, 552.

Что касается до введения немецкого платья, то первый дошедший до нас указ об этом предмете относится к 4-му января 1700 года: «боярам, и окольничим, и думным, и ближним людям, и стольникам, и дворянам московским, и дьякам, и жильцам, и всех чинов и пр. людям в Москве и в городех, носить платья, венгерские кафтаны, верхние — длиною по подвязку, а исподние — короче верхних, тем же подобием». До масляницы каждый должен был позаботиться о заказе или покупке такого платья. Летом все должны были носить немецкое платье. И женщины высших классов общества должны были участвовать в этой перемене.[1] Плейер пишет, что сестры Петра тотчас же начали одеваться в иноземное платье.[2]

Гренадер Преображенского полка при Петре Великом.
С рисунка, находящегося в «Описании одежд и вооружений русских войск».

Кажется, этот указ не произвел желанного действия. Курбатов в марте 1700 года писал царю, что надобно возобновить указы о платье, хотя и с пристрастием, потому что подданные ослабевают в исполнении и думают,

---

[1] П. С. З. № 1741.
[2] Устрялов, III, 649.

что все будет по прежнему.[1] Указом 20-го августа 1700 года повелено: «для славы и красоты государства и воинского управления, всех чинов людям, опричь духовного чина и церковных причетников, извощиков и пахотных крестьян, платье носить венгерское и немецкое... чтобы было к воинскому делу пристойное; а носить венгерское бессрочно для того, что... указ сказан был прежде сего; а немецкое носить декабря с 1-го числа 1700; да и женам и дочерям носить платье венгерское и немецкое января с 1-го числа 1701 года, чтоб оне были с ними в том платье равные ж, а не розные».[2] 26-го августа прибиты были к городским воротам указы о платье французском и венгерском и для образца повешены чучелы, т. е. образцы платью. В 1701 году новый указ: «всяких чинов людям носить платье немецкое, верхнее — саксонское и французское, а исподнее — камзолы, и штаны, и сапоги, и башмаки, и шапки — немецкие, и ездить на немецких седлах; а женскому полу всех чинов носить платье, и шапки, и контуши, а исподние бостроги, и юпки, и башмаки — немецкие ж; а русского платья отнюдь не носить и на русских седлах не ездить. С ослушников брать пошлину в воротах, с пеших по 40 копеек, с конных по 2 рубля с человека» и пр.[3]

Высшие классы общества: двор, войско, приказные люди, скоро привыкли к новому платью. Масса народа уклонялась от участия в этой перемене. Мы укажем в другом месте на заявления гнева и раздражения в толпе, вызванные строгими мерами брадобрития и введения иноземного платья.

Раскольники в XVII столетии считали табак «богомерзкою, проклятою, бесовскою травою». Однако несмотря на это употребление табаку уже в первой половине XVII века распространилось в России до такой степени, что, по свидетельству Олеария, самые бедные люди покупали его на последнюю копейку.[4] Царь Михаил Феодорович под страхом смертной казни запретил употребление табаку. В «Уложении» царя Алексея Михайловича закон о запрещении подтвержден.[5] Но строгость правительства не могла истребить вкоренившейся страсти к наркотическому свойству этого растения. Иностранцы сообщают нам, как русские, вопреки запрещению, тайно покупали от иностранных купцов табак.[6] В то же самое время Юрий Кри-

---

[1] Соловьев, XV, 136. В письме Курбатова говорится о ножах.
[2] Рукопись акад. Н. № 157, у Устрялова, III, 350.
[3] П. С. З. № 1887. Указ этот напечатан без обозначения года и месяца.
[4] Olearius, изд. 1671, стр. 197.
[5] Уложение, гл. XXV, стр. 16.
[6] Carlisle (Miège), «Relation des trois ambassades». Amsterdam, 1672, стр. 43.

жанич старался доказать, что употребление табаку не может считаться грехом. Запрещение курить и нюхать табак он называет «суетным преверием».¹

При Петре начали изменяться воззрения относительно этой привычки. Еще до отправления за границу царь дозволил привоз табаку, причем, впрочем, должна была взиматься пошлина.² Нашлись спекуляторы, взявшие на откуп торговлю табаком.

Фузелер драгунского полка при Петре Великом.
С рисунка, находящегося в «Описании одежд и вооружений русских войск».

Духовенство было крайне недовольно таким либеральным отношением правительства к этому вопросу. Корб рассказывает, что патриарх предал анафеме одного богатого русского купца, взявшего на откуп торговлю и заплатившего при этом 15 000 рублей.³ Однако трудно поверить, чтобы Адриан так открыто решился противодействовать воле строгого царя.

---
¹ О русск. госуд. I, 55. О промысле, 77.
² П. С. З. III, № 1570. См. письмо Петра к Ромодановскому у Устрялова, III, 433. Дневник Гордона, II, 507. Поссельт, II, 727.
³ Diarium, стр. 186.

Еще во время пребывания в Гааге царь вошел в переговоры с английскими купцами, выразившими желание взять на откуп торговлю табаком в России. Эти переговоры продолжались и в бытность царя в Лондоне. Во главе акционерного общества, с которым, наконец, был заключен договор о

Фузелеры пехотных армейских полков Петровского времени.
С рисунка, находящегося в «Описании одежд и вооружений русских войск».

монополии при ввозе табака в Россию, находился маркиз Кармартен.[1] Сохранилось известие, что английским купцам, изъявившим опасение, не

---

[1] Пам. дипл. сношений, VIII, 1050, 1185, 1243. Некоторые заметки в донесениях Гофмана, в сочинении Задлера о Петре. В С.-Петерб. Публ. Библ. брошюра: «The case of the contractors with the Czar of Moscovy for the sole importation of Tabacco».

будет ли патриарх сопротивляться табачной продаже, Петр сказал: «не опасайтесь, я дал об этом указ, и постараюсь, чтоб патриарх в табачные дела не мешался: он при мне блюститель только веры, а не таможенный надзиратель».[1]

Офицер и солдаты артиллерийского полка Петровского времени.
С рисунка, находящегося в «Описании одежд и вооружений русских войск».

Россия не довольствовалась привозом табаку из-за границы. Еще при Петре началось разведение и распространение культуры этого растения.[2]

---
[1] Соловьев, XV, 168.
[2] См. мое соч. «Посошков как экономист», стр. 209 и след.

К довольно важным нововведениям принадлежала и перемена в летосчислении. В ознаменование грядущего перерождения своего народа, Петр хотел разграничить старое время от нового резкою чертою и 20 декабря 1699 года повелел: по примеру всех христианских народов, вести летосчисление не от Сотворения мира, как было до сих пор, а от Рождества Христова, и считать новый год не с 1 сентября, а с 1 января.

Знамя Преображенского полка.
С рисунка, находящегося в «Описании одежд и вооружений русских войск».

По рассказу Перри, Петр на возражения русских, что начало мира не могло случиться зимою, т. е. 1 января, а непременно 1 сентября, т. е. во время жатвы и собирания плодов, смеясь, стал объяснять, показывая глобус, что Россия составляешь лишь часть земного шара, что в других странах в январе бывает тепло, что при времясчислении нужно принять в соображение високосные дни и пр.[1] Замечание Перри, что царь при введении нового календаря руководствовался желанием «сообразоваться и в этом отношении с остальной Европой», подтверждается царским указом, в котором указано на другие европейские страны, а именно на пример православных народов,

---

[1] Перри, нем. изд., 378.

как то: валахов, молдаван, сербов, болгар, малороссиян и греков. «А в знак того доброго начинания и нового столетнего века», сказано далее в указе, «в царствующем граде Москве, после должного благодарения к Богу и молебного пения в церкви, и кому случится и в дому своем, по большим и проезжим знатным улицам, знатным людям и у домов нарочитых духовного и мирского чину, перед вороты учинить некоторые украшения от древ и ветвей сосновых, еловых и можжевеловых, против образцов, каковы сделаны на гостине дворе и у нижней аптеки, или кому как удобнее и пристойнее, смотря по месту и воротам, учинить возможно, а людям скудным комуждо хотя по древцу или ветви на вороты или над хороминою своею поставить и чтоб то поспело ныне, будущего января к 1-му числу» и пр. Затем было предписано, как все в этот день должны поздравлять друг друга «новым годом и столетним веком», какая должна быть стрельба из «пушечек и, буде у кого есть, и из мушкетов», иллюминация и пр.[1]

Плейер рассказывает, как очевидец, об этом празднестве. Пальба из 200 орудий, поставленных на Красной площади, и из мелкого ружья по частным дворам не умолкала целую неделю. Ночью везде горели огни и хлопали ракеты. Торжество заключилось 6-го января, в день Богоявления Господня, крестным ходом на Иордань. Вопреки прежнему обычаю, царь не участвовал в процессии, а стоял в офицерском мундире при своем полке, выстроенном, вместе с другими полками, на Москве-реке. Все солдаты были хорошо обмундированы и вооружены. Но красивее всех был царский «лейб-регимент» (Преображенский полк) в темно-зеленых кафтанах.[2]

Все эти явления доказывали, что в самом начале XVIII века, «века просвещения», Россия, подражая другим народам в летосчислении, в нравах и обычаях, находилась на общей с ними почве культурного развития. Характер державной власти государя, до тех пор в значительной степени духовный, напоминавший некоторым образом роль жреца, калифа, изменился совершенно. Прежние цари участвовали в процессиях, отчасти даже прислуживали патриархам. Петр в офицерском мундире был лишь скромным зрителем духовного действия. Он, как представитель власти, служил государству. Во всем этом проявлялся процесс секуляризации России, заключался протест против византийских начал, господствовавших до того в жизни Московского государства.

---

[1] Желябужский, 158—160.
[2] Устрялов, III, 648.

Преследование русской одежды в Петровское время.
С голландской гравюры того времени.

Важное преобразование коснулось духовенства. В октябре 1700 года умер патриарх Адриан. Петр, находившийся в то время под Нарвою, получил от Курбатова письмо следующего содержания: «избранием патриарха думаю повременить. Определение в священный чин можно поручить хорошему архиерею с пятью учеными монахами. Для надзора же за всем и для сбора долговой казны надобно непременно назначить человека надежного; там большие беспорядки... Из архиереев для временного управления, думаю, хорош будет Холмогорский (Афанасий); из мирских, для смотрения за казною и сбора ее, очень хорош боярин Ив. Александрович Мусин-Пушкин или стольник Дм. Петрович Протасьев».[1] В свою очередь, боярин Стрешнев в письме к царю предлагал тотчас же назначить патриарха, указывая при этом на некоторых кандидатов.[2]

Несколько недель Петр медлил решением. 16-го декабря 1700 года состоялся указ: Патриаршему приказу и разряду не быть; дела же о расколе и ересях ведать преосвященному Стефану, митрополиту рязанскому и муромскому, который с тех пор назывался «Екзархом святейшего Патриаршего Престола, блюстителем и администратором». В январе 1701 года указано было «ведать св. патриарха домы, архиерейские и монастырские дела боярину Ивану Александровичу Мусину-Пушкину; сидеть на патриаршем дворе в палатах, где был Патриарший разряд, и писать Монастырским приказом».[3]

Боярин Мусин-Пушкин считался человеком многосторонне образованным; Плейер пишет о его занятиях «философскими и богословскими науками», о его знакомстве с латинским языком и пр.[4]

Мы видели, что в 1690 году Петр не имел влияния на решение вопроса о назначении патриарха, оставался, так сказать, в меньшинстве и мог быть недоволен назначением Адриана. Кандидат Петра, Маркелл, не сделался патриархом именно потому, что был человеком ученым и просвещенным. Теперь же в решении Петром вопроса о патриаршестве заключалась чрезвычайно важная реформа. Яворский, по своим способностям и познаниям, в глазах государя был лучшим кандидатом. К тому же, сделавшись не патриархом, а лишь «блюстителем патриарших дел», он должен был сделаться орудием в руках светской власти. С учреждением Монастырского приказа, с назначением Мусина-Пушкина управление духовными делами перешло, главным образом, в руки светской власти; лю-

---

[1] Соловьев, XV, 117.
[2] Устрялов, IV, 2, 162—163.
[3] П. С. З., № 1818 и 1829.
[4] Устрялов, IV, 2, 554.

ди, заведовавшие Монастырским приказом, находились в полной зависимости от царя. Современники-иностранцы смотрели на эту перемену как на проявление начала цезарепапизма.[1] Ходили слухи о намерении царя конфисковать имущество церквей и монастырей и заменить прежние доходы духовенства царским жалованьем.[2]

Патриаршество, введенное в 1589 году, окончательно и формально было отменено лишь «духовным регламентом» в конце царствования Петра. В сущности же этот вопрос был уже решен в 1700 году. Высшее духовное место оставалось упраздненным. Не раз в продолжение XVII века патриархи становились опасными соперниками царя. Патриарх Филарет превосходил царя Михаила умом, способностями, значением и влиянием; не без труда царь Алексей освободился от совместничества патриарха Никона. Исторические воспоминания служили уроком для Петра: мы знаем, что ему хорошо были известны все подробности истории с Никоном.[3] Мысль Курбатова отложить избрание патриарха, замечает Соловьев, не могла не понравиться Петру, если только эта мысль не была уже у него прежде. Враги преобразований постоянно вооружались против них во имя религии, во имя древнего благочестия, которому изменял царь, друг еретиков-немцев. Было известно, что духовенство смотрело очень неблагосклонно на нововведения и на новых учителей; патриарх Иоаким вооружался против приема иностранцев в русскую службу; патриарх Адриан писал сильные выходки против брадобрития, но потом замолк. От него Петр не мог ожидать противодействия своим планам; но мог ли он быть уверен в его преемнике? где найти такого архиерея, который бы вполне сочувствовал преобразованиям? а если нет, то патриарх, по своему значению, будет необходимо нравственною опорою недовольных; царь в постоянном отсутствии из Москвы; без царя патриарх на первом плане, и если этот патриарх не сочувствует царю, которым многие недовольны, — благоразумно ли было к сильной борьбе внешней и внутренней присоединять возможность борьбы с патриархом?[4] Такого рода соображения должны были заставить царя приступить к важной перемене — отмене патриаршеского сана.

Выше уже было замечено, что в то время, когда, в девяностых годах, Петр бывал постоянным гостем в Немецкой слободе, завязались близкие

---

[1] Перри, нем. изд., 328 и 329.

[2] Донесение Плейера у Устрялова, IV, 2, 554. Письмо фан-дер-Гульста, там же, 669.

[3] «Русский Архив», 1863, стр.627, и «Русский Вестник» 1864 г. (XLIX), стр. 320—333.

[4] Соловьев, XV, 117—118.

сношения между ним и Анною Монс. Это обстоятельство не могло не повредить супружеским отношениям Петра к царице Евдокии.

Царица считалась современниками женщиною умною, но не отличавшеюся красотою.[1] Когда, гораздо позже, в преклонных летах, после долго времени несчастий, она находилась некоторое время при дворе внука, императора Петра II, она производила впечатление женщины добродушной и опытной в светских делах.[2] Однако не могло быть и речи о каком-либо образовании ее, о каких-либо сведениях, о способности сочувствовать обширным планам царя-преобразователя. Сохранились некоторые письма царицы к Петру, писанные в первое время брака; они ограничиваются обыкновенными фразами. Евдокия называет в них мужа, между прочим, своим «лапушкой». Нежные слова, вроде «свет мой», «радость моя» и т. п., встречаемые в этих кратких и бессодержательных записках, не свидетельствуют еще об особенно глубоких чувствах: подобные выражения в то время считались необходимою принадлежностью эпистолярного стиля в сношениях между родными.

Как бы то ни было, Петр, вскоре после брака, начал пренебрегать супругою; в народе знали об этом и порицали юного царя.[3] Особенно Плещеев и Лефорт обвинялись в обращении внимания царя на некоторых отличавшихся красотою обитательниц Немецкой слободы.[4] Рассказывали также, что сестра Петра, Наталья, сеяла раздор между царем и Евдокиею. Однако эти данные заимствованы из довольно мутного источника, именно из показаний женщин, подвергнутых пытке, по случаю стрелецкого розыска в 1698 году.[5] Гораздо вероятнее рассказы современников, утверждающих, что царица отталкивала от себя мужа ревностью и ненавистью к иностранцам. Как кажется, существовал некоторый антагонизм между царем и его товарищами, с одной стороны, и родственниками царицы, с другой. Петр не ладил с одним из братьев царицы,[6] а ее дядю, Петра Абрамовича Лопухина, в начале 1695 года пытали «в государственном великом деле», а на другой день он умер.[7] Дальнейших известий об этом эпизоде мы не имеем. В народе про-

---

[1] Замечания Кохена в сочинении Бергмана о Петре Вел., I, 167.
[2] Письма леди Рондо, изд. Шубинского, 32.
[3] См. ст. Соловьева, «Школа Посошкова в «Библиографических Записках», 1861, № 5.
[4] Alex. Gordon, «Gesch. Peter's d. Gr.». Leipzig, 1755, I, 142.
[5] Устрялов, III, 190.
[6] Кохен, у Бергмана, I, 186.
[7] Желябужский, 40.

шел слух, что царь собственноручно пытал несчастного, «обливал его двойным вином и жег».¹ Другой Лопухин несколько позже называл царя «сыном еретическим», «исчадием антихриста», обвиняя его в том, что он «извел»

Царица Евдокия Феодоровна.
С портрета, принадлежащего графу И.И. Воронцову-Дашкову.

В. В. Голицына, П. А. Лопухина и пр.² Когда накануне отправления Петра за границу, весною 1697 года, из Москвы сочли нужным удалить некоторых ненадежных людей, были назначены: отец царицы, Федор Абрамович Лопухин — воеводою в Тотьму, его брат, Василий Абрамович — воеводою в Чаронду, другой брат, Сергей Абрамович — стольником в Вязьму.³

---

¹ Соловьев, XIV. Приложения VI.
² Там же.
³ Там же, XIV, 285—286.

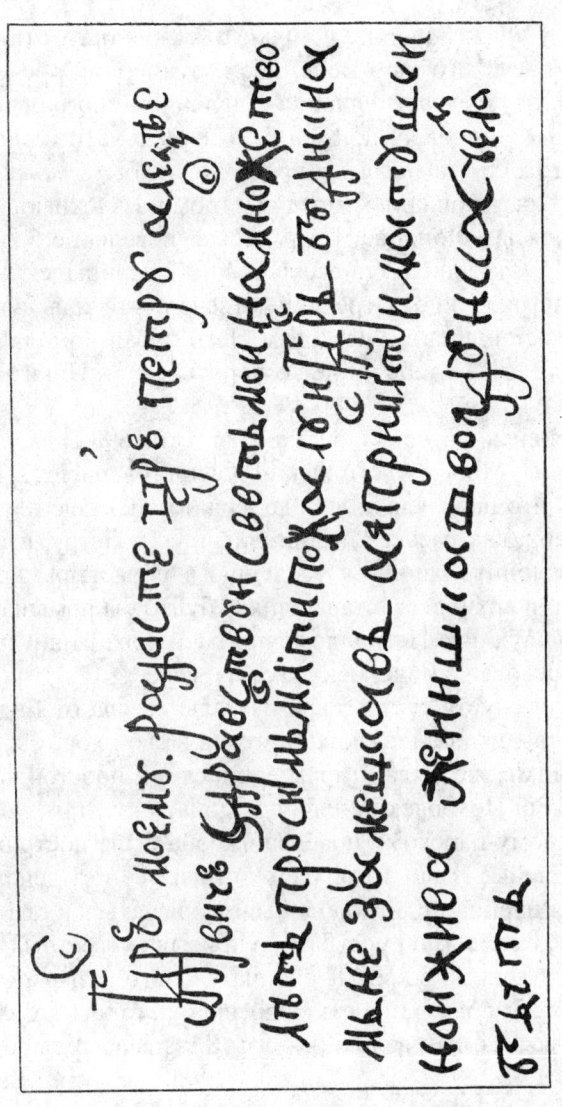

Письмо царицы Евдокии Феодоровны к Петру Великому.
Со снимка, приложенного к «Истории Петра Великого» Устрялова.

Гсдарю моему радосте, ц'рю петру алексеевичу здраствуи светъ мои намножество лет просимъ млости пожалуй Гсдарь буди кнамъ не замешкав а я при млости матушкиной жива женишка твоя дунка челом бьетъ.

За границу также проникли слухи о холодности отношений между Петром и Евдокиею.[1] Когда в Вене, после аудиенции послов, был торжественный обед, по предварительно составленной программе комиссар аудиенции, барон Кенигсакер, должен был провозгласить здоровье царицы Евдокии, но этого тоста не было предложено, быть может, потому, что знали о натянутых отношениях между Петром и Евдокиею.[2]

Еще находясь в Лондоне, Петр послал повеление боярам, Л. К. Нарышкину и Т. Н. Стрешневу, также духовнику царицы, склонить ее к добровольному пострижению. Стрешнев отвечал, что она «упрямится». По возвращении из Лондона в Амстердам Петр писал Ромодановскому: «пожалуй, сделай то, о чем тебе станет говорить Тихон Никитич». Царица не соглашалась.[3]

Возвратившись в Москву, в конце августа 1698 года, Петр тотчас же побывал у Анны Монс. Австрийский посол Гвариент, рассказывая об этом, замечает, что царь, как видно, «одержим прежнею неугасимою страстью».[4] Патриарх, как рассказывали, явившись к Петру, извинялся в том, что не успел склонить царицу к удалению в монастырь, причем обвинял некоторых бояр и архиереев, старавшихся будто бы помешать этому делу. Далее, носился слух, что Петр в доме почтмейстера Виниуса в течение четырех часов беседовал с Евдокиею, уговаривая ее.[5]

Три недели спустя сестра царя, Наталья, взяла от Евдокии сына ее, царевича Алексѣя, из кремлевских чертогов в свои хоромы, в село Преображенское. Евдокия же была отправлена в самой простой карете, без свиты, в Суздальский Покровский девичий монастырь; там, через десять месяцев, по именному царскому повелению, она была пострижена под именем инокини Елены. Мало того: царь оставил ее без денежных средств, так что бывшая царица принуждена была обращаться к брату своему, Абраму Лопухину, с тайными просьбами о присылке съестных припасов.[6]

Царевичу Алексею во время окончательного разлада отца с матерью было восемь лет. Соловьев пишет: «в древней летописи русской находится любопытный рассказ, как великий князь Владимир разлюбил жену свою

---

[1] Кто-то писал Лейбницу: «On dit qu'il n'aime guères la Tsarisse sa femme»; 27-го ноября 1697 года. См. соч. Герье, II, 31.
[2] Устрялов, III, 150.
[3] Там же, III, 189.
[4] «Von der alten unerloschenen Passion regirt». Устрялов, III, 621.
[5] Донесение Гвариента у Устрялова, III, 622 и 623.
[6] Устрялов, III, 190.

Рогнеду, как та хотела его за это убить, не успела и приговорена была мужем к смерти; но когда Владимир вошел в комнату Рогнеды, чтоб убить ее, то к нему навстречу вышел маленький сын их, Изяслав, и, подавая меч Владимиру, сказал: разве ты думаешь, что ты здесь один? Владимир понял смысл слов сына и отказался от намерения убить жену. Но обыкновенно мужья и жены, когда ссорятся, забывают, что они не одни; и Петр, постригая жену, забыл, что он не один, что у него оставался сын от нее».[1]

Связь между Петром и Анною Монс продолжалась около десяти лет. Монс иногда являлась при больших празднествах, к которым приглашались иностранные дипломаты.[2] Родственники ее получали в дар дома и вотчины. Сохранились некоторые записки ее подруги, Елены Фадемрехт, к царю; между прочим, она пишет: «свету моему, любезнейшему сыночку, чернобровенькому, черноглазенькому, востречку дорогому» и пр.[3] Анна Монс впоследствии вышла замуж за прусского посланника и вскоре после этого умерла.[4]

Нет сомнения, что Петр охотно находился в обществе иностранок. Плейер пишет, что в то время, когда Петр работал на верфях в Воронеже, там присутствовали и «женщины-немки». То были обывательницы Немецкой слободы. Когда некоторые из них захворали, Петр на несколько дней отложил свой отъезд из Воронежа.[5] Нет сомнения, что это общество нравилось царю и потому, что представительницы Немецкой слободы отличались от тогдашних русских женщин большим образованием и внешним лоском приемов общежития. Мы знаем, какое было в ту пору положение русских женщин; их ничему не обучали; они почти никогда не являлись в обществе мужчин; коснея в нравственном и умственном застое, оне были скорее рабынями, нежели подругами, товарищами своих мужей.

Нужно было думать о средствах к развитию в женщинах самостоятельной воли, умственных способностей, склонности к усвоению внешних форм цивилизации.

Здесь, главным образом, можно было помочь делу переменою в характере заключения браков. В этом отношении достоин внимания указ патриарха Адриана, запрещающий священникам венчать молодых, не убедив-

---

[1] Соловьев, XIV, 286—287.
[2] Korb. Diarium, 84 и 87.
[3] Устрялов, IV, 2, 292.
[4] Устрялов, IV, 1, 145 и след. Соловьев, XVI, 68 и след. Некоторые любопытные данные см. в соч. Скайлера «Peter the Great», в журнале «Scribner's Monthly Magazine», Dec. 1880, 215.
[5] Устрялов, IV, 2, 255 и 562.

шись в добровольном согласии на брак жениха и невесты.[1] Гораздо более основательно и целесообразно взялся за дело Петр, определив указом, в апреле 1702 года, что каждому венчанию за шесть недель должно предшествовать обручение, дабы жених и невеста могли распознать друг друга и, в случае нелюбви, заблаговременно отказаться от вступления в брак.[2]

Перри пишет, что около этого же времени русские женщины, по желанию царя, стали являться на вечерах и семейных праздниках.[3] Мы уже видели выше, что сестры Петра начали одеваться в немецкое платье; в 1701 году с трех племянниц его, дочерей царя Ивана, были списаны портреты известным художником Ле-Брюйном; царевны при этом случае имели «Coiffure à l'antique»; царь мечтал о заключении браков царевен с иностранными принцами. Позже Петр познакомился с мариенбургскою пленницею, Екатериною, история которой тесно связана с весьма важными явлениями в истории женщины в России. Нельзя удивляться тому, что русские женщины в высших классах общества бо́льшею частью были довольны нововведениями, доставлявшими им против прежнего гораздо более выгодное положение, что они охотно являлись на устраиваемые, по приказанию Петра, «ассамблеи», что они мало-помалу становились способными оказывать некоторое влияние на дела, что, наконец, в продолжение нескольких десятилетий, они играли первенствующую роль в истории России.

История Петра чуть ли не на каждом шагу представляет собою крайности. Тот самый царь, который немедленно после возвращения из-за границы грозно свирепствовал против стрельцов, участвуя самолично в пытках и казнях, оказывался в то же время во многих правительственных распоряжениях и законах представителем гуманности и просвещения.

До сих пор царя считали полубогом. Никто не приближался к его дворцу, не обнажив головы; все обращавшиеся к нему падали ниц и пр. Петр желал изменить все это: 30-го декабря 1701 года запрещено было подписываться уменьшительными именами, падать пред царем на колени, зимою снимать шапки перед дворцом. Петр говорил: «какое же различие между Богом и царем, когда воздавать будут равное обоим почтение? Менее низкости, более усердия к службе и верности ко мне и государству — сия-то почесть свойственна царю».[4]

---

[1] Соловьев, XIV, 154—155.
[2] П. С. З., № 1907. И Плейер пишет об этом указе, см. Устрялов, IV, 2, 576.
[3] Перри, нем. изд., стр. 315.
[4] Соловьев, XV, 115.

Между тем как русские вельможи привыкли окружать себя многочисленною дворнею, Петр обыкновенно являлся с небольшою свитою. Около этого же времени царь, по случаю возгоревшейся войны со Швециею, хотел было приказать дворянам: отпустить на волю лишних дворовых людей, чтобы сии последние могли служить в войске. Советники царя уговорили его отказаться от исполнения этого намерения.[1]

К этому же времени относится старание царя убавить число нищенствующих монахов, также число лишних писцов и подьячих в приказах; далее, он стремился развить промышленную и торговую деятельность русских; им внушалось «торговать так же, как торгуют иных государств торговые люди, компаниями»; через учреждение ратуш и бурмистрских палат царь надеялся приучить подданных к некоторому самоуправлению и пр. Рядом с введением гербового сбора, с разными мерами для улучшения военного устройства, с учреждением комиссии для составления Уложения, причем образцами должны были служить французские, английские и шотландские законы, шло учреждение арифметических и навигаторских школ, составление русских учебников по разным предметам, переводов иностранных трудов на русский язык, устройство типографий. Из множества писем Петра к разным лицам видно, в какой степени царь во всех этих мерах принимал самоличное участие, как он знал обо всем происходившем, как инициатива во всех этих нововведениях принадлежала исключительно ему. То он мечтал о перестройке Кремля по образцам немецкой архитектуры или Версальского замка, то беседовал с патриархом Адрианом об учреждении в Москве университета в самых обширных размерах. Иностранцы, следя за всем этим, не могли надивиться кипучей деятельности, смелой предприимчивости царя; дипломаты в каждом донесении своим правительствам сообщали новые известия о задумываемых царем проектах. Так, например, Плейер в своих письмах к императору Леопольду пишет то об учреждении Петром Андреевского ордена, то о его намерении учредить «Академию всех факультетов для русского дворянства», то о предположении вызвать из-за границы профессоров астрономии и математики, то о желании пригласить из-за границы труппу актеров и актрис и пр.

Как видно, надежды Лейбница и его единомышленников на плодотворную деятельность Петра в ближайшем будущем не оказались тщетными. Царь принимался за дело преобразования, хотя и далеко не систематически, но энергично и упорно. Многие реформы могли казаться как бы случайными; многие указы и распоряжения имели характер афоризмов; в от-

---

[1] Перри, нем. изд., стр. 821, и донесение Плейера, у Устрялова, IV, 2, 576.

ношении к разным мерам царь останавливался на половине дороги. К тому же, Петру приходилось бороться с ужасными затруднениями. С одной стороны, вопросы внешней политики, а главным образом события Северной войны, отвлекали его внимание в совершенно ином направлении; с другой — оказывалась необходимою отчаянная борьба царя-преобразователя против реакционных элементов в народе, против сторонников начал татарско-византийской эпохи Истории России.

ЧАСТЬ ТРЕТЬЯ

Глава I. Признаки неудовольствия

Как в области внешней политики, так и в области администрации и законодательства происходили важные перемены. Взятие Азова потребовало от народа значительных пожертвований. Преобразования царя не нравились массе. Нельзя было ожидать, чтобы общество могло понять глубокий смысл реформ Петра: они возбуждали общий ропот.

Впоследствии царь иногда, обнародуя новые указы, приступая к коренным реформам в области внутренней политики, объяснял более или менее подробно, в указах же необходимость преобразований и сообщал свои соображения относительно той или другой меры. Престол при нем часто превращался в кафедру, с которой царь преподавал своему народу некоторые важнейшие начала политического и общественного прогресса. Прислушиваясь в церквах к чтению царских манифестов, указов, распоряжений, даже и низшие классы общества имели возможность вникнуть в образ мыслей царя-преобразователя, ознакомиться с его воззрениями, свыкнуться с началами его радикализма.

Мы, однако, не имеем почти никаких сведений о том, что происходило в умах русских людей в первое время преобразований при Петре. Правительство не допускало ни малейшего возражения на свои мероприятия и чрезвычайно строго преследовало и наказывало недовольных. На царе лежала вся ответственность; он не обращал и не мог обращать внимания на образ мыслей толпы, коснеющей в вековых предрассудках.

Тем не менее, народ, которого заставляли насильно повиноваться воле царя, не переставал судить о законодательной и административной деятельности правительства, осуждать многие меры строгого начальства, порицать образ действий Петра. Негодование на царя становилось общим особенно тогда, когда новые распоряжения имели отношение к церкви и религии.

В бóльшей части случаев правительство не узнавало вовсе о тайных порывах раздражения в обществе. Петр не имел возможности прислушиваться к заявлениям какой-либо партии; направление общественного мнения доходило до сведения правительства, главным образом, в застенках Преображенского Тайного приказа; публицистики не было; общим правилом было глубокое молчание. По временам, однако, раздражение доходило до возмущений и открытых сопротивлений. Заговоры и бунты, неосторожные речи недовольных, революционные движения в различных классах общества, беспрестанные полицейские распоряжения для подавления мятежного духа доказывают, каково было брожение умов. Иван Посошков был прав, утверждая с сожалением: «наш монарх на гору аще сам-десять тянет, а под гору миллионы тянут; то как дело его споро будет».[1]

Любопытно, что тот же самый Посошков, сделавшийся впоследствии сторонником царя, в девяностых годах XVII века принадлежал к недовольным, рассуждавшим о недостатках и пороках государя, роптавшим на Петра и его образ действий, несогласный ни с привычками прежних царей, ни с воззрениями и желаниями народа.

Из дел Тайного Преображенского приказа мы узнаём о следующем эпизоде.

В конце 1696 или в начале 1697 года у монаха Авраамия, бывшего прежде келарем в Троицко-Сергиевском монастыре, а потом строителем в московском Андреевском монастыре, бывали часто, как «друзья и хлебоядцы давны», подьячие Никифор Кренев и Игнатий Бубнов, стряпчий Кузьма Руднев, «да села Покровского крестьяне, Ивашка да Ромашка Посошковы». Изложение бесед, происходивших в этом кружке и относившихся к современным политическим событиям, составляло содержание тетрадей, которые монах Авраамий осмелился подать самому государю Петру.

В этих тетрадях было сказано, что именно поведение Петра соблазняло народ. «В народе тужат многие и болезуют о том, на кого надеялись и ждали; как великий государь возмужает и сочетается законным браком, тогда, оставя младых лет дела, все исправит на лучшее; но, возмужав и женясь, уклонился в потехи, оставя лучшее, начал творити всем печальное и плачевное».

---

[1] Соч. Посошкова, изд. Погодиным I, 95.

Трудно понять, каким образом монах Авраамий мог отважиться на подвиг, который, при тогдашних приемах уголовного судопроизводства, не мог не вовлечь всех участвовавших в подобных беседах в страшную беду. Авраамия взяли, разумеется, тотчас же. На пытке он назвал всех своих собеседников, которые, «бывая у него в Андреевском монастыре, такие слова, что в тетрадях написано, говаривали». Друзья Авраамия были также арестованы и подвергнуты допросу.

Кренев показал, что говорили о потехах царя под Семеновским и под Кожуховым, про судей, что без мзды дела не делают; далее сознался, что сам говорил: если б посажены были и судьи и дано б им жалованье, чем им сытыми быть, а мзды не брать, и то б было добро.

Руднев показал, что говорили: государь не изволит жить в своих государственных чертогах на Москве, и мнится им, что от того на Москве небытия у него в законном супружестве чадородие престало быть, и о том в народе вельми тужат.

Бубнов показал, что говорили о потехах непотребных под Семеновским и под Кожуховым для того, что многие были биты, а иные и ограблены, да в тех же походах князь Иван Долгоруков застрелен, и те потехи людям не в радость; говорили про дьяков и подьячих, что умножились; про упрямство великого государя, что не изволит никого слушаться, и про нововзысканных и непородных людей, и что великий государь в Преображенском приказе сам пытает и казнит; говорили про морские поездки, которые также не нравились народу.

Авраамий считал непригожим, что в триумфальном входе в Москву, после взятия Азова, царь шел пешком, а Шеин и Лефорт ехали.

Этот эпизод кончился обыкновенным образом: Бубнов, Кренев и Руднев были биты кнутом и сосланы в Азов, исправлять обязанности подьячих; Авраамий сослан в Голутвин монастырь. Посошковы остались без наказания.[1]

Нельзя удивляться тому, что «потехи» Петра, Кожуховский и Семеновский походы, вызывали негодование массы народа. Для этих походов, значение которых оставалось непостижимым для толпы, для подъема обоза, перевозки орудий, военных снарядов, провианта требовалось несколько сот подвод. При всех схватках было довольно много раненых и обожженных порохом; много несчастий случалось оттого, что самопалы разры-

---

[1] См. Соловьева «Ист. России» XIV, 243. Уже прежде Соловьев напечатал об этом эпизоде статью в «Библиографич. Записках» 1861, № 5, «Школа Посошкова».

вались в руках стрелков. Даже среди иностранцев резко осуждали маневры, устраиваемые царем.[1]

Что касается до упрека, будто Петр сам пытал и казнил людей, то он повторяется неоднократно и впоследствии, особенно после возвращения Петра из-за границы, по случаю страшного стрелецкого розыска. Мы помним, что и прежде в народе ходил слух, будто царь собственноручно замучил своего дядю, Петра Лопухина.[2]

Достоин внимания упрек относительно скромности царя, шедшего пешком за экипажами Шеина и Лефорта при торжественном входе в Москву, после взятия Азова. Потомству нравится именно эта скромность Петра, медленно дослуживавшегося до высших чинов, определявшего этим самым совсем новые, неслыханные до того отношения личности государя к решаемым им задачам. Но в то время народ, привыкший видеть своего государя на первом месте, окруженным всем великолепием, всею пышностью царского сана, считавший царя полубогом, гнушался таким унижением его.

Народ ожидал от царя совсем иных преобразований, особенно же усиленного контроля над недобросовестностью чиновного люда. Пока, однако, царь вовсе не заботился о делах внутренней политики и скорее думал о войске и флоте. Сооружение последнего оставалось также совершенно непонятным для народа явлением; турецкая война была весьма тягостна для всех платящих налоги и служащих в войске. Участие царя в увеселениях иностранцев в Немецкой слободе вызывало также всеобщее негодование.

Неизвестно откуда распространился слух, будто царь Иван Алексеевич извещал всему народу: «брат мой живет не по церкви, ездит в Немецкую слободу и знается с немцами». На кружечном дворе рассказывали, что государь беспрестанно бывает у еретиков в слободе; бывший тут иконник заметил: «не честь он, государь, делает, — бесчестье себе».[3]

Мы не имеем никаких данных, указывающих на существование разлада между Петром и Иваном. В народе же недовольные Петром легко могли надеяться на Ивана. Впоследствии являлись Лжеиваны. В глазах народа Иван, остававшийся дома, соблюдавший прежние формы придворного этикета, не имевший никаких сношений с еретиками-немцами, мог казаться представителем той старины, за которую стоял народ. О ненави-

---

[1] Петр Лефорт писал к отцу: «Ces divertissement ne valents à rien... on pent jouer à mauvais tour... cela coûte beaucoup aux bourgeois etc.» см. соч. Поссельта, II, 217.

[2] Соловьев, «История России», XIV, Приложения VI.

[3] Соловьев, «Ист. России», XIV, 241—242.

стных новшествах Петра знали все, о болезненности, ничтожности Ивана — весьма немногие.

Впрочем, даже и за границею говорили и писали о каком-то личном антагонизме между братьями, как это видно из одной современной брошюры, в которой рассказано об убиении Ивана Петром.[1]

Заглавие этой брошюры: «Храбрый московский царь и завоевание турецкой крепости Азова», не соответствует содержанию. О покорении Азова в ней почти вовсе не говорится; зато в самых резких выражениях осуждается образ действий Петра по случаю переворота 1689 года. Сочинение написано в форме беседы некоторых лиц, русских и иностранцев, обсуждающих вопрос: насколько Петр имел право лишить Софью и Ивана жизни. В самом факте совершения такого преступления собеседники не сомневаются. Польский дворянин старается доказать, что царь не имел ни малейшего права убить своих ближайших родственников. Московский боярин, напротив, утверждает, что Петру нечего заботиться о народной молве и что устройство в России временного двоевластия было ошибкою. Создать, как он выражается, «двуглавое чудовищное тело»,[2] значило подвергнуть государство ужасным опасностям. Русские, защищая Петра, остаются в меньшинстве. Немецкий учитель, постоянно указывающий на примеры истории и приводящий в изобилии цитаты из сочинений классических писателей древности, в заключение ссылается на слова Плутарха, в его «Беседе семи мудрецов», что тираны редко доживают до глубокой старости, и высказывает предположение, что царствование Петра скоро кончится.[3]

И действительно, России грозила опасность ужасного кризиса. 23-го февраля 1697 года, т. е. за две недели до отъезда Петра за границу, на пиру у Лефорта царю донесли, что думный дворянин Иван Цыклер подговаривает стрельцов умертвить его. Рассказывают, что Петр немедленно, в сопровождении нескольких лиц, отправился в дом Цыклера и самолично арестовал преступников.[4]

---

[1] См. заглавие этой брошюры в сочинении Минцлофа «Pierre le Grand dans la littérature étrangère», стр. 231. Она явилась в «год взятия Азова». См. мой разбор этой брошюры в Журн. Мин. Нар. Пр. CCIV, отд. 2, стр. 287—293.

[2] Corpus biceps monstrosum.

[3] Подробности об этой брошюре см. в соч. Минцлофа «Pierre le Grand dans la littérrature étrangère», 209—210.

[4] См. рассказ Гордона у Устрялова, III, 388. Доносчики, Елизарьев и Силин, были награждены; см. П. С. З., V, № 2877. Легендарные черты арестования Цыклера рассказаны у Штелина. Гораздо правдоподобнее рассказ у Перри.

Арест Цыклера.
Гравюра Клосса в Штутгарде с рисунка художника Загорского.

Заговорщиками оказались: стрелецкий полковник Цыклер и двое родовитых русских вельмож, Алексей Соковнин и Федор Пушкин.

Цыклер в первый стрелецкий бунт, в 1682 году, служил орудием Милославских и царевны Софьи; по его показанию перед смертью, царевна, во время ее регентства, «его призывала и говаривала почасту, чтоб он над государем учинил убийство»; в 1689 году он, как мы знаем, спешил перейти на сторону Петра и уже в самом начале борьбы царя с сестрою очутился в Троице; надежда Цыклера, что он этим самым обратит на себя внимание царя, не исполнилась; он, между прочим, жаловался, что Петр, бывавший часто в гостях у разных лиц, никогда не посещал его. Затем его постигла беда: его назначили на службу в Азов для надзора над сооружением в этом месте укреплений; такое назначение считалось тогда чем-то вроде ссылки. Он вступил в тайные сношения с некоторыми стрельцами, говорил с ними о возможности скоропостижной кончины царя, стараясь разузнать, кого они пожелали бы возвести на престол; при этом рассуждалось о возможности воцарения боярина Шеина или боярина Шереметева,[1] о возведении на престол малолетнего царевича Алексея и о назначении царевны Софьи регентшею, а Василия Васильевича Голицына опять главным министром. Некоторые стрельцы и казаки на допросе дали следующие показания о речах Цыклера: «что можно царя изрезать ножей в пять; известно государю, прибавил Цыклер, что у него, Ивана, жена и дочь хороши, и хотел государь к нему быть и над женою его и над дочерью учинить блудное дело, и в то число он, Иван, над ним, государем, знает что сделать». Цыклер сознался, что говорил: «как буду на Дону у городового дела Таганрога, то, оставя ту службу, с донскими казаками пойду к Москве, для ее разорения, и буду делать то же, что и Стенька Разин». Также он объявил: «научал я государя убить за то, что называл он меня бунтовщиком и собеседником Ивана Милославского»; по показаниям других, Цыклер говорил: «в государстве ныне многое нестроение для того, что государь едет за море, и посылает послом Лефорта, и в ту посылку тощит казну многую» и пр.

Цыклер находился в близких сношениях с Соковниным и Пушкиным. Соковнин принадлежал к семье, занимавшей важное место в истории раскола. Он сам был старовер; его сестры у раскольников пользовались большим уважением; его дети были отправлены за границу учиться, что в

---

[1] О кандидатуре Шереметева говорится не только в следственном деле Цыклера, Соковнина и Пушкина, но и в находящихся в венском архиве донесениях какого-то иностранца; см. соч. Поссельта о Лефорте, II, 565.

то время считалось тяжелым ударом, нанесенным всей семье, и шурин его, Пушкин, должен был по приказанию царя отправить своих сыновей за границу; он задумал было ослушаться, оставить сыновей в России, но навлек на себя гнев государя; он же говорил про государя, что «живет небрежением, не христиански, и казну тощит».

Заговорщики надеялись на мятежный дух в стрелецком войске и между казаками. Достойно внимания замечание Соковнина, что стрельцам нечего ждать, потому что им во всяком случае не миновать погибели и т. п.[1]

Как видно, личный гнев заговорщиков на царя происходил от некоторых правительственных распоряжений. Отправление молодых дворян за границу, путешествие царя — вызвали общий ропот. Джон Перри, приехавший в Россию вскоре после этого эпизода и узнавший кое-какие подробности о деле Цыклера, Соковнина и Пушкина, также замечает, что заговор был выражением негодования вельмож, порицавших нововведения.[2] Плейер, находившийся в то время в Москве, придает этому эпизоду особенное значение, утверждая, что преступный умысел был направлен против Петра, всего царского семейства, всех лиц, приближенных к царю, и, наконец, против всех иностранцев.[3]

Очевидно, существовала некоторая связь между заговором 1697 года и событиями 1682 года. В обоих случаях встречается желание заменить Петра другим лицом. Недовольные царем легко могли подумать о воцарении Софьи. Цыклер был клевретом Софьи и Милославских, товарищем Шакловитого. Мы не знаем о каком-либо участии Софьи в деле 1697 года. Однако есть известие, что на Софью и некоторых из ее сестер пало подозрение при розыске Цыклера, Соковнина и Пушкина, и что, вследствие этого, были усилены караулы у Новодевичьего монастыря.[4]

По случаю казни заговорщиков, 4-го марта 1697 года, обнаружилась личная ненависть Петра к дяде царевны Софьи, Ивану Милославскому, который умер уже в 1685 году. Было выкопано тело его из могилы и привезено в Преображенское на свиньях; гроб его поставлен был у плах изменников и, когда им секли головы, кровь лилась на труп Ивана Мило-

---

[1] Подробные данные о заговоре, заимствованные из архивных дел, сообщены Соловьевым, XIV, 244—249. Эти документы не были известны Устрялову. Впрочем, о многих подробностях было известно уже раньше из записок Желябужского, 106—111.
[2] Перри, нем. изд., 241.
[3] «Letzlich wider alle sich hier befindende Teutsche»; см. Устрялова, III, 634.
[4] Устрялов, III, 196.

славского.¹ Головы преступников были воткнуты на рожны столба, поставленного на Красной площади.² Родственники их были сосланы в отдаленные места.

Что же касается стрелецкого войска, то с ним, тотчас же после казни заговорщиков, произошла весьма важная перемена. Желябужский пишет: «и марта в 8-й день, на стенный караул вверх шли комнатные стольники пеши строем, переменили с караулов полковников; также и по всем воротам стояли все Преображенские и Семеновские солдаты».³ Стрельцов удалили, выслали на службу в другие места. Очевидно, они не пользовались доверием правительства. По рассказу одного современника-очевидца, в Кремле и вообще в столице важнейшие посты были вверены полкам, находившимся под командою иностранных офицеров.⁴

Царь поднял знамя западноевропейской культуры. Офицеры-иностранцы окружали, защищали это знамя. Национальное войско, сторонники прошедшего, очутились в ссылки. Борьба между царем и стрельцами становилась неминуемою.

Намерение Петра уехать за границу возбудило общее негодование. Однако ропот подданных не мог остановить его. Спустя несколько дней после казни заговорщиков он отправился в путь.

Предприятие царя можно было считать весьма отважным. Под самою столицею, в Новодевичьем монастыре, жила опальная царевна, Софья. Она легко могла сделаться средоточием движения в стрелецком войске, разбросанном по окраинам России; к тому же было заметно брожение умов среди казаков и раскольников. Между вельможами было также много недовольных.

Несколько десятилетий позже, когда внук Петра Великого, император Петр III, намеревался отправиться за границу для ведения в Голштинии войны с Даниею, Фридрих Великий старался уговорить своего друга и союзника остаться дома, указывая на опасность лишиться престола во

---

¹ Рассказывали также, что после этого останки Милославского по частям были зарыты под полом различных застенков; см. у Туманского, I, 227.

² Описание казни у Гордона, III, 92, и у Желябужского, 112.

³ Желябужского записки, 113.

⁴ Плейер писал 8 июля 1697 г.: «Die Strelzen, als Werkzeuge dieser und aller Rebellionen seind aus Moskau zn dienst und weitentlegene stätter auf ewig verschicket und werden alle Posten sowohl in der Residenz, als auch der ganzen Statt durch des Czaren seine 4 geworbenen leibregimenter unter Commando lauter Teutsehen officier bewachet». Устрялов, III, 637.

время отсутствия и советуя ему, для убавления опасности, по крайней мере взять с собою всех тех лиц, которых можно подозревать в склонности к измене.[1]

В том обстоятельстве, что Петр Великий отправил за границу множество молодых дворян, что он взял с собою «волонтёров», современники видели подобную же меру предосторожности. В одной современной английской книге сказано, что русские, находившиеся за границею, должны были служить царю как бы порукою верности их родственников, остававшихся в России.[2]

Отсутствие Петра в столице, еще ранее поездки его за границу, считалось делом не безопасным. Франц Лефорт, сообщая своим родственникам о путешествии Петра в Архангельск в 1694 году, замечает, что после укомплектования войска новыми полками нет более основания опасаться чего-либо во время отсутствия царя.[3] Нет сомнения, что Лефорт говорил о возможности стрелецкого бунта.

И действительно, опасность грозила царю не столько со стороны вельмож, родственников молодых людей, отправленных за границу, сколько со стороны низших слоев общества, со стороны стрельцов и казаков, находившихся в самой тесной связи с крестьянами и чернью в городах.

Во время пребывания Петра на западе несколько раз были распространяемы слухи о возмущении в Московском государстве. Как только царь в Детфорде, близ Лондона, принялся за черчение корабельных планов, за математические выкладки, тайный агент при цесарском дворе, переводчик Адам Штилле, донес ему, что в Вене появился какой-то польский ксёндз, который разгласил, будто в Москве вспыхнул бунт, царевна Софья возведена на престол, князь Василий Голицын, освобожденный из ссылки, вступил в управление государством, и весь народ уже присягнул царевне; в доказательство этого он предъявил какие-то письма и требовал даже аудиенции у цесаря, в чем ему, однако ж, было отказано. По словам Штилле, в Вене только и было разговоров, что о Московских происшествиях.

Получая из Москвы с каждою почтою успокоительные известия, царь не верил разглашениям ксёндза и не думал из-за пустого слуха прерывать свои занятия. Он только требовал через Лефорта от цесарских министров задержания ксёндза, как злодея и возмутителя. На это требование

---

[1] «Русская Старина», март, 1871.
[2] Crull, 206. «To serve him as pledges of their parents fidelity during his stay in foreign countries». См. также соч. Вебера «Verändertes Russland», III, 221.
[3] Posselt, II, 296.

цесарские министры отозвались, что особы духовные суду и расправе их не подлежат.[1]

Пока подобные слухи оказывались лишенными всякого основания. Однако рассказы о брожении умов в Московском государстве, о разных признаках повсеместного неудовольствия не прекращались. Так, например, в Вене ходил слух, что русские будто бы в высшей степени раздражены склонностью царя к католицизму.[2]

Наконец, царь из достоверного источника узнал о стрелецком бунте. Нужно было отказаться от путешествия в Италию и спешить возвращением в Москву. На пути туда он узнал, что крайняя опасность уже миновала; но впоследствии он мог составить себе более точное понятие о страшных размерах, которые приняла борьба против новизны, и об упорстве и негодовании своих противников. Сперва он должен был бороться со стрельцами; затем очередь дошла до казаков и раскольников и, наконец, ему пришлось столкнуться с сыном, устранением которого от престола Петр надеялся обеспечить успешный ход преобразования России.

Глава II. Стрелецкий бунт 1698 года

Стрельцы не раз, при прежних беспорядках, служили орудием восстаний. Они усиливали шайки Стеньки Разина; в 1682 году они в борьбе придворных партий взяли на себя роль палачей; на их помощь рассчитывал Шакловитый в 1689 году для спасения Софьи в борьбе с Петром; при содействии стрельцов Соковнин, Цыклер и Пушкин надеялись погубить царя в 1697 году.

По мере необходимости преобразования войска привилегии стрельцов должны были рушиться. Петр имел право требовать, чтобы «русские янычары» превратились в настоящих солдат, безусловно покорных государственной власти. Поэтому их положение, основанное на прежних льготах, становилось сначала шатким, наконец, невозможным. Еще до катастрофы стрелецкого войска современники могли видеть, что оно не имело будущности; недаром Соковнин, хорошо понимавший неизбежность гибели стрельцов, заметил, что они, решаясь на отчаянные действия, ничем не рискуют, потому что, так или иначе, «впредь им погибнуть же».

---

[1] Устрялов, III, 98—99.
[2] Theiner, 374.

На маневрах, устраиваемых Петром до Азовских походов, стрелецкое войско обыкновенно бывало побеждаемо. Нет сомнения, что новые солдатские полки, организованные по западноевропейским образцам, превосходили стрельцов знанием дела, дисциплиною, ловкостью. Во время Азовских походов стрелецкие полки строптивостью, своеволием, неохотою к военным действиям не раз возбуждали крайний гнев царя. Бывали случаи строгого наказания стрельцов за непослушание.[1] При всем том, стрелецкие полки, особенно во время первого Азовского похода, понесли страшные потери. Офицеры не щадили жизни солдат, подвергая их, иногда без особенной необходимости, разным опасностям. Многие стрельцы гибли вследствие недостатков военной администрации. Не без основания стрелецкое войско считало себя оскорбленным невниманием начальства; неудовольствие и ропот между стрельцами были общим и частым явлением.

Правительство знало о настроении умов в стрелецком войске. Как смотрели близкие к царю люди на стрельцов, на их отношения к правительству, всего лучше видно из письма Виниуса к Петру, где сказано, что, по получении известия о взятии Азова, даже и в стрелецких слободах радовались.[2]

В прежнее время походы для войска бывали менее тяжелыми. Стрельцы по временам могли возвращаться домой, к своим семействам. Теперь же, после взятия Азова, их задержали там для охраны города, потом заставили работать над его укреплениями. После дела Цыклера, Соковнина и Пушкина те стрелецкие полки, которые находились в то время в Москве, были отправлены в отдаленные места, для охраны южной границы против набегов татар, или к польско-литовской окраине, для наблюдения за Польшей. Одни лишь жены и дети стрельцов оставались в Москве и ее окрестностях.

Таким образом, положение стрельцов становилось все хуже и хуже. Несколько лет сряду продолжалась непрерывно утомительная служба. Постоянно повторялись жалобы стрельцов на суровое и невнимательное с ними обращение, на чрезмерную строгость начальников. Можно было ожидать вспышки, взрыва.

Во время бунта 1698 года стрельцами были высказаны, между прочим, следующие жалобы: «будучи под Азовом, умышлением еретика-иноземца, Францка Лефорта, чтобы благочестию великое препятствие учинить, чин их, московских стрельцов, подвел он, Францко, под стену безвременно, и, ставя в самых нужных в крови местах, побито их множество; его ж умыш-

---

[1] Дневник Гордона, II, 593, 598.
[2] Соловьев, XIV, 263.

лением делан подкоп под их шанцы, и тем подкопом он их же побил человек с 300 и больше» и пр. В этом же тоне идут и дальнейшие жалобы на Лефорта, который будто хотел «до конца погубить всех стрельцов», который виноват, что они, идя степью, «ели мертвечину и премножество их пропало». Наконец, сказано в челобитной: «всему народу чинится наглость, слышно, что идут к Москве немцы, и то знатно последуя брадобритию и табаку во всесовершенное благочестия испровержение».[1]

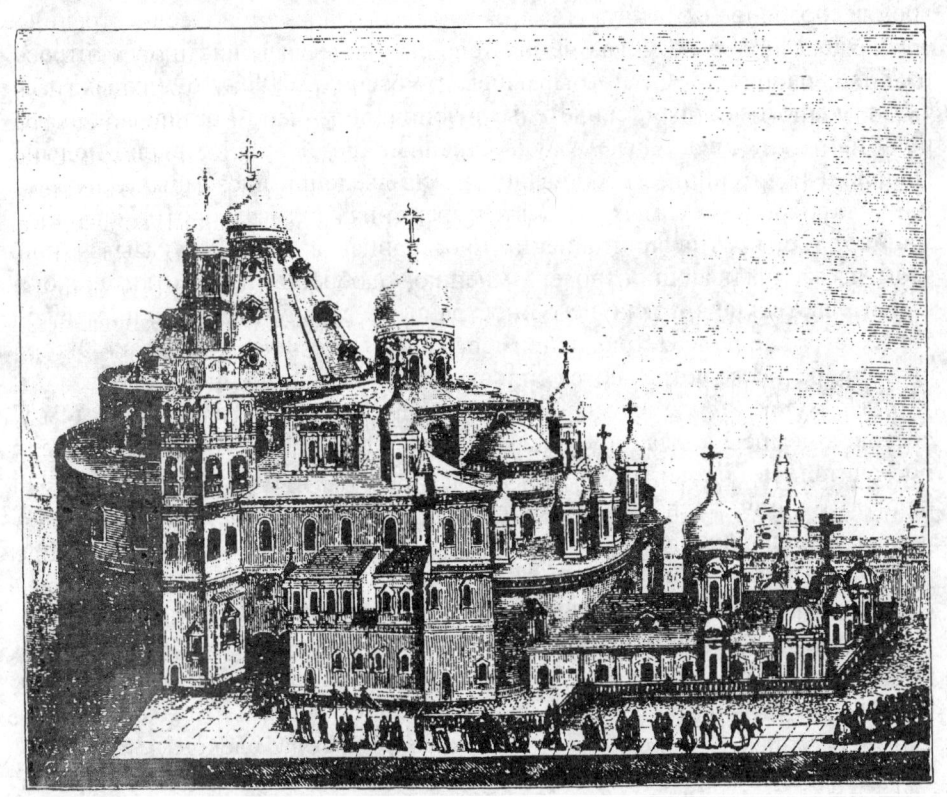

Воскресенский (Новый Иерусалим) монастырь в начале XVIII столетия.
С гравированного вида того времени.

Как видно, исходною точкою жалоб стрельцов были страдания их во время походов; в сущности же, в них слышится ненависть к иностранцам, считавшимся виновниками всех бедствий.

___
[1] Устрялов, III, 171—172.

Эта ненависть существовала издавна. В продолжение нескольких десятилетий до стрелецкого бунта 1698 года Немецкая слобода служила предметом общего негодования. Уже в самом начале XVII века при каждом случае ослабления государственной власти жизнь иностранцев, проживавших в Москве, находилась в крайней опасности. Нападения на «немцев» повторялись и в смутное время, при Борисе и Лжедимитрие, и при разных бунтах во время царствования Алексея Михайловича, и во время террора, в 1682 году.

Эпоха Петра не могла не разжечь еще более ненависти к иностранцам. В дневнике Корба, пребывавшего в России в 1698 и 1699 годах, рассказаны многие случаи, свидетельствующие об ужасном раздражении народа против немцев. Даже государственные люди, каковы были Ордын-Нащокин и др., иногда восставали против введения иноземных обычаев. Юрий Крижанич в самых сильных выражениях ратовал против «ксейномании», т. е. против приглашения иностранцев в Россию, указывая при этом на заслуживающий, по его мнению, одобрения пример китайского правительства, не впускающего иностранцев в страну. В сочинениях некоторых сторонников Петра, например, Ивана Посошкова, Стефана Яворского и др., также встречаются сильные выходки против иностранцев.

Не мудрено, что в то время, когда царь бывал постоянным гостем у еретиков-немцев, когда он учился у Лефорта и Гордона, когда эти последние считались виновниками Азовских походов и путешествия царя в Западную Европу, гнев народа, сторонников прошедшего, представителей привилегированного войска, обрушился на «еретиков», сделавшихся приятелями, советниками, наставниками царя.

Весьма важным источником для истории стрелецкого бунта служат донесения находившегося в это время в России императорского посла Гвариента, а также записки находившегося в его свите Корба. Здесь именно обращается особенное внимание на национальное значение этого события.

В своем донесении от 17-го октября 1698 года, следовательно в то время, когда путем страшного розыска правительство узнало о размерах и значении бунта и когда уже начались казни преступников, Гвариент писал императору следующее: «влияние Лефорта, внушение царю мысли о поездке за границу и другие такого рода преступные факты [1] вывели из терпения стрельцов; немцев, проживающих в Московском государстве в большом числе, ненавидят тем более, что царь чтит их, оказывая русским презрение; поэтому стрельцы решились сжечь Немецкую слободу и пере-

---
[1] Stratbare Proceduren.

резать всех иностранцев». Ко всему этому, однако, Гвариент прибавляет: правление бояр, во время пребывания царя за границею, оказалось тягостным и произвольным, так что многие люди, через насилие при собирании налогов, оскудели; поэтому в толпе было решено убить некоторых бояр. Наконец, Гвариент еще упоминает о намерении возвести на престол царевну Софью и назначить Голицына министром.[1]

Все это вполне согласуется с результатами допросов преступников. Во всех взбунтовавшихся стрелецких полках только и было речи, что государя за морем не стало, а царевича хотят удушить бояре; только и думы было среди стрельцов — идти к Москве, бояр перебить, Кокуй, т. е. Немецкую слободу, разорить, немцев перерезать, дома разграбить.[2]

Стрельцы мечтали о чем-то похожем на Сицилийскую вечерню, о борьбе низших слоев против высших, о перемене на престоле. Поводом к такой революционной программе служило суровое с ними обращение правительства.

При страшном стрелецком розыске Петр не столько обращал внимание на ненависть стрельцов к иноземцам, сколько на вопрос, намеревались ли бунтовщики возвести на престол царевну Софью или нет и в какой мере принимали участие в этом деле сама царевна и ее сестры.

Нельзя сказать, чтобы произведенное с величайшею строгостью следствие привело в ясность эти вопросы. Предание, как кажется, приписывает царевне Софье слишком важную долю в предприятиях стрельцов.

Нет сомнения в том, что и после государственного переворота 1689 года между Петром и Софьею сохранились чрезвычайно натянутые отношения. Царевна содержалась под арестом. Рассказывают, что Петр до отъезда за границу побывал у сестры в келье для прощания, но нашел ее до того надменною, холодною и непримиримою, что в крайнем волнении вышел из Новодевичьего монастыря.[3] Впрочем, анекдотические черты такого рода не заслуживают особенного внимания.

Еще менее внимания заслуживает другой рассказ, будто преданные царевне стрельцы, подкопавшись под монастырь, разломали снизу пол в той комнате, где она содержалась, увели ее подземным ходом и пр.[4]

---

[1] Устрялов, III, 628.
[2] Там же, III, 161.
[3] См. рассказы, собранные Карабановым в «Русской Старине», II, стр. 585.
[4] Штелин, «Анекдоты о Петре Великом», I, 35—37. Напрасно Соловьев, XIV, 263, замечает: «мы не имеем никакого права отвернуть это известие»; — при розыске нет и следов этого эпизода.

Зато нельзя сомневаться в существования тайных сношений между Софьею и стрельцами. Положение Софьи и ее сестер после 1689 года было очень тяжело. Царевны оказались в опале и беззащитными. Они не могли не желать какой-либо перемены. До них доходили слухи о всеобщем ропоте. Недовольные стрельчихи сообщали служанкам царевен о повсеместном волнении. В апреле 1697 года даже между солдатами Лефортова полка шла речь, чтобы подать челобитную царевне Софье об улучшении их положения. Многие стрельчихи, по особой благосклонности постельниц, бывали в хоромах царевен почти ежедневно, приносили городские вести и сами разглашали по слободам, что им скажут в Верху.[1]

Особенно опасными сделались четыре стрелецкие полка: Чубарова, Колзакова, Черного и Гундертмарка. Они были отправлены в Азов. Когда на смену им были посланы другие полки, они надеялись, что им будет дозволено возвратиться в Москву, однако вдруг им приказали идти в Великие Луки, к Литовской границе. Они повиновались, но многим стало невыносимо: в марте 1698 года 175 человек самовольно ушли из Великих Лук в Москву, бить челом от лица всех товарищей, чтоб их отпустили по домам. Такой случай самовольного побега требовал строгого взыскания. Однако бояре, на которых лежала в этом отношении тяжелая ответственность, действовали слабо, нерешительно. Они велели арестовать четырех выборных, но стрельцы отбили своих товарищей, буянили, не хотели возвратиться к своим полкам. Гордон рассказывает в своем дневнике, как вельможи страшно перепугались, между тем как он сам не придавал этому эпизоду особенного значения, указывая на слабость партии недовольных и на отсутствие в ней передового человека. При всем том, однако, он принял некоторые меры предосторожности. На этот раз дело кончилось скоро. Стрельцов уговорили вернуться к своим полкам.

Из бумаг следственного дела, однако, видно, что во время пребывания своего в Москве стрельцы имели сношения с царевнами. Два стрельца, Проскуряков и Тума, успели через знакомую им стрельчиху доставить царевнам письмо с челобитною о стрелецких нуждах. Содержание письма и челобитной неизвестно; полагали, однако, что стрельцы звали Софью на царство. Передавали и содержание ответа царевны, в котором она приглашала стрельцов идти к Москве и изъявляла готовность исполнить их желание. Обо всем этом мы знаем лишь из показаний в застенке стрельцов и прочих обвиненных. Письмо Софьи не сохранилось ни в подлиннике, ни

---

[1] Соловьев, XIV, 266. Устрялов, III, 157.

в копии. Поэтому нет возможности судить положительно о мере участия Софьи в бунте.[1]

Также неизвестно, каким образом распространилась молва, что государя за морем не стало. Она быстро разнеслась по всей Москве и привела в недоумение бояр-правителей, которые, не получив три-четыре заграничные почты, за весеннею распутицею, крепко встревожились и перепугались. Петр, крайне раздраженный малодушием бояр, отвечал на письмо Ромодановского, от 8-го апреля 1698 года, следующее: «в том же письме объявлен бунт от стрельцов, и что вашим правительством и службою солдат усмирен. Зело радуемся; только зело мне печально и досадно на тебя, для чего ты сего дела в розыск не вступил. Бог тебя судит! Не так было говорено на загородном дворе в сенях.[2] А буде думаете, что мы пропали (для того, что почты задержались) и для того боясь, и в дело не вступаешь; воистину, скорее бы почты весть была; только, слава Богу, ни один не умер: все живы. Я не знаю, откуда на вас такой страх бабий! Мало ль живет, что почты пропадают? А се в ту пору была и половодь. Неколи ничего ожидать с такою трусостью! Пожалуй, не осердись: воистину от болезни сердца писал».[3] И Виниуса, который в крайнем беспокойстве писал к Лефорту о замедлении почты, Петр упрекнул в трусости, замечая между прочим: «я было надеялся, что ты станешь всем рассуждать бывалостью своею и от мнения отводить: а ты сам предводитель им в яму».[4]

Разглашение молвы о кончине царя могло содействовать усилению мятежного духа. Но появились и другие слухи. Рассказывали, будто царевна Марфа Алексеевна велела своей постельнице Клушиной шепнуть одной стрельчихе: «у нас в Верху позамялось: хотели было бояре государя-царевича удушить. Хорошо, кабы подошли стрельцы». Передавали далее, что бояре царицу Евдокию «по щекам били» и пр.[5]

Все это происходило весною 1698 года; но настоящий бунт начался только через несколько недель. Стрелецкие полки под начальством Ромодановского сына стояли близ Торопца. Сюда поспешили прийти стрельцы, бывшие в Москве и находившиеся там в сношениях с царевнами. Правительство издало в Москве указ от 28 мая, которым объявлялось, что стрель-

---

[1] Устрялов, III, 159.
[2] Из этого замечания можно заключить, что до отъезда царя за границу между ним и Ромодановским было говорено о мерах на случай бунта.
[3] Устрялов, III, 439.
[4] Там же, III, 440.
[5] Там же, III, 160.

цы должны оставаться в пограничных городах, а бегавших в Москву стрельцов велено сослать в малороссийские города на вечное житье. Когда, однако, около пятидесяти бежавших в Москву стрельцов были арестованы для отправления в ссылку, товарищи отбили их. Волнение быстро усиливалось. Ромодановский не имел возможности схватить виновных. Разумеется, бегуны, по инстинкту самосохранения, должны были всячески возбуждать к бунту остальных. Наконец мятеж вспыхнул. Один из ходивших в Москву, стрелец Маслов, взобравшись на телегу, начать читать письмо от царевны Софьи, в котором она убеждала стрельцов прийти к Москве, стать табором под Новодевичьим монастырем и просить ее снова на державство, а если солдаты станут не пускать их в Москву, то биться с ними.

Стрельцы порешили: «идти к Москве, разорить Немецкую слободу и побить немцев за то, что от них православие закоснело, побить и бояр; послать и в иные полки, чтоб и они шли к Москве для того, что стрельцы от бояр и от иноземцев погибают; и к донским козакам ведомость послать; а если царевна в правительство не вступится и по коих мест возмужает царевич, можно взять и князя Василия Голицына: он к стрельцам и в крымских походах, и на Москве, милосерд был, а по коих мест государь здравствует, и нам Москвы не видать; государя в Москву не пустить и убить за то, что почал веровать в немцев, сложился с немцами» и пр.[1]

Когда в Москве узнали, что стрельцы идут к столице, то на многих жителей напал такой страх, что они с имуществом бежали по деревням. И теперь особенно перепугались высшие сановники, тотчас решившие в совете отправить навстречу приближавшимся стрельцам отряд войска из конницы и пехоты. Начальство над этим войском было вверено боярину Шеину с двумя генералами: Гордоном и князем Кольцовым-Масальским. Душою всех действий был Гордон.

Узнав, что стрельцы спешат занять Воскресенский монастырь, Гордон старался предупредить их и отрезать им дорогу к этому важному месту. Эта цель была достигнута. Если бы стрельцы успели овладеть монастырем, то, под защитой его твердынь, могли бы разбить войско, оставшееся верным Петру. Встретившись с мятежниками, Гордон несколько раз ездил в их стан, стараясь убеждениями и угрозами отклонить их от бунта. Однако стрельцы, не сознавая опасности своего положения и не умея оценить превосходства сил и средств, находившихся в распоряжении Гордона, надеялись на успех, повторяли свои жалобы и понапрасну теряли время, так что Гордон, не упуская из виду ничего, что могло служить ему для обороны и быть обра-

---

[1] Соловьев, XIV, 271.

щено во вред врагам, занял весьма выгодные позиции. Особенно искусно расставил пушки полковник Крагге, так что успех битвы, сделавшейся неминуемою, принадлежал главным образом артиллерии.

18-го июня произошла развязка. Утром в этот день Гордон еще раз отправился в стан мятежников и со всевозможным красноречием убеждал их к покорности, но тщетно. Стрельцы отвечали, что или умрут, или будут в Москве. Гордон повторил им, что к Москве их не пропустят. Истощив все средства к мирному соглашению, Гордон открыл военные действия и велел сделать залп из 25 орудий; однако ядра перелетели через головы стрельцов. Завязалось настоящее сражение, продолжавшееся не более часа. Почти все бунтовщики, после данных по ним четырех залпов, которые произвели немалое опустошение в их рядах, были окружены, переловлены и заключены в Воскресенский монастырь.

В розыске, начавшемся тотчас же после битвы, участвовал и Гордон. К сожалению, его письмо к царю с донесением о всем случившемся до нас не дошло.[1] Показания подвергнутых пытке стрельцов не компрометировали царевны Софьи: ни один из них не намекнул про ее письмо. По распоряжению бояр было повешено 56 стрельцов; но остальных ожидал еще более грозный розыск, которым руководил сам царь.

Получив в Вене, от князя-кесаря Ромодановского, известие о бунте и движении стрельцов к Москве, Петр отвечал ему: «пишет ваша милость, что семя Ивана Михайловича ростет: в чем прошу вас быть крепким; а кроме сего ничем сей огнь угасить не можно. Хотя зело нам жаль нынешнего полезного дела (поездки в Венецию), однако сей ради причины, будем к вам так, как вы не чаете».

Очевидно, царь был страшно взволнован. Понятие о «семени Милославского» для него было тесно связано с борьбою против него самого, против дела преобразования. Можно было ожидать чрезвычайно строгих мер. Петр считал стрельцов лишь орудием какой-то враждебной ему партии. Его занимал вопрос о том, кто руководил стрельцами, кто подкапывался под его престол. От раздраженного царя, являвшегося также представителем партии, нельзя было ожидать спокойной, беспристрастной расправы. Недаром он считал стрельцов сторонниками реакционных стремлений. Единомышленники царя разделяли его ненависть к стрельцам. Виниус писал Петру: «ни один не ушел; по розыску, пущие из них посланы в путь иной, темной жизни с возвещением своей братье таким же, которые, мною, и в ад поса-

---

[1] Устрялов, III, 176—178.

жены в особых местах для того, что, чаю, и сатана боится, чтоб в аде не учинили бунту и его самого не выгнали из его державы».[1]

В конца августа Петр прибыл в Москву. Около середины сентября начался розыск под личным наблюдением царя, решившегося действовать строже прежних следователей, занимавшихся этим делом.[2]

С давних пор уголовное судопроизводство в московском государстве отличалось жестокостью, громадным и сложным прибором застенков и палачей. Существовали разные способы истязаний преступников. Нельзя сказать, чтобы Петр, участвуя лично в розыске и руководя им, прибавил что-либо к издавна существовавшим приемам практики уголовного террора. Но случаю коломенского бунта 1662 года число жертв, подвергнутых ужасным пыткам и казням, доходило до нескольких тысяч. Тогда, однако, не нашлось современника, который начертил бы столь подробно и рельефно мрачную картину этого печального эпизода, как это было сделано Корбом относительно ужасной драмы, происходившей осенью 1698 года. Петр в сущности не был строже своих предшественников, не был строже самого народа, который в подобных случаях, как, например, в мае 1682 г., разыгрывал роль палача, замучивая самыми зверскими истязаниями доктора фон-Гадена, Ивана Нарышкина и др. При всем том, розыск 1698 года был ужасен, во-первых, по громадному числу истязуемых и казненных, во-вторых, по многим случаям повторения пытки над лицами, уже не раз и ужасно пострадавшими, в-третьих — потому, что в числе несчастных находилось немало женщин, в-четвертых же, в особенности, по личному присутствию при всех этих ужасах венценосца.

Однако непосредственное, самоличное участие Петра в деле розыска в данном случае соответствовало не только некоторым внешним обстоятельствам всего события, например, опасности, грозившей царю лично от царевны Софьи, но еще гораздо более индивидуальности, нраву, страсти к личной инициативе царя. Он обыкновенно знал обо всем, заботился обо всем, участвовал во всех видах труда, строил корабли наравне с плотниками, действовал во время битвы в качестве обыкновенного артиллериста, на море служил матросом, при вопросах, касавшихся законодательства и администрации, входил во все частности. Таким образом, он, когда дело шло о стрелецком розыске, невольно должен был участвовать во всех подробностях дела, руководить допросами, присутствовать при пытках и казнях.

---

[1] Соловьев, XIV, 257.
[2] Гордон, III, 216.

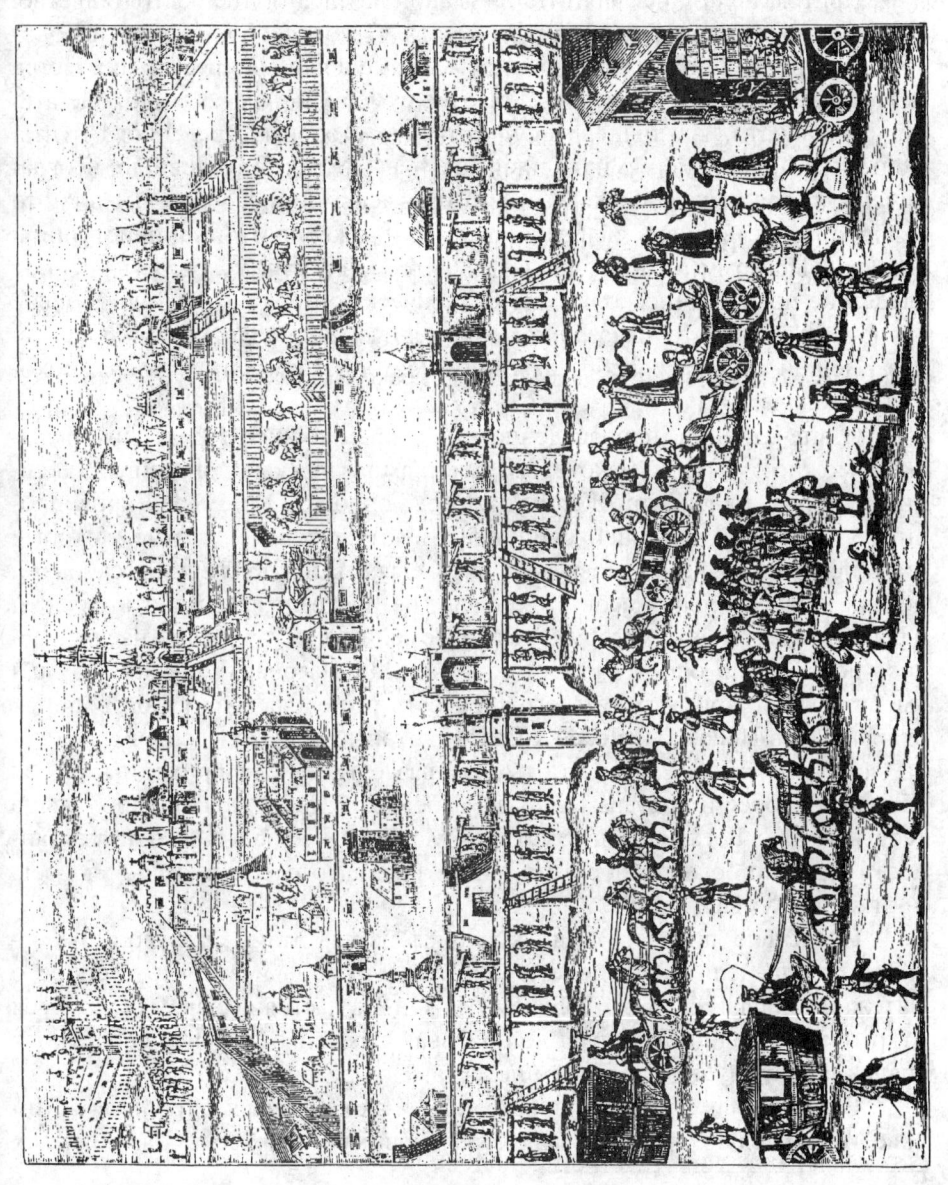

Казнь стрельцов.
С гравюры того времени, приложенной к «Дневнику Корба».

Притом нельзя не обратить внимания на следующее обстоятельство. На царе лежала тяжелая ответственность. Дело преобразования находилось в некоторой опасности. Те лица, которые во время пребывания Петра за границею управляли государством, не сумели, по его мнению, оценить меру опасности, грозившей государству со стороны стрелецкого бунта. Пользуясь одновременно находившеюся в его руках безусловною, неограниченною властью, а также и без того ужасными способами уголовного судопроизводства, царь, не без личного раздражения и гнева, приступил к розыску. Поэтому нельзя удивляться, что при таких условиях судебное следствие походило несколько на политическую меру в отчаянной борьбе с противниками, что наказание побежденных получило характер мести, что высший судья, пренебрегая своим достоинством как государя, походил на палача.

О впечатлении, произведенном на современников стрелецким розыском, можно судить по некоторым заметкам в записках, донесениях, дневниках Корба, Гвариента, Желябужского, Гордона. О размерах кровопролития, истязаний и казней свидетельствуют архивные данные, которые были исследованы Устряловым и Соловьевым. В продолжение нескольких недель, по несколько часов ежедневно, не прекращалась работа судей и палачей в застенках, которых, по современным источникам, насчитывалось до 14 (а по одному известию — до 20). Патриарх Адриан вздумал умерить гнев царя, укротить его строгость и, подняв икону Богородицы, отправился в Преображенское к Петру, который, однако, завидев патриарха, закричал ему: «к чему эта икона? разве твое дело приходить сюда? убирайся скорее и поставь икону на свое место. Быть может, я побольше тебя почитаю Бога и пресвятую Его Матерь. Я исполняю свою обязанность и делаю богоугодное дело, когда защищаю народ и казню злодеев, против него умышлявших».[1]

Следствие привело лишь к общим результатам. Оказалось невозможным определить в точности меру участия Софьи в бунте. Вопрос о мятежном послании ее к стрельцам должен и в настоящее время считаться открытым.[2] Гордон был прав, не придавая стрелецкому бунту особенного значения, потому что стрельцам недоставало предводителя.

В некоторых рассказах иностранцев, находившихся в то время в Москве, говорится об участии в деле стрельцов некоторых вельмож, о пытках

---

[1] Korb, Diarium, 6—7 окт. 1698.
[2] Устрялов и Соловьев не сомневались в существовании письма. Аристов отрицает вину царевны.

кое-каких бояр и т. п.[1] Эти сведения не подтверждаются архивными материалами.

Число казненных в сентябре и октябре доходило до тысячи; то были почти исключительно стрельцы или другие лица низшего сословия, а также некоторые священники, участие которых в бунте заключалось главным образом в том, что они до битвы при Воскресенском монастыре отслужили молебен. Их наказали особенно строго, медленною смертью — колесованием и пр.[2] В феврале 1699 года было казнено еще несколько сот человек.

Вопрос о самоличном, собственноручном участии Петра в казнях должен оставаться открытым. Гвариент и Корб рассказывали об этом не как очевидцы, а по слухам. В записках Желябужского, Гордона и прочих современников не говорится об этом. Соловьев верит рассказу австрийских дипломатов, что Петр собственноручно отрубил головы пятерым стрельцам, что он заставлял Ромодановского, Голицына, Меншикова делать то же самое. Другие историки, например, Устрялов, Поссельт, быть может, слишком решительно, отрицают возможность подобных фактов.

Как бы то ни было, известие об ужасах в Москве произвело в Западной Европе чрезвычайно тяжелое впечатление. Отзыв епископа Бёрнета о Петре Великом, приведенный нами выше, в главе о путешествии Петра, составлен под влиянием рассказов об ужасах стрелецкого розыска. Лейбниц, имевший весьма высокое понятие о способностях Петра, о его склонности в реформам, стремлении в просвещению, в письме к Витзену порицал образ действий царя и выразил опасение, что такой террор вместо того, чтобы укротить мятежный дух в народе, скорее будет содействовать распространению в стране всеобщей ненависти к царю. К этому Лейбниц прибавил: «я от души желаю, чтобы Бог сохранил этого государя и чтобы его наследники продолжали начатое им дело преобразования». Витзен старался успокоить Лейбница относительно ожидаемых последствий чрезмерной строгости царя, замечая: «нет основания опасаться каких-либо враждебных действий со стороны семейств казненных преступников; в Московском государстве существует обычай отправлять в Сибирь и в прочие самые отдаленные места жен, детей и вообще всех родственников казненных преступников».[3]

Спрашивалось; не следовало ли, напротив, ожидать самых опасных последствий от такого распространения наказания на несколько тысяч се-

---

[1] Плейер в донесении от 10-го декабря 1698 г. — Перри, нем. изд., 290.
[2] Устрялов, III, 405—407.
[3] Герье, 29 и 30.

мейств? В дневнике Гордона встречается (14-го ноября 1698 года) следующая многознаменательная заметка: «было запрещено принимать у себя жен и детей казненных стрельцов».[1] Таким образом, тысячи женщин, детей, вообще родственников стрельцов оказались как бы обреченными на верную погибель. Лишенные средств, крова, хлеба, они умирали медленною смертью от холода и голода, возбуждая своими страданиями гнев народа на неумолимо строгое правительство.

К тому же, следствие вообще прекратилось не скоро. Много лет спустя, именно в 1707 году, был казнен стрелец Маслов, сообщивший летом 1698 года своим товарищам мнимое или настоящее послание к стрельцам царевны Софьи.[2]

Кроме розыска в Москве, происходил розыск и в Азове. Когда в Черкасске на Дону узнали о поражении стрельцов под Воскресенским монастырем, казаки говорили: «если великий государь к заговенью к Москве не будет, и вестей никаких не будет, то нечего государя и ждать! а боярам мы не будем служить и царством им не владеть... Москву нам очищать, а как будет то время, что идти нам к Москве, будем и городовых людей с собою брать и воевод будем рубить или в воду сажать». Одновременно с казаками начали говорить и стрельцы: «отцов наших и братьев и сродичев порубили, а мы в Азове зачтем, начальных людей побьем». Один монах говорил стрельцам: «дураки вы, что за свои головы не умеете стоять; вас и остальных всех немцы порубят, а донские казаки давно готовы». Стрелец Парфен Тимофеев говорил: «когда бунтовал Разин и я ходил с ним же: еще я на старости тряхну!», а другой стрелец, Бугаев, толковал: «стрельцам ни в Москве, ни в Азове житья нигде нет: на Москве от бояр, что у них жалованье отняли без указу; в Азове от немец, что их на работе бьют и заставляют работать безвременно. На Москве бояре, в Азове немцы, в земле черви, в воде черти».

---

[1] Гордон, III, 222.

[2] Укажем на некоторые подробности дела Маслова в доказательство того, что пользование протоколами, составленными при допросах, как историческим материалом, требует крайней осторожности. В сентябре 1698 года Маслов на пытке показал, что имел в руках письмо царевны и уничтожил его; 30-го января 1700 года он показал, что отдал письмо своему родственнику, Жукову. Последний запирался сначала в получении письма, но на третьей пытке показал, что действительно имел в руках это письмо и бросил его в Двину; при следующих пытках, однако, он опять отрицал получение письма и пр. Маслову было 6 застенков, 2 подъема, 97 ударов; Жукову — 7 застенков, 4 подъема, 99 ударов; он был жжен головнею и пр. Устрялов, III, 240—242.

Вслед за азовским, произошел еще новый розыск. Стрелецкий полковой поп донес, что в Змиеве, в шинке, стрельцы толковали о своей беде, сбирались со всеми своими полками, стоявшими в Малороссии, идти к Москве. Хотели убить боярина Стрешнева за то, что у стрельцов хлеба убавил, Шеина за то, что ходил под Воскресенский монастырь, Якова Федоровича Долгорукого за то, что «выбил стрельцов в дождь и в слякоть». Стрельцы говорили: «чем было нам татар рубить, пойдем к Москве бояр рубить».[1]

Стрелец Жукова полка Кривой, содержавшийся в Вологодской тюрьме, с зверским бешенством кричал пред другими колодниками и посторонними людьми: «ныне нашу братью, стрельцов, прирубили, а остальных посылают в Сибирь: только нашей братьи во всех сторонах и в Сибири осталось много. И в Москве у нас зубы есть, будет в наших руках и тот, кто нас пластал и вешал. Самому ему торчать на коле».[2]

При таких обстоятельствах нужно было раз навсегда покончить с «русскими янычарами». После того, как в начале 1697 года их удалили из Москвы и принудили к пребыванию на пограничных постах, они сделались еще более опасными. В июне 1699 года царь повелел: «всех стрельцов из Москвы и Азова распустить по городам в посад, куда кто похочет; без проезжих листов никуда их из посадов не отпускать». Само собою разумеется, что ружья, сабли и все казенные вещи у них были отобраны. Таким образом, по выражению Петра, *скасовано* было 16 полков, и московские стрельцы, рассеянные по всему государству, из царских телохранителей обратились в посадских. Строго запрещено было принимать их в солдатскую службу, конечно, из опасения, чтобы ратные люди не заразились их злонравием, и, как скоро обнаружилось, что некоторые из старых стрельцов записались в солдаты, сказываясь посадскими разных городов, царь велел сослать их на каторгу. Скоро исчезли и последние следы прежнего стрелецкого войска.[3]

Оставалось покончить с царевною Софьею. Иностранцы-современники сообщают нам, что гнев царя на сестру, по случаю стрелецкого бунта, не имел пределов. Гвариент писал о намерении царя, на устроенной нарочно для этой цели эстраде, собственноручно убить Софью в глазах всего народа.[4] Этот нелепый рассказ впоследствии был часто повторяем в разных видах; передавали, что Лефорт убедил царя отказаться

---

[1] Соловьев, XIV, 281—282.
[2] Устрялов, III, 243.
[3] Там же, III, 244.
[4] Там же, III, 630.

от столь ужасного намерения и оставить царевну в живых; разглашали о чудесном спасении царевны, уже приговоренной к смертной казни, какою-то двенадцатилетнею девочкой, и пр.[1] Корб пишет 11-го октября 1698 года о решении царя предоставить суд над царевною собранию, составленному из представителей разных сословий.[2] О намерении созвать такой собор в других источниках не упоминается.[3]

Во время розыска Софья на вопрос о письме отвечала брату: «письма я никакого не посылала, но стрельцы могли желать меня на правительство, потому что прежде я была правительницею».

Чтобы уничтожить связь между этим прошедшим и будущим, чтобы впредь никто не мог желать видеть ее во главе правительства, лучшим средством было пострижение. Софья была пострижена под именем Сусанны и оставлена на житье в том же Новодевичьем монастыре, под постоянною стражею из сотни солдат. Сестры ее могли ездить в монастырь только на Светлой неделе и в монастырский праздник Смоленской Божией Матери (28-го июля), да еще в случае болезни монахини Сусанны. Петр сам назначил доверенных людей, которых можно было посылать со спросом о ее здоровье, и приписал: «а певчих в монастырь не пускать: поют и старицы хорошо, лишь бы вера была, а не так, что в церкви поют *Спаси от бед*, а в паперти деньги на убийство дают».[4]

Софья скончалась 3-го июля 1704 года и была погребена в церкви Смоленской Богородицы в Новодевичьем монастыре.[5]

Царевна Марфа, находившаяся также в сношениях со стрельцами, была пострижена в монахини в Александровской слободе, в Успенской обители, под именем Маргариты. Там она скончалась в 1707 году.[6]

Борьба за престол, начавшаяся в 1682 году, кончилась в 1698 году катастрофою стрельцов и царевны Софьи. Петр вышел из этой борьбы победителем. Со стороны царевны и ее союзников, «русских янычар», царю более уже не грозила никакая опасность. Этим самым, однако, еще не пре-

---

[1] «Анекдоты Штелина», III, № 3 (изд. 1830 г.).

[2] Diarium itineris, 11-го октября 1698 года.

[3] Соловьев, XIV, 283 и прил. VIII, не сомневается в факте собора. Указывая на рассказ Корба, он замечает: «форма собора ясна: заезжий иностранец не мог этого выдумать».

[4] Соловьев, XIV, 283.

[5] См. надпись на гробнице, из которой видно, что Софья была пострижена 21-го октября 1698 года, у Устрялова, III, 407—408. О кончине Софьи Ромодановский писал царю; см. Устрялова, IV, 2, 313.

[6] Устрялов, III, 237 и 408.

кратилась борьба с враждебными царю-преобразователю в государстве и обществе элементами. И до стрелецкого розыска Петр не пользовался популярностью в народе. Ненависть к неумолимо строгому государю росла, вследствие кровавой драмы 1698 года. Целые пять месяцев трупы казненных стрельцов не убирались с мест казни. Целые пять месяцев трупы трех стрельцов, повешенных у самых окон кельи царевны Софьи, держали в руках челобитные, «а в тех челобитных написано было против их повинки». Все это могло служить наглядным свидетельством, чего можно было ожидать от грозного царя в случае непослушания и противодействия его преобразованиям.

В Москве с тех пор бунта при Петре не было. Зато происходили разные вспышки в отдаленных местах, где не было недостатка в горючем веществе, в элементах, готовых объявить войну и царю, и правительству, и вообще началам порядка и прогресса. Везде были слышны речи недовольных, раздраженных, опальных. Здесь и там мятежный дух выражался в преступных действиях. Приходилось продолжать кровавые упражнения в застенках. Царь оставался победителем, но его победа была куплена дорогою ценою: потоками крови и общею ненавистью народа.

Глава III. Общий ропот

Народ, зорко следивший за борьбой, происходившей между царем и стрелецким войском, оправдывал образ действий мятежников, резко порицая жестокость государя. Говорить громко об этих событиях было опасно. Зато в частных беседах раздавались жалобы, угрозы, проклятия. Самым любимым предметом разговоров в теснейших кружках единомышленников была ненависть к царю, заставлявшая противников последнего останавливаться на вопросе о его кровожадности и его охоте мучить людей. Таково содержание многих бесед, о которых правительство узнавало через доносчиков и которые сделались известными потомству через допросы в застенках.

Особенно много, часто и с крайним раздражением говорили о казнях стрельцов. Происходили сборища недовольных. Везде рассуждали тайно об ужасных современных событиях.

Когда стрельцов толпами начали свозить в Москву для розысков, то в народе пошел слух, что по ним будут стрелять из пушек. Жена стряпчего конюха Аксинья говорила своему крепостному человеку Гавриле: «видишь, он (царь) стрельцов не любит, стал их переводить; ужо он всех их переведет»; Гаврила отвечал: «чего хотеть от бусурмана; он обусурманился: в среду и пятницу мясо ест; коли стал стрельцов переводить, переведет и всех; уже ожидовел и без того жить не может, чтоб в который день крови не пить». Аксинья прибавила с ругательством, что когда царь каких-то преступников «до Яузских ворот велел бить кнутом, как их били и он за ними сам шел». Аксинью и Гаврилу казнили смертью.

В народе сочувствовали другим членам царской фамилии и говорили: «не одни стрельцы пропадают, плачут и царские семена». Стрелецкие жены рассказывали: «царевна Татьяна Михайловна жаловалась царевичу на боярина Тихона Никитича Стрешнева, что он их (царевен) поморил с голоду; еслиб-де не монастыри нас кормили, мы бы давно с голоду померли, и царевич ей сказал: дай-де мне сроку, я-де их подберу»... «Государь свою царицу послал в Суздаль, и везли ее одну, только с постельницею, да с девицею, мимо их стрелецких слобод, в худой каретке и на худых лошадях... Царевич плакал и тосковал»... «Государь немец любит, а царевич немец не любит; приходил к нему немчин и говорил неведомо какие слова, и царевич на том немчине платье сжег и его опалил. Немчин жаловался государю, и тот сказал: для чего ты к нему ходишь: покаместь я жив, потаместь и вы».

По случаю казней стрельцов какие-то женщины говорили: «государь с молодых лет бараны рубил, и ныне ту руку натвердил над стрельцами. Которого дня государь и князь Федор Юрьевич Ромодановский крови изопьют, того, дня в те часы они веселы, а которого дня не изопьют, и того дня им и хлеб не естся».

Ко всему этому прибавилось раздражение по поводу разных новшеств, вводимых царем после возвращения его из-за границы. Роптали на царя, что «бороды бреет и с немцами водится, и вера стала немецкая». О патриархе говорили: «какой-де он патриарх? — живет из куска: спать бы ему да есть, да бережет-де мантии да клобука белова, затем-де он и не обличает, а власти все подкупные». За такие слова виновных жгли огнем, наказывали кнутом, ссылали на каторгу.

По случаю распространения обычая употреблять табак ревнители отеческих преданий порицали не только государя, но и духовенство, не препятствовавшее этому злу. Говорили: «какой-то ныне государь, что пустил такую проклятую табаку в мир: нынешние попы волки и церкви божией обругатели» и пр.[1]

Однако бывали случаи, когда именно попы тайными внушениями поддерживали суеверный ужас черни и дерзко осуждали в своих приходах

---

[1] Соловьев, XIV, 294—296.

образ действий государя. Так, например, в городе Романове поп Вакула не допустил однажды солдата Кокорева к св. кресту и назвал его врагом и бусурманом за то, что он был с выстриженною бородою. Когда же Кокорев в оправдание свое сказал: «ныне на Москве бояре и князи бороды бреют, по воле царя», то Вакула называл последнего «сумасбродом».[1]

Казнь колесованием.
С редчайшей гравюры начала XVIII столетия, находящейся в собрании П.Я. Дашкова.

Англичанин Перри рассказывает о разных полемических сочинениях, в которых особенно осуждали царя за брадобритие, прибавляя к этому, что все старания открыть сочинителей памфлетов оставались тщетными. Мно-

---
[1] Устрялов, III, 196 и IV, 2. 188—191.

гие простодушные суеверы едва ли не до самой смерти оплакивали потерю бороды. «На Камышенке», пишет Перри, «я знал одного русского плотника, уже преклонных лет, и очень любил его за исправность. В последствии он встретился мне в Воронеже, вскоре после того, как в цирюльне обрезали ему бороду. Я в шутку сказал ему, что он помолодел, и спросил: «куда же девалась твоя борода»? «Вот она», отвечал плотник, вынимая ее из-за пазухи: «я запру ее в сундук и велю положить ее с собою в гроб, чтобы предстать с нею на страшный суд. Вся наша братья сделает то же».[1]

Пытка водой.
С рисунка, сделанного Пальмквистом в 1674 году.

Иностранцы не без опасения наблюдали за повсеместным раздражением в народе. В своем донесении императору от 7-го марта 1700 г. Плейер писал, что царь во время поста ест скоромное и дозволяет всем и каж-

---
[1] Перри, нем. изд. 310, 330.

дому следовать его примеру. Это сообщение было писано в шифрах, как и следующее: к Плейеру приходил какой-то казак, жалуясь на государя, который лишил казаков всех прежних прав, и прибавляя к этому, что казаки готовы скоро перейти к неприятелю.[1] Саксонский дипломатический агент, барон Ланген, доносил королю Августу 3-го августа 1700 года, что ходят слухи о новом большом заговоре, что происходят многочисленные аресты, что везде народ крайне раздражен брадобритием и переменою платья, но что вся эта ненависть к царю и его преобразованиям не может остановить хода реформы, так как царь твердо решил искоренить отвращение русских к иностранцам и приучить своих подданных к новым нравам и обычаям в духе западноевропейской культуры.[2]

Когда Петр заботился об учреждении в Амстердаме русской типографии, для распространения в народе книг, и вообще старался о народном образовании, некто Бло (Bleau) писал весною 1700 года к одному приятелю: «москвитяне, как и вам это известно, нисколько тем не интересуются: они все делают по принуждению и в угоду царю, а умри он — прощай наука»![3]

В сущности, противники Петра большею частью ограничивались пассивною ролью, жалобами, угрозами. Приступали к враждебным действиям лишь в виде исключения. Условия не благоприятствовали образованию политических партий, организации систематических действий против правительства. Не было и лиц, способных стать во главе недовольных, составить что-либо похожее на программу, противоположную предначертаниям царя. К тому же, большая часть современников, видя ломку существующего, не была в состоянии составить себе какое-либо понятие о цели, к которой стремился Петр. Масса как-то инстинктивно восставала против преобразования; однако почти все ограничивались лишь ропотом, хулою. В центре России мятежный дух обнаруживался лишь в неосторожных речах, в словах, свидетельствовавших о крайнем раздражении. Во всем этом еще не заключалось особенной опасности для государства. Революционные вспышки происходили лишь на юго-востоке, где шайки казаков и раскольников приступали к открытым мятежам, где инородцы доставляли обильный материал для увеличения мятежных скопищ. Крестьянские бунты, казацкие вспышки, по временам появление самозванца или распространение слуха о появлении такового — вот средства, который выставлял народ для борьбы против грозного царя.

---

[1] Устрялов, III, 661.
[2] Herrmann, «Gesch. d. russ. Staats», IV, 97.
[3] Пекарский, «Наука и лит. при П. В.» I, 12.

Укажем для охарактеризования общего настроения умов на некоторые случаи выражения негодования на царя и его действия. Каждый из этих случаев представляет собою пример уголовного следствия, страшных пыток, изысканных истязаний, казней и ссылок. Единственным источником сведений обо всем этом служат дела Тайного Преображенского приказа.

Казнь повешением за ребро и закапыванием в землю.
С редчайшей французской гравюры начала XVIII века,
находящейся в собрании П.Я. Дашкова.

Нововведения продолжались; к тому же началась война, потребовавшая больших пожертвований людьми и деньгами; рекрутская повинность впервые предстала народу со всею своею печальною обстановкою, и ропот усиливался. Крестьянин роптал: «как его Бог на царство послал, так и светлых дней не видали; тягота на мир, рубли да полтины, да подводы; отдыху нашей братье нет». Сын боярский говорит: «какой-де он государь? — нашу братью всех выволок в службу, а людей наших и крестьян побрал в даточные; нигде от него не уйдешь; все распропали на плотах, и сам он ходит на службу; нигде его не убьют; как бы убили, так бы и служба минула и черни бы легче было». Крестьянки и солдатские жены кричали: «какой он царь? — он крестьян разорил с домами, мужей наших побрал в солдаты, а нас с детьми осиротил и заставил плакать век». Холоп говорил: «если он станет долго жить, он и всех нас переведет; я удивляюсь тому, что его по ся мест не уходят: ездит рано и поздно по ночам малолюдством и один, и немцам ныне времени не стало, потому что у него тесть Лефорт умер; какой он царь? — враг, оторок мирской; сколько ему по Москве ни скакать, быть ему без головы». Монах говорил: «навешал государь стрельцов, что полтей, а уже ныне станет их солить». Другой монах отвечал на это: «эти полти даром не пройдут; быть обороту от последних стрельцов». Нищий говорил: «немцы его обошли: час добрый найдет — все хорошо, а иной найдет — так рвет и мечет: да вот уже и на Бога наступил: от церквей колокола снимает». Слышались слова: «мироед! — весь мир переел; на него, кутилку, переводу нет; только переводит добрые головы»!

И при царе Алексее Михайловиче, замечает Соловьев, сообщая эти любопытные подробности, были сильные жалобы на отягощение народное, жалобы, оканчивавшиеся бунтами. Но при этих жалобах народ обыкновенно щадил особу царя, складывал всю вину на бояр. Петр не пользовался этим преимуществом, потому что сблизился с немцами, ездил в их землю, обрился, оделся по-немецки, других заставлял делать то же, царицу сослал в монастырь, вместо нее взял немку «Монсову».

Все это считалось народом ересью, и этим объясняются попытки поднять православных против брадобрития. В мае месяце 1700 года в семи верстах от Троицкого монастыря, на большой московской дороге, у Креста, прибили лист против брадобрития. В Суздале подкинут был точно такой же лист у городских ворот, во время проезда через них келейника архиерейского казначея; в Юрьеве-Польском тот же лист явился прибитым у ворот Архангельского монастыря. Высказывались опасения, что дело не ограничится одними бородами; монах говорил: «государь ездил за море, возлюбил веру немецкую: будет то, что станут по средам и пятницам белицы и старцы есть молоко».

Петр во всех отношениях отличался от прежних царей. Потому-то столь часто в делах Преображенского приказа встречается сознание в том, что подсудимые и их знакомые обсуждали вопрос: «какой он царь»? не находя на него ответа. Народ видел, что происходит нечто необыкновенное. Старание объяснить все происходившее могло повести к странным выдумкам. Народная фантазия стала работать над объяснением поразительного, страшного явления, и первое объяснение было высказано: «немцы его обошли, испортили». Но на этом не остановились; фантазия разыгрывалась все больше и больше; являлся вопрос: прямой ли это царь, сын Алексия Михайловича и Натальи Кирилловны?

В 1701 году князь Василий Сонцев был казнен за два разбоя, за два убийства и за непристойные слова, что царевна Софья называла Петра стрелецким сыном. Но вымысел отъявленного негодяя или озлобленной сестры не мог иметь ходу, ибо не объяснял того, что именно нужно было объяснить — почему Петр полюбил все немецкое! Наконец, народная фантазия создала объяснение: Петр не родился от Натальи и был подменен царице, родившей девочку. Объяснение пошло в ход с дополнением, что Петр был сын Лефорта. Бабы, стирая белье, толковали: «крестьяне все измучены, высылают их на службу с подводами, да с них же берут сухари; все на государя встали и возопияли: какой-де он царь? родился от немки беззаконной; он замененный, и как царица Наталья Кирилловна стала отходить сего света, и в то число говорила: ты-де не сын мой, — замененный. Он велит носить немецкое платье — знатно, что родился от немки».

Но и на этом фантазия не остановилась. Царь ввел брадобритие и немецкое платье, царицу отослал, взял девицу Монс, стрельцов переказнил — все это сделал по возвращении из-за границы: но он ли это приехал? Немцы погубили настоящего царя Петра у себя и прислали на Русь другого, своего немца же, чтоб обусурманить православных. Сначала, вероятно, на основании слухов о встреченных Петром неприятностях в Риге, — создалась следующая сказка: «как государь и его ближние люди были за морем и ходил он по немецким землям и был в Стекольном (Стокгольме), а в немецкой земле Стекольное царство держит девица, и та девица над государем ругалась, ставила его на горячую сковороду и, сняв со сковороды, велела его бросить в темницу. И как та девица была именинница, и в то время князи ее и бояре стали ей говорить: пожалуй, государыня, ради такого своего дни выпусти его, государя, и она им сказала: подите посмотрите: буде он валяется, и для вашего прошенья выпущу; и князи и бояре, посмотря его, государя, ей сказали: томен, государыня! и она им сказала: коли томен, и вы его выньте, и они его, вынув, отпустили. И он пришел к нашим боярам; бояре перекрестились, сделали бочку и в ней набили гвоздья и в тое бочку хотели его положить, и про то уведал стрелец и, прибежав к государю, к постели, говорил: царь, государь, изволь встать и выйти: ничего ты не ведаешь, что над тобою чинится; и он, государь, встал и вышел, и тот стрелец на постель лег на его место и бояре пришли и того стрельца, с постели схвата и положа в тое бочку, бросили в море». Сказка не говорила, что сделалось потом с Петром, и люди, враждебные преобразованию, стали распространять слух, что он погиб за границею, а на его место явился немчин. «Это не наш государь, — немец; — а наш царь в немцах в бочку закован, да в море пущен».

Противники преобразования не остановились и на немецком происхождении Петра. Мы знаем, что в России были люди, которые давно уже толковали об антихристе, видели его и в Никоне и даже в царе Алексее Михайловиче: понятно, что они заговорили еще громче о пришествии антихриста, когда увидали такую полную перемену старины, совершенную сыном Алексея.[1] Особенно среди раскольников придавали всем переменам религиозное значение, во всех мероприятиях правительства видели проявление ереси.

В июне 1700 г. в Преображенский приказ был подан донос на «книгописца Гришку Талицкого»: «слышать от него про государя всякие непристойные слова; хочет он печатать тетради и, напечатав, бросать в народ». Талицкий узнал, что его ищут в Преображенском, и скрылся, но потом был отыскан, подвергнут пытке и признался, что составил письмо, будто настало ныне последнее время, и антихрист в мир пришел, т. е. государь, также и другие многие статьи писал государю в укоризну, и народу от него отступить приказывал, слушать и подати платить запрещал. Списки со своих сочинений давал своим единомышленникам и друзьям и за то брал с них деньги. О последнем времени и антихристе вырезал две доски, хотел на них печатать листы и отдавать их безденежно, к возмущению на государево убийство. Затем он мечтал об избрании на царство боярина князя Михаила Алегуковича Черкасского.

У Талицкого были единомышленники. От епископа Тамбовского Игнатия он получал деньги, и за эти деньги написал епископу тетради и разговаривал с ним об антихристе. Талицкий уличал Игнатия в том, что, когда он слушал написанное в тетрадях, то плакал и, взявши тетради, поцеловал их.

---

[1] Соловьев, XV, 129—133.

Поп Андрей показал, что Талицкий государя антихристом называл, и говорил: «какой он царь? сам людей мучит!» Говорил и про царевича: «от недоброго корня и отрасль недобрая; как я с Москвы скроюсь, то на Москве будет великое смятение».

Монах Матвей показал: Талицкий пришел к нему в келью, принес с собою тетрадку об исчислении лет, и говорил: «питаться стало нечем, а вы что спите? пришло последнее время; в книгах пишут, что будет осьмой царь антихрист, а ныне осьмой царь Петр Алексеевич, он-то и антихрист».

Бояре приговорили: Гришку Талицкого с пятью товарищами казнить смертью; других бить кнутом и сослать в Сибирь; Тамбовского епископа Игнатия, расстриженного, сослать в Соловки в тюрьму.[1]

Казнь Талицкого и его товарищей была особенно мучительна и продолжалась несколько часов: их жгли медленным огнем. Правительство впоследствии старалось вредить памяти о Талицком рассказом, что Талицкий «во время казни, копчением творимой, не стерпя того, покаялся и был снят с оного» и пр. Раскаяние Талицкого при копчении живым едва ли могло иметь какое-нибудь значение.

Зато в народе Талицкого считали мучеником, погибшим за веру, и рассказывали, что, когда во время следствия он спорил со Стефаном Яворским, то превосходил последнего ученостью и диалектикою, не уступал ни в чем митрополиту, которого называл пророком Вааловым, и пр. Правительство распорядилось поэтому напечатанием сочинения Яворского «Знамения пришествия антихриста и кончины века», в котором заключалось опровержение учений Талицкого.[2] В кругах иностранцев смеялись над сочинением Яворского;[3] народ же оставался большею частью высокого мнения о Талицком, о котором вспоминали и впоследствии. О Талицком, как о человеке великого ума, говорил царевич Алексей Петрович, а в 1750 году о нем требовала сведений императрица Елизавета.

Учение раскольников находило самую удобную почву в воззрениях народа, глубоко предубежденного против иностранцев, «поганых, зловерных». Масса народа коснела в своей старинной исключительности и одно-

---

[1] Соловьев, XV, 132—134. О подробностях казни см. Штраленберга: «Das nord- und östliche Theil von Europa und Asien», 248. П. С. З. № 3891.

[2] См. Пекарского, II, 77—82 и 543.

[3] Фокеродт в изд. Германа «Zeitgenössische Berichte». Особенно забавным казалось Фокеродту, что Яворский основывал свое доказательство, что Петр не может быть антихристом, на том обстоятельстве, что путем кабалистики из имени Петра нельзя вывести многознаменательной цифры 666, указывающей на антихриста.

сторонности. Сознание народа было устремлено не вперед, а назад, и поэтому все нововведения Петра могли казаться нарушением веры, страшным грехом. Петр и не думал вовсе поколебать или изменить господствующее начало духовной жизни Россия, веру, христианство, однако, его реформы казались народу несогласными с религиею и поэтому возбуждали решительное, фанатическое упорство. Русские люди не могли отдалить божие от кесарева, религиозное от гражданского, церковное от государственного. Народ не знал другого различия национального, кроме веры православной. О таком настроении умов свидетельствуют сочинения расколоучителей, распространенные немедленно после введения Петром бродобрития, немецкого платья, нового летосчисления и пр. Вот образчик этой публицистики, заключающей в себе протест против нового правительства, против западноевропейских начал государства, против реформ Петра. «Мы», сказано в одном из таких сочинений, появившихся в это время, «смотряюще не дремательным оком, познаваем, яко от лет почислу 1666 конец прияша пророчествия, а совершенное же всея злобы исполнение исполнися на Петре: егда исполнися число зверя 1666 лет, в то лето царь Алексей Михайлович с Никоном отступи от св. православной веры, а после его в третьих восцарствова на престоле всея Руссии сын его первородный, Петр, и нача превозноситися паче всех глаголемых богов, сиречь помазанников, и нача величатися и славитися пред всеми, гоня и муча православных христиан и распространяя свою новую веру, и церковь по всей Руссии в 1700 году возобновили; уничтожи патриаршество, дабы ему единому властвовати, не имея равного себе, дабы кроме его никаких дел не творили, но имели бы его единою превысочайшею главою, судиею всей церкви, приял на себя титлу патриаршескую и пр... в 1700 году собра весь свой поганый синклит в 1-й день Генваря месяца и постави храм идолу ветхо-римскому, Янусу, и пред всем народом нача творити чудеса, под видом фавмазии, и вси воскликнуша ему единогласно: виват, виват новый год! от того дни разосла свои указы во всю Руссию, повеле праздновати новое лето, разрушая законную св. отец клятву и пр... Оле, благоразумные чада, вонмите здесь, коему ежегодно празднуете новый год? Все господния лета истреблени, а сатанины извещены... Удалятися и бегати подобает нам во антихристово время от еретических жертв... понеже Петр нача гонити и льстити и искореняти останок в Руссии православную веру, своя новые умыслы уставляя, нова законоположения полагая» и пр. и пр.[1]

---

[1] Щапов, «Русский раскол старообрядства», Казань, 1869, стр. 106—109.

Множество следственных дел свидетельствует о распространении подобных мнений в народе. Какой то подьячий Павел называл царя «немцовым сыном» и упрекал его в том, что он «в великий поста яйца и мясо кушает». Какой-то крестьянин говорил, в 1707 г.: «как де великий государь изволил итти с Воронежа к Москве в Филлипов пост и изволил быть в кончине Франца Яковлевича (Лефорта), в селе Богоявленском, и стоял на Вотчинникове дворе, то он кушал скоромное».[1] Несмотря на книгу Стефана Яворского, в народе продолжали считать Петра антихристом. Мысль эта не умирала в людях, страдавших боязнию нового. В 1704 году в Симоновом монастыре хлебенный старец Захария говорил: «Талицкий ныне мученик свят; вот ныне затеяли бороды и усы брить, а прежде сего этого не бывало; какое это доброе? вот ныне проклятый табак пьют!» В Олонецком уезде говорил один дьячек: «на Москве ныне изволил государь летопись от Рождества Христова 1700 года, да платья носить венгерские». Священник к этому прибавил: «слышно, что и Великого поста неделя убавлена, и после Светлого Воскресения и Фоминой недели учнут меж говенья в среды и пятки мясо и млеко есть во весь год». На это заметил дьячек: «как будут эти указы присланы к нам в погосты, и будут люди по лесам жить и гореть, пойду и я с ними жить и гореть» и прочее. Какой-то монах говорил стрельцу в 1704 году: «ныне службы частые; какое ныне христианство? ныне вера все по новому; у меня есть книги старые; а ныне эти книги жгут»... «Какой он нам, христианам, государь? он не государь, — латыш: поста никакого не имеет; он льстец, антихрист, рожден от нечистой девицы; писано об нем именно в книге Валаамских чудотворцев, и что он головою запрометывает, и ногою запинается, и то его нечистый дух ломает; а стрельцов он переказнил за то, что они его еретичества знали, а они, стрельцы, прямые христиане были, а не бусурманы; а солдаты все бусурманы: поста не имеют; прямого государя христианского, царя Иоанна Алексеевича, извел он же, льстец. Ныне все стали иноземцы, все в немецком платье ходят, да кудрях, бороды бреют». Про Меншикова монах говорил: «он не просто живет, от Христа отвергся, для того от государя имеет милость великую, а ныне за ним бесы ходят и его берегут» и пр.

Перемена платья возбудила страшное негодование. Одеваться немцем для русского было тяжело и убыточно, и, даже оставляя в стороне суеверную привязанность к старине, перемена эта могла возбуждать сильное раздражение. Дмитровский посадский Большаков, надевая новую шубу, сказал с сильною бранью: «кто это платье завел, того бы повесил»; а жена его прибавила: «прежние государи по монастырям ездили, Богу молились, а ны-

---

[1] Устрялов, IV, 202—204, 228.

нешний государь только на Кокуй ездит». Нижегородский посадский, Андрей Иванов, пришел в Москву извещать государя, что он, государь, разрушаешь веру христианскую: велит бороды брить, платье носить немецкое, табак тянуть, и потому, для обличения его, государя, он и пришел.[1]

Публичные наказания в России в XVII столетии.
С рисунка, находящегося в «Путешествии» Олеария.

Жаловались и на небывалые тягости и поборы. В Белгородском уезде один сельский священник говорил другому: «Бог знает, что у нас в царстве стало: украйня наша пропала вся от податей, такие подати стали уму непостижны, а теперь и до нашей братьи, священников, дошло, начали брать у нас с бань, с пчел, с изб деньги; этого наши прадеды и отцы не

---

[1] Соловьев, XV, 135—137.

знали и не слыхали; никак в нашем царстве государя нет!» Другой священник говорил отставному прапорщику, Анике Акимовичу Попову: «в миру у нас стало ныне тяжело... в книгах писано, что антихрист скоро родится от племени Данова». Аника отвечал: «антихрист уже есть; у нас в царстве не государь царствует, — антихрист» и пр. Священник заметил: «в книгах писано, что при антихристе людям будут великие тягости, и ныне миру очень тяжко стало, того и жди, что от Бога станут отвращать». Игумен Троицкого Смоленского монастыря говорил: «государь безвинно людям Божиим кровь проливает и церкви Божии разоряет: куда ему шведское царство под себя подбить? Чтоб и своего царства не потерял!» В Москве недовольные новыми обычаями и новыми поборами складывали вину на немку, Анну Монс. «Видишь», говорили они, «какое бусурманское житье на Москве стало: волосы накладные завели, для государя вывезли из немецкой земли немку Монсову, и живет она в лафертовских палатах, а по воротам на Москве с русского платья берут пошлину от той же немки». Недовольные настоящим утешали себя будущим: между ними ходили слухи, что наследник также недоволен, что он окружил себя всегдашними представителями недовольных — казаками, и ведет борьбу с боярами, потаковниками незаконного царя: «царевич на Москве гуляет с донскими казаками, и как увидит которого боярина, и мигнет казакам, и казаки, ухватя того боярина за руки и за ноги, бросят в ров. У нас государя нет: это не государь, что ныне владеет, да и царевич говорит, что мне не батюшка и не царь».[1]

Жалобы продолжались и впоследствии. Раскольники писали о Петре: «по духовному и по гражданскому расположению состави многие регламенты и разосла многие указы во всю Россию со многим угрожением о непременном исполнении оных и устави Сенат, и сам бысть над ними главою и судьею главнейшим, тако нача той глаголемый бог паче меры возвышатися» и пр. Когда начались ревизии, раскольники кричали: «мы таковому лжехристу в послушание отдатися не хощем и в книги его законопреступные писатися с нечестивыми никогда не будем, да и хотящим спастися никому не советуем... ибо мы от крещения записаны есьмы в книги животные у Царя Небесного... зрите человецы и вонмите и рассмотрите по святому писанию, в киих летах жительствуем и кто ныне обладает вами: ибо дух Петров царствует до скончания века... он бог твой, он бог твой, о Россия! Нам же, православным христианам, подобает всеусердно держаться отеческого наказания» и пр.[2]

---

[1] Соловьев, XVI, 30—32.
[2] Щапов, 108—109.

У астраханского подьячего Кочергина найдено было письмо, заговор, оканчивавшийся словами: «он бы, оберегатель мой, повсегда бодр был, а монарх наш, царь Петр, буди проклята трижды». Тяглец Садовой слободы Василий Волк «при исповеди царское величество называл антихристом, потому что велел бороды брить, и немецкое платье носить, и службы великие, и податьми, и поборами солдатскими, и иными нападками народ весь разорен, и в приказах судьи делают неправды и берут многие взятки, а он, государь, судей от того не унимает и за ними не смотрит» и пр. Поп Будаковский говорил: «какой он царь? лучших бояр велел посадить на колья, Петербург одел в сапоги и вызолотил, а Москву одел в лапти; но Москва у нас без государя не будет». Разглашали, что Петр какую-то Бутурлину довел до смерти, в Измайлове бояр канатом таскал из проруби в прорубь и пр.[1]

Когда Петр в последнее время своего царствования издал указ о наследии престола, раскольники толковали: «взял за себя шведку, и крест целуют за шведа; одно конечно — станет царствовать швед». Монахи говорили: «видишь, государь выбирает на свое место немчина, а внука своего сослал и никто про него не ведает?» Были случаи, что недовольные запирались в хоромах, поджигали под собою порох и т. п.[2] Здесь и там по случаю собирания налогов доходило до сопротивления вооруженною рукою.[3] Особенное озлобление возбуждалось рекрутскою повинностью. Новобранцев худо кормили. Они умирали массами. Когда собирали рекрут, их сначала выводили из домов скованными, в городах содержали их по тюрьмам и острогам, изнуряли худою пищею. Не мудрено, что при этом многие спасались бегством, образовывали шайки разбойников, приставали к «воровским людям».[4] Бывали случаи, что новобранцам накладывали на левую руку раскаленным железом небольшие клейма, ради более успешного преследования дезертиров. В народе же это клеймо называли «печатью антихриста».[5]

Повсеместное общее раздражение возрастало с каждым случаем преследования недовольных властями. Число же людей, страдавших в застенках, росло по мере того, как правительство своими нововведениями возбуждало все более и более неудовольствие в разных классах общества.

---

[1] Соловьев, XVI, 304—305.
[2] Там же, XVIII, 238—239.
[3] «Русская Старина», XII, 381.
[4] Соловьев, XVI, 202 в 203.
[5] «Русский Архив» 1873 г., 2068 и след. и 2296 и след.

При тогдашних приемах уголовного судопроизводства пощады не было.[1] Борьба между правительством и обществом становилась все более и более ожесточенною. Насилию судей, приказных людей, офицеров, воевод соответствовала склонность к насилию, грабежу, убийствам в массе народа. Особенно же на юго-востоке государства, в степной окраине, на Волге, на Дону, на Урале, в стране казаков, инородцев, беглых крестьян и раскольников, ожесточение доходило до открытого бунта.

Не мудрено, что при таком брожении умов, при подобной шаткости в государстве, современники считали возможным, что царствование Петра не будет продолжительно. Когда, в 1707 г., начались переговоры о женитьбе царевича Алексея на Браун-швейг-Вольфенбюттельской принцессе, тайный советник Шлейниц, в записке от 16-го октября 1707 года, обратил внимание своего правительства на крайне опасное положение, в котором находился в то время московский царь: он высказывал убеждение, что при страшных бунтах, повторяющихся в России, при общем неудовольствии, господствующем в этом государстве, не должно думать о вступлении в родственные отношения с царем московским.[2]

Глава IV. Бунты на юго-востоке

Уже до Петра, беглецы из общества, которое или им не нравилось или их преследовало, находили убежище на юго-востоке. К степным казакам приставали охотно все недовольные люди с казацким характером. Сюда бежали крестьяне, которым не жилось у своих господ, раскольники, преследуемые церковью, опальные, преступники, рекруты. Отсюда толпы недовольных старались возбуждать низшие классы против высших. Отсюда, не раз в продолжение XVII века шли ко всем недовольным в Московском государстве грамоты, в которых вместе с воззванием «стоять за дом Богородицы» встречается приглашение убивать бояр и воевод, грабить богатых, восставать против правительства вообще. Здесь до Петра свирепствовали шайки Стеньки Разина, а после него — полчища Пугачева. Здесь и при нем оказывались неизбежными беспорядки, принимавшие большие размеры и грозившие страшною опасностью самому центру государства. Отсюда мятеж не раз собирался двинуться на Москву, в надежде восполь-

---

[1] Сборник таких фактов в статьи М. Семевского, в журнале «Светоч», III, отд. II и IV.
[2] Герье, 82.

зоваться общим неудовольствием и «заколыхать всем государством». До Петра трудно было правительству бороться с этими революционными элементами. Войско состояло из стрельцов, которые легко приставали к казакам; они вышли из тех же слоев общества, как и казаки, привыкли владеть оружием, были недисциплинированы, полуказаки. И в Смутное время, и при Стеньке Разине, и при Петре недовольные в государстве были готовы действовать заодно с мятежными казацкими шайками. Заслышав приближение этих шаек, крестьяне побивали помещиков и их приказчиков, чернь в городах бросалась на воевод и на приказных людей; поднимались инородцы: мордва, чуваши, черемисы, татары, башкиры, калмыки. Со времен Стеньки Разина число недовольных возросло до громадных размеров; раскольников было множество; беглые стрельцы вооружали всех и каждого против ненавистного им правительства. В предводителях мятежа не было недостатка. Постоянно являлись в этих местах похожие друг на друга атаманы, вроде Заруцкого, Болотникова, Разина и пр. Здесь усиливались толпы недовольных, вследствие строгих мер, принятых правительством после стрелецких бунтов 1682 и 1698 годов. Ко всему этому присоединилось общее раздражение по поводу нововведений Петра. Таким образом, дело дошло до астраханского бунта, до казацкого восстания на Дону при Булавине, до мятежей инородцев, между которыми опаснейшими оказались башкиры.

Укажем на некоторые признаки общего брожения на юго-востоке еще до начала этих бунтов.

Уже в 1700 году образовались довольно значительные разбойнические шайки на Дону и на Медведице. Атаманами были между прочим раскольники. Ненависть к боярству, склонность действовать заодно с самозванцами не переставали проявляться на Дону. В августе 1701 года велено было взять в Преображенский приказ с Дона казаков, оказавшихся виновными в непригожих словах, в распущении разных опасных слухов, в возбуждении общего неудовольствия. Один из них говорил: «царь Иван Алексеевич жив и живет в Иерусалиме для того, что бояре воруют; царь Петр полюбил бояр, а царь Иван чернь полюбил. Пришел некто Авилка из Иерусалима и сказывал про царя Ивана; Авилку донские казаки почитают за святого, потому что он им пророчествует: в первый Азовский поход сказал, что Азова не возьмут, а во второй сказал, что возьмут; Авилка держится раскола». Другой говорил про Петра: «он не царь, антихрист; царица Наталья родила царевну-девицу, а вместо той царевны своровали бояре, подменили иноземца, Францова сына Лефорта». Третий говорил: «Азову за государем не долго быть: донские казаки, взяв его, передадутся к турскому султану по-прежнему». Недовольные казаки говорили: «теперь нам на Дону от государя тесно становится; как он будет на Дон, мы его приберем в руки и отдадим турецкому салтану; а прибрать его в руки нам и малыми людьми свободно: ходит он по Дону в шлюпке с малыми людьми».[1]

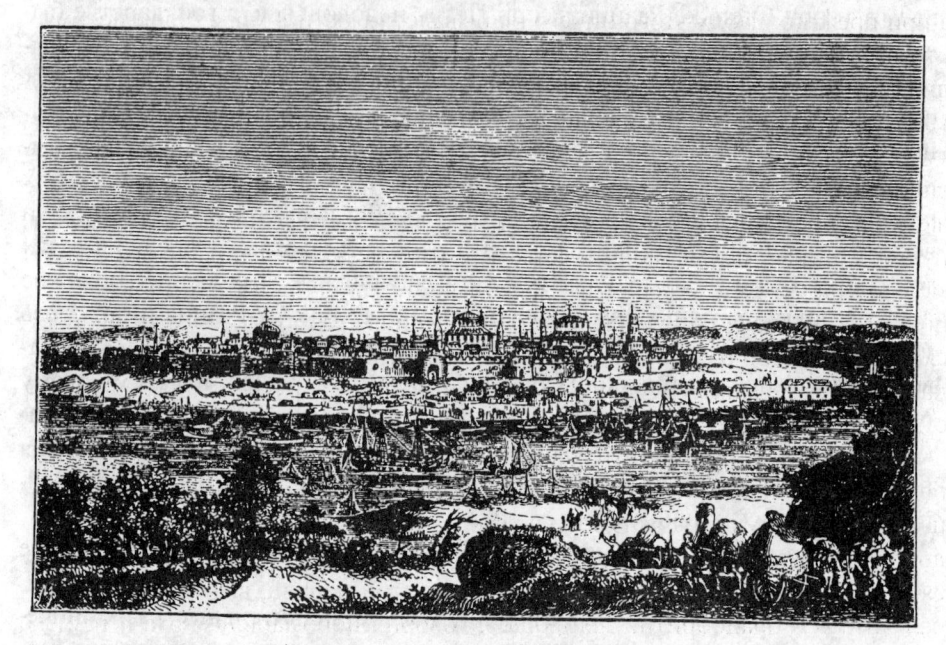

Астрахань в конце XVII столетия.
С голландской гравюры того времени.

Однако пока на Дону не доходило до бунта. Донцы оставались спокойными даже во время астраханского бунта, в 1705 г.

В середине 1705 года, когда царь находился с войском на западе, восстание за старину вспыхнуло в самом отдаленном углу государства, — в Астрахани. Место было выбрано самое удобное, и выбрано оно было недовольными из разных городов, вследствие чего астраханский бунт и не носит вполне местного характера. Зачинщиками были: купец Яков Носов из Ярославля, Артемий Анцыферов из Москвы, разные посадские люди из Нижнего Новгорода, Павлова, Углича, Симбирска, а также и астраханские жители, стрельцы, солдаты и пр.

---

[1] Соловьев, XV, 161—163.

Одним из главных разгласителей ложных слухов был пришедший из Москвы стрелецкий сын, Степан. Двое дядей Степана были казнены в Москве; он остался с матерью и слышал однажды, как жена какого-то столяра разговаривала с его матерью: «стрельцов всех разорили, разослали с Москвы, а в мире стали тягости, пришли службы, велят носить немецкое платье, а при прежних царях этого ничего не бывало; тягости в мире стали потому, что на Москве переменный государь; как царица Наталья Кирилловна родила царевну, и в то ж время боярыня или боярышня родила сына, и того сына взяли к царице». Выросши, Степан отправился в Астрахань; на дороге туда, в Коломне, он зашел к дяде, Сугоняю, который говорил ему: «сделаешь добро, если в Астрахани людей смутишь; и Дон и Яик потянут с вами же; кому против вас быть противным? государь бьется с шведом, города все пусты, которые малые люди и есть, и те того же желают и ради вам будут; можно старую веру утвердить». Дядя дал Степану письмо, в котором говорилось, что Москвою завладели четыре боярина столбовые и хотят Московское государство разделить на четыре четверти. Приехав в Астрахань, Степан начал разглашать эти слухи; иные унимали его, другие поддакивали; он стал говорить громче и нашел единомышленников.

В июле прошла в Астрахани молва, что государя не стало и для того воевода астраханский, Тимофей Ржевский, и начальные люди веру хриспанскую покинули, начали бороды брить и в немецком платье ходить. Недовольные жаловались на новые пошлины. Однажды к толпе, собравшейся у Никольской церкви, вышел пономарь этой церкви, вынес книгу и начал читать о брадобритии: «хорошо», говорил пономарь, «за это и постоять, хотя б и умереть: вот о том и в книге написано». Сильное впечатление произвел поступок целовальника, стрельца Григория Ефвтифеева, который должен был собирать пошлины с русского платья: он пошлин собирать не стал, бороды себе не выбрил и на вопрос воеводы, для чего он это делает, — отвечал: «хотя умру, а пошлины собирать и бороды брить не буду». Воевода велел посадить его под караул.

В конце июля, на торгу пошла молва, что запрещено играть свадьбы семь лет, а дочерей и сестер велено будет выдавать замуж за немцев, которых пришлют из Казани. Астраханцы пришли в ужас и решили выдать своих девиц как можно скорее замуж, до указа, чтобы потом не выдавать их за немцев. 29-го июля, в воскресенье, было сыграно около ста свадеб; на каждой не обошлось без пира; разгоряченных вином легко было поднять на бунт.

Ночью у Никольской церкви собралось человек с 300, которые вломились в Кремль и убили нескольких офицеров, между которыми были и иностранцы. Жену одного капитана, Мейера, убили за то, что она за несколько времени до бунта говорила какому-то стрельцу: «станете и вы в пост мясо есть».

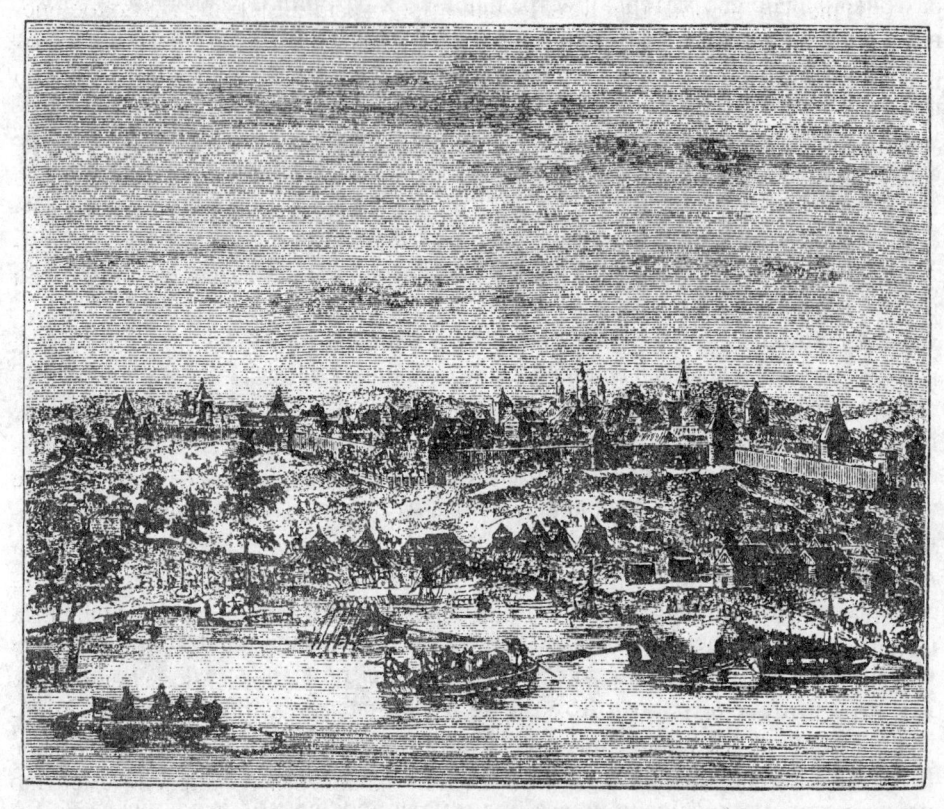

Царицын в XVII столетии.
С голландской гравюры того времени Фон дер Аа.

Буйство продолжалось и на следующий день. Раздавались крики: «надобно идти в Москву проведать про государя, жив ли он?» Другие кричали: «он жив, да в заточении в Стекольном, закладен в столп, а на Москве не прямой государь». Искали ненавистного всем воеводу Ржевского, который сребролюбием и недобросовестностью навлек на себя общее негодование. Его нашли на воеводском дворе за поварнею, в курятнике, привели в круг и убили. Затем введены были казацкие порядки. Как скоро покончили с царским воеводою, приступили к выбору своих начальников. Главным старшиною сделался ярославский гость, Яков Носов. Как он, так и его помощник, астраханский бурмистр Ганчиков, принадлежали к раскольникам.[1]

Известие о событиях в Астрахани произвело в столице глубокое впечатление. Плейер высказал опасение, что этот бунт может сделаться ужасным и для самой Москвы. Он же узнал кое-что о причинах бунта. По его рассказу, не столько бороды и платье, сколько финансовые притеснения, чрезмерные налоги и поборы, послужили поводом к раздражению народа. Он говорит о новой подати, которую должны были платить башкиры, о соляной пошлине, оказавшейся гибельною для рыбного промысла, о разных налогах на печи, бани и мосты, на разные стеснительные распоряжения правительства относительно торговли рыбою, а также и о высокой пошлине на бороды.[2]

О причинах бунта начальники мятежников в грамотах, разосланных к казакам для того, чтобы поднять их за старину, говорили следующее: «стали мы в Астрахани за веру христианскую и за брадобритие, и за немецкое платье, и за табак, и что к церквам нас и наших жен и детей в русском старом платье не пущали, а которые в церковь Божию ходили, и у тех платье обрезывали и от церквей Божиих отлучали и выбивали вон и всякое ругательство нам и женам нашим и детям чинили воеводы, и начальные люди покланялись и нас кланяться заставливали. И мы за веру христианскую стали, и чинить того, что болванам кланяться, не хотели... а мы у начальных людей в домах вынули кумирских богов. Да на нас брали банных денег по рублю, да с нас же велено брать с погребов со всякой сажени по гривне, да у нас же хлебное жалованье без указу отняли. И мы о том многое время терпели и, посоветовав между собою, мы, чтобы нам веры христианской не отбыть и болванам кумирским богам не покланяться и напрасно смертию душею с женами и детьми вечно не умереть и за то, что стало нам быть тягость великая, и мы того не могучи терпеть и веры христианской отбыть, против их противились и воеводу Тимофея Ржевского и изначальных людей иных убили до смерти, а иных посадили за караул. Да нам же ведомо чинится от купецких и от иных от всяких чинов людей, что в Казани и в иных городах поставлены немцы по два и по три человека на дворы и тамошним жителям и женам и детям чинили утеснения и ругательства».[3]

---

[1] Соловьев, XV, 142—144. О Носове, как о раскольнике, говорят Перри и Шереметев.
[2] Устрялов, IV, 2, 650.
[3] Соловьев, XV, 144.

Трудно судить о мере легковерия астраханцев в отношении к «немцам в Казани» или к «кумирским богам начальных людей». Но достойна внимания склонность народа придавать всякому мятежному действию религиозное значение. О способе происхождения таких нелепых слухов, как рассказы о болванах, можно судить по следующему объяснению этого странного недоразумения. В Москве любопытствовали знать, что такое за кумирские боги, о которых писали астраханцы? Один из их посланных объяснил дело: кумирами бунтовщики называли столярной работы личины деревянные, на которые у иноземцев и у русских начальных людей накладывались парики для сбережения, чтобы не мялись.

Грамота астраханцев к казакам на Тереке произвела сильное волнение. Там произошли буйства; подполковник Некрасов был убит; мятежники, так же как и в Астрахани, приступили к избранию начальных людей. Но на Тереке далеко не все думали одинаково: казаки и московские стрельцы были за бунт, а терские стрельцы, конные и пешие, с ними не тянули. В Астрахани была получена очень неудовлетворительная грамота от терских атаманов и казаков: «мы рады за веру Христову и за брадобритие, и за табак, и за немецкое платье, мужеское и женское, и за отлучение церкви Божией стоять и умирать; но вы, все великое астраханское войско и все православное христианство, не прогневайтесь на нас за то, что войска к вам на помощь не послали, потому что, живым Богом клянемся, невозможно нам войска к вам прислать: сами вы знаете, что нас малое число» и пр. Зато Красный и Черный Яр объявили себя за Астрахань. Красноярцы взбунтовались всем городом, сковали воеводу за налоги и отправили его в Астрахань с челобитчиками на него: там челобитья были найдены справедливыми и воевода убит.

В других местах астраханцы не находили, однако ж, союзников. Так, например, жители Царицына писали: «мы к вашему союзу пристать не хотим... вы к нам писали, будто стали за православную веру: и мы, Божиею милостью, в городе Царицыне все христиане и никакого раскола не имеем и кумирским богам не поклоняемся» и пр.

Весьма ловко распорядился Федор Матвеевич Апраксин, находившийся в то время в Воронеже. Узнав об астраханском бунте, он написал в Черкасск, чтобы тамошнее правительство послало от себя во все казачьи городки добрых казаков, человека по два или больше, с подтверждением, чтоб нигде к астраханцам не приставали. Донские казаки дали знать, что у них бунта не будет, потому что им от великого государя никакого утеснения нет, что до сих пор о бородах и о платье им указу не прислано, и платье они носят по своему древнему обычаю, как кому из них которое нравится и пр.

Таким образом, бунт был остановлен в самом начале несогласием донских казаков в нем участвовать; а между тем Петр тотчас же принял энергические меры к его потушению. Сначала предположили употребить для борьбы с астраханцами донских казаков. В Москве рассказывали, будто калмыцкий хан Аюка с 12 000 калмыков разбил мятежников на голову.[1] На казаков и на калмыков, однако, нельзя было надеяться. Хотя в то время, по случаю шведской войны, правительство и нуждалось в регулярном войске, но царь, находившийся в Митаве, когда узнал об астраханском бунте, тотчас же решился отправить туда Шереметева с несколькими полками. Эта мера служит свидетельством значения, которое царь придавал беспорядкам на юго-восточной окраине. Из письма Петра к боярину Стрешневу видно, что царь считал положение даже самой столицы далеко не безопасным. «Советую вам», сказано тут, «чтоб, деньги из приказов собрав, вывезти из Москвы, или б с верными людьми тайно где положили или закопали, всякого ради случая; тако ж и ружье лучше б чтоб не на Москве было. Почты, кои ходят за рубеж и к городу (Архангельску), задержать до времени.[2]

Несмотря на утешительное известие, что на Дону все тихо и спокойно, Петр писал Шереметеву: «для Бога, не мешкай, как обещался, и тотчас пойди в Казань». Однако радостная весть, что казаки отвергли предложение астраханцев, все-таки успокоила царя. Он писал к Апраксину: «из ваших писем я выразумел, что всемилостивейший Господь не в конец гнев свой пролити, и оным уже чрез 25 лет губительным псам волю и в невинных кровях утеху подать изволил, и чудесным образом огнь огнем затушити изволил, дабы могли мы видеть, что вся не в человеческой, но в Его суть воле».[3]

Петр сам хотел заняться расследованием причин астраханского бунта, и потому распорядился, чтобы некоторые бунтовщики, уже арестованные, были отправлены к нему в Гродно.[4]

Между тем, еще до прибытия Шереметева в Астрахань, были сделаны попытки покончить с мятежниками мирным путем. Петр отправил в Астрахань, с тамошним жителем, Кисельниковым, грамоту с увещанием к народу отстать от возмутителей и, перехватив главных заводчиков, прислать их в

---

[1] Устрялов, IV, 2, 646—646, донесения Плейера.
[2] Соловьев, XV, 149.
[3] Там же, XV, 149.
[4] Устрялов, IV, 2, 105 и 106.

Москву, чем заслужат прощение. Когда Кисельников приехал в Астрахань, там решили написать повинную к государю и для ее поднесения выбрали восемь человек, которых и отправили вместе с Кисельниковым.

Борис Петрович Шереметев.
С гравированного портрета Антипьева (из книги «Письма Петра I к Шереметьеву).

В повинной изложены были следующие жалобы астраханцев: междоусобие учинилось за брадобритие и немецкое платье, и от многих налогов и обид начальных людей. Воевода Ржевский посылал капитана Глазунова да астраханца Евреинова к церквам и по большим улицам, и у мужеского и у женского пола платье обрезывали не по подобию и обнажали пред народом, и усы и бороды, ругаючи, обрезывали с мясом. Ржевский стрельцам хлебного жалованья давать не велел, брал налоги с бань, с погребов, подымных, валешных, от точенья топоров и ножей, от битья бумаги, с варенья пив и браг; тех, которым платить нечем, воевода сажал за караул и бил на правеже, и многие дворишки продавали и детей закладывали. Ржевский брал на откуп пошлины и брал вдвое и втрое больше, чем следовало. Служилых людей он посылал зимним путем для рубки дров, и многие от стужи помирали, да и про домашний свой обиход для дров и сена и травы их посылал же; а полковники и начальные люди — немцы, ругаючись христианству, многие тягости им чинили и безвинно били, и в службах по постным дням мясо есть заставляли, и всякое ругательство женам их и детям чинили. Полковник Девинь с иноземцами начальными людьми заставляли их делать самые нечистые работы, били их по щекам и палками, и велели делать безвременно немецкое платье и усы и бороды брили и щипцами рвали насильством и пр.

Повинная подействовала на бояр в Москве. Головин просил царя о безусловном помиловании бунтовщиков, сознавая, что и со стороны представителей власти было сделано очень много для возбуждения неудовольствия. «В нас не без воров было»,[1] писал Головин царю.

Петр сначала послушался совета Головина. Челобитчиков отпустили с грамотою, в которой заключалось всепрощение.[2] Есть известие, что король польский заступился за астраханцев и упросил царя поступить с ними менее строго.[3]

Шереметеву царь писал: «всех милостию и прощением вин обнадеживать и, взяв Астрахань, отнюдь над ними и над заводчиками ничего не чинить»... «и зачинщиков причинных ничем не озлоблять и только их препоручить и дать им жить на свободе и всяко тщитися, чтоб лаской их привлечь»... «и под Астраханью без самой крайней нужды никакого жестокого и неприятельского поступка не восприимать и то... если они весьма упорно явятся и не покорятся, чего мы, по отпискам их к нам, не чаем».[4]

Вышло именно так, как Петр не чаял. В Астрахани были две партии; одна часть жителей, во главе которой находилось духовенство, была расположена к примирению, другая — все еще надеялась на успех в открытой борьбе с властью и, очевидно, рассчитывала на немногочисленность войска, которым располагал Шереметев. Митрополит Самсон и Георгий Даш-

---

[1] Соловьев, XV, 152—154.
[2] Там же, XV, 152.
[3] Устрялов, IV, 2, 651—652, донесение Плейера.
[4] Соловьев, XV, 154—155.

ков, строитель Астраханского-Троицкого монастыря, находились в переписке с боярином.

Когда Шереметев приближался к Астрахани, на встречу к нему являлись духовные лица, некоторые стрелецкие пятидесятники и десятники и разные инородцы, с объявлением, что весь народ астраханский готов его встретить. Несмотря на это, однако, приходилось до вступления в город вести переговоры с астраханцами, между которыми заводчики бунта пользовались большим уважением. Когда от имени Шереметева в Астрахань к старшине, Якову Носову, приехал сызранский посадский человек, Данила Бородулин, то Носов говорил ему в кругу, при всех: «здесь стали за правду и за христианскую веру, коли-нибудь нам всем умереть будет, да не вовсе бы и не всякий так, как ныне нареченный царь, который называется царем, а христианскую веру порудил: он же умер душею и телом, не всякому бы так умереть». Далее Носов говорил тихонько: «ведь мы неспроста зачали! Это дело великое: есть у нас в Астрахани со многих городов люди... есть у нас письмо из Московского государства от столпа от сущих христиан, которые стоят за веру же христианскую». Когда Бородулин, взяв ковш вина, сказал: «дай Боже благочестивому государю многолетно и благополучно здравствовать»! — на это отозвался старшина, московский стрелец Иван Луковников: «какой он государь благочестивый, — он, неочесливый, полатынил всю нашу веру»! В кругу раздавались бранные крики на государя: «не сила Божия ему помогает, ересями он силен, христианскую веру обругал и облатынил, обменный он царь. Идти ли нам, нет ли, до самой столицы, до родни его, до немецкой слободы и корень бы весь вывести; все те ереси от еретика, от Александра Меншикова». И через несколько дней Яков Носов, при подобном же случае, говорил о Петре: «я про его здоровье пить не стану: как нам пить про такого православных христиан ругателя? что вы не образумитесь? ведь вы и все пропали; обольстили вас начальные люди милостию; пропали вы душею и телом». Ко всему этому Носов, наконец, прибавил угрозу: «на весну и мы к вам будем».

Развязка приближалась. Когда Шереметев еще более подошел к Астрахани и послал туда письмо, чтоб перестали бунтовать, ответа не было, но пришло несколько дворян с вестью, что мятежники готовятся к отчаянной борьбе. Приходилось сражаться с бунтовщиками, причем повторилось явление, положившее конец стрелецкому бунту 1698 года близ Воскресенского монастыря. Царские войска дали залп; бунтовщики побежали, покинув пушки и знамена. Сначала они еще намеревались защищаться в Кремле, но в тот же самый день вышли оттуда с просьбою о прощении. Шереметев велел всем положить оружие и на другой день занял Кремль: на его пути, по обеим сторонам улицы, астраханцы лежали на земле.

Шереметев в этой схватке потерял 20 человек убитыми и 53 ранеными. В Москве говорили, что убитых и раненых мятежников было до 4 000, но эта цифра едва ли может соответствовать истине. Такому же мнению подлежит рассказ Плейера о немедленной, после взятия Кремля, казни 200 человек.[1] Из письма Шереметева к Головину, напротив, видно, что нужно было действовать крайне осторожно, потому что Носов, как писал Шереметев, «великий вор и раскольник, и ныне при нем все его боятся и в шапке с ним никто говорить не может». Замечателен отзыв Шереметева о бунтовщиках вообще: «я такова многолюдства и сумасбродного люду от роду не видал, и надуты страшною злобою, и весьма нас имеют за отпадших от благочестия. Как надуты и утверждены в таковой безделице!»

Окончание дела совершенно походило на печальный исход стрелецкого бунта 1698 года. Участники бунта были перехвачены и отправлены в Москву: здесь их колесовано, казнено и умерло во время продолжительного розыска 365 человек. Очевидно, правительство, повторяя допросы и пытки, надеялось открыть какую-нибудь связь между астраханским бунтом и каким-либо революционным элементом в центре государства. Шереметев вступил в Астрахань 12-го марта 1706 года; два года позже — 8-го февраля 1708 года, происходили последние казни: 70 человек были обезглавлены, пять колесованы, 45 повешены; до этого, между прочим, по свидетельству Плейера, 28-го ноября 1707 года были казнены 30 человек обезглавлением, 60 человек повешением.

Во все время до окончательной победы, одержанной над мятежниками, Петр сильно беспокоился. Известие об успешных действиях чрезвычайно обрадовало царя. Он писал Шереметеву: «письма ваши принял, и за неизреченную Божию милость Господа Бога благодарили с изрядным триумфом, которою викториею над сими проклятыми воры вам, яко виновным оной виктории, поздравляем; за который ваш труд Господь Бог вам заплатить, и мы не оставим». А к Меншикову: «Min Bruder! Я не могу оставить вам без объявления, каким образом проклятые астраханцы, после присылки повинные, наглости делали. Бог чудно смирил их: ибо вящше 10 000 человек было, наших же около трех, а так их побили, что Земляной город приступом взяли» и пр.[2]

---

[1] Устрялов, IV, 653.
[2] Там же, IV, 1, 505.

В 1707 году явилась новая забота — бунт инородцев. Уже с 1705 года между башкирами обнаружилось сильное волнение. Движение приняло большие размеры вскоре после победы над астраханцами. Приходилось отправлять против них войска и сражаться с ними. Не без труда удалось справиться с «башкирским воровством», при помощи оставшихся верными правительству калмыков. И в башкирском бунте, как и в астраханском, важнейшими причинами раздражения были злоупотребления представителей власти.[1]

В то время, когда башкиры начали уже успокаиваться, запылал бунт на Дону. Население по рекам: Бузулуку, Медведице, Битюгу, Хопру, Донцу, состояло почти исключительно из беглецов. Верховые казачьи городки не могли нравиться правительству: жители их весьма часто были готовы восставать вооруженною рукою против власти. Чем строже к ним относился царь, тем опаснее становились эти противогосударственные элементы на юго-восточной окраине. На донских казаков и в продолжение всего XVII века была плохая надежда. Всегда они отличались своевольством, некоторою независимостью, иногда буйством. При Петре усиление центральной власти, перемена в отношениях ее к казацким порядкам в духе преобразования, чрезмерная строгость государства, солидарность казацкого элемента со стрельцами, лишенными прежних льгот и отправленными именно в крайние пределы государства — могли повести легко к повторению явлений времен Стеньки Разина. Петр требовал то выдачи беглых крестьян, то разных мер для усиления контроля над казацким населением, то более точного исполнения царских указов вообще. Не мудрено, что люди на Дону, и прежде иногда склонные к союзу с татарами, турками и Персиею, мечтали о бунте и измене. Мы упомянули выше, что Плейер из уст одного казака узнал о готовности его товарищей отложиться от Московского государства и отдаться в подданство султана.

При таком настроении умов на Дону и его притоках, неучастие жителей этих мест в астраханском бунте могло считаться особенным счастием. За это неучастие царь, не задолго до того обращавшийся к казакам со строгими указами о выдаче беглых крестьян и об уничтожении казацких городков, «поселенных не по указу», наградил казаков новыми и драгоценными войсковыми клейнотами и знаменами. В то же самое время, однако, повторялись прежние требования: свесть городки, построенные по-

---

[1] Подробности см. у Соловьева, XV, 233—237, по неизвестным до того деловым бумагам. О дальнейших башкирских бунтах, в 1712 г. и след., см. Соловьева, XVI, 385 и пр.

сле азовских походов не по указу, переписать всех жильцов, выслать новопришлых людей в те места, откуда кто пришел.

Не только эти указы не были приведены в исполнение, но бегство крестьян принимало именно в это время все бо́льшие размеры. Бежали не одни крестьяне, но и работники с публичных работ, забравши деньги вперед, солдаты и стрельцы из Азова, множество драгунов из армии Шереметева, когда он шел из Астрахани в Киев.

Князь Василий Владимирович Долгорукий.
С портрета, находящегося в Императорском Эрмитаже.

Царь не хотел терпеть всего этого более, особенно когда нужда в служилых и платящих людях увеличивалась все более и более, и в 1707 году отправил на Дон полковника князя Юрия Владимировича Долгорукого с отрядом войска для отыскания беглецов и высылки их на прежние места жительства. Такая мера, однако, считалась как бы нарушением казацких прав и поэтому возбудила сильное негодование во всем местном населении. Начали говорить на Дону, что астраханцы были правы, восставая против государя, и что последний напрасно наказал их. Нашелся и второй Разин. Атаман Кондратий Булавин 9-го октября 1707 года на реке Айдаре напал на отряд князя Долгорукого и истребил его вместе с предводителем. Затем Булавин пошел по донецким городкам, рассылая призывные грамоты. Готовых действовать заодно с Булавиным нашлось очень много. В этих местах подвиги Стеньки Разина были еще в свежей памяти. Старики, участвовавшие теперь в булавинском бунте, были когда-то товарищами знаменитого атамана эпохи царя Алексея Михайловича. Булавин хвалился, что к нему пристанут астраханцы, запорожцы и терчане.

Однако нашлись и противники бунта. Они сделали нападение на шайки Булавина, побили многих приверженцев атамана, переказнили взятых в плен и сообщили царю о подробностях своего подвига, так что Петр, успокоившись, писал к Меншикову: «и так, сие дело милостию Божиею все окончилось».

Однако дело кончилось не так скоро. Хотя Булавин на некоторое время скрылся и поселился у запорожцев, но скоро снова явился на притоках Дона и около него собралось тотчас же несколько сот «гультяев». В призывных грамотах атамана довольно наивно и простодушно указана цель предприятия: «атаманы молодцы, дорожние охотники, вольные всяких чинов люди, воры и разбойники! Кто похочет с военным походным атаманом, Кондратьем Афанасьевичем Булавиным, кто похочет с ним погулять, по чисту полю красно походить, сладко попить да поесть, на добрых конех поездить, то приезжайте в черны вершины самарские». Все это, однако, не мешало обычному ханжеству, заставлявшему Булавина в других грамотах говорить: «стоять со всяким раденьем за дом Пресв. Богородицы, и за истинную веру христианскую, и за благочестивого царя, и за свои души и головы... а которым худым людем и князем, и бояром, и прибыльщиком, и немцом, за их злое дело отнюдь бы не молчать и не слушать того ради, что они вводят всех в еллинскую веру и от истинной веры христианской отвратили своими знаменами и чудесы прелестными» и пр. Как на лучших союзников было указываемо, между прочим, на «всяких черных людей», а к тому еще велено было: «а по которым городам по тюрьмам есть заключенные люди, и тех заключенных из тюрьмы выпустить тотчас, без задержания».[1]

Бунт мог сделаться особенно опасным для Азова. Булавин велел насильно взять в полки рабочих, которые готовили на Хопре лес в отпуск к Азову. Таким образом, могла остановиться постройка укреплений и флота

---

[1] Соловьев, XV, 242—244.

в Азове. Это важное место было отрезано бунтом от сообщения с центральною властью.

Азовский губернатор Иван Андреевич Толстой выслал против бунтовщиков войско, на которое, однако, нельзя было надеяться, так как многие из солдат и казаков перешли к бунтовщикам; остальные были разбиты Булавиным на речке Лисоватке (8-го апреля 1708 г.). Следствием победы, одержанной бунтовщиками, было то, что за Булавина поднялись три реки — Хопер, Бузулук и Медведица. Между сторонниками мятежа было множество раскольников. Брожение стало распространяться до центральных мест государства. Воры готовились идти к Тамбову, к Туле, к Козлову. В Тамбовском уезде жители некоторых деревень склонились к бунту, выбрали между собою атаманов и есаулов и начали чинить расправу по казацкому обычаю. Разнеслись слухи, что хотят убить всех бояр, прибыльщиков, подьячих.

В другом направлении бунт принимал все бо́льшие размеры. В воззвании Булавина к кубанским казакам сказано, между прочим, что бояре решили всю реку Дон разорить: «и стали было бороды и усы брить, так и веру христианскую переменить и пустынников, которые живут в пустынях, ради имени Господня, и хотели было христианскую веру ввести в еллинскую веру»... О начальных людях сказано: «многие станицы огнем выжгли и многих старожилых казаков кнутом били, губы и носы резали и младенцев по деревням вешали» и пр. В другой грамоте, к старшинам кубанских казаков, сказано, между прочим: «ныне на реке у нас казаков в едином согласии тысяч со сто и больше; а наперед что будет, про то Бог весть, потому что много русские люди бегут к нам на Дон денно и нощно с женами и детьми от изгоны царя нашего и от неправедных судей, потому что они веру христианскую у нас отнимают. А если наш царь на нас с гневом поступит, и то будет турской царь владеть Азовом и Троицким городами; а ныне мы в Азов и в Троицкий с Руси никаких припасов не пропущаем, покамест с нами азовской и троицкий воевода в согласие к нам придет... а если нам не станет жаловать или станет нам на реке какое утеснение чинить, и мы войском от него отложимся и будем милости просить у Всевышнего Творца нашего, Владыки, также и у турского царя, чтоб турский царь нас от себя не отринул, и потому мы от своего государя отложимся, что нашу веру в Московском царстве перевел, а у нас отнимает бороды и усы» и пр. Ко всему этому прибавлена просьба отправить копии с этого письма к одному турецкому паше и к разным татарским мурзам, а подлинное письмо отправить к султану в Царьград. В особой приписке сказано: «по сем писании войсковой атаман Кондратий Афанасьев и все войско донское у тебя, турского салтана, милости прося, и челом бью. А нашему государю в мирном состоянии отнюдь не верь, потому что он многие земли разорил, за мирным состоянием и ныне разоряет, также и на твое величество и на царство готовит корабли и каторги, и иные многие воинские суды и всякой воинской снаряд готовит».[1]

Нам не известно, узнал ли Петр о таких изменнических сношениях бунтовщиков с турками. Однако он принял решительные меры. Отправляя князя Василия Владимировича Долгорукого, брата убитого бунтовщиками, с войском для борьбы с ними, он писал ему, что нужно «сей огонь за раз утушить». В инструкции Долгорукому было сказано: «городки и деревни (на Хопре и пр.) жечь без остатку, а людей рубить, а заводчиков на колеса и колья, дабы тем удобнее оторвать охоту к приставанью к воровству людей; ибо сия сарынь кроме жесточи не может унята быть».

Из разных писем царя к Меншикову, Долгорукому, Толстому и пр. видно, как сильно он беспокоился и что особенно тяжелою заботою была мысль об Азове. «Смотри неусыпно», писал царь Долгорукому, «чтоб над Азовом и Таганрогом оной вор чего не учинил прежде вашего приходу»; затем он советовал ласково поступать с теми, которые пристали к бунту, но принесли повинную и т. д. К Меншикову он писал: «ежели сохранит Господь Бог Азов и Таганрог, то им (бунтовщикам) множиться отнюдь нельзя, понеже сверху войска, а снизу сии города; на Волгу и Астрахань нет им надежды, и для того мусят (должны) пропасть» и пр. Петр немного позже, в другом письме к Меншикову, выразил надежду, что война в Польше не помешает ему на некоторое время отправиться на Дон, «истребить сей огонь и себя от таких оглядок вольными в сей войне учинить».

Между тем Булавин действовал успешно, занял важный город Черкасск и собирал все бо́льшие и бо́льшие силы. Петр был очень встревожен и писал к Меншикову: «вор Булавин Черкасской взял и старшин пяти человек побил до смерти, и писал в Азов войсковую отписку, что они ничего противного чинить не будут; однако ж чаю, сие оной дьявол чинить, дабы сплотить в Азове и тайно возмутить, также и к Москве послана от них станица с оправданием, с отпискою; однако ж сему в подкопе лежащему фитилю верить не надобно; того ради необходимая мне нужда месяца на три туда ехать, дабы с помощию Божию безопасно тот край сочинить, понеже сам знаешь, кокого тот край нам надобен, о чем больше терпеть не могу».[2]

---

[1] «Русская Старина», 1870, II, 5—7.
[2] Соловьев, XV, 252.

Однако счастье изменило Булавину. Его шайки несколько раз были разбиваемы отправленными против них отрядами войска. Долгорукий действовал довольно успешно и собирался было вешать 143 взятых в плен бунтовщиков, когда получил письмо от Петра со внушением поступать милостиво, жестокостями не усиливать слухов о том, что Долгорукий мстит за убиение брата.

Булавин сделал ошибку, разделив свои войска на несколько отрядов. Если бы он со всеми силами своей голытьбы бросился на Волгу и пошел вверх этою рекою, то его движение, при незатихшем еще башкирском бунте, при вступлении Карла XII в русские пределы и при внутреннем неудовольствии, возбужденном преобразованиями и тягостями, могло бы сделаться чрезвычайно опасным.[1]

Неудачи лишили Булавина доверия. Между казаками всегда находились готовые к измене, к выдаче своих атаманов власти, надеясь через это на выигрыш для себя. Некоторые казаки написали челобитную и отправили ее к царю. В ней они жаловались на страшные насилия Булавина и его товарищей, рассказывали, что сии последние многих людей в воду сажали, по деревьям за ноги вешали, женщин и младенцев меж колод давили и всякое ругательство чинили. При всем том, однако, челобитчики считали себя в праве вступить как бы в формальные переговоры с правительством. В конце челобитной сказано: «мы желаем тебе служить по-прежнему; но чтоб твои полководцы к городкам нашим не ходили; а буде они насильно поступят и какое разоренье учинять, в том воля твоя: мы реку Дон и со всеми запольными реками тебе уступим и на иную реку пойдем».

Петр, получив челобитную, велел Долгорукому прекратить военные действия. Очевидно, царь надеялся на сделку с мятежниками. Однако положение Долгорукого было чрезвычайно затруднительно. От Толстого он получал из Азова тревожные письма, заставлявшие его действовать; движения Булавина опять становились опасными, особенно для Азова. Петр, наконец, предоставил Долгорукову действовать по усмотрению, «ибо издали так нельзя знать, как там будучи».[2]

После этого царским войскам удалось в разных местах разбить шайки бунтовщиков. Нападение, сделанное последними на Азов, не имело успеха, хотя они ворвались было на мгновение в Матросскую слободу и вся крепость находилась в крайней опасности. Разбитые беглые казаки собирались захватить Булавина для выдачи его правительству. Видя себя ок-

---

[1] Соловьев, XV, 254.
[2] Там же, XV, 257.

руженным изменниками, атаман застрелился из пистолета (в июле 1708 г.). Мятеж, однако, этим не прекратился. Другие атаманы, Голый, Драный, Хохлач и пр., продолжали то, что начато Булавиным. Петр опять прислал строгие наказы: разорять городки, казнить жителей их и пр. Долгорукий охотно исполнял, сколько мог, эти приказания. С Волги приближался князь Хованский. Особенно кровопролитною была битва при Паншине на Дону (23-го августа), где вместе с казаками-бунтовщиками сражались против царского войска многие беглые драгуны и солдаты, служившие до этого в полках Шереметева. Однако победа была совершенная. Хованский после этого выжег 8 городков; 39 городков били челом и приведены к присяге; столь же успешно действовал, в свою очередь, и Долгорукий. С ворами делалась строгая расправа. Некоторых преступников четвертовали, других, целыми сотнями, вешали, поставив виселицы на плотах и пуская их по Дону вниз, для внушения всему населению о судьбе, ожидавшей его в случае упорства. Уничтожая разные городки и отправляя всех мужчин в Астрахань для наказания, Апраксин писал к царю о стариках, женщинах и детях: «те и сами исчезнут», т. е. пропадут голодною смертью, холодом и пр.

Таковы были приемы, употребляемые правительством в борьбе с этими противогосударственными элементами. Кротость считалась невозможною. И действительно, каждое послабление, каждая уступка казались опасными. И без того шайки недовольных продолжали действовать до глубокой осени. Атаман Голый еще некоторое время рассылал грамоты с повторением избитых фраз о том, что-де нужно стоять за дом Богородицы и не допускать введения эллинской веры и пр. Приходилось продолжать борьбу с бунтовщиками до окончательного истребления их. В одном сражении до трех тысяч приверженцев Голого были убиты; многие утонули или погибли во время бегства.

Победа государства над казачеством была делом необходимости. Казачество, как замечает Соловьев, усиливалось на счет государства, вытягивая из последнего служебные и производительные силы. Государство, усиленное при Петре личностью государя и нуждаясь в служебных и производительных силах для собственных целей, не могло позволить казачеству похищать у себя эти силы. Если казачество было побеждено уже при царе Алексее Михайловиче, то подавно оно оказалось слабейшим при Петре: царское войско при Петре было иное, чем при отце его; эта перемена давала возможность горсти царского войска разбивать вдвое сильнейших казаков; притом, если б дело затянулось, Петр сам хотел ехать на

Дон, чего бы не сделал отец его.[1] Победа царя над казаками, отрицавшими возможность, необходимость преобразования и представлявшими собою протест против начал цивилизации и прогресса, была необходима для дальнейших успехов в области внешней политики и для продолжения дела реформы. Хотя и впоследствии именно в этом юго-восточном крае повторялись явления, похожие на Разинский и Булавинский бунты, все-таки пока Петр мог спокойнее продолжать работу дальнейшего преобразования.

Оставалось, однако, бороться с опасностью, угрожавшею государству с совсем иной стороны.

Когда в Москве была получена весть о самоубийстве Булавина и о разбитии его войска, царевич Алексей, сообщая об этом князю Меншикову, поздравил его «с сею викториею».[2]

В ту пору еще нельзя было предвидеть той борьбы между царевичем и Петром, которая могла сделаться еще гораздо опаснее столкновений со стрельцами, астраханцами и казаками.

Глава V. Царевич Алексей Петрович

Когда, вскоре после государственного переворота 1689 года, начались преобразования, столь не нравившиеся массе, народ надеялся, как на избавителя, на царя Ивана Алексеевича. После кончины последнего недовольные стали ожидать спасения от царевича Алексея. Еще в то время, когда царевич был мальчиком, народ обращал на него особенное внимание. Говорили, что Алексей ненавидит иностранцев, не одобряет образа действий отца и намеревается погубить тех бояр и сановников, которые служили покорным орудием в руках Петра при исполнении его планов.

Надежда на реакционное движение против преобразований Петра, на участие наследника престола в таких действиях — могла сделаться опасною не только для царя, но и для его сына. Имя Алексея могло сделаться знаменем заговора против Петра. Антагонизм такого рода легко мог повести к личной вражде между отцом и сыном. Уже довольно рано стали думать о возможности такой борьбы, решительного разлада между Петром и Алексеем.

В 1705 году Андрей Артамонович Матвеев, находившийся в Париже, доносил о странном слухе, распространившемся при французском дворе:

---

[1] Соловьев, XV, 267.
[2] «Русская Старина», 1870 г., II, 12—13.

то был перевод народной русской песни об Иване Грозном, приложенной теперь к Петру; великий государь при некоторых забавах разгневался на сына своего и велел Меншикову казнить его; но Меншиков, умилосердясь, приказал вместо царевича повесить рядового солдата. На другой день государь хватился: где мой сын? Меншиков отвечал, что он казнен по указу; царь был вне себя от печали; тогда Меншиков приводит к нему живого царевича, что учинило радость неисповедимую. Когда французы спрашивали у Матвеева, правда ли это, он отвечал, что все эти плевелы рассеваются шведами, и прямой христианин такой лжи не поверит, потому что это выше натуры не только для монарха, но самого простолюдина.[1]

В 1705 году нельзя было предвидеть, что через тринадцать лет позже осуществится, хотя в несколько ином виде, басня, забавлявшая французский двор, и что катастрофа царевича окажется вовсе не «выше натуры монарха».

Единственным средством для избежания антагонизма между Петром и Алексеем было бы целесообразное, вполне соответствовавшее духу и направлению царя воспитание царевича, развитие в нем склонности к приемам западноевропейской цивилизации, любви к труду и познаниям, обучение его тем самым наукам и ремеслам, которыми занимался отец.

Сначала можно было считать вероятным осуществление всего этого. Неоднократно возникало предложение отправить царевича за границу. В 1699 году Петр намеревался послать его в Дрезден, где он должен был воспитываться вместе с сыном Лефорта. В 1701 году австрийским двором было сделано предложение прислать царевича для воспитания в Вену. Немного позже Людовик XIV выразил желание, чтобы Алексей приехал в Париж и воспитывался при французском дворе.[2]

Хотя все это и оказалось неудобоосуществимым, однако же царевич, оставаясь в России, находился под надзором иностранных учителей и воспитателей. После того, как он должен был расстаться с матерью, он жил у тетки, царевны Натальи Алексеевны, и получил первоначальное образование от русского наставника, Вяземского. В 1701 году к нему был определен для наставления «в науках и нравоучении» немец Нейгебауер, воспитанник лейпцигского университета. Однако уже через год между Вяземским и Нейгебауером произошло сильное столкновение, имевшее следствием удаление последнего.[3]

---

[1] Соловьев, XV, 73.
[2] Устрялов, IV, 1, 206, 229—230, 234, IV, 2, 622.
[3] См. подробности у Соловьева, XV, 107—109.

Петр I и царевич Алексей.
Гравюра Кезенберга и Эртеля в Лейпциге с картины профессора Ге.

Затем воспитателем царевича сделался барон Гюйсен, получивший образование в лучших европейских университетах и вступивший в русскую службу летом 1702 года. Гюйсен составил весьма подробный и обширный план учения, который, однако, оставался на бумаге, особенно потому, что царевич, по желанию Петра, участвовал в походах. Тогда как Нейгебауер не ладил с Меншиковым, Гюйсен настаивал на том, чтобы именно последнему был поручен надзор над ходом образования и воспитания царевича. Рассказывали, однако, что Меншиков обращался с царевичем весьма грубо и жестоко, драл его за волосы и пр.[1]

Впрочем и сам царь в обращении с сыном был крайне суров. Гюйсен рассказывает как очевидец, что Петр в 1704 году, после взятия Нарвы, говорил Алексею: «ты должен убедиться, что мало радости получишь, если не будешь следовать моему примеру»; наставляя сына, как он должен поступать, действовать, учиться, Петр прибавил: «если мои советы разнесет ветер и ты не захочешь делать того, что я желаю, я не признаю тебя своим сыном; я буду молить Бога, чтобы он наказал тебя и в сей, и в будущей жизни».[2]

Как видно, уже в то время, вместо мягких, ласковых отношений, между отцом и сыном господствовали, с одной стороны, строгость, с другой — страх. К тому же, воспитание царевича оставалось отрывочным, неполным, случайным. Наставник его, Гюйсен, по желанию Петра, уже в начале 1705 года отправился в Берлин и Вену в качестве дипломата; в то самое время, когда Алексей, как 16-летний юноша, нуждался в полезном наставнике, в систематическом учении, он, живя в Москве, был предоставлен самому себе и влиянию людей, случайно окружавших его. Царевич упрекал Меншикова в том, что он нарочно развил в нем склонность к пьянству и к праздности, не заботясь о его воспитании; упрек этот был повторяем неоднократно и разными современниками.[3]

Если бы сам царь мог заботиться о воспитании царевича, если бы последний вырос в политической и военной школе отца, под непосредственным его наблюдением, он, быть может, развился бы иначе и соответствовал бы более требованиям грозного родителя. Но Петр бо́льшею частью был в отсутствии, озабоченный Северною войною; до сражения при Полтаве

---

[1] Пяейер узнал о таком эпизоде в лагере в 1703, именно, что Меншиков «den zarischen Prinzen bei den Haaren zur Erde gerissen habe». Устрялов, IV, 2, 613.

[2] Устрялов, VI, 16.

[3] «Здоровье мое с намерением расстроили пьянством», говорит царевич в Вене, в 1717 году; см. Устрялова, VI, 66. Бюшинг «Magazin» III, 196. Плейер у Устрялова, VI, 306.

опасное положение, в котором находилось государство, требовало крайнего напряжения умственных и нравственных способностей царя и лишало его возможности исполнять долг отца и воспитателя. В продолжение нескольких лет Петр и Алексей встречались лишь в исключительных случаях; между ними не существовало каких-либо более близких сношений; в то время, когда Петр был занят самыми смелыми предприятиями в области восточного и балтийского вопросов, трудился над самыми сложными задачами преобразования России и обеспечения ее будущности, царевич оставался дома, в кругу людей, нелюбивших Петра, недовольных его образом действий, направлением его политики, людей, соединявших некоторую ограниченность умственного кругозора и решительную предвзятость мнений в области духовной с грубым нравом и склонностью к бражничанью.

В Москве Алексей жил среди родных, которые, как, например, сестры царя, или родственники царицы Евдокии, участвовали в кое-каких направленных против царя кознях и сделались жертвами гнева Петра. В Москве почти все были страшно утомлены неусыпною, кипучею деятельностью государственного организма; каждый день можно было ожидать чего-либо нового, необычайного; роптали на постоянные денежные поборы, на рекрутчину, на непрерывную опасность во время войны со Швециею. Отдыха не предвиделось; на него можно было надеяться лишь в будущее царствование, и вот все люди, жаждавшие отдыха, обращаются к наследнику. Надежда есть: царевич не склонен к делам отцовским, не охотник разъезжать без устали от одного конца России в другой, не любит моря, не любит войны; при нем все будет мирно и спокойно.[1]

Царевич не был лишен дарований. Он умел ценить значение образования и много занимался чтением книг, но бо́льшею частью книг богословского содержания, походя в этом отношении на деда, царя Алексея, или на дядю, царя Феодора. Таким образом, умственное направление царевича нисколько не соответствовало целям Петра. Умная беседа с духовными лицами, углубление в вопросы догматики и схоластики доставляли царевичу более удовольствия, нежели поездки по морю или участие в трудах административных и законодательных. Черчение, математика, прикладные науки нравились Алексею гораздо менее, чем тонкости богословских диспутов или подробности церковной истории. Отвлеченные науки, риторика, метафизика и пр., однако, не могли считаться особенно полезным пособием при развитии и воспитании наследника русского престола. Для того, чтобы сделаться способным продолжать начатое Петром, для поддержания значения

---

[1] Соловьев, XVII, 129.

России в системе европейских держав, для обеспечения участия России в результатах западноевропейской культуры, для решения сложных вопросов законодательства и администрации царевич нуждался в совершенно ином приготовлении, в совсем иных средствах эрудиции. Между тем как Петр, живя заграницею, работал на верфях, занимался в кабинетах и лабораториях натуралистов, Алексей, например, в 1712 году, находясь в Германии, обратился к ученому богослову Гейнекциусу с просьбою написать для него катехизис по учению православной церкви; в то самое время, когда Петр доставал и читал сочинения по артиллерии, баллистике и пиротехнике, сын его углублялся в книги о небесной манне, в жития святых, в правила Бенедиктинского ордена, или в знаменитый труд Фомы Кемпийского; Петр осматривал арсеналы и доки, фабрики и мастерские, между тем как Алексей делал выписки из церковно-исторического труда Барония «Annales ecclesiastici»; Петр старался составить себе точное понятие о государственном и общественном строе Англии, Франции и Голландии и пр.; Алексей же был занят вопросом средневековой истории, изучая воззрения прежних веков на понятие о грехе, или убеждения прежних поколений в отношении к соблюдению поста и пр. Предприимчивость, физическая сила и энергия Петра были противоположны некоторой мягкости, вялости, телесной слабости царевича. Сын, так сказать, принадлежал к прежнему, отжившему свой век поколению, тогда как отец был как-то моложе, свежее его и находился в самой тесной связи с современными идеями просвещения и прогресса. Мир, в котором жил Алексей, сделался анахронизмом, вследствие чего царевич оказался неспособным составить себе ясное понятие о том, в чем нуждалась Россия; его взоры были обращены не вперед, а назад, и поэтому он не годился в кормчие государственного судна; живя преданиями византийской старины, он скорее мог сделаться монахом или священником, нежели полезным государственным деятелем. Столкновение между напитанным духом реакции сыном и быстро стремившимся вперед отцом становилось неизбежным.[1]

Сам Алексей, накануне своей кончины, сообщил некоторые подробности о вредном влиянии на него лиц, его окружавших. Правда, эта записка царевича составлена после страшных истязаний, быть может, в значительной степени при внушении допрашивавшего царевича Петра Андреевича Толстого. В сущности, однако, важнейшие показания в этой записке

---

[1] О книгах царевича см. соч. Погодина и акты, собранные Есиповым в «Чтениях М. О. И. и Др.» 1861, III, между прочим в расходной книги царевича 1714 г. 88—115. Выписки из Барония у Устрялова, VI, 324—326, и у Погодина 144—163, а также 170—173. О книгах царевича см. также соч. Пекарского, «Наука и лит. при П. В.» I, 46—47.

вполне согласуются с теми данными о воспитании Алексея, о которых мы знаем из других источников. Тут между прочим сказано: «моего к отцу моему непослушания и что не хотел того делать, что ему угодно — причина та, что со младенчества моего несколько жил с мамою и с девками, где ничему не обучился, кроме избных забав, а больше научился ханжить, к чему я и от натуры склонен... а потом, Вяземский и Нарышкины, видя мою склонность ни к чему иному, только чтоб ханжить и конверсацию иметь с попами и чернцами, и к ним часто ездить и подпивать, в том мне не только не претили, но и сами то ж со мною охотно делали... а когда уже было мне приказано в Москве государственное правление в отсутствие отца моего, тогда я, получа свою волю, и в бо́льшие забавы с попами и чернцами и с другими людьми впал» и пр.[1]

Не раз нами было указываемо выше на антагонизм между царем и духовною жизнью народа. Мы видели, как часто ненависть к царю, неодобрение его преобразований принимали вид религиозного протеста; восстания происходили во имя благочестия; царя считали антихристом; бунтовщики говорили об обязанности «стоять за дом Богородицы». Нельзя отрицать существования некоторой связи между царевичем Алексеем и сторонниками таких начал средневекового византийского застоя. Недаром он интересовался личностью и судьбою Талицкого, доказывавшего, что с царствования Петра началось время антихриста. При таких обстоятельствах близкое знакомство царевича с попами и монахами могло считаться делом опасным и для него самого, и для всего государства. В то самое время, когда Алексей, по летам своим, мог бы приступить к участию в делах и сделаться помощником отца, он находился под сильным влиянием своего духовника, Якова Игнатьева, принадлежавшего к реакционной партии и бывшего средоточием того кружка попов и чернецов, в котором вращался особенно охотно злосчастный наследник престола.

Соловьев сравнивает дружбу царевича с Яковом Игнатьевым с отношениями, когда-то существовавшими между Никоном и царем Алексеем Михайловичем. Как Никон для царя Алексея был собинный приятель, так и внук царя, в письмах к протопопу Якову Игнатьеву, уверяет его в безусловном доверии и уважении. В одном из этих писем из-за границы сказано: «еще бы вам переселение от здешних к будущему случилось, то уж мне весьма в Российское государство не желательно возвращение» и пр.

Алексей и Яков Игнатьев были одинакового мнения о Петре: однажды Алексей покаялся своему духовнику, что желает отцу своему смерти;

---

[1] Устрялов, VI, 528.

духовник отвечал: «Бог тебя простит; мы и все желаем ему смерти для того, что в народе тягости много».

Царевич Алексей Петрович.
С портрета, находящегося в Императорском Эрмитаже.

Яков Игнатьев служил посредником в тайных сношениях царевича с его матерью, царицею Евдокиею, находившеюся в Суздальском монастыре. Мы знаем наверное лишь об одном посещении Алексеем бывшей царицы в Суздале, в 1706 году; нам известно также, что царь, узнав об этом, изъявлял сыну гнев за тайное посещение матери. Не раз происходили обмены письмами и подарками. Так, например, царевич через тетку, царевну Марью Алексеевну, доставлял матери деньги. Однако он в этом отношении до такой степени боялся гнева отца, что однажды сам умолял своих друзей прекратить всякую связь с бывшею царицею Евдокиею.

Дворец царевича Алексея Петровича в Петербурге.
С рисунка, приложенного к «Описанию Петербурга» Рубана.

Вообще, действия Алексея, в особенности же его сношения с близкими приятелями, отличались некоторою таинственностью. В письмах царевича к Якову Игнатьеву и наоборот встречаются условные термины, затемняющие смысл для лиц, непосвященных в тайны той «компании», к которой принадлежали царевич и его духовник. Но не было ни заговора, ни тайного бунта, ни какой-либо политической программы. «Компания» состояла из лиц, недовольных царем, царицею, Меншиковым и пр., но ограничивавшихся лишь тайною беседою, заявлениями своего раздражения в теснейшем кругу приятелей, тихою жалобою на личное притеснение, на частные нужды.

Следующий эпизод лучше всего характеризуете эту таинственность дружеских отношений царевича к духовнику. Находясь за границею, Алексей писал к Якову Игнатьеву: «священника мы при себе не имеем и взять негде... приищи священника, кому можно тайну сию поверить, не старого и чтоб незнаемый был всеми. И изволь ему объявить, чтоб он поехал ко мне тайно, сложа священнические признаки, т. е. обрил бороду и усы, такожде и гуменца заростить, или всю голову обрить и надеть волосы накладные и, немецкое платье надев, отправь его ко мне курьером... а священником бы отнюдь не назывался... а у меня он будет за служителя, и кроме меня и Никифора (Вяземского) сия тайны ведать никто не будет. А на Москве, как возможно, сие тайно держи; и не брал бы ничего с собою надлежащего иерею, ни требника, только бы несколько частиц причастных, а книги я все имею. Пожалуй, яви милосердие к душе моей, не даждь умереть без покаяния! мне он не для чево иного, только для смертного случая, такожде и здоровому для исповеди тайной» и пр.

Здесь суеверная привязанность к внешней обрядности церковной тесно связана с некоторою склонностью к обману. Подробности в письме к Игнатьеву походят на приемы заговорщиков. Самое же дело не представляет собою ни малейшей тени какого-либо опасного политического предприятия. Форма действия могла считаться преступною; самое же действие было совершенно невинным и находилось в тесной связи с наивною, простодушною религиозностью царевича. Попирая ногами обыкновенный правила нравственности, решаясь на довольно сложный и требовавший обстоятельных приготовлений обман, Алексей имел в виду высокую цель — спасение души; удовлетворяя своим потребностям внешнего благочестия, он легко мог столкнуться с гражданскими правилами. В этой готовности набожного царевича действовать обманом проглядывает некоторый иезуитизм. Религиозный фанатизм не только не мешал ему, но даже заставлял его прибегать к притворству, к хитрости, к окольным путям. Ложь такого рода в отношении к светской власти в тех кружках, к которым принадлежал царевич, не считалась грехом. Рабское пронырство, хитрая мелочность у этих людей заменяли достоинство и благородство открытого образа действий.

Друзья царевича имели разные прозвища, как то: отец Корова, Ад, Жибанда, Засыпка, Бритый и пр. В своих письмах они иногда употребляли шифры. О политике тут, однако, почти вовсе не было речи; зато говорилось о делах духовных, о попойках и пр. К этому кружку принадлежали между прочим: муж мамки царевича, его дядька, Никифор Вяземский, Нарышкины; из духовных лиц нельзя не упомянуть об архиепископе Крутицком. Зато Стефан Яворский, заведовавший патриаршими делами, оставался чуждым «компании» царевича.

Нельзя удивляться тому, что в этом кружке не одобряли проекта женить царевича на Вольфенбюттельской принцессе, и что здесь было высказано желание склонить невесту Алексея к принятию православия. Царевич переписывался об этом деле с Яковом Игнатьевым.

Связь Алексея с духовенством не имела особенного политического значения. Только однажды, во время пребывания царевича за границею, в 1712 году, митрополит рязанский, администратор русской церкви Стефан Яворский в Успенском храме в проповеди намекнул на положение царевича, причем говорил и об общей тягости и о некоторых мерах Петра. В проповеди между прочим было сказано: «не удивляйтеся, что многомятежная Россия наша доселе в кровных бурях волнуется. Мир есть сокровище неоцененное: но тии только сим сокровищем богатятся, которые любят Господень закон» и пр. Довольно резко Яворский затем порицал учреждение фискалов; наконец же, в молитве к св. Алексею сказано: «ты оставил еси дом свой — он такожде по чужим домам скитается; ты удалился еси родителей — он такожде и пр.; покрый своего тезоименника, нашу едину надежду» и т. д.[1] Сенаторам, присутствовавшим в храме, проповедь эта не понравилась, и они стали укорять за нее архиерея. В письмах к царю Яворский должен был оправдывать свой неосторожный поступок. На царевича же этот эпизод произвел некоторое впечатление. Он достал себе список проповеди и молитвы и списал его.[2]

Впоследствии, при допросе, Алексей показал, что Стефан Яворский говаривал ему: «надобно-де тебе себя беречь; будет-де тебя — не будет, отцу-де другой жены не дадут; разве-де мать твою из монастыря брать; только-де тому не быть, и нельзя-де тому статься, а наследство-де надобно».[3]

Все это, как видно, были лишь частные разговоры. Друзья царевича постоянно возвращались к любимой мысли о предстоявшей будто бы в ближайшем будущем кончине Петра. Бывали случаи пророчества и объяснения слов, относившихся к этому событию. Ожидали также примирения царя с Евдокиею. Такого рода мысли встречаются не только в беседах Алексея с приятелями и с царевною Марьею Алексеевною, но также и в беседах Ростовского епископа Досифея с Евдокиею, и в беседах Евдокия с ее любовником, Глебовым.

Во все это время Петр мало заботился о сыне. Лишь в виде исключения он старался привлечь его к участию в делах, давая ему разные поручения.

Так, например, в 1707 году Алексей должен был в Смоленске заботиться о собрании и прокормлении войска. Довольно большое число кратких записок царевича к отцу в это время заключают в себе лишь самые необходимые заметки о делах и постоянно повторяемый в одном и том же

---

[1] Устрялов, VI, 31.
[2] Там же, VI, 506.
[3] Там же, VI, 512.

обороте вопрос о здоровье отца.¹ Мы не имеем подробных сведений о том, насколько труды Алексея в области военной администрации удовлетворяли царя. Немного позже царь поручил Алексею надзирать над фортификационными работами в Москве: царь опасался, что Карл XII сделает нападение на древнюю столицу. Однажды царь был очень недоволен царевичем и писал: «оставя дело, ходишь за бездельем».² Подробностей о причинах гнева Петра мы не имеем.

Поручая сыну разные работы, царь в то же время требовал, чтобы Алексей продолжал учиться. Вяземский, между прочим, писал однажды, что царевич занимается географиею, немецкою грамматикою и арифметикою. В 1709 году Алексею было поручено повести в Украйну отряд новобранцев. В местечке Сумах он заболел опасно и после болезни поправлялся очень медленно.

К 1707 году относится начало переговоров о браке царевича с принцессою Шарлоттою Вольфенбюттельскою. Как кажется, царевич узнал об этих переговорах лишь в то время, когда в 1709 году ему приходилось отправиться за границу. В разных письмах Петра, царевича, Меншикова, относившихся к этому путешествию, ни слова не говорилось о проекте женитьбы. Поводом к поездке в Германию служили учебные занятия Алексея. Не раньше как в 1710 году он писал к Якову Игнатьеву о своей невесте, с которою впервые виделся в местечке Шлакенверте, близ Карлсбада: «на той княжне давно уже меня сватали, однако ж, мне от батюшки не весьма было открыто... я писал батюшке, что я его воли согласую, чтоб меня женил на вышеписанной княжне, которую я уже видел, и мне показалось, что она человек добр и лучше мне здесь не сыскать». Быть может, различие веры беспокоило царевича. По крайней мере, он прибавил: «прошу вас, пожалуй, помолись: буде есть воля Божия, — чтоб сие совершил, а будет нет, — чтоб разрушил».³

Дед невесты, герцог Антон Ульрих, писал в то время: «русские не хотят этого брака, опасаясь, что много потеряют с утратою кровного союза со своим государем, и люди, пользующиеся доверием царевича, стараются религиозными внушениями отклонить его от заключения брака, которым, по мнению их, чужеземцы думают господствовать в России. Царевич верит им» и пр.⁴

---

[1] Письма эти изданы г. Мурзакевичем, в 1849 году, в Одессе.
[2] Устрялов, VI, 309.
[3] «Чтения М. О. И. и Др.» 1861, III, 61.
[4] Устрялов, VI, 24.

Отзывы невесты царевича о нем в это время были благоприятны. Сообщая, что он учится танцевать и французскому языку, бывает на охоте и в театре, она хвалит его прилежание. Однако он был застенчив и холоден. «Он кажется равнодушным ко всем женщинам», писала Шарлотта. Впрочем, узнали кое-что о любви царевича к какой-то княжне Трубецкой, которую Петр выдал замуж за одного вельможу.

Брак Алексея был совершен 14-го октября 1711 года в Торгау. Все, казалось, уладилось, как нельзя лучше. Говорили до свадьбы, что Алексей страстно любит свою невесту. Даже отношения царевича к отцу в это время казались удовлетворительными. Алексей переписывался до свадьбы с отцом о частностях брачного договора. Царь приехал в Торгау, чтобы присутствовать при свадебной церемонии, и ласково обращался с кронпринцессою. Однако на четвертый день после свадьбы Алексей, по желанию отца, должен был отправиться в Померанию для участия в военных действиях. Шарлотта, некоторое время жившая в Торне, переписывалась с мужем и, между прочим, не без удовольствия узнала о горячем споре, происходившем в лагере близ Штетина из-за кронпринцессы между Меншиковым и царевичем. Когда Меншиков позволил себе выразиться не совсем лестно о Шарлотте, Алексей резко порицал дерзость светлейшего князя. Узнав, что царевич должен участвовать в нападении на остров Рюген, Шарлотта сильно беспокоилась, и вообще обнаруживала дружбу и любовь к мужу.[1]

Мало-помалу, однако, отношения между супругами становились хуже, и они окончательно охладели друг к другу. Царевич обращался с женою неласково и даже грубо. Она, в свою очередь, была раздражительна. Алексей, своими попойками в кругу недостойных приятелей, подавал повод к неудовольствию кронпринцессы. Однажды, возвращаясь с подобной пирушки в нетрезвом виде, Алексей в сердцах говорил своему камердинеру: «жену мне на шею чертовку навязали; как де к ней ни приду, все-де сердитует и не хочет-де со мною говорить».[2]

Алексей начал хворать, как говорили, чахоткою и отправился для лечения в Карлсбад. Только в последнюю минуту перед отъездом мужа Шарлотта узнала о его намерении отправиться за границу. Во время пребывания Алексея в чужих краях она, кажется, не получила ни одного письма от него и даже не знала точно о его местопребывании. Во время отсутствия мужа она родила дочь Наталью (12-го июля 1714 г.). В декабре 1714 года Алексей возвратился в Петербург. В первое время после приезда

---

[1] Герье, «Die Kronprinzessin Charlotte», 86—91.
[2] Устрялов, VI, 35.

из-за границы он был ласков в обращении с женою, но скоро у него появилась любовница, Евфросинья, крепостная девка учителя царевича, Никифора Вяземского; к тому же, он начал сильно пьянствовать. Весною 1715 года он заболел опасно, однако поправился.

Крон-принцесса Шарлотта.
С портрета, находящегося в Императорском Эрмитаже.

12-го октября 1715 года Шарлотта родила сына, Петра, а 22-го октября скончалась. Она не была в состоянии содействовать развитию царевича и не имела никакого влияния на него. Как и прежде, он был предоставлен самому себе и влиянию недостойных приятелей.

На следующий день после погребения кронпринцессы Екатерина также родила сына, Петра. Разлад между царем и наследником престола становился неизбежным.

Не только между духовными лицами было много недовольных, но и некоторые вельможи резко порицали образ действий Петра и этим самым содействовали развитию антагонизма, и без того существовавшего между царем и его сыном. Так, например, однажды, князь Василий Владимирович Долгорукий сказал Алексею: «ты умнее отца; отец твой хотя и умен, только людей не знает, а ты умных людей знать будешь лучше». Князь Голицын доставал для царевича у киевских монахов разные книги и при этом случае говорил о монахах царевичу: «они-де очень к тебе ласковы и тебя любят». Даже фельдмаршал Борис Петрович Шереметев однажды советовал царевичу держать при дворе отца человека, который бы узнавал обо всем, что там говорится относительно Алексея. Князь Борис Куракин однажды спросил царевича в Померании: «добра к тебе мачиха? «Добра», отвечал Алексей. Куракин заметил на это: «покаместь у ней сына нет, то к тебе добра, а как у ней сын будет, не такова будет». Семен Нарышкин однажды говорил царевичу: «горько нам! царь говорит: что вы дома делаете? Я не знаю, как без дела дома быть. Он наших нужд не знает». Царевич вполне сочувствовал этим людям, стремившимся от общественной деятельности, от службы — домой, к домашним занятиям. «У него везде все готово», возразил Алексей Нарышкину: «то-то он наших нужд не знает». Наследник русского, петровского престола, замечает Соловьев, становился совершенно на точку зрения частного человека, приравнивал себя к нему, говорил о «наших нуждах». Сын царя и героя-преобразователя имел скромную природу частного человека, заботящегося прежде всего о мелочах домашнего хозяйства.[1]

Между тем, как Петр постоянно был занят мыслию о нуждах государства, всецело посвящая себя службе и неусыпно исполняя свой долг пред народом, сын его оставался чуждым такой любви к отечеству и пониманию обязанностей государя. Замечая эту разницу между собою и наследником престола, царь невольно должен был предвидеть опасность, грозившую государству от Алексея. Поэтому вопрос о нравственном праве Алексея на престолонаследие становился жгучим, животрепещущим.

Некоторые попытки Петра приучить Алексея к труду оказались тщетными. Когда однажды, в 1713 году, царевич опасался, что отец заста-

---

[1] Соловьев, XVII, 151—154.

вит его чертить при себе, Алексей, не выучившись, как следовало, черчению, прострелил себе правую руку, чтобы избавиться от опасного экзамена.[1] Бывали случаи, что царевич принимал лекарства с целью захворать и этим освободиться от исполнения данных ему поручений. Справедливо он однажды сказал о себе Кикину: «правда, природным умом я не дурак, только труда никакого понести не могу».[2] Теща царевича, принцесса Вольфенбюттельская, в 1717 году в Вене говорила Толстому: «я натуру царевичеву знаю; отец напрасно трудится и принуждает его к воинским делам: он лучше желает иметь в руках четки, нежели пистоли».[3] Противоположность нравов скоро породила ненависть между отцом и сыном. Алексей сам говорил, что «не только дела воинские и прочие отца его дела, но и самая его особа зело ему омерзела, и для того всегда желал быть в отлучении». Когда его звали обедать к отцу или к Меншикову, когда звали на любимый отцовский праздник — на спуск корабля, — то он говорил: «лучше-б я на каторге был или в лихорадке лежал, чем там быть».[4]

Однако при всем том царевич не исключительно думал о тишине и покое и о частной жизни. Его не покидала мысль о будущем царствовании. В тесном кругу приятелей или в беседе с любовницею, Евфросиньею, он говорил, между прочим: «близкие к отцу люди будут сидеть на копьях, Петербург не будет долго за нами». Когда его остерегали, что опасно так говорить, слова передадутся и те люди будут в сомнении, перестанут к нему ездить, царевич отвечал: «я плюю на всех; здорова бы была мне чернь». Евфросинья показала впоследствии, что «царевич говаривал: когда он будет государем, и тогда будет жить в Москве, а Петербург оставит простой город; также и корабли оставит и держать их не будет; а и войска-де станет держать только для обороны, а войны ни с кем иметь не хотел, а хотел довольствоваться старым владением, и намерен был жить зиму в Москве, а лето в Ярославле» и пр.[5]

Ко всему этому присоединилось убеждение царевича, что Петра скоро не станет. Ему сказали, что у царя эпилепсия и что «у кого оная болезнь в летах случится, те недолго живут»; поэтому он «думал, что и велико года на два продолжится живот его».[6]

---

[1] Устрялов, VI, 529.
[2] Там же, VI, 175.
[3] Там же, VI, 106.
[4] Соловьев, XVII, 149.
[5] Устрялов, VI, 240.
[6] Чтения, 1861 г., III, 190.

Это убеждение о предстоявшей в ближайшем будущем кончине Петра давало царевичу повод отказываться от каких-либо действий. Составление политической программы или какого-либо заговора вообще не соответствовало пассивной натуре Алексея. Страдая неловкостью своего положения, он ждал лучшего времени. О систематической оппозиции, об открытом протесте против воли отца не могло быть и речи — для этого у него недоставало ни мужества, ни ума.

Развалины замка Эренберга.
С рисунка, приложенного к «Истории Петра Великого» Устрялова.

Петр находился совсем в другом положении. Не имея привычки ждать, находиться под давлением внешних обстоятельств, предоставить неизвестной будущности решение столь важных вопросов, каков был вопрос о судьбе России после его кончины, он должен был действовать решительно, быстро. Уже в 1704 году, как мы видели выше, он говорил сыну: «если ты не захочешь делать то, чего желаю, я не признаю тебя своим сыном». С тех пор сделалось ясным, что Алексей не хотел делать того, чего желал от него отец, и потому приходилось исполнить угрозу и не признать сына наследником престола.

В день погребения кронпринцессы Петр отдал сыну письмо, в котором указывалось на неспособность Алексея управлять государством, на его неохоту к учению, на отвращение к воинским делам и пр. Далее царь говорил о важных успехах своего царствования, о превращении России при нем в великую державу и о необходимости дальнейшего сохранения величия и славы России. Затем сказано: «сие все представя, обращуся паки на первое, о тебе рассуждая: ибо я есмь человек и смерти подлежу, то кому вышеписанное с помощью Вышнего насаждение оставлю? Тому, иже уподобился ленивому рабу евангельскому, вкопавшему талант свой в землю (сиречь все, что Бог дал, бросил)! Еще же и сие вспомяну, какова злого нрава и упрямого ты исполнен! Ибо сколь много за сие тебя бранивал, и не точию бранивал, но и бивал, к тому же столько лет почитай не говорю с тобою; но ничто сие успело, ничто пользует, но все даром, все на-сторону, и ничего делать не хочешь, только-б дома жить и веселиться» и пр. В заключение сказано: «я за благо изобрел сей последний тестамент тебе написать и еще мало пождать, аще нелицемерно обратишься. Ежели же ни, то известен будь, то я весьма тебя наследства лишу, яко уд гангренный, и не мни себе, что один ты у меня сын и что я сие только в устрастку пишу: воистину (Богу извольшу) исполню, ибо я за мое отечество и люди живота своего не жалел и не жалею, то како могу тебя непотребного пожалеть? Лучше будь чужой добрый, нежели свой непотребный».

Как видно, с давних уже пор между отцом и сыном раскрылась бездна. Царь прежде бранивал и бивал Алексея; затем не говорил с ним ни слова в продолжение нескольких лет. При тогдашних приемах педагогики, царь мог позаботиться о напечатании этого письма, не подозревая, что указанием на суровое и холодное обращение с сыном он винил во всем деле и себя самого.

Царь писал: «не мни, что один ты у меня сын... лучше будь чужой добрый, нежели свой непотребный». На другой день после отдачи этого письма царица Екатерина родила сына, Петра Петровича.

Куракин, как выше было сказано, говорил Алексею, что мачеха к нему добра, пока у нее нет собственного сына. Теперь же у нее был сын. В кружках дипломатов рассказывали, что Екатерина была крайне недовольна рождением сына у Алексея, и что именно раздражение, проявленное мачехой по этому поводу, сделалось одною из причин преждевременной кончины кронпринцессы.[1] В этом же смысле выразился позже и сам Алексей во время своего пребывания в Вене.[2]

На письме царя к Алексею показано число 11-го октября, когда еще у Алексея не было сына. Оно было отдано 27-го октября, накануне рождения Петра Петровича. В новейшее время это обстоятельство вызвало следующее объяснение: Петр подписал свое письмо задним числом, до рож-

---

[1] Донесение Плейера у Устрялова, VI, 343.
[2] Устрялов, VI, 67.

дения внука; иначе бы можно было думать, что царь осердился на сына в сущности за то, что у этого сына родился наследник, именно в то время, когда и Екатерина могла родить сына и пр.[1] Мы не беремся проникнуть в тайну мыслей царя. Быть может, Соловьев прав, объясняя позднюю отдачу письма болезнию Петра.[2]

Вид Ст.-Эльмо.
С рисунка, приложенного к «Истории Петра Великого» Устрялова.

Прочитав письмо отца, Алексей советовался с друзьями. Князь Василий Владимирович Долгорукий говорил ему: «давай писем хоть тысячу; еще когда-то будет! старая пословица: улита едет, коли-то будет» и пр. Через три дня после получения отцовского письма царевич написал ответ, в котором, указывая на свою умственную и телесную слабость, отказывался торжественно и формально от своих прав на престолонаследие. «Правление толикого народа требует не такого гнилого человека, как я», говорил царевич в этом письме, и к тому же заметил: «хотя бы и брата у меня не было, а ныне, слава Богу, брат у меня есть, которому дай Боже здоровье».

Письмо сына почему-то не понравилось царю. Он о нем говорил с князем Василием Владимировичем Долгоруким, который, после этой беседы, придя к Алексею, говорил ему: «я тебя у отца с плахи снял».

---

[1] Погодин в «Русской Беседе» 1860 г., I, 51—56, и Костомаров в «Древней и новой России» 1875 г., I, 49.

[2] Соловьев, XVII, приложение X.

Несколько дней спустя Петр заболел опасно, однако поправился. 16-го января он написал сыну «последнее напоминание еще». Тут прямо выражено сомнение в искренности клятвы сына, отказавшегося от престолонаследия. «Також», сказано далее, «хотя-б и истинно хотел хранить, то возмогут тебя склонить и принудить большие бороды, которые, ради тунеядства своего, ныне не в авантаже обретаются». Упрекая придирчиво сына в том, что он в своем ответе будто не упомянул о своей негодности и о своей неохоте к делу, хотя тот и назвал себя «гнилым человеком», Петр в раздражении, с каждою минутою все более и более усиливавшемся, писал: «ты ненавидишь дел моих, которые я для людей народа своего, не жалея здоровья своего, делаю, и, конечно, по мне разорителем оных будешь. Того ради так остаться, как желаешь быть, ни рыбою, ни мясом, невозможно: но или отмени свой нрав и нелицемерно удостой себя наследником, или будь монах: ибо без сего дух мой спокоен быть не может, а особливо, что ныне мало здоров стал. На что, по получении сего, дай немедленно ответ, или на письме, или самому мне на словах резолюцию. А буде того не учинишь, то я с тобою, как с злодеем поступлю».

Как видно, Петр, раз решившись устранить Алексея от престолонаследия, должен был идти все дальше и дальше. Отречение от права на престолонаследие не могло казаться достаточным обеспечением будущности России; Алексей, в глазах весьма многих, мог все-таки оставаться законным претендентом; зато заключение в монастырь могло служить средством для достижения желанной цели, иначе «дух Петра не мог быть спокоен». Намек в конце письма: «я с тобою, как с злодеем поступлю», служит комментарием к вышеупомянутому замечанию князя Долгорукого: «я тебя у отца с плахи снял». Если оказывались недостаточно целесообразными формальное отречение от права престолонаследия или даже заключение царевича в монастырь, то оставалось для того, чтобы «дух царя мог быть спокоен», только одно — казнить царевича.

Опять друзья Алексея советовали ему уступать пока, покориться временно воле отца, надеясь на перемену обстоятельств в будущем. Кикин говорил Алексею: «ведь клобук не прибит к голове гвоздем, можно его и снять». Вяземский советовал царевичу: «когда иной дороги нет, то идти в монастырь; да пошли по отца духовного и скажи ему, что ты принужден идти в монастырь, чтоб он ведал».

На другой же день Алексей написал отцу: «желаю монашеского чина и прошу о сем милостивого позволения».

Петр очутился в чрезвычайно неловком положении. Он видел, что на искренность и этого заявления царевича нельзя было надеяться. Таким путем невозможно было достигнуть желанной цели. Дух царя не мог быть спокоен. К тому же, пока не было ни малейшего повода «поступить с царевичем, как с злодеем». Приходилось ждать. Вопрос о будущности России оставался открытым.

В это время обстоятельства внешней политики требовали поездки царя за границу. До отъезда Петр побывал у царевича и спросил о его решении. Царевич отвечал, что не может быть наследником по слабости и желает идти в монастырь. «Одумайся, не спеши», говорил ему отец. «Лучше бы взяться за прямую дорогу, чем идти в чернецы. Подожду еще полгода». Об этой беседе не сохранилось подробных данных. Только из разговора царевича с Яковом Игнатьевым можно заключить, что при этом случае, как кажется, был затронут вопрос о возможности второго брака царевича.[1]

В это время Алексей уже был занят мыслью о бегстве за границу. Виновником такого проекта был Александр Кикин, находившийся на службе у царевны Марии Алексеевны, бывший прежде в довольно близких отношениях к царю и далеко превосходивший царевича умом и способностями. Кикин уже в 1714 году, по случаю поездки царевича в Карлсбад, советовал ему оставаться подольше за границею, для избежания столкновений с отцом. После возвращения Алексея в Россию, в конце 1714 года, Кикин говорил ему: «напрасно ты ни с кем не видался от французского двора и туда не уехал: король человек великодушный; он и королей под своей протекцией держит, а тебя ему не великое дело продержать».[2]

Скоро после отъезда за границу царя отправилась в Карлсбад сестра его, царевна Марья Алексеевна. Кикин, находившийся при ней, на прощании говорил Алексею: «я тебе место какое-нибудь сыщу».

Немного позже, 12-го июля 1716 года, скончалась в Петербурге другая сестра царя, Наталья Алексеевна. При этом случае голландский резидент де-Би доносил своему правительству: «особы знатные и достойные веры говорили мне, что покойная великая княжна Наталья, умирая, сказала царевичу: пока я была жива, я удерживала брата от враждебных намерений против тебя; но теперь умираю, и время тебе самому о себе промыслить; лучше всего, при первом случае, отдайся под покровительство императора».[3]

Есть известие, что царевич обращался к шведскому министру Гёрцу с просьбою о шведской помощи и что Гёрц уговорил Карла XII войти в сношение с Алексеем, при посредстве Понятовского, пригласить его в Швецию

---

[1] Чтения, 1861 г., III, 362.
[2] Соловьев, XVII, 161.
[3] Там же, XVII, 172.

и обещать помощь, и, когда Алексей после того бежал в Австрию и Италию и затем отдался Толстому и Румянцеву, то Гёрц жаловался, что из неуместного мягкосердечия упущен отличный случай получить выгодные условия мира.[1] Мы не имеем возможности проверить эти данные другими источниками. Впрочем, некоторым подтверждением этого факта можно считать следующий намек в письме Петра к Екатерине из Ревеля от 1-го августа 1718 г., где, очевидно, идет речь о царевиче: «я здесь услышал такую диковинку про него, что чуть не пуще всего, что явно явилось».[2]

Во все это время царевича не покидала надежда на скорую кончину царя. Разные лица говорили ему о пророчествах и сновидениях, не оставлявших будто никакого сомнения в предстоявшей перемене. Поэтому для Алексея важнейшим делом было избегать открытой борьбы с отцом, выиграть время. Вскоре, однако, его испугало новое письмо отца, который 26-го августа 1716 года писал из Копенгагена, что теперь нужно решиться: или постричься, или безостановочно отправиться к отцу. Алексей объявил, что едет к отцу, но решился бежать к императору Карлу VI, своему родственнику (императрица была родною сестрою супруги Алексея, Шарлотты).

Алексей намеревался на время укрыться за границею во владениях императора. По смерти отца, он предполагал возвратиться в Россию, где рассчитывал на расположение к нему некоторых сенаторов, архиереев и военачальников; впоследствии он объявил, что предполагал довольствоваться лишь регентством во время малолетства брата, Петра Петровича, в сущности не претендуя на корону.[3]

Этот проект свидетельствует о некоторой доле политического честолюбия в Алексее. Он не хотел отказаться от своих прав по крайней мере в качестве регента участвовать в управлении государством. В то же самое время, однако, этот проект отнюдь не может быть назван политическим заговором, представляя собою не столько какое-либо действие, сколько, напротив, противоположность действия; главная черта в этом плане — некоторая пассивность, выжидание лучших обстоятельств. Приверженцы, на расположение которых в неопределенном будущем рассчитывал царевич, никоим образом не могли считаться какою-либо политическою партиею; весьма немногие лица знали о намерении Алексея бежать за грани-

---

[1] См. донесение французского посланника в Стокгольме и письмо Гёрца к королю в сочинении Фрикселя о Карле XII. Немецкий перевод Иенсен-Туша, V, 202.

[2] Письма русских государей, Москва, 1861 г., I, 78. И издатель этих писем, и Соловьев, XVII, 228, относят это выражение к сношениям Алексея со Швециею.

[3] Устрялов, VI, 509 и след.

цу; но они никак не заслуживали названия преступников, участвовавших в каком-либо заговоре. Все было построено на предположении, что царь скоро умрет своею смертью, на довольно шатких надеждах и желаниях. Для составления точно определенной политической программы, царевичу не доставало ни силы воли, ни умственных способностей, ни опытности в делах. Наивность политических расчетов царевича обнаруживается именно в обращении главного внимания на ненависть вельмож к Меншикову и на расположение некоторых элементов в народе к царевичу.

Нельзя не заметить далее в образе действий царевича некоторой доли иезуитизма. Он поступил бы честно, объявив отцу, что не намерен отказаться от своих прав на престолонаследие. Однако Алексей должен был знать отца, знать, что явное противоречие неминуемо вовлекло бы его в страшную беду, что открытый протест повел бы немедленно к кровавой развязке, к неизбежной гибели. Алексей не мог и думать о геройском подвиге, так сказать, самовольной трагической кончины. С другой стороны, он и не думал о формальном заговоре, об открытом мятеже, об отчаянной борьбе с отцом. Таким образом, ему оставалось сделаться государственным преступником лишь настолько, насколько им может считаться дезертир.

Впрочем, нельзя не заметить, что, если бы надежда царевича на скорую кончину царя исполнилась, его прочие предположения едва ли обманули бы его. Меншиков был ненавидим многими; Екатерина между вельможами имела лишь весьма немногих приверженцев; первое место возле юного императора Петра Петровича легко могло бы принадлежать Алексею.

Однако в расчетах царевича оказалась крупная ошибка. Царь оставался в живых. Борьба между отцом и сыном должна была кончиться катастрофою для последнего.

26-го сентября Алексей выехал из Петербурга. Прощаясь с сенаторами, он сказал на ухо князю Якову Долгорукому: «Пожалуй, меня не оставь!» — «Всегда рад», отвечал Долгорукий, «только больше не говори: другие смотрят на нас».

На пути, близ Либавы, он встретился с возвращавшеюся из Карлсбада теткою, Мариею Алексеевною. «Уж я себя чуть знаю от горести», говорил он ей, «я бы рад куды скрыться». При этих словах он заплакал. «Куды тебе от отца уйти? — везде тебя найдут», сказала тетка. Затем она внушала племяннику, чтобы он не забывал своей матери; говорила и о новой столице: «Петербург не устоит за нами: быть ему пусту» и пр.

В Либаве царевич видел Кикина, который говорил, что нашел для царевича место: «поезжай в Вену, к цесарю: там не выдадут; если отец к тебе пришлет кого-нибудь уговаривать тебя, то не езди: он тебе голову отсечет публично. Отец тебя не пострижет ныне, а хочет тебя при себе держать неотступно и с собою возить всюду, чтоб ты от волокиты умер, понеже ты труда не понесешь, и ныне тебя зовут для того, и тебе, кроме побегу, спастись ничем иным нельзя».

Авдотья

Царица Евдокия Феодоровна в монашеском платье.
С портрета, находящегося в Новодевичьем монастыре.

Таким образом, царевич, показывая вид, что едет к отцу, скрылся и тайно отправился в Вену. Так как лишь два, три лица знали о его побеге, то друзья и родственники царевича в Петербурге и в России вообще начали сильно беспокоиться. Дядя его, Иван Лопухин, обратился к Плейеру с вопросом, не известно ли ему что-либо о местопребывании Алексея. И Петр, в свою очередь, в разных направлениях рассылал лазутчиков, чтобы разведать, где находится царевич.

Алексей же, вместе с Евфросиньею, переодетою пажем, пребывал под именем Коханского в Вене, где русский резидент Веселовский долго не знал о том, потому что императорский двор старался скрывать местопребывание царевича.

В Вене Алексей обратился сначала к вице-канцлеру Шёнборну; с императором он, однако, не виделся. Карл VI распорядился отправить царевича сначала в Вейербург, близ Вены, затем, в Эренбергский замок, в Тироле, наконец, в Ст.-Эльмо, близ Неаполя. Несмотря на все старания императорского правительства скрыть от царя местопребывание Алексея, эмиссары Петра, Толстой и Румянцев, узнали точно обо всем и убедили императора в необходимости дозволить им доступ к царевичу в Ст.-Эльмо для ведения с ним переговоров о возвращении в Россию. При этом случае, особенно Толстой, обнаруживая необычайную опытность и ловкость, уговаривал Алексея к возвращению в Россию, чем оказал царю существенную услугу.

При этом случае обнаруживается слабость нрава Алексея, в противоположность твердости воли и последовательности действий Петра. Заступничество, оказанное Алексею императором, главою христианства, не имело никакого значения пред неумолимо строгим требованием, чтобы царевич покорился воле отца. Тот самый Алексей, который в Вене и Эренберге слезно и на коленях просил императорских сановников защитить его от грозного родителя, теперь решился возвратиться к Петру. Во время пребывания в Ст.-Эльмо он написал послания к сенаторам и духовенству в России, в которых просил рассчитывать на него в будущем, и в то же время выразил надежду на расположение к нему архиереев и вельмож;[1] все это теперь было забыто. Тот самый Алексей, который при каждом известии о каких-либо беспорядках в России, о мятежном духе русского войска в Мекленбурге, о болезни брата, Петра Петровича, радовался и рассчитывал на разные перемены — теперь упал духом чрезвычайно быстро, при одном заявлении Толстого, что Петр непременно сумеет захватить царевича где бы то ни было, что он и без того намеревается побывать в Италии и будет также в Неаполе. Царевич, высказывавший в беседах с

---

[1] Императорское правительство не сочло удобным отправить по адресу эти послания; они и теперь находятся в венском архиве, см. Устрялова, VI, 91—92.

императорскими сановниками, что никогда не должно полагаться на обещания царя, теперь поверил словам Толстого и письму Петра, в которых было сказано, что царевич останется без наказания. Недаром те лица в Австрии, которые имели дело с царевичем, были о нем невысокого мнения. Шёнборн, говоря о «непостоянстве» Алексея, заметил: «царевич не имеет довольно ума, чтобы надеяться от него какой-либо пользы».[1]

Для императорского двора готовность царевича возвратиться в Россию могла считаться выгодою. В Вене опасались гнева Петра. Император обратился к английскому правительству с вопросом, можно ли, в случае надобности, надеяться на содействие Англии для защиты Алексея. В конференции австрийских министров было высказано опасение, что «царь, не получив от императорского двора удовлетворительного ответа, может с многочисленными войсками, расположенными в Польше по Силезской границе, вступить в герцогство, и там останется до выдачи ему сына; а по своему характеру, он может ворваться и в Богемию, где волнующаяся чернь легко к нему пристанет».[2]

В письме Петра к сыну из Спа, от 10-го июля 1717 г., было сказано, между прочим: «буде побоишься меня, то я тебя обнадеживаю и обещаюсь Богом и судом Его, что никакого наказания тебе не будет; но лучшую любовь покажу тебе, ежели воли моей послушаешь и возвратишься. Буде же сего не учинишь, то, яко отец, данною мне от Бога властно, проклинаю тебя вечно, а яко государь твой — за изменника объявляю и не оставлю всех способов тебе, яко изменнику и ругателю отцову, учинить, в чем Бог мне поможет в моей истине».[3]

Царевич, в свою очередь, в это время ласкал себя надеждою, что ему будет дозволено жить где-либо в уединении, частным человеком, женившись на страстно любимой им Евфросинье. Весьма благоразумно Толстой представлял царю: «ежели нет в том какой-либо противности, чтоб изволил на то позволить, для того, что он (царевич) тем весьма покажет себя во весь свет, еже не от какой обиды ушел, токмо для той девки».[4]

Быть может, сама Евфросинья имела важную долю в решении царевича покориться воле отца. Она впоследствии показала: «царевич хотел из цесарской протекции уехать к папе римскому, но я его удержала».[5]

---

[1] Устрялов, VI, 127.
[2] Там же, XI, 104.
[3] Там же, VI, 389.
[4] Там же, VI, 409.
[5] Там же, VI, 501.

Таким образом, злосчастный Алексей, в сопровождении Румянцева и Толстого, из Неаполя отправился в путь в Россию. Евфросинья, по случаю беременности, должна была путешествовать медленнее. Его любовь к ней высказывалась в самых нежных письмах; еще из Твери, в последнем письме к Евфросинье, царевич писал: «слава Богу, все хорошо, и чаю, меня от всего уволят, что нам жить с тобою, будет Бог изволить, в деревне и ни до чего нам дела не будет».[1]

Не иметь ни до чего дела, быть уволенным от всего — вот в чем заключались, главным образом, надежды царевича. Послания к архиереям и сенаторам, писанные в Ст.-Эльмо, были последним проявлением слабых следов политической энергии царевича. Он был готов совершенно отказаться от роли претендента, довольствуясь скромною жизнью в кругу семьи, дома, без всяких забот о государственных делах. Трудно понять, каким образом он, зная нрав Петра, мог надеяться на такую будущность, не чуя грозившей ему беды, не взвешивая страшной опасности своего положения.

Бегство царевича наделало довольно много шуму. Однако сравнительно поздно в России начали рассуждать об этом важном предмете. Не раньше, как в июне 1717 года, ганноверский резидент Вебер доносил из С.-Петербурга своему двору: «с тех пор, как были получены более подробные известия о царевиче, его пребывании в Инсбруке (sic) и о том, что он навлек на себя гнев его царского величества, вельможи здешнего двора начинают рассуждать свободнее об этом секрете, не считая царевича способным наследовать престол. Есть и такие люди, которые в народе и особливо между солдатчиною распускают слух о том, будто царевич родился плодом прелюбодеяния. И русское духовенство, которое пока высоко ценило царевича, ныне отчасти склоняется против него; опасаются, что царевич, отправившийся в Германию искать помощи у императора и у других католических держав, возьмет на себя обязательство ввести со временем в России католическую веру... По случаю празднества дня рождения царя вовсе не пить за здоровье царевича, а только за здоровье Петра Петровича. Приверженцы Швеции рады всему этому, ожидая скорого расстройства в России и вследствие того возвращения всех утраченных Швецией земель» и пр.[2] Подтверждая такие слухи, французский дипломатиче-

---

[1] Устрялов, VI, 136.
[2] См. донесения Вебера в изд. Германа «Peter d. Gr. u. d. Zarewitsch Alexei». Leipzig, 1881 г., стр. 95—96.

ский агент де-Лави замечает в своем донесении от 10-го июня 1717 года: «полагаю, что все эти обвинения придуманы партией царя и молодого Петра Петровича, во главе коей находится князь Меншиков».[1]

На западе, как кажется, в это время не знали, какой опасности подвергался царевич, возвращаясь в Россию. В газетах печатались разные известия о его путешествии, о почестях, оказанных ему в Риме, о слухе предстоящего будто бы брака царевича с его двоюродною сестрою, герцогинею Курляндскою,[2] и пр. О политическом значении всего этого Плейер писал императору следующее: «между тем, как при дворе радуются возвращению царевича, его приверженцы крайне сожалеют о нем, полагая, что он будет заключен в монастырь. Духовенство, помещики, народ — все преданы царевичу и были очень рады, узнав, что он нашел убежище во владениях императора». Еще ранее Плейер писал, что многие с видимым участием справлялись у него о здоровье и местопребывании Алексея, что разносятся разные слухи о возмущении русского войска в Мекленбурге, о покушении на жизнь царя, о намерении недовольных освободить из монастыря царицу Евдокию и возвести на престол Алексея.[3] Теперь же Плейер доносил по случаю возвращения царевича в Росою: «увидев его, простые люди кланялись ему в землю и говорили: благослови, Господи, будущего государя нашего!»[4]

Нет сомнения, что со стороны Алексея государству грозила страшная опасность. За несколько лет до катастрофы царевича Джон Перри писал: «в случае преждевременной кончины царя, все созданное им с большим трудом рушилось бы непременно. Нрав царевича совершенно противоположен нраву царя; он склонен к суеверию и ханжеству, и не трудно будет уговорить его к восстановлению всего прежнего и к уничтожению всего того, что было начато отцом» и т. д.[5] Де-Лави писал весною 1717 года: «Крюйс сообщил мне, что если Бог отзовет царя из здешнего мира, то можно опасаться, что его преемник, вместе с дворянством, покинет этот город, чтобы возвратиться в Москву, и что Петербург опустеет, и что, если не будут следовать предначертаниям ныне царствующего государя, то

---

[1] Сб. Ист. О., XXXIX, 225.

[2] См. выписки из голландских газет у Погодина-Есипова в «Чтениях», 1861 г., III, 208.

[3] Устрялов, VI, 371. Петр, узнав через Алексея об этих донесениях Плейера, требовал удаления последнего, и он должен был выехать из России; см. статью Гассельбладта в журнале «Russische Revue», VIII.

[4] Устрялов, VI, 142.

[5] Перри; нем. изд. 418—419.

дела примут совершенно иной оборота и придут в прежнее состояние».[1] В апреле 1717 года де-Лави писал: «духовенство, дворянство и купечество много роптали по поводу отсутствия царевича; меня даже уверяли, что знатнейшие лица снабдили его деньгами и обещали служить его интересам»[2] и пр. Упоминая о намерении царя назначить своего второго сына преемником, де-Лави замечает: «едва ли кто захочет участвовать в выполнении последней воли царя и поддержать великого князя Петра Петровича против наследника-цесаревича, который, имея значительную партию в пределах империи, будет, конечно, поддержан своим зятем, императором, о чем можно заключить по настоящему его образу действий».[3]

Иностранные дипломаты, де-Лави, Плейер, Вебер, де-Би и др., в это время постоянно говорят о страшных опасностях, окружавших царя на каждом шагу, о существующем намерении убить его, о политических заговорах и т. д. Поэтому де-Лави находит, между прочим, чрезвычайную строгость царя совершенно целесообразною и необходимою. Он пишет в начале 1718 года: «царь должен быть весьма доволен успехом своего министра, г. Толстого, ибо, если бы он не привез беглеца — этому государю предстояла бы большая опасность. Отсутствие наследника возбуждало надежды недовольных и дало им смелость составить заговор против своего монарха (это 29-й заговор, открытый со времени его вступления на престол). К счастию, о нем узнали вовремя» и пр.[4]

Также и ганноверский резидент, Вебер, постоянно говорит о «заговоре» и о покушениях на жизнь Петра. Он пишет, между прочим: «приезд царевича из Италии в Россию подал многим мысль, что вспыхнет мятеж». Из замечаний Вебера видно, с каким напряженным вниманием следили все за этими событиями. Датскому резиденту Вестфалю было вменено в обязанность от его правительства обращать особенное внимание на все относящееся к царевичу и при случае заступиться за него. Впрочем, и Вебер, равно как и де-Лави, сочувствует скорее Петру, нежели Алексею, сожалея о том, что все старания царя так мало находят поддержки в народе и что у царя почти вовсе нет сотрудников, на которых он мог бы вполне положиться. Вебер ожидал страшного кризиса. Он пишет: «в этом государстве когда-нибудь все кончится ужасною катастрофою: вздохи многих миллионов душ против царя подымаются к небесам; тлеющая искра по-

---

[1] Сб. Ист. О., XXXIV, 118.
[2] Там же, XXXIV, 182.
[3] Там же, XXXIV, 290.
[4] Там же, XXXIV, 314.

всеместного озлобления нуждается лишь в том, чтобы раздул ее ветер и чтобы нашелся предводитель».[1]

В сущности, заговора не было вовсе, настоящей политической партии не существовало. Но число недовольных было громадно, и многие сочувствовали царевичу. Никакого открытого мятежа не произошло. Все как бы в оцепенении ожидали исхода этого печального дела.

Далеко не все были рады приезду царевича. В особенности друзья его были крайне озабочены, ожидая страшного розыска. Иван Нарышкин говорил: «Иуда, Петр Толстой, обманул царевича, выманил» и пр. Князь Василий Владимирович Долгорукий говорил князю Богдану Гагарину: «слышал ты, что дурак-царевич сюда едет, потому что отец посулил женить его на Афросинье? Жолв ему, а не женитьба! Чорт его несет! Все его обманывают нарочно». Кикин говорил: «царевич едет: от отца ему быть в беде; а другие напрасно будут страдать» и пр.[2]

В 1698 году, после своего путешествия за границу, Петр возвратился грозным судьею над стрельцами. Страшный розыск, пытки и казни тогда представляли собою противоположность с занятиями Петра на западе. Теперь, в 1718 году, повторилось то же самое явление. После долгого пребывания на западе, в Германии, в Голландии, в Париже, царь опять должен был трудиться в качестве судьи, присутствовать при пытках и казнях, для доставления победы началу преобразования. Россия, со времен последних кризисов такого рода, превратилась в первоклассную державу, сделалась членом системы европейских государств; многое было сделано уже и для внутренней реформы. Петр справился со многими противниками: те элементы, которые царь называл «семенем Милославского», были побеждены, придавлены; не было более стрельцов; Софья скончалась в монастыре; астраханский и булавинский бунты не имели успеха; казаки, раскольники должны были покориться воле преобразователя. Оставалось покончить с царевичем Алексеем.

Как по случаю стрелецкого розыска в 1698 году, так и в деле царевича Алексъя, царь употреблял все возможные средства для открытия настоящих виновников брожения, вожаков готовившегося враждебного действия. Это старание царя придало всему следствию весьма широкие размеры. Алексей, как личность, не мог быть столько опасным. Спрашивалось, кто действовал на него? кто делал ему внушения? были ли у него приверженцы? существовало ли что-либо похожее на политическую партию?

---

[1] Hermann, 112, 119.
[2] Соловьев, XVII, 200.

Прежде всего нужно было лишить царевича права престолонаследия.

В кружках иностранцев рассказывали, что Петр еще до отправления за границу, т. е. в самом начале 1716 года, сделал завещание в пользу царевича Петра Петровича. Так пишут де-Лави и Вебер. Однако такого завещания вовсе не существовало. Не раньше, как после возвращения царевича Алексея из-за границы, Петр Петрович был объявлен наследником престола.

Царевич Петр Петрович.
С портрета, находящегося в Императорском Эрмитаже.

Алексей прибыл в Москву 31-го января. 3-го февраля в Кремле собрались духовенство и светские вельможи, явился царь и ввели царевича без шпаги. Отец обратился к нему с выговорами; Алексей бросился на колени, признал себя во всем виновным и просил помилования. Отец обещал ему милость при двух условиях: если откажется от наследства и откроет всех, кто присоветовал ему бегство.

В тот же самый день был обнародован царский манифест, в котором изложены вины Алексея и объявлен наследником престола царевич Петр Петрович.

На другой день царевичу были предложены письменные пункты о сообщниках. Тут было сказано: «все, что к сему делу касается, хотя что здесь и не написано, то объяви и очисти себя, как на сущей исповеди; а ежели что укроешь и потом явно будет, на меня не пеняй; понеже вчерась пред всем народом объявлено, что за сие пардон не в пардон».

Царевич показал о своих беседах с Кикиным, Вяземским, царевною Марьею Алексеевною, князем Василием Владимировичем Долгоруким и пр., кое о чем он и умолчал. Начались допросы всех этих лиц. Царь при этом играл роль инквизитора, сам составлял допросные пункты, входил во все частности дела, обращал внимание на все когда-то мимоходом или случайно сделанные подсудимыми замечания. Однако все старания не повели к открытию какого-либо заговора, какой-либо организованной политической партии. Преступления сообщников Алексея заключались не столько в каких-либо действиях, сколько в неосторожных словах, в выражении ненависти к царю, неудовольствия, ожесточения — обнаружилось то, что было известно и прежде, т. е. сильная, но в сущности пассивная оппозиция против Петра и его системы. Ужаснейшие пытки не имели другого результата, как сознание, что тот или другой надеялся на скорую кончину царя, на воцарение Алексея после Петра, на неопределенную будущность.

Между подсудимыми находилась и мать царевича Алексея, бывшая царица Евдокия, инокиня «Елена». Оказалось, что люди, бывшие в сношениях с нею, также говорили о царе в тоне порицания, хулы, что она в Суздальском монастыре не всегда носила монашеское платье, что епископ Досифей на службе поминал ее царицею Евдокиею, что в 1709 и 1710 годах она находилась в любовной связи с маиором Глебовым. И в этих кружках верили в скорую кончину Петра, надеялись на будущность; Досифей находил брак Петра с Екатериной незаконным и т. п.

Характеристический эпизод случился при низвержении Досифея с епископской кафедры в присутствии всех архиереев и превращении его в «расстригу Демида». При всем духовенстве он сказал на соборе: «только я один в сем деле попался. Посмотрите, и у всех что на сердцах? Извольте пустить уши в народ, что в народе говорят; а на имя не скажу».[1]

Царица Евдокия была заключена в Старо-Ладожский девичий монастырь; царевна Марья Алексеевна прожила несколько лет в заключении в Шлюссельбурге. 15-го и 17-го марта 1718 года совершились казни некоторых важнейших преступников. Глебов был посажен на кол; Досифей и Кикин были колесованы и пр. Между несчастными жертвами был и никем

---

[1] Устрялов, VI, 218.

не оговоренный подьячий артиллерийского приказа Ларион Докукин. Его вина заключалась в жалобах на некоторые меры Петра и в формальном протесте против объявления царевича Петра наследником престола. Вместо того, чтобы присягнуть царевичу Петру, он написал на присяжном листе, что считает отстранение царевича Алексея от престолонаследия несправедливым и заключил свой протест следующими словами: «хотя за то и царский гнев на мя произлиется, буди в том воля Господа Бога моего, Иисуса Христа, по воле Его святой за истину аз, раб Христов, Иларион Докукин, страдати готов. Аминь, аминь, аминь». Этот присяжный лист он сам передал царю 2-го марта. После тройного розыска он был колесован.[1]

Таковы были «сообщники» Алексея. Даже и Докукина, погибшего мученически, заявившего открыто о своем протесте, едва ли можно назвать заговорщиком. Его действие в сущности заключается в отсутствии действия; он играет роль страдальца, а не политического деятеля. Петр наказывал не столько преступные действия, сколько оппозиционные воззрения, злостные речи, преступные мечты.

После казней в Москве Петр спешил в Петербург.[2] Туда же должен был отправиться и царевич Алексей, о котором в кружках дипломатов в это время ходили разные слухи. Плейер доносил об общей молве, что царевич помешался в уме и «пил безмерно».[3] «Все его поступки показывают», пишет де-Лави, «что у него мозг не в порядке».[4]

Все еще продолжались слухи об ужасной опасности, грозившей государству. Вебер писал в это время: «если бы заговор состоялся, то все здешние иностранцы поставлены были бы в отчаянное положение и без исключения сделались бы жертвами озлобления черни». В другом донесении его сказано: «я не хочу быть судьею — прав или не прав царь, устраняя царевича от престолонаследия и проклиная его. Во всяком случае, не подлежит сомнению, что духовенство, дворянство и чернь обожают царевича, и каждый понимает, что завещание царя после его кончины не будет исполнено» и пр.[5]

---

[1] Соловьев, XVII, 212.
[2] Подробности о пытке и казни Глебова см. у Германа, «Gesch. d. russ. Staats.» IV, 326. О казнях в Москве вообще см. донесение Плейера в соч. Устрялова, VI, 224. Особенная брошюра: «Ausführliche Reschreibung der. sc. Execution», «Gedruckt in dem Monat August 1718» и пр.
[3] Устрялов, VI, 227.
[4] Сб. И. О. XXXIV, 336.
[5] Herrmann, «Peter d. gr. u. d. Zarewitsch Alexei», 123.

Между тем, как многие сообщники Алексея, а также прибывшая в Россию Евфросинья, содержались под арестом в Петропавловской крепости, он сам пока оставался свободным, но не являлся при дворе. Только однажды он побывал у царицы Екатерины и просил ее склонить царя к соглашению на его брак с Евфросиньею. Как видно, его и в это время не покидала надежды, что все это для него самого кончится благополучно.

Петр сам между тем допрашивал Евфросинью, которая, впрочем, не была подвергнута пытке, а также и несчастных и совершенно невинных слуг царевича, бывших с ним за границею. Тут узнали о многих неосторожных речах Алексея, так что эти показания любовницы и слуг царевича служили важным дополнением к тому, что было сообщено им самим. Так, например, прежнее показание царевича, будто имперский чиновник Кейль принуждал его писать в С.-Эльмо письма к сенаторам и архиереям, оказалось ложным. Евфросинья показала, что царевич при этом действовал по собственной инициативе. Далее через любовницу царевича Петр узнал подробнее о том, как Алексей радовался при получении известий о болезни царя и Петра Петровича, как он надеялся на содействие разных вельмож и архиереев и пр.[1]

Во всем этом немного было нового. Все это в сущности не могло изменить тех понятий о царевиче, который Петр мог составить себе по прежде сделавшимся ему известными данным. Однако Петр обратил все-таки большое внимание на показания Евфросиньи, из которых он узнал и о намерении Алексея после воцарения сидеть спокойно дома, отказаться от всяких военных действий, уничтожить флот, распустить большую часть войска и пр. Более чем когда-либо до этого царю становилось ясным, что нужно устранить царевича во что бы то ни стало.

Стараясь узнавать все более и более подробно о мечтах и надеждах Алексея и его сообщников, царь в сущности не столько был судьею, сколько политическим деятелем, человеком партии. Он нуждался не столько в приговоре, произнесенном над уличенным в преступлении подсудимым, сколько в принятии решительных мер с целью уничтожения опасного противника. Нельзя было сомневаться в исходе такой борьбы; напрасно Алексей надеялся на кончину Петра в ближайшем будущем. Смерть грозила ему самому гораздо раньше.

При дальнейших допросах царевича и лиц, его окружавших, оказалось, что он прежде старался умолчать о многом; теперь же он должен был сознаться в справедливости показаний Евфросиньи. Он назвал тех лиц, на

---

[1] Устрялов, VI, 237 см. также донесение Де-Би у Соловьева, XVII, 402.

сочувствие и содействие которых рассчитывал в случае возвращения в Россию после кончины отца. Наконец, он сознался царю: «ежели бы бунтовщики меня когда-б нибудь (хотя-б и при живом тебе) позвали, то-б я поехал».[1]

Из всего этого видно, что преступления Алексея заключались не столько в каких-либо действиях, сколько в намерении действовать когда-то, при известных условиях, в разных предположениях и расчетах. Поэтому Петр в сущности не мог определить вину царевича несколько точнее, чем это было сделано в объявлении народу, в мае 1718 года. Тут сказано: «по всему тому можно видеть, что он хотел получить наследство по воле своей чрез чужестранную помощь, или чрез бунтовщиков силою, и при животе отца своего».[2]

Показания царевича заставили Петра предать его суду духовенства и вельмож. Обращаясь к высшим сановникам с требованием произнести приговор над Алексеем, царь заметил: «прошу вас, дабы истиною сие дело вершили, чему достойно, не флатируя (или не похлебуя) мне и не опасаясь того, что ежели сие дело легкого наказания достойно, и когда вы так учините осуждением, чтоб мне противно было, в чем вам клянуся самим Богом» и пр.

Тем временем Алексея заключили в Петропавловскую крепость, где был и застенок. Приближалась развязка.

После того, как духовенство объявило, что дело о царевиче принадлежит суду гражданскому, а не духовному, министры, сенаторы, военные и гражданские чины допрашивали царевича еще раз, в сенате, 18-го июля. Ничего нового не обнаружилось. В то же время происходил розыск над некоторыми содержавшимися также в Петропавловской крепости клевретами царевича; то были: Яков Игнатьев, Абрам Лопухин, Иван Афанасьев, Дубровский; их казнили не раньше, как в декабре 1718 года.

19-го июня Алексей в крепости был подвергнут пытке: дано ему было 25 ударов кнутом; он показал, что, беседуя с Яковом Игнатьевым, говорил ему: «я желаю отцу своему смерти».

22-го июня явился к царевичу Толстой еще с несколькими вопросами, на которые он отвечал краткою автобиографическою запискою, где были изложены причины его нравственной порчи и говорилось о вредном влиянии некоторых лиц, окружавших его в детстве и молодости. В конце записки было упомянуто о надежде на помощь императора Карла VI: «ежелиб до того дошло, и цесарь бы начал то производить в дело, как мне

---

[1] Там же, VI, 237—257.
[2] Там же, VI, 260.

обещал, и вооруженною рукою доставить меня короны Российской, то-б я тогда, не жалея ничего, доступал наследства, а именно: ежели бы цесарь за то пожелал войск российских в помощь себе против какого-нибудь своего неприятеля, или бы пожелал великой суммы денег, то-б я все по воле учинил» и пр.[1]

Трудно сказать, писано ли это показание Алексеем по собственному убеждению, или по внушению Толстого. Костомаров замечает: «по тону этого показания видно, что оно писано с голоса, требовавшего, чтоб писали именно так, как было написано... Язык показания совсем не обычный язык царевича, слишком известный по его письмам: и язык, и склад речи — Петра».[2] Мы не думаем, чтобы можно было обвинить царя в составлении заранее для сына этой записки, или в чрезмерном давлении, произведенном при этом случае на Алексея Толстым. К тому же, такое нравственное давление едва ли могло иметь особенное значение в то время, когда царевича и до этого допроса 22-го июня и после него подвергали страшным истязаниям. Наконец, нельзя не обратить внимания и на то обстоятельство, что даже при самом сильном обвинении, относящемся к связи с Карлом VI, часто повторяемое слово «ежели-бы» лишает все эти показания главного значения.

24-го июня был второй розыск над царевичем: дано ему 15 ударов. Он показал, между прочим, что писал письмо к киевскому митрополиту, «чтоб тем привести к возмущению тамошний народ».

В тот же день верховный суд, назначенный для суждения царевича и состоявший из 127 человек, приговорил его к смерти; главная вина его, по приговору, заключалась в том, что он «намерен был овладеть престолом чрез бунтовщиков, чрез чужестранную цесарскую помощь и иноземные войска, с разорением всего государства, при животе государя, отца своего».[3]

В записной книге С.-Петербургской гварнизонной канцелярии сказано: «26-го июля, по полуночи в 8 часу, начали собираться в гварнизон его величество, светлейший князь и пр. и учинен был застенок, и потом, быв в гварнизоне до 11 часа, разъехались. Того же числа, пополудни в 6 часу, будучи под караулом в Трубецком раскате, в гварнизоне, царевич Алексей Петрович преставился».

Устрялов не сомневается в том, что «застенок» утром и кончина царевича вечером находились в самой тесной связи между собою. Мы счита-

---

[1] Устрялов, VI, 278.
[2] «Др. и Нов. Россия», I, 148.
[3] Устрялов, VI, 270—279.

ем возможным, что утром 26-го июля пытали не царевича, уже приговоренного к смертной казни, а других лиц, не отрицая справедливости предположения Устрялова вообще, что Алексей умер вследствие пытки.

Рассказывали, что царевича пытали еще до перевода его в крепость.[1] Нет ни малейшего сомнения, что его пытали 18-го и 24-го июня, что ему было дано при этом случае 40 ударов. В этом может заключаться достаточная причина его смерти.

Петр в рескриптах к заграничным министрам своим велел описать кончину сына следующим образом: «Бог пресек сына нашего, Алексея, живот по приключившейся ему жестокой болезни, которая вначале была подобна апоплексии».

Было множество разных слухов о кончине царевича.[2] В народе рассказывали, что Петр собственноручно убил сына. Многие лица были казнены за неосторожные речи такого содержания, другие за то, что не считали царевича Петра Петровича, сына «шведки», законным наследником престола.[3]

До настоящего времени нет вполне достоверного известия о том, каким образом умер царевич. Допуская возможность, что его казнили, мы считаем более вероятным, что он умер вследствие истязаний.

При страшной опасности, грозившей в то время всякому беседовавшему о подробностях кончины Алексея, нельзя удивляться тому, что те лица, которые могли знать и узнали достоверно об этом факте, молчали, и что их молчание лишает нас пока возможности проникнуть в тайну кончины царевича.[4]

---

[1] См. статью Есипова в «Русском Вестнике» 1861, № 21.

[2] См., например, донесение Плейера у Устрялова, V, 541—45. Busching, «Magazin», IX, предисловие, Долгорукова, «Mémoires» I, 10. Донесение де-Би у Устрялова, VI, 549—569; донесение Лефорта у Германа, IV, 330. Дельные замечания у Устрялова, VI, 291—292 и 619. Любопытные, но странные подробности в сочинении «A relect collection» of singular and enteresting histories», London 1774, перевод с французского, и пр.

[3] Соловьев, XVII, 226, «Русский Вестник», XXX, 115—126. Случай с корольком у Погодина в «Чтениях» 1861, III, 135 и 148 и пр.

[4] Старание голландского резидента, де-Би, и австрийского, Плейера, раскрыть эту тайну дорого обошлось этим дипломатам; де-Би был арестован, Плейер должен был оставить Россию. Странные слухи о широких планах царевича в рукописи, находящейся в Готе, у Германа, IV, 328. В Англии, напротив, говорили, что парламент никогда не осудил бы Алексея. Voltaire, «Pierre le Grand», Paris, 1808, II, 115.

Алексея не стало. «Дух» Петра «мог быть спокоен».

Однако скоро не стало и другого наследника престола. Царевич Петр Петрович скончался в 1719 году.

Зато впоследствии происходили разные случаи появления призрака Алексея. Являлись самозванцы.

В 1723 году в Вологодской провинции явился самозванец, нищий Алексей Родионов, польского происхождения; он назвался Алексеем, и оказался сумасшедшим.[1]

В 1725 году в малороссийском местечке Почепе какой-то солдат выдавал себя за царевича Алексея. Его казнили.[2] Та же участь постигла другого такого же самозванца, явившегося в этом же году и оказавшегося крестьянином из Сибири.[3]

В 1732 году в казацкой станице на Бузулуке некто Труженик, нищий, начал разыгрывать роль претендента, царевича Алексея. Его и значительное число людей, поверивших ему, казнили.[4]

В 1738 году в одном селе близ Киева очутился некто Миницкий, из рабочих, назвавшийся Алексеем. Народ массами приставал к нему; сельский священник поддерживал его, признав его настоящим царевичем. Было арестовано большое число лиц. Миницкий и священник были посажены на кол; приверженцы Миницкого казнены разными способами, четвертованием, колесованием и пр.[5]

Таким образом, еще в продолжение двух десятилетий после катастрофы царевича Алексея тень его не переставала беспокоить государство. Победа, одержанная Петром над недостойным наследником престола, была дорого куплена. Народ, для пользы которого царь устранил своего ненавистного противника, и впоследствии ставил высоко память о представителе реакции против преобразований Петра.

Не трудно видеть, как тесно были связаны между собою все рассмотренные нами в последних главах явления: общее негодование на царя по случаю нововведений вообще, стрелецкий, астраханский, булавинский бунты, мрачный эпизод с царевичем Алексеем. Во всем этом проявлялась борьба старого с новым, реакции против прогресса, застоя против начал общечеловеческого развития. Победа царя была полною, совершенною.

Таким же безусловным победителем он остался и в области внешней политики.

---

[1] Соловьев, XVII, 228.
[2] См. статью Лашкевича, в Чтениях моск. общ. 1860, I, 141—146.
[3] Schmidt-Phiseldeien, «Material zu der russ. Gesch». 1777, I, 284.
[4] См. ст. Есипова в «Русском Вестнике» 1863 года, XLVII, 393—412.
[5] Соловьев, XX, 416—418.

ЧАСТЬ ЧЕТВЕРТАЯ

Введение

Россия в первое время царствования государей из дома Романовых должна была ограничиваться в борьбе с сильнейшими соседями обороною. И Швеция, и Польша — имели перевес над Московским государством. Не ранее как около середины XVII века Россия перешла к наступательным действиям, которые, однако, в борьбе со Швециею не имели успеха; завоевание Лифляндии и берегов Балтийского моря оказалось невозможным. Зато борьба с Польшею повела к чрезвычайно важному результату — к завоеванию Малороссии. Немного позже произошло столкновение с Оттоманскою Портою; попытка завладеть Крымом не повела к желанной цели. Затем, однако, благодаря стойкости юного Петра, во что бы то ни стало старавшегося стать твердою ногою у берегов Черного и Азовского морей, сделалось возможным завоевание Азова. Появление в Азовском море русского флота не допускало сомнения в том, что и впредь борьба между Россиею и Оттоманскою Портою сделается неизбежною.

Для России весьма важная выгода заключалась в том обстоятельстве, что соседи ее, до тех пор имевшие перевес над нею, находились в упадке.

В Швеции эпоха царствования Густава Адольфа была крайне опасною для России. Затем, однако, Швеция постепенно ослабевала. При Карле XI борьба правительства с лифляндским дворянством представляла собою как бы начало отчаянного антагонизма между монархическою властью и аристократиею, которая в продолжение XVIII века грозила Швеции судьбою, постигшею Польшу, пока государственный переворот при Густаве III не положил конец этой опасности.

В Польше процесс разложения развивался быстро и безостановочно; вмешательство других держав во внутренние дела Речи Посполитой усиливалось постоянно; Россия, присоединив к своим владениям Малороссию, этим самым, так сказать, положила начало разделам Польши, и своим вмешательством в дела этого государства становилась ему особенно опасною.

Турция, еще во второй половине XVII века грозившая Западной Европе наступлением, с тех пор, как турецкие войска осаждали Вену в 1683 году, падала быстро и подчинялась, наравне с Польшею, все более и более влиянию других держав. Во время чигиринских походов еще обнаруживался перевес турецкого оружия над русским; однако завоевание Азова Петром служило явным признаком быстро возрастающих сил и средств Московского государства.

Нет основания говорить лишь о польских «разделах». Присоединение Прибалтийского края и Финляндии к России может быть названо разделом Швеции, точно так же, как присоединение некоторых польских провинций к России, Австрии и Пруссии обыкновенно называется разделом Польши. Всюду происходят подобные случаи разделов или, по французскому выражению, «démembrements». В этом смысле, завоевание берегов Черного моря и занятие Таврического полуострова может быть названо разделом Турции. Благодаря такому процессу «разделов» соседних держав, Россия превратилась в великую державу и сделалась членом европейской системы.

Не довольствуясь занятием провинций разных соседних стран и присоединением их к своим владениям, Россия идет далее, усиливая всюду, путем дипломатических действий, свое влияние. Русские посланники в Стокгольме, Варшаве и Константинополе по временам играют чрезвычайно важную роль, вмешиваются во внутренние дела Швеции, Польши и Турции и довольно часто успешно парализуют действия дипломатов других держав. Иногда они становятся вожаками политических партий, участвуют некоторым образом в управлении делами. Такова деятельность Бестужева, Панина, Разумовского — в Швеции, Штакельберга, Репнина, Сиверса — в Польше, Толстого, Неплюева, Обрезкова, Булгакова — в Турции.

Все эти явления противоположны событиям первой половины XVII века, когда Московскому государству со стороны Швеции и Польши грозила опасность раздела, превращения в шведскую или польскую провинцию.

Царствование Петра Великого в этом процессе коренной перемены политической системы в восточной половине Европы составляло эпоху. После неудачных усилий царя Алексея Михайловича занять берега Балтийского моря, эта цель была достигнута при сыне его, Петре. Все берега Финского залива и Остзейского края сделались достоянием России. Польша, в продолжение десятилетия бывшая театром военных действий русских и шведских армий, при Петре все более и более подчинялась влиянию России; во всех отношениях царь имел перевес над королем Августом; союзник Петра мало-помалу превратился в вассала. Зато в борьбе с Оттоманскою Портою, начавшеюся столь успешно завоеванием Азова, не было достигнуто важных результатов. Петр не мог удержать за собою этого завоевания. Чрезмерно смелое предприятие царя, попытавшегося соединить славянский вопрос с восточным, обошлось весьма дорого и повело к кризису на берегах Прута и потере Азова. Зато в последнее время своего царствования Петр обратил особенное внимание на Среднюю Азию и на Персию. Здесь происходили успешные действия, давшие направление и позднейшим подвигам России в области восточного вопроса в более широком смысле.

Деятельность Петра на поприще внешней политики началась борьбою против татар и турок; тут он впервые обнаружил необычайную силу воли и последовательность действий, которые, ранее или позже, должны были повести к важным успехам в области внешней политики вообще. Создание флота было вызвано необходимостью борьбы против Порты. Участием в восточном вопросе Московское государство приобрело, так сказать, право гражданства в ряду европейских держав. В борьбе против общего врага проявилась солидарность России с прочим христианским миром. В самой тесной связи с этими событиями стояло, как мы видели выше, и путешествие Петра в Западную Европу.

При окончании этого достопамятного путешествия совершилась многознаменательная перемена в системе внешней политики Петра. Вместо продолжения борьбы с Турциею он вдруг перешел к занятиям балтийскими делами. Необходимо было по возможности скорее прийти к какому-нибудь соглашению с Оттоманскою Портою для того, чтобы напасть врасплох на неприготовленную к борьбе Швецию. Закипела исполинская работа во время Северной войны. Не ранее, как после Полтавской битвы, оказалось возможным возвратиться к прерванным действиям против Турции. Таким образом, произошел эпизод Прутского похода. Следующие затем годы были посвящены обеспечению завоеваний, сделанных в ущерб Швеции, укреплению положения России, приобретшей значение великой державы. Московское царство превратилось во Всероссийскую империю, призванием которой сделалось служить посредником между Европою и Азиею, орудием в процессе европеизации востока.

Торжественный въезд султана Махмута в Константинополь после заключения Карловицкого мира.
С гравюры того времени, находящейся в «Путешествии Ламотрея», изд. 1727 г.

Таков был в главных чертах ход внешней политики России в царствовании Петра Великого.

Глава I. Отношения к Турции до 1700 года

Уже за полтора столетия до Петра Великого в Западной Европе возникла мысль склонить Московское царство к участию в борьбе против Оттоманской Порты. Испанский король Филипп II старался в 1557 году вооружить царя против султана. В этом же смысле действовал папа Григорий XII.[1] В 1573 году епископ Фюнфкирхенский, Анатолий Веранций, представил императору Максимилиану II проект войны с Турцией, в которой должна была участвовать Россия. Предполагалось тогда задобрить царя обещанием завоевания и отдачи ему Крымского полуострова. В 1593 году епископ Лезинский, Пьетро Чедолини, представил папе Клименту VIII записку, в которой развивалась мысль, что император и король польский сделаются непобедимыми лишь при посредстве тесного союза с московским царем, так как султан никого так не боится из христианских государей, как московского царя, подданные которого исповедуют ту же самую веру, какую исповедуют подданные султана. Епископ утверждал, что, в случае крайней опасности, а именно нападения султана на Австрию и Италию, можно ожидать спасения только от союза с московским царем.

Зато французский король Генрих IV в своем знаменитом проекте общего христианского союза государств («Association ou république tréschrétienne») не хотел допустить к участию в таком союзе московского царя, которого называл «Knés scythien», на том основании, что москвитяне принадлежат к варварским народам, и далее потому, что не должно присоединять к трем различным вероисповеданиям, существующим в Западной Европе, еще четвертый, своеобразный, чуждый элемент — православную церковь.

Однако именно религиозное значение Московского государства заслуживало особенного внимания государственных деятелей в Западной Европе, наблюдавших за ходом дел на востоке. В 1622 году французский путешественник Де-Ге (Des Hayes) сделал замечание, что кавказские народы, признающие над собою власть султана, охотно предпочли бы последнему московского царя, на том основании, что они одинаковой с ним веры.

---

[1] См. статью Пирлинга «Grégoire XIII et Bathori» в журнале «Revue des questions historiques», январь 1882 г.

Таким образом, мысль о привлечении России к участию в борьбе против ислама была высказываема довольно часто. В этом направлении старался действовать на Венецианскую республику и Паоло Сарпи около середины XVII века; однако, венецианское правительство считало москвитян слишком отдаленным и неизвестным народом и поэтому не желало следовать советам Сарпи.[1]

Несмотря на такого рода затруднения, сближение между Россиею и Западною Европою все-таки состоялось. Неоднократно являлись русские дипломаты в Венеции и в Риме. Между Московским государством и западноевропейскими державами заключались союзные договоры. При осаде Азова оказали московскому царю помощь австрийские, бранденбургские и венецианские инженеры. Московское царство становилось все более и более известным Западной Европе.

Спрашивалось, однако, насколько и дальше для западноевропейских держав окажется выгодным действовать заодно с Московским государством против Оттоманской Порты?

По случаю взятия Азова с разных сторон России было выражено живейшее сочувствие. Во время пребывания в Венеции Бориса Петровича Шереметева, в 1697 году, к нему приехал сенатор и от имени дожа и сената говорил, «что дож и сенат желают, при Божией помощи, ему, великому государю, обладати и царствующим градом Константинополем и в том обещаются они чинити ему, государю, морем всякую помощь».[2] Когда Петр в местечке Коппенбрюгге гостил у курфюрстин Бранденбургской и Ганноверской, одна из них за столом выразила надежду, что Петр успеет прогнать турок из Константинополя.[3] В этом же смысле, как мы видели выше, выразился иезуит Вольф в своей проповеди в присутствии Петра во время пребывания последнего в Вене.[4] Такого же содержания были стихи, сочиненные Лейбницем по поводу сближения царя с императором и польским королем.[5]

Во время своего путешествия по Западной Европе царь постоянно был занят восточным вопросом. Во многих письмах его к приятелям в Москву рассказаны подробности о военных действиях австрийцев против турок, о

---

[1] См. некоторые любопытные частности обо всем этом в статье Цинкейзена «Der Westen und der Norden im dritten Stadium der orientalischen Frage», в сборники «Historisches Taschenbuch», 1858, стр. 485 и след.

[2] «Записка путешествия Шереметева», Москва, 1773, стр. 38.

[3] См. письмо Лейбница к младшему Лефорту, в соч. Герье, I, 18.

[4] Памятники дипл. сношений, VIII, 1363.

[5] «Et si fata volunt, Caesar, Czar Saxoque juncti Europa poterunt pellere barbariem», см. соч. Герье, I, 24.

подвигах Евгения Савойского и пр.[1] Однажды он послал патриарху Адриану напечатанный в голландских газетах памфлет, в котором были осмеяны султан и турки.[2] Патриарху же он писал, как мы видели, что «до последнего издыхания» не перестанет действовать против врагов христианства.

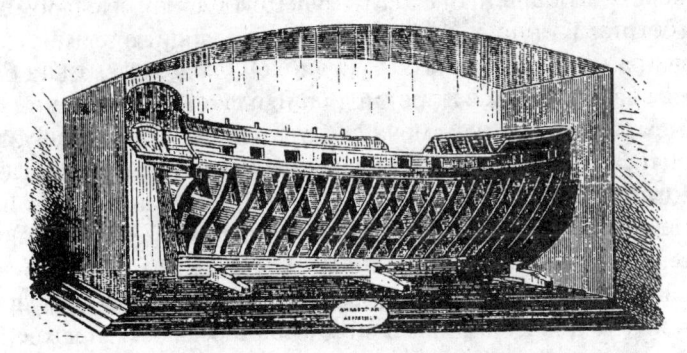

Модель корабля, сделанного Петром Великим.
Хранится в Моском музее, в Петербурге.

Азов должен был служить базисом операций в дальнейшей борьбе против Турции. Город этот из турецкого сделался русским; мечети в нем превращены в церкви. Совещаясь с боярами о средствах извлечь наибольшую пользу из такого завоевания, Петр заметил: «ныне же, аще воля есть, радети от всего сердца в защищение единоверных своих и себя к бессмертной памяти просим, понеже время есть и фортуна сквозь нас бежит, которая никогда к нам так близко на юг бывала: блажен, иже имеется за власы ее».[3] В особенных заседаниях обсуждался вопрос о сооружении на юге значительного флота. Возникла мысль образования «кумпанств» для постройки кораблей. Зажиточные люди обязывались, соразмерно их средствам, содействовать в известный срок сооружению судов. Таким образом, правительство надеялось в непродолжительном времени располагать флотом, состоящим из 48 судов. Образовались 17 светских и 18 духовных «кумпанств». Закипела работа, над которою наблюдало особо учрежденное ведомство.[4]

Кумпанства обязывались употреблять при постройке судов значительное число иностранцев. Петр, уезжая за границу, надеялся на успеш-

---

[1] См., например, письма к Ромодановскому у Устрялова, III, 76.
[2] «Русская Старина». 1878 г., I, 1—9.
[3] Соловьев, XIV, 236.
[4] Гордон, III, 79—80. Елагин, «Ист. рус. флота». Спб., 1864 и пр.

ный ход этого дела.¹ Кроме того, он мечтал о постройке канала, долженствовавшего соединить Волгу с Доном; 350 000 рабочих под руководством полковника Бракеля должны были трудиться над этим предприятием, которое, однако, не имело успеха.² Все это находилось в самой тесной связи с предположением царя продолжать турецкую войну. Недаром иностранные дипломаты с напряженным вниманием следили за этими работами. В одной брошюре, изданной в Аугсбурге в 1698 году, высказана была надежда на завоевание царем «Константинопольской и Требизондской империи», причем было сделано замечание, что все державы нуждаются в союзе царя и что, например, Венецианская республика предпочла бы видеть царя победителем Стамбула, чем дожить до завоевания Турции австрийцами.³ Венецианский дипломат Рудзини удивлялся беспечности турок, не обращавших достаточного внимания на усиление Московского государства, на громадные приготовления Петра к войне. Очевидно, продолжает Рудзини в своем донесении, москвитяне намереваются прежде завладеть Крымом, а потом уже сделать нападение на Константинополь. Однако в то же время Рудзини сомневался в успехе русских. «Если бы», писал он, «громадным размерам этого царства соответствовали дух и сила воли, то Московия была бы весьма великою державою; в разных частях ее насчитывается до 400 000 солдат. Но в нраве москвитян, по природе малодушных, едва ли есть задатки благородной храбрости, которая служит подспорьем дисциплины и успеха» и пр. Рудзини считает разве только возможным, но далеко не вероятным, чтобы русские успели добиться господства на Черном море.⁴ Такое же мнение было высказано в то время папским нунцием в Варшаве.⁵

В Швеции царь заказал для компанейских судов 600 чугунных пушек. Узнав об этом, король Карл XI, в доказательство своего участия к успехам христианского оружия в войне с турками, подарил царю 300 пушек.⁶ Во время своего путешествия Петр надеялся убедить к участию в войне с турками Голландию; но переговоры в Амстердаме и Гааге по этому поводу не повели к желанной цели. И Англия, и Голландия — действо-

---

¹ См: письмо Лефорта, от 22-го января 1697 г., у Поссельта, II, 381—82. Устрялов, II, 497—581.

² Желябужский, 115. Плейер у Поссельта, III, 314, 633.

³ Acxtelmeier, «Das Muscowittische Prognosticon oder der glorwürdige Czaar Peter Alexowiz», Augsburg, 1698.

⁴ «Fontes rerum austriacarum», т. XXVII, 370, 378, 431.

⁵ Theiner, 364.

⁶ Устрялов, II, 314.

вали в пользу мира с Портою, имея в виду вооружиться всею силою против перевеса Людовика XIV. Европейские державы, не желая участвовать в войне с турками, одобряли намерения Петра продолжать эту войну; однако он для успешных действий нуждался прежде всего в помощи императора. При этом все старания царя уговорить Леопольда к более энергичному ведению войны оставались тщетными. Петр требовал, кроме удержания всех своих завоеваний, еще крепости Керчи в Крыму, и выразил желание, чтобы союзники продолжали войну, пока турки не согласятся на уступку этой крепости. Император возразил, что русским надобно взять Керчь оружием, обещая, впрочем, поддерживать при предстоящих переговорах требования России.[1]

Прежде всего, Россия должна была стараться удержать за собою Азов. На западе было высказываемо опасение, что турки, воспользуясь отсутствием Петра, займут вновь эту крепость.[2] Однако успешные военные действия русских в 1697 году устранили такую опасность. Плейер заметил в одном из своих донесений, что русские в борьбе с турками и татарами действуют гораздо успешнее прежнего. В окрестностях Азова были построены разные форты. Турки и татары, осаждавшие Таванск, не имели успеха, и Петр в Амстердаме, в честь храброго таванского гарнизона, праздновал его подвиг фейерверком и балом.[3] Впрочем, особенно важных успехов не было ни в 1697, ни в 1698 году.

Успехи русского оружия, однако, пробудили в обитателях Валахии и Молдавии мысль свергнуть ненавистное иго турок и отдаться под покровительство России.

Во время пребывания царя за границею приехал в Москву тайно посланный валахским господарем, Константином Бранкованом, дворянин его Георгий Кастриота, и слезно молил московское правительство спасти Валахию от турок и немцев, от мусульман и папистов, и принять ее под царскую державу в подданство. С предложением подданства прислал в Москву и молдавский господарь, Антиох Кантемир, капитана своего Савву Константинова. Кастриота даже представил следующий проект военных действий: наступить с сухого пути на Очаков, ключ Черного моря, южнее Азова; отсюда можно нападать на Крым, на Буджаки — послать войско в молдавскую землю; к этому войску скоро пристанут местные жи-

---

[1] Соловьев, XIV, 261—262.
[2] Письмо Туртона у Поссельта, II, 376.
[3] Устрялов, III, 78—84. Гордон, III, 98—156. См. также донесение Плейера у Устрялова, III, 632—642.

тели. Петр, узнав обо всем этом во время своего пребывания в Голландии, поручить гетману Мазепе разведать о пристанях при Черном море от лимана Днепровского до гирла Дунайского, о путях и станах через Буджаки в Молдавию и Валахию. Очевидно, он хотел распространить военные действия до берегов Дуная.[1]

Одежда матроса Петровского времени.
С гравюры того времени Дальстена.

Склонность западноевропейских держав к заключению мира с турками положила конец смелым проектам Петра. Между тем, как он мечтал о завоевании Керченской крепости и беседовал с английским инженером Перри о средствах превращения этого места в сильную русскую гавань и распространения русской торговли в Средиземном море,[2] между тем, как русскому дипломату, Возницыну, было вменено в обязанность при переговорах о мире настаивать непременно на уступке Керчи России,[3] в октябре 1698 года в местечке Карловиче на правом берегу Дуная, открылся мирный конгресс, который кончился уже в январе 1699 года.

---

[1] Устрялов, III, 246—247, 477—478.
[2] Об этих беседах рассказывает подробно Перри; см. немецкое издание 218—219.
[3] Соловьев, XIV, 328.

Еще во время своего пребывания в Голландии Петр велел спросить амстердамских бургомистров: давно ли высокомочные штаты, после всех уверений в желании успехов христианскому оружию, приняли на себя роль посредников?[1] Теперь же в Карловиче дипломаты Англии и Голландии действительно играли такую роль и своим посредничеством содействовали скорому заключению мира.

Россия не могла не участвовать в переговорах в Карловиче. Однако положение ее оказалось далеко не выгодным. Нельзя было и думать о приобретении Керчи. Никто не изъявлял готовности заступиться за интересы России. Возницын не хотел воспользоваться посредничеством голландцев и англичан для переговоров с Турциею и поэтому вступил в прямые, но тайные сношения с турецким уполномоченным Маврокордато, на которого старался действовать подкупом. В этих тайных сношениях Возницын доходил до того, что советовал туркам затянуть переговоры до начала войны за испанское наследство, так как во время названной войны турки могли бы рассчитывать на более успешные действия в борьбе с австрийцами. Одновременно с этим, однако, Возницын убеждал царя готовиться к усиленному продолжению турецкой войны, замечая: «еслиб дойтить до Дуная — не только тысячи — тьмы нашего народа, нашего языка, нашей веры и все миру не желают».[2]

Не имея возможности заключить мир, Возницын начал вести переговоры о перемирии. Оно было заключено за два дня до заключения мира между прочими державами и Турциею. При этом случае оказалось, что Россия находилась в полнейшем уединении и что интересы ее в особенности расходились с интересами Австрии.

Для заключения окончательная мира с Турциею Россия должна была готовиться к продолжению войны. Работы над сооружением флота были усилены. Петр Лефорт, находившийся в это время в Воронеже, с восхищением писал своему отцу о великолепном флоте, состоявшем из ста судов. Сам Петр после стрелецкого розыска наблюдал за успешным ходом работ в Воронеже; сообщая Виниусу разные подробности об этом, он, однако, прибавил: «только еще облак сомнения закрывает мысль нашу, да не укоснеет сей плод наш, яко фиников, которого насаждающие не получают видеть». Собственноручно, по сделанному им самим чертежу, Петр заложил 60-пушечный корабль «Предестинацию». Над этим кораблем он работал без помощи иноземных мастеров, при содействии только своих това-

---

[1] Устрялов, III, 112.
[2] Соловьев, XIV, 329. Устрялов, III, 480—484.

рищей, работавших с ним в Амстердаме и Детфорде. Одновременно с этим, Крюйс был занят исправлением компанейских судов. «Здесь препараториум великий», писал царь из Воронежа в Москву: «только ожидаем благого утра, дабы мрак сумнения нашего прогнан был».[1]

Во все это время Петр зорко следил за ходом переговоров в Карловиче. Возницын писал, что турки склонны к миру и что нет ни малейшего основания ожидать нападения со стороны Порты. По совету Возницына, царь назначил в Константинополь для окончательных переговоров чрезвычайным посланником опытнейшего из дельцов посольского приказа, думного дьяка Емельяна Украинцева, который в продолжение двух десятилетий до этого не раз имел случай участвовать в переговорах с турецкими дипломатами.

По данному ему наказу, Украинцев должен был отправиться в Константинополь на нарочно для этой цели приготовленном военном корабле. Сам царь намеревался проводить его с сильною эскадрою до Керчи. В подобном действии заключалась довольно сильная политическая демонстрация. Царь хотел показать всему свету, что располагает флотом и нисколько не стесняется появиться с ним на Черном море.

В Константинополе уже слышали о строении военных судов на Воронеже и на Дону, но мало о том беспокоились, в полном убеждении, что большие суда не могут выйти из Дона в море; турецкие моряки головою ручались султану, что русские корабли сядут на мель в мелководных гирлах. Но Петр, самолично ознакомившийся с этою местностью и составивший собственноручно подробные карты устьев Дона, не замедлил доказать неосновательность расчетов турок.

За границею, при известии о намерении царя предпринять морскую прогулку, рассказывали, что Петр в свите Украинцева отправится и в самый Константинополь совершенно так же, как он участвовал в путешествии послов, Лефорта, Головина и Возницына, по Западной Европе.[2] Однако Петр хотел ограничиться рекогносцировкою морского пути до Керчи и демонстрациею, внушавшею туркам о твердом намерении царя, в случае их упорства, продолжать войну при помощи сильного флота.

Весною 1699 года в Воронеже изготовлено было 86 военных судов, предназначенных к походу в Азовское море. В том числе было 18 кораблей, имевших каждый от 36 до 46 пушек. Должность адмирала после Лефорта, скончавшегося в начале этого же года, занимал Ф. А. Головин.

---

[1] Устрялов, III, 251—252.
[2] Поссельт, II, 540.

Надзор над флотом имел вице-адмирал Крюйс. Петр довольствовался званием командора на 44-пушечном корабле «Апостол Петр», но, разумеется, руководил всем предприятием. 27-го апреля флот отплыл из Воронежа; 16-го мая он прибыл к Азову, где Петр внимательно осмотрел новопостроенные укрепления. Около середины июня весь флот очутился в Азовском море. Сам царь, дождавшись крепкого западного ветра, который поднял воду в донских гирлах, с искусством опытного лоцмана вывел корабль за кораблем из донского устья в открытое море. Собственноручным письмом он поздравил своих сотрудников, оставшихся в Москве, с благополучным выходом флота в море. По случаю происходивших у Таганрога последних приготовлений к морскому походу Крюйс писал: «мы принялись за килеванье, конопаченье и мазанье кораблей с такою ревностью и с таким проворством, как будто на адмиралтейской верфи в Амстердаме. Его величество изволил сам работать неусыпно топором, теслом, конопатью, молотом, смолою, гораздо прилежнее и исправинее старого и хорошо обученного плотника». По вечерам Петр в эти дни был обыкновенно занят составлением подробной инструкции для Украинцева. Главные требования России, о которых должен был заявить русский посланник в Константинополе, состояли в окончательной уступке Азова России и в безусловном прекращении всякой годовой дачи татарам.

После устройства у Таганрога «обучительной баталии», или забавного боя, эскадра отплыла в дальнейший путь и 18-го августа пришла под Керчь с пальбою из всех орудий, в знак приветствия. Когда турецкому паше в Керчи на его вопрос: зачем пришел столь большой караван; отвечали, что для провожания царского посланника, он объявил, что не пропустит чужестранный корабль в Черное море, и ни под каким видом не соглашался дать Украинцеву конвой. «В таком случае», велел сказать ему Головин, «мы проводим своего посланника со всею эскадрою». Турки предлагали Украинцеву ехать в Константинополь сухим путем, но Украинцев объявил, что поедет морем. «Видно, вы нашего моря не знаете», говорили турки, «недаром зовут его черным: во время нужды на нем бывают сердца человеческие черны».

Крюйс побывал в Керчи у адмирала Гассан-паши, который удивлялся, что англичане и голландцы, лучшие друзья турок, служат московскому царю. Крюйс отвечал, что голландцы и англичане друзья тоже и России. На замечания адмирала об опасности плавания по Черному морю Крюйс возразил, что в русской службе много офицеров, которые не раз ходили по Черному морю и легче найдут путь из Керчи в Константинополь, нежели турки из Константинополя в Керчь. К тому же, Крюйсу удалось осмотреть керченские укрепления и вымерять фарватер. В тот же день Ф. А. Головин посетил турецкого адмирала и пробыл у него с час. При этом совещании присутствовал и царь под видом квартирмейстера адмиральской шлюпки, в одежде саардамского плотника.

Убедившись, что турки не помешают Украинцеву отправиться морем в Константинополь, Петр с эскадрою возвратился в Азов, откуда в сентябре прибыл в Москву, между тем как Украинцев на корабле «Крепость», состоявшем под командою опытного голландского шкипера Памбурга, несмотря на все предостережения турок, отправился в путь. Сначала небольшая турецкая эскадра служила конвоем русскому кораблю, но нетерпеливый Памбург поставил все паруса и вскоре скрылся из виду конвоя. В полдень 2-го сентября он без лоцмана вошел в цареградское гирло, плыл удачно Босфором, внимательно осматривая берега и измеряя глубину пролива; 7-го сентября царский корабль пришел к Царьграду с пушечною пальбою и бросил якорь в виду сераля, министров и народа. Турки спрашивали Украинцева неоднократно: много ли у царя кораблей, все ли оснащены и как велики? и очень досадовали на голландцев, зачем они учат русских кораблестроению. Многие тысячи посетителей — между ними был и султан — приезжали для осмотра русского корабля и хвалили прочность его работы. Разнесся слух, очень встревоживший турок, что большая русская эскадра стоит под Требизонтом и Синопом и грозит нападением на эти места. Особенно перепугались турки, когда Памбург, угощая на своем корабле знакомых ему французов и голландцев, в самую полночь открыл пальбу из всех орудий, к великому ужасу султана, жен его, министров, народа: все вообразили, что Памбург давал сигнал царскому флоту, ходившему по морю, идти в пролив к Константинополю. Султан в крайнем раздражении требовал строгого наказания Памбурга; однако Украинцев успокоил турок, и этим дело кончилось.[1]

Во время переговоров с турецким правительством, продолжавшихся не менее восьми месяцев, Украинцев жаловался на дипломатов Англии, Голландии и Венеции, нисколько не желавших содействовать успеху России. Серб Савва Рагузинский сообщил Украинцеву, что «послы христиан-

---

[1] Матвеев из Гааги доносил царю, что султан прислал 300 человек с прошением, чтобы он так не стрелял, но что Памбург объявил, что когда все они взойдут на корабль, то он взорвет его и пр. Устр., III, 532. Достойно внимания, что, когда Памбург побывал с визитами у разных послов, француз и голландец приняли его хорошо, англичанин же его к себе не пустил. Соловьев, XIV, 332—333.

ские, которые в Царьграде, все противны миру нашему, и потому не доведется им ни в чем верить; у всех у них то намерение, чтоб москвичей в дальнюю с турками войну вплесть». Иерусалимский патриарх утверждал также, что, «конечно, римляне, люторы и кальвины не желают, чтоб был мир у великого государя с султаном, и православным христианам они естественные враги». Украинцев узнал также, что и польский дипломат старался препятствовать заключению мира между Турциею и Россиею.[1]

Чрезвычайно трудно было склонить Порту к уступке Азова, к согласию на постройку около этой крепости еще других русских фортов. Большим затруднением служил далее вопрос об уступке лежавшей на Днепре крепости Кизикермена.

Петр с напряженным вниманием следил за переговорами. Он сильно нуждался в заключении мира с Турциею для открытия военных действий против Швеции, однако не хотел согласиться на чрезмерные уступки. Получив однажды от Украинцева донесение с известием о желании турок затянуть окончание переговоров, он в гневе разорвал бумагу и заметил, что готов возобновить войну.[2] Весною 1700 года он снова отправился в Воронеж, где был занят сооружением корабля «Предестинация».[3] В то же время, однако, он давал знать Украинцеву, что мир необходим и что можно решиться на некоторые уступки. Особенно любопытно в донесениях Украинцева его замечание по вопросу о требуемой царем свободе плавания по Черному морю. Турецкие уполномоченные на это требование возразили: «Черным морем и всеми берегами его владеет один султан; владений же других государей никогда не было и нет, и с тех пор, как стали господствовать на том море турки, искони веков, никакой чужой корабль по водам его не плавал, да и плавать не будет. Просили Порту неоднократно, и теперь еще просят, французы, голландцы, англичане, венецияне о дозволении ходить их торговым судам для купечества по Черному морю, но Порта всегда им отказывала и отказывает для того, что владеет всеми берегами его один султан, и никому другому владетелем быть нельзя. Оттоманская Порта бережет Черное море, как чистую и непорочную девицу, к которой никто прикасаться не смеет, и скорее султан допустит кого во внутренние свои (sic), чем согласится на плавание чужих кораблей по водам черноморским. Это может случиться разве тогда, когда Турецкая империя обратится вверх ногами».[4]

---

[1] Соловьев, XIV, 336 и след. Устрялов, III, 360 и след.
[2] Плейер у Устрялова, III, 651.
[3] Устрялов, III, 364.
[4] Там же, III, 380—381.

Таким образом, пока Петр не мог настаивать на праве плавания по Черному морю. Осуществление смелых проектов Юрия Крижанича было отложено до более удобного времени.

Наконец, 3-го июля 1700 года, был подписан мирный трактат, в котором постановлено: быть миру в образе перемирия на 30 лет. Русские обязываются разорить форты на Днепре, места же, где они стояли, возвратить Турции. Азову с новыми фортами быть в державе царя. Хану крымскому ежегодной дачи от Московского государства не требовать. Землям между Перекопом и Миусом, также между Запорожскою Сечью и Очаковом, быть впусте.[1]

Таким образом, на время прекратилась борьба между Россиею и Турциею. Результаты ее, в сравнении с широкими проектами панславизма, оказались довольно скромными. Однако все-таки была достигнута весьма важная цель: Россия стала твердою ногою на берегах Азовского моря и положила конец дальнейшим набегам татар. Точно было определено направление дальнейших действий в будущем.

Отныне царь мог обратить внимание на решение иных задач. На очереди появился «Балтийский вопрос».

Глава II. Северная война до 1710 года

Дипломатические сношения накануне войны

Борьба между Швециею и Россиею из-за Прибалтийского края началась еще за несколько столетий до Петра. Решаясь на разрыв с Карлом XII, он продолжал то, что было начато его предшественниками. Россия, для более удобного сообщения с Западною Европою, нуждалась в приобретении береговой линии заливов Финского и Рижского. Царь Иван IV старался овладеть Эстляндией и Лифляндией. Борис Годунов, во время царствования Феодора Ивановича, стремился к занятию Нарвы. Царь Алексей Михайлович осаждал Ригу.

Для России в это время представляла большую выгоду борьба Швеции с Польшею, начавшаяся еще при Густаве Вазе. Антагонизм между этими обеими державами мог считаться, некоторым образом, спасением для Московского государства. Трудно сказать, куда повели бы дружеские и союзные отношения между Швециею и Польшею, обращенные против России.

---

[1] Там же, III, 383.

Еще в начале XVII века обнаружился сильный перевес Швеции над Россиею в области политики и ратного дела. Шведские войска находились в центре Московского государства; шведский принц, брат Густава Адольфа, был избран в цари московские. Заключение Столбовского мира (1617) могло считаться большою выгодою, хотя Россия этим трактатом и была отрезана от моря. Преемники Михаила Феодоровича всячески старались устранить условия этого договора. Малороссийские смуты около середины XVII века лишали Россию возможности бороться успешно против Швеции; царевна Софья не решалась действовать наступательно. И Петр в первые годы своего царствования не думал вовсе о разрыве со Швециею, хотя Россия и не упускала из виду своих притязаний на приморские области, Ингерманландию, Карелию, Ижору и пр.

Вековая распря между Швециею и Россиею именно в это царствование повела к точно определенным результатам, изменившим совершенно политическую систему на северо-востоке Европы. Швеция из-за России лишилась своего значения первоклассной державы, которое она приобрела при Густаве Адольфе. Успешными действиями в войне со Швециею Россия приобрела гегемонию в этой части европейской системы государств. Прежнее Московское, полуазиатское государство превратилось во Всероссийскую империю. Находясь до этого вне пределов Европы, Россия, участием своим в делах восточного вопроса заслуживавшая все более и более внимание запада, сделалась путем результатов шведской войны полноправным членом политической системы Европы. И в области внешней политики, так же как и преобразованиями внутри государства, царствование Петра составляло собою эпоху не только в истории России, но и во всемирной истории.

Трудно определить время, когда именно в царе Петре родилась мысль о нападении на Швецию. До путешествия за границу, в 1697 году, он был занят исключительно восточным вопросом. Неблагоприятный прием, оказанный царю в Риге весною 1697 года, послужил впоследствии отчасти поводом к объявлению войны Швеции; однако нельзя думать, чтобы этот ничтожный эпизод заставил царя решиться на разрыв со Швециею. По крайней мере Петр во время пребывания в Кенигсберге не согласился на заключение наступательного союза против Швеции. Послание Лефорта к шведскому министру Бенгту Оксеншерна из Липштата от 1 августа 1696 г., в котором говорилось о польских и турецких делах, было писано в тоне мира и дружбы и заключало в себе предложение возобновить прежний союз. Петр имел в виду отправить Лефорта в качестве посла в Швецию. Шведский канцлер в своем ответе на послание Лефорта обещал оказать последнему благосклонный прием в случае его приезда.[1] В Гааге русские путешественники находились в благоприятных отношениях со шведским дипломатом Лилиенротом. В это время Петр выразил шведскому королю благодарность за подаренные им для турецкой войны пушки. Одним словом, нельзя было ожидать разлада между обеими державами в ближайшем будущем.

С другой стороны, нельзя не заметить, что Петр во время пребывания в Курляндии говорил о своем желании стать твердою ногою на берегах Балтийского моря.[2] Для успешных действий в этом направлении он нуждался в содействии Польши.

После вековой вражды между Польшею и Московским государством, после окончания в пользу России упорной борьбы за Малороссию, было заключено в 1686 году «вечное докончание». Несмотря на это, в Польше, как мы видели, питали надежду на приобретение вновь Малороссии, где постоянно являлись польские эмиссары и агитаторы. Мы помним, в какой степени завоевание Азова Петром не понравилось полякам. Осенью 1696 года русский резидент в Варшаве, Никитин, узнал, что в Польше мечтали о заключении против царя союза с крымским ханом и что к гетману Мазепе бывали беспрестанные посылки от поляков.

Вскоре после этого произошла перемена на польском престоле. Московское правительство содействовало избранию саксонского курфюрста Фридриха Августа, неудаче французского кандидата принца Конти. Недаром Виниус поздравил царя с тем, что не был выбран «петуховый», т. е. поддерживаемый Франциею кандидат. В то время Московское правительство в особенности мечтало о союзе с Польшею против Турции; принц Конти, находившийся в зависимости от Людовика XIV, едва ли оказался бы склонным содействовать дальнейшим успехам царя в борьбе с Оттоманскою Портою. Зато Август, получив царскую поздравительную грамоту, объявил Никитину, что дает честное слово быть с царем заодно против врагов Креста святого, и что изъявленный ему Петром аффект никогда не изгладится из его памяти.[3] При всем том, однако, и в первое время царствования короля Августа не прекращалась польская враждебная России

---

[1] Posselt, II, 429—435.

[2] Бломберг писал, что царь намерен: «Earnestly endeavour to gain a town on the Baltic». См. соч. «Au account of Livonia».

[3] Соловьев, XIV, 253.

агитация в Малороссии. Оказалось чрезвычайно трудным устранить вековой религиозный антагонизм между поляками и русскими, католиками и православными.

Иоган Рейнгольд Паткуль.
С гравированного портрета того времени.

Тогда именно личное знакомство Петра с Августом, свидание в Раве (от 31-го июля до 3-го августа 1698 года), положило начало весьма важному сближению между Польшею и Россиею. Вот что сказано об этом свидании в «Гистории Свейской войны», составленной под непосредственным наблюдением самого Петра: «король Августа говорил, что много поляков противных имеет, и примолвил, что, ежели над ним что учинят, то не оставь меня. Против чего Петр ответствовал, что он готов то чинить, но не чает от поляков тому быть, ибо у них таких примеров не было; но просил его, дабы от своей стороны помог отмстить обиду, которую учинил ему рижский губернатор Дальберг в Риге, что едва живот спасся; что̀ король обещал». Но понятно, что от такого летучего разговора до союза было еще очень далеко: «и так друг другу обязались крепкими словами о дружбе, без письменного обязательства, и разъехались».[1] Мы знаем, что Петр был очень доволен встречею с королем и хвалил его в беседе с боярами.

Саксонский генерал-маиор Карлович, находившийся в Москве в 1699 году, в записке, составленной для короля Августа в октябре этого года, замечает, что напомнил Петру о содержании беседы, происходившей в Раве, и затем продолжает: «Петр выразил желание, чтобы ваше королевское величество помогли ему занять те шведские области, которые, по Божией милости и по праву в сущности принадлежат России и были потеряны вследствие смуты в начале этого века».[2]

Вид Нарвы в начале XVII столетия.
С гравюры того времени Мериано.

Во всем этом кроется настоящая причина Северной войны. Карлович не упоминает о жалобах царя на Дальберга, но обращает главное внимание на стремление царя к уничтожению условий Столбовского договора.

Одновременно с этим бывший подданный Швеции, лифляндец Иоган Рейнгольд Паткуль, явившийся при дворе польского короля, старался уговорить Августа к нападению на Швецию. Союз Польши с царем, в глазах Паткуля, служил удобным средством для обеспечения интересов лифляндского дворянства. При этом, однако, указывая на возможность заключения союза с Даниею, Россиею и Бранденбургом, Паткуль, при ожидае-

---

[1] Там же, XIV, 377.
[2] Устрялов, III, 512—514.

мом в будущем разделе добычи, более всего боялся России. «Надобно опасаться», писал Паткуль, «чтоб этот могущественный союзник не выхватил у нас из под носа жаркое, которое мы воткнем на вертел; надобно ему доказать историею и географиею, что он должен ограничиться одною Ингерманландиею и Карелиею. Надобно договориться с царем, чтобы он не шел далее Наровы и Пейпуса; если он захватит Нарву, то ему легко будет овладеть Эстляндиею и Лифляндиею» и пр.[1]

Ливонский крестьянин, служивший проводником
шведской армии в походе 1700 года.
С гравюры того времени.

Опасения Паткуля оказались не лишенными основания. Война сделалась ущербом для Польши, выигрышем для России. Непосредственным результатом агитации Паткуля было отправление польским королем Карловича в Москву и заключение тайного соглашения с лифляндским рыцарством в августе 1699 года.

В то самое время, когда Карлович, в свите которого находился Паткуль, пребывал в Москве, там находилось и шведское посольство, которому было поручено уговорить московское правительство к подтверждению Кардисского мира. Именно в ту минуту, когда Россия готовилась к войне для

---
[1] Herrmann, IV, 100 и след.

занятая береговой линии, Швеция надеялась, что она откажется от своих прежних владений у Финского залива. Шведское посольство было отправлено также для сообщения о вступлении на престол юного короля Карла XII.

Король шведский Карл XII.
С гравированного портрета Танже, 1717 года.

В октябре 1699 года был оказан торжественный прием шведским дипломатам, барону Бергенгиельму и барону Лилиенгиельму. С обеих сторон были высказаны заявления о дружбе и мире. При переговорах с послами было упомянуто и об эпизоде, случившемся в Риге весною 1697 года, однако без обращения особенного внимания на этот факт. Вообще переговоры оставались маловажными. Соблюдая обычные формальности, договаривавшиеся стороны скоро пришли к результату, т. е. к возобновлению прежних мирных соглашений.

Пустою формальностью оказалось и отправление князя Хилкова, в качестве дипломата, в Швецию; ему было поручено заявить о расположении царя к миру; в то же самое, время, однако, он должен был собрать разные сведения об отношениях Швеции к соседним державам.[1]

Впрочем, в это время в Швеции уже проявлялись некоторые опасения относительно намерений царя, что видно, например, из переписки шведского ученого Спарвенфельда с Лейбницом.[2] Шведский резидент в Москве, Книперкрон, обратился к Московскому правительству с вопросом о причинах усиления регулярного войска. В письме к Витзену Лейбниц высказал опасение, что Петр сделает нападение на Швецию. Витзен старался успокоить своего друга, указывая на содержание своих бесед с Петром, не думавшим о войне со Швециею и исключительно занятым мыслью о Турции.[3]

11-го ноября 1699 года был заключен наступательный союз царя с королем Августом. Петр обязался начать военные действия тотчас же после получения известия о заключении мира с Оттоманскою Портою, как было сказано, «не позже апреля 1700 года». Договор этот пока должен был оставаться тайною.[4] Легко понять, какое значение имел, при таких обстоятельствах, успешный ход переговоров в Константинополе. Весьма немногие современники могли ожидать в ближайшем будущем важных событий, коренной перемены в системе внешней политики России.

В марте 1700 года Плейер доносил императору о слухах, будто царь, несмотря на только что возобновленный мир со Швециею, намеревается напасть на Ревель и Нарву.[5] О подобных слухах упоминал еще в июне 1700 года в своих донесениях к Генеральным Штатам голландский резидент фан-дер-Гульст, замечая, что все это не заслуживает внимания, так как царь, несмотря на случившийся в Риге эпизод, расположен к миру.[6] В июле фан-дер-Гульст заметил, что никто, кроме Головина, Меншикова и еще третьего лица, не посвящен в тайные намерения царя. В августе Головин в беседе с нидерландским резидентом, когда зашла речь о возможности войны со Швециею, заметил, что Петр не желает столкновения, но

---

[1] Устрялов, III, 524—531.
[2] Герье, Leibniz, 36.
[3] Там же, 27.
[4] Устрялов, III, 341—342.
[5] Устрялов, IV, 2, 663.
[6] Там же, IV, 2, 665.

что, в случае разлада, он не сделает нападения на неприятеля до формального объявления войны.¹

Простодушный Книперкрон до последней минуты не ожидал разрыва и постоянно успокоивал свое правительство миролюбием царя. Между прочим, 16-го мая он доносил королю: «его царское величество, на другой день по возвращении из Воронежа, посетил мой дом и шутя выговаривал моей жене, зачем она писала к своей дочери в Воронеж, будто русское войско готовится идти на Лифляндию, отчего в Москве все шведы в великом страхе: «дочь твоя», говорил царь, «так расплакалась, что я насилу мог ее утешить. Глупенькая, сказал я ей, неужели ты думаешь, что я соглашусь начать несправедливую войну и разорвать вечный мир, мною подтвержденный?» Мы все так были тронуты его словами, что не могли удержаться от слез, и когда я просил у него извинения моей жене, он меня обнял, примолвив: «если бы король польский и овладел Ригою, она ему не достанется: я вырву ее из его рук».²

Зато в августе, на другой день после получения известия о заключении мира с Портою, Петр писал польскому королю: «сего дня к новгородскому воеводе указ послали, дабы, как наискорее, объявя войну, вступил в неприятельскую землю и удобные места занял, такожде и прочим войскам немедленно идтить повелим, где при оных в конце сего месяца и мы там обретатися будем, и надеемся в помощи Божией, что ваше величество инако разве пользы не увидите».³

Надежда Петра, что Август «инако разве пользы не увидит», не исполнилась. В ту самую минуту, когда Петр готовился напасть на шведские области и занять там «удобные места», Карл XII весьма удачно справился со своими противниками, Даниею и Польшею. Петр напрасно рассчитывал на успешные действия этих союзников. Нападение саксонско-польских войск на Ригу окончилось полною неудачею. Тем настойчивее король Август желал открытия военных действий Петром. То обстоятельство, что России только в июле удалось заключить мир с Оттоманскою Портою, оказалось большою выгодой для Карла XII. Через это замедление он успел принудить Данию к заключению Травендальского мира до разрыва с Россиею. Этот договор состоялся (8-го (20-го) августа) в то самое время, когда Петр получил известие о заключенном Украинцевым в Константино-

---

¹ Устрялов, IV, 2, 665—666.
² Там же, III, 369—370. В несколько ином виде этот же рассказ встречается в соч. Фрикселя «о Карле XII», немецкое изд. I, 78.
³ Там же, III, 384.

поле мире с Портою. Целым месяцем позже, т. е. 7-го сентября, Головин, не зная ничего о Травендальском трактате, писал царю: «по обнадеживанию датского посланника, конечно, мира у них со шведами не будет».[1] Скоро, однако, через Гамбург было получено достоверное известие об окончании шведско-датской войны. Недаром фан-дер-Гульст 14-го сентября в своем донесении Генеральным Штатам замечает, что Петр, узнав заранее о Травендальском мире, едва ли решился бы объявить войну Швеции.[2]

Дом, в котором жил Петр Великий в Нарве.
В его современном виде.

Между тем, как князь Хилков в июне 1700 года был отправлен в Швецию с уверениями дружбы и расположения к миру царя, князь Трубецкой спешил в Берлин для сообщения курфюрсту тайны о предстоявшем в ближайшем будущем нападении России на Швецию и для испро-

---

[1] Устрялов, IV, 2, 148—149.
[2] Там же, IV, 2, 667.

шения помощи. Для скорейшего убеждения берлинского двора приступить к союзу, князю Трубецкому словесно было наказано обнадежить курфюрста в готовности Петра признать его королем.[1]

На пути в Швецию Хилков собрал некоторые сведения о гарнизоне и укреплении Нарвы. «Солдат зело малое число», писал он оттуда, «и те зело худы».[2] В тот самый день, когда началось движение войска из Москвы в направлении к Нарве, Хилков имел аудиенцию у короля Карла XII, находившегося тогда в датских владениях. Хилкову был оказан ласковый прием. Затем он отправился в Стокгольм, где был взят под стражу, вследствие открытия военных действий. В рескрипте Петра к Хилкову от 21-го августа ему было велено объявить войну «за многие их свейские неправды и нашим царского величества подданным за учиненные обиды, наипаче за самое главное бесчестие, учиненное нашим царского величества великим и полномочным послам в Риге в прошлом 1697 году, которое касалось самой нашей царского величества персоны» и пр.[3]

Битва при Нарве

За несколько месяцев до открытия военных действий Петра, главным образом, занимала мысль о завоевании Нарвы и Шлиссельбурга. 2-го марта 1700 года он из Воронежа писал к Головину о стольнике Корчмине, выученном за границею инженерному искусству: «накажи ему, чтоб он присмотрел город и места кругом (т. е. в окрестностях Нарвы); также, если возможно ему дела сыскать, чтоб побывал и в Орешек (т. е. Шлиссельбург), а буде в него нельзя, хоть возле его. А место тут зело нужно: проток из Ладожского озера в море (посмотри в картах), и зело нужно ради задержания выручки» и пр.[4]

Союзники Петра были чрезвычайно недовольны стремлением его к занятию Нарвы. Паткуль писал саксонскому дипломату, барону Лангену, что нужно употребить все средства для отвлечения внимания царя от этого важного пункта; ежели, заметил Паткуль, царь займет Нарву, он этим самым будет иметь возможность атаковать Ревель, Дерпт, Пернаву, занять, пожалуй, и самую Ригу, и вообще завоевать всю Лифляндию; этого,

---

[1] Устрялов, III, 370.
[2] Там же, IV, 2, 459.
[3] Там же, IV, 2, 1.
[4] Соловьев, XIV, 387.

по мнению Паткуля, высоко ценившего силу воли и предприимчивость царя, нельзя было допустить ни под каким видом; с другой стороны, Паткуль требовал крайней осторожности в обращении с царем и советовал обещать ему Ингермандандию и Карелию.[1] Ланген отвечал Паткулю, что все старания отвлечь внимание царя от Нарвы оказались тщетными, что в этом отношении Петр упрямо стоит на своем, не терпя противоречия; при всем том, однако, Ланген не терял надежды, что в конце концов Нарва все-таки сделается достоянием польского короля.

Вид крепости Копорья в конце XVII столетия.
С гравюры того времени.

Петр, находившийся в качестве капитана при войске, писал из Твери 26-го августа к Головину о слухе, будто Карл XII спешит в Лифляндию с

---

[1] Устрялов, IV, 2, 149.

18 000-ным войском. «Буде истина, то, конечно, Датский осилен караванами соединенных». Однако этот слух не мог остановить движения Петра; в конце его письма к Головину сказано: «а мы пойдем и будем делать, как Бог наставит».[1]

Вид Ивангорода в начале XVII столетия.
С гравюры того времени Мариана.

Во время азовских походов советниками царя были Гордон и Лефорт. Еще более нуждался он в содействии опытных военных людей, воюя со Швециею. Уже в 1698 году в русскую службу вступает Карл-Евгений, герцог де-Круи, до этого успешно сражавшийся в австрийском войске с турками.[2] Он должен был командовать царскими войсками под Нарвою, и с ним Петр совещался в Новгороде о предстоявших военных действиях.

Петр прибыл к Нарве в конце сентября. Вместе с герцогом Круи и саксонским инженером Галлартом он руководил осадою города.

Хотя некоторые иностранцы, как, например, барон Ланген, Плейер, фан-дер-Гульст и пр., с похвалою отозвались о вооружении русских, о войске, о числе пушек, все-таки под Нарвою очень скоро обнаружился сильный недостаток в военных снарядах и орудиях. При страшной распутице, при отсутствии достаточного числа лошадей и подвод, оказалось

---

[1] Устрялов, IV, 2, 3.
[2] Там же, III, 116.

невозможным собрать около Нарвы более 35—40 000 человек войска.[1] Впрочем, в самом городе было не более 1 200 человек пехоты, 200 человек конницы и 400 граждан.

Домик Петра Великого в Новодвинской крепости.
В его современном виде.

Царь самоличным участием во всех работах удивил иностранцев. 20-го октября началось бомбардирование города. Все ожидали сдачи его. Не раз царь в беседе с Галлартом обещал, тотчас же после взятия Нарвы, помочь королю Августу завладеть Ригою.

Вышло иначе. Положение царских войск становилось хуже. Получено было известие о прекращении Августом осады Риги, о жалобах польского короля на царя за неоказание вовремя помощи. Русские пушки и порох при бомбардировании Нарвы оказались негодными. Любимец государя, второй капитан бомбардирской роты Ян Гуммерт изменил Петру и перешел к неприятелю. Боярин Шереметев, отправленный к Везенбергу для заграждения пути шведским войскам, приближавшимся под командою самого короля, не исполнил данного ему поручения. Те самые места —

---

[1] Устрялов, I, 1, 8—9.

теснины Пигайоки и Силламеги — которые должен был занять Шереметев, очутились в руках шведов.

Тем не менее, в русском лагере, где, впрочем, начали свирепствовать болезни, надеялись на успех. Еще 31-го октября барон Ланген писал королю, что Петр, тотчас же после занятия Нарвы, намерен спешить на помощь королю; что Август может порядком проучить юного шведского короля и пр.[1]

Вскоре, однако, получено достоверное известие о приближении к Нарве Карла XII. Развязка наступала. В эту решительную минуту Петр оставил русский лагерь, покинул свое войско.

Нет пока возможности объяснить вполне образ действий царя. Противники упрекали его в этом случае в малодушии.[2] Однако ни трусость, ни безрассудная отважность не были свойственны Петру. Он не считал себя опытным полководцем и поэтому не мог придавать особенно важного значения своему дальнейшему присутствию в войске. Убедившись в недостаточности своих средств, он, быть может, участием в военно-административных делах у Пскова и Новгорода, надеялся быть более полезным нежели под Нарвою. Впрочем, нет сомнения, что Петр, оставляя войско, был в некотором волнении. Галларт писал, что царь непосредственно до отъезда, в сильном расстройстве, приходил к герцогу Круи, требуя, чтобы сей последний непременно взял бы на себя все управление войсками. Инструкция царя для герцога, наскоро написанная, без числа и без печати, была, по выражению Галларта, бестолковою.[3] «Петр — не воин», писал саксонский инженер королю, предоставляя себе устно сообщить подробнее свое мнение об этом предмете. Отзыв Галларта оказывается несправедливым, по крайней мере относительно инструкции, составленной для герцога Круи; содержание этого документа, «Петр — не воин», писал, правда, кратко, обще, но не бестолково.[4] Можно думать, что Петр, оставляя лагерь под Нарвою, надеялся побудить остальные полки скорее идти к этому городу. Едва ли он ожидал так скоро столкновения шведских войск с русскими. Плейер говорит о замечании Петра, сделанном в 1702 году, что он мог бы избегнуть поражения при Нарве, если бы двумя неделями раньше решился предоставить все распоряжения герцогу Круи.[5] Можно считать

---

[1] Устрялов, IV, 2, 165.
[2] Кельх, «Liefland. Historia», II, 156. Фокеродт в изд. Германа, стр. 40.
[3] «Nicht gehanen, nicht gestochen», архивные данные в сочинении Германа, IV, 116.
[4] Устрялов, IV, 1, 35—36.
[5] Там же, IV, 2, 578.

вероятным, что совместное руководство делами Петра, Галларта и герцога Круи под Нарвою оказалось столько же неудобным, как действие «консилиума» во время первого азовского похода. Нет сомнения, что номинальный главнокомандующий, Головин, не имел никакого значения, так как Петр не задумался взять его с собою в Новгород.

В кругах иностранцев хвалили русских солдат, резко осуждая офицеров в русском войске. Русские между ними считались неопытными, иностранцы-офицеры же не пользовались расположением солдат, а к тому же не владели русским языком, и через это не имели возможности командовать солдатами.[1] Плейер называет солдат «овцами без пастухов».[2]

Чрезвычайная быстрота движений юного короля шведского, его смелость и отважность доставили ему победу над русским впятеро сильнейшим войском. Битва началась в полдень 20-го ноября; к вечеру все было решено в пользу Карла, постоянно подвергавшегося во время сражения крайней опасности. Мужество восьмитысячного шведского войска, отсутствие дисциплины и опытности в русской армии, в которой солдаты ненавидели своих офицеров, малодушие последних, преждевременно считавших все дело потерянным, то обстоятельство, что во время битвы сильный снег бил в лицо русских — все это имело следствием страшное поражение царского войска.

Гуммерт, перебежавший к неприятелю, но затем искавший случая вступить вновь в сношения с Петром, писал по поводу осады Нарвы: «люди (русские) сами по себе так хороши, что во всем свете нельзя найти лучше, но нет главного — прямого порядка и учения. Никто не хочет делать должного, думают только наполнить свое чрево и мешок, а там хоть все пропади... руками никто не хотел приняться, ходили, как кошка около горячей каши, и никто не хотел пальцев ожечь... что пользы, когда псы очень бодры, а ловцы неискусны? Плохая ловля!»[3] В этом же смысле о полнейшем отсутствии порядка в войске выразился и саксонский инженер Галларт. Он был свидетелем многих случаев проявления ненависти солдат к офицерам. Опасность, грозившая иностранцам от собственного войска, заставила Галларта, Круи, Лангена и др. сдаться шведам.[4]

---

[1] Устрялов, IV, 2, 542.

[2] Там же, IV, 2, 550. Чрезвычайно резкий отзыв о генералах Петра, см. в донесении Галларта у Германа, IV, 116.

[3] Там же, IV, 1, 30—31.

[4] Herrmann, IV, 118.

Иван Посошков, писавший в 1701 году о ратном деле, приписывал урон под Нарвою главным образом неумению русских войск обращаться с оружием, стрелять в цель.[1]

Сам Петр в своем «Журнале», или в так называемой «Гистории Свейской войны», говорил о Нарвской битве следующее: «и тако шведы над нашим войском викторию получили, что есть бесспорно: но надлежит разуметь, над каким войском оную учинили? ибо только один старый полк лефортовский был; два полка гвардии только были на двух атаках у Азова, а полевых боев, а наипаче с регулярными войски, никогда не видали. Прочие ж полки, кроме некоторых полковников, как офицеры, так и рядовые, самые были рекруты, к тому ж за поздним временем великий голод был, понеже за великими грязьми провианта привозить было невозможно, и единым словом сказать, все то дело, яко младенческое играние было: а искусства ниже вида: то какое удивление такому старому, обученному и практикованному войску над такими неискусными сыскать викторию? Правда, сия победа в то время зело была печально чувственная, и яко отчаянная всякия впредь надежды, и за великий гнев Божий почитаемая. Но ныне, когда о том подумать, во истину не гнев, но милость Божию исповедати долженствуем: ибо, ежели бы нам тогда над шведами виктория досталась, будучи в таком неискустве во всех делах, как воинских, так и политических, то в какую бы беду после нас оное счастие вринуть могло, которое оных же шведов, давно во всем обученных и славных в Европе, под Полтавою так жестоко низринуло, что всю их максиму низ кверху обратило; но когда сие несчастие (или, лучше сказать, великое счастие) получили, тогда неволя леность отогнала, и к трудолюбию и искуству день и ночь принудила» и пр.[2]

Все это писано после Полтавского сражения; тогда, разумеется, было легче рассуждать хладнокровно и благоразумно о причинах и пользе ужасной беды, постигшей русское войско, чем непосредственно после Нарвской битвы. Удар, нанесенный. Петру, произвел сильное впечатление и в России, и за границею. Русскому горю соответствовала радость на западе.

Даже Лейбниц, следивший с таким вниманием за удачным развитием России, теперь от души желал дальнейших успехов шведскому королю. Он выразил надежду, что Карл XII овладеет всем Московским государством, до реки Амура, и приветствовал победу шведов стихотворением, в котором указывалось на старание Петра скрыть пред светом некоторую долю по-

---

[1] Соч. Ив. Посошкова, изд. Погодиным, I, 267 и 278.
[2] Журнал Петра Великого, 25—26.

стыдного поражения.¹ И действительно, московское правительство старалось умолчать о числе убитых и раненых в сражении и строжайше запретило говорить о Нарвской битве. Плейер, сообщая обо всем этом в своем донесении императору Леопольду, замечает, что, быть может, в продолжение многих веков не было такого случая ужасного урона, как под Нарвою.²

Остатки дороги, проложенной Петром I, в Повенецком уезде.
С рисунка, сделанного с натуры В.Н. Майновым.

Петр в наказе русскому послу в Нидерландах Матвееву представил Нарвское сражение в смысле, далеко не соответствовавшем истине. Тут, между прочим, сказано: «шведы... видя свою беду, троекратно присылали трубача с предложением перемирия; договор был заключен, но на другой день, когда русские полки один за другим стали переходить чрез Нарову, шведы бросились на них, вопреки королевскому слову, и все разграбили, захватив оружие и артиллерию».³

Карл XII вдруг сделался славным героем. В разных странах, не только в Швеции, сочинялись стихи, в которых восхваляли его мужество. Являлись и пасквили, направленные против Петра. Еще до битвы были напе-

---

[1] Герье, приложения, 48—49.
[2] Устрялов, IV, 2, 544—547.
[3] Там же, IV, I, 77.

чатаны разные брошюры, в которых указывалось на несправедливость образа действий царя при неожиданном нападении на Швецию.[1] Катастрофа в ноябре 1700 года поставила русских резидентов, находившихся за границею, в самое неловкое положение. Голицын писал из Вены: «главный министр, граф Кауниц, и говорить со мною не хочет, да и на других нельзя полагаться: они только смеются над нами... всякими способами надобно домогаться получить над неприятелем победу. Хотя и вечный мир учиним, а вечный стыд чем загладить? Непременно нужна нашему государю хотя малая виктория, которою бы имя его по-прежнему во всей Европе славилось. А теперь войскам нашим и управлению войсковому только смеются». Матвеев доносил из Гааги: «шведский посол, с великими ругательствами сам ездя по министрам, не только хулит ваши войска, но и самую вашу особу злословит, будто вы, испугавшись приходу короля его, за два дни пошли в Москву из полков, и какие я слышу от него ругания, рука моя того написать не может. Шведы с здешними, как могут, всяким злословием поносят и курантами на весь свет дают не только о войсках ваших, и о самой вашей особе... Жить мне здесь очень трудно» и пр.[2] В Польше опять начали надеяться на возможность приобретения вновь Малороссии.[3] В Вене Петр так упал в глазах цесарцев, что там при дворе открыто читали вести о новом решительном поражении всего русского войска близ Пскова, о бегстве царя с немногими людьми, об освобождении царевны Софьи из монастыря, о вручении ей правления государством по-прежнему. Голицын жаловался царю на бесцеремонное обращение с ним шведского резидента, который в присутствии Голицына и других дипломатов смеялся над Петром. «Что говорит швед, мерзко слышать», повторял Голицын неоднократно.[4]

Везде удивлялись юному победителю; выбивались медали в честь Карла; на одной из них была сделана надпись: «Наконец, правое дело торжествует!» Кроме медалей в честь Карла, появилась медаль, выбитая в насмешку над Петром, с кощунскими сближениями из истории апостола Петра: на одной стороне медали был изображен царь Петр, греющийся при огне своих пушек, из которых летят бомбы на Нарву; надпись: «Бе же Петр стоя и грелся». На другой стороне изображены были русские, бегу-

---

[1] Например, брошюра Гермелина «Discussio criminationum, quibus usus est Moscorum Czarus».

[2] Соловьев, XV, 41 и 54.

[3] Там же, XIV, 359.

[4] Устрялов, IV, 1, 80.

щие от Нарвы, и впереди их Петр: царская шапка валится с его головы, шпага брошена, он утирает слезы платком, и надпись говорит: «Изошед вон, плакася горько».[1]

Федор Матвеевич Апраксин.
С портрета, принадлежащего княгине Е.П. Кочубей.

Рассказывали разные небылицы об отчаянии Петра после Нарвской битвы. Фокеродт, писавший немного позже, но узнавший многие подробности об этих событиях от современников, говорит о стараниях Петра и генералов Вейде и Головина избегнуть опасностей после битвы. Царь, сказано далее, отправившись весьма поспешно в Новгород и получив известие о страшном поражении, оделся в крестьянское платье, обулся в лапти, плакал и был в таком отчаянии, что сначала никто не осмеливался говорить с ним о военных делах; в это время, продолжает Фокеродт, он был ласков только с теми из генералов, которые советовали заключить мир, и изъявлял готовность исполнить это во что бы то ни стало и пр.[2]

---

[1] Изображение медали в соч. Нордберга, V, 231.
[2] См. «Zeitgenöss. Berichte», изд. Германа, стр. 41—42.

Все это нисколько не подтверждается фактами и вовсе не соответствует характеру Петра. Мы, напротив, знаем, что им были приняты энергические меры к продолжению войны и что он не думал о заключении мира, по выражению Фокеродта, на «немыслимых» условиях. Такого рода анекдотически и легендарные черты, передаваемые в подобных источниках, каковы записки Фокеродта, свидетельствуют о степени нерасположения к царю в некоторых кругах русского общества, и в этом только заключается значение этих сочинений.

Говоря о Нарвской битве, Фокеродт замечает, что Петр вообще отличался осторожностью и, однажды испытав силу какого-либо неприятеля, никогда не подвергал себя во второй раз одной и той же опасности. Напротив, Петр постоянно выказывал удивительную стойкость и последовательность в своих предприятиях, не унывал в несчастии и после каждой неудачи был готов к возобновлению прежних усилий, чтоб окончательно достигнуть желанной цели. Подобно тому, как после первого неудачного Азовского похода он стал готовиться ко второму, так и после Нарвской битвы он обнаружил усиленную деятельность, неутомимость и предприимчивость.

Начало успехов

Петр не скрывал, что русские войска после поражения под Нарвою отступили «в конфузии». Если бы Карл XII сумел воспользоваться благоприятными для него обстоятельствами, то могла пожалуй, хотя бы на время, осуществиться надежда Лейбница на превращение всего Московского государства в шведскую провинцию. Но замечательно, что именно теперь следовали одна за другою ошибки и промахи шведов в области политики и военного искусства. Нецелесообразность действий Карла XII в соединении с геройством и настойчивостью Петра повели к совершенно противоположным результатам.

Встречаются разные, противоречащие друг другу данные о намерениях шведского короля после Нарвской битвы. По одному рассказу, наиболее влиятельные генералы старались уговорить короля к заключению мира с Августом и к решительному нападению на Петра, на что, однако, Карл не соглашался, желая прежде всего отмстить польскому королю; по другому рассказу, план Карла продолжать войну против царя не был одобрен его генералами, советовавшими прежде всего уничтожить Августа.[1]

---

[1] Так, например, по сочиненно Фрикселя, I, 105, и Лундблада, I, 163, Пипер и Оксеншерн были против польской войны. Противоположный рассказ Шлиппенбаха у Устрялова, IV, 2, 223, и Соловьева, XIV, прил. XII.

Как бы то ни было, царь выиграл время, чтобы поправиться, приготовиться к дальнейшей борьбе. Впрочем, Петр, как кажется, действительно, хотя лишь мгновенно, мечтал о заключении мира со Швециею. Плейер пишет, что Петр желал для этой цели посредничества бранденбургского курфюрста.[1] Он также дал знать английскому королю, уже до этого предлагавшему свои услуги для заключения мира, что «великий государь предложения его о мире с короною свейскою не отрицается».[2] В то же время, однако, в России готовились к продолжению войны.[3] Вместе с тем, датский посланник в Москве не переставал действовать в пользу энергичных мер.[4]

Князь Репнин получил приказание привести в исправность полки, шедшие от Нарвы «в конфузии». Ожидая вторжения шведов в пределы России, Петр позаботился об укреплении Пскова, над которым трудились не только солдаты, но и частные лица, и даже женщины. Петр самолично руководил работами и неумолимо строго наказывал нерадивых. С юношеским рвением Виниус принялся за приведение в надлежащее состояние артиллерии. Из переписки его с царем за это время видно, в какой степени Петр входил во все мелочи военной администрации, как он знал обо всем, руководил всеми частностями вооружения. На заводе Бутенанта фон-Розенбуша в Олонце было заказано 100 пушек и 1000 ядер; сырым материалом при этом служили колокола, снятые с церквей. Недостатку в деньгах царь старался помочь введением новых налогов, а также сбором с монастырских имений. Разнесся слух, что царь намеревается конфисковать церковные имущества. Рассказывали об изречении царя, что он хочет отмстить Карлу XII за Нарвскую битву во что бы то ни стало, если бы даже и приходилось для этого жертвовать всем царством.[5]

Все эти старания повели к желанной цели. Виниус вскоре мог хвалиться, что в продолжение года успел приготовить 300 новых пушек.[6] Иностранцы, как, например, саксонский генерал Штейнау или дипломат Паткуль, хвалили вооружение русского войска.[7] Уже в марте 1701 года говорили, что Петр скоро опять подступит к Нарве. И действительно, еще в декабре 1700 года Петр приказал Шереметеву не только «беречь ближ-

---

[1] Устрялов, IV, 2, 565.
[2] Там же, IV, 2, 158.
[3] Особенно Перри хвалил Петра за эту деятельность; см. нем. изд. 324.
[4] Донесение Плейера императору Леопольду от 19-го августа 1701 года у Устрялова, IV, 2, 567.
[5] Плейер у Устрялова, IV, 2, 554.
[6] Соловьев, XIV, 357.
[7] Herrmann, IV, 125—126.

них мест», но «идтить в даль для лучшего вреда неприятеля». Вскоре во всех пограничных пунктах, во Пскове, Новгороде, Изборске и пр., усилены были гарнизоны. Были приняты меры для наступления.

Вид Нотебурга при шведском владычестве.
С гравюры, находящейся в «Путешествии» Олеария.

В «Журнале Петра Великого» сказано, что, кроме других причин, также и желание видеться с королем польским заставило царя в ноябре 1700 года покинуть лагерь под Нарвою. И действительно, нужно было возобновить союз с Августом и посоветоваться с ним относительно совместных военных действий. Таким образом, в феврале 1701 года состоялось свидание в Биржах. Здесь, между прочим, было высказано вновь желание, чтобы царь возвратил Польше Малороссию. Самым решительным образом и царь, и Головин — отвергли это предложение. Петр и слышать не хотел даже об уступке некоторых малороссийских пограничных мест. Август и Петр договорились о возобновлении союза; царь обещал королю прислать от 15 до 20 000 пехоты в полное распоряжение и заплатить ему, кроме того, субсидию; король обещал употреблять свои войска против Швеции в Лифляндии и Эстляндии, дабы, отвлекая общего неприятеля, обезопасить Россию и дать царю возможность с успехом действовать в Ижорской и Корельской землях; Лифляндию и Эстляндию царь оставляла королю и Речи Посполитой без всяких притязаний. В тайной статье царь обязался прислать королю 20 000 рублей, «дабы некоторое награждение и милость показать тем из польских сенаторов, которые способы сыщут привести в постановленные союзы и Речь Посполитую».

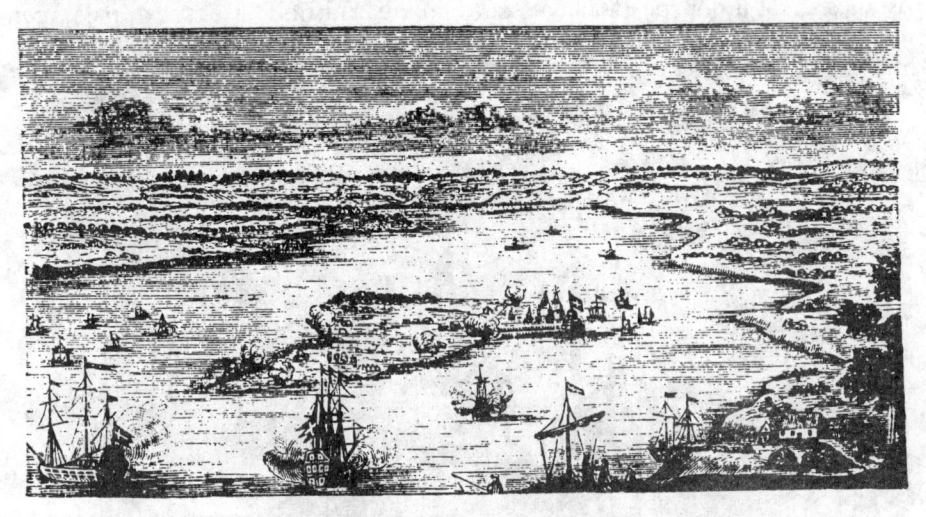

Первоначальный вид Петербурга и Кронштадта.
С гравюры того времени Боденера.

По отзыву лиц, видевших Петра в Биржах, он там на всех произвел весьма выгодное впечатление. Удивлялись его рассуждениям о флоте и войске, его предприимчивости, его познаниям в географии и черчении.[1]

Тем временем продолжались военные действия. Хотя Шереметев далеко не отличился в ноябре близ Нарвы, царь все-таки поручил ему ведение войны в Лифляндии. При движении к Мариенбургу в декабре 1700 года Шереметев сначала, столкнувшись с неприятелем, потерпел некоторую неудачу, но затем, однако, он принудил генерала Шлиппенбаха к отступлению. Началось систематическое и полнейшее опустошение Лифляндии.

Тяжелое впечатление на союзников произвела победа, одержанная шведами над саксонцами на берегу Двины 9-го июля 1701 года. Тогда раздробление сил Польши и России считалось крупною ошибкою. Полагали, что Петр и Август, соединив свои войска, могли бы действовать гораздо успешнее. Особенно после победы в июле 1701 года, Карл имел в виду преследование польского короля, не обращая внимании на царя. Таким

---

[1] Соловьев, XIV, 359—360.

образом, Шереметеву удалось разбить Шлиппенбаха при Эрестфере (29-го декабря 1701 г.). Петр был в восторге от первой победы над шведами, произвел Шереметева в генерал-фельдмаршалы и послал ему орден св. Андрея и свой портрет, осыпанный бриллиантами. В Москве торжественно праздновали эту победу.[1]

Первоначальный вид Петропавловского собора в Петербурге.
С рисунка, приложенного к «Описанию Петербурга» Рубана.

Несколько месяцев спустя Шереметев одержал вторую победу над Шлиппенбахом, при Гуммельсгофе (18-го июля 1702 г.). Шведы потеряли несколько тысяч человек убитыми. Остальное войско отступило в направ-

---

[1] С этих пор начался ряд празднеств, повторявшихся даже по случаю менее важных событий. Фан-дер-Гульст писал: «Lorsqu'on a remporté le plus leger avantage, on en fait ici un tel bruit, qu'il semblerait, qu'on vient de renverser le monde entier», Устрялов, IV, 2, 668.

лении к Пернаве. Петр приказал опустошить Лифляндию до того, чтобы неприятель во всей стране нигде не мог найти себе убежища. Шереметев столь ревностно исполнил поручение, что во всем крае остались целыми и невредимыми только немногие города. Шереметев писал: «чиню тебе известно, что всесильный Бог и пресвятая Богоматерь желание твое исполнили: больше того неприятельской земли разорять нечего — все разорили и запустошили без остатка» и пр. Пленных было так много, что Шереметев не знал, куда их девать и как надзирать за ними.

Домик Петра Великого в Петербурге.
С гравюры того времени.

Таким образом, страшная участь постигла многие местечки в Лифляндии; были разрушены: Смильтен, Роннебург, Вольмар, Адзель, Мариенбург и пр. Затем Шереметев в 1703 году обратился к северу, взял Копорье и Ямбург. 6-го сентября Везенберг был занят и превращен в пепел; также были сожжены: Вейсенштейн, Феллин, Оберпален, Руйен и пр.

Взятие Нотебурга.
С гравюры того времени, 1703 г., Шхонебека. Гравюра Казеберга и Эртеля в Лейпциге.

Взятие Нотебурга.
Гравюра Хельма в Штутгарте по картине профессора Коцебу.

Весною 1704 года Петр поручил Шереметеву приступить к осаде Дерпта, сильно укрепленного и защищаемого значительным гарнизоном. Шереметев спешил к берегам Эмбаха, где ему удалось разбить шведскую флотилию, состоявшую из 13 судов. Осада Дерпта, однако, затянулась, и царь упрекнул Шереметева в медленности действий. Фельдмаршал оправдывался тем, что стал здоров не по старому, что он один, ни от кого — ни от царя, ни от Меншикова — помощи не имеет. Для ускорения дела Петр сам явился под Дерпт, и оттуда в письме к Меншикову жаловался на нецелесообразность мер, принятых Шереметевым для осады города. Осадные шанцы были сооружены в слишком большом расстоянии от города. Петр тотчас же распорядился иначе, замечая в письме к Меншикову: «я принужден сию их Сатурнову дальность в Меркуриусов круг подвинуть. Зело жаль, что уже 2 000 бомбов выметано беспутно». Действия Петра повели к желанной цели. Город сдался 13-го июля 1704 года. «Итак, с Божиею помощию сим нечаемым случаем, сей славный отечественный град паки получен», писал Петр к своим, намекая на основание Дерпта-Юрьева Ярославом в XI веке. Неоднократно, и в XVI и в XVII столетиях, Дерпт на время находился в руках русских. Теперь же он окончательно сделался достоянием Россия.

Между тем фельдмаршал Огильви, вступивший незадолго до этого в русскую службу, приступил к осаде Нарвы. И туда поспешил сам царь, после занятия Дерпта. И тут, как под Дерптом, до прибытия Петра, осадные работы шли медленно и неудачно. 9-го августа город был взят штурмом. Неделю спустя русские заняли и Иван-город. Петр, обрадованный успехом, вспоминая о неудаче 1700 года под Нарвою, писал Ромодановскому: «где пред четырьмя леты Господь оскорбил, тут ныне веселыми победители учинил». В ответе Ромодановского сказано: «весь народ радостно обвеселился, слыша совершенство такой знаменитой и славной виктории, еже не малую разнесет не токмо по всей Европе российскому народу похвалу, но и в Азии в ушеса магометанских чад с печали и страха разгласится». В письме к Меншикову Ромодановский писал: «по правде есть победа знаменита, что у Варяжского моря такова крепкого и славного града взятие».[1]

Стать твердою ногою на берегах именно «Варяжского моря» было важною задачею Петра.

---

[1] Устрялов, IV, 2, 23.

С самого начала войны Петр считал возможным, что шведы сделают нападение на Архангельск. Поэтому он еще весною 1701 г. позаботился об укреплении этого города. Летом этого же года узнали через русского посланника при датском дворе, Измайлова, что к Архангельску приближается шведская эскадра, которая, однако, по прибытии к городу была отбита русскими, соорудившими по берегам батареи, причем два неприятельских галиота были взяты. Петр, сообщая Апраксину о подробностях этого дела, поздравил его «сим нечаемым счастием».

При военных действиях по берегам Балтийского моря, мешавших мореплаванию в этих местах, судоходство на севере именно в это время было особенно оживленным. Чем более Россия нуждалась в сообщении с западом, тем важнее должно было казаться обеспечение Архангельска. Недаром царь сильно беспокоился, получив весною 1702 года из Голландии известие о приближении сильной французской военной эскадры к этому городу. Зашла речь об отправлении туда 20 000 войска; началась у самого Архангельска постройка военных судов. Однако слухи об опасности, грозившей будто этому порту, оказались лишенными всякого основания, так что и в 1702 году к Архангельску прибыло особенно значительное число кораблей, между тем как торговля в портах Финляндии и Лифляндии находилась, вследствие войны, в совершенном застое. Петр сам весною и летом 1702 года находился в Архангельске, где окончил постройку двух фрегатов. Отсюда он спешил к берегам Невы, направляясь через Повенец, прокладывая дорогу по лесам и болотам и таща по ней две яхты. Следы этой необычайной дороги видны еще до сих пор. На пути он писал к королю Августу: «мы ныне в походе близь неприятельской границы обретаемся и, при Божией помощи, не чаем праздны быть».[1]

Уже выше нами было указано на внимание, которое обращал Петр с самого начала войны на водный путь, соединявший внутренние области Московского государства с Балтийским морем. Он считал важнейшею задачею завоевание тех стран, которые в силу Столбовского договора отошли к Швеции. Поэтому он не был доволен тем, что Апраксин со своими войсками, столь же усердно, как Шереметев в Лифляндии, занялся опустошением этих областей, причем Апраксин, столкнувшись с небольшим отрядом шведских войск на берегах Ижоры, разбил его (13-го августа 1702 года).

Приближаясь в 1702 году к берегам Невы, Петр расспрашивал сельских обывателей о разных подробностях сообщения по рекам и на суше, о

---

[1] Устрялов, IV, 2, 35.

расстоянии между собой селений, в особенности же о фарватере на Неве, а также и о силе гарнизона в Нотебурге и Ниеншанце.[1]

Нотебург, древний город, построенный за несколько столетий раньше новгородцами и названный Орешком, лежал на острове при истоке Невы и был довольно сильною крепостью. Здесь находилось 450 человек гарнизона и 142 пушки; комендантом был родной брат шведского генерала Шлиппенбаха, действовавшего в Лифляндии.

В конце сентября 1702 года царь с войском в 12 500 человек явился у Нотебурга. Главнокомандующим считался Шереметев. Петр участвовал в осадных работах наравне с солдатами и корабельными плотниками. В первых числах октября началось бомбардирование крепости, а 11-го октября, после штурма, гарнизон сдался на капитуляцию. Всем шведским войскам было дозволено выступить из Нотебурга, переименованного в Шлиссельбург. Петр приказал укрепить на западной башне поднесенный ему комендантом ключ, в ознаменование того, что взятием Нотебурга отворились ворота в неприятельскую землю. Впоследствии каждый год, когда царь находился в Петербурге, даже после Ништадтского мира, 11-го октября он непременно бывал в Шлиссельбурге и весело праздновал покорение его. 11-го октября 1711 года Петр из Карлсбада писал Екатерине: «поздравляем сим днем — началом нашего авантажа». А из Шлиссельбурга 11-го октября 1718 года: «поздравляем вам сим счастливым днем, в котором русская нога в ваших землях фут взяла, и сим ключом много замков отперто».[2] Потеря русских при осаде и взятии крепости была довольно значительна: 538 убитыми и 925 ранеными. Намекая на прежнее название крепости, Петр писал Виниусу: «правда, что зело жесток сей орех был, — однако ж, слава Богу, счастливо разгрызен. Артиллерия наша зело чудесно дело свое исправила». Губернатором, т. е. комендантом Шлиссельбурга, был назначен бомбардир-поручик Преображенского полка Меншиков, который вообще с этого времени начал возвышаться и пользоваться доверием и дружбою Петра.

4-го декабря 1702 года царь праздновал взятие Шлиссельбурга торжественным входом в Москву, где были сооружены триумфальные ворота. В память этого события, как и по случаю других подобных успехов, была выбита медаль.

После краткого пребывания в столице Петр спешил в Воронеж для наблюдения за дальнейшим сооружением флота, в котором он нуждался на случай столкновения с турками и татарами. На пути туда он положил

---

[1] Устрялов, IV, 1, 195.
[2] Письма р. государей, I, 25 и 85—86.

основание городу Раненбургу (или Ораниенбургу, в Рязанской губ.), который подарил своему другу Меншикову. В марте 1703 года он уже опять находился в Шлиссельбурге, откуда направился к Ниеншанцу.

25-го апреля 1703 года Шереметев осадил Ниеншанц; на другой день приехал Петр, принялся тотчас же за рекогносцировку устьев Невы и распорядился о принятии мер для занятия этих мест. Гарнизон Ниеншанца сдался на капитуляцию 1-го мая. На другой день было принесено благодарение Всевышнему за покорение крепости, «а наипаче за приобретение желаемой морской пристани».

Вслед за взятием Ниеншанца в невском устье появилась небольшая шведская эскадра, которая была атакована русскими 6-го мая. Петр и Меншиков с солдатами в 30 лодках сделали столь удачное нападение, что два шведские судна были взяты. И в «Журнале», и в письме к Апраксину Петр с особенною радостию говорил о «сей никогда не бывшей виктории». Царь и Меншиков за этот подвиг были удостоены ордена св. Андрея. Князь Борис Голицын писал царю: «хотя от начала света всех собрать летописцев, нигде не найдем, как такою отвагою и смелым сердцем учинено, яко сие тобою». В письме Стрешнева сказано: «а за такую победу храбрым приводцам прежде сего какие милости были, и того в разряде не сыскано, для того, что не бывало взятья кораблей на море никогда».[1]

Уже весною 1702 года Плейер доносил императору Леопольду, что Петр стремится к продолжению прямого водного пути для торговых сношений с западом и что поэтому он обращает еще большее внимание на устье Невы, чем на Нарву. Теперь же, после взятия Ниеншанца, по рассказу Плейера, царь сообщил о занятии им устья Невы в Голландию и другие страны, объявляя при этом, что первому шкиперу, явившемуся в «этой морской гавани», будет выдано сто червонцев.[2] Недаром Виниус, поздравляя царя со взятием Ниеншанца, заметил, что этим городом «отверзошася пространная порта бесчисленных вам прибытков».[3]

16-го мая 1703 года на одном из островов невского устья был заложен городок — Петербург. Цель была достигнута. Новый город сделался важнейшим результатом Северной войны. В самую решительную минуту последней, непосредственно после Полтавской битвы, Петр писал: «ныне уже совершенно камень во основании С.-Петербурга положен с помощию Божиею».

---

[1] Устрялов, IV, 1, 236—237.
[2] Там же, IV, 2, 609.
[3] Соловьев, XIV, 380.

Первое морское сражение в устьях Невы в 1703 году.
Гравюра А. Клосса в Штутгарте по картине профессора Лагорио.

Петр, уже в первое время существования Петербурга, называл это место своим «парадизом». Перенесением центра тяжести России из Москвы в новую столицу навсегда был решен вопрос о направлении дальнейшего развития России. Петербург сделался звеном, соединявшим Россию с Западною Европою.

Внутренность домика Петра Великого в Петербурге.
В настоящее время.

После взятия Ниеншанца в военном совете обсуждался вопрос, должно ли укрепить этот пункт или искать другого места для основания торгового города; совет решил: искать другого места. Прежде всего заложена была Петропавловская крепость; затем были построены: деревянная церковь, дома для царя и Меншикова, «австерия» и т. д.

Новый город не раз подвергался опасности быть взятым шведами. Целое лето 1703 г. около устья Невы простояла шведская эскадра. Петр, не атакуя ее, ограничивался обороною, сооружая укрепления для защиты Петербурга. Также и на суше можно было ожидать нападения шведов. Небольшой неприятельский отряд под командою генерала Кронгиорта подошел к новому городу, но был отбит русскими войсками и отступил к Выборгу (в начале июля 1703 года). Осенью, после удаления шведской эскадры, царь побывал на Котлине-острове (ныне Кронштадт) и сам измерял около него глубину воды. В ноябре 1703 года явилось первое купеческое судно, шкипер и экипаж которого были приняты Меншиковым особенно радушно. Петр заложил крепость Кроншлот, постройка которой подвигалась быстро. Из Олонца у Петербурга, где в 1704 году было заложено адмиралтейство, явились русские военные суда.

Внутренность часовни в домике Петра Великого в Петербурге. В настоящее время.

И дальнейшие попытки шведов напасть на новый город оставались безуспешными. Летом 1704 года явился барон Майдель с отрядом войска, но был принужден к отступлению. Столь же неудачными были нападения, сделанные шведами на Кроншлот (в июне 1704 года) и на Котлин-остров (зимою 1705 года). В 1705 г. явился шведский адмирал Анкаршерн с приготовленными заранее в Карлскроне 22 судами, в Финском заливе; в то же время сухим путем приближался к Петербургу барон Майдель, с отрядом в несколько тысяч человек. Однако царю удалось к этому времени запастись судами, усилить войско, назначенное для защиты Петербурга. Таким образом, неоднократно повторяемые нападения шведов не имели успеха и окончились их отступлением.

Современники могли убедиться в том, что царь не упускал из виду цели войны. Весною 1703 года в Москве находился дипломатический агент Людовика XIV, заговоривший было о медиации. Царь сказал, что о мире не может быть и речи без уступки Швециею России тех областей, которыми владели цари прежде и которые были отняты шведами.[1] Когда около этого же времени Паткуль, недовольный успехами Петра близ берегов Балтийского моря, советовал царю подумать о мире, чтоб не возбудить опасения в прочих потентатах, Петр отвечал: Господь Бог посредством оружия возвратил большую часть дедовского наследства, неправедно похищенного. Умножение флота имеет единственною целью обеспечение торговли и пристаней; пристани эти останутся за Россиею, во первых, потому, что они изначально ей принадлежали, во вторых, потому, что пристани необходимы для государства, «ибо чрез сих артерий может здравее и прибыльнее сердце государственное быть».[2]

Дипломатические сношения

По донесению Матвеева от 5-го июля 1702 года, какой-то профессор во Франкфурт-на-Одере напечатал похвальную речь прусскому королю, где прославлял триумф шведов над московскими войсками и толковал, что христианские государи не должны пропускать русских кораблей на море, ибо если русские овладеют Ливониею, то овладеют также Польшею и Литвою и будут опасны Пруссии.[3]

Положение Матвеева в Нидерландах было неприятно после Нарвского поражения потому, что там, как мы видели, смеялись над Россиею, а после первых успехов русского оружия, т. е. взятия Шлиссельбурга, Ниеншанца, Дерпта, Нарвы и пр., потому, что в Голландии опасались чрезмерного могущества России. До начала шведско-русской войны Генеральные Штаты через Матвеева просили царя не помогать датчанам в их войне против Швеции. Когда голландцы узнали в 1700 году, что Петр приближается к Нарве, они не одобряли этого движения царя к берегам моря; такое же неудовольствие возбудила постройка русских судов в Архангельске. Желая препятствовать развитию значения России на море, Генеральные Штаты не переставали действовать в пользу мира. Матвеев писал: «ны-

---

[1] Устрялов, IV, 2, 606.
[2] Соловьев, XV, 30—31.
[3] Там же, XV, 110.

нешняя война со шведами Штатам очень неприятна и всей Голландии весьма непотребна, потому что намерение ваше взять у шведа на Балтийском море пристань Нарву или Новые-Шанцы; где же сойдутся, постоянно толкуют: если пристань там у него будет, то не меньше француза надобно нам его бояться; отворенными воротами всюду входить свободно будет». К тому же война мешала торговым сношениях с Россиею: в тех городах Лифляндии, которые могли находиться в опасности, голландские купцы имели запасы товаров, именно хлеба. Ожидали, что русские займут Ревель. Витзен, вследствие дружбы своей с Петром и торговых связей с Россией, был, по словам Матвеева, «в большом подозрении у своих соотечественников». Один из голландских купцов, Брант, поставлявший для России ружья, посещал Матвеева тайком, и едва не был убит за это шведами. Когда Петр намеревался сделать Штатам предложение, чтобы они взяли в свою службу из Архангельска 4000 матросов, Матвеев заметил: «им то зело не надобно, чтоб наш народ морской науке обучен был».

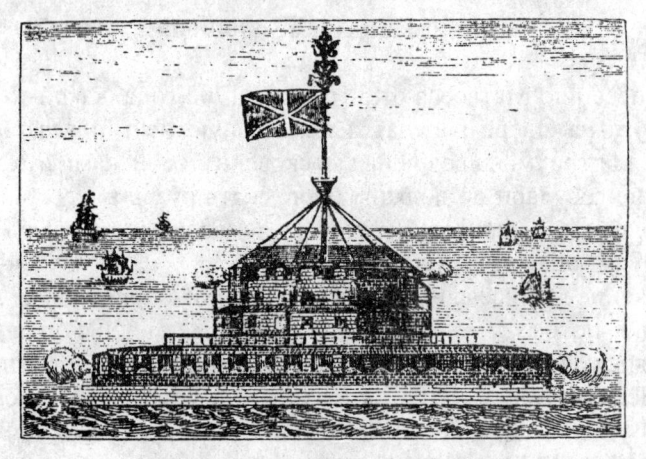

Кроншлот при Петре Великом.
С гравюры того времени.

На выгодное для России посредничество Нидерландов при заключении мира между Швециею и Россиею, как полагал Матвеев, нельзя было надеяться. «Могут ли», спрашивает последний в письме к царю, «Англия и Штаты стараться о вашем интересе или прибыточном мире и сами отворить дверь вам ко входу в Балтийское море, чего неусыпно остерегаются, трепещут великой силы вашей не меньше как и француза... Англичан и здешних прямое намерение, чтоб не допустить вас иметь какую-нибудь пристань на Балтийском море; отнюдь не хотят и слышать такого соседства ближнего. Хотя они ласковыми лицами поступают, только их сердце николи не право пред вами». Всеми способами, но безуспешно, Матвеев доказывал голландцам, что от русской гавани на Балтийском море им могут быть только одни выгоды и что маленький русский флот назначается только для обороны этой гавани, а не для утверждения русского владычества на море.[1]

Фельдмаршал Огильви.
С гравированного портрета того времени.

Такие же вести приходили из Вены, где Паткуль узнал от министров, датского и бранденбургского, что английский и голландский министры, а также и ганноверский двор стараются всеми силами помешать сближению Австрии с Россиею и во всех разговорах с императорскими министрами выставляют им на вид, как опасно увеличение могущества царя.[2]

---
[1] Соловьев, XV, 53—67.
[2] Там же, XV, 47.

При таких обстоятельствах, Петру оставалось прежде всего надеяться на себя и успех русского оружия, и во вторых, рассчитывать на разлад между европейскими державами. Можно было воспользоваться антагонизмом между Австрию и Пруссиею, соперничеством между Англиею и Франциею, ненавистью между Ганноверским домом и Пруссиею. Всякая борьба на западе Европы могла быть выгодною для царя; недаром Петр в письме к Апраксину от 5-го июня 1702 года, говоря о начале войны за испанское наследство, заметил: «дай Боже, чтоб затянулась».[1] Чем более внимание Европы было обращено на чрезмерное могущество короля Людовика XIV, тем удобнее Россия могла стремиться дальше на пути к морю и достигнуть желанной цели.

Такого рода положение дел придавало особенное значение попытке короля Людовика XIV сблизиться с Петром.

Когда в феврале 1701 года происходило в Биржах свидание между Петром и королем Августом, при последнем находился чрезвычайный французский посланник дю-Герон, который имел аудиенцию у царя. Петр при этом случае выразил дю-Герону свое уважение к особе короля и желание соединиться с ним теснейшими узами дружбы; в течение беседы царь заметил, что надобно несколько поумерить спесь Генеральных Штатов, так как они забывают свое место, желая стоять наравне с первейшими государями и вмешиваться во все европейские дела и пр.

В январе 1702 года дю-Герон имел свидание с русским посланником в Варшаве. При этом случае последний жаловался на императора, на Англию и Голландию, а также и на короля Августа. Далее, было высказано желание, чтобы Людовик доставил царю возможность завладеть каким-либо портом Балтийского моря; лишь только царь будет обладать таким портом, то вскоре построит столько кораблей, что в непродолжительном времени одни только подданные его и французского короля будут производить торговлю в Балтийском море, другие же народы будут устранены и пр.

Также и с Паткулем, около этого времени вступившим в русскую службу, дю-Герон имел свидания, при которых Паткуль заявил, что царь желает заручиться дружбою короля Людовика XIV, что Россия могла бы доставить Франции казаков для того, чтобы произвести диверсию со стороны Трансильвании в борьбе Людовика XIV с Австриею, что царь, в случае революции в Польше, готов содействовать возведению на польский престол принца французского дома и т. п. Далее, Паткуль говорил, что царь весьма недоволен королем Августом, императором, англичанами и

---

[1] Устрялов, IV, 2, 30.

голландцами, что он теперь лучше узнал курфюрста бранденбургского и стал о нем совершенно другого мнения и пр.

Людовик XIV, желая воспользоваться таким расположением царя, решил отправить в Москву дипломата Балюза, в конце 1702 года.[1] В инструкции Балюзу было вменено в обязанность возбуждать всеми средствами гнев царя против императора, бранденбургского курфюрста, англичан и голландцев.[2]

Пребывание Балюза в Москве сильно не понравилось в особенности голландцам, предложившим посредничество между Швециею и Россиею именно с целью ослабить подозреваемое французское влияние в России. Витзен прямо говорил Матвееву, что напрасно царь держит французского резидента в Москве; это шпион, который доносит обо всем не только своему двору, но и шведскому».[3] Также и Австрии сильно не понравилось появление Балюза в Москве, и Плейер не без удовольствия доносил императору, что Балюз играет там весьма скромную роль, что о нем никто не заботится и что он не может иметь никакого успеха.

И действительно, Балюз не имел успеха. Переговоры его с Головиным не повели к заключению союза. В самых лишь общих выражениях говорилось о желании короля сблизиться с Петром. Оказалось, что Людовик XIV не столько имел в виду принять на себя какие-либо обязательства, сколько помешать доброму согласию между Петром и теми державами, с которыми в то время воевала Франция.[4]

Одновременно с пребыванием Балюза в Москве, в Париже, с 1703 года, жил дворянин Постников без посланнического характера. Через него в России узнали, что французский двор «ласковую приклонность оказует шведам». Не мудрено поэтому, что Головин объявил в Москве Балюзу: «если царскому величеству вступить в бесполезный себе какой союз с Франциею, то бесславие себе только учинит и старых союзников потеряет, а утаить этого будет нельзя». Балюз в марте 1704 года выехал из Москвы. Вскоре узнали, что французские каперы схватили русский корабль «Св. Андрей Первозванный»; для улажения этого дела приехал в Париж, также без посланнического характера, Матвеев. Прием, оказанный русскому дипломату, не был особенно ласковым. Французы изъявили неудовольствие на безуспешное пребывание Балюза в Москве и жаловались на нерасположение

---

[1] Сб. И. Общ. XXXIV. Предисловие стр. IV — IX.
[2] Там же, XXXIV, 411.
[3] Соловьев, XV, 64.
[4] Сб. Ист. Общ. XXXIV. Предисловие, XV и 23—33.

Петра к Франции. «Швед здесь в почитании многом и дела его», доносил Матвеев из Парижа. В выдаче русского корабля ему отказали. «Дружба здешняя, чрез сладость комплиментов своих бесполезная, в прибыльном деле малой случай нам кажет... житье мое здесь без всякого дела, считают меня более за проведовальщика, чем за министра». С обещанием готовности Франции в будущем, после окончания войны, заключить торговый договор с Россиею, Матвеев в октябре 1706 года выехал из Парижа.[1]

На Польшу во все это время была плохая надежда. Недаром русский посланник постоянно жаловался и на короля Августа, и на его министров, отличавшихся недобросовестностью, легкомыслием, расточительностью. К тому же, саксонско-польские войска действовали неуспешно и были разбиты шведами при Клиссове (19-го июля 1702 года). Скоро после этого Карл XII занял Краков. Началось отступление Августа, которое повело к заключению Альтранштетского мира. Долгорукий жаловался, что в Польше нет денег для продолжения войны, но что Август тратил большие суммы на польских дам, своих метресс, на оперы и комедии; далее Долгорукий доносил, что многие в Польше держат «факцыю неприятельскую», что разные лица за деньги служат шведским интересам и что «в самой высокой персоне крепости немного». «Бог знает», писал он между прочим, «как может стоять польская республика; вся от неприятеля и от междоусобной войны разорена в конец, и, кроме факций себе на зло, иного делать ничего на пользу не хотят. Только бы как ни есть их удерживать от стороны неприятельской, а нам вспоможения от них я никакого не чаю» и пр. О поляках он писал далее: «они не так озлоблены на неприятеля, как давнюю злобу имеют к нашему народу, только явно за скудостью и несогласием не смеют. Хотят они на коней сесть, только еще у них стремен нет, не почему взлезть. Как бестии без разуму ходят, не знают, что над ними будет».[2]

Неурядица в Польше повела к важной перемене. Король Август должен был удалиться в Саксонию. Станислав Лещинский сделался королем.

Петр был доволен, что, по его выражению, «швед увяз в Польше». Тем успешнее он мог действовать в Лифляндии и Ингерманландии. Паткуль употреблял все средства склонить царя к отправлению войск в Польшу, однако Петр оставался верным своим предначертаниям занять берега моря и не обращал внимания на увещания Паткуля.

Отношения России к Австрии в это время оставались холодными. Немедленно после Нарвской битвы возникла мысль обратиться к цесарю с

---

[1] Соловьев, XV, 67—74. Сб. И. О. XXXIV, 37—47.
[2] Соловьев, XV, 11—14.

просьбою о посредничестве для окончания войны со Швециею.¹ Однако во время пребывания русского посла Голицына в Вене он имел поводы к разным жалобам на цесарцев. Московское государство после Нарвского сражения в Вене не пользовалось никаким вниманием; к тому же в это время в Вене появилось сочинение Корба о России, возбудившее негодование русских, так как в этой книге, «Diarium itineris in Moscoviam», порядки Московского государства, образ действий царя, нравы народа — были выставлены в весьма невыгодном свете. «На нас смотрят теперь, как на варваров», писал Голицын Головину. В России считали, впрочем, без основания, императорского посла, Гвариента, автором этой книги. Головин потребовал от венского двора воспретить ее продажу и не дозволять нового издания. С тех пор дневник Корба сделался библиографическою редкостью.²

Положение Голицына в Вене было печально: двор был занят испанскими делами и боялся шведского короля, который, как доносил Голицын, посредством подкупа действовал на имперских министров. В конце лета 1702 года явился в Вену Паткуль, представлявший, как опасны для Австрии шведская дружба и приращение шведского могущества, и предлагавший заключение союза между Россиею и Австриею. Кауниц объявил на это, что союз невозможен. Паткуль узнал от министров, датского и бранденбургского, что английский и голландский министры, а также ганноверский двор стараются всеми силами помешать сближению Австрии с Россиею и во всех разговорах с императорскими министрами выставляют им на вид, как опасно увеличение могущества царя и как искренно расположен Карл XII к Австрии. Натянутые отношения между императором и бранденбургским курфюрстом также затрудняли действия Паткуля в Вене. Таким образом, Паткуль, не достигнув цели, уехал из Вены, а Голицын не переставал жаловаться на неловкость своего положения, на алчность князя Кауница и на нерасположение императорского двора к России вообще.³

И Англия не обнаруживала склонности к сближению с Россиею. В 1705 году в Москву приехал чрезвычайный английский посланник Уйтуорт для исходатайствования торговых выгод, заговорил было и о посредничестве, но тотчас же прибавил, что, по-видимому, у шведского короля нет никакой склонности к миру и поэтому он не может ничего предложить царскому величеству.

---

[1] Устрялов, IV, 2, 15.
[2] Там же, I, LXIV.
[3] Соловьев, XV, 43—51. Донесение Паткуля у Устрялова, IV, 2, 251 и след.

В конце 1706 года в Англию был отправлен Матвеев для предложения союза. Ему поручили объявить, что царь готов послать войска свои, куда англичанам будет нужно, доставить материал на их флот и пр. Посол должен был объявить, как выгодно будет для англичан, когда Россия получит удобные пристани на Балтийском море; русские товары будут безопасно, скоро, несколько раз в год перевозиться в Англию, не так как теперь из Архангельска; русские товары станут дешевле, потому что балтийские пристани ближе от Москвы и других значительнейших городов, и водяной путь к ним удобный. Петр изъявил готовность обещать англичанам, что не будет содержать сильного флота на Балтийском море, но поручил Матвееву «о числе кораблей еще прежде времени не давать знать».

В какой мере Петр ценил значение посредничества иностранных держав, видно из следующих обстоятельств.

Когда Петр через барона Гюйсена узнал, что герцог Марльборо был готов содействовать видам царя, если ему дано будет княжество в России, он отвечал: «обещать ему из трех, которое похочет — Киевское, Владимирское или Сибирское, и ежели он учинит добрый мир, то с оного княжества по вся годы жизни ему непременно дано будет по 50 000 ефимков, також камень-рубин, какого или нет, или зело мало такого величества в Европе, также и орден св. Андрея прислан будет».

Однако все эти старания не повели к желанной цели. Матвеев писал из Лондона: «здешнее министерство в тонкостях и пронырствах субтильнее самих французов: от слов гладких и бесплодных происходит одна трата времени для нас». Когда Матвеев решился просить герцога Марльборо, чтоб он, как честный человек, сказал прямо, без сладких обещаний, может ли царь чего-нибудь надеяться или нет, герцог рассыпался в обнадеживаниях и обещаниях всякого рода, но все это не заключало в себе никаких положительных результатов.

Попытка склонить Голландию к посредничеству также осталась тщетною. В январе 1706 года, перед отъездом своим к войскам в Белоруссию, царь, будучи у голландского резидента фан-дер-Гульста, сказал ему: «эта война мне тяжка не потому, чтоб я боялся шведов, но по причине такого сильного пролития крови христианской; если, благодаря посредничеству Штатов и высоких союзников, король шведский склонится к миру, то я отдам в распоряжение союзников против общего врага (Франции) тридцать тысяч моего лучшего войска». И на это предложение, как на все подобные, делавшиеся прежде, Голландия отмолчалась.[1]

---

[1] Соловьев, XV, 211.

После отступления короля Августа и заключения Альтранштетского мира царь предложил польскую корону Евгению Савойскому. Барон Гюйсен писал об этом предмете герцогу, находившемуся в Милане. Начались переговоры. Сначала и сам герцог, и император казались склонными к принятию предложения царя, однако решение дела затянулось, и вопрос этот оставался открытым.[1]

Каковы были отношения к Пруссии, видно из следующего отрывка из письма Головкина к отправленному в Берлин Измайлову: «что же изволишь упоминать о обещании министрам денег и советуешь, дабы г. графа Вартенберга чем удовольствовать, то изволь ему, если что он учинит у своего короля к пользе его царского величества, обещать знатное число суммы — до ста тысяч ефимков». Однако и это не помогало.[2]

Данию также тщетно старались увлечь снова в войну против Швеции, предлагая Дерпт и Нарву. В Копенгагене опасались перевеса Голландии и Англии и Карла XII и потому уклонялись от возобновления наступательного союза с Россиею.[3]

Весною 1707 года через французского посла при Рагоци, Дезаллёра, сделано было предложение Людовику XIV быть посредником при заключении мира между Россиею и Швециею на том условии, чтоб Петербург оставался в руках России, за что Петр обещал Людовику свои войска, которые король мог употребить по своему желанию. Переговоры начались, но Карл XII отвечал, что согласится на мир только тогда, когда царь возвратит все завоеванное без исключения и вознаградит за военные издержки, что он, Карл, скорее пожертвует последним жителем своего государства, чем согласится оставить Петербург в руках царских.[4]

Уступчивость Петра не могла не иметь пределов. В одном из наказов, писанных им в это время для русских дипломатов, было сказано: «по самой нужде, и Нарву шведу уступить, а о Петербурхе всеми мерами искать удержать за что-нибудь, а о отдаче оного ниже в мыслях не иметь».[5]

---

[1] Соловьев, XV, 218. Герье, Лейбниц, 48. Arueth, «Engen von Savoyen I», 420. Впрочем была речь и о Меншикове, как о кандидате на польский престол, см. донесение Плейера от 26-го января 1707 года в соч. Ноордена, «Europ. Gesch. d. 18. Jahrh.», I, 568.

[2] Там же, XV, 219.

[3] Там же, XV, 219, 352—353.

[4] Там же, XV, 217.

[5] См. мою статью «Россия и Европа при Петре I» в «Истор. Вестник» 1880 г., т. II, 414—417.

Таково было положение России, когда был заключен Альтранштетский мир. Петр лишился на время своего союзника, Августа, оказавшего царю существенную услугу отвлечением внимания короля шведского от России. В то время, когда Карл «увяз в Польше» и даже отправился в Саксонию, Петр успел утвердиться на берегах Балтийского моря. Дальнейший успех России однако мог подлежать сомнению. Россия не пользовалась уважением в Европе, на нее смотрели свысока; доказательством тому служили: холодное обращение с русскими дипломатами в Западной Европе, невнимание к предложениям Петра, казнь Паткуля, находившегося на русской службе. Для того чтобы приобрести значение и вес в Европе, для обеспечения будущности Петербурга, было необходимо продолжение войны, одержание победы над шведами.

Военные действия до Полтавской битвы

До 1705 года главною заботою Петра было: стать твердою ногою на берегах Балтийского моря. Сам он участвовал при завоевании устьев Невы, при занятии Дерпта и Нарвы. Ведение войны в Польше он предоставил другим. Затем, однако, он должен был обратить особенное внимание на польские дела, и, в апреле 1705 года отправился в Полоцк, где находилось русское войско в числе 60 000 человек.

Это войско он разделил на две части под начальством двух фельдмаршалов, Шереметева и Огильви. Полководцы не ладили между собою. Довольно часто иностранцы, вступившие в русскую службу, жаловались на худое состояние войска, на недостаточное вооружение, на плохую военную администрацию.[1]

Были неприятности и другого рода. В Полоцке Петр, при посещении одного монастыря, имел столкновение с униатами. Какое-то неосторожное выражение одного из них возбудило гнев царя. Он велел арестовать некоторых монахов, причем произошли убийства. Одного монаха повесили. В кругах католиков разнеслись слухи о страшной жестокости, с которою царь, будто, поступил при этом случае.[2]

Царь, опасаясь перевеса шведов, предписал своим фельдмаршалам избегать сражений. Однако Шереметев, несмотря на увещания царя, всту-

---

[1] Соловьев, XV, 172 и след.
[2] См. соч. Устрялова, IV, 1, 369—373 и 2, 387 и 656. Theiner, «Monuments historiques», 412.

пил в битву и был разбить на голову при мызе Гемеуертсгофе, в Курляндии, 16-го июля 1705 года. Петр сам в сделанных им поправках к «Гистории Свейской войны» объяснял «сию потерку» таким образом, что фельдмаршал с кавалериею напал на неприятеля, не дождавшись прибытия пушек и пехоты, и что после первого удачного натиска на неприятеля русские начали грабить шведский обоз. Петр при этом случай жаловался на «старый обычай и на недостаток в дисциплине». В то же время, однако, он писал Шереметеву: «не извольте о бывшем несчастии печальны быть (понеже всегдашняя удача много людей ввела в пагубу), но забывать и паче людей ободрять».[1] Очевидно, русские сражались хотя и неудачно, но храбро, а к тому же немедленно после битвы они успели вступить в Митаву, так что вскоре могла быть занята вся Курляндия. Царь сильно сожалел о том, что ему из-за недостатка артиллерии не удалось отрезать Левенгаупта от Риги, куда отступали шведы. Из Митавы Петр писал князю Ромодановскому: «покорение Митавы великой важности: понеже неприятель от Лифлянд уже весьма отрезан, и нам далее в Польшу поход безопасен».[2]

При всем этом Петр считал свое положение трудным. Ему очень хорошо было известно, что полководцы Огильви и Шереметев не отличались особенною опытностью или знанием дела. К тому же соперничество между Огильви и Меншиковым могло также повредить ходу военных действий. Каждую минуту можно было ожидать, что Карл XII, находившийся в то время в Варшаве и заставивший поляков признать Станислава Лещинского королем, обратит свое оружие против русских. В октябре 1705 года Петр в Гродно виделся с королем Августом, которому он поручил высшее начальство над армиями Шереметева и Огильви. Затем он отправился в Москву, где зимою получил известие о приближении Карла XII к Гродно. Петр был сильно встревожен этою вестью. «Лучше здоровое отступление», писал он, «нежели отчаемое и безызвестное ожидание». Далее он советовал, в случае опасности, сжечь магазины, пушки бросить в Неман «и лучше заботиться о целости всего войска, нежели о сем малом убытке».

И в главной квартире, в Гродно, господствовало сильное смущение при вести о приближении шведского короля: мнения о мерах к отражению неприятеля расходились. К счастью, недостаток в съестных припасах принудил короля к отступлению. Между тем Петр сам спешил в Гродно. На пути туда он из Смоленска писал Головину в самом печальном состоянии духа: «мне, будучи в сем аде, не точию довольно, но ей и чрез мочь мою сей

---

[1] Соловьев, XV, 170.
[2] Устрялов, IV, 1, 382.

горести. Мы за бессчастьем своим не могли проехать к войску в Гродно». Военачальникам он опять вменил в обязанность действовать осторожно, отступать, хранить войско в целости, в случае крайней опасности пушки бросить и воду и пр.¹ Петра стала мучить мысль, что Карл сделает нападение на Москву. К тому же, его сильно встревожила весть о разбитии саксонского генерала Шуленбурга при Фрауштадте. Несколько русских полков, находившихся при саксонском войске, были уничтожены. В раздражении царь говорил об измене и вновь советовал избегать сражения. Особенно подробно он указывал, каким образом отступление должно быть устроено в глубочайшей тайне и какие меры могут быть приняты для спасения войска.²

Малороссийский полковник Петровского времени.
С рисунка, находящегося в «Описании одежд и вооружений русского войска».

Так как Огильви не соглашался с царем в необходимости отступления, то Петр, после подробных объяснений с фельдмаршалом, поручил главное начальство Меншикову, который в это время уже пользовался совершенным доверием государя. Во все это время Петр оставался в мрач-

---

¹ Соловьев, XV, 186.
² Там же, XV, 191.

ном состоянии духа и развеселился не раньше, как весною 1706 года, когда мог отправиться в Петербург.

Отступление русских совершилось благополучно. Карл не мог преследовать их и отправился в Саксонию. Тогда Петр поспешил в Киев, где летом 1706 года заложил крепость у Печерского монастыря. Отсюда он отправился в Финляндию, где, впрочем, попытка осаждать Выборг оказалась безуспешною, так что Петр вскоре возвратился в Петербург. Тем временем Меншикову удалось разбить шведов при Калише (18-го октября 1706 года). Король Август, несмотря на то, что в это время уже были постановлены условия мира, заключенного несколько позже в Альтранштете, участвовал в этом сражении. Меншиков писал царю: «такая была баталия, что радостно было смотреть, как с обеих сторон регулярно бились, и зело чудесно видеть, как все поле устлано мертвыми телами! Поздравляю вас преславною викториею и глаголю: виват! виват! виват! дай Боже и вперед вашему оружию такое счастие»! Петр в Петербурге три дня праздновал победу, а Шафиров доносил ему из Москвы, что «иноземные посланники в превеликом удивлении», прибавляя: «вчера я угощал их обедом: так были веселы и шумны, или, промолвя, пьяны, что и теперь рука дрожит. Посланники английский и датский думают, что эта победа даст иной оборот делам: говорят, что смелее станут поступать против шведа, потерпевшего такой урон, какого еще никогда не было. Прусский также радостен, особливо потому, что оправдались слова его королю: русские имеют уже изрядное войско и без дела не будут» и пр.[1] И из донесения Плейера к императору видно, что это событие произвело глубокое впечатление на современннков.[2]

Скоро после этого была получена неприятная весть о заключении Альтранштетского мира, об успехах шведского оружия в Саксонии. Август должен был отказаться от польской короны и от союза с Петром. Василия Лукича Долгорукого, однако, он уверял, что заключил мир видимый, чтобы спасти Саксонию от разорения, а как только Карл выйдет из его владений, так он тотчас нарушит этот мир и заключит опять союз с царем. В Москве господствовало сильное негодование на Августа. Плейер писал, что при известии об Альтранштетском мире все упали духом, что раздражение против немцев грозит государству и обществу страшною опасностью, что можно ожидать кровопролития и пр.[3]

---

[1] Устрялов, IV, 1, 528.
[2] Там же, IV, 2, 659—666.
[3] Там же, IV, 2, 660.

Взятие Нарвы в 1704 году.
Гравюра Паннемакера в Париже по картине профессора Коцебу.

В Саксонии находилось довольно значительное количество русских войск. Спрашивалось: какая постигнет их судьба после заключения мира между Августом и Карлом? В тесной связи с этим вопросом состояла катастрофа Паткуля. В качества русского дипломата он старался действовать в интересах Петра. При решении вопроса о русском войске в Саксонии обнаружилась сильная ненависть между саксонскими и польскими государственными людьми. Петр нуждался в этих войсках для ведения войны в Польше. Для достижения желанной цели, переведения русских войск в Польшу, Паткуль заключил с имперским посланником в Дрездене договор, в силу которого русские войска, находившиеся в Саксонии, на один год вступили в службу императора. Разногласие между саксонскими министрами и Паткулем при этом случае повело к арестованию последнего. Русское правительство протестовало против задержания Паткуля, однако царь не был в состоянии спасти его. Паткуля передали шведским комиссарам; его повезли в калишское воеводство, в местечко Казимерж, и отдали под суд. В октябре 1707 года его колесовали.

В это время Петр принимал меры, готовясь к решительной встрече со шведским войском. Он понимал, что система отступления в конце концов окажется невозможною, что ранее или позже нужно будет решиться на отважную битву.

В декабре 1706 года он вместе с Шереметевым, Меншиковым, Долгоруким и Головкиным находился в Жолкве. При переговорах с поляками, недовольными торжеством Карла над Августом, снова была высказана мысль об уступке Малороссии Польше. Приходилось действовать подкупом на некоторых польских вельмож для устранения этой мысли. Далее, нужно было заботиться о восстановлении некоторого порядка в Польше, служившей театром войны в продолжение нескольких лет и страшно пострадавшей от насилия шведских, саксонских, русских и собственных войск. При ничтожности авторитета короля Станислава Лещинского, распоряжение польскими делами было предоставлено большею частью царю. Особенно важные услуги оказывал в это время Петру опытный делец Емельян Украинцев, которому Малороссия и Польша были хорошо знакомы с ранних лет и который теперь ловко и успешно поддерживал сношения с влиятельными вельможами, вел переговоры о субсидиях и пр.

Из писем царя к разным лицам видно, что он считал свое положение чрезвычайно опасным. Одно из этих писем подписано: «печали исполненный Петр». Старания его побудить или принца Евгения Савойского, или Якова Собесского, или семиградского князя Рагоци к принятию из царских рук польской короны для того, чтобы иметь после Августа нового союзника, оставались тщетными.

Каждую минуту можно было ожидать возвращения Карла XII в Польшу. На этот случай Петр принимал разные меры, давал приказания, причем, однако, в стране, где, по его выражению, все дела шли «как молодая брага», на каждом шагу встречал затруднения. Опять он, главным образом, хотел пока ограничиваться одною обороною. В начале 1707 года он писал Апраксину: «уже вам то подлинно известно, что сия война над одними нами осталась: того для ничто так надлежать хранить, яко границы, дабы неприятель или силою, а паче лукавым обманом, не впал и внутреннего разорения не принес». Поэтому он распорядился, чтобы всюду были спрятаны все съестные припасы, чтобы везде население приготовилось к удалению в леса и болота, к уведению скота и пр. Далее, были приняты меры для окончания постройки киевской крепости, для сооружения шанцев у Днепра, палисад в разных местах и т. п.[1]

Карл XII не спешил походом в Россию. Была даже одно время надежда, что он завязнет в Германии так же, как прежде увяз в Польше. Но в августе 1707 года шведское войско двинулось из Саксонии. Оно имело отличный вид, было обмундировано и вооружено как нельзя лучше. В голове Карла явились самые смелые планы: он говорил, что заключит мир с Россией по-саксонски; он хотел свергнуть Петра с престола и на его место возвести принца Якова Собесского! Карл надеялся, что ему много поможет существовавшее среди русских неудовольствие на Петра. Еще в конце 1706 года он сказал императорскому посланнику, что скоро хочет навестить варваров в Москве, а в осаде других городов времени терять не будет, надеясь обойтись и без того, потому что в Москве многие князья ему преданы.

В то же время, однако, барон Гюйсен писал из Вены, что шведы идут нехотя, сами говорят, что совсем отвыкли от войны после продолжительного покоя и роскошного житья в Саксонии: поэтому некоторые предсказывают победу Петру, если он вступит с Карлом в битву; другие говорят, что будет менее славы, но более безопасности, если царь выведет свои войска из Польши, и будет уменьшать силы неприятельские частными стычками, внезапными наездами казацкими и разными военными хитростями.

Петр, после военного совета, распорядился, чтоб в польских владениях отнюдь не вступать с неприятелем в генеральную баталию, а стараться заманивать его к своим границам, вредя ему при всяком удобном случае, особенно при переправах через реки.[2]

---

[1] Соловьев, XV, 228—230.
[2] Соловьев, XV, 231—232.

Нельзя удивляться тому, что Петр в это время находился в некотором волнении и не вполне надеялся на успех. В письмах его к разным лицам заметна раздражительность. Именно в это время его тревожил казацкий бунт на Дону, а к тому же приходилось сражаться с неприятелем, который многими считался непобедимым.

Малороссийский казак Петровского времени.
С рисунка, находящегося в «Описании одежд и вооружений русского войска».

Четыре месяца Карл простоял на левом берегу Вислы. Шведы обращались с населением Польши бесчеловечно и возбудили против себя общую ненависть. В самые сильные морозы, в конце декабря 1707 года, наконец, шведы двинулись дальше, войско страшно страдало от стужи; отовсюду сельское население нападало на шведов и убивало многих солдат. Строгие наказания за подобные поступки лишь усиливали общее негодование.

Сначала можно было ожидать, что Карл обратится к северу. Петр, находившийся в начале 1708 года в Гродно, распорядился защитой Пскова и Дерпта. Опять, как и в 1705 году, можно было ожидать столкновения между русскими и шведскими войсками в Гродно. Туда действительно и спешил Карл с 800 человек конницы, узнав, что царь в Гродно. 26-го января он беспрепятственно вошел в город, два часа спустя после отъезда из него Петра.

Царь снова предпочел отступление отважному движению вперед, принимая разные меры для сохранения в целости войск. К тому же, он в это время был болен лихорадкою. Удалившись в свой «парадиз», Петербург, он писал оттуда Меншикову с просьбою не вызывать его к участию в военных действиях без крайней необходимости. «А сам, ваша милость, ведаешь», сказано в этом послании, «что николи я так не писывал; но Бог видит, когда мочи нет, ибо без здоровья и силы служить невозможно; но ежели б недель пять или шесть с сего времени еще здесь побыть и лекарства употреблять, то б надеялся, с помощию Божиею, здоров к вам быть. А когда необходимая нужда будет мне ехать, изволите тогда послать ставить подводы, понеже о времени том вы можете лучше ведать, нежели здесь».[1]

Так как Петр считал вероятным нападение Карла на Москву, то распорядился об укреплении не только столицы, но и окрестных городов, Серпухова, Можайска, Твери. В Москве были приняты меры для строжайшего надзора за всеми жителями, в особенности за иностранцами; все сословия должны были участвовать в работах над укреплениями; всем приказано быть готовыми или к бою, или к немедленному отъезду из Москвы. В столице, в особенности между людьми, не сочувствовавшими царю, господствовало уныние. Царевич Алексей, имевший от царя поручение руководить оборонительными работами Москвы, советовал своему духовнику, Якову Игнатьеву, заблаговременно подумать о своей личной безопасности: «будет войска наши, при батюшке сущия, его не удержать», писал царевич, «вам (жителям Москвы) нечем его удержать; сие изволь про себя держать, и иным не объявлять до времени, и изволь смотреть места, куда-б выехать, когда сие будет».[2]

Между тем, Карл должен был бороться с разными затруднениями. Вторгаясь в Россию во время распутицы и разлива рек, он лишь с величайшим трудом мог двигаться дальше, на каждом шагу претерпевая недостаток в продовольствии войска. На Березине русские под командою Шереметева и Меншикова берегли переправу и 5-го июля в местечке Головчине произошла битва. Русские дрались упорно, но должны были отступить. Победа дорого стоила шведам, хотя и это сражение обыкновенно считается доказательством воинских способностей шведского короля.[3]

---

[1] Соловьев, XV, 273.
[2] Там же, XVII, 136.
[3] См. соч. шведского короля Оскара II «Karl XII, als König, Sieger and Mensch». Нем. пер., стр. 59.

Сражение при деревне Лесной, в 1708 году.
Гравюра Клосса в Штутгарте по картине профессора Коцебу

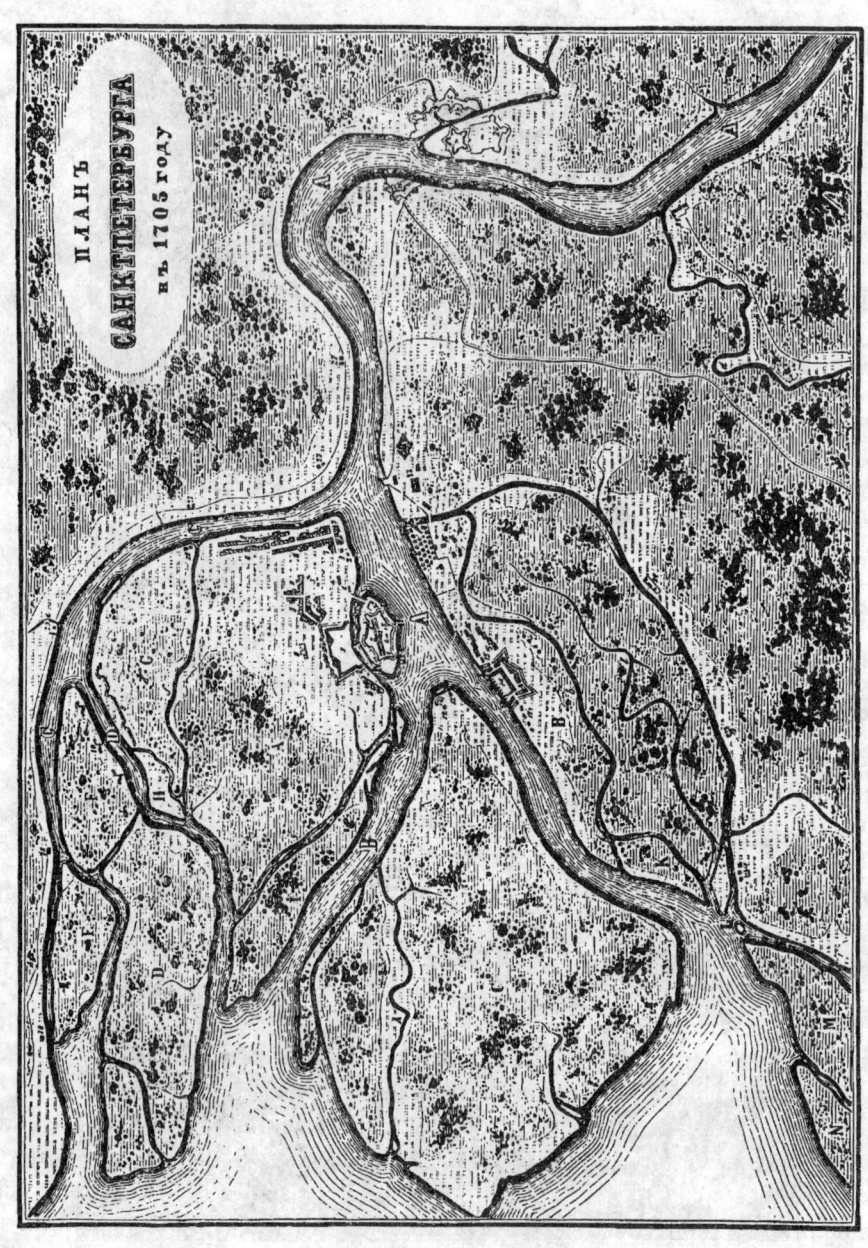

План Петербурга в 1705 году.
Со снимка, приложенного к «Истории Петра Великого» Устрялова.

Острова: A. Петербургский. — B. Адмиралтейский. — C. Васильевский. — D. Крестовский. — E. Мишин. — F. Каменный. — G. Аптекарский. — H. Козий. — I. Петровский. — K. Рыбный. — L. Овечий. — M. Кустарные. — N. Каменный.
Реки: A. Нева. — B. Малая Нева. — C. Большая Нева. — D. Малая Невка. — a. Фонтанка. — b. Мья. — c. Большая Охта. — d. Черная. — e. Черная. — f. Карповка. — g. Ждановка. — h. Глухая. — i. Пряжка. — k. Таракановка. — l. Глухая.
В крепости: I. Бастион Государев. — II. Нарышкина. — III. Трубецкого. — IV. Зотова. — V. Головина. — VI. Меншикова. — 1. Церковь Св. Петра и Павла. — 2. Дом коменданта. — 3. Дом плац-майора. — 4. Гауптвахта. — 5. Цейхгауз. — 6. Провиантские магазины. — 7. Подъемный мост.
На Петербургском острове: 1. Кронверк — 2. Домик Петра. — 3. Дом Меншикова. — 4. Торговые ряды. — 5. Первоначальная биржа. — 6. Австерия. — 7. Дом чиновников и частных лиц. — 8. Домики и шалаши рабочих.
На Аптекарском острове: 9. Русские батареи, построенные в 1705 г.
На Каменном острове: 10. Шведские батареи 1705 г.
На Васильевском острове: 11. Батарея. — 12. Домик. — 13. Мельница.
На Адмиралтейском острове: 14. Адмиралтейство. — 15. Дом чиновников и служителей морского ведомства. — 16. Дом иностранцев. — 17. Лагерь.
При Фонтанке: 18. Деревня Калинкина или Кальюла. — 19. Деревня Камеиоки. — 20. Деревня Метилле. — 21 и 22. Отдельные избы.
При Большой Неве: 23. Отдельные домики. — 24. Крепость Ниеншанц. — 25. Батареи. — 26. Развалины шведских укреплений. — 27-29. Рыбачьи домики. — 30. Объезжий дом таможенных надсмотрщиков.

После битвы при Головчине русские не могли препятствовать занятию Могилева Карлом. Однако в это время в шведском войске начали ощущать недостаток в военных снарядах и припасах. Шведы с нетерпением ждали прибытия Левенгаупта из Лифляндии с обозом и артиллериею. Не дождавшись соединения с Левенгауптом, Карл пошел дальше, в направлении к Мстиславлю, и 29-го августа встретился с русскими у местечка Доброго. Сам царь, прибывший к армии, участвовал в битве. Русские и здесь были принуждены к отступлению, однако сражались храбро, так что Петр был чрезвычайно доволен своим войском. Об исходе дела царь так уведомлял своих: «я, как почал служить, такого огня и порядочного действия от наших солдат не слыхал и не видал (дай Боже и впредь так!) и такого еще в сей войне король шведский ни от кого сам не видал. Боже! не отыми милость свою от нас вперед».[1] В веселом расположении духа Петр писал 31-го августа Екатерине и Анисье Кирилловне Толстой: «матка и тетка, здравствуйте! Письмо от вас я получил, на которое не подивите, что долго не ответствовал; понеже пред очми непрестанно неприятные гости, на которых уже нам скучило смотреть: того ради мы вчерашнего дня резервувались и на правое крыло короля шведского с семью баталионами напали и по двочасном огню оного с помощию Божиею с поля сбили, зна-

---

[1] Соловьев, XV, 281.

мена и прочая побрали. Правда, что я, как стал служить, такой игрушки не видал; однако, сей танец в очах горячего Карлуса изрядно станцевали; однако ж, больше всех попотел наш полк» и пр.[1]

Князь Александр Данилович Меншиков.
С портрета, принадлежащего князю В.А. Меншикову.

Главный результат похода 1708 года заключался в том, что русские не допустили Карла XII соединиться с Левенгауптом. Карл двинулся в Украйну с большими надеждами; он рассчитывал на союз с малороссийскими казаками и считал возможным действовать заодно с крымским ханом против России.

---

[1] Письма русских государей, I, 7.

Левенгаупт, не успевший соединиться с королем, остался на жертву русских. Две реки, Днепр и Сожа, отделяли его от главной шведской армии, и между этими реками стоял царь. Шведы были настигнуты русскими 27-го сентября, недалеко от Пропойска, при деревни Лесной. 28-го в час пополудни начался кровавый бой и продолжался до вечера. Левенгаупт был разбит на-голову и успел привести к королю лишь остаток своего отряда, и то без всяких запасов. Битва эта произвела глубокое впечатление и на шведов, лишив их прежней самоуверенности. Петр писал в «Гистории Свейской войны»: «сия у нас победа может первою назваться, понеже над регулярным войском никогда такой не бывало; к тому ж, еще гораздо меньшим числом будучи пред неприятелем. И по истине оная виною всех благополучных последований России, понеже тут первая проба солдатская была и людей, конечно, ободрила, и мать Полтавской баталии, как ободрением людей, так и временем, ибо по девятимесячном времени оное младенца счастие произнесла». 28-го сентября 1711 года Петр, находясь в Карлсбаде, в письме к Екатерине вспомнил о «начальном дне нашего добра»,[1] — ясный намек на значение битвы при Лесной.

Мазепа

Когда царь Алексей Михайлович около середины XVII века, еще до окончательного решения малороссийского вопроса, совершил поход в Лифляндию, одержал целый ряд побед и взял несколько городов — беспорядки в Малороссии, — а именно измена гетмана Выговского, — лишили его результатов удачных действий в шведской войне и принудили заключить невыгодный Кардисский мир.

То же самое могло случиться и при Петре Великом, если бы расчет Карла XII, надеявшегося на бунт в Малороссии, оказался верным.

Во все время царствования Петра в Малороссии не прекращалось брожение умов. Особенно недовольны были казаки.[2] Со времен Богдана Хмельницкого страна находилась в постоянном колебании. Население не было расположено в пользу Московского правительства, не желало более тесной связи с Россиею, старалось сохранить во всех отношениях прежнюю вольность. Гетман не всегда охотно подчинялся распоряжениям и указам центральной власти, и личные выгоды и политические убеждения

---

[1] Письма русских государей, I, 19.
[2] Плейер у Устрялова, IV, 2, 593.

гетмана иногда не соответствовали желаниям царя. К тому же, не было недостатка в разных поводах к разладу внутри страны, между различными сословиями, враждебными одна другой партиями. Демократическо-казацкий элемент, имевший свое средоточие в Запорожской Сечи, сталкивался с монархическими и бюрократическими приемами гетмана; горожане и войско часто враждовали между собою; были люди, мечтавшие об обеспечении своих личных выгод союзом с Польшею; другие желали действовать заодно с крымским ханом. Таким образом, внутри Малороссии не прекращалась неурядица, иногда доходившая до междоусобия. При таких обстоятельствах в случае какого-либо кризиса, какой-либо крайней опасности на Малороссию была плохая надежда. О «шаткости», о «непостоянстве» Малороссии не раз была речь со времени Богдана Хмельницкого до эпохи Петра. Выговский, на которого надеялось Московское правительство, изменил ему. Самойлович, бывший сторонником Москвы, был лишен гетманства и, как кажется, без основания, считался изменником. Мазепа долгое время казался вполне добросовестным представителем царских интересов; измена его могла дорого обойтись московскому правительству.

Положение гетмана во время Северной войны было чрезвычайно тяжело. В Малороссии не прекращался ропот на постоянные жертвы, требуемые войною. Каждую минуту в Малороссии можно было ожидать бунта.

Мазепа не мог не задать себе вопроса: на чьей стороне бо́льшая вероятность победы? От решения этого вопроса зависел образ действий гетмана. Предположение, что не Петр, а Карл останется в выигрыше, заставило Мазепу изменить России. В этом взгляде умного, опытного, действовавшего не по какому-либо минутному увлечению, а по холодному расчету гетмана заключается самое ясное доказательство страшной опасности, в которой находился Петр. Мазепа ошибался: будущность принадлежала не Карлу, а Петру. Если бы Полтавская битва кончилась победою шведского короля, образ действий Мазепы считался бы героическим подвигом, целесообразным средством освобождения Малороссии от московского ига, поступком, свидетельствовавшим о политических способностях гетмана. В нравственном отношении его образ действий нисколько не отличался от образа действий молдавского господаря Кантемира, двумя годами позже заключившего такую же сделку с Петром, какую заключил Мазепа с Карлом XII. Мазепа окончил свою карьеру сообразно с общим ее характером. Бывши рабом Польши, подданным султана, вассалом царя, он, соединившись со шведским королем против России, мечтал о самостоятельности. В ту самую эпоху, когда развитие понятия о великих державах уничтожало возможность дальнейшего существования множества мелких государств, гетман надеялся напрасно спасти какую-нибудь самостоятельность для Малороссии. Подобно тому, как Паткуль обманулся в подобных же расчетах относительно Лифляндии, и Мазепа жестоко ошибался в отношении к Малороссии. Промах, сделанный гетманом при оценке сил и средств, которыми располагали Карл и Петр, не заслуживает упрека. Никто не мог в то время предвидеть исхода Полтавской битвы.

Иван Степанович Мазепа.
С портрета, принадлежащего Академии Художеств.

По мнению многих, уже гораздо раньше нельзя было вполне надеяться на Мазепу. При агитации польских эмиссаров, постоянно находившихся в Малороссии, при тайных сношениях малороссиян с крымским ханом Мазепа не раз уже оказался более или менее компрометированным. Однако иногда он действовал весьма решительно против недоброжелателей Москвы, доносил на них властям, выдавал тех, которые делали ему преступные предложения, и вообще показывал вид безусловной преданности царю.

В 1705 году, когда Мазепа стоял лагерем под Замостьем, к нему явился какой-то Францишек Вольский с тайными предложениями от короля Станислава Лещинского. Мазепа велел арестовать и пытать Вольского, а прелестные письма Станислава отослал к царю, которому при этом доносил: «уже то на гетманском моем уряде четвертое на меня искушение, не так от диавола, как от враждебных недоброхотов, ненавидящих вашему величеству добра, покушающихся своими злохитрыми прелестями искусить мою неизменную к вашему величеству подданскую верность... Первое от покойного короля польского, Яна Собесского... второе от хана крымского... третье от донцов раскольников... а теперь четвертое искушение от короля шведского и от псевдо-короля польского, Лещинского... И я, гетман и верный вашего царского величества подданный, по должности и обещанию моему, на божественном евангелии утвержденному, как отцу и брату вашему служил, так ныне и вам истинно работаю, и как до сего времени во всех искушениях, аки столп непоколебимый и аки адамант несокрушимый пребывал, так и сию мою малую службишку повергаю под монаршеские стопы». Немного позже, однако, беседуя с некоторыми представителями партии недовольных, Мазепа говорил: «какого же нам добра впредь надеяться за наши верные службы? другой бы на моем месте не был таким дураком, что по сие время не приклонился к противной стороне на такие пропозиции, какие присылал мне Станислав Лещинский».

Затем Мазепа завязал сношения с княгинею Дольскою, сделавшеюся посредницею между ним и Станиславом Лещинским. С нею он переписывался посредством цифирной азбуки. То он, в беседе с друзьями, издевался над княгинею и ее внушениями, то казался склонным следовать ее советам и верил ее рассказам о разных интригах, направленных против него со стороны царя и его сотрудников. Так, например, он узнал, что Меншиков желает сделаться малороссийским гетманом, и это известие сильно раздражило его.

В это время усиливалось общее неудовольствие в Малороссии. Постройка Киевопечерской крепости, рекрутчина, чрезмерные налоги и подати, ограничение прежней вольности — все это заставляло недовольных надеяться на Мазепу и его готовность к измене. Ежедневно он слышал жалобы на москвитян; весьма часто полковники умоляли его избавить Малороссию от московского ига так же, как когда-то Богдан Хмельницкий избавил ее от польского. Однако Мазепа держал себя осторожно, медлил решением, участвовал в военных действиях против шведов, побывал у царя в Жолкве, где присутствовал в заседаниях военного совета.

Когда к нему приехал иезуит Заленский с предложениями перейти на сторону Карла и Станислава Лещинского, он не задержал его и не отправил к царю.

Изображение гетмана Мазепы,
находящееся на аллегорической гравюре дьякона Мишуры, 1706 г.

16-го сентября 1707 года в Киеве Мазепа получил вместе с письмами от княгини Дольской и письмо от Станислава Лещинского. Всю ночь провел он в раздумье и, наконец, решил перейти на сторону Карла и Станислава Лещинского. В присутствии своего писаря, Орлика, он клялся, что делает это не для приватной пользы, не для каких-нибудь прихотей, но для всего войска и народа малороссийского. Орлик на это заметил: «ежели виктория будет при шведах, то вельможность ваша и мы все счастливы, а ежели при царе, то и мы пропадем, и народ погубим». Мазепа отвечал: «яйца курицу не учат! Или я дурак, прежде времени отступить, пока не увижу крайней нужды, когда царь не будет в состоянии не только Украйны, но и государства своего от потенции шведской оборонить». Таким образом, и тогда еще Мазепа предоставлял себе действовать сообразно с обстоятельствами. Станиславу Мазепа отвечал, что пока не может предпринять ничего решительного, обещая, однако, в то же время не вредить ни в чем интересам Станислава и войскам шведским.

Эти сношения не могли оставаться тайною. Двусмысленное поведение Мазепы решился разоблачить перед царем генеральный судья Кочубей, дочь которого находилась в близких сношениях с гетманом.

В сентябре 1707 года в Преображенский приказ явился монах, который, по поручению Кочубея, личного недоброхота Мазепы, донес о намерении гетмана передаться на неприятельскую сторону. Доносу этому не придали никакого значения, и он не имел последствий. Тогда Кочубей, в начале 1708 года, отправил другого доносчика, полковника Искру, с подробным изложением всех обстоятельств измены Мазепы.

Леонтий Васильевич Кочубей.
С портрета, принадлежащего княгине Е.П. Кочубей.

Петр до того верил в преданность гетмана, что сообщил ему о доносе, сделанном Кочубеем и Искрой. Доносчики были арестованы и подвергнуты допросу. Кочубей поддерживал свои обвинения, и сверх того представил думу, сочиненную будто бы Мазепою. В этой думе выражалось сетование на печальное положение Малороссии.

Доносчиков пытали; не выдержав пытки, они отреклись от своих показаний и объявили, что подали статьи и словесно доносили по злобе гетмана и все затеяли ложно. Их казнили близ Киева.

Таким образом, чрезмерное доверие царя к Мазепе и безрассудное варварство тогдашних приемов уголовной практики отдалили на некоторое время катастрофу Мазепы. Он остался цел и невредим и мог по-прежнему сообразовать свои действия с обстоятельствами.

Не долго, однако, можно было медлить решением. Летом 1708 года Карл XII вступил в Малороссию. Ему казалось легкою задачею довести общее раздражение, господствовавшее в этой стране, до открытого бунта. Шведский генерал Левенгаупт, в воззваниях ко всем жителям Украйны, проповедовал необходимость отложиться от царя, свергнуть ненавистное московское иго.[1]

Узнав о приближении Карла, Мазепа сказал: «дьявол его сюда несет! все мои интересы превратит и войска великороссийские за собою внутрь Украины впровадит на последнюю оной руину и на нашу погибель».

Петр, не переставая верить в преданность гетмана, давал ему разные поручения, приказывал наблюдать затем, чтобы не было никакой подсылки от неприятеля прелестных листов и т. п. Вместе с тем, царь звал гетмана в главную квартиру. Мазепа не поехал, извиняясь старостью, болезнию, но уверяя царя в своей преданности. В то же время у него происходили совещания с полковниками о положении дел, о соединении со шведским королем. И тут Мазепа предоставлял исключительно себе право определить время, когда нужно будет приступить к крайним мерам. «Сам я знаю, когда посылать к шведскому королю», говорил он.

К царю и Меншикову Мазепа отправлял письма с объяснениями, почему ему нельзя двинуться из Малороссии. Повторяемое Меншиковым приглашение немедленно явиться в главную квартиру начало беспокоить гетмана. Он боялся, что его хотят приманить и возобновить дело Кочубея, или что узнали подробно о его сношениях со Станиславом Лещинским и Карлом. Он дал знать Меншикову о тяжкой, предсмертной болезни своей и об отъезде из Батурина в Борзну для соборования маслом от киевского архиерея. В то же время он сообщил в главную квартиру Карла XII о том, как обрадованы малороссияне пришествием королевского войска, и просил протекции Карла и освобождения от тяжкого ига московского.

Между тем, известие о мнимой опасной болезни Мазепы беспокоило Меншикова. Он пожелал самолично увериться в положении дел и спешил в Малороссию для свидания с гетманом. Узнав, вместо приближения шведов, о неожиданном приезде Меншикова, Мазепа должен был думать о спасении и бежал в шведский лагерь. Здесь он торжественно на Евангелии присягал, что для общего добра целой отчизны и войска запорожского принял протекцию короля шведского.

---

[1] Воззвание это напечатано в «Русской Старине», XVI, 172—173.

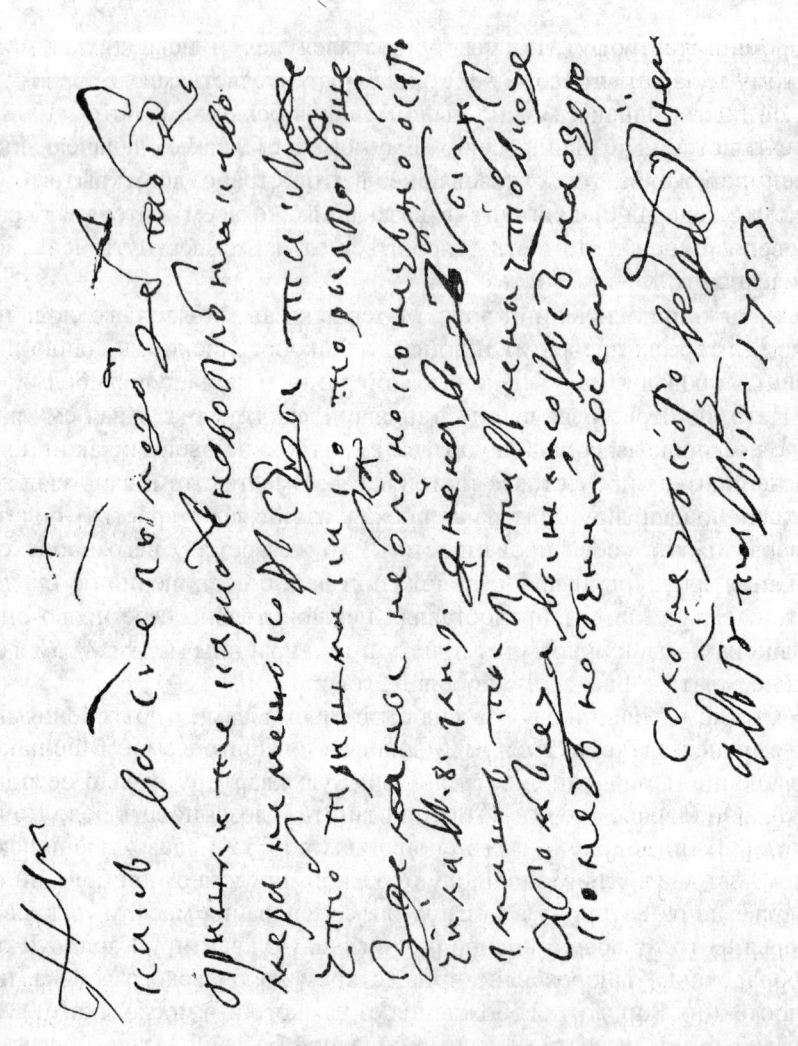

Факсимиле письма Петра I к Татищеву.

Her
Как вам сие письмо дойдет тогда пришлите корабельного плотника не мешкав сюда также чтоб три шмака которые побольше сделаны не отложено конечно от сего числа в 8 или 9 дней на воде б были и мачты поставлены чтоб в конце сего месяца вышли совсем на озеро конечно учинить по сему.

С олонецкой верфи.   Piter.
Августа в 12 день 1703.

Меншиков, узнав еще в дороге об измене Мазепы, сделал тщетную попытку перехватить его на пути в шведский лагерь. 26-го октября 1708 года он писал царю между прочим: «советую, что при таком злом случае надлежит весьма здешний простой народ утвердить всякими обнадеживаниями чрез публичные универсалы», уверяя в то же время, что «в подлом народе никакого худа ни в ком не видать». В своем ответе царь сознавался в том, что «никогда не чаял злого случая измены гетманской». В царских универсалах к малороссиянам указывалось на целый ряд притеснений, чинимых им Мазепою. В письме царя к Апраксину сказано: «новый Иуда, Мазепа, 21 год был в верности мне, ныне при гробе стал изменник и предатель своего народа».

Однако и Мазепа, в свою очередь, обратился с призывами к малороссиянам, выставляя на вид нарушение прежних прав их московским правительством и указывая на «тиранское иго», на намерение царя превратить казаков в драгунов и солдат и поработить себе народ навеки. Зато Мазепа называл Карла XII «всегдашним, всемогущим заступником обидимых, любящим правду, ненавидящим лжи», и выразил надежду, что шведы успеют спасти Малороссию от неволи и сохранить ей прежние права. «Спешите», сказано в конце манифеста, «в Батурин, дабы не попался он в московские руки».

Сбылось именно то, чего опасался Мазепа. Недаром Петр высоко ценил ловкость и силу воли Меншикова. Он поручил ему немедленно занять Батурин. 31-го октября Меншиков пришел с отрядом войска к этому городу. Гарнизон не пожелал вступить в переговоры о сдаче, и поэтому Батурин был взят штурмом и сожжен.

Катастрофа Батурина произвела весьма сильное впечатление. В руках царских находилась теперь богатая казна гетманская; большие запасы артиллерии и амуниции, хранившиеся в Батурине, были захвачены Меншиковым, а большой хлебный магазин сожжен. Шведы не явились на помощь; приверженцы изменившего царю гетмана ошиблись в оценке своих сил и средств, столица гетманская погибла; повсеместное восстание, на которое рассчитывал Мазепа, становилось невозможным. Украйна не хотела действовать заодно с гетманом. Быстрота действий Меншикова обрадовала царя, который писал своему другу, по получении известия о взятии города: «за радостное письмо вам зело благодарны, паче ж Бог мздовоздаятель будет вам».

Петр отправился в Глухов для избрания нового гетмана; был выбран Скоропадский. Приехали в г. Киев митрополит Киевский с двумя другими архиереями, черниговским и переяславским, и торжественно предали Мазепу проклятию. То же самое было сделано и в Москве, в Успенском соборе, причем Стефан Яворский читал народу поучение про изменника Мазепу. В Глухове были казнены некоторые приверженцы гетмана.[1]

Между тем и Петр, и Карл XII обратились к малороссиянам с манифестами. Царь говорил об измене Мазепы, обещал разные милости, указывал на образ действий шведского войска, которое всюду грабило церкви, убивало безоружных женщин и детей и пр. Карл говорил о намерении Петра ввести всюду католическую веру (!), указывал на вред нововведений царя и т. д.

Однако универсалы шведского короля и «проклятого» гетмана не производили никакого действия; переход старого гетмана на шведскую сторону не принес Карлу никакой пользы: крестьяне всюду с недоверием и ненавистью относились к шведам.

Военные действия начались еще зимою. Петр все еще желал избегнуть пока непосредственного столкновения с неприятелем, но, тем не менее, писал Апраксину: «не чаю, чтобы без генеральной баталии сия зима прошла, а сия игра в Божиих руках, и кто ведает, кому счастие будет?»

Царь сильно опасался турок и сам поспешил отправиться в Воронеж и Азов, для принятия мер на случай объявления войны турками. Между тем, продолжавшиеся военные действия в Малороссии не имели значения.

Об отчаянном положении Мазепы и о мере затруднений, с которыми боролись шведы, можно было судить по следующему обстоятельству. В конце 1708 года Мазепа решился войти в сношения с царем. К русским войскам явился убежавший вместе с Мазепою к шведам миргородский полковник Данило Апостол; представленный царю, он объявил словесно, что Мазепа обещает предать в царские руки короля Карла и шведских генералов, если Петр возвратит ему гетманское достоинство и удостоверит в своей милости при ручательстве известных европейских дворов. Петр сначала не поверил Апостолу, но все-таки вступил в переговоры. Головнин писал Мазепе, обещая ему прощение. Однако скоро узнали о сношениях Мазепы со Станиславом Лещинским, происходивших в то же самое время. Поэтому царь прервал переговоры и в грамоте, разосланной по Малороссии, объявил о коварстве и обмане Мазепы.[2]

Петр мог быть доволен Малороссию в это время. Только на запорожцев нельзя было надеяться. Они, очевидно, были склонны к измене и

---

[1] Соловьев, XV, 341—342. О казнях в Глухове говорит и Джон Перри.
[2] Там же, XV, 361—362.

возмущению, оказывали дурной прием посланным царя, находились в тайных сношениях с Мазепою и, наконец, в марте 1709 года открыто решили: «быть на Мазепиной стороне». Так как они пользовались всегда сочувствием в низшем слое украинского народа, их пример мог сделаться чрезвычайно опасным. Поэтому против запорожцев было отправлено войско, которое осадило и взяло Сечь. Большая часть казаков погибла в схватке. Происходили казни. «Знатнейших воров», доносил Меншиков, «велел я удержать, а прочих казнить, и над Сечью прежний указ исполнить, также и все их места разорить, дабы оное изменническое гнездо весьма выкоренить». Петр был очень доволен донесением Меншикова и благодарил его за «разорение проклятого места, которое корень злу и надежда неприятелю была».

Таким образом, на Украйне все было тихо. Приверженцы Мазепы не пользовались значением и влиянием. Станислав Лещинский ничего не мог сделать для поддержания Мазепы и его партии. И со стороны Турции не было пока никакой опасности. Карл XII оставался без союзников, между тем как царь выигрывал время для того, чтобы приготовиться к «генеральной баталии».

Весною 1709 года Петр несколько недель прожил в Азове. Он хворал и в письмах к своим жаловался на слабость. Между тем шведы в начале мая начали осаждать Полтаву; Меншиков писал царю, что намерен «сделать диверсию», но желает к этому делу прибытия самого царя. В конце мая царь выехал из Азова, и 4-го июня прибыл к армии.

Полтава. Выборг. Рига

7-го июня Петр писал Апраксину: «сошлися мы близко с соседями и, с помощию Божиею, будем, конечно, в сем месяце, главное дело с ними иметь».

Мы видели, как Петр, не надеявшийся на свои силы, в продолжение нескольких лет избегал «главного дела». Теперь оно сделалось неизбежным.

С тех пор, как русские были разбиты при Нарве, они в продолжение девяти лет многому успели научиться, медленно приближаясь к желанной цеди, постепенно готовясь к решительному бою со шведами. Петр сознавал громадное значение приближавшейся развязки, постоянно взвешивая затруднения, с которыми ему приходилось бороться, и значение сил и средств, которыми располагал неприятель. Карл, напротив, как кажется, уступал царю в осторожности и осмотрительности, не обращая достаточного внимания на силу русских и слишком высоко ценя превосходство своего войска.

Между тем, как в русском войске единство политической и военной мысли, безусловное господство личной воли царя в минуту решения было громадною выгодою, — на стороне шведов охота короля продолжать войну не соответствовала настроению утомленного, желавшего мира войска. Генералы Карла не разделяли оптимизма короля и были озабочены упадком Швеции.

Носилки Карла XII, захваченные во время Полтавского боя.
С рисунка, находящегося на гравюре того времени.

Между тем, как Петр во все время войны не переставал заботиться об администрации и законодательстве, Карл предоставил свое государство на произвол судьбы, довольствуясь исключительно деятельностью полководца. Тогда как развитие политической опытности царя шло чрезвычайно успешно с самого начала войны, — постоянные походы, поглощавшие все время и все силы шведского короля, лишали его возможности готовиться к управлению делами вообще. Превосходя царя в качестве военачальника, Карл уступал ему политическими способностями. Петр медленно и с величайшею пользою для себя совершил длинный путь от Нарвы до Полтавы, между тем как Карл, с юношескою опрометчивостью, надеясь на свое счастье, приближался к катастрофе. Петр мог пожинать плоды многолетних трудов и систематического учения в школе войны и политики; Карл, подобно азартному игроку, должен был лишиться результатов всех прежних побед в один миг, через «главное дело», сделавшееся неизбежным.

До последней минуты характеристическою чертою в образе действий русских была крайняя осторожность. В русском лагере был «учинен воинский совет, каким бы образом город Полтаву выручить без генеральной баталии (яко зело опасного дела), на котором совете положено, дабы апрошами ко оной приближаться даже до самого города». С городом происходили сношения посредством пустых бомб, в которых летали письма через неприятельские линии; осажденные дали знать, что у них уже почти нет пороху и долго держаться не могут. По получении этих известий был собран новый военный совет, на котором положено, что другого способа к выручке города нет, как дать главную баталию. Русская армия тронулась и остановилась в таком месте, где шведы не могли принудить ее до окончания возводимых по указанно царя к главной баталии ретраншементов.

Шведская могила близь Полтавы.
С гравюры XIX века.

Скоро узнали, что Карл в ночной рекогносцировке, наткнувшись на казаков, был ранен в ногу.

27-го июля началась битва нападением шведов на русскую конницу; они успели овладеть двумя еще не отделанными редутами; вскоре сражение завязалось по всей линии. Петр находился в самых опасных местах, лично воодушевляя войска; шляпа и седло его были прострелены. Не менее храбрости выказал и Карл. Пушечное ядро ударило в коляску, в которой везли раненого короля, и он приказал носить себя по рядам в носилках. После отчаянного двухчасового боя все было решено в пользу русских. Расстроенные, разбитые шведы обратились в бегство. В числе множества пленных, взятых русскими, находились: первый министр Карла XII граф Пипер, фельдмаршал Реншёльд и четыре генерала.

В кратких чертах сам Петр впоследствии, в своей «Гистории Свейской войны», изложил главный ход битвы. Здесь сказано, между прочим: «хотя и зело жестоко во огне оба войска бились, однако ж, то все долее двух часов не продолжалось: ибо непобедимые господа шведы скоро хребет показали, и от наших войск с такою храбростию вся неприятельская армия (с малым уроном наших войск, еже наивящше удивительно есть), кавалерия и инфантерия весьма опровергнута, так что шведское войско ни единожды потом не остановилось, но без остановки от наших шпагами и байонетами колоты» и пр.

Шведский фельдмаршал граф Реншельд.
С гравированого портрета того времени Вольфганга.

После битвы, за обедом, к которому были приглашены пленные генералы и офицеры, Петр провозгласил тост за здоровье учителей своих в военном искусстве. «Кто эти учители?» спросил фельдмаршал Реншёльд. «Вы, господа шведы», отвечал царь. «Хорошо же ученики отблагодарили своих учителей!», заметил фельдмаршал.

На другой день Петр послал Меншикова в погоню за бежавшим неприятелем. Он с 9 000 войска догнал шведов 30-го июня у Переволочны. Все население разбежалось, и шведскому войску не на чем было переправляться через Днепр. Отыскали две лодки, связали вместе, поставили на них повозку короля, и таким образом переправили его, ночью, на другой берег. Нашлась лодка и для Мазепы. Бо́льшая часть войска осталась на левом берегу, под начальством Левенгаупта. Весьма немногие, переправившиеся кто как мог, успели уйти; многие потонули. В это время шведы, не успевшие переправиться, были настигнуты Меншиковым, и, не имея ни пороху, ни артиллерии, и совершенно упав духом, сдались военнопленными, в числе 16 000 человек.

Шведский министр граф Пипер.
С редкого гравированного портрета того времени Шенка.

«И тако», писал Петр, «Божиею помощию, вся неприятельская, толь в свете славная армия (которая, бытием в Саксонии, не малый страх в Европе причинила) к государю российскому в руки досталась».

Поздравляя Ромодановского «в свете неслыханною викториею», Петр прибавил: «ныне уже без сумнения желание вашего величества,[1] еже резиденцию вам иметь в Петербурхе, совершилось чрез сей упадок конечной неприятеля».

---

[1] Как известно, Петр называл Ромодановского кесарем.

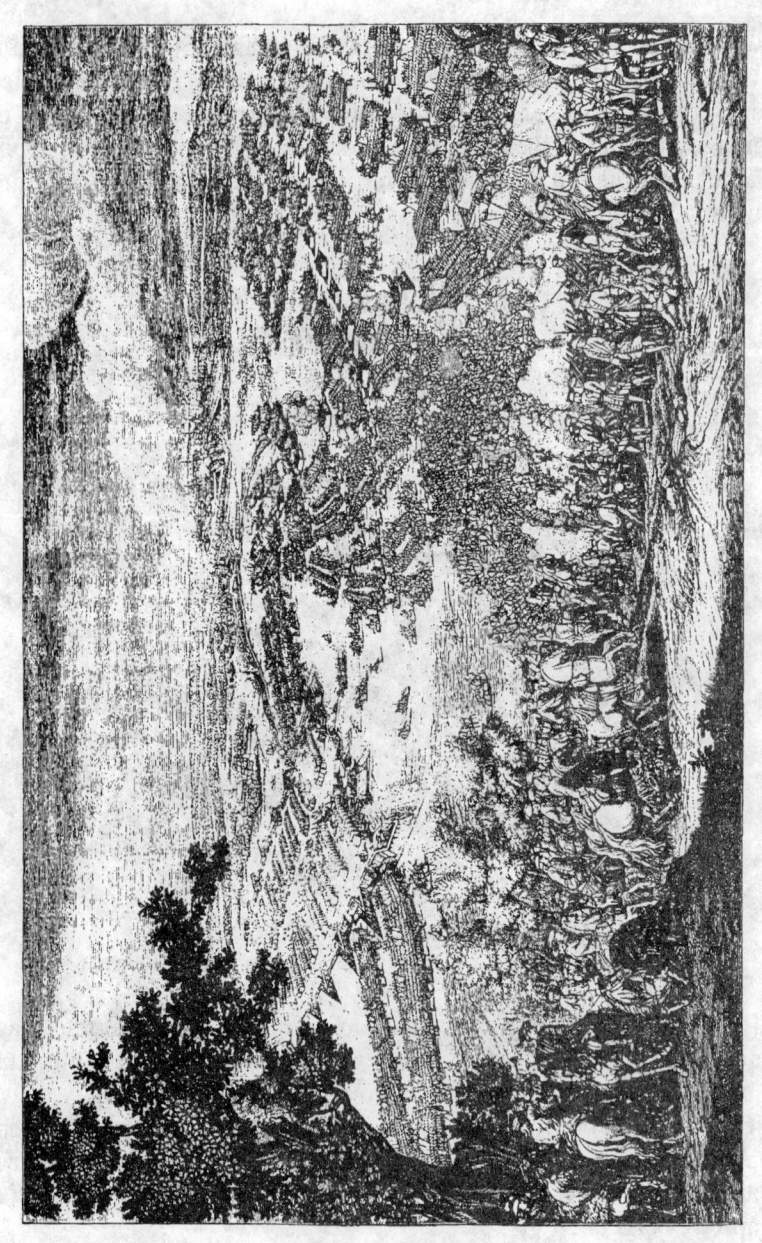

Полтавский бой.
Гравюра Кезеберга и Эртеля в Лейпциге по гравюре того времени Шхонебека.

Полтавское сражение.
Гравюра Паннемакера в Париже по картине профессора Коцебу.

Курбатов писал царю: «радуйся, яко есть надежда на исполнение издавна вашего желания — Варяжского моря во одержании». В то же время он выразил надежду, что «преславная виктория» поведет к миру.[1]

Упоенный радостью, Петр писал Екатерине тотчас же после битвы: «матка, здравствуй! Объявляю вам, что всемилостивый Господь неописанную победу над неприятелем нам сего дня даровати изволил; единым словом сказать, что вся неприятельская сила на-голову побита, о чем сами от нас услышите, и для поздравления приезжайте сами сюды». Немногим позже Петр в письме к Екатерине намекнул на значение битвы для всего положения дел в Польше: «Лещинский бороду отпустил для того, что корона его умерла». И в следующие годы 27-го июля Петр и Екатерина часто поздравляли друг друга с годовщиною Полтавской битвы, «днем русского воскресенья», «началом нашего спасения», «началом нашего благополучия» и т. п.[2]

Меншиков был награжден чином фельдмаршала, а Петр, числившийся до того лишь полковником, по просьбе войска принял чин «сухопутный — генерал-лейтенанта, а на море — шаут-бенахта», т. е. вице-адмирала.

В Москве Полтавская битва праздновалась торжественно. Царевич Алексей Петрович устроил банкет для русских и иностранных министров; царевна Наталья Алексеевна и вельможи также «трактовали» многих несколько дней сряду; пушечная стрельба и колокольный звон продолжались семь дней; по вечерам горели потешные огни и пр.

Полтавскою битвою все изменилось в пользу России и были устранены все сомнения относительно ее будущего величия. На современников это событие произвело самое глубокое впечатление. Тот самый Лейбниц, который после Нарвского сражения желал дальнейшего успеха Швеции и считал возможным занятие Карлом XII Москвы и завоевание России до Амура, называл теперь победу царя достопамятным в истории событием и полезным уроком для позднейших поколений. От очевидцев он узнал о том, как храбро сражались русские войска, и выразил убеждение, что последние превосходят все другие. Далее, он считал вероятным, что Петр отныне будет пользоваться общим вниманием и принимать весьма деятельное участие в делах всемирной политики. Лейбниц понимал, что между Полтавскою битвою и реформами Петра существовала тесная связь. «Напрасно», писал он, «опасались чрезмерного могущества царя, называя его туркою севера. Никто не станет препятствовать ему в деле образова-

---

[1] Соловьев, XV, 380—381.

[2] См. мою статью: «Peters des Grossen Briefwechsel mit Katharina», в сборнике «Historisches Taschenbuch», 1880 г., стр. 223.

ния своих подданных. Что касается до меня, то я очень рад водворению в России разума и порядка» и пр. С бароном Урбихом, русским резидентом в Вене, Лейбниц переписывался о медали в память Полтавской битвы.[1]

Иностранцы, находившиеся в России, также понимали, что торжеством Петра в области внешней политики обусловливалось дальнейшее внутреннее развитие России. Джон Перри выразил убеждение, что при противоположном исходе Полтавского сражения неминуемо по всему государству поднялся бы всеобщий бунт и что повсеместная ненависть к реформам царя повела бы к реакции.[2] Этим взглядам соответствовал позднейший отзыв Вольтера, заметившего о Полтавской битве, что это единственное во всей истории сражение, следствием которого было не разрушение, а счастье человечества, ибо оно представило Петру необходимый простор, чтобы идти далее по пути преобразований.[3]

В какой мере изменился взгляд на Россию за границею, видно, между прочим, из следующего обстоятельства. Мы упомянули выше, как министр герцога Вольфенбюттельского, по случаю переговоров о браке царевича с принцессою Шарлоттою, указывал, как на препятствие к браку, на опасное положение в самой России царя Петра. В то же время он говорил о ничтожном значении его в ряду государей. «Едва ли», было сказано в записке Шлейница, «царю будет возможно занять видное место в Европе,[4] так как Швеция никогда не решится отказаться от Прибалтийского края в пользу России и так как Польша, Голландия и Англия никогда не допустят развития сил России на море». Тотчас же после Полтавской битвы совершенно изменилось мнение о значении России. В Вольфенбюттеле приходили в восхищение при мысли о сближении с Россиею; вскоре было приступлено к составлению брачного договора, и дело уладилось в короткое время.

Со стороны Ганноверского курфюрста было изъявлено желание отказаться от союза со Швециею и сблизиться с Россиею.[5] Всюду положение русских резидентов при иностранных дворах изменилось к лучшему, всюду самого царя встречали, поздравляли, приветствовали с похвалою и ласками.

---

[1] Guerrier, 80—82, 87.
[2] Немецкое изд. соч. Перри, 43—44.
[3] «Histoire de Pierre le Grand», изд. 1803 г., I, 216.
[4] «Sich in Europa considerabel zu machen», см. соч. Герье, «Die Kronprinzessin Charlotte», Bonn, 1875 г., стр. 5—21.
[5] Guerrier, Leibniz, 80—82.

Бой при Переволочне.
Гравюра Кезеберга и Эртеля в Лейпциге по гравюре того времени Шхонебека.

Карл XII при переправе через Днепр.
Гравюра А. Зубчанинова в СПб по картине шведского художника Седерштрома.

Когда Петр, отправившись из Полтавы в Киев, выехал оттуда в Польшу, в Люблине его встретил обер-шталмейстер короля Августа Фицтум, посланный поздравить царя, от имени короля, с Полтавскою викториею и пригласить его на свидание с королем в Торн. В местечке Сольцах к царю приехал камергер прусского короля с поздравлением и приглашением на свидание и с Фридрихом I. В Варшаве сенаторы польские поздравили его с викторией и благодарили за то, что этою викториею возвратил им законного короля и спас их вольность.[1] Лещинский бежал в Померанию.

В конце сентября происходило свидание Петра с Августом в Торне. Несколько позже был заключен договор. Петр обещал помогать Августу в достижении польского престола; король обязался помогать царю против всех неприятелей. Целью союза было не конечное разорение Швеции, но приведение этого государства в должные границы и доставление безопасности его соседям. Король обещал царю предать суду виновников гибели Паткуля. 20-го октября был прибавлен тайный артикулы «княжество Лифляндское, со всеми своими городами и местами его, королевскому величеству польскому, как курфюрсту саксонскому, и его наследникам присвоено и уступлено быть имеет».

И со стороны Дании теперь была выражена готовность сблизиться с Петром. В Торн явился датский посланник Ранцау, поздравить с викториею и домогаться о заключении оборонительного и наступательного союза против Швеции. Датский король сказал русскому резиденту, князю Василию Лукичу Долгорукому, что этою победою царь не только себе, но и всему русскому народу приобрел бесконечную славу и показал всему свету, что русские люди научились воевать.

Даже в денежном отношении Полтавская битва оказалась чрезвычайно выгодною. Прежде, по поручению Петра, барон Урбих предлагал Дании субсидию в размере 500 000 ефимков единовременно за союз, между тем, как Дания требовала бо́льшей суммы. Теперь русскому резиденту в Дании, несмотря на все усилия английского и голландского посланников действовать наперекор интересам Петра, удалось ввести датского короля в войну без субсидий со стороны России. Долгорукому было поручено обещать датчанам сухопутное войско, матросов и по сто тысяч ежегодно материалами, а он, заключив договор, писал с восторгом: «не дал я ничего, ни человека, ни шелега»!

И французский король, Людовик XIV, изъявил желание вступить в союз с царем, о чем сообщил Долгорукому секретарь французского по-

---

[1] Соловьев, XV, 385 и 386.

сольства в Копенгагене. Извещая об этом царя, Долгорукий выставлял на вид, что сближение с Франциею может быть полезным, так как Людовик, видя к себе склонность со стороны России, станет продолжать войну за испанское наследство. Секретарь французского посольства говорил Долгорукому, что Людовик XIV готов гарантировать царю все его завоевания и будет стараться, чтобы русские стали твердою ногою на Балтийском море, потому что здесь замешан интерес французского короля, которому желательно ослабить на этом море торговлю английскую и особенно — голландскую.[1]

Таким образом, европейские державы начали ухаживать за Петром и искать дружбы России, чтобы воспользоваться могуществом ее для своих целей. Примером тому служит образ действий прусского двора. В Мариенвердере происходило свидание между королем Фридрихом I и Петром. Король мечтал об осуществлении своего любимого проекта, раздела Польши; однако, Петр, осторожный, сдержанный, объявил, что эта мысль ему кажется неудобоосуществимою и, таким образом, Пруссия должна была отказаться от своего предположения. В Пруссии находили, что царь держал себя несколько гордо, что в его образе действий и мыслей проглядывало чувство собственного достоинства, возбужденное успехом русского оружия. Когда в 1710 году Пруссия возобновила предложение приступить к разделу Польши, в проекте было предоставлено царю распределить, по своему усмотрению, добычу между каждой из договорившихся сторон, но и на этот раз Петр уклонился от переговоров.[2]

Побывав в Торне и Мариенвердере, Петр к концу года возвратился в Россию; сначала он отправился к Риге, под которою уже стоял фельдмаршал Шереметев с войском. После полуночи на 14-е ноября начали бомбардировать город; первые три бомбы бросил сам государь и писал Меншикову: «благодарю Бога, что сему проклятому месту сподобил мне самому отмщения начало учинить». Затем он отправился в Петербург, или в «святую землю», как называл Меншиков его в письме своем. В Петербурге царь велел построить церковь во имя св. Сампсона, в память Полтавской битвы, и заложить корабль «Полтава». 21-го декабря совершился торжественный вход в Москву «с великим триумфом». Построено было семь триумфальных ворот, изукрашенных золотом, эмблематическими картинами, покрытых надписями и пр.[3]

---

[1] Соловьев, XV, 384 и след.
[2] Droysen, «Gesch. d. preuss. Politik. IV, 1, 340, 345—349.
[3] Соловьев, XV, 394.

Главною целью продолжавшихся после этого военных действий было обеспечение Петербурга. Оказалось необходимым присоединить к прежним завоеваниям на берегах Балтийского моря еще некоторые важные пункты. Мы выше видели, как часто в первое время существования Петербурга этому месту грозила опасность со стороны шведов. Во все время продолжения войны в Польше и Малороссии не прекращалась борьба на севере. По временам царь спешил сюда для защиты Петербурга, для участия в военных действиях в Финляндии.

Вид замка в Выборге в 1708 году.
С весьма редкой шведской гравюры Дальберга, находящейся в собрании П.Я. Дашкова.

В 1706 году Петр, как мы видели, сделал попытку овладеть Выборгом. Однако бомбардирование города не имело успеха. Несмотря на храбрость русских, и с моря оказалось невозможным взять этот город.[1]

Два года спустя, шведский генерал Любекер из Выборга совершил в Ингерманландию поход, который, однако, был сопряжен с огромными потерями для шведов, и при этом случае оказалось, что новый город на устье Невы не так легко мог подвергнуться опасности сделаться добычею неприятеля.

Зато русские действовали весьма успешно в юго-восточной Финляндии в 1710 году. Царь на этот раз для достижения желанной цели, взятия

---

[1] Некоторые данные у Устрялова, I, 320, IV, 1, 518, IV, 2, 659.

Выборга, собрал значительное войско, состоявшее из 18 000 человек, а вице-адмиралу Крюйсу поручил флот. После осады, продолжавшейся несколько недель, Выборг сдался 13-го июня 1710 года. В письме к Екатерине Петр назвал Выборг «крепкою подушкою Санкт-Петербурху, устроенною чрез помощь Божию».[1]

В этом же году Брюс успел занять город Кексгольм; таким образом, совершилось завоевание Карелии.

Одновременно был решен вопрос и относительно Лифляндии, которую еще в 1709 году Петр обещал Августу, как саксонскому курфюрсту. Вышло иначе.

Вид Ревеля в начале XVIII столетия.
С гравюры того времени Мариана.

В Польше сильно опасались перевеса царя и весьма часто интриговали против него. На самого короля Августа была плохая надежда. Так, например, в 1704 году он предлагал Карлу XII союз против всех неприятелей, в особенности же против «одного, которого называть не нужно» — очевидно, против Петра.[2] В 1709 году, как мы видели, в Пруссии возникла мысль о разделе Польши, однако тогда же оказалось, что при осуществлении этого проекта нельзя было рассчитывать на содействие Петра. Опасаясь чрезмерного могущества России, прусский король вздумал предложить самому королю Августу приступить к разделу Польши, в видах сдержания России. Русские войска заняли разные польские города; так, например, 28-го января 1710 года был взят город Эльбинг. Все это запад-

---

[1] Письма рус. государей, I, 14.
[2] Droysen, IV, 1, 284.

ноевропейским державам внушало сильные опасения. Петр, несмотря на все усилия склонить его к разделу Польши, ни на что не соглашался. В Пруссии неохотно видели, что Петр стремится к завоеванию всего берега Балтийского моря, до самой Риги.

Осада Риги началась, как мы видели, в конце 1709 года. Зима прекратила военные действия, которые возобновились весною 1710 года. В Риге свирепствовали голод и болезни; смертность была ужасная. 4-го июля Рига сдалась. Курбатов в своем ответе на сообщение царя об этом событии писал: «торжествуй, всеусерднейший расширителю всероссийския державы, яко уже вносимыми во всероссийское государство европейскими богатствы не едина хвалитися будет Архангелогородская гавань» и пр.[1] В августа были заняты Пернава и Аренсбург; в сентябре сдался Ревель. По случаю взятия Ревеля Курбатов писал, что при заключении мира все эти приморские места надобно оставить за Россиею. Об уступке этих мест королю Августу не могло быть и речи.

Глава III. Прутский поход

Петр в 1700 году начал военные действия лишь по получении известия о заключении мира с Турциею. Восточный вопрос несколько лет сряду оставался на заднем плане, на очереди был балтийский вопрос.

В продолжение всего этого времени, Петр, однако же, не упускал из виду отношений к Турции. Каждую минуту Азову могла грозить опасность со стороны турок и татар. Поэтому царь не переставал заботиться об укреплении города и об усилении флота. О наступательных действиях он не думал, хотя в кругах дипломатов уже в 1702 году толковали о намерениях Петра совершить поход на Кавказ, напасть на Персию, возобновить войну с Турциею, завоевать Крым.[2] В то время никто не мог ожидать, что шведская война прекратится лишь в 1721 году.

С Турциею нужно было поступать чрезвычайно осторожно. Отправленному в Константинополь в 1701 году князю Голицыну было поручено заставить Порту согласиться на свободное плавание русских кораблей по Черному морю; однако визирь объявил ему: «лучше султану отворить путь во внутренность своего дома, чем показать дорогу московским кораблям по Черному морю; пусть московские купцы ездят со своими това-

---

[1] Соловьев, XVI, 48.
[2] Донесение Плейера у Устрялова, IV, 2, 572.

рами на турецких кораблях, куда им угодно, и московским послам также не ходить на кораблях в Константинополь, а приезжать сухим путем». Рейс-эфенди говорил Голицыну: «султан смотрит на Черное море, как на дом свой внутренний, куда нельзя пускать чужеземца; скорее султан начнет войну, чем допустит ходить кораблям по Черному морю». Иерусалимский патриарх сказал Голицыну: «не говори больше о черноморской торговле; а если станешь говорить, то мир испортишь, турок приведешь в сомнение и станут приготовлять войну против государя твоего. Турки хотят засыпать проход из Азовского моря в Черное и на том месте построить крепости многие, чтоб судов московских не пропустить в Черное море. Мы слышим, что у великого государя флот сделан большой и впредь делается, и просим Бога, чтоб Он вразумил и научил благочестивейшего государя всех нас православных христиан тем флотом своим избавить от пленения бусурманского. Вся надежда наша только на него, великого государя».[1]

В ноябре 1701 года в Адрианополь, где в то время находился султан Мустафа II, явился новый резидент, Петр Андреевич Толстой. Ему было поручено собрать подробные сведения о положении христиан на Балканском полуострове;[2] к тому же он должен был узнать, точно ли намерено турецкое правительство соорудить крепость в Керчи; наконец, он должен был справиться о состоянии турецких крепостей Очакова, Аккермана, Килии и пр.

Толстой доносил, что его приезд сильно не понравился Порте. «Рассуждают так: никогда от веку не бывало, чтобы московскому послу у Порты жить, и начинают иметь великую осторожность, а паче от Черного моря, понеже морской твой караван безмерный им страх наносит». В другом донесении сказано: «житье мое у них зело им не любо, потому что запазушные их враги, греки, нам единоверны. И есть в турках такое мнение, что я, живучи у них, буду рассевать в христиан слова, подвигая их против бусурман; для того крепкий заказ грекам учинили, чтоб со мною не видались, и страх учинили всем христианам, под игом их пребывающим, такой, что близко дому, в котором я стою, христиане ходить не смеют... Ничто такого страха им не наносит, как морской твой флот; слух между ними пронесся, что у Архангельска сделано 70 кораблей великих, и чают, что, когда понадобится, корабли эти из океана войдут в Средиземное море и могут подплыть под Константинополь». Толстой узнал также, что знатные крымские мурзы просили султана, чтоб позволил им начать войну с Россиею.

---

[1] Соловьев, XV, 76.
[2] См. некоторые письма Толстого к его брату в «Русском Архиве» 1864, 473—498.

Портрет Петра Великого,
поступивший в 1880 году в Императорский Эрмитаж из Сербского монастыря Великие Реметы. Гравюра Паннемакера в Париже по фотографии, снятой с подлинника.

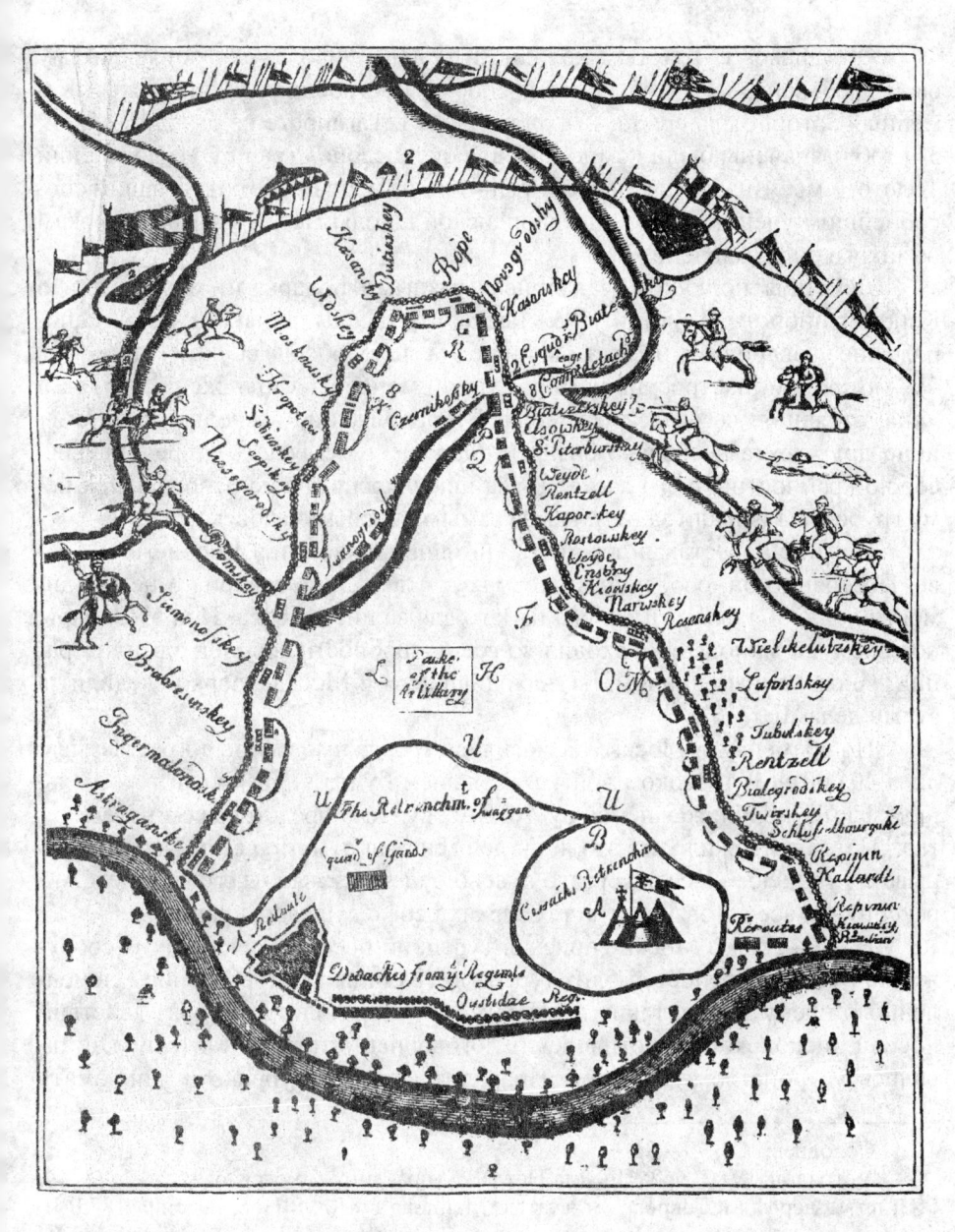

План расположения русских и турецких войск при Пруте в 1711 году.
С плана того времени, находящегося в «Путешествии» Ламотрея, изд. 1727 года.

Обращаясь с Толстым холодно и недоверчиво, турки объявили ему свои требования: 1) чтоб новая крепость, построенная у Запорожья, Каменный Затон, была срыта; 2) чтоб в Азове и Таганроге не было кораблей; 3) чтоб назначены были комиссары для определения границ. Из донесений Толстого мы узнаем, как ловко и решительно этот дипломат, бывший способнейшим учеником западноевропейской школы Петра, возражал туркам на такого рода заявления.

Действуя подкупом, задабривая разными подарками многих лиц в Константинополе, Толстой узнал также, что шведы, поляки и казаки запорожские уговаривают их вести войну с Россиею, обещаясь помогать.

Впрочем, настроение умов в Турции менялось столь же часто, как и лица, стоявшие во главе правления. В продолжение нескольких лет сменило друг друга несколько визирей. Обращение с Толстым представляло собою крайности: то его ласкали и за ним ухаживали, то относились к нему грубо и надзирали за ним, как за самым опасным человеком.[1]

Петр не переставал обращать внимание на верфи в Воронеже и Азове. Постоянно он, особенно в письмах к Апраксину, говорил о необходимости усиления флота и войска на юге для защиты Азова. При этом царь, по своему обыкновению, входил во все подробности военной администрации. Иностранные дипломаты, находившиеся в Москве, зорко следили за этими делами.[2]

По временам в Москве разносились тревожные слухи: то рассказывали о 40 000-ном турецком войске, стоявшем будто у Чигирина, то о большом флоте, приближавшемся будто к Азову, то о предстоявшем набеге татар.[3] Петра тревожило все это, и он должен был думать о возможности разрыва с Турциею. «А если гораздо опасно будет», сказано в его письме к Апраксину, «и все готовы против тех адских псов с душевною радостью.»[4]

В 1704 году в Москву приехал турецкий посол с жалобами на сооружение русских крепостей близ турецкой границы и с требованием немедленного прекращения таких построек. Ему возразили, что образ действий России нисколько не противоречит договорным статьям, а к тому же старались устройством маневров и парадов внушить турецкому дипломату

---

[1] Соловьев, XV, 79—84.

[2] Устрялов, IV, 2, 662. Письма Петра к Апраксину у Устрялова, IV, 2, 22, 54, 55 и пр. О верфях в Таврове см. статью Майнова в «Др. и Нов. России» 1875. II, 66—67.

[3] Донесение Плейера у Устрялова, IV, 2, 595, 598, 608.

[4] Устрялов, IV, 1, 220.

высокое мнение о силах и средствах, которыми располагало московское правительство.¹ Достойно внимания распоряжение Петра по случаю приезда Мустафа-Аги: «близ Воронежа отнюдь не возить; Азова и Троицкого смотреть давать не для чего и отговориться мочно тем, что и у них мест пограничных не дают смотреть. Корабли показать».²

Нелегко было в это время Толстому продолжать свою деятельность в Константинополе. Царь, в собственноручном письме, просил опытного дипломата не покидать трудного поста. Именно в то время, когда, после заключения Августом Альтранштетского мира, вся опасность войны со Швециею лежала на одной России, Петра сильно беспокоила мысль о возможности разрыва с Портою, о союзе Карла XII с турками. Возникло намерение, для избежания этой опасности, поссорить Турцию с Австрию; в этом смысле старался действовать Толстой заодно с французским посланником на турецкое правительство; однако, успеха не было. Вообще же Толстой трудился неусыпно и в бо́льшей части случаев удачно. Однажды он отправил в Москву книгу «Описание Черного моря со всеми городами и гаванями, также Архипелага»; он сам кроме того посылал искусных людей снимать и описывать места.³

Действовать заодно с французским посланником оказалось неудобно, потому что последний, получив от короля Людовика XIV приказание поссорить Порту с Россиею, начал действовать в этом направлении, находился в тайных сношениях с ханом крымским и располагал значительными средствами для подкупа лиц, окружавших султана. Турецкое правительство послало указы крымскому хану, пашам в Софию, Очаков, Керчь и другие места, чтоб были осторожны. Толстому удалось проведать содержание писем французского посла; в них говорилось: оружие цезаря римского и царя московского очень расширяется; чего же ждет Порта? теперь время низложить оружие немецкое и московское... Неполитично позволять одному государю стеснять другое, а теперь царь московский покорил себе Польшу, стеснил Швецию и пр. Но Порта должна смотреть, что эти оба государя друг другу помогают по одной причине — чтоб после соединенными силами напасть на Турцию. Кроме того, царь московский имеет постоянные сношения с греками, валахами, молдаванами и многими другими единоверными народами, держит здесь, в Константинополе, посла безо всякой надобности, разве только для того, чтобы посол этот вну-

---

¹ Устрялов, IV, 2, 626.
² Там же, IV, 2, 299—231.
³ Там же, IV, 1, 333—340, 2, 399—400.

шал грекам и другим единоверцам своим всякие противности. Посол московский не спит здесь, но всячески промышляет о своей пользе, а Порту утешает сладостными словами, царь московский ждет только окончания шведской и польской войны, чтоб покрыть Черное море своими кораблями и послать сухопутное войско на Крым и т. д.[1]

В Константинополь приехал еще другой дипломат, польский посланник от Лещинского, на подмогу к французскому послу. Толстой узнал, что Лещинский просил позволить татарам идти вместе с поляками на Москву, представляя, что царь таким образом принужден будет отдать Азов. Лещинский сообщил далее султану, что царь намерен начать войну с Портою, что для этого он построил множество морских судов и рассчитывает на восстание подданных султана, греков и прочих христианских народов; наконец, польский король говорил о сношениях между Толстым и христианами, живущими в турецких областях. Если Порта тому не верит, сказано было в послании Лещинского, то может произвести обыск в доме русского посла.

Некоторые вельможи действительно советовали султану, чтобы он велел произвести обыск у Толстого, но визирь представил, что такое оскорбление будет равнозначительно объявлению войны, — а готова ли к ней Порта?[2]

Мы видели выше, в какой мере Турция могла сделаться опасною во время Булавинсвого бунта. Казаки-мятежники мечтали о соединении с Турциею; Булавин находился в переписке с турецкими пашами; если бы Азов сделался добычею бунтовщиков, то они, по всей вероятности, передали бы его в руки Турции.

Толстому было поручено зорко следить за этими событиями и узнать, существуют ли какие-либо сношения между казаками и турецким правительством. Оказалось, что с этой стороны в сущности не было повода к опасениям. Толстой надеялся на сохранение мира и писал, в конце 1708 и в начале 1709 года, что даже измена Мазепы не заставит Турцию объявить войну России. Впрочем, он узнал о существовании сношений между Мазепою и крымским ханом и силистрийским пашею Юсуфом. Толстому удалось щедрыми подарками задобрить Юсуфа, и без того неладившего с крымским ханом, так что везде интриги недоброжелателей России встречали препятствия. Из следующего примера можно заключить, в какой мере не только слухи, но и интересы противоречили друг другу. Из

---

[1] Соловьев, XV, 221—225.
[2] Там же, XV, 275—276.

Крыма было получено известие, что запорожцы изъявили будто желание сделаться подданными хана; Юсуф-паша доносил, что они хотят сделаться подданными Карла XII; Толстой оставался убежденным в том, что запорожцы, исключая немногих, желают быть верными царю.

Порта не желала войны, а скорее опасалась нападения на нее Петра. 10-го июля 1709 года, еще до получения известия о Полтавской битве, Толстой писал: «приключились удивления достойные здесь вещи: писали к Порте из пограничных мест паши, что царское величество изволил придти в Азов, будто для начатия войны с турками, и вооружил в Азове многие бастименты с великим поспешением и многие воинские припасы приготовляют. Ведомости эти скоро разгласились по всему Константинополю и так возмутили здешний народ, что, еслиб подробно все доносить, мало было бы и целой дести бумаги; кратко доношу, что многие турки от страха начали было из Константинополя бежать в Азию; по улицам и рынкам кричали, что флот морской московский пришел уже во Фракийское гирло и едва не вспыхнул бунт против меня, потому что многие турки из поморских мест с Черного моря прибежали в Константинополь с женами и детьми, покинув домы. Так как их флота морская вся на Белом (Мраморном) море, то с необыкновенною скоростью начали вооружать торговые бастименты и малые галиоты и послали на Белое море за капитан-пашею, чтоб немедленно возвратился с флотом в Константинополь. Потом, мало-помалу, все усмирилось, и я, повидавшись с визирем, уверил его, что все эти вести ложны».[1]

Таким образом, обе державы одновременно думали лишь об обороне, обоюдно опасаясь нападения. Турки считали опасным положение Константинополя; Петр считал возможною потерю Азова. При столь напряженном положении, война становилась весьма возможною, особенно в случай заключения союза между Карлом XII и Турциею.

Шведский король, как кажется, недостаточно заботился о постоянных и более оживленных дипломатических сношениях с Оттоманскою Портою. В Константинополе не было шведского резидента. Во время пребывания своего в Польше Карл находился в переписке с очаковским пашею. Есть основание думать, что Карл, при вторжении в Малороссию, надеялся на содействие Турции. Правда, последняя оказала ему помощь, но не вовремя, а слишком поздно.[2]

После Полтавской битвы в Константинополь явился, с поручениями от шведского короля, непримиримый враг России Нейгебауер; одновре-

---

[1] Соловьев, XV, 356—357.
[2] Hammer, VII, 141.

менно и Понятовский находился в турецкой столице, где особенно старался действовать на мать султана, в видах заключения тесного союза между Турциею и Карлом.

В свою очередь, и Петр старался через Толстого действовать на Порту в совершенно противоположном направлении, требуя выдачи Мазепы, бежавшего в турецкие владения. Смерть старого гетмана, 22-го сентября 1709 года, положила конец переговорам по этому предмету. Зато турки жаловались на русских, перешедших турецкую границу во время преследования шведов после Полтавской битвы. Толстой доносил, в августе 1709 года: «Порта в большом горе, что шведского короля и Мазепу очаковский паша принял: очень им не любо, что этот король к ним прибежал... мыслят, что царское величество домогаться его будет и за то мир с ними разорвет, чего они не хотели бы». Толстой писал далее: «слышно, что король шведской стоит близь Бендер, на поле, и если возможно послать несколько людей польской кавалерии тайно, чтоб, внезапно схватив, его увезли, потому что, говорят, при нем людей немного, а турки, думаю, туда еще не собрались, и, если это возможно сделать, то от Порты не будет потом ничего, потому что сделают это поляки, а хотя и дознаются, что это сделано с русской стороны, то ничего другого не будет, как только, что я здесь пострадаю» и пр.[1]

Порта не переставала опасаться нападения Петра. «Турки размышляют», доносил Толстой, «каким бы образом шведского короля отпустить так, чтобы он мог продолжать войну с царским величеством, и они были бы безопасны, ибо уверены, что, кончив шведскую войну, царское величество начнет войну с ними».

Такое настроение умов в Турции дало Толстому возможность в ноябре 1709 года склонить Порту к соглашению и относительно Карла XII: было положено, что он тронется от Бендер со своими людьми, без казаков, и в сопровождении турецкого отряда из 500 человек; на польских границах турки его оставят, сдавши русскому отряду, который и будет провожать его до шведских границ. Узнав об этом, Карл в крайнем раздражении велел через Понятовского передать мемориал султану, в котором великий визирь был выставлен изменником. Понятовский действительно достиг цели: визирь Али-паша был заменен другим, но и сей последний, Нууман-Кёприли, скоро должен был оставить свое место, которое занял Балтаджи-Магомет-паша, склонный к объявлению войны России. Разрыв становился неизбежным.

---

[1] Соловьев, XVI, 52.

В октябре 1710 года Петр потребовал от Порты решительного ответа: хочет ли султан выполнить договор? если хочет, то пусть удалит шведского короля из своих владений, в противном случае он, царь, вместе с союзником своим, королем Августом и республикою Польскою, прибегнет к оружию. Но гонцы, везшие царскую грамоту к султану, были схвачены на границе и брошены в тюрьму. 20-го ноября в торжественном заседании дивана решена была война, вследствие чего Толстой был посажен в семибашенный замок, а несколько месяцев спустя начались и военные действия.[1]

Великий визирь Балтаджи-Мехмед.
С портрета того времени, находящегося в «Путешествии» де Бруина, изд. 1737 года.

Решаясь воевать с Турцией, Россия не могла рассчитывать на союзников между европейскими державами. Хотя в этом отношении и были сделаны попытки склонить к участию в войне Венецию и Францию, однако, старания барона Урбиха, отправленного в Венецию, и дипломатиче-

---

[1] Соловьев, XVI, 49—56. Hammer, «Gesch. d. Osman. Reiches», VII, 142. Zinkeisen. «Gesch. d. Osmanischen Reiches in Europa», V, 399 и след.

ского агента Волкова, находившегося некоторое время в Фонтенебло, у Людовика XIV,[1] не повели к желанной цели.

Россия могла надеяться на союзников совсем иного рода. То были подданные султана.

Сношения с христианами на Балканском полуострове не прекращались. Так, например, иерусалимский патриарх Досифей в письме к царю в 1702 году в самых резких выражениях порицал образ действий императора Леопольда, заключившего мир с турками в Карловиче. В 1704 году Досифей утешал царя по случаю значительных жертв, требуемых войною со Швециею; он же в 1705 году давал советы относительно назначения архиереев в Нарве и Петербурге.

20-го августа 1704 года в Нарве иеромонах Серафим подал боярину Головину письмо, в котором заключалась манифестация греков. Из этого документа мы узнаем о размерах тогдашней агитации в пользу освобождения греков от турецкого ига. Серафим доносил о путешествиях, предпринятых им в разные страны с этою целью, о сношениях между греческими архиереями и французским правительством, о разных связях греков с Франциею, Англиею и Германиею. При всем том, однако, как объяснено далее в записке Серафима, греки убедились в невозможности рассчитывать на помощь Западной Европы, и поэтому «еллины» решили обратиться к царю с вопросом: «есть ли изволение и благоволение величества его оборонять их или помогать им?» В случае готовности царя оказать им помощь, греки намеревались обратиться все-таки еще к голландцам, венецианцам и пр., для образования сильного союза против Оттоманской Порты, и пр.[2]

Являлись и другие агитаторы от имени балканских христиан. 25-го ноября 1704 года Пантелеймон Божич, серб, имел свидание с боярином Головиным и в беседе с последним сильно жаловался на турецкое иго и на козни австрийцев; бывший молдавский господарь Щербан Кантакузен, по рассказу Божича, советовал сербам надеяться на «восточного царя»; то же мнение разделял и молдавский господарь Бранкован, чего ради сербы и отправили посланника к царю, но не получили никакого ответа; поэтому они теперь отправили его, Божича, к царскому величеству «для отповеди». «Я прислан», говорил Божич, «от всех начальных сербов, которые живут под цесарем в Венгерской земле, при границах Турских, прося его величество, дабы знали мы, что изволяет нас иметь за своих подданных и вер-

---

[1] Guerrier, Leibniz, 108. Соловьев, XVII, 70.
[2] Соловьев, XV, 419 в след. О Серафиме см. некоторые подробности в журнале «Др. и Нов. Россия», 1876 г., I, 369—383.

ных, и ведал бы, что всегда готовы будем служить против бусурман без всякой платы и жалованья, никакого ружья не требуя, но токмо за едино православие, а коликое число войска нашего будет, сам его царское величество удивится... Такожде и прочие сербы, которые суть под басурманом и венецианами, все во единомыслии, с нами пребывают, в чем иные надежды по Бозе кроме его величества не имеем, и если его величество оставит нас, тогда все православные погибнем».[1]

Существовали связи и с армянами. Летом 1701 года в Московское государство приехал армянин Израиль Ория и начал говорить о необходимости освобождения армян от тяжкого ига персидского. Его планы состояли в связи с турецким вопросом. В записке, поданной этим эмиссаром царю, сказано: «без сомнения, вашему царскому величеству известно, что в Армянской земле был король и князья христианские, а потом от несогласия своего пришли под иго неверных. Больше 250 лет стонем мы под этим игом, и, как сыны Адамовы ожидали пришествия Мессии, который бы избавил их от вечной смерти, так убогий наш народ жил и живет надеждою помощи от вашего царского величества. Есть пророчество, что в последние времена неверные рассвирепеют и будут принуждать христиан к принятию своего прескверного закона; тогда придет из августейшего московского дома великий государь, превосходящий храбростью Александра Македонского; он возьмет царство агарянское и христиан избавит. Мы верим, что исполнение этого пророчества приближается».

Ория получил ответ, что царь, будучи занят шведскою войною, не может отправить значительные войска в Персию; зато царь обещал послать туда, под видом купца, верного человека для подлинного ознакомления с положением дел и рассмотрения тамошних мест. Ория заметил, что лучше поедет он сам и повезет обнадеживательную грамоту к армянским старшинам, что они будут приняты под русскую державу со всякими вольностями, особенно с сохранением веры; такую же обнадеживательную грамоту надобно, говорил он, послать и к грузинам.

Однако такой грамоты Орию не дали и повторяли, что, пока не кончится война со шведами, ничего нельзя сделать. Осенью 1703 года Ория поднес Петру карту Армении и записку, в которой говорилось о способе завоевания этой страны. «Бог да поможет войскам вашим», писал Ория, «завоевать крепость Эривань, и тогда всю Армению и Грузию покорите; в Анатолии много греков и армян: тогда увидят турки, что это прямой путь в Константинополь».

---

[1] Соловьев, XV, 426.

Вскоре после этого Ория отправился в Германию, будто бы для покупки там оружия для армян. В 1707 году, возвратившись из поездки на запад, он был отправлен в Персию, под видом папского посланника, но умер на пути в Астрахань.[1]

Сношения с армянами не прерывались. В Россию приезжали часто армянские эмиссары, лица бо́льшею частью сомнительного свойства, авантюристы, агитаторы, шпионы.

Таким образом, и в Турции, и в Персии были люди, надеявшиеся на царя. Однажды даже со стороны нагайских татар была выражена надежда, что царь примет их «под свою высокую руку».[2]

Не без крайней осторожности, Петр поддерживал такого рода сношения, руководил тайною перепискою по этим делам и предоставлял себе, при более удобном случае, воспользоваться вытекавшими отсюда выгодами. То сам царь отправлял письма с выражением «сердешной любви» к Досифею, или с изъявлением надежды на будущий успех к Бранковану, то Головкин в подобных же посланиях говорил о сочувствии царя интересам балканских христиан.[3]

После Полтавской битвы настала пора энергичных действий. Особенно важными могли сделаться сношения России с господарями Валахии и Молдавии и с черногорцами.

Именно непосредственно после Полтавской битвы господарь Валахии Бранкован заключил с Петром тайный союзный договор. Господарь обязывался, в случае если Петр начнет войну с турками, принять сторону России, поднять сербов и болгар, собрать из них отряд в 30 000 человек и снабжать русское войско съестными припасами. Петр, со своей стороны, обязался признать Бранкована господарем Валахии, а Валахию независимой, но под покровительством России. Петр послал Бранковану орден Андрея Первозванного.

В то же время молдавский господарь Михаил Раковица просил Петра прислать к нему отряд легкой конницы, чтобы схватить короля Карла XII, когда он приедет в Яссы. Однако враг молдавского господаря Бранкован донес на него в Константинополь. Раковица был схвачен и брошен в семи-

---

[1] Соловьев, XVIII, 55—56.
[2] Устрялов, IV, 2, 155—156.
[3] Там же, IV, 2, 53, 75. Кочубинского статья «Сношения России при Петре Великом с южными славянами и румынами», в «Чтениях Моск. Общ. И. и Др.», 1872 г., II, 21.

башенный замок. В начале 1710 года Николай Маврокордато сделался молдавским господарем.

И сербы не переставали поддерживать сношения с Петром. В мае 1710 года в Москву прибыл сотник Богдан Попович с грамотою к царю от австрийских сербов, просивших покровительства Петра. Когда годом позже русские войска вступили в Молдавию, 19 000 сербов двинулись на соединение с Петром, но изменивший между тем царю Бранкован воспрепятствовал их переходу через Дунай.

Не мудрено, что Петр, решаясь на разрыв с Турциею, рассчитывал на этих союзников. 6-го января 1711 года он обнародовал обширную записку, где представлялось в ясном свете поведение турок по отношении к России и говорилось об иге, которое терпят от «варваров» греки, болгары, сербы и пр.

Хотя и в этой записке не говорилось о черногорцах, однако Петр именно во время предстоявшей войны искал случая вступить с ними в близкие сношения. В качестве агента Петра в Черногории весною 1711 года действовал Савва Владиславич, хорошо знакомый со страною и находившийся в близкой дружбе с владыкою Даниилом. В манифестах к черногорцам царь призывал их к участию в войне против турок.

Разные агенты царя, полковник Милорадович, капитаны Лукашевич, Аркулей и др., старались влиять на черногорцев. Сам владыко Даниил, сильно пострадавший от жестокости и произвола турок, возбуждал своих соотечественников к восстанию. Вся страна находилась в брожении.[1]

В марте 1711 года, в то время, когда Петр уже находился в Галиции, на пути к турецким границам, был заключен договор между царем и молдавским господарем Кантемиром, наследником павшего господаря Николая Маврокордато. Кантемир, слабый между двумя сильными, прибегнул к оружию слабого, хитрости. Он вошел в тайные сношения с царем, открывал ему планы дивана, и, чтоб удобнее прикрыть свое поведение, попросил у визиря позволение прикинуться другом русских, чтобы лучше проникнуть их тайны.[2] До самого приближения русской армии Кантемир действовал двусмысленно; до последней минуты он, как кажется, предоставлял себе свободу решения поступать соображаясь с обстоятельствами. Образ действий Кантемира точь-в-точь походит на поступки Мазепы. В Молдавии даже многие знатные бояре не могли составить себе в это время точного понятия о намерениях господаря.

---

[1] Кочубинский, 22—47.
[2] Соловьев, XVI, 77.

13-го апреля 1711 года в Ярославле был заключен между царем и Кантемиром договор. Пункты, на которых Кантемир принимал подданство, были следующие: 1) Молдавия получит старые границы свои до Днепра, со включением Буджака. До окончательного образования княжества, все укрепленные места будут заняты царскими гарнизонами; но после русские войска будут заменены молдавскими. 2) Молдавия никогда не будет платить дани. 3) Молдавский князь может быть сменен только в случае измены или отречения от православия; престол останется всегда в роде Кантемира. 4) Царь не будет заключать мира с Турциею, по которому Молдавия должна будет возвратиться под турецкое владычество. Кроме этого договора, состоялся еще другой, относительно будущей судьбы Кантемира, если военное счастие не будет на стороне русских. Царь обязался: 1) если русские принуждены будут заключить мир с турками, то Кантемир получает два дома в Москве и поместья, равные ценностью тем, которыми он владеет в Молдавии, сверх того, ежедневное содержание для себя и для свиты своей он будет получать из казны царской. 2) Если Кантемир не пожелает остатся в России, то волен избрать другое местопребывание.

Таковы были приготовления Петра к войне. Он в это время был расстроен, часто хворал и не вполне надеялся на успех. На вопрос Апраксина, где ему лучше утвердить свое пребывание, царь отвечал: «где вам быть, то полагаю на ваше рассуждение... что удобнее где, то чините; ибо мне, так отдаленному и почитай во отчаянии сущему, к тому ж от болезни чуть ожил, невозможно рассуждать, ибо дела что день отменяются.[1]

Военные действия, впрочем, начались довольно успешно. Гетман Скоропадский разбил хана Девлет-Гирея, который со страшною потерею должен был возвратиться в Крым. Меншиков узнал об унынии турок, не надеявшихся на успех.

В Галиции во время пребывания там Петра происходили разные празднества. С особенным почетом всюду принимали Екатерину, участвовавшую в походе.[2] В Ярославле Петр свиделся с королем Августом и заключил с ним (30-го мая) договор, в силу которого польский король выставил вспомогательное войско для турецкой войны.

В Ярославль прибыл и посланник вольфенбюттельского двора Шлейниц для заключения договора о предстоявшем тогда браке царевича Алексея. С ним Петр беседовал и о турецкой войне, причем, как доносил Шлейниц, обнаруживал достойную удивления опытность в делах, и к тому

---

[1] Соловьев, XVI, 74.
[2] Донесение Балюза, в «Сб. И. О.» XXXIV, 64.

же необычайную скромность.[1] От императора Людовика XIV в Яворово, во время пребывания там Петра, был отправлен Балюз, за несколько лет до того бывший в Москве. Зашла речь о посредничестве Франции между Россиею и Турциею, а также между Россиею и Швециею. Отвергая вмешательство Людовика XIV в шведско-русскую войну, Петр казался склонным к принятию предложения Франции примирить его с Турциею; однако, переговоры не повели к цели, и Балюз оставался недовольным результатом своих усилий.[2]

В Польше опасались в это время чрезмерных успехов русского оружия. Царь должен был объявить королю Августу «о разглашенных сумнительствах, будто бы его царское величество имеет намерение на ориентальское (восточное) цесарство, и чтоб Речь Посполитую разорить и разлучить, — объявляем, что ни на одно, ни на другое, ни мало рефлекцию не сочиняем» и пр.

Между тем, из разных мест Петр получал письма от турецких христиан, которые просили о немедленном вступлении к ним русских войск, чтоб предупредить турок. Он писал к Шереметеву: «для Бога, не умедлите в назначенное место... а ежели умешкаем, то вдесятеро тяжелее или едва возможно будет сей интерес исполнить и тако все потеряем умедлением». В другом письме сказано: «господари пишут, что, как скоро наши войска вступят в их земли, то они сейчас же с ними соединятся и весь свой многочисленный народ побудят к восстанию против турок, на что глядя, и сербы, также болгары и другие христианские народы встанут против турка и одни присоединятся к нашим войскам, другие поднимут восстание внутри турецких областей; в таких обстоятельствах визирь не посмеет перейти за Дунай, большая часть войска его разбежится, а может быть и бунт подымут. А если мы замедлим, то турки, переправясь через Дунай с большим войском, принудят господарей по неволе соединиться с собою и большая часть христиан не посмеет приступить к нам, разве мы выиграем сражение, а иные малодушные и против нас туркам служить будут». Шереметеву было вменено в обязанность всеми способами, щедростью и подарками привлекать к себе молдаван, валахов, сербов и прочих христиан, давать им жалованье и обещать помесячную дачу; вместе с тем ему было велено запретить под страхом смертной казни в войске, чтоб ничего у христиан без указу и без денег не брали и жителей ничем не озлобляли, но поступали приятельски; наконец, он должен был рассылать универсалы на

---

[1] Guerrier, «Die Kronprinzessin Charlotte», 57.
[2] «Сб. И. О.» XXXIV, 51 и след.

татарском языке в белгородской (аккерманской) и буджакской орде, для склонения их в подданство к России и пр.[1]

Хотя современники — между ними известный инженер Джон Перри — и хвалили быстроту движения русской армии, все-таки турецкое войско предупредило русских прибытием к берегам Дуная. Напрасно царь радовался известию, что Шереметев с войском успел дойти до Ясс. Вскоре от фельдмаршала были получены дурные вести о переходе турецкого войска через Дунай и о недостатке в припасах. Царь был очень недоволен, осыпал Шереметева упреками, давал советы, предлагал крутые меры.[2]

По рассказу одного современника-очевидца, на берегах Днестра был держан военный совет; генералы Галларт, Енсберг, Остен и Берггольц представляли необходимость остановиться на Днестре, указывая на недостаток в съестных припасах, на изнурительность пятидневного пути от Днестра к Яссам по степи безводной и бесплодной. Но генерал Рённе был того мнения, что необходимо продолжать поход, что только этим смелым движением вперед можно достигнуть цели похода и поддержать честь русского оружия. Русские генералы согласились с Рённе, и Петр принял мнение большинства.[3]

24-го июня Петр прибыл с войском к берегам Прута. На другой день он отправился в Яссы, где свиделся с Кантемиром. Господарь произвел на царя впечатление человека чрезвычайно способного. В Яссы приехал из Валахии Фома Кантакузин и объявил, что он и весь народ в их земле верен царю, и что, как скоро русские войска явятся в Валахии, то все к ним пристанут; но господарь Бранкован не склонен к русской стороне и не хочет поставить себя в затруднительное и опасное положение.[4]

Вскоре оказалось, что вообще на этих господарей была плохая надежда, и что они в своих политических действиях руководствовались прежде всего личными выгодами, чувством мести, эгоистическими расчетами. Трудно составить себе точное понятие о настоящих намерениях, желаниях и надеждах этих союзников Петра. Доносы, официальная ложь, коварство, хитрость — все это стояло на первом плане в действиях и Кантемира, и

---

[1] Соловьев, XVI, 82—83.
[2] Там же, XVI, 44—8.
[3] Halem, «Gesch. Peters d. Gr.», 33—38.
[4] Соловьев, XVI, 88; Кочубинский, 50—60. Анекдот, рассказанный у Германа, «Geschichte d. russ. Staats», IV, 267, будто Бранкован открыто отказался от союза с царем и Петр собственноручно хотел убить посланного с этим объявлением, как кажется, лишен всякого основания.

Бранкована. При таких обстоятельствах положение Петра легко могло сделаться чрезвычайно опасным. Надеясь на этих союзников, царь слишком далеко зашел в неприятельскую страну. Приходилось дорого поплатиться за ошибку, заключавшуюся в чрезмерном доверии к такого рода союзникам.

Впрочем, нет сомнения, что и Турция не надеялась на успех. Во время пребывания Петра в Яссах султан через господаря Бранкована сделал царю предложение окончить разлад миром. Петр отверг это предложение, «ибо тогда частию не поверено, паче же того ради не принято», как сказано в официальном рассказе об этих событиях, «дабы не дать неприятелю сердца».[1]

Таким образом, Петр решился отправить отряд войска в Валахию для возбуждения к бунту этой страны. Сам же он двинулся к берегам Прута, где дело очень скоро дошло до страшного кризиса. Русское войско, 30—40 000 человек, очутилось окруженным впятеро сильнейшим татарско-турецким войском.

Надежда на союзников, турецких христиан, заманивших царя слишком далеко в неприятельскую страну, оказалась тщетною. В своей «Гистории Свейской войны» Петр замечает о положения дела: «хотя и опасно было, однако же, дабы христиан, желающих помощи, в отчаяние не привесть, на сей опасный весьма путь, для неимения провианта, позволено».

Петр, разгневанный на Бранкована, написал к нему письмо, в котором требовал исполнения данных обещаний и прежде всего присылки 100 возов с припасами. Бранкован отвечал, что не считает себя связанным договором, так как русские не вступали в Валахию, и отныне прекращает всякие сношения с ними и мирится с турками. Действительно, лишь только великий визирь вступил в Молдавию, Бранкован вышел к нему навстречу и предоставил туркам все те припасы, которые он готовил для Петра. Переход Бранкована на сторону турок имел самые плачевные последствия для русских. В то время как изобилие царствовало в стане мусульманском, у русских чувствовался голод. К довершению несчастия, саранча уничтожила все посевы и всю траву в Молдавии.[2]

8-го июля произошло первое столкновение с турецким войском. Неопытные молдаване подались назад, зато русское войско устояло, и только в следующую ночь было решено отступление, во время которого, 9-го июля, турки еще раз напали на русское войско, сражавшееся храбро и успевшее укрепиться в лагере.

---

[1] П. С. З. № 2410. Там не сказано о том, что говорится в статье Кочубинского, будто турки обещали России «все земли вплоть до Дуная».

[2] Кочубинский, 62.

Положение сделалось отчаянным: войско было истомлено битвою и зноем; съестных припасов оставалось очень немного; помощи ниоткуда. Превосходство сил неприятеля исключало для русского войска возможность пробить себе путь через турецкий лагерь. Оставалась надежда на переговоры, и эта надежда усилилась известием, полученным через пленных турок, что и в армии визиря господствовало уныние, что янычары, сильно пострадавшие в схватках с русскими, роптали и отказывались от продолжения военных действий.

Рассказывают, что Петр в эту критическую минуту был готов решиться на странный шаг: он призвал к себе гетмана Некульче и спросил его, не может ли он провести его и царицу до границ Угрии, но так, чтобы неприятель не мог заметить его ухода? Покидая войска, Петр оставлял главное начальство над ними Шереметеву и Кантемиру, с приказанием держаться в Молдавии до тех пор, пока он не возвратится назад со свежими силами. Но гетман отсоветовал Петру решаться на такой опасный шаг, представляя на вид, что, может быть, уже вся верхняя Молдавия занята турками. «В случае плачевного исхода», говорит сам Некульче, «я не хотел принять на свою голову проклятий всей России».[1]

Этот рассказ, сам по себе не лишенный правдоподобия, не подтверждается никакими другими данными. Как бы то ни было, царь оставался в лагере, разделяя с войском всю опасность отчаянного положения.

Рассказывают далее, что царь, когда не было надежды на спасение, писал сенату, что он с войском окружен в семь крат сильнейшею турецкою силою, что предвидит поражение и возможность попасть в турецкий плен. «Если», сказано в этом мнимом письме царя к сенату, «случится сие последнее, то вы не должны меня почитать своим царем и государем и не исполнять, что мною, хотя бы то по собственноручному повелению от нас, было требуемо, покаместь я сам не явлюся между вами в лице моем; но если я погибну и вы верные известия получите о моей смерти, то выберете между собою достойнейшего мне в наследники».

Этот рассказ не соответствует историческому факту и оказывается легендою, выдумкою позднейшего времени.[2] Петр не предавался в такой

---

[1] Кочубинский, 64.

[2] В первый раз об этом мнимом письме говорилось в анекдотах Штелина, который при этом ссылается на устный рассказ князя Щербатова. Устрялов уже в 1859 году в месяцеслове, изд. академиею наук, доказал несостоятельность этой легенды. Соловьев замечает, XVI, 94: «мы не считаем себя в праве решительно отвергать достоверность этого письма». Особенно тщательно был исследован этот

мере отчаянию, не считал себя погибшим и не думал, как о средстве спасения России, о выборе царя из членов сената, между которыми даже не было лиц, пользовавшихся особенным доверием Петра. В сущности, даже нет основания придавать такому письму, если бы даже оно и было написано, значение геройского подвига, свидетельствовавшего будто о самоотвержении и патриотизме.

Нет сомнения, что русское войско накануне кризиса сражалось храбро. Немного позже Петр в письме к сенату хвалил доблесть армии, сознавая, впрочем, что «никогда, как и начал служить, в такой дисперации не были».[1] Тут-то именно оказалось, что русское войско со времени Нарвской битвы научилось весьма многому. Однако храбрость и дисциплина, при громадном превосходстве сил турок, не помогали, и приходилось думать о заключении перемирия.

К счастию, и в турецком лагере желали прекращения военных действий: янычары волновались; к тому же, получено известие, что генерал Рённе занял Браилов. Захваченные в плен турки объявили, что визирь желает вступить в мирные переговоры. Это заявление подало русским слабую надежду выйти мирным путем из своего ужасного положения.

Шереметев отправил к визирю трубача с письмом, в котором предлагалось прекратить кровопролитие. Ответа не было, и Шереметев послал другое письмо, с просьбою о «наискорейшей резолюции». На это второе письмо визирь прислал ответ, что он от доброго мира не отрицается и чтоб прислали для переговоров знатного человека.[2] Тотчас же Шафиров, с небольшою свитою, отправился в турецкий лагерь. Из данного ему царем наказа видно, что Петр считал свое положение чрезвычайно опасным. В наказе было сказано: «1) туркам все города завоеванные отдать, а построенные на их землях разорить, а буде заупрямятся, позволить отдать; 2) буде же о шведах станут говорить — отданием Лифляндов, а буде на одном на том не могут довольствоваться, то и прочая по малу уступить, кроме

вопрос в прекрасной статье Витберга («Древняя и Новая Россия», 1875 г., III, 256 и след.). Он решительно отвергает достоверность рассказа, и мы вполне соглашаемся с его доводами. Возражения г. Белова. в «Др. и Новой России», 1876 г., III, 404, не могли изменить нашего взгляда. Особенно важным оказывается разногласие между тоном и содержанием достоверного письма от 15-го июля и мнимым письмом от 10-го июля.

[1] Соловьев, XVI, 96.

[2] Мы следуем рассказу Соловьева, основанному на архивных данных. По молдавским источникам, визирь, узнав о взятии Браилова, сделал первый шаг к открытию переговоров.

Ингрии, за которую, буде так не захочет уступить, то отдать Псков, буде же того мало, то отдать и иные провинции, а буде возможно, то лучше-б не именовать, но на волю салтанскую положить; 3) о Лещинском буде станут говорить, позволить на то; 4) в прочем, что возможно, салтана всячески удовольствовать, чтоб для того за шведа не зело старался».[1]

Как видно, царь прежде всего думал об удержания за собою Петербурга. Для этой цели он был готов жертвовать, в случае необходимости, разными русскими областями. То обстоятельство, однако, что при открытии переговоров не было вовсе речи о капитуляции всей русской армии, но лишь о заключении между Россиею, Турциею и Швециею окончательного мира, свидетельствует о жалком образе действий визиря. Если бы турки продолжали военные действия и принудили русских сдаться, то положение Порты при ведении переговоров было бы гораздо выгоднее. Здесь, очевидно, действовал подкуп. Царь позволил Шафирову обещать визирю и другим начальным лицам значительные суммы денег.

О ходе переговоров, продолжавшихся два дня, мы знаем немного. В молдавских источниках рассказано, что турки действительно заговорили об отдаче шведам завоеванных областей. Об особенно деятельном и успешном участии Екатерины в переговорах упомянуто в некоторых источниках; однако, при отсутствии более точных данных об этом деле, мы не можем определить меру заслуги, оказанной в данном случае Екатериною Петру и государству. Как бы то ни было, благодаря, как кажется, более всего продажности турецких сановников, ловкий Шафиров уже 11-го июля мог известить царя о благополучном окончании переговоров. Главные условия были следующие: 1) отдать туркам Азов в таком состоянии, как он взят был; новопостроенные города: Таганрог, Каменный Затон и Новобогородицкой, на устье Самары, разорить; 2) в польские дела царю не мешаться, казаков не обеспокоить и не вступаться в них; 3) купцам с обеих сторон вольно приезжать торговать, а послу царскому впредь в Цареграде не быть; 4) королю шведскому царь должен позволить свободный проход в его владения, и если оба согласятся, то и мир заключить; 5) чтоб подданным обоих государств никаких убытков не было; 6) войскам царя свободный проход в свои земли позволяется. До подтверждения и исполнения договора, Шафиров и сын фельдмаршала Шереметева должны оставаться в Турции.

Легко представить себе радость русских, когда они узнали о заключении мира: радость была тем сильнее, чем меньше было надежды на такой исход. Один из служивших в русском войске иностранцев говорит:

---

[1] Соловьев, XVI, 91.

«если бы поутру 12-го числа кто-нибудь сказал, что мир будет заключен на таких условиях, то все сочли бы его сумасшедшим. Когда отправился трубач к визирю с первым предложением, то фельдмаршал Шереметев сказал нам, что тот, кто присоветовал царскому величеству сделать этот шаг, должен считаться самым бессмысленным человеком в целом свете, но если визирь примет предложение, то он, фельдмаршал, отдаст ему преимущество в бессмыслии».

Петр Павлович Шафиров.
С гравированного портрета Грачева.

Петр, привыкший в последние годы к победам, тяжко страдал в несчастии. Излагая положение дела и изъявляя сожаление, что должен «писать о такой материи», он сообщил сенату об условиях договора, прибавляя: «и тако тот смертный пир сим кончился: сие дело есть хотя и не без печали, что лишиться тех мест, где столько труда и убытков положено, однако ж, чаю сим лишением другой стороне великое укрепление, которая несравнительною прибылью нам есть».

Из этих слов видно, какое значение Петр придавал Петербургу и вообще северо-западу, «другой стороне». Меншиков вполне разделял взгляд Петра на этот предмет. Он писал царю о своей радости по случаю скорого окончания войны. Затем он заметил: «что же о лишении мест, к которым многой труд и убытки положены, и в том да будет воля оные места давшего и паки тех мест нас лишившего Спасителя нашего, Который, надеюсь, что по Своей к нам милости, либо паки оные по времени вам возвратить, а особливо оный убыток сугубо наградить изволит укреплением сего места (т. е. Петербурга), которое, правда воистинно, несравнительною прибылью нам есть. Ныне же молим того же Всемогущего Бога, дабы сподобил нас вашу милость здесь вскоре видеть, чтоб мимошедшия столь прежестокия горести видением сего парадиза вскоре в сладость претворитись могли».[1]

Петр без препятствия мог с войском возвратиться в Россию. Исполнение договора, заключенного с турками, встретило затруднения. Помехою этому, между прочим, был сам Карл XII, крайне раздраженный состоявшимся между Турциею и Россиею соглашением и не желавший пока покидать турецкие владения, в которых он находился. Царь приказал Апраксину не отдавать Азова туркам прежде, чем не получить от Шафирова известия, что султан подтвердил прутский договор и Карл XII выслан из турецких владений. Шафиров и молодой Шереметев, находившиеся в руках турок, очутились в весьма неловком положении. Царь медлил выдачею Азова. Чего стоило ему очищение и разорение этой крепости, видно из его письма к Апраксину от 19-го сентября: «как не своею рукою пишу: нужда турок удовольствовать... пока не услышишь о выходе короля шведского и к нам не отпишешься, Азова не отдавай, но немедленно пиши, к какому времени можешь исправиться, а испражнения весьма надобно учинить, как возможно скоро, из обеих крепостей. Таганрог разорить, как возможно низко, однако же, не портя фундамента, ибо может Бог по времени инаково учинить, что разумному досыть».[2]

Между тем, турецкие сановники дорого поплатились за Прутский договор. Султан узнал, через недоброжелателей визиря, что при заключении мира дело не обошлось без русских обозов с золотом, отправленных в турецкий лагерь. Визирь был сослан на остров Лемнос; некоторые из сановников, участвовавших в заключении мира, были казнены.[3]

---

[1] Соловьев, XVI, 96 и 97.
[2] Там же, XVI, 103.
[3] Hammer, VII, 160—161.

Отношения к Турции после Прутского договора не только не улучшились, но становились все более и более натянутыми. Каждую минуту можно было ожидать возобновления военных действий. Шафирову, однако, удалось избегнуть нового разрыва с Портою; в своих письмах к царю он сильно жаловался на происки французского посла, постоянно действовавшего в интересах Швеции и старавшегося возбуждать Порту против России. Дошло до того, что султан требовал уступки некоторой части Малороссии, чтобы заручиться миролюбием России. Все это заставило Петра наконец очистить Азов и срыть Таганрог. При посредстве Голландии и Англии был заключен в Адрианополе 24-го июня 1713 года окончательный мир с Турциею.[1]

Союзники царя, турецкие христиане, очутились в отчаянном положении. Недаром Кантемир, в лагере на берегу Прута, умолял царя не заключать мира с Турциею. Он сам, а вместе с ним и многие молдаване, переселились в Россию; Молдавия же жестоко пострадала от опустошения огнем и мечом турками.

В надежде на успех русского оружия и черногорцы, и сербы ополчились против Порты. После получения известия о Прутском договоре они должны были подумать о мире с Турциею. Однако сношения между ними и Россиею с тех пор не прекращались. У черногорцев Петра восхваляли в народных песнях. В 1715 году владыко Даниил прибыл в Петербург, где просил помощи для борьбы против Турции и получил сумму денег, портрет царя и манифесты к населению Черной Горы.[2]

Хотя греки и не принимали непосредственного участия в этих событиях, однако неудача Петра на Пруте все-таки была страшным ударом, нанесенным и их интересам. Афинянин Либерио Коллетти, хотевший набрать несколько тысяч греков для действий против турок, узнал в Вене о Прутском мире. «Теперь», говорил он в отчаянии, «все греки, полагавшие всю надежду свою на царя, пропали».[3]

Петр сам, как мы видели, надеялся на приобретение вновь Азова, при изменившихся к лучшему обстоятельствах. Он не дожил до этого. Однако во все время его царствования поддерживались сношения с христианами

---

[1] Многие подробности, в письмах Толстого и Шафирова к царю, у Соловьева, XVI, 104—129.
[2] Кочубинский, 70—93; Соловьев, XVI, 130, 403—405.
[3] Соловьев, XVII, 99—100.

на Балканском полуострове. Многие молдаване, валахи, сербы и пр. вступили в русскую службу. Вопрос о солидарности России с этими племенами, поднятый Юрием Крижаничем, с того времени играл весьма важную роль в восточных делах. Недаром известный «Сербянин» для турецких христиан надеялся на Россию как на источник и умственного, и политического развития этих подданных султана. Во время Петра кое-что было сделано для просвещения этих народов. Сербский архиепископ Моисей Петрович, приехавший в Россию поздравить Петра с Ништадтским миром, привез от своего народа просьбу, в которой сербы, величая Петра новым Птоломеем, умоляли прислать двоих учителей, латинского и славянского языков, также книг церковных. «Будь нам второй апостол, просвети и нас, как просветил своих людей, да не скажут враги наши: где есть Бог их?» Петр велел отправить книг на 20 церквей, 400 букварей, 100 грамматик. Синод должен был сыскать и отправить в Сербию двоих учителей и пр.[1]

Прутский поход, имевший весьма важное значение в истории восточного вопроса, не лишен значения и для истории Северной войны. Попытка Карла XII победить Петра посредством турецкого оружия оказалась тщетною. Несмотря на страшную неудачу в борьбе с Портою, положение Петра относительно Швеции оставалось весьма выгодным. Кризис 1711 года в Молдавии не мог уничтожить результатов Полтавской битвы. Однако до мира со Швециею было еще далеко. Борьба продолжалась с тех пор еще целое десятилетие.

Глава IV. Продолжение Северной войны и дипломатические сношения во время путешествий Петра за границу 1711—1717 гг.

Англичанин Перри, писавший о России и Петре Великом в 1714 году, замечает, что Петр своими частыми поездками отличается от всех прочих государей. Петр, говорит Перри, путешествовал в двадцать раз более, нежели другие «потентаты». Во множестве поездок царя обнаруживается исполинская сила и энергия; его личное присутствие всюду оказывалось необходимым. Оно оживляло работу, поддерживало стойкость его сотрудников, устраняло разные препятствия успеха в делах, водворяя в подданных царя ту неутомимость, которою отличался он сам. Путешествия царя свидетельствуют о той предприимчивости, которая не нравилась бо́льшей

---

[1] Соловьев, XVIII, 194.

части его подданных, любивших сидеть дома и посвящать себя домашним занятиям.

Целью бо́льшей части путешествий Петра было руководство военными действиями. Первыми заграничными путешествиями его были Азовские походы. Затем события Северной войны заставляли Петра часто и долго находиться то в шведских, то в польских провинциях. Здесь он занимался осадою крепостей, руководил движениями войск, участвовал в битвах. Заботы во время разгара войны не давали царю возможности быть туристом, наблюдать особенности посещаемых им стран, изучать нравы и обычаи их жителей. Однако и эти походы должны были сделаться общеобразовательною школою для царя, столь способного всюду учиться, везде сравнивать русские нравы и обычаи с иноземными и заимствовать для своей родины полезные учреждения. Один из современников царя Алексея Михайловича замечает, что участие его в польских походах во время войн за Малороссию, пребывание его в Лифляндии и в Польше — оказались весьма важным средством образования и развития царя, и что, по возвращения его из-за границы, обнаружилось влияние этих путевых впечатлений. В гораздо бо́льшей степени Петр должен был пользоваться своим участием в походах как школой для усовершенствования своего образования вообще.

Заграничные путешествия Петра после Полтавской битвы имеют свою особенность. Царь, встречаясь с государями Польши, Пруссии и пр., ведет с ними лично переговоры о мерах для продолжения войны и об условиях заключения мира. Таково свидание Петра, вскоре после Полтавской битвы, с Августом II в Торне, с Фридрихом I в Мариенвердере. На пути в турецкие владения в 1711 году он в Ярославле, в Галиции, занят переговорами с Шлейницем об условиях брака царевича Алексея; в Яворове он обедает вместе с князем семиградским, Ракоци, затем он знакомится с Кантемиром и пр.

Особенно частым посетителем Западной Европы Петр сделался после неудачного Прутского похода. Как бы для отдыха после этого опасного и богатого тяжелыми впечатлениями периода царь отправился через Польшу и Пруссию в Дрезден и Карлсбад, и тут уже он, после страшного напряжения военной деятельности, мог посвящать себя лечению, отдыху, мирным занятиям, развлечениям. Скоро, однако, оказалось необходимым самоличное участие Петра в военных операциях и дипломатических переговорах.

Путешествия Петра в 1711 и 1712 гг.

В августе 1711 года мы застаем Петра в Польше. Оттуда он отправился в Дрезден, где, впрочем, не было короля Августа.[1] При этом саксонский дипломат Фицтум старался узнать кое-что о политических видах Петра и особенно тщательно расспрашивал его о намерении вступить в близкие сношения с Францией. Царь уверял Фицтума, что пока нет ни малейшего соглашения между Россиею и Людовиком XIV и что он желает более всего окончить войну со Швецией к собственному и его союзников удовлетворению.[2]

Во время пребывания своего в Карлсбаде[3] Петр, между прочим, переписывался с Шафировым и Шереметевым о турецких делах, вел переговоры о браке царевича Алексея и пр. В Торгау, где в октябре 1711 г. происходило бракосочетание царевича, Петр впервые видел Лейбница, который в это время был занят составлением разных проектов о распространении наук в России, об устройстве магнитных наблюдений в этой стране и пр. «Умственные способности этого великого государя громадны», писал Лейбниц, лично познакомившись с царем.[4]

Затем, в Кроссене, Петр имел свидание с прусским кронпринцем Фридрихом-Вильгельмом, который двумя годами позже вступил на прусский престол и во все время своего царствования, до кончины Петра, оставался верным союзником и другом России. Здесь происходили переговоры о способах продолжения войны. Уже до этого союзники осаждали Стральзунд, однако же безуспешно, вследствие раздора между русскими, саксонскими и датскими генералами, участвовавшими в этом предприятии.

Именно эти неудачные военные действия в Померании и заставили Петра в 1712 году, после краткого пребывания в Петербурге, отправиться за границу, к русскому войску, находившемуся около Штетина. Тут он был весьма недоволен образом действий датчан, не поддерживавших достаточно усердно операции русских. В раздражении он писал королю Фридриху V: «сами изволите рассудить, что мне ни в том, ни в другом месте собственного интересу нет; но что здесь делаю, то для вашего величества делаю». Не

---

[1] Любопытные подробности о пребывании Петра в Дрездене см. в статье Вебера, в «Archiv für Sächsische Geschichte», Leipzig, 1873 г., XI, 337—351, и в «Сб. Ист. О.», XX, 38 и след.

[2] Guerrier, I, 114—121, приложения, 170—194.

[3] «Сб. И. О.», XX, 45-51.

[4] См. статью Кустодиева: «Петр Великий в Карлсбаде в 1711 и 1712 гг.», Буда-Пешт, 1873.

было точно определенной программы действий союзников. Петр писал русскому резиденту в Копенгагене: «наудачу, без плана, я никак делать не буду, ибо лучше рядом фут за фут добрым порядком неприятеля, с помощью Божиею, теснить, нежели наудачу отваживаться без основания».[1]

В этих местах, в Грейфсвальде, Вольгасте, Анкламе, на берегу Померанского залива, Петр пробыл несколько недель. Он осмотрел здесь датский флот, на котором был принят с особенною честью. Несмотря на то, что датский король отдал свой флот в распоряжение царю, датские адмиралы не исполняли приказаний Петра. Спор об артиллерии, необходимой для осады Штетина, начавшейся уже в 1711 году, продолжался. Петр был крайне недоволен. 16-го августа он в Вольгасте имел свидание с королем польским; было решено брать остров Рюген, бомбардировать Стральзунд, но при недружном действии союзников нельзя было ожидать успеха. В раздражении Петр писал Меншикову: «на твое письмо, кроме сокрушения, ответствовать не могу... что́ делать, когда таких союзников имеем, и как придешь, сам уведаешь, что никакими мерами инако сделать мне невозможно; я себя зело бессчастным ставлю, что я сюда приехал; Бог видит мое доброе намерение, а их и иных лукавство; я не могу ночи спать от сего трактованья».[2] В этом же тоне Петр писал и к Долгорукому: «зело, зело жаль, что время проходит в сих спорах»; и к Крюйсу: «желал бы отсель к вам о добрых ведомостях писать, но оных не имеем, понеже многобожие мешает; что́ хотим, то не позволяют, а что́ советуют, того в дело произвести не могут» и пр.[3] Переговоры с королями прусским, польским и датским, переписка с разными вельможами, неудача в военных действиях — все это лежало тяжелым бременем на Петре. К Екатерине он писал в это время: «зело тяжело жить, ибо я левшею не умею владеть, а в одной руке принужден держать шпагу и перо; а помощников сколько, сама знаешь».[4]

На пути в Карлсбад, куда Петр опять поехал лечиться, он два дня пробыл в Берлине; нет сомнения, там происходили более или менее важные переговоры о делах. К сожалению, об этих конференциях мы не имеем сведений.[5]

В Карлсбад к государю приехал цесарский граф Вратислав «для трактования царского величества». Туда же прибыл Лейбниц, составив-

---

[1] Соловьев, XVII, 7. Голиков, IV, 128.
[2] Там же, XVII, 7.
[3] «Материалы для истории русского флота», IV, 60; I, 322.
[4] Письма русских государей, I, 21—23.
[5] Штелин, анекдоты, М. 1830 г., I, 192—193. Письма русских государей, I, 24. Сб. И. О., XX, 56—60.

ший записку, в которой излагал необходимость участия России в окончании войны за испанское наследство. Битва при Денене (Denain) доставила Франции некоторый перевес. Лейбниц, желая усиления союзников, надеялся на царя. Содержание бесед знаменитого философа с царем лишь отчасти сделалось известным; Лейбниц старался узнать кое-что о намерениях царя относительно Лифляндии, но царь был осторожен и не сообщал ничего по этому вопросу.[1] Возникла мысль употребить Лейбница в качестве дипломата для сближения между Австрией и Россиею.

Дорожные сани Петра Великого.
С рисунка того времени.

Из Карлсбада Петр, через Дрезден и Берлин, отправился в Мекленбург для участия в происходивших там военных действиях. Тут он опять виделся с королем Августом, который после этого, отправляясь в Польшу, поручил свои войска царю.

2-го декабря 1712 года Петр писал Екатерине: «время пришло вам молиться, а нам трудиться... мы сего моменту подымаемся отсель на сикурс датским. И тако на сей неделе чаем быть бою, где все окажется, куда конъюнктуры поворотятся».[2]

Результат не соответствовал желаниям царя. Не дождавшись русского «сикурса», датский король и саксонский фельдмаршал Флемминг были разбиты при Гадебуше. Петр, несколько раз просивший союзников не вступать в битву до прибытия к ним на помощь русского войска, был чрезвычайно недоволен и сожалел о том, что «господа датчане имели ревность не по разуму».[3]

---

[1] Guerrier, 149.
[2] Письма русских государей, I, 27.
[3] Соловьев, XVII, 8.

Подобного рода события свидетельствуют о том, что датчане по возможности желали действовать без помощи русских. Однако после поражения при Гадебуше датский король просил Петра о помощи и изъявил желание видеться с ним. Свидание это состоялось 17-го января 1713 года в Рендсбурге; совещания продолжались несколько дней: происходили смотры войск датских, саксонских и русских. 22-го января оба государя отправились в поход. Через Шлезвиг и Гузум Петр приближался к Фридрихштадту, где ему удалось нанести сильный удар шведам. В этой битве (30-го января) он сам руководил действиями, принудил шведов уйти из города и занял его.

Князь Михаил Михайлович Голицын.
С портрета, принадлежащего княгине Е.П. Кочубей.

После битвы царь опять встретился с королем датским. Постоянно повторялись «консилии» о военных действиях, которые, впрочем, на некоторое время остановились, так как шведский генерал Стенбок с войском заперся в голштинской крепости Тэннигене. Он сдался не раньше 4-го мая 1713 года.[1] Меншиков заставил города Гамбург и Любек заплатить значительные суммы денег за то, что они не прерывали торговых сношений со шведами; Петр был очень доволен и писал Меншикову: «благодарствуем за деньги... зело нужно для покупки кораблей».[2]

---
[1] Журнал Петра Великого.
[2] Соловьев, XVII, 14.

Военные действия продолжались и после возвращения Петра в Россию. Штетин сдался Меншикову 19-го сентября 1713 года, после чего, в силу договора, заключенного в Шведте, Рюген и Стральзунд были отданы в секвестр прусскому королю.

Настроение умов в Западной Европе

Сближение с Пруссиею было делом особенной важности, потому что другие державы в Западной Европе, почти без исключения, были весьма недовольны значением, приобретенным Россиею после Полтавской битвы. В Германии появились русские войска; русские дипломаты и полководцы стали действовать смелее; Куракин, Матвеев, Долгорукий, Меншиков и др., по случаю переговоров с представителями иностранных держав, обнаруживали самоуверенность, до того времени не замечавшуюся в русских дипломатах, находившихся на западе.

В Польше еще до Полтавской битвы опасались, что Петр сделается фактическим владельцем этой страны и станет распоряжаться в ней безусловно самовластно; в Германии было высказано мнение, что царь не только завладеет Польшею, но даже сделается чрезвычайно опасным и для Германии, и для императора.[1]

Отправление русских войск сделалось необходимым для военных операций против Швеции. Появление русских войск в Польше, с тою же целью, оказалось чрезвычайно опасным для этого государства; того же можно было ожидать от подобного образа действий царя в Германии. Даже в Пруссии, нуждавшейся более других держав в союзе с Россиею, были высказаны такого рода опасения. Меншиков, в бытность свою в 1712 году в Берлине, говорил там от имени царя, как рассказывали, в тоне диктатора; намерение русских занять Стральзунд и Штетин привело в ужас государственных людей, окружавших короля Фридриха I. Они были готовы протестовать решительно против такого вмешательства России в дела Германии.[2]

Живя в Лондоне, Матвеев еще до Полтавской битвы тайным образом проведал о внушениях прусского и ганноверского дворов, что всем государям Европы надобно опасаться усиления державы московской; если Москва вступит в великий союз, вмешается в европейские дела, навыкнет

---

[1] Droysen, «Gesch. d. preuss. Politik», IV, 1, 289.
[2] «Wir sind gleichsam der Discretion des Zaren untergeben», сказано в рескрипте короля к одному из дипломатических агентов; см. соч. Дройзена, 421, 423, 430.

воинскому искусству и сотрет шведа, который один заслоняет от нее Европу, то нельзя будет ничем помешать ее дальнейшему распространению в Европе. Для предотвращения этого союзникам надобно удерживать царя вне Европы, не принимать его в союз, мешать ему в обучении войска и в настоящей войне между Швециею и Москвою помогать первой. Англия, цесарь и Голландия подчинились этому внушению и определили не принимать царя в союз, а проводить его учтивыми словами. Постоянно Матвеев повторял, что на союз с Англиею нельзя надеяться.[1]

Памятник русским воинам, убитым в Гангутском сражении.

После Полтавской битвы в Англии с большим неудовольствием смотрели на вступление русских войск в Померанию. Утверждали, что в Карлсбаде между царем и английским посланником Витвортом произошел по поводу этого предмета очень крупный разговор, так что посланник счел благоразумным удалиться. Английский министр С. Джон (знаменитый Болингброк) говорил русскому послу фон-дер-Литу: «союзники в Померании поступают выше всякой меры: сначала уверяли, что хотят только выгнать оттуда шведский корпус Крассова, а теперь ясно видно, что их намерение выжить шведского короля из немецкой земли: это уже слишком!»

---
[1] Соловьев, XVI, 61—63.

В 1713 году английский посланник в Голландии лорд Страффорд объявил Куракину: «Англия никогда не хочет видеть в разорении и бессилии корону шведскую. Намерение Англии — содержать все державы на севере в прежнем равновесии; ваш государь хочет удержать все свои завоевания, а шведский король не хочет ничего уступить. Ливонии нельзя отнять у Швеции; надеюсь, что ваш государь удовольствуется Петербургом» и пр. Страффорд внушал влиятельным людям в Голландии, что, если царь будет владеть гаванями на Балтийском море, то вскоре может выставить свой флот ко вреду не только соседям, но и отдаленным государствам. Английское купечество, торговавшее на Балтийском море, подало королеве проект, в котором говорилось, что если царь будет иметь свои гавани, то русские купцы станут торговать на своих кораблях со всеми странами, тогда как прежде ни во Францию, ни в Испанию, ни в Италию не ездили, а вся торговля была в руках англичан и голландцев; кроме того усилится русская торговля с Данией и Любеком.

Эти враждебные заявления были остановлены угрозою Петра. Возвратился в Голландию бывший в Дании посланник Гоус и донес своему правительству о разговорах, бывших у него с царем. Петр объявил ему, что желает иметь посредниками цесаря и голландские штаты, ибо надеется на беспристрастие этих держав; не отвергает и посредничества Англии, только подозревает ее в некоторой враждебности в себе. «Я», говорил Петр, «готов, с своей стороны, явить всякую умеренность и склонность к миру, но с условием, чтобы медиаторы поступали без всяких угроз, с умеренностию; в противном случае, я вот что сделаю: разорю всю Ливонию и другие завоеванные провинции, так что камня на камне не останется; тогда ни шведу, ни другим претензии будет иметь не к чему». Передавая эти слова, Гоус внушил, что с царем надобно поступать осторожно, что он очень желает мира, но враждебными действиями принудить его ни к чему нельзя. «Сие донесение», писал Куракин, «нашим делам не малую пользу учинило».[1]

В разных политических брошюрах, появившихся в это время, в 1711 и 1712 годах, обсуждался вопрос, насколько усиление Московского государства может сделаться опасным для западноевропейских держав, в особенности же печатались памфлеты с жалобами на образ действий русских войск в Померании и Мекленбурге.[2]

Таким образом, настроение умов на западе вообще оказывалось враждебным царю и России. Союзники царя — Дания, Польша, Пруссия —

---

[1] Соловьев, XVII, 4, 23—24.
[2] См. каталог имп. публ. библ. Russica E. 499. и S. 788.

не особенно много могли сделать и довольно часто обнаруживали даже неохоту быть полезными России. Другие державы мечтали о лишении царя выгод одержанных им побед. О Франции узнали, что эта держава тайком действовала наперекор интересам России, что, например, в Штетине находился отряд в 500 французов, воевавших против русских.[1] Окончание войны за испанское наследство грозило царю новою опасностью. Те державы, которые до этого были заняты упорною борьбою против Людовика XIV, теперь могли обращать большее внимание на Россию. К счастию для царя, он при случае имел возможность сделаться союзником той или другой державы, так как в сущности не прекращалась вражда между Франциею и германскими странами, между императором и Пруссиею, между ганноверским и берлинским кабинетами и пр. В одно и то же время на западе боялись России, ненавидели ее и искали союза с нею. Недаром Лейбниц в письме к курфюрсту ганноверскому, выставляя на вид необходимость сближения с Россиею, говорил: «я убежден в том, что Россия будет на севере иметь то самое значение, которое до этого имела Швеция, и что даже она пойдет еще гораздо дальше. Так как этот государь весьма могуществен, то, по моему мнению, должно считать большою выгодою пользоваться его расположением и доверием».[2]

Отношения России к Австрии оставались холодными, хотя в Вене в 1710 году серьезно думали о браке одной из эрцгерцогинь с царевичем Алексеем.[3] Сношение между царем и семиградским князем Рагоци сильно не понравились императору. Зато Австрия не могла не сочувствовать России по поводу несчастия на Пруте, так как всякое усиление Турции представляло собою опасность для императора. При всем этом, ни барон Урбих, бывший резидент царя в Вене, ни приехавший туда из Англии Матвеев не могли склонить Австрию к заключению союза с Россиею. В Вене опасались сближением с царем возбудить против себя Порту. К тому же, Австрия не могла желать развития могущества России и скорее сочувствовала Карлу XII, особенно, когда, после окончания войны за испанское наследство, не было более повода опасаться союза Швеции с Франциею. Для Австрии должно было казаться большею выгодою сдерживать Пруссию Карлом XII, и поэтому успехи оружия союзников в Померании сильно не понравились императору.

---

[1] Дройзен, IV, 1, 427.
[2] «Il semble qu'il est important d'avoir quelque crédit auprès de lui». Guerrier, прилож. II, 139.
[3] Соловьев, XVII, 95.

Совсем иначе Россия относилась к Пруссии. Еще в то время, когда Фридрих Вильгельм был лишь кронпринцем, Петр (в 1711 году) задобрил его подарком нескольких «великанов» («lange Kerle»). Такого рода подарки повторялись и впоследствии, когда Фридрих Вильгельм сделался королем.[1] При всем том, однако, переговоры между русским резидентом в Берлине и прусскими министрами не были особенно успешными.

Русские войска Петровского времени.
С рисунка художника Н. Загорского.

В феврале 1713 года Петр, пребывая в Ганновере, узнал о кончине прусского короля Фридриха I. Это обстоятельство заставило его отказаться от предполагавшегося посещения прусской столицы. Однако состоялось все-таки свидание между Петром и новым королем, Фридрихом Вильгельмом I, в местечке Шёнгаузене, близ Берлина. Говорили о делах, однако, царь не был особенно доволен впечатлением, произведенным на

---

[1] См. подробности в особой статье об этом предмете в «Русском Вестнике» 1878.

него этим государем. Он писал Меншикову: «здесь нового короля я нашел зело приятна к себе, но ни в какое действо оного склонить не мог, как я мог разуметь для двух причин: первое, что денег нет, другое, что еще много псов духа шведского, а король сам политических дел не искусен, а когда дает в совет министрам, то всякими видами помогают шведам, к тому еще не осмотрелся. То видев, я, утвердя дружбу, оставил».[1]

Русские войска Петровского времени.
С рисунка художника Н. Загорского.

Для русского посла в Берлине была приготовлена подробная инструкция об условиях, на которых Петр желал заключить договор с Фридрихом Вильгельмом I. Предметом переговоров было пребывание русских войск в Германии и продолжение военных действий в Померании.

---

[1] Голиков, IX, 194—199 и доп. IX, 238—239. Голиков ошибается, говоря, что Петр был в Берлине, как видно из журнала.

В Берлине не хотели вступить в открытую войну со Швециею, но не хотели также, чтоб эта держава сохранила прежнюю свою силу. Король сам скорее был сторонником Петра, как видно и из следующего, впрочем, несколько загадочного эпизода, случившегося за обедом у Фридриха Вильгельма 10-го августа 1713 года. На этом обеде присутствовали посланники, русский, шведский и голландский. Король предложил тост за здоровье русского государя, потом голландских штатов и забыл о шведском короле (!?). Шведский посланник Фризендорф отказался пить за здоровье царя (!?), вместо того выпил за добрый мир, и при этом просил короля, чтоб он был посредником и доставил Карлу XII удовлетворение, возвратил ему Лифляндию и другие завоевания, ибо король прусский не может желать усиления царя. Король отвечал: «удовлетворение следует царскому величеству, а не шведскому королю, и я не буду советовать русскому государю возвращать Ливонию, рассуждая по себе, если бы мне случилось от неприятеля что завоевать, то я бы не захотел назад возвратить; притом царское величество добрый сосед и других не беспокоит; а что касается посредничества, то я в чужие дела мешаться не хочу». Фризендорф напомнил о дружбе, которая была всегда между Швециею и Пруссиею при покойном короле, Фридрихе I; в ответ Фридрих Вильгельм припомнил тесный союз Швеции с Франциею. «Одного только не достает, чтоб французский герб был на шведских знаменах», сказал между прочим король. Фризендорф начал уверять, что такого союза нет между Швециею и Франциею. — «А хочешь, расскажу, что ты мне говорил шесть недель тому назад?» сказал король. Фризендорф испугался: «я это говорил вашему величеству наедине, как отцу духовному», сказал он, и прибавил, что король все шутит. — «Говорю, как думаю», отвечал король, «и никого манить не хочу».[1]

При всем своем расположении к царю, король прусский не хотел обещать решительных действий, указывая на необходимость привести прежде всего в надлежащее состояние финансы своего государства. Сам король желал Петру добра и был ему от души благодарен за отдачу в секвестр Пруссии завоеванных шведских областей и городов.[2] Министры Фридриха Вильгельма, однако, не переставали опасаться чрезмерного перевеса России. В декабре 1713 года Ильген передал королю мемориал, в котором говорилось о выгодах союза со Швециею и о необходимости вос-

---

[1] Соловьев, XVII, 17—18, ссылается на «Прусские дела 1718 года» в архиве. Подробности рассказа подлежат некоторому сомнению; сущность дела правдоподобна.

[2] См. его слова к Головкину у Соловьева XVII, 20.

становления прежнего равновесия на севере. Соглашаясь с некоторыми мыслями Ильгена, король, однако, при прочтении мемориала написал на полях его: «хорошо, но царь должен удержать за собою Петербург с гаванью и со всеми принадлежностями, исключая Лифляндии и Курляндии».[1] В мемориале было сказано далее, что Лифляндия не может представить собою какого-либо затруднения, так как царь обязался отдать эту провинцию польскому королю; Ильген предвидел, что дело не обойдется без затруднений, и даже считал возможною войну между Пруссиею и Россиею.[2]

Столкновение между Петром и Пруссиею было немыслимо. Напротив, отношения обеих держав становились все более дружескими. Петр особенно радушно принял приехавшего в Россию прусского посланника Шлиппенбаха и в беседе с ним, весною 1714 года, заметил, что готов гарантировать королю приобретение Штетина и всей Померании до реки Пеене, в случае гарантирования королем России приобретения Карелии и Ингермандандии.[3] Столь же дружелюбно беседовал король Фридрих Вильгельм IV с Головкиным в Берлине, замечая между прочим: «теперь я ни на кого так не надеюсь, как на царское величество, а главное, питаю особенную любовь к персоне его царского величества.[4]

Таким образом, важнейшим союзником Петра оставалась Пруссия. Дальнейшие успехи России в борьбе с Карлом XII содействовали все более и более сближению обеих держав.

Гангут

Около этого времени Финляндия сделалась особенно важным театром военных действий.

Находясь в Карлсбаде, Петр уже в октябри 1712 года писал Апраксину о необходимости энергических действий в Финляндии: «идти не для разорения, но чтоб овладеть, хотя оная (Финляндия) нам не нужна вовсе; удерживать по двух ради причин главнейших: первое было бы что, при мире, уступить, о котором шведы уже явно говорить починают; другое,

---

[1] Документ находится в берлинском архиве; Дройзен читал заметку короля: «Der Zar muss Petersburg behalten, Liefland mit»; Ширрен утверждает, что тут сказано «Liefland nit», т. е. «nicht».

[2] Droysen, «Gesch. d. pr. Pob.» IV, 2, 76—77.

[3] Там же, 2, 89, 92.

[4] Соловьев, XVII, 44.

что сия провинция есть матка Швеции, как сам ведаешь; не только что мясо и прочее, но и дрова оттоль, и ежели Бог допустит летом до Абова, то шведская шея мягче гнуться станет».[1]

Тотчас же после возвращения в Петербург, раннею весною 1713 года, царь занялся приготовлением к походу в Финляндию. 26-го апреля 16 000-ое войско на галерном флоте, состоявшем из 200 судов, отправилось туда. В качестве «шаутбенахта», или контр-адмирала, сам Петр командовал авангардом флота. Без боя шведы уступили русским города Гельсингфорс, Борго и Або. Таким образом, в короткое время весь южный берег Финляндии был занят русскими войсками. Не раньше как в октябре происходило столкновение со шведами; при реке Пенкени, у Таммерфорса, шведский генерал Армфельд был разбит Апраксиным и князем Мих. Мих. Голицыным; следствием победы было то, что вся почти Финляндия, до Каянии, находилась в руках русских.

Подобно тому, как Карл XII в 1708 и 1709 годах обращался к малороссиянам с разными манифестами, теперь царь такими же грамотами старался действовать на жителей Финляндии.[2]

Военные действия продолжались и зимою. В феврале 1714 года князь М. М. Голицын еще раз разбил Армфельда при Вазе. Выборгский губернатор Шувалов занял крепость Нейшлот. Но самым замечательным делом была победа, одержанная русским галерным флотом под начальством Апраксина при Гангуте, причем был взят в плен шведский контр-адмирал Эреншёльд (27-го июля).

Петр, участвовавший в этом деле, писал лифляндскому губернатору тотчас же после битвы: «объявляем вам, коим образом Всемогущий Господь Бог Россию прославить изволил; ибо, по много дарованным победам на земли, ныне и на море венчати благоволил».[3] В тех же самых выражениях Петр писал и Екатерине, описывая подробно ход дела и посылая ей «план атаки».

Впоследствии в переписке Петра с Екатериною память о Гангутской битве занимает столь же видное место, как воспоминание о Полтаве. Так, например, 31 июля 1718 года Екатерина в письме к царю желает ему «такое ж получить счастье, как имели прошлого 1714 года: будучи шоутбейнахтом, взяли шоутбейнахта». И в 1719 году, в день Гангутского сраже-

---

[1] Соловьев, XVII, 12.
[2] См. подобные манифесты в Имп. Публ. Библ. — каталог «Russica», U. 166, M. 260.
[3] «Осьмнадцатый век», изд. Бартеневым, IV, 21.

ния, Екатерина в письме к Петру вспоминала о «славной победе», в которой царю удалось взять в плен «камарата своей в то время саржи» (charge — должность). Находясь в Финляндии в 1719 году, Петр в письме к Екатерине выразил надежду «праздники взять в Ангуте, в земле обетованной».[1] И на современников Гангутская битва произвела глубокое впечатление. Вольтер сравнивает Гангут с Полтавою.[2]

Допрос шпиона.
С рисунка шведского художника Седенштрома.

После Гангутской битвы русский флот отправился к Аландским островам, что навело ужас на Швецию, ибо Аланд находился только в 15 милях от Стокгольма. Царь с небывалым торжеством возвратился в парадиз и был в сенате провозглашен вице-адмиралом. Однако военные действия 1714 года кончились неудачно. Апраксин с галерным флотом много по-

---

[1] Письма русских государей, I, 76, 89, 107—108, 128, 155.
[2] Брошюры об этом событии в Имп. Публ. Библ. — каталог «Russica», S. 719, R. 864, B. 1086. Voltaire, II, 62.

терпел осенью от бури, причем потонуло 16 галер, а людей погибло около 300 человек.[1]

Между тем, началась осада Стральзунда союзными войсками. В 1715 году этот город сдался, несмотря на то, что сам Карл XII, наконец покинувший турецкие владения, прибыл в Стральзунд для защиты столь важного места. В 1716 году сдался союзникам Висмар.

Участие Петра в делах Западной Европы становилось все более и более успешным. Прежние понятия о ничтожности России превратились в совершенно противоположную оценку гениальной личности Петра и сил и средств, находившихся в распоряжении России при царе-преобразователе.

Данциг. Пирмонт

Путешествие Петра заграницу в 1716 и 1717 годах отличается от поездок 1711 и 1712 годов и продолжительностью, и дальностью. Никогда Петр так долго не находился за границей, как в это путешествие, относящееся к самому блестящему времени его внешней политики.

Накануне этого путешествия происходили довольно важные военные действия в Померании. Успехи русских войск сильно озадачивали даже союзников России, не говоря уже о ее противниках. Только прусский король оказался весьма довольным торжеством России, надеясь на получение значительных выгод при посредстве царя.

Достойно внимания случившееся около этого же времени первое знакомство Петра с английским адмиралом Норрисом. Летом 1715 года царь находился в Ревеле и много крейсировал в окрестностях этого города. Туда же прибыл Норрис с эскадрою, и царь несколько раз, иногда даже в сопровождении Екатерины, бывал гостем адмирала. Последний был также приглашаем к царю.[2] Знакомство с Норрисом возобновилось в 1716 году, в пребывание Петра в Копенгагене.

Уже с 1712 года завязались сношения между Россией и Мекленбургом. Затруднительное положение, в котором находился герцог Карл-Леопольд, заставило его искать покровительства у самого сильного из союзных государей, у царя. Чтоб упрочить себе это покровительство, герцог решился предложить свою руку племяннице Петра, Екатерине Ивановне. В начале 1716 года в Петербурге был заключен брачный договор. На запа-

---

[1] Соловьев, XVII, 38—39.
[2] Походные журн. 1715 г., 62—64.

де стали подозревать, что Петр намеревался назначить в приданое племяннице кое-какие завоевания. Начали говорить о Висмаре. Куракин представлял Петру, что все эти планы «противны» двору английскому и что на западе не желают, чтобы Россия имела сообщение с Германией посредством Балтийского моря.[1]

Князь Никита Иванович Репнин.
С портрета, принадлежащего Академии Художеств.

27-го января 1716 года Петр выехал из Петербурга. В Риге происходили переговоры между Петром и адъютантом прусского короля Грёбеном о военных действиях в Померании, в особенности же о городе Висмаре.[2] Затем Петр отправился в Данциг, куда прибыл и король Август. Уже до этого король испытывал превосходство России, содержавшей в Польше свои войска и нередко обращавшейся с нею как с завоеванною страною. В Данциге Петр распоряжался как у себя дома. Он был встречен русскими генералами; там было много русских войск; около Данцига находился русский флот. Король Август производил на современников скорее впечатление вассала, угождавшего своему ленному владетелю, нежели хозяина дома, принимавшего у себя почетного гостя. Видя с какою надменностью Петр в Данциге обращался с королем Августом, современники в За-

---

[1] Соловьев, XVII, 52.
[2] Голиков, доп., XI, 92—101.

падной Европе ужаснулись.¹ Прусские министры опять представляли своему королю опасность, грозившую ему со стороны Петра, но король выразил надежду, что Пруссия всегда будет в состоянии доказать России, какая разница существует между Польшей и Пруссией.² Во всяком случае, устраиваемые Петром в Данциге смотры казались демонстрациями, имевшими целью внушить современникам высокое понятие о значении России.

Князь Борис Иванович Куракин.
С портрета, принадлежащего князю А.Б. Куракину.

Петр был чрезвычайно недоволен настроением умов в Данциге и строго требовал прекращения всех связей между этим городом и шведами. Вопрос об отношениях царя и русского войска к Данцигу наделал довольно много шуму. Данциг обратился к Нидерландской республике и к английскому королю за помощью.

И осада Висмара не обошлась без неприятностей. Между русскими, прусскими и датскими генералами происходило разногласие. Князь А. И.

---

[1] См. статью Рейхардта о короле Августе, в журнале «Im neuen Reich», 1877 г., 25.

[2] Droysen, «Gesch. d. preuss. Politik», IV, 2, 157—158.

Репнин, командовавший русскими войсками, явился поздно, так сказать, накануне сдачи города. Датский генерал Девиц объявил Репнину, что не может впустить русских в сдавшийся город. Дело чуть не дошло до насилия, но русские войска не были впущены в Висмар, и Репнин был принужден вернуться назад. Петр, имея в виду высадку в Шонию, что, по его мнению, должно было иметь решительное влияние на ход войны, не хотел ссориться с Даниею и ограничился сильными представлениями королю насчет поступка генерала Девица.[1]

Медаль, выбитая по случаю командования Петром I четырьмя флотами.
Со снимка, находящегося в издании Иверсена «Медали на деяния Петра Великого».

Все это происходило во время пребывания Петра в Данциге, где 8-го апреля отпраздновали свадьбу племянницы царя с герцогом Мекленбургским. На пути из Данцига в Мекленбург Петр в Штетине встретился с прусским королем. К сожалению, не сохранилось сведений о переговорах при этом случае.[2] На пути в Шверин Петр в разных местах встречал отряды русских войск. Во время пребывания Петра в Шверине происходили переговоры об условиях брака герцога, о городе Висмаре, об удовлетворении герцога за военные убытки, и, как считается вероятным, о проекте промена Мекленбурга на Курляндию.

Царь и его спутники, как видно из разных случаев произвольных действий, чувствовали себя в Мекленбургской области как у себя дома и

---

[1] Соловьев, XVII, 55—56.
[2] Журнал 1716, 21—22. Herrmann, IV, 84.

не стеснялись нисколько распоряжаться по своему усмотрению. Насильственные меры герцога по отношению к дворянству были, по-видимому, одобрены царем. Такой образ действий русских раздражал не только противников, но и союзников царя. Германский император не переставал убеждать царя вывести свои войска из Мекленбурга. И Англия заявляла о своем неудовольствии по поводу действий русских.[1]

Во время пребывания Петра в Гамбурге царь вел переговоры с приехавшим туда же королем датским и условился с ним о нападении на Шонию.[2] Вскоре оказалось, что другие союзники, Ганновер и Пруссия, были весьма недовольны этим соглашением. Королю датскому представляли, в какой мере должно было казаться опасным появление в Германии, по пути в Данию, тридцатитысячного русского войска, и указывали, что русские войска будут содействовать разорению Мекленбурга, Померании, Голштинии и Дании, что царь, по всей вероятности, намерен взять себе или Висмар, или какую-либо укрепленную гавань в Померании, и что, допустив раз к себе столь опасных гостей, чрезвычайно трудно сбыть их с рук.[3]

После свидания с Фридрихом IV Петр отправился в Пирмонт для лечения. Здесь он пробыл от 26-го мая до 15-го июня. Сюда приехал и Лейбниц, который несколько дней провел в беседах с царем о разных проектах, задуманных им для России. В письмах к разным знакомым Лейбниц восхвалял громадные способности царя, его опытность, многосторонние познания, его страсть заниматься механикой, астрономией, географией и пр.

Лечение, развлечения, беседы с Лейбницом — не мешали Петру заниматься политическими делами. Дипломатические переговоры не прекращались. При царе были его министры. В Пирмонт явились представители различных держав и побывали у царя, чтобы пожелать ему успешного пользования минеральными водами. Между этими дипломатами находился императорский посол граф фон-Меч, которому было поручено Карлом VI от имени императора просить Петра, чтоб он оставил свое намерение сделать высадку в Шонию и вывел свои войска из Мекленбургской области.[4]

---

[1] См. многие любопытные подробности о пребывании в Мекленбурге, по рассказам Эйхгольца в «Русской Старине», XII, 13—18.

[2] Соловьев, XVII, 56. «Матер. для истории русского флота», II, 71. Некоторые важные данные об отношениях Петра к Дании и о заключении этой конвенции, в соч. «Studier til den store nordiske Krigs Historie, Af. Dr. E. Holm», Kjobenhavn, 1881 г., 1—43.

[3] Herrmann, «Peter d. Gr.», стр. IX.

[4] Герман, IX.

Портрет Петра Великого,
фототипия с гравюры Хубракена, сделанной с портрета, писанного с натуры Карлом Моором в 1717 году. Фототипия Ремлера и Ионаса в Дрездене.

Гораздо важнее были переговоры, веденные гессен-кассельским дипломатом, обер-гофмаршалом и тайным советником фон-Кетлером. Сын ландграфа гессен-кассельского, Карла, был женат на сестре шведского короля Карла XII. Поэтому ландграф желал взять на себя роль посредника между Карлом XII и Петром. Кетлеру было поручено разузнать в Пирмонте, на каких условиях царь согласился бы заключить мир со Швециею. Посредством предварительного соглашения между Петром и шведским королем ландграф надеялся принудить и прочих противников Карла XII к заключению мира. Отношения Петра к союзникам, однако, требовали крайней осторожности, и потому царь не дал решительного ответа.[1]

Таким образом, в Пирмонте начались переговоры, которые затем продолжались в Гааге. Летом 1716 года Куракин в Гааге имел свидание с генерал-лейтенантом Ранком, бывшим шведским подданным, вступившим на службу ландграфа гессен-кассельского. Ранк передал следующие слова Петра, сказанные в Пирмонте в ответ на предложения Кетлера: «можно ли со шведским королем переговариваться о мире, когда он не имеет никакого желания мириться и называет меня и весь народ русский варварами?» Передавая эти слова Петра, Ранк заметил Куракину, что царю несправедливо донесено об отзывах о нем Карла XII. «Я», говорил Ранк, «был при шведском короле в Турции и в Стральзунде с полгода, и во все время Карл отзывался о царском величестве с большим уважением: он считает его первым государем в целой Европе. Надобно всячески стараться уничтожить личное раздражение между государями, ибо этим проложится дорога к миру между ними».[2]

Несмотря на представления императорского двора, несмотря на уверения ландграфа гессен-кассельского относительно склонности Карла XII к миру, Петр был убежден в необходимости продолжать военные действия, а именно, сделать высадку в южной части Швеции. Для такого морского похода Петр нуждался в свежих силах и потому был особенно доволен успехом лечения в Пирмонте.

Из Пирмонта Петр отправился в Данию. Между тем, как он поехал через Росток и оттуда с галерным флотом приближался к Копенгагену, 5 000 человек конницы двигались из Мекленбурга через Голштинию, Шлезвиг, к острову Фюнен. Таким образом, Петр явился в Данию со значительными военными силами.

От успеха десанта в Шонию можно было ожидать окончания войны. «Кризис на севере» помешал этому успеху.

---

[1] Из марбургского архива у Германа, XI — XII.
[2] Соловьев, XVII, 61—62.

«Кризис на Севере»

Мысль о десанте в Швецию занимала Петра с давних пор. Для этой цели было необходимо содействие Дании. Уже в 1713 году царем было сделано предложение атаковать Карлскрону.[1] Затем, в 1715 году, был составлен проект о совместном действии русского и датского флотов.[2]

Нападение на Швецию Петр считал необходимым средством принудить Карла XII к заключению мира. Король Фридрих IV при этом, однако, жаловался на недостаток в деньгах, рассчитывал на русские субсидии, медлил, извинялся разными затруднениями, в которых он сам находился, необходимостью прикрывать берега Норвегии и пр. Петр был очень недоволен и старался действовать на короля через русского посла в Копенгагене, князя В. Л. Долгорукого.

Желая сосредоточить свои войска й свою эскадру в Дании, чтоб оттуда напасть на Швецию, царь принимал разные меры для перевозки и прокормления солдат и моряков. При этом происходили частые столкновения с Даниею. Долгорукий постоянно должен был хлопотать о том, чтобы Дания исполнила обещания, данные в мае 1716 года в конвенции, заключенной между царем и Фридрихом IV близ Гамбурга. Одним из важнейших условий удачного исхода имевшегося в виду предприятия было число транспортных судов для перевозки значительных масс русских войск из Мекленбурга в Данию. Многое зависело от исполнения этого обещания со стороны датского короля.

Со всех сторон начали сосредоточиваться в Копенгагене значительные военные силы. Из Англии туда прибыл Бредаль с русскою эскадрой, снаряженною в Англии. Из Ревеля ожидали прибытия большого русского флота; из Мекленбурга сухопутные войска должны были отправиться в Данию; галерный флот от берегов Померании приближался к Варнемюнде. Таким образом, Петр, отправляясь в Данию, мог ожидать исполнения в ближайшем будущем своего желания нанести сильный удар самой Швеции и этим принудить Карла XII к миру. Первым условием успеха было согласие союзников.

Надежды Петра не сбылись. Военные действия сделались невозможными вследствие разлада между союзниками. Опасения чрезмерного могущества Петра росли. Сам Петр не доверял союзникам. До настоящего времени, впрочем, при недостаточном материале закулисной дипломати-

---

[1] Holm, 7.
[2] «Мат. для ист. флота», IV, 87.

ческой истории, остается невозможным разъяснить вопрос, что́ было причиной неосуществления десанта в Шонию: царь обвинял союзников в неохоте к действиям, в умышленном замедлении хода дел; союзники же обвиняли царя в том, что он, серьезно думая о заключении сепаратного мира со Швецией, сам не хотел действовать. Дело в том, что интересы союзников шли врозь. Особенно Англия не желала чрезмерного унижения Швеции и возвышения России. И англичане, и датчане в это время относились к Петру враждебно, хотя их внутреннее озлобление и прикрывалось внешними формами приличия, учтивости и даже дружбы.[1]

Лейбниц.
С гравированного портрета Штейнге.

Петр мог быть доволен оказанным не только ему, но и царице Екатерине в Копенгагене приемом. Саксонский дипломат Лос писал барону Мантейфелю: «король датский всячески старается угодить царю; королева отдала первая визит царице» и пр. Но в то же время Лос сообщил о некоторых случаях недоразумений, происходивших между Фридрихом IV и Петром. Царь хотел чаще видеться с королем, оставляя в стороне все пра-

---

[1] См. подробности в моей статье «Путешествия Петра 1711—1717», в «Русском Вестнике», 1880 г., CLI, стр. 161—168.

вила этикета, король же иногда бывал недоступным, избегал встреч с Петром.[1] К тому же, датчане объявили, что нельзя приступить к экспедиции в Шонию до прибытия адмирала Габеля, находившегося с датскою эскадрою тогда у берегов Норвегии.[2]

Герцог Филипп Орлеанский.
С гравированного портрета того времени.

22-го июля, наконец, царь, не вытерпев, отправился на шняве «Принцессе» в сопровождении двух судов для рекогносцировки шведского берега к северу от Копенгагена до Ландскроны и дальше. Тут Петр увидел, что неприятель укрепил все удобные для десанта места. На третий день он возвратился в Копенгаген. Даже и после приезда Габеля старания Петра склонить датчан к ускорению действий не имели успеха. Петр писал к Апраксину: «все добро делается, только датскою скоростью; жаль времени, да делать нечего».

Наконец, в начале августа, на копенгагенском рейде происходила торжественная церемония отправления соединенных эскадр «в поход». При этом Петр играл первенствующую роль. Он казался душою всего

---
[1] Сб. И. О. XX, 61—64.
[2] Журнал, 1716 г.

предприятия. Ему принадлежала инициатива похода. Он был главнокомандующим. Ему было оказываемо особенное уважение, как начальнику.

Не прошло еще двух десятилетий, как Петр в Голландии учился морскому делу. С тех пор Россия сделалась сильною морскою державою, первоклассным государствам. Царь находился во главе союза, составившегося против Швеции, и, в качестве моряка и воина, как специалист в морской войне, он стоял возле адмиралов Англии, Голландии, Дании. Положение России, значение царя — заставляли иностранных адмиралов признать Петра начальником экспедиции. В память этого события была выбита медаль, на которой царь был представлен окруженным трофеями с надписью: «Петр Великий Всероссийский, 1716 год», — на другой стороне изображен Нептун, владеющий четырьмя флагами, с надписью: «владычествует четырьмя».[1]

Барон Шафиров писал к князю Меншикову: «такой чести ни который монарх от начала света не имел, что изволит ныне командовать четырех народов флотами, а именно: английским, русским, датским и голландским, чем вашу светлость поздравляю».[2]

Однако при всех любезностях, при всей торжественности морского этикета, «скоро обнаружилось некоторое несогласие между начальствами союзных эскадр. Морской поход не повел ни к какому результату. Высадка на берега Швеции не состоялась. Нигде союзники не встретили шведского флота, благоразумно скрывавшегося в удобной и сильной шведской гавани Карлскроне. Весь поход, таким образом, остался простой рекогносцировкой в больших размерах и обратился в прогулку, имевшую значение политической демонстрации.[3]

Чрезвычайно рельефно Петр в письме к Екатерине характеризовал странное положение, в котором он находился. 13-го августа он писал ей с корабля «Ингерманландия»: «о здешнем объявляем, что болтаемся туне, ибо что́ молодые лошади в карете, так наши соединения, а наипаче коренные сволочь хотят, да пристяжные не думают; чего для я намерен скоро отсель к вам быть».[4]

Очевидно, царю надоело «болтание туне», так как от подобных военных действий нельзя было ожидать никакого успеха; он, по всей веро-

---

[1] Iversen, «Medaillen auf d. Thaten P. d. Gr.», S. Pet. 1872. стр. 46.
[2] «Мат. для ист. фл.», II, 110.
[3] Подробности см. в «Пох. Журн.» 1716 г.
[4] См. Письма русск. госуд., 9, где число этого письма ошибочно показано 18-го июля, вместо 13-го августа.

ятности, скорее надеялся на дипломатические переговоры. На союзников нельзя было полагаться; нужно было думать о мире со Швециею помимо союзников. Мы знаем, что уже в Пирмонте царю было сделано предложение заключить сепаратный мир. Переговоры, происходившие в Голландии, после пребывания царя в Дании, а немного позже съезд русских и шведских дипломатов на одном из Аландских островов заставляют нас считать вероятным, что уже во время пребывания в Дании, при нерадении союзников, царь мечтал о сепаратном мире.

Поэтому Петр должен был думать о возвращении в Копенгаген, где он предполагал сосредоточить все находившиеся в его распоряжении сухопутные силы. Для этого он нуждался в транспортных судах датчан. Как видно, царь все еще, на всякий случай, был занят мыслью о продолжении военных действий, о сильном ударе, который нужно нанести Швеции для окончания войны. Однако датчане медлили доставлением транспортных судов, и вследствие этого росло раздражение царя. Петр, еще находясь на флоте, прямо говорил адмиралам о нерадении: «если датчане того не исполнят, то они будут причиною худого Северного союза».[1]

Приехав в Копенгаген 24-го августа, Петр тотчас же спросил о причинах замедления в отправке транспортных судов. Есть основание думать, что объяснения по этому поводу не были особенно дружескими. Союзники были недовольны друг другом.

В конце августа царь опять предпринимал поездки с целью рекогносцирования шведских берегов. При одной из этих поездок дело дошло до перестрелки. С русских кораблей стреляли по шведским батареям; одним из выстрелов со шведских батарей шнява «Принцесса», на которой находился Петр, «была ранена», как сказано в «Походном Журнале».

«Генеральный консилиум» у царя с министрами и генералами 1-го сентября решил: отложить десант в Шонию до будущего лета. Особенно Меншиков, как видно из его писем к царю, считал такой десант делом чрезвычайно опасным. Именно на эти опасности и затруднения было обращено внимание в конференциях Петра с королем датским и с русскими и датскими генералами и министрами. Существенный вопрос состоял в том: как перевезти в такое позднее время на неприятельские берега тайком значительное войско; высадившись, надобно дать сражение, потом брать города Ландскрону и Мальмэ, но где же зимовать, если взять эти города не удастся? Датчане указывали, что зимовать можно при Гельзингэре, в окопах, а людям поделать землянки. Но от такой зимовки, возражали русские,

---

[1] Журнал, 39.

должно пропасть больше народу, чем в сражении. Наконец, Петр велел объявить датскому двору решительно, что высадка невозможна, что ее надобно отложить до будущей весны.[1]

После этого датчане, весьма недовольные Петром, начали требовать немедленного удаления русских войск из Дании.[2] Отношения между союзниками становились все более и более натянутыми. Петр должен был действовать осторожно: он боялся измены со стороны датчан. Зачем такая медленность с их стороны? Зачем дана неприятелю возможность укрепиться? Получались известия, что министр английского короля Георга, Бернсторф, с товарищами ведет крамолу, что генерал-кригс-комиссар Шультен подкуплен и нарочно медлил транспортом, чтобы заставить русских сделать высадку в осеннее, самое неудобное время: «ведая», по словам Петра, «что когда в такое время без рассуждения пойдем, то или пропадем, или так отончаем, что по их музыке танцевать принуждены будем».[3]

В сентябре 1716 г. дело едва не дошло до кризиса. Союзники обвиняли друг друга в измене. Король датский в появившейся немного позже особой «декларации о причинах, заставивших его отказаться от предполагаемого десанта»,[4] говорил, что царь нарочно медлил перевозкой своих войск, а затем, под предлогом позднего времени, не хотел высаживаться на шведские берега, потому что находился в сношениях со шведским правительством.

В Пруссии тогда говорили, что Петр за оказанную Дании помощь требовал датской Померании, и что Дания не только согласилась на эту уступку, но даже предлагала царю вдобавок Штетин; прусское правительство, рассчитывавшее на приобретение Штетина, должно было негодовать на царя за такие намерения; недоброжелатели России, очевидно, хотели сеять раздор между Петром и вернейшим из его союзников, Фридрихом Вильгельмом I.[5]

Защитники несчастного Мекленбурга, ганноверское и английское правительства, распускали слух, что Петр изменил союзникам, что маска снята,

---

[1] Соловьев, XVII, 59.
[2] Lamberty, «Mémoires pour servir à l'histoire du XVIII siècle», IX, 626.
[3] Сообщено Соловьевым, XVII, 59. Где, когда, кому все это было сказано Петром? Нельзя не сожалеть, что Соловьев не сообщил подробностей.
[4] Мы пользовались брошюрой «La crise du Nord», появившейся в 1717 году. Декларация эта напечатана также у Ламберти «Mémoires pour servir à l'histoire du XVIII siècle», 624—627.
[5] Droysen, «Gesch. d. preuss. Pol.» IV, 174.

что он не хочет сделать десанта, так как желает заключить сепаратный мир. Наконец, даже в Дании стали говорить о замыслах Петра против самой Дании. Не мог же он, говорили там, без всякой цели привести в Данию такое большое войско; надобно опасаться его враждебных замыслов, надобно беречь Копенгаген! В Копенгагене поставили всю пехоту по валам и прорезали на валах амбразуры.[1] Жителям Копенгагена тайком внушали, что необходимо вооружиться для отражения ожидаемого нападения.[2]

Все это происходило в то самое время, когда датским королем в честь царя и царицы были устраиваемы придворные празднества и когда Петр находился в довольно благоприятных отношениях к адмиралу Норрису.[3] А именно Норрис и мог сделаться опасным царю.

Со стороны Англии в это время намеревались нанести удар Петру, русскому флоту и русскому войску. Англичане хотели разом положить конец значению России на Балтийском море. Есть сведение, что король Георг I поручил адмиралу Норрису напасть на русские корабли и транспортные суда, арестовать самого Петра и этим принудить его со всем войском и флотом тотчас же удалиться в Россию. К счастию, английские министры выставили на вид, что столь насильственный образ действий может иметь чрезвычайно пагубные последствия, и что прежде всего пострадают английские купцы, находящиеся в России. По другим известиям, Норрис не мог исполнить приказания, потому что оно было прислано из ганноверской, а не из английской канцелярии.[4] О Норрисе рассказывали даже, будто он брался уничтожить весь русский флот и перерезать в одну ночь все русские войска, находившиеся на острове Зеландии. Переполох, впрочем, скоро кончился, потому что с русской стороны не обнаруживалось никакого враждебного намерения. Англичане довольствовались внимательным наблюдением за действиями царя, о котором отзывались в самых резких выражениях, утверждая, что для укрепления своего господства на Балтийском море он мечтает о присоединении Мекленбурга к России.[5] Король Георг I обратился к императору Карлу VI с требованием, чтобы тот, в качестве главы германской империи, подумал о средствах к спасению Северной Германии от перевеса могущества Петра и принудил

---

[1] Соловьев, XVII, 59.
[2] Droysen, IV, 174.
[3] Журнал 1716 г., 90—95.
[4] Соловьев, XVII, 60.
[5] Mahon, «History of England», I. 342. «It is certain, that if the Czar be let alone three years, he will be absolute master in those seas».

бы последнего удалиться в Россию.¹ Из Ганновера не переставали приходить в Берлин внушения, что царь хочет овладеть Гамбургом, Любехом, Висмаром и укорениться в империи. К счастью для Петра, Фридрих Вильгельм I оставался его верным союзником, обо всем сообщал русскому посланнику Головкину и в самых дружеских выражениях говорил о России.²

Несмотря на все эти опасности, грозившие в Дании царю и его войску, пребывание Петра в Копенгагене окончились довольно благополучно. В первых числах октября царские войска начали обратно перевозиться из Дании в Мекленбург. Происходили разные увеселения при датском дворе. Царь и король обменялись любезностями и учтивостями и уверениями в дружбе. Но были также признаки недоверия и сильной подозрительности.

Очевидно, союзники России боялись ее. Считали возможным, что царь поступит со своими союзниками в Западной Европе так же, как он поступал в Польше. Петра считали способным ко всевозможным интригам, к самым смелым предприятиям. Поэтому нужно было придумать поводы удалить его и его войско из Западной Европы. С разных сторон делались усилия возбудить в общественном мнении целой Европы враждебные чувства против царя. Образовалась целая литература по этому предмету. В различных брошюрах посыпались жалобы на образ действий русских войск в Померании, Мекленбурге и Голштинии. Победы России в одной брошюре названы предвещанием светопреставления.³

Важнейшее место между этими произведениями публицистики занимает явившаяся в переводе с английского языка в 1717 году брошюра *«Кризис севера, или беспристрастное рассуждение о политике царя, по поводу датской декларации относительно несостоявшегося десанта в Шонии»*. Автором английского подлинника, который, как кажется, вовсе не был напечатан, считался граф Карл Гилленборг.

Содержание этой брошюры следующее: после общей характеристики Петра, его способностей, его «чисто политического духа», говорится о его честолюбия, о его страсти к накоплению богатств и к расширению могущества, о его путешествии по Европе в 1697 и 1698 годах, и особенно о его пребывании в Англии, имевшем целью дать России возможность построить флот. Далее указано, не без сожаления, на неосторожность королей польского и датского при заключении союза с царем, на уменье Петра

---
¹ Droysen, IV, 2, 177—181.
² Соловьев, XVII, 61. Droysen, IV, 2, 210.
³ См. некоторые подробности об этой полемике в моей статье «Путешествия Петра» в «Русском Вестнике», CLI, 186 и след.

воспользоваться ошибками, сделанными Карлом XII, и на основание Петербурга. Затем следует очерк истории дипломатических переговоров о мире, краткое замечание о значении Полтавской битвы и указание на намерение Петра завоевать не только Лифляндию, Эстляндию и Финляндию, но, со временем, и всю Швецию. В довольно резких выражениях говорится о коварстве Петра в обращении с союзниками, т. е. с Польшею и Даниею, которых он заставлял будто по-пустому тратить силы и средства на борьбу со Швециею, с тою целью, чтобы впоследствии тем удобнее воспользоваться изнеможением этих государств для своих честолюбивых планов. Таким образом, продолжает автор, Россия сделается в ближайшем будущем соперницею Англии, захватив в свои руки всю торговлю на севере Европы, а также торговлю с Персиею и Турциею, что, при успешном развитии промышленности в России, становится еще более вероятным и удобоосуществимым. Наконец, автор прямо обвиняет Петра в том, что он имел в виду взять себе остров Готланд, но, убедившись в невозможности привести в исполнение этот план, он отказался от участия в предприятии на Шонию, чем нанес сильный ущерб интересам своих союзников. Потом говорится о слухах касательно тайных переговоров между Петром и Карлом XII; такой образ действий автору кажется предосудительным; Петр характеризуется как интриган, каждую минуту готовый жертвовать пользою своих союзников. Из всего этого, по мнению автора, следует, что царь сделался чрезвычайно опасным для всей Европы и т. д. Поэтому нужно остерегаться его, противодействовать ему и, между прочим, препятствовать сближению Карла XII с Петром; иначе же все христианство не перестанет беспокоиться. Одним словом, дело дошло до кризиса, и это обстоятельство заставляет каждого желать мира и покоя. Нужно всеми мерами стараться возвратить Швеции ее прежнее значение и пр.

Как видно, ничтожность России, по мнению автора этой брошюры, «La crise du Nord», считалась условием счастья Европы. В видах интересов всей Западной Европы вообще, а Англии, Голландии и Швеции в особенности, восстановление прежнего положения на северо-востоке, каково оно было до 1700 года, казалось автору необходимым средством мира и тишины.

Таковы были результаты пребывания Петра в Северной Германии и в Дании. Он мог быть доволен тем громадным значением, какое получила Россия. В письме к царевичу Алексею от 11-го октября 1715 года он говорит: «всем известно есть, что пред начинанием сея войны наш народ утеснен был от шведов, которые не только ограбили толь нужными отеческими пристаньми, но и разумным очам к нашему нелюбозрению добрый задернули завес и со всем светом коммуникацию пресекли. Но потом, когда сия война началась (которому делу един Бог руководцем был и есть), о коль великое гонение от сих всегдашних неприятелей, ради нашего неискусства в войне, претерпели и с какою горестно и терпением сию школу прошли, дондеже достойной степени вышереченного руководца помощию дошли! И тако сподобилися видеть, что оный неприятель, от которого трепетали, едва не вящшее от нас ныне трепещет. Что́ все, помогающу Вышнему, моими бедными и прочих истинных сынов российских равноревностных трудами достижено». Говоря затем о значении военного искусства, царь замечает, что «воинским делом мы от тьмы к свету вышли, и которых не знали в свете, ныне почитают».

Все это, сказанное Петром накануне его путешествия в Западную Европу, подтвердилось еще более событиями 1716 года. Хотя и не произошло никаких особенно замечательных военных действий, все-таки приготовления к десанту в Шонию обнаруживали необычайную предприимчивость и смелость Петра, показывали, что Россия и на суше, и на море располагала весьма значительными средствами. Опасения, высказываемые на западе относительно становившегося тягостным перевеса России, могли служить меркою результатов усилий Петра.

Пребывание в Голландии

На пути из Копенгагена в Голландию, позднею осенью 1716 года, Петр остановился в Шверине. Сюда явился и гессен-кассельский дипломат Кетлер, начавший, как мы видели, во время пребывания Петра в Пирмонте, переговоры о сепаратном мире со Швецию. Из донесения Кетлера о переговорах, происходивших в Шверине, видно, что Петр изъявил готовность возвратить Швеции Финляндию, за исключением Выборга, между тем как Кетлер непременно хотел удержать за Швециею Петербург и всю Лифляндию. Любопытно то обстоятельство, что при этом случае зашла речь и о Польше, и что Петром было выражено желание сохранить там ограничение монархической власти.[1]

Затем в местечке Гавельберге (12—17 ноября) происходило свидание между Петром и королем Фридрихом-Вильгельмом I. Прусский король крепко держал сторону России. Когда Петр, еще из Копенгагена, дал знать

---

[1] Dass nicht zugegeben werden dürfe, dass sich darüber jemalen einer Souverain machte, см. «Herrmann», «Peter d. Grosse u. d. Zarewitsch Alexei», стр. XV.

берлинскому двору, что высадка в Шонию отложена, то здесь без возражения приняты были причины, представленные царем, и вся вина сложена на датчан. Сам король объявил Головкину, что считает все внушения ганноверского двора ложными, происходящими от личной злобы Бернсторфа, и поэтому отклонил свидание с английским королем. Из Ганновера не переставали приходить в Берлин внушения о разных замыслах царя, но Фридрих-Вильгельм не обращал на это никакого внимания и, в противность ганноверскому правительству, внушал царю, чтоб он не выводил своих войск из Мекленбурга, потому что, если шведский король нападет на Данию, то без русских войск ни Дании, ни Пруссии нельзя будет с ними успешно бороться, а король английский не поможет.[1] При таких обстоятельствах встреча короля с царем достигла своей цели. Петр писал из Гавельберга Екатерине, оставшейся в Шверине: «о здешнем объявляю, что наш приезд сюды не даром, но с некоторою пользою»;[2] а к Апраксину: «мы здесь, по желанию короля прусского, приехали и место небесполезное учинили».[3] Прежний союз между Пруссией и Россией был скреплен. Король обязался в случае нападения на Россию с какой-либо стороны с целью отнять у нее завоеванные у шведов области, гарантированные Пруссиею, помогать России или прямо войском, или диверсией в земли нападчика. Немного позже Фридрих Вильгельм письменно уверял царя в постоянстве своей дружбы, прося его быть уверенным, что никто не будет в состоянии когда-либо расторгнуть союз Пруссии с Россией.[4] Прощаясь с царем, король подарил ему великолепную яхту и «янтарный кабинет».[5] В свою очередь, царь обещал королю прислать ему пятьдесят великанов из русских солдат для его гвардии.[6]

Довольно важным оказалось пребывание Петра в Гавельберге в следующем отношении. В сентябре 1716 года прусский король заключил с Франциею секретное условие об охранении утрехтского и баденского договоров и об умиротворении севера; по случаю свидания с Петром в Гавельберге, Фридрих Вильгельм счел нужным побудить царя следовать той же политики и присоединиться с этой целью к союзу. Этот вопрос был

---

[1] Соловьев, XVII, 61.
[2] Письма р. гос., I, 50.
[3] Мат. для ист. р. флота, II, 156.
[4] Droysen, IV, 2, 210.
[5] Письма р. гос, I. 50. Mém. de Fréderique Sophie Wilhelmine, Brunswick, 1810, I. 46. Сборник моск. главного архива, вып. I.
[6] Scheltema, II, 7.

предметом бесед в Гавельберге, причем, однако, король не открывал царю, что он уже заключил договор с Францией. Прусский дипломат Книпгаузен затем был отправлен в Голландию с целью действовать на царя в этом направлении.¹

6 декабря 1716 года Петр прибыл в Амстердам. Туда же в начале февраля 1717 г. прибыла и Екатерина, после того как она в Везеле 2 января родила царевича Павла Петровича, скончавшегося тотчас же после рождения.²

В Голландии Петр оставался несколько месяцев. В продолжение этого времени он был занят столько же вопросами внешней политики, сколько приобретением разносторонних сведений в области хозяйства, наук и искусств. Во время первого пребывания царя в Голландии (1697—98) он был юношею; его занимало главным образом кораблестроение; двадцатью годами позже он приехал в Голландию с гораздо большим запасом сведений, с более широким кругозором. В первый свой приезд он явился в Голландию неопытным государем малоизвестного, чуждого Европе Московского царства, ныне же он мог считаться представителем великой державы, знаменитым полководцем, влиятельным членом союза государств, заключенного против Швеции. Со времени первого пребывания Петра в Голландии дипломатические сношения между Россией и Нидерландами сделались более оживленными. С тех пор русские дипломаты в Аметердаме и в Гааге, Матвеев и Куракин, играли довольно важную роль. Россия все более и более участвовала в общеевропейских делах, а главный город в Нидерландах, Гаага, именно в это время сделался средоточием дипломатических дел в Европе.³

Мы видели выше, как возрастающее могущество России не нравилось Генеральным Штатам. Между царем и Голландиею накануне приезда Петра в Амстердам происходили разные, хотя и не особенно важные дипломатические столкновения. В Голландии не одобряли образа действий Петра, в Данциге опасались, что русские станут мешать свободе торговли на Балтийском море, жаловались на притеснения голландских купцов в России и пр.

Из писем шведского дипломата Прейса, в то время находившегося в Гааге, видно, что Генеральные Штаты не особенно обрадовались приезду ца-

---

¹ См. записку Л. Ле-Драна, сост. в 1726 г., напеч. в XXXIV т. Сб. ист. О.

² Петр приписывал этот несчастный случай пренебрежению, оказанному царице во время ее путешествия через Ганноверские владения. См. Соловьева, XVII, 63.

³ Гашар (Gachard) замечает в «Bulletin de l'acad. royale de Belgique» 1878, т. 46, стр. 511; «on sait que le Haye était considérée, à cette époque, comme le centre des négotiations de l'Europe».

ря. Ходили слухи о намерении Петра продолжать в Голландии тайные переговоры о мире со Швециею. Шведский дипломат барон Гёрц еще до приезда Петра в Голландию находился в сношениях с Куракиным. Нельзя сомневаться в том, что поездка Петра в Голландию состояла в самой тесной связи с этими переговорами, хотя и об этой, так сказать, закулисной истории дипломатических сношений до нас дошли лишь весьма отрывочные данные.

В конце февраля Петр заболел, но именно во время болезни его происходили довольно важные переговоры между Россиею и Англией. Петр намеревался иметь свидание с королем Георгом; последний пробыл некоторое время в Ганновере и через Голландию вернулся обратно в Англию. В кружках дипломатов рассказывали, что свидание царя с королем должно было состояться в одном местечке между Утрехтом и Лейденом. По другим известиям, местом свидания был назначен город Флардинген.[1] Свидание не состоялось, отчасти по случаю болезни царя, но особенно, как кажется, вследствие некоторого разлада между Россиею и Англией. Поводом к этому разладу послужил вопрос о русских войсках, находившихся в Северной Германии. Пока эти войска оставались в Мекленбурге, английский король считал положение ганноверских владений опасным. Поэтому он старался принудить царя к выводу своих войск из Северной Германии. Переговоры об этом происходили именно во время болезни Петра, в Гааге. Однако Петр не обращал внимания на просьбы и представления английского короля, императора, германского сейма и отвечал всем в общих выражениях. Из бесед с бароном Шафировым, политические способности которого произвели глубокое впечатление на императорского посла, барона Геемса, последний узнал о полном разладе между союзниками и из этого заключил, что можно ожидать скорого заключения мира со Швециею.[2] Англичане грозили насильно принудить русские войска оставить Мекленбургскую область, а русские дипломаты грозили сосредоточить еще большее количество войска в Северной Германии. Таким образом, отношения к Англии остались неопределенными. Шведский дипломат Прейс писал в это время: «Геемс говорит, что трудно выразить ту ненависть, которую он встретил в министрах царя к английскому королю; она доходит до того, что Шафиров назвал Бернсторфа мошенником (fripon)».[3]

Особенно натянутыми оставались отношения Петра к Дании. Именно в это время явилась вышеупомянутая «декларация» Дании по поводу

---

[1] Чтения М. О. И. и др., 1877. II. 8. Herrmann, «P. d. Gr. u. Zar. Alexei» 191—192.
[2] Lamberty, X, 105—108.
[3] Чтения, 1877, II, 7—8.

несостоявшейся высадки в Шонию. Из донесений Прейса мы узнаем, как резко говорил царь об этой манифестации короля Фридриха IV. Скоро появилась и другая брошюра, «Письмо одного мекленбургского дворянина к своему другу в Копенгаген», в которой были выставлены на вид интриги Дании и в которой образ действий царя оправдывался во всех отношениях.[1] Утешением в это тяжелое время были дружеские отношения с Пруссиею. Фридрих Вильгельм I и его министр Ильген постоянно говорили о необходимости тесной дружбы между обеими державами.[2]

Среди всех этих забот, о которых свидетельствует многосложная переписка царя с Меншиковым, Шереметевым, Апраксиным и др., было получено из Англии важное известие об арестовании шведского посла Гилленборга, по случаю открытия тайных сношений Швеции с партией претендентов-Стюартов. Сообщая об этом происшествии царю, русский посол Веселовский называл этот случай «очень полезным интересам вашего царского величества». Петр был действительно рад этому эпизоду и ожидал войны между Англиею и Швециею. К Апраксину он писал: «ныне не правда ль моя, что всегда я за здоровье сего начинателя (Карла XII) пил? ибо сего никакою ценою не купишь, что сам сделал». Тотчас он отправил подробные инструкции Веселовскому о предложении Англии русской помощи в случае войны. Тем не менее, отношения между Россиею и Англиею оставались холодными. К тому же, в бумагах, найденных у Гилленборга, было упомянуто о русском дворе, именно о царском медике Эрскине (Areskin), приверженце Стюартов. По поводу этого дела возникла переписка с английским двором. Царь отправил в Англию Толстого, но Толстой был принят холодно, и отношения между Англиею и царем оставались натянутыми.[3]

Пребывание Петра в Париже

Мы не знаем, в какое время Петр решил отправиться в Париж. Рассказывали, будто Петр еще при жизни короля Людовика XIV изъявил желание видеть Францию, но что король не желал приезда царя.[4] Мы видели, что Людовик XIV не раз возобновлял попытки сблизиться с Россиею. После кончины этого короля малолетний Людовик XV в весьма учтивом письме к

---

[1] Lamberty, IX, 628—636.
[2] Соловьев, XVII, 73—74.
[3] Соловьев, XVII, 664—7.
[4] Scheltema, II, 33.

царю сообщил ему о случившейся во Франции перемене.[1] Многие обстоятельства, между прочим польские дела, мешали сближению обеих держав. Зато Пруссия заботилась о дружеских отношениях между Франциею и Петром.[2] Царь первым условием союза с Франциею поставил гарантию с ее стороны всех завоеваний, сделанных Россией в Северную войну. Хотя Франция и не соглашалась на это условие, Петр все-таки мог надеяться через посещение французской столицы найти новое средство для достижения желанной цели — для заключения выгодного мира со Швециею.

Вид Версаля в начале XVIII столетия.
С французской гравюры того времени.

Французское правительство во все время путешествия царя в 1716 году искало случаев вступить в сношения с Россиею. В Петербург был отправлен дипломатический агент де-Лави, что, между прочим, сильно не понравилось шведам. Было намерение отправить в Пирмонт, во время пребывания там царя, графа Ла-Марка для переговоров, однако кратко-

---

[1] Lamberty, IX, 619—620.
[2] См. беседы Ильгена с Головкиным у Соловьева, XVII, 68—74.

временность пребывания царя в Пирмонте помешала исполнению этого намерения.[1]

Царь выехал из Голландии в конце марта. О его отношениях к республике в донесениях Прейса сказано между прочим: «полагают, что царь уже более не возвратится сюда, обстоятельство, которое всеми толкуется как признак неудовольствия на штаты. Не подлежит сомнению, что его нынешнее пребывание отличалось от прежнего меньшею к нему предупредительностью и не представляло много приятностей. Вообще, здесь стали теперь отзываться о царе с гораздо меньшим уважением» и пр.[2]

Ментенон.
С гравированного портрета того времени.

Пребывание Петра в австрийских Нидерландах, где всюду царю был оказан торжественный прием, не имело особенного политического значения. В Антверпене он осмотрел весьма тщательно достопримечательности

---

[1] См. разные документы, свидетельствующие о старании Франции сблизиться с царем в Сб. И. О. XXXIV, 490—517.

[2] Чтения, 1877, II, 10—11.

города. В Брюсселе еще ныне против фонтана, из которого царь выпил воды, возвышается памятник, состоящий из колонны с бюстом Петра.[1]

Отправившись через Брюгге и Остенде во Францию, Петр, вступив на французскую землю, подвергся значительной опасности. Его любопытство все видеть, эта господствующая, по выражению австрийского наместника, маркиза де-Приё, страсть Петра едва не стоила ему жизни. Пользуясь отливом, он захотел объехать дюнкирхенскую банку и отправился на нее в карете. Вдруг поднялся сильный ветер; прилив начался с необыкновенною быстротою, и вода покрыла дорогу, на которой находился царь; он едва имел достаточно времени, чтоб отпрячь одну из лошадей и ускакать верхом от грозившей ему опасности.[2]

Во Франции были приняты меры для того, чтобы встретить всюду царя с подобающею ему честью, хотя им было выражено желание путешествовать инкогнито.[3] Однако на пути в Париж он нигде долго не оставался. Франция, как кажется, не произвела на него благоприятного впечатления. После посещения им самых богатых тогда в Европе стран, голландских и австрийских Нидерландов, его поражала бедность населения во Франции.[4]

В Париже были приготовлены для царя два помещения: в Лувре и в доме Ледигиер (Lesdiguières), принадлежавшем маршалу Виллеруа. Петр предпочел поместиться в доме Ледигиер. На другой день после приезда Петра у него был с визитом герцог Орлеанский, причем царь держал себя несколько гордо. Герцог Орлеанский после разговора, в котором участвовал князь Куракин, служивший переводчиком, с похвалой отзывался об уме царя. Два дня спустя сам король, семилетний Людовик XV, навестил царя и при этом случае весьма ловко сказал затверженную им речь. Царь казался восхищенным, целовал короля и брал его несколько раз на руки. Когда на другой день, 30 апреля, Петр отправился с визитом в тюиллерийский дворец, юный король с министрами и маршалами встретил Петра на нижнем крыльце. Петр взял его на руки и, неся по лестнице, как рассказывали впоследствии, сказал: «всю Францию на себе несу».[5] Этот анекдот

---

[1] См. подробности об этом памятнике в моей статье «Путешествия Петра и пр.» в «Р. Вестнике», т. CLI, 644.

[2] Gachard, в Bulletin de l'Acad. Roy. 1. c. 522.

[3] После собрания мною множества данных о путешествии Петра во Францию — см. мою статью в «Р. Вестнике» — появился целый ряд деловых бумаг, относящихся к этому предмету в XXXIV т. Сб. И. О.

[4] Письма р. гос., I, 66.

[5] Голиков, V, 318, по рассказу Ив. Ив. Неплюева.

подлежит сомнению, так как во французских мемуарах и журналах того времени не упомянуто о таких подробностях.[1]

Весьма тщательно Петр занялся осмотром достопримечательностей города Парижа. Он был в обсерватории, в анатомическом институте, на гобеленовой фабрике, в картинной галерее, в библиотеке. Затем он смотрел мастерскую, где делались статуи, гулял в тюйлерийском саду, наблюдал за строением моста, был в опере, в «Hôtel des invalides», в разных замках, например, в Мёдоне, в о. Клу, в Исси, Люксембургском дворце, в Версале, Трианоне, Марли, Фонтенебло, Сен-Жермене и пр. В Сен-Сире он осмотрел знаменитую женскую школу, заведенную г-жею Ментенон, и без церемонии пошел в комнату, где г-жа Ментенон, желая избегнуть встречи с царем, легла в постель. Подойдя к постели, он, не сказав ни слова и не поклонившись ей, посмотрел на нее и затем преспокойно опять вышел из комнаты.[2]

На монетном дворе в присутствии царя была выбита медаль в честь Петра, на которой была представлена при восходящем солнце от земли парящая и проповедующая трубным гласом слава со стихом из Виргилия вокруг: «Vires acquirit eundo».[3]

Петр был и в Сорбонне, где с ним заговорили о соединении восточной и западной церквей, причем однако он держал себя осторожно и сдержанно.[4] Далее он осматривал королевскую типографию, был в коллегии, основанной кардиналом Мазарини, присутствовал при экзерциниях французской гвардии, в заседании парламента, был в Академии Наук и пр.

Петр сделался членом Академии Наук. Во Франции особенно ценили его географические познания. Карта Каспийского моря, которую он в Париже показывал ученому Делилю, изменила совершенно понятия, существовавшие на западе относительно формы этого моря.

Нет сомнения, что на царя парижская жизнь произвела глубокое впечатление. Некоторые меры, принятые Петром после возвращения в Россию, свидетельствуют об этом. Сюда относятся, например, указ об «ассамблеях», печатание разных книг, меры к открытию Академии Наук и пр.

---

[1] См. некоторые подробности в «журнале Данжо», в мемуарах герцога Сен-Симона, в мемуарах Дюкло и в документах, напечатанных в XXXIV т. Сб. Ист. О., а также статью Полуденского в «Р. Арх.» 1865, III, 67 и след.

[2] Dangeau, 101 и 104. Saint-Simon, 234. Иначе у Штелина, I, 54.

[3] См. Иверсена «Medaillen», стр. 48.

[4] Pierling, «La Sorbonne et la Russie», Paris 1882.

Встреча Петра Великого с Людовиком XV.
Гравюра Зубчанинова в СПб по рисунку художника Н. Загорского.

Впечатление, которое Петр произвел на современников своим пребыванием во Франции, было весьма благоприятное. Он поражал французов простотой своей одежды: чрезмерная роскошь в одежде, господствовавшая во Франции, не понравилась царю. Особенно изумляла всех любознательность Петра. Чрезвычайно выгоден отзыв о Петре герцога Сен-Симона, который был в восхищении не только от способностей, но и от личности царя.

Оставляя Францию, как говорят, Петр заметил: «жалею о короле и о Франции: она погибнет от роскоши».[1]

Медаль, выбитая по случаю посещения Петром I парижского монетного двора.
Со снимка, находящегося в изд. Иверсена «Медали на деяния Петра Великого».

Современники утверждают, что французское правительство не очень обрадовалось приезду царя, особенно потому, что Франция в то время находилась в весьма близких отношениях с Англией. Далее Франция находилась в союзе со Швециею и любила покровительствовать Польше. Спрашивалось, могло ли при таких обстоятельствах состояться то сближение между Россией и Францией, которого желал Петр и которое было главным поводом его путешествия в Париж?

Царь надеялся расторгнуть союз Франции со Швецией и заключить союз с Людовиком XV; он хотел этим укрепить за собою завоеванные им

---

[1] Штелин, I, 254.

у Швеции владения. Регент, герцог Орлеанский, поручил вести переговоры маршалу Тессе под руководством маршала Юкселя (d'Huxelles), президента совета иностранных дел. Царские министры предлагали взаимную дружбу между обеими державами и союз, заключение оборонительного договора, коим царь и король прусский гарантировали бы Франции Баденский и Утрехтский договоры, а Франция, со своей стороны, гарантировала бы царю завоевания и поручилась бы, что не будет помогать шведам ни прямо, ни косвенно, деньгами или войском. При переговорах возникли разные затруднения. Когда русские министры намекнули на субсидии, которые Россия могла бы ожидать от Франции, Тессе уклонился от переговоров по этому вопросу, пока не истечет срок обязательствам, которые Франция взяла на себя перед Швециею. Маршал Юксель в особой записке говорил, что до окончания срока договора со Швециею, в 1718 году, Франция по вопросу о посредничестве должно ограничиться общими обещаниями дружбы и союза в будущем.[1]

Во Франции были люди, умевшие ценить значение союза с Россиею. Герцог Сен-Симон писал тогда в своих мемуарах: «ничто более сего не могло благоприятствовать нашей торговле и нашему весу на севере, в Германии и в целой Европе. В руках сего монарха находилась торговля Англии (sic), а король Георг сильно его опасался из-за своих германских владений. Голландии, равно как и императору римскому, он умел внушить к себе уважение; словом, бесспорно, что он был весьма важное лицо в Европе и в Азии и что Франция много выиграла бы от тесного с ним союза. Он не любил императора и желал мало-помалу избавить нас от влияния Англия, и именно сей последней стране обязаны мы тем, что самым неприличным образом отвергли его предложения, деланные нам еще долго после его отъезда. Тщетно настаивал я не раз по этому делу у регента; тщетно представлял я ему самые дельные и неопровержимые доводы... С тех пор уже неоднократно приходилось нам раскаиваться в последовании пагубным внушениям Англия и в безумном пренебрежении предлагаемых нам Россией условий».[2]

Есть основание думать, что именно во время пребывания Петра в Париже Франция с разных сторон получала предостережения относительно Петра. Нет сомнения, что польские агенты действовали наперекор видам России. Так, например, Сен-Симон замечает, что саксонский дипло-

---

[1] См. Flassan, «Histoire de la diplomatic française», IV, 415—459, и записку Ле-Драна в Сб. И. Общ. XXXIV, стр. XXVI до XXXVIII.

[2] «Mem. du duc de S. Simon», Paris, 1872, IX, 236 и 237.

мат Лос всюду следовал за царем, не столько в качестве дипломата, сколько в качестве лазутчика.[1] Новейшие историки, не отрицая, что образ действий царя и его министров обнаруживал необычайную ловкость, утверждают, что чувство собственного достоинства, высокое понятие о значении России и даже некоторое чванство были главным образом заметны в приемах Петра во время переговоров.

«Петербург», загородный дом русского резидента в Голландии
при Петре I, Хр. Бранта.
С гравюры того времени Рюйтера.

Эти переговоры во время пребывания Петра в Париже ни к чему не привели. Покидая Францию, Петр уполномочил барона Шафирова, Толстого и Куракина заключить союз с Франциею. Договор был подписан только 4-го августа в Амстердаме, где Петр находился в то время.

---

[1] «Mem. du duc de S. Simon», IX, 254.

В силу этого договора, царь и короли, французский и прусский, обязались поддерживать мир, восстановленный трактатами Утрехтским и Баденским, также охранять договоры, которые имеют прекратить Северную войну. Если один из союзников подвергнется нападению, то другие обязаны сначала мирными средствами потребовать ему удовлетворения от обидчика; но, если эти средства не помогут, то по прошествии четырех месяцев союзники должны помогать войсками или деньгами; царь и король прусский обязуются принять медиацию короля французского для прекращения Северной войны, причем король французский не должен употреблять никакого понуждения ни против какой стороны; король французский обязуется также, по истечении срока договора, существующего между Франциею и Швециею (в апреле 1718 г.), не вступать ни в какое новое обязательство со Швецией.[1]

Непосредственным следствием заключения этого договора было отправление в Россию французского посла Кампредона и французского консула Вильярдо (Villardeau).[2] Царь был главным виновником такого сближения России с Франциею. Пребывание в Париже положило основание более близким дипломатическим сношениям между обеими державами.

Спа. Амстердам. Берлин

Во время пребывания Петра во Франции считали вероятным, что и прусский король отправится в Париж для переговоров о мире со Швециею.[3] Однако эта поездка не состоялась.

9-го июня Петр выехал из Парижа. В тот же день Данжо заметил в своем дневнике, что царь, уезжая, обещал герцогу Орлеанскому вывести свои войска из Мекленбурга и что английский король просил регента произвести некоторое давление на царя в этом смысле. Мы не знаем, насколько этот рассказ соответствует фактам. Нельзя однако сомневаться в том, что и во Франции с некоторым опасением следили за развитием могущества России.[4]

Как бы то ни было, во время пребывания Петра в Спа, где он лечился в продолжение четырех недель,[5] были им приняты меры для удаления

---

[1] П. С. З., № 3098. Lamberty, X, 109—112.
[2] Flassan, IV, 459—461.
[3] Донесение Прейса, в Чтениях, 1877, II, 11.
[4] Dangeau, 114.
[5] Albin Body, «Pierre le Grand aux eaux de Spa», Bruxelles, 1872.

русских войск из Мекленбурга. Сам герцог Карл-Леопольд просил царя об этом, и герцогиня Екатерина Ивановна писала в этом смысле к Петру.

Город Спа весьма многим был обязан царю. Репутация минеральных вод, возросшая со времени пребывания там царя, привлекала уже в 1718 и 19 годах гораздо большее число больных, чем прежде. В память пребывания Петра в Спа в 1856 году поставлен в главной колоннаде у источников великолепный бюст царя, вышедший из мастерской знаменитого ваятеля Рауха и подаренный городу князем Анатолием Демидовым.

В Амстердаме, куда Петр приехал в конце июля, приходилось вести весьма важные переговоры. Для этой цели Куракин прибыл в Голландию несколько ранее, чем царь. В конференции с Куракиным известный приверженец Карла XII, генерал Понятовский, сообщил, что граф Гёрц отъезжает к королю в Швецию и что лучше всего объявить ему об условиях царского величества, для передачи их Карлу XII. Куракин заметил на это, что условия царя давно объявлены и что напрасно упущено драгоценное время. В другой конференции Понятовский объявил, что виделся с Гёрцом, который предлагает такой способ переговоров: король шведский пошлет своих уполномоченных в Финляндию на съезд с царскими министрами. Когда договор будет заключен, король сам пожелает видеться с царским величеством. Как видно, обе стороны искренно желали мира, но до мира было еще далеко. В третьей конференции, в которой участвовал и шведский дипломат Прейс, Куракин объявил, что царь согласен на предложение Гёрца отправить своих министров в Финляндию и желает, чтобы съезд был на острове Аланде. Наконец, 12-го августа в Лоо происходило свидание Куракина с Гёрцом, где подтвердили все то, что было условлено с Понятовским и Прейсом. На вопрос Герца, можно ли допустить французского посла графа де-ла-Марка к участию в переговорах, Куракин отвечал: «зачем впутывать в дело постороннюю державу? Особенно нужно остерегаться графа де-ла-Марка, которому поручено примирить английского короля, как курфюрста ганноверского, с шведским королем». Гёрц согласился с этим мнением.[1]

Хотя все это происходило в секрете, но все-таки тотчас же распространились слухи о желании царя заключить сепаратный мир со Швециею.[2]

В то же время происходили переговоры между английскими и русскими министрами. Норрис и Витворт имели конференцию с Куракиным о заключении союза и торгового договора, о мерах к заключению мира со

---

[1] Соловьев, XVII, 79.
[2] Lamberty, X, 117.

Швециею и о турецких делах. Относительно мира со Швециею царские министры заметили, что «по нынешним коньюнктурам и по всегдашнему жестокости короля шведского без принуждения его царское величество не видит к тому способа» и пр.[1] Скоро после этой конференции Норрис имел аудиенцию у царя и был принят весьма благосклонно. Немного позже англичане узнали все подробности сношений царя и Куракина с Гёрцом.[2]

Что касается отношений Петра к Голландии во время последнего пребывания его в этой стране, то вопрос о Данциге, захват голландцами шведского судна, взятого русскими каперами, и опасения голландцев насчет чрезмерно быстрого развития русской торговли и промышленности мешали установлению более тесной дружбы. Все старания заключить торговый договор между Россиею и Нидерландами оказались тщетными.[3] К тому же, отношения Куракина к Герцу сделались известными в Голландии, что также произвело неблагоприятное впечатление на Генеральные Штаты. Все это, разумеется, не мешало взаимным любезностям и соблюдение внешних форм учтивости и приветствия. Город Амстердам во время присутствия там царя сделался местопребыванием многих политических деятелей, министров, дипломатов, которые побывали с визитами у царя. Жители города устраивали празднества разного рода.[4] Магистрат старался угождать царице Екатерине, оставшейся в Амстердаме во время пребывания Петра во Франции и в Бельгии.

Петр в Голландии в 1717 году особенно занимался изучением всего того, что относилось в торговле. Поэтому-то его интересовал коммерческий флот голландцев. Далее, он находился в близких сношениях с художниками и учеными, покупал картины и книги, осматривал разные коллекции и пр.

Из Амстердама осенью Петр через Магдебург отправился в Берлин, где в продолжение всего этого времени происходили переговоры об условиях мира со Швециею и где еще за несколько дней до приезда царя происходили конференции между русскими и прусскими министрами.

У современников ходили разные слухи о странностях Петра во время его пребывания в Берлине. Он отличался особенною бережливостью.[5] Что

---

[1] Мат. для ист. флота, IV, 141—145.
[2] Herrmann, «Peter d. Gr.», 193. Письмо Робетона от 8—19 октября, 1717 г.
[3] Scheltema, II, 58—65, 313—315. Lamberty, X, 113, 117.
[4] Особенным оживлением отличались празднества в честь Петра, устроенные русским резидентом в Голландии, Брантом, в загородном его доме, названном им «Петербургом».
[5] В записках сестры Фридриха Великого, маркграфини Байрейтской, рассказывается о пребывании Петра в Берлине множество нелепостей, которые однако

касается политических дел, то был учинен концерт. Гавельбергский договор был возобновлен и утвержден во всех пунктах таким образом, что, если кто из северных союзников заключил бы отдельный мир со Швециею, по которому шведы остались бы опять в Германии, или если кто-нибудь стал бы принуждать короля прусского к уступке Штетина с округом, то Россия и Пруссия препятствуют этому вооруженною силою, соединив свои войска. Царь, сообщив королю, что он сам начал вести переговоры со Швециею о мире, обязался о всех этих сношениях немедленно и верно сообщать находящемуся при его дворе прусскому министру и пр.[1]

Петр не долго оставался в Берлине и через Данциг, Ригу, Пернаву, Ревель и Нарву возвратился в Петербург.

Путешествие царя продолжалось более двадцати месяцев. Никогда царь так долго не был в отсутствии. Не на отдых, впрочем, вернулся царственный работник. Накопилось множество дел. В разных письмах из Петербурга за это время говорится о беспорядках, происходивших в России вследствие продолжительного отсутствия царя.[2] Нужно было заняться разбором множества случаев злоупотреблений, судом над царевичем, приготовлением дипломатического съезда на Аландских островах и, на всякий случай, разными мерами для продолжения войны.

Глава V. Окончание Северной войны

Недоброжелатели России не переставали надеяться лишить Петра результатов побед, одержанных над Швециею. Особенно Англия упорно действовала наперекор интересам России. Могущество России для держав в Западной Европе казалось опасным. Поэтому противники Петра желали невыгодного для России мира.

При всем том, однако, все более или менее нуждались в окончании многолетней войны, в отдыхе. И в Швеции общим желанием был мир. После Полтавской битвы там господствовало уныние. Ходили тогда слухи, что Карл XII не остался в живых. Были люди, видевшие в нем единственное препятствие к заключению мира и потому желавшие ему смерти; начали сравнивать Карла XII с лишенным ума королем Эрихом XIV.[3]

перешли в разные сочинения о Петр. В моей статье о путешествиях Петра указано («Русский Вестник», CLII, 97 и след.) на некоторые подробности.

[1] Соловьев, XVII, 92.
[2] Herrmann, «Peter d. Gr.», 95 и 102.
[3] Fryxell, III, 52 и след.

Сам Карл, впрочем, как мы видели, искал случаев к открытию переговоров о мире. Всякая попытка такого рода для шведского короля представляла еще ту выгоду, что вступление им в сношения с Россиею легко могло посеять раздор между Петром и его союзниками.

Во время пребывания Петра в Голландии, летом 1717 года, как мы видели, Куракин и Гёрц пришли к соглашению относительно съезда шведских и русских дипломатов на Аландских островах для переговоров о мире. В то же время, однако, были возобновлены переговоры России с Даниею о предполагаемом десанте в Шонию. Вскоре оказалось, что Петр не мог надеяться на союзников. Дания не переставала питать сильное недоверие к царю. Даже Пруссия начинала действовать подчас наперекор интересам России. Русский посланник в Берлине не раз должен был выслушивать совет, что Россия, при заключении мира, должна руководствоваться началами умеренности, уступчивости и воздержания. Пруссия объявила, что готовность Петра не настаивать на уступке ему всей Финляндии еще не может считаться достаточным доказательством миролюбия царя. Считали возможным, что Петр откажется и от присоединения к своим владениям Ревеля. Русские старались доказать, что приобретение всей Лифляндии Россиею должно считаться ручательством за сохранение мира на северо-востоке Европы. При всей натянутости отношений между Пруссиею и Россиею, все-таки прежний союз оставался в полной силе. Союзники обещали сообщать друг другу о всех частностях положения дела и во время переговоров о мире.

С Англиею еще в 1717 году происходили переговоры о мерах к скорейшему окончанию войны. Русские выставляли на вид, что по известной несклонности Карла к миру нужно принудить его к тому силою оружия, предлагая соединить английский флот с русским для общего нападения на Швецию. Эти операции, по мнению Петра, должны были повторяться, пока Северная война не кончится благополучным миром. Король Георг I не согласился на это предложение, указывая на ограниченность своей власти, на нерасположение к военным действиям парламента и пр. К тому же, как полагал русский посол в Лондоне, французский дипломат Дюбуа, находившийся в то время в английской столице, старался противодействовать сближению России с Англиею.[1]

В мае 1718 года начались переговоры на Аландских островах. Уполномоченными со стороны Швеции были Гёрц и Гилленборг, со стороны России Брюс и Остерман. Сам Петр составил для своих уполномоченных

---

[1] Соловьев, XVII, 93—95.

подробный наказ, из которого видно, в какой степени было трудно согласовать интересы России и ее союзников, Пруссии и Дании. Союзникам Петр обещал не скрывать пред ними частностей негоциации о мире. Теперь же он не мог не подумать о сепаратном мире, о заключении тайного соглашения между Остерманом и Гёрцом. В конфиденциальном письме царя к Остерману предписывалось последнему обещать Герцу в подарок сто тысяч рублей и другие награды, если бы он трудился заключить выгодный для России мир. Далее сказано, между прочим: «если король уступит нам провинции, которые теперь за нами (кроме Финляндии), то мы обяжемся помочь ему вознаградить его потери в другом месте, где ему нужно».

Тотчас же после открытая съезда шведские уполномоченные объявили, что Лифляндия и Эстляндия составляют естественные бастионы королевства Шведского и что королю лучше потерять все в другом месте, чем уступить их России. Остерман старался подействовать на прибывшего на съезд генерал-адъютанта Шпарре, пользовавшегося особенным доверием короля. Далее русские дали почувствовать шведам, что царь был бы готов действовать заодно со Швециею против Англии и, например, поддерживать претендента из дома Стюартов против Георга I. Особенно упорно спорили о Ревеле, на уступку которого Гёрц никак не соглашался. Затем Гёрц целый месяц был в отсутствии и вернулся в Аланд с новым наказом, в силу которого он объявил, что король не иначе может согласиться на уступку Ревеля, как если получит эквивалент из датских владений, и желает, чтобы царь ему в том помог. Дальнейшее затруднение представлял собою Выборг. Русские уполномоченные объявили, что этот город от Петербурга в близком расстоянии и что царь в своей резиденции никогда безопасен быть не может, если Выборг будет за Швециею. Постоянно являлись со стороны Гёрца новые предложения, чтобы царь действовал в ущерб своим союзникам. Нельзя было придти к какому-либо соглашению. Два раза Остерман ездил за новыми инструкциями в Петербург, два раза Гёрц отправлялся с тою же целью в Стокгольм. Ничто не помогало. Оказалось вскоре, что Гёрц в Швеции не пользовался более прежним доверием и что это обстоятельство мешало успеху его дипломатической деятельности. Достойно внимания и то, что со стороны Швеции медлили заключением мира в надежде на беспорядки в России; ожидаемый бунт против царя действительно оказался бы весьма важною выгодою для Швеции. Наконец, Остерман пришел к тому убеждению, что на заключение мира можно надеяться не иначе, как после нападения на самую Швецию. К тому же им была выражена надежда, что «король, по его отважным поступкам, когда-нибудь или убит будет, или, скача верхом, шею сломит».

После сделанного Гёрцом предложения, чтобы Россия помогала Карлу воевать с Даниею, на что, разумеется, русские уполномоченные не соглашались, Гёрц в ноябре 1718 года уехал в Швецию. Ожидали его возвращения на Аландские острова по истечении четырех недель. Он не вернулся. Зато была получена весть об убиении короля Карла XII под стенами крепости Фридрихсгаль и об арестовании Гёрца.

Шведский министр барон Герц.
С гравированного портрета того времени.

Остерман отправился в Петербург, между тем, как Брюс для продолжения переговоров оставался на Аландских островах. Перемена, происшедшая в Швеции, состоявшееся там ограничение монархической власти — оказались весьма выгодными для России. Решительнее прежнего Петр мог настаивать на уступке ему Лифляндии, Эстляндии, Ингерманландии, Выборга и Кексгольма с частью Карелии. Зато со стороны России была изъявлена готовность заплатить за эти провинции некоторую сумму денег. Между тем, царь через отправленного в Стокгольм бригадира Лефорта поздравил королеву Ульрику Элеонору со вступлением на престол и при этом выразил надежду на заключение мира. Однако переговоры в Аланде оставались безуспешными и опять Брюс и Остерман начали говорить о необходимости нападением на самую Швецию принудить ее к миру.

Яков Вилимович Брюс.
С портрета, принадлежащего графу Ю.И. Стенбоку.

Шведские дипломаты между тем старались поссорить Россию с Пруссиею. Новый шведский уполномоченный, Лилиенштедт, спросил Брюса и Остермана, известно ли царю, что против него ведутся большие интриги, что недавно против него заключен даже союз. Головкин узнал в Берлине, что здесь ганноверская партия сильно интригует, чтобы отвлечь короля Фридриха Вильгельма от России и заставить его вступить в соглашение с королем Георгом. Головкин не раз беседовал с самим королем об этом деле и все старания недоброжелателей России не повели к желанной цели.

Россия приступила к возобновлению военных действий. Флот, состоявший из 30 военных кораблей, 130 галер и 100 мелких судов, был отправлен к берегам Швеции; войска, находившиеся на этом флоте, высадились в окрестностях Стокгольма, сожгли 2 города, 130 селений, 40 мельниц и несколько железных заводов. Добыча русских ценилась в 1 миллион, ущерб, нанесенный шведам в 12 миллионов. Казаки явились недалеко от шведской столицы. Все это происходило в 1719 г. Петр, надеявшийся, что все это подействует в пользу мира, снова отправил Остермана для ведения переговоров в Швецию. Однако Остерману объявили, что королева готова уступить Нарву, Ревель и Эстляндию, но требует возвращения Финляндии и Лифляндии. К тому же выговаривали Остерману, что царь присылает своего министра с мирными предложениями, а войска его жгут шведские области, и прибавили, что никогда не дадут приневолить себя к миру.

Тогда царь послал своим уполномоченным на Аландском конгрессе поручение в виде ультиматума: или в продолжение двух недель окончить переговоры на основании требований России, или же прекратить конгресс. Шведские дипломаты объявили, что уезжают с Аландских островов. Таким образом, оставалось только надеяться на продолжение военных действий.[1]

Весьма важным событием в это время было сближение между Швецию и Англиею. В силу договора, заключенного между обеими державами, Бремен и Верден были уступлены Ганноверу. Впрочем, как доказывал Куракин в особой составленной им по этому поводу записке, этот договор не мог сделаться опасным для России; Куракин был того убеждения, что нет основания ожидать каких-либо опасных предприятий со стороны Швеции, что вся задача заключается в выигрыше времени для того, чтобы принудить Швецию к заключению мира, и что для достижения этой цели может оказать пользу энергичное продолжение военных действий.[2]

Таким образом, не прекращались одновременно и дипломатические, и военные действия. Не было основания ожидать особенно деятельного заступничества со стороны какой-либо державы в пользу Швеции. И происходившее в это время сближение между Швециею и Австриею не представляло опасности. Притязания Польши на Лифляндию также не могли иметь значения, потому что внутреннее разложение Речи Посполитой мешало успеху этой державы во внешней политике.

Зато достойно внимания состоявшееся в это время сближение между Россиею и Испаниею. Франция и Англия заключили между собою союз

---

[1] Соловьев, XVII, 229—262.
[2] Там же, XVII, 319—320.

против Испании, стараясь привлечь к этому союзу и Нидерланды. Одновременно Куракин ведь в Гааге с испанским послом переговоры о заключении союза между Россиею и Испаниею. Этот эпизод, не имевший важных последствий, все-таки свидетельствовал о тесной связи, существовавшей между Россиею и западноевропейскою системою государств. Россия имела возможность рассчитывать на союзников, которые могли сделаться довольно опасными ее противникам. Союз с Испаниею в то время, при замечательной роли, которую играл Альберони, мог иметь важное значение. Падение кардинала положило конец этим проектам испанско-русского союза.[1]

Андрей Иванович Остерман.
С портрета, находящегося в Императорском Эрмитаже.

В отношениях между Петром и Фридрихом Вильгельмом I было неизбежно некоторое охлаждение вследствие английско-ганноверского влияния, оказанного на Пруссию. Прусский дипломат в Петербурге, Шлиппенбах, должен был выслушивать упреки за непостоянство дружбы прусского короля и за то, что Фридрих Вильгельм I играет роль защитника

---

[1] Соловьев, XVII, 314 и след.

Швеции. К счастию и для России и для Пруссии, интересы обеих держав были тесно связаны и такого рода нерасположение могло быть лишь временным.[1] Петр в сущности не имел ни малейшего основания опасаться враждебных действий Пруссии.

Гавриил Иванович Головкин.
С неизданного гравированного портрета из собрания Бекетова.

Зато можно было считать вероятным разрыв между Россиею и Англиею. Царь и некоторые лица, окружавшие его, находились в сношениях с партиею претендента на английский престол, Якова III. Так, например, в Англии узнали, что Петр во время пребывания в Париже несколько раз виделся с лордом Маром, принадлежавшим к этой партии, и что там происходили переговоры о заключении тесного союза между Россиею, Швециею и Яковом III. Такие случаи повторялись. Лейб-медик царя Эрескин (Areskin) состоял в тесной связи с якобитами.[2] Нельзя удивляться тому, что король Георг относился с недоверием к России, что министр Стенгоп

---

[1] Droysen, IV, 2, 279, 320. Соловьев, XVII, 304.
[2] Herrmann, «Peter und Alexei», 193, 194, 196, 143—148.

не раз жаловался русскому послу в Лондоне на ласковый прием, оказанный приверженцам претендента в России, и что многие современники считали возможным разрыв между Англиею и Россию.

К тому же, в последнее время Северной войны английский флот не раз являлся в Балтийском море, показывая вид, что назначен для наблюдения за действиями русского флота. Между русским послом и английскими министрами происходили разные объяснения по этому поводу.[1] Когда адмирал Норрис с английским флотом летом 1719 года явился в Балтийском море, царь отправил к адмиралу письмо, в котором требовал объяснения, зачем он прислан. Норрис отвечал в общих выражениях. Английский посланник в Швеции Картерет сообщил Брюсу и Остерману, что королева Ульрика Элеонора приняла посредничество Англии для заключения мира между Швециею и Россиею и что английский флот находится в Балтийском море для защиты торговли английских подданных и для поддержания его медиации. В таких же выражениях писал к Брюсу и Остерману и адмирал Норрис. Русские уполномоченные на Аландских островах, «усмотря весьма необыкновенный и гордый поступок английских посла и адмирала», отвечали Картерету, что они не могут препроводить подобных писем к царскому величеству и пр.

Петр не желал английской медиации: всякое вмешательство Англии в дела России могло сделаться опасным для последней. Однако и в 1720 году в Балтийское море явился английский флот, и Веселовский писал из Лондона, что Стенгоп написал ему письмо об отправлении Норриса в Балтийское море «для прикрытия областей Швеции и для содействия заключения выгодного для обеих сторон мира между Россиею и Швециею». Царь приказал генерал-адмиралу графу Апраксину и рижскому генерал-губернатору князю Репнину не принимать никаких писем от Норриса и Картерета, «ибо всему свету известно, что адмирал Норрис послан на помощь в Швецию» и т. д.

Доказательством того, что английская демонстрация не произвела действия, служило энергичное продолжение военных действий. И в 1720 году русское войско высадилось на берегах Швеции, и опять было превращено в пепел несколько городов и деревень. В Англии противники министерства смеялись над английским флотом, отправленным для защиты Швеции и преспокойно смотревшим на опустошение шведских областей русским войском.

И в 1721 году повторились крейсирование англичан в Балтийском море и высадка русских войск в Швеции на глазах у английского флота.

---

[1] Соловьев, XVII, 322 и след.

Через Куракина Петр узнал о письме короля Георга к королеве Ульрике Элеоноре, в котором он советовал заключить мир, потому что Англия не может тратить так много денег на высылку эскадр. Очевидно, Швеция не могла рассчитывать на содействие Англии, а к тому же в Англии желали, уже из-за интересов торговли, некоторого сближения с Россиею.[1]

Первоначальный вид Троицкого собора в Петербурге.
С гравюры того времени.

В мае 1720 г. в Петербург явился шведский дипломат для сообщения о вступлении на престол королевы Ульрики Элеоноры. В августе этого же года в Стокгольм был отправлен Румянцев с предложением возобновить переговоры о мире. Местом съезда уполномоченных обеих держав был назначен Ништадт, близ Або.

В Петербурге затем, в начале 1721 года, происходили переговоры о мире со Швециею с французским дипломатом Кампредоном. Ему было объявлено решительно, что царь может возвратить Швеции лишь одну Финляндию, ничего более. Кампредон отправился в Швецию.

---

[1] Соловьев, XVII, 322, 359, 367—68.

В конце апреля 1721 года в Ништадте начались переговоры между Брюсом и Остерманом, с одной стороны, и Лилиенштедтом и Стремфельдтом — с другой. Прежде, во время переговоров на Аландских островах, Петр готов был согласиться, чтобы Лифляндия оставлена была в русском владении от тридцати до двадцати лет, и по окончании этого срока была бы возвращена Швеции.[1] Теперь же он мог настаивать на безусловной уступке этой области. После страшного опустошения шведских берегов русскими войсками, повторившегося и в 1721 году, Швеция стала уступчивее; довольно горячо спорили еще о Выборге, так как шведы долго не соглашались на уступку этого города; далее шведы все еще надеялись удержать за собою Пернаву и Эзель, однако Россия не согласилась ни на какие уступки и также не желала заключения прелиминарного договора. Наконец, после устранения всех затруднений, последовало заключение мира (30 августа), в силу которого Россия приобрела Лифляндию, Эстляндию, Ингерманландию, часть Карелии с Выборгом; Финляндия была возвращена Швеции; Россия заплатила 2 миллиона рублей.

Узнав 3 сентября о мире, Петр писал князю Василию Лукичу Долгорукому: «все ученики науки в семь лет оканчивают обыкновенно; но наша школа троекратное время была (21 год), однакож, слава Богу, так хорошо окончилась, как лучше быть невозможно».

При получении известия о мире Петр находился в окрестностях Петербурга; тотчас же он возвратился в новую столицу, где происходили торжественная встреча и разные празднества. Генерал-адмирал, флагманы, министры — просили царя принять чин адмирала. На Троицкой площади были приготовлены кадки с вином и пивом и устроено возвышенное место. На него взошел царь и сказал окружавшему его народу: «Здравствуйте и благодарите Бога, православные, что толикую долговременную войну всесильный Бог прекратил и даровал нам со Швециею счастливый, вечный мир». Сказав это, Петр взял ковш с вином и выпил за здоровье народа, который плакал и кричал «Да здравствует государь!» С крепости раздались пушечные выстрелы; поставленные на площади полки стреляли из ружей. По городу с известиями о мире ездили 12 драгун с белыми через плечо перевязями, со знаменами и лавровыми ветвями, перед ними по два трубача. 10 числа начался большой маскарад из 1 000 масок и продолжался целую неделю. Петр веселился как ребенок, плясал и пел песни.[2] 20 октября Петр объявил в сенате, что дает прощение всем осужденным преступникам, освобождает

---

[1] Там же, XVII, 256.
[2] Голиков, VII, 340. Büsching Mag. XIX, 142 и след.

государственных должников, слагает недоимки, накопившиеся с начала войны по 1718 год. В тот же день сенат решил поднести Петру титул Отца Отечества, Императора и Великого. 22 октября царь со всеми вельможами был у обедни в Троицком соборе. После обедни читался мирный договор. Феофан Прокопович в проповеди описывал знаменитые дела царя. Затем подошли к Петру сенаторы, и канцлер, граф Головкин, сказал речь, в которой между прочим говорил: «мы, ваши верные подданные, из тьмы неведения на театр славы всего света, и тако рещи, из небытия в бытие произведены, и в общество политичных народов присовокуплены». Затем Головкин просил Петра принять титул Великого Отца Отечества и Императора Всероссийского. Сенаторы три раза прокричали: виват; за ними повторил этот крик весь народ, стоявший внутри и вне церкви; раздались колокольный звон, звуки труб, литавр и барабанов, пушечная и ружейная стрельба.

Петр отвечал, что «желает весьма народу российскому узнать истинное действие Божие к пользе нашей в прошедшей войне и в заключении настоящего мира, должно всеми силами благодарить Бога, но надеясь на мир, не ослабевать в военном деле, дабы не иметь жребия монархии греческой; подлежит стараться о пользе общей, являемой Богом нам очевидно внутри и вне, отчего народ получит облегчение».

С таким же торжеством было отпраздновано заключение Ништадтского мира и в Москве, куда Петр отправился в начале следующего года.

Современники Петра не могли не сознавать, что Северная война навсегда должна была отделить древнее Московское царство от новой России. Война была решена в Москве, окончание ее праздновали в Петербурге. Достойно внимания, что во время войны было сделано распоряжение наблюдать за тем, чтобы Россия в «курантах», т. е. газетах, не называлась более Московским, а только Российским государством.[1] Во время этой войны совершилось окончательно превращение России из азиатского государства в европейское, вступление ее в систему европейского политического мира. Этою войною изменилось многое в политической системе Европы. Гегемония Швеции на северо-востоке прекратилась, падение Польши сделалось неизбежным, зато Россия стала первоклассною державою. Венецианский дипломат заметил: «прежде Польша предписывала царю законы; теперь же царь распоряжается по своему усмотрению, пользуясь безусловным авторитетом».[2]

---

[1] Соловьев, XVII, 404.
[2] Ranke, Werte, XXIV, 7.

Возле новой великой державы, России, возникло во время этой войны еще другое первоклассное государство — Пруссия. Бывший курфюрст Бранденбургский сделался лучшим и вернейшим союзником России. Центр тяжести политического веса и значения, так долго находившийся на юго-западе, у романско-католических народов, благодаря происхождению и развитию двух новых великих держав на северо-востоке должен был изменить свое положение.

Нельзя отрицать, что весьма важная доля успеха принадлежала лично Петру. Его во все тяжелое время войны поддерживала мысль о преобразовании России; он сделался победителем над знаменитым полководцем Карлом XII именно потому, что, уступая ему в военном искусстве, он превосходил его в качестве всестороннего государственного деятеля. Недаром все труды и опасности, лишения и страдания во время Северной войны Петром считались полезною школою. Сознание необходимости успеха в области внешней политики для внутреннего преобразования заслужило ему имя «Великого». Во время этой войны скромный корабельный плотник и бомбардир, лоцман и шкипер — дослужился до чина адмирала. Мало того, царь сделался Всероссийским Императором.

Глава VI. Отношения с Азией

России было суждено сделаться посредником между востоком и западом. Поэтому Петр и в самый разгар Северной войны, доставившей России важное место в европейской системе государств, не упускал из виду азиатских дел. Еще до заключения Ништадтского мира он был занят проектами завоеваний на востоке. Кавказ и Персия обращали на себя особенное внимание царя.

Уже в XVI и XVII веках путь в Персию через Каспийское море, торговые связи с азиатскими государствами — сделались предметом желаний многих держав. Почти все западноевропейские государства домогались заключения договоров с Россиею об исключительном праве на торговые сношения с Персиею. Таковы были старания Англии при Иване IV; отважный и опытный путешественник Дженкинсон в то время предпринимал путешествия в Персию и Бухару; несколько десятилетий позже гольштинское посольство, при котором находился Олеарий, предприняло такое же путешествие с торговыми целями в Персию. Затем Юрий Крижанич старался доказывать, что для России торговые сношения с азиатскими странами представят чрезвычайные выгоды: Россия, по мнению ученого серба, должна была сделаться посредником между промышленностью и торговлею в Бухаре, Хиве и Персии, с одной стороны, и западноевропейским миром — с другой; он выразил надежду, что Каспийское море наполнится русскими торговыми судами, и предлагал сооружение фортов на берегах этого моря, учреждение консульств в Персии и пр.

Артемий Петрович Волынский.
С портрета, принадлежащего г. Трегубову.

Хотя Петру и не были известны сочинения Крижанича, но он не мог не заняться подобными же проектами. Еще в 1691 году Витзен в письме к царю указывал на торговые сношения с азиатскими державами как на обильный источник богатства, и говорил, между прочим, о необходимости сближения России с Китаем.[1] В 1692 году был отправлен в Китай датчанин Избранд для собирания сведений об этой стране. Петр рассчитывал на развитие торговых сношений с Китаем, и поэтому требовал от своих подданных на крайнем востоке особенной осторожности в обращении с китайцами. Оказалось, однако, что иезуиты в Китае старались препятствовать развитию сношений этой страны с Россиею, так что, хотя при Петре и были отправлены посольства в Китай, но успеха в дипломатических переговорах не было.

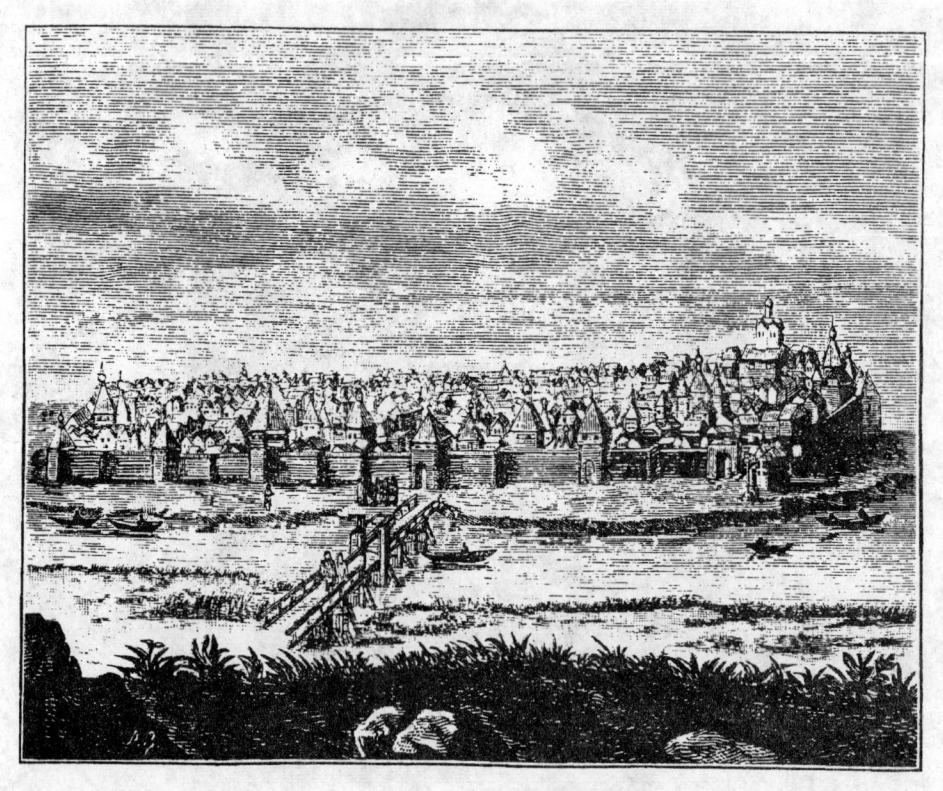

Город Терки в XVIII столетии.
С гравюры того времени, находящейся в «Путешествии» Олеария.

Успешнее можно было действовать на юго-востоке. Исходною точкою операций при этом служили берега Каспийского моря. Уже в 1699

---

[1] Posselt, «Lefort», I, 508.

году была отправлена экспедиция для изучения берегов Каспийского моря, однако, датчанин Шельтруп, бывший начальником этой экспедиции, имел несчастие попасть в плен к персиянам и вскоре умер.[1] Немного позже была снаряжена еще одна экспедиция с тою же целью, о деятельности которой, однако, не имеется сведений.[2]

Неудачный Прутский поход заставил Петра обратить еще большее внимание на эти страны. Можно было думать о вознаграждении на Каспийском море потери, понесенной на Азовском и Черном морях. Важною задачею считалось обеспечение торговых сношений с Персиею и центрально-азиатскими странами. На пути в Персию, Бухару и Хиву весьма часто подвергались разграблению караваны русских купцов. Подобные эпизоды случались и на Кавказе. Прежде всего казалось важным собрать более точные сведения о закаспийских землях. Поэтому Петр в начале 1716 года отправил туда князя Александра Бековича Черкасского, которому было поручено, между прочим, построить форт у гавани, где было устье реки Аму-Дарьи, осмотреть все местности края, хана хивинского склонить к верности и подданству, обещая ему наследственное владение, проведать о бухарском хане, нельзя ли его если не в подданство, то в дружбу привести. Для исполнения всех этих поручений Бекович был сопровождаем 4 000-м войском. Предприятие кончилось печальным образом. Хивинский хан, опасавшийся наступательных действий России и обманув Бековича обещанием ласкового приема, велел убить его; войско частью погибло, частью было взято в плен. Русские не могли даже удержать за собою форты, построенные у берегов Каспийского моря. В возмездие за этот поступок русское правительство в 1720 году, когда приехал хивинский посол, велело заключить его в крепость, где он скоро и умер. Отношения к хивинскому хану оставались натянутыми. С одним из хивинцев, приехавших с посланником, отправлена была к хану грамота с уведомлением о смерти посланника и с требованием отпустить всех пленных. В январе 1722 года вышел из Хивы пленный яицкий казак и рассказывал, что, когда хану подана была грамота, то он топтал ее ногами и отдал играть молодым ребятам.[3]

Расширение пределов России к востоку от Каспийского моря было лишь вопросом времени. Завоевание этих стран последовало гораздо позже.

---

[1] Перри, нем. изд., 164—166.
[2] Baer, «Peters d. Gr. Verdienste um die Erweiterung d. geogr. Kenntnisse», в сборнике «Beiträge z. Kenntniss d. russ. Reichs», XVI, 158.
[3] Соловьев, XVIII, 11—13.

Зато столкновение с Персиею произошло еще при Петре Великом. Отношения России к Грузии и прочим областям на Кавказе легко могли повести к столкновению с Персией. Уже в 1701 году, как доносил Плейер, царь намеревался требовать от персидского шаха уступки провинции Гилянь, богатой удобными портами и лесом, годным для кораблестроения. Ходили тогда же слухи о сооружении флота, назначенного в Каспийское море, к походу против Персии.[1]

Город Дербент в XVIII столетии.
С гравюры Оттенса 1726 года.

Петр сам был занят изучением вопроса о персидской торговле. В этом отношении достоин внимания наказ Волынскому, отправленному в Персию в качестве русского посланника в 1715 году. Тут сказано, между прочим: «едучи по владениям шаха персидского, как морем, так и сухим путем, все места, пристани, города и прочие поселения и положения мест, в какие где в море Каспийское реки большие впадают, *и до которых мест по оным рекам мочно ехать от моря и нет ли какой реки из Индии, которая бы впала в сие море*, и есть ли на том море и в пристанях у шаха суды военные или купеческие, також какие крепости и фортеции — присматривать прилежно и искусно и проведывать о том, *а особливо про Гилянь и какие горы и непроходимые места кроме одного нужного пути (как сказывают) отделили Гилянь и прочие провинции, по Каспийскому морю ле-*

---

[1] Устрялов, IV, 2, 538, 556, 583.

жащие, от Персиды, однако ж так, чтобы того не признали персияне, и делать о том секретно журнал повседневный, описывая все подлинно. Будучи ему в Персии, присматривать и разведывать, сколько у шаха крепостей и войска и в каком порядке, и не вводят ли европейских обычаев в войне? Какое шах обхождение имеет с турками, и нет ли у персов намерения начать войну с турками и не желают ли против них с кем в союз вступить. Внушать, что турки главные неприятели персидскому государству и народу, и самые опасные соседи всем, и царское величество желает содержать с шахом добрую соседскую приязнь. Смотреть, каким способом в тех краях купечество российских подданных размножить, и нельзя ли через Персию учинить купечество в Индию. Склонять шаха, чтоб повелено было армянам весь свой торг шелком-сырцом обратить проездом в российское государство, предъявляя удобство водяного пути до самого С.-Петербурга, вместо того, что они принуждены возить свои товары в турецкие области на верблюдах, *и буде не возможно то словами и домогательством сделать, то нельзя ли дачею шаховым ближним людям; буде и сим нельзя будет учинить Смирнскому и Алепскому торгам где и как?*[1] разведывать об армянском народе, много ли его и в которых местах живет, и есть ли из них какие знатные люди из шляхетства или из купцов, и каковы они к стороне царского величества, обходиться с ними ласково и склонять к приязни» и пр.[2]

В Персии знали о хивинской экспедиции, были весьма недовольны этим предприятием, и когда приехал Волынский (весною 1717 года), оказали ему неблагоприятный прием. Его заперли в доме, поставили крепкий караул и требовали его скорого отъезда. Волынский, отличавшийся необычайною ловкостью дипломат, успел устроить дело так, что ему было дозволено оставаться дольше. О положении Персии он писал царю, между прочим: «здесь такая ныне глава, что не он над подданными, но у своих подданных подданный, и, чаю, редко такого дурачка можно сыскать и между простых, не только из коронованных... Они не знают, что такое дела и как их делать, притом ленивы, о деле же ни одного часа не хотят говорить... от этого так свое государство разорили, что, думаю, и Александр Великий, в бытность свою, не мог так разорить... не только от неприятелей, и от своих бунтовщиков оборониться не могут, и уже мало мест осталось, где бы не было бунта... Бог ведет к падению сию корону... Хотя настоящая война наша (шведская) нам и возбраняла б, однако, как я здешнюю слабость вижу,

---

[1] Напечатанное курсивом написано собственною рукою Петра В.
[2] Соловьев, XVIII, 28.

нам без всякого опасения начать можно, ибо не только целою армиею, но и малым корпусом великую часть к России присовокупить без труда можно, к чему удобнее нынешнего времени не будет» и пр.[1]

Однако продолжавшаяся шведская война мешала открытию военных действий против Персии. Приходилось ждать до Ништадтского мира. Между тем Волынский, успев заключить торговый договор с Персиею, возвратился в Россию. На пути он зимовал в Шемахе, где виделся с начальником персидского войска, Форседан-Беком; тут Волынский узнал о печальном состоянии персидского войска, не получавшего жалованья и поэтому всегда готового к бунту, а также о том, что шах персидский узбекскому хану послал в подарок значительную сумму денег за то, что хивинцы убили князя Александра Бековича Черкасского. Далее, Волынскому рассказывали, что в Персии ежечасно ждут нападения со стороны России. В начале 1718 года в Шемахе разнесся слух, что в Астрахань царь прислал 10 бояр с 80 000 регулярного войска, что при Тереке зимует несколько сот кораблей. Хан шемахинский казался склонным изменить шаху и действовать заодно с русскими против Персии.

В 1720 году Волынский сделался губернатором в Астрахани. В данном ему наказе встречаются поручения, прямо указывающие на ожидаемую войну с Персиею. В сентябре того же года отправлен был в Персию капитан Алексей Баскаков; ему было поручено осмотреть путь от Терека через Шемаху и Апшерон до Гиляни: удобен ли он для прохода войск водами, кормами конскими и прочим. Волынский не переставал говорить о возможности и выгоде войны с Персиею. В августе 1721 года он доносил, что грузинский принц Вахтанг просит царя защитить христиан, живущих на Кавказе, и предлагает начать военные действия против Персии, выставляя на вид, что легко можно завладеть и Дербентом, и Шемахою. «Вахтанг», писал Волынский, «представляет о слабом нынешнем состоянии персидском и как персияне оружию вашему противиться не могут; ежели вы изводите против шаха в войну вступить, он, Вахтанг, может поставить в поле своих войск от 30 до 40 000 и обещается пройти до самой Гиспагани, ибо он персиян бабами называет».

Зато Волынский не советовал сближаться с владельцами других иноверных народов Кавказа, так как на них плохая надежда. Наконец, он представил, что случившееся в августе 1721 года разграбление города Шемахи лезгинцами, причем пострадали и некоторые русские купцы, можно употребить как повод к разрыву с Персиею. «Не великих войск»,

---

[1] Там же, XVIII, 30.

писал Волынский, «сия война требует, ибо ваше величество уже изволите и сами видеть, что не люди, скоты воюют и разоряют... только б была исправная амуниция и довольное число провианта».

Землянка в Дербенте, где, по преданию, ночевал Петр I.
В ее современном виде.

Петр решился к походу. Узнали о новых бунтах в Персии; желали воспользоваться господствовавшею в этом государстве неурядицею. Весною 1722 года Петр отправился в путь к Каспийскому морю. При нем находились Екатерина, Толстой, Апраксин. На пути к Кавказу царь всюду самолично старался собирать топографические сведения о Кавказе и Персии и среднеазиатских владениях.

Тотчас же при появлении царя с войском на берегах Кавказа, владельцы разных местностей выразили готовность служить царю. Особенно торжественно Петр и Екатерина были приняты в Тарках. Петр объявил, что собственно не желает воевать с Персиею, но хочет лишь наказать разбойников, нанесших обиду русским купцам, а к тому же намерен требовать от шаха уступки некоторых областей на берегу Каспийского моря.

Русским войскам было вменено в обязанность всюду щадить по возможности туземное население.

Начался поход; войско русское состояло из 106 000 человек. На пути к Дербенту приходилось сражаться, но город сдался 23 августа. Петр писал к Ромодановскому, что «тако в сих краях, с помощию Божиею, фут получили».[1] Сенаторы отвечали, что «по случаю побед в Персии и за здравие Петра Великого, вступившего на стези Александра Великого, все радостно пили».

После этого успеха, однако, начались затруднения. Провиантские суда пострадали от бурь; пропало множество съестных припасов; лошади падали массами, в одну ночь не менее 1700, как видно из письма самого Петра к сенаторам от 16-го октября 1722 года. Все это не помешало Петру заложить на Судаке новую крепость Св. Креста, для прикрытия русской границы, вместо прежней Терской крепости, положение которой государь нашел очень неудобным. Петр должен был отказаться от исполнения своего намерения отправиться в Шемаху и оттуда в Тифлис. Предоставив главное начальство над войском генералу Матюшкину, он возвратился в Россию. В Астрахани, где болезнь задержала его некоторое время, он составил подробный план кампании следующего года. Тут он дал полковнику Шипову, отплывавшему в Гилянь, следующую инструкцию: «пристав (к берегу), дать о себе знать в городе Ряще, что он прислан для их охранения и чтоб они ничего не опасались; потом выбраться к деревне Перибазар и тут усилить небольшой редут с палисады для охранения мелких судов... смотреть, дабы жителям утеснения и обиды отнюдь не было и обходимо бы дело приятельски и не сурово, но ласкою, обнадеживая их ласкою... разведать не только, что в городе, но и во всей Гиляни какие товары, а именно сколько шелку в свободное время бывало, на сколько денег и сколько ныне, и отчего меньше... и о прочих товарах, и что чего бывало и ныне есть и куды идет и на что меняют или на деньги все продают; проведать про сахар, где родится. Также сколько возможно разведать о провинциях Мазандеран и Астрабад, что там родится» и пр.

Петр считал вероятным, что турки пожелают завладеть этими провинциями на южных берегах Каспийского моря. Ежу казалось необходимым противиться этому во что бы то ни стало.

Полковник Шипов без затруднений занял город Решт в ноябре 1722 года. Однако здесь русские были приняты далеко не дружелюбно. Мало-помалу персияне начали собирать войска около Решта. Шилову было объявлено,

---

[1] Т. е. стали твердою ногою.

что никто не нуждается в его помощи и защите, и потому пусть он уходит, пока его не принудили. Несколько недель тянулись переговоры по этому делу. Неприязнь дошла до враждебных действий. Происходила схватка, в которой горсть русских заставила бежать многочисленного неприятеля.

Между тем в Персии на престоле произошла перемена; шах Гуссейн уступил место шаху Махмуду, и сей последний казался склонным сблизиться с Портою. Такое усложнение персидских дел могло сделаться опасным для России. Турция могла, равно как и Россия, подумать о завоеваниях в Персии. Петр предупредил Порту. Русские войска летом 1723 года заняли Баку, завладели провинциею Гилянь. Спрашивалось, насколько можно было считать вероятным вмешательство в эти дела Турции?

И без того русские послы в Константинополе довольно часто находились в чрезвычайно трудном положении; во время последних лет Северной войны английские дипломаты не переставали возбуждать Порту против России, причем постоянно указывалось на сношения царя с христианскими подданными султана. Также и австрийский и французский посланники крамолили против России. Русские дипломаты старались противодействовать этим проискам путем подкупа турецких сановников. Несмотря на все затруднения, русскому дипломату Дашкову удалось превратить заключенный в 1713 году в Адрианополе договор в «вечный» мир (5 ноября 1720 года).

Скоро после этого началась война персидская. Кавказские христиане и армяне обратились к царю с просьбою о помощи. Лезгинцы и другие приверженцы ислама требовали защиты Турции, изъявляя готовность сделаться подданными султана. Таким образом, персидские дела легко могли повести к разрыву между Россиею и Портою. Французский посол в Константинополе говорил русскому, Неплюеву, что если русские ограничатся только прикаспийскими провинциями и не будут со стороны Армении и Грузии приближаться к турецким границам, то Порта останется равнодушною, а, быть может, что-нибудь и себе возьмет со стороны Вавилона. Вскоре однако в Константинополь прибыл гонец от персидского шаха с просьбою о помощи против России. Возобновились внушения дипломатов Англии, Венеции, Австрии, султану о чрезмерном могуществе Петра и представления о необходимости сдерживать его. Когда, говорили они, царь возьмет провинции Ширванскую, Эриванскую и часть Грузии, тогда турецкие подданные, грузины и армяне, сами вступят под русское покровительство, а оттуда близко и к Трапезунду, отчего со временем может быть Турецкой империи крайнее разорение. С разных сторон были слышны жалобы на страсть Петра к завоеваниям. Порта не желала разрыва с Россиею, однако визирь говорил однажды Неплюеву: «ваш государь, преследуя своих неприятелей, вступает в области, зависящие от Порты: это разве не нарушение мира? Если бы мы начали войну с шведами и пошли их искать чрез ваши земли, то что бы вы сказали?.. государь ваш сорок лет своего царствования проводит в постоянной войне: хотя бы на малое время успокоился и дал покой друзьям своим; а если он желает нарушить с нами дружбу, то мог бы и явно объявить нам войну; мы, слава Богу, в состоянии отпор сделать».

Персидский шах Гуссейн.
С портрета того времени, находящегося в «Путешествии» де Бруина, изд. 1737 года.

Впрочем, Неплюев узнал о некоторых приготовлениях Порты к войне, об отправлении военных снарядов к Азову и Эрзеруму. Татары подкинули самому султану бумагу, в которой упрекали его за неосмотрительность: «министры тебя обманывают: ты и не узнаешь, как русский царь разорит половину твоего государства». Чернь волновалась, требуя от правительства решительных действий. Неплюев узнал, что между Портою и

Хивою происходят сношения о союзе оборонительном и наступательном против России. Зато Рагоци, в интересах которого было сохранение мира между Россиею и Турциею, составил проект примирения между обоими государствами, в котором предлагалось разделить Кавказ таким образом, чтобы Турция получила Дагестан, а Россия Грузию и пр. Однако турки не хотели допустить дальнейшего пребывания русских на Кавказе и поддерживали князей кавказских отправлением к ним значительных сумм денег и обещанием им помощи войском для изгнания русских из Кавказа.

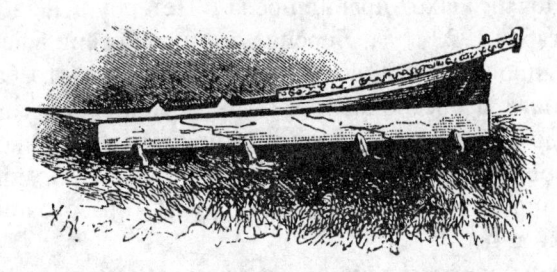

Гичка Петра Великого, хранящаяся в Астраханском музее.

Наконец визирь обратился к Неплюеву с решительным требованием, чтобы русские очистили Кавказ, причем окончил свою речь следующими словами: «всякий бы желал для себя больших приобретений, но равновесие сего света не допускает; например, и мы бы послали войско против Италии и прочих малосильных государей, но другие государи не допустят; поэтому и мы за Персиею смотрим».

Внушения английского дипломата продолжались. Он подал Порте мемориал, в котором говорилось, что, по сообщениям прусского двора, русский государь собирает огромное войско и хочет выступить в поход против Дагестана и распространить свои владения до Черного моря. Порта, было сказано в этой записке, должна беречься России, бороться с которою легко, ибо русский государь не в дружбе ни с одним из европейских государей, все они ему злодеи. — Французский посол де-Бонак сказал Неплюеву: «донесите своему двору, что все дело в двух словах: сохранять мир с Турциею и не вступаться в персидские дела; продолжать войну в персидских областях — разорвать с Турциею».

Петр думал о возможности разрыва с Турциею. Он писал Неплюеву: «наши интересы отнюдь не допускают, чтобы какая другая держава, чья-б ни была, на Каспийском море утвердилась... если Порта, в противность вечному миру, будет принимать под свое покровительство лезгинцев, наших явных врагов, то тем менее должно быть противно Порте, если мы принимаем под свое покровительство народы, не имеющие никакого отношения к Порте и находящиеся в дальнем от нее расстоянии, на самом Каспийском море, до которого нам никакую другую державу допустить нельзя. Если Порта, без всякой со стороны нашей причины, хочет нарушить вечный мир, то мы предаем такой беззаконный поступок суду Божию, и к обороне своей, с помощию Божиею, потребные способы найдем».[1]

Однако войны с Турциею не произошло. Напротив, персидская война кончилась. Новый шах отправил посла в Петербург и здесь был заключен мир 12 сентября 1723 года. Персия уступила России в вечное владение Дербент, Баку, провинцию Гилянь, Мазандеран и Астрабад. Тотчас же Петр распорядился о постройке фортов в новоприобретенных землях; к тому же он требовал скорейшего доставления ему образчиков разных продуктов этих провинций, как то: сахару, меди, нефти, лимонов и пр.; его интересовал вопрос о судоходности реки Куры, о расстоянии от реки Куры до Армении и т. д.[2]

Турция была чрезвычайно недовольна русско-персидским договором. Негодование Порты легко могло повести к разрыву; однако старания французского посла содействовали сохранению мира. После продолжительных переговоров трактат между Турциею и Россиею был подписан 12 июня 1724 г. В нем была определена граница между Россиею, Турциею и Персиею.

Когда Румянцев отправился в Константинополь для ратификации договора, Петр велел к нему послать рескрипт: «приехали к нам армянские депутаты с просьбою защитить от неприятелей; если же мы этого сделать не в состоянии, то позволить им перейти на житье в наши новоприобретенные от Персии провинции... Если турки станут вам об этом говорить, то отвечайте, что мы сами армян не призывали, но они нас по единоверию просили взять их под свое покровительство; нам, ради христианства, армянам, как христианам, отказать в том было нельзя, как и визирь сам часто объявлял, что по единоверию просящим покровительства отказать невозможно».[3]

Вопрос об армянах занимал Петра в самое последнее время его жизни.[4] Также и Грузия до кончины Петра обращала на себя внимание госуда-

---

[1] Соловьев, XVIII, 58—74.

[2] Там же, XVIII, 50—52. О персидской войне см. монографию Мельгунова в «Русск. Вестнике» 1874. CX, 33 и след.

[3] Соловьев, XVIII, 74.

[4] Мельгунов, в «Русск. Вестнике», 1874. CX, 6.

ря. Впрочем, уступленные Персиею Петру провинции недолго оставались в руках России. Скоро после кончины царя нужно было вновь отказаться от этих завоеваний. Цель, которую имел в виду Петр, завоевание вообще берегов Каспийского моря и проложение пути в среднюю Азию, не была достигнута. Однако ясно и точно им было указано направление политики, которой держалась Россия и после него в отношении к юго-востоку.

Плезир-яхта Петра Великого, хранящаяся в Астраханском музее.

Нельзя удивляться тому, что на западе с напряженным вниманием следили за этими событиями. В июне 1722 года русский дипломат Ланчинский писал из Вены, что там главное содержание разговоров составляют военные действия русских в Персии; рассматривали дело с разных сторон, особенно толковали, что Петр, заняв значительнейшие места на Каспийском море, станет хлопотать об установлении сообщений с Индиею вплоть до Персидского залива, и это ему будет легко при смуте в персидском государстве. В Вене редко кто не имел у себя на столе карты Азии для наблюдения за ходом событий. Английская партия внушала, как неблагоразумно поступало австрийское правительство, не заключивши с Англиею союза против России до Ништадтского мира, а теперь царь своими завоеваниями в Персии может основать государство сильнее римского.[1]

О впечатлении, произведенном этими событиями в Голландии, Куракин из Гааги в ноябре 1723 года писал Петру следующее: «не могу умолчать о всех здешних рассуждениях и славе персональной вашего императорского величества, понеже сия война персидская в коротком времени с таким великим прогрессом следует, что весьма всем удивительна; наипаче же во время ситуации дел сходных в Европе начата и следует, что никто оным намерениям помешать не может, и так великая слава имени вашего еще превзошла в высший тот градус, что ни которому монарху чрез многие секули могли приписать. Правда же желюзия не убавляется от многих потенций, но паче

---
[1] Соловьев, XVIII, 96.

умножается о великой потенции вашего величества; но чтó могут делать? токмо пациенцию иметь. Все потенции, завистливые и злонамеренные к великой потенции вашего величества, радуются, что ваше величество в войне персидской окупацию имеете, желая, чтоб оная продолжалась на несколько лет дабы они с сей стороны крепче стать могли».[1]

Глава VII. Императорский титул

Россия при Петре сделалась великою державою. Общим итогом стараний его в области внешней политики было превращение чуждого Европе Московского царства в состоящую в самой тесной связи с Европою Всероссийскую империю. В 1715 году Петр уже писал: «воинским делом мы от тьмы к свету вышли, и которых не знали в свете, ныне почитают». Царь был прав. Россию почитали, России боялись. Недаром Куракин писал из Гааги в конце царствования Петра о других «потенциях»: «что могут делать? — токмо пациенцию иметь». Недаром, однако, в то же время английский посол в Турции говорил: «русский государь не в дружбе ни с одним из европейских государей: все они ему злодеи».

Усилению России, изменившемуся совершенно положению ее в ряду государств, должно было соответствовать принятие императорского титула.

Не раз этот титул употреблялся и в прежнее время. В начале XVI века он встречается в договоре, заключенном между императором Максимилианом I и великим князем Василием Ивановичем. В начале XVII века Лжедимитрий в переговорах с польскими послами требовал употребления этого титула. В 1702 году папский нунций в Вене сообщил Голицыну, что папа готов признавать царя восточным императором «за цезаря ориентальского».[2] В 1710 году в одной грамоте английской королевы Анны царю был дан титул императорский; Головкин потребовал тогда, чтобы этот титул был вперед постоянно употребляем, и английский посол изъявил на это согласие.[3] При всем том, однако, русское правительство тогда еще не рассчитывало на общее признание этого титула и потому, например, в 1713 году предписало Матвееву, для избежания бесполезных столкновений, не называть в своих мемориалах к венскому двору царя императором.[4]

---

[1] Соловьев, XVIII, 134.
[2] Там же, XV, 45.
[3] Там же, XVI, 61.
[4] Там же, XVII, 105.

Зато после окончания Северной войны Петр торжественно и формально принял императорский титул. Спрашивалось: как отнесутся к этой перемене прочие державы?

Пруссия и Нидерланды тотчас же признали царя императором.

Анна

Цесаревна Анна Петровна.
С гравированного портрета Вортмана.

Совсем иначе известие подействовало на австрийское правительство. Когда русский дипломат Ланчинский уведомил в аудиенции Карла VI, что Петр принял императорский титул, император устроил дело так, что вопрос о признании нового титула оставался открытым. Ланчинский доносил: «его величество мою речь спокойно выслушал, и потом изволил мне ответствовать, но толь невнятно и толь скоро, что я ни слов, ни в какую силу не выразумел; но не мог я требовать у его величества экспликации для того, что многие примеры есть, что когда в чем не изволить себя изъяснять, то и повторно невнятно же ответствовать обык, и в таковых случаях чужестранные себя адресуют к имперскому вице-канцлеру». Вице-канцлер все извинялся, что не имел времени говорить с цесарем; другие министры отмалчивались; между ними была рознь: одни говорили, что лучше заранее признать титул и тем одолжить царя, нежели со временем последовать примеру других, что первенство между императорами все же останется за цесарем священной римской империи. Другие говорили, что если признать императорский титул царя, то и король английский потребует того же, под предлогом, что англичане издавна свою корону называют императорскою, а потом и другие короли, у которых несколько королевств, будут искать того же: таким образом, императорское отличие уничтожится. В конце 1721 года отправлены были от цесаря две грамоты к новому императору, и обе со старым титулом. Решение дела было отложено.[1]

Во Франции регент сказал о признании титула за русским государем Долгорукому: «если бы это дело зависело от меня, то я бы исполнил желание его величества; но дело такой важности, что надобно о нем подумать».[2]

И в Польше встретились затруднения. Когда в начале 1722 года русский посол обращался с этим делом к некоторым доброжелательным сенаторам, те отвечали, что Речь Посполитая согласится, если король не будет препятствовать; только одно сомнение: не даст ли этот титул будущим государям русским претензий на русские области, находящаяся под польским владычеством? Паны говорили, что можно дать императорский титул только под условием письменного удостоверения, что император и его преемники не будут претендовать на эти области. Вопрос и здесь оставался открытым.[3]

Дания опасалась России тем более, что в то время герцог Голштинский сватался за дочь Петра, Анну. Алексей Бестужев писал из Копенгагена в 1722 году, что датский двор признает Петра императором всероссийским, но с условием гарантии Шлезвига или, по крайней мере, удаления герцога Голштинского из России.[4]

---

[1] Соловьев, XVII, 391.
[2] Там же, XVIII, 120.
[3] Там же, XVIII, 81.
[4] Там же, XVIII, 107.

Таким образом, со стороны разных держав обнаруживались в отношении к новому титулу Петра сомнения, затруднения, недоброжелательство. Мало того: явились в печати брошюры, заключавшие в себе протест против превращения бывшей Московии во Всероссийскую империю. При этом публицисты особенно подробно разбирали вопрос о значении и истории императорского титула вообще и приходили к заключению, что новый титул царю не подобает.[1]

Герцог Карл-Фридрих Голштинский.
С гравированного портрета того времени.

Уже в 1718 году Петр велел напечатать послание императора Максимилиана к великому князю Василию Ивановичу, в котором придавался

---

[1] Martin Schmeitzel, «Oratio inaugurali de Titulo Imperatoris, quem Tzarus Russorum sibi dari praetendit. etc. Jena, 1722. — «Politisches Bedenken über die Frage: ob der Kaiserliche Titel und Namen ohnbeschadet Kaiserl. Maj. und des Römischen Reichs allerhöchsten Würde, nicht weniger derer Christlichen Könige und Freyen Staaten Vorrecht und Interesse dem Tzaaren von Russland communiciret werden könne?» — Об этой брошюре см. соч. Минцлофа, «Pierre le Grand dans littérature étrangère», St.-Pétersbourg, 1872, стр. 397—398.

царю титул императора. Теперь же в одной направленной против России брошюре была заподозрена подлинность этой грамоты.[1] Впрочем, явились и брошюры, защищавшие принятие царем нового титула. Некоторые из них были напечатаны в нескольких изданиях.[2]

Цесаревна Елисавета Петровна в детстве.
С портрета, находящегося во дворце Марли в Петергофе.

В решениях подобных дел не может иметь какого-либо значения вопрос о подлинности того или другого документа, или мнение того или

---

[1] «Des Kayserg Maximiliani I vorgegebener Brieff an Basilium Ivanovilz etc.» Gedruckt zu Freystadt, 1723. см. Минцлофа 396.

[2] О таковых трудах Отто, Струве, Гундлинга и пр. см. Минцлофа, 396.

другого юриста или публициста. Значение России принудило все державы ранее или позже помириться с мыслию об империи Всероссийской. Признание нового титула состоялось со стороны Швеции в 1723 г., Турции в 1739 г., Англии и Австрии в 1742 г., Франции и Испании в 1745 г., Польши в 1764 г.

Цесаревна Елисавета Петровна.
С гравированного портрета Вагнера.

В конце своего царствования Петр думал об обеспечении значения России через вступление в родственные связи с разными царствующими домами. Племянница Петра, как мы видели, вышла за герцога Мекленбургского; дочь Петра сделалась невестою герцога Голштинского; другая племянница Петра вступила в брак с герцогом Курляндским, но скоро после свадьбы овдовела. Любимою мыслью Петра в последние годы его жизни было выдать дочь Елизавету за французского короля Людовика XV. Зато во Франции в это время была речь о браке сына регента, герцога Шартрского, с Елизаветою, причем надеялись, что Петр успеет доставить своему зятю польскую корону. Говорили и о герцоге Бурбонском как о женихе или для Елизаветы Петровны, или для Прасковьи Федоровны. Все это оставалось проектом, мечтою. Также не осуществилось предположение выдать дочь Петра Наталью (род. в 1718 году) за испанского инфанта Фердинанда. Переговоры об этом происходили в 1723 году, когда царевне было не более пяти лет. Два года спустя она скончалась. Таким образом, при Петре не было заключено особенно важных в политическом отношении браков между царствующим домом в России и иностранными династиями. Женитьба внука Петра на принцессе Ангальт-Цербстской состоялась через два десятилетия после кончины Петра.

Сношения между Россиею и западноевропейскими державами в последнее время царствования Петра были довольно оживленными. Весьма часто Россия вмешивалась в дела прочих государств и через своих дипломатов влияла на общий ход политики в Европе.

В особенности жалкое состояние Польши доставляло широкий простор действиям русского посла в Варшаве, князя Григория Федоровича Долгорукого. Вопрос о диссидентах, остававшийся на очереди до самой эпохи разделов Польши, давал возможность ко вмешательству России во внутренние дела этого государства. Русские деньги играли весьма важную роль на польских сеймах. В большей части случаев Россия действовала в Польше заодно с Пруссиею. Можно было ожидать, что и предстоявший выбор короля не состоится без участия Пруссии и России.[1]

Несмотря на старания Саксонии и Англии поссорить Пруссию с Россиею, союз между этими державами поддерживался в полной силе; Фридрих Вильгельм I до кончины Петра оставался верным союзником последнего, хотя в сношениях между обоими государями и бывали иногда случаи недоразумений, не имевших, впрочем, особенного политического значения.[2] Только во время царствования дочери Петра совершенно изменились, хотя и не надолго, отношения России к Пруссии. Участие Елизаветы в Семилетней войне привело Пруссию на край бездны.

---

[1] Соловьев, XVIII, 79 и след.
[2] Там же, XVIII, 102—106.

Австрия оказалась гораздо легче доступною внушениям нерасположенного к России английского правительства. Англия не переставала говорить об опасностях чрезмерного могущества России. К тому же и мекленбургские дела содействовали некоторой натянутости отношений между Россиею и Австриею.[1]

Великая княжна Наталья Петровна.
С портрета, находящегося в Императорском Эрмитаже.

Дания, так долго находившаяся в союзе с Россиею, была чрезвычайно недовольна перевесом Петра. Датские министры сильно перепугались, когда однажды русский посол Бестужев требовал, чтобы русские суда были освобождены от платежа зундской пошлины. Сближение России с Голштиниею сильно не понравилось Дании, опасавшейся снабжения бу-

---
[1] Соловьев, XVIII, 90—101.

дущего зятя Петра, герцога Голштинского, судами и войсками. Возникла даже мысль о заключении наступательного и оборонительного союза со Швециею против России. Однако влияние Петра в Копенгагене оставалось весьма сильным. Русский посол в тайных аудиенциях умел действовать на короля; далее, он успевал задабривать министров подарками; таким образом, Дания при Петре оставалась в некоторой зависимости от России.[1]

Еще гораздо успешнее Россия стала вмешиваться в борьбу партий в Швеции. Члены сейма и министры отличались продажностью. Россия успешно поддерживала сохранение шведской конституции, ограничивавшей монархическую власть. Жалкое состояние Швеции продолжалось до царствования короля Густава III.

Что касается отношений к Англии, то Петр и в последнее время своего царствования поддерживал связи с претендентом, Яковом III, и его приверженцами. В июне 1722 года Яков III, в письме к Петру, сообщил план высадки русских войск в Англию и просил как можно скорее привести его в исполнение. Поверенный претендента, Томас Гордон, вступил в переговоры об этом проекте, который, однако, оказался неудобоосуществимым.[2]

Сношения Петра со стюартистами, или якобитами, содействовали некоторому сближению России с Испаниею. К тому же, Петр надеялся на большие выгоды от развития торговых сношений с Испаниею. С 1723 г. там находился постоянный русский резидент князь С. Голицын. Довольно часто была речь о совместных действиях России и Испании против Англии.[3]

Таково было значение России в области внешней политики в последние годы царствования Петра. Авторитет России, главным образом, поддерживался личностью государя, его постоянным участием в делах. На западе поэтому надеялись, что перемена на престоле России лишит это государство значения, приобретенного при Петре. В этом отношении чрезвычайно любопытны следующие данные.

Еще в то время, когда Петр был жив, в Польше разнесся слух о его кончине. Из Могилева Рудаковский, не зная еще о кончине государя, в феврале 1725 года написал на имя Петра следующее донесение: «в здешних краях от злоковарственных и злозамышляющих врагов публикуются сердце и утробу мою проникающие ведомости, что будто ваше величество соизволил переселиться в небесные чертоги, чему я, раб ваш, не имея известия от двора вашего величества, весьма веры дать не могу. Слыша об

---

[1] Соловьев, XVIII, 107—111.
[2] Там же, XVIII, 128—130.
[3] Там же, XVIII, 131. Осьмнадцатый век, II, 5 и след. и III, 134 и след.

этом, мухи мертвые нос поднимать начинают, думают, что русская империя уже погибла, всюду радость, стрельба и попойки, и мне от их похвальбы из Могилева выезжать нельзя, да и в Могилеве жизнь моя не безопасна».

Князь Григорий Федорович Долгорукий.
С портрета, находящегося в Императорском Эрмитаже.

Узнав о кончине Петра, русский резидент в Стокгольме М. П. Бестужев поехал ко двору и «увидал короля и его партизанов в немалой радости». Новой государыне, Екатерине I, Бестужев писал: «двор сильно надеялся, что от такого внезапного случая в России произойдет великое замешательство и все дела ниспровергнутся..... намерение здешнего двора было в мутной воде рыбу ловить» и пр.

Когда в Копенгагене получено было известие о кончине Петра, то оно произвело неописанную радость: по словам русского резидента А. П. Бестужева, «из первых при дворе яко генерально и все подлые с радости опилися было». Королева в тот же день послала тысячу ефимков в четыре церкви для нищих и в госпитали, под предлогом благодарности Богу за выздоровление короля; но в городе повсюду говорили, что королева благодарила Бога за другое, потому что король выздоровел уже неделю тому назад, да и прежде король часто и опаснее болел, однако королева ни гроша ни в одну церковь не посылала. Только король вел себя прилично и сердился на тех, которые обнаруживали нескромную радость. Радость происходила оттого, что ожидали смуты в России; восторг прекратился, когда следующая почта привезла известие, что Екатерина признана самодержавною императрицею без всякого сопротивления.

Все заграницею радовались, доказывая этим, что были «злодеями Петру», как выразился английский посланник в Константинополе. Только прусский король Фридрих Вильгельм I по случаю кончины Петра откровенно называл его «дражайшим другом» и стал носить траур даже в Потсдаме, чего никогда не делывал; он всем велел носить траур четверть года, тогда как по другим государям носили только шесть недель. На вопрос своего посланника в Петербурге, Мардефельда, как ему носить траур, король отвечал: «как по мне».

Обстоятельство, что и после Петра Россия сохраняла то значение, которое ею было приобретено Северною войною, доказывало прочность результатов стремлений царя-преобразователя и свидетельствовало о том, что царствование Петра было эпохою не только для России, но и для всего политического мира.

ЧАСТЬ ПЯТАЯ

Глава I. Государственные учреждения

Мысль о благоденствии народа лежала в основе административной и законодательной деятельности Петра. В противоположность началам Макиавелизма, стремившегося главным образом к расширению политической власти, сил и средств государства, Петр был истым представителем просвещенного абсолютизма, считавшего успехи в области внешней политики и безусловную монархическую власть лишь орудиями для достижения главной цели: развития богатства и образования народа. Поэтому Петр, при крайне напряженных занятиях вопросами внешней политики, не упускал из виду вопросов администрации, законодательства, судопроизводства, полиции. Недаром Лейбниц обрадовался Полтавской битве особенно потому, что этот успех царя мог доставить ему возможность успешнее прежнего заняться внутренним преобразованием государства.[1] До обеспечения соответствующего России положения в ряду европейских государств невозможно было заняться систематически реформою государственного и общественного организма. Опасность, грозившая России со стороны внешних врагов, мешала спокойной и всесторонней деятельности при управлении внутренними делами. Недаром многие указы и распоряжения Петра носят отпечаток смелого опыта, не вполне созревшей мысли, чрезмерно быстрого приведения в исполнение недостаточно разработанных проектов. Во множестве предписаний, законов, инструкций, имевших целью пользу народа, обеспечение порядка и начал политической нравственности, заключались насилие, недостаточное знакомство с положением

---

[1] Guerrier, Leibniz. Приложения, 131—132.

дел, нарушение многих интересов и прав. Нельзя не вспомнить для правильной и справедливой оценки некоторых промахов в законодательной и административной деятельности Петра, что он не располагал достаточно прочным и солидным бюрократическим аппаратом. Не было особенно опытных, образованных и добросовестных экспертов в деле внутреннего управления государством. Люди вроде Курбатова, Меншикова, Апраксина и Ягужинского были такими же дилетантами и самоучками, как и сам Петр. Иностранные же наставники, составители проектов преобразования, как, например, Паткуль, Ли, Лейбниц и пр., отличались некоторым доктринерством и не были достаточно знакомы с нуждами России.

Мы видели выше, что Петр до 1698 года предоставлял управление внутренними делами России другим лицам, а далее, что после его возвращения из первого путешествия в Западную Европу заметна некоторая инициатива царя при решении сложных задач администрации и законодательства. В первые годы Северной войны Петр был главным образом занят военными и дипломатическими действиями. Бояре в это время управляли внутренними делами по-прежнему. При этом довольно часто господствовали произвол, насилие, недобросовестность.

Мало-помалу, однако, уже в это время замечается некоторое старание царя заменить прежние, отжившие свой век учреждения привлечением к участию в делах новых лиц. Таким образом, возле старинных представителей администрации: бояр, окольничих, думных дворян, думных дьяков, являются сановники нового рода. Около старого здания возведено уже новое, пред которым старое не преминет исчезнуть. Сам царь проходит известные чины, и этих чинов не было в старинных списках; человек ближайший к царю и потом сильнейший из вельмож, Александр Данилович Меншиков, не имеет ни одного из старых чинов; то же самое и Апраксин и Ромодановский и другие люди, пользовавшиеся особенным доверием государя. Таким образом, можно было ожидать, что старые бояре и окольничие мало-помалу вымрут без преемников, и старые чины исчезнут сами собою, без торжественного упразднения.[1] Недаром Шакловитый уже гораздо раньше называл бояр «отпадшим, зяблым деревом».[2]

Все более и более сам Петр становился душою и внутреннего управления. Этому значению государя должно было соответствовать новое административное учреждение. То был «Кабинет» царского величества. Царь почти всегда находился в отлучке из Москвы; он то в Петербурге, то

---

[1] Соловьев, XV, 86.
[2] Устрялов, II, 40.

в Воронеже, то в Азове, то в Литве; но он постоянно следил за всем; к нему обращались все с донесениями, вопросами, просьбами и жалобами. Все эти бумаги поступали в Кабинет, при нем находившийся; все эти бумаги он прочитывал. Подле него безотлучно находился кабинет-секретарь, Алексей Васильевич Макаров, человек без голоса и без мнения, но человек могущественный по своей приближенности к царю; все вельможи, самые сильные, прибегали к нему с просьбами обратить внимание на их дела, доложить о них царскому величеству и напомнить, чтоб поскорее были решены.[1] Макарову впоследствии Петр поручил составление «Гистории Свейской войны», однако опытный кабинет-секретарь оказался недостаточно способным историком, и Петр, недовольный его трудом, изменял чуть ли не каждую страницу сочинения Макарова, изданного в 1770 году под заглавием «Журнал Петра Великого».

Каким образом происходила отмена прежней боярской думы, мы не знаем. Только самый факт отмены этого учреждения не подлежит сомнению. Указа об этом не сохранилось. В последний раз упоминается о существовании боярской думы в феврале 1700 года. Есть основание считать вероятным, что способнейшие члены боярской думы перешли в «Ближнюю Канцелярию», основанную около этого же времени. Нелегко составить себе точное понятие о круге действий и правах этого учреждения, в котором участвовали люди, пользовавшиеся особенным доверием государя, Головин, Стрешнев, Ромодановский и пр. О деятельности этой «Канцелярии» мы знаем весьма немного. Она могла иметь лишь временное значение. Нужно было ранее или позже подумать о создании другого учреждения, имевшего бы постоянное и самостоятельное значение и стоявшего бы в средоточии всех дел. То был Сенат.

Первоначальное происхождение и развитие мысли об учреждении его остается неизвестным. Можно думать, что при учреждении Сената служили образцами таковые же центрально-административно-юридические присутственные места в Швеции или в Польше.

В тот самый день, когда была объявлена война Турции (22-го февраля 1711 г.), появился указ, где говорилось следующее: «определили быть для отлучек наших Правительствующий Сенат для управления». Новое учреждение состояло из девяти членов, между которыми были Мусин-Пушкин, Стрешнев, кн. Петр Голицын и пр. 2-го марта был издан указ о власти и ответственности Сената. Здесь было сказано, между прочим: «всяк да будет послушен Сенату и их указам так, как нам самому».

---

[1] Соловьев, XVI, 2—3.

Петр никогда не старался ограничивать власть Сената, а напротив, постоянно твердил членам этого учреждения о необходимости самостоятельных действий. Весьма часто он приказывал лицам, обращавшимся к нему с просьбами о помощи, о совете и пр., снестись с Сенатом, который был высшим авторитетом в судебных и административных делах и занимал место возле царя. В наказе, составленном для Сената при его учреждении, упоминается о множестве обязанностей его, о весьма широком круге деятельности: «суд иметь нелицемерный и неправедных судей наказывать; смотреть во всем государстве расходов, и ненужные, а особливо напрасные, отставить. Денег как возможно сбирать, понеже деньги суть артериею войны». Затем следуют разные замечания о собирании войска, об откупных товарах, о соли, о торге китайском и пр.

Сенат должен был подлежать контролю не только государя, но и публики. В указе от 2-го марта 1711 года было сказано: «и ежели оный Сенат не праведно что поступят в каком партикулярном деле, и кто про то уведает, то однако ж да молчит до нашего возвращения, дабы тем не помешать настоящих прочих дел, и тогда да возвестит нам» и пр. Далее следовали инструкции о составлении протоколов Сената. Если один из сенаторов откажется подписать, объявляя несправедливость приговора, то приговор остальных членов недействителен, но при этом сенатор, оспаривающий приговор, должен дать свой протест на письме за собственноручною подписью. Для удобейших и быстрейших сношений Сената с губерниями должны были находиться в Москве комиссары из каждой губернии и безотлучно быть в канцелярии Сената для принимания указов и ответа на вопросы по делам, касавшимся их губерний.

Сенат должен был наблюдать за правильностью действий всех государственных учреждений, присутственных мест, судебных инстанций, за исполнением своих обязанностей всеми служащими, за искоренением всякой неправды, всякого казнокрадства. При этом органами Сената были фискалы, доносившие о всех случаях каких бы то ни было неправильных действий.

Как видно, Сенат своею самостоятельностью в решении и исполнении важнейших дел стоял гораздо выше боярской думы. В Сенате соединялся высший судебный авторитет с административным и законодательным. Он был нечто вроде диктатуры. При многих недостатках внутреннего управления, нужно было создать сильный, располагавший широкими правами центр правления. Царь нуждался в нем, как в полезном товарище, сотруднике.

Нельзя отрицать, что новое учреждение оказалось чрезвычайно деятельным и полезным. Сенат заботился о собирании и приведении в надлежащее состояние войска, о снабжении его съестными припасами и амуницией, о доставлении сырого материала для постройки и содержания в должном порядке флота, о мерах для поощрения торговли, промышленности, о собирании налогов, о мерах против пожаров и повальных болезней, о постройке каналов и дорог, о защите границ против нападений соседних хищных народов и пр.

Алексей Васильевич Макаров.
С портрета того времени, по фотографическому снимку, доставленому А.М. Лушевым.

Постоянно сам Петр находился в тесной связи, в самой оживленной переписке с «Господами Сенат», как он обыкновенно называл это учреждение. Весьма часто он был недоволен медленностью действий сенаторов и строго порицал их нерадение или неумение взяться за дело. Трудно было угодить царю. Но царь был прав, придавая цену времени, требуя, чтобы сенаторы не ограничивались распоряжениями и предписаниями, а наблюдали бы также за исполнением сенатских указов. Во многих случаях он подвергал беспощадной критике неправильность и нецелесообразность мер, принятых Сенатом; то он находил действия Сената достойными смеха, то он подозревал сенаторов в продажности и похлебстве, то он грозил им, что привлечет их к строжайшей ответственности. Обо всех действиях Сената царь знал подробно; он входил во все частности, требовал на каждом шагу объяснений и оправданий, и в отношении к Сенату, как и вообще, бывал строгим наставником, неумолимым судьею.

Медленность действий прочих органов правительственной власти значительно тормозила деятельность Сената. Весьма часто указы Сената оставались без исполнения. Чтоб исполнять немедленно указы в ноябре 1715 года определен был при Сенате особый «генеральный ревизор или надзиратель указов». Должность эта была поручена Василию Зотову. Он был обязан доносить государю и на сенаторов, если они тратили время по пустому и вообще действовали нерадиво. И в самом деле, Зотов жаловался иногда на неточное исполнение сенаторами своих обязанностей: — они не съезжались когда следовало, опаздывали к заседаниям, не соблюдали всех формальностей при составлении протоколов, не собирали достаточно тщательно данных о доходах казны и пр. И с других сторон являлись жалобы на нерадение и недобросовестность сенаторов. Постоянно происходили столкновения между Сенатом и разными сановниками и военачальниками. Петр всегда должен был или играть роль посредника, или строго наказывать виновных, составлять новые инструкции, направлять деятельность Сената, наставлять подробно, каким образом служащие обязаны работать и пр. Вот образчик таких предписаний царя. В 1719 году он писал об обязанностях Сената: «никому в Сенате не позволяется разговоры иметь о посторонних делах, которые не касаются службы нашей, тем менее заниматься бездельными разговорами или шутками, понеже Сенат собирается вместо присутствия его величества собственной персоны. Без согласия всего Сената ничего нельзя начинать, тем менее вершить, и надобно, чтоб всякие дела не в особливых домах или беседах, но в Сенате решались и в протокол записывались, и не подлежит сенатским членам никого посторонних с собою в Сенат брать. Всякое дело должно быть исполнено письменно, а не словесно; глава же всему, дабы должность свою и наши указы в памяти имели и до завтра не откладывали; ибо как может государство управлено быть, егда указы действительны не будут: понеже презрение указов ничем не рознится с изменою, и не только равномерную беду принимает государство от обоих, но от этого еще больше, ибо, услышав измену, всяк остережется, а сего никто вскоре не почувствует, но мало-помалу все разорится, и люди в непослушании останутся, чему ничто иное токмо общая погибель следовать будет, как-то в греческой монархии явный пример имеем».[1]

Весьма важная перемена в составе Сената и круге его деятельности произошла в 1718 году, учреждением коллегий. Уже в 1698 году, как мы видали, Френсис Ли составил для царя проект введения коллегиальной системы и администрация. Затем Петр беседовал об этом предмете с Лейбницем, Дюбрасом[2] и другими лицами. Для царя были составлены разные записки об этом деле. Важнейшее влияние в этом отношении имел Генрих Фик, вступивший в русскую службу в 1715 году и отправленный в Швецию для изучения административных учреждений этой страны. Целый ряд мемориалов, отчасти и поныне приписываемых Лейбницу, принадлежит перу Фика.[3]

Уже в 1715 году царь поручил генералу Вейде достать иностранных ученых и в «правостях» (т. е. правах) искусных людей для отправления дел в коллегиях. В конце того же года поручено резиденту при австрийском дворе, Веселовскому, сыскать из «шрейберов (писарей) или других приказных людей таких, которые знают по-славянски, от всех коллегий, который есть у цесаря, кроме духовных, по одному человеку, и чтоб они были люди добрые и могли те дела здесь основать». В 1717 году было поручено Измайлову приглашать шведских пленных, живших в Сибири, в службу в коллегиях. Между тем, было велено послать в Кенигсберг человек 30 или 40 молодых подьячих для научения немецкому языку, «дабы удобнее в коллегиум были».

В конце 1717 года уже определено было число коллегий — девять: 1) чужестранных дел, 2) камер, или казенных сборов, 3) юстиции, 4) ревизион: счет всех государственных приходов и расходов, 6) воинский (т. е. коллегиум) 6) адмиралтейский, 7) коммерц, 8) штатс-контор: казенный дом, ведение всех государственных расходов, 9) берг и мануфактур. Президентами почти всех коллегий были назначены русские, вице-президентами почти исключительно иностранцы. В продолжение 1718 года все было приготовлено к открытию новых учреждений, последовавшему в конце этого года. Целый ряд наказов царя дает нам понятие о намерениях его при этом случае.

---

[1] О Сенате см. Соловьева, XVI, гл. I и III. Соч. Петровского о Сенате при Петре Великом, М. 1875 г. и пр.ы

[2] См. мою статью о путешествиях Петра 1711—18 гг. в «Русском Вестнике» CLII, 79.

[3] Guerrier, Leibniz, 181 и след. О записках Фика см. соч. Петровского, 39. О нем упомянуто и в соч. Фокеродта, 32.

В одном из проектов о коллегиях сказано, что устройство их похоже на устройство часов, где колеса взаимно приводят друг друга в движение. Сравнение это не могло не понравиться Петру, который именно стремился к тому, чтоб русские люди во всем приводили друг друга в движение, ибо все зло происходило от разобщенности колес.[1]

Павел Иванович Ягужинский.
С гравированного портрета Герасимова.

Основною мыслью при учреждении коллегий было усиление и взаимодействие труда административных органов. Связь между коллегиями заключалась, между прочим, и в том, что их президенты были в то же время сенаторами. Для делопроизводства в коллегиях были составлены особые правила. Петр старался определить точнее прежнего обязанности служащих, внушить им чувство долга и ответственности, усилить во всех отношениях контроль над действиями чиновников. Недостаток в правилах, по которым должны были действовать органы правительства, вызы-

---

[1] Соловьев, XVI, 186.

вал до этого множество случаев несправедливых решений судей и произвольных действий приказных людей. Петр старался помочь этому недостатку введением коллегиального порядка при управлении делами, устройством разных должностей для наблюдения за правильным ходом дел, назначением контролеров, обличавших все случаи нарушения каких-либо законов или недобросовестного исполнения обязанности. «Неправда», которую Петр хотел искоренить из чиновного люда, в России, была в значительной степени следствием прежней системы «кормления». Недаром иностранцы, посещавшие до-Петровскую Русь, в один голос осуждали юридический быт и бюрократию России, говоря подробно о произволе, сребролюбии и жестокости приказных людей и судей, о невнимании их к общему благу, о нарушении на каждом шагу прав собственности, о нерадении служащих. Новые учреждения Петра должны были сделаться школою для развития в бюрократии политической нравственности; царь хотел заменить систему «кормления» обеспечением служащих казенным жалованьем; он надеялся на развитие в чиновниках уважения к закону и внимания к нуждам народа.

Нельзя сказать, чтобы действия царя в этом направлении имели успех. Надежды его на удачную деятельность коллегий не исполнились. Недоставало опытных и добросовестных чиновников. По отзыву одного современника, новые учреждения в некоторых случаях даже повели к разным неудобствам. Царь весьма часто жаловался на разлад между коллегиями. Иногда он собственноручными распоряжениями старался бороться с такого рода недостатками, наставлял, учил, порицал и самолично участвовал в делах. Так, например, однажды, в 1722 году, он сам руководил выбором президента Юстиц-коллегии, объясняя подробно при этом установленные правила.

Что касается должностей, имевших целью контроль над правильностью действий присутственных мест, то опытом в этом роде было назначение уже в 1706 году известного дельца и неутомимого труженика Курбатова «инспектором ратуши». Тут он был поставлен во главе финансового управления в целой России, переписывался об этих делах с самим царем, открывал злоупотребления, указывал новые источники доходов и не щадил при всем этом даже и сильных людей. Такое же значение имело учреждение фискалов, сделавшихся вскоре ненавистными народу, в чем при случае сознавался даже сам Петр.

Таковым контролером и доносчиком был Зотов, в 1715 году определенный «ревизором» при Сенате и сделавшийся затем «обер-секретарем» при этом учреждении. В начале 1722 года Петр учредил при Сенате «генерал-прокурора, то есть стряпчего от государя и государства». Он должен был «смотреть накрепко, дабы Сенат свою должность хранил и в своем звании праведно и нелицемерно поступал и над всеми прокуроры, дабы в своем звании истинно и ревностно поступали, и за фискалами смотреть» и пр. Петр говорил о должности генерал-прокурора: «и понеже сей чин, яко око наше и стряпчий о делах государственных, того ради подлежит верно поступать, ибо перво на нем взыскано будет». Генерал-прокурор, которым был назначен Ягужинский, ничьему суду не подлежал, кроме суда самого государя.

То же самое стремление развить единство, законность и успех в действиях бюрократии обнаруживается и в распоряжениях Петра относительно органов местного управления. И здесь, уже с 1702 года, заметно преобладание коллегиального начала; и тут Петр старался внушить всем и каждому желание действовать самостоятельно и чувство долга и ответственности. Через назначение «бурмистров» и учреждение «ратушей», «бурмистерской палаты», «главного магистрата» и пр., царь желал оживить и в среднем классе общества способность к делу самоуправления. Все неудобства администрации, все случаи нарушения права и народной пользы, как надеялся Петр, могли легче сделаться известными посредством таких учреждений. Все должны были трудиться, надзирать и, в случае открытия какой-либо «неправды», доносить куда следовало. И должности «рекетмейстера» и «герольдмейстера», учрежденные в конце Петровского царствования, имели целью усиление контроля, выслушивание жалоб, привлечение всех и каждого к участию в труде на пользу государства. Средством поощрения к труду была также составленная в 1722 году «табель о рангах», дававшая простор личным качествам служащих, независимо от их рождения и происхождения, и долженствовавшая внушить уважение к чину, к государственной должности. «Табель о рангах» была составлена и написана самим Петром, по образцу имевшихся у него в переводе расписаний чинов королевств «самодержавных», французского, прусского, шведского и датского. Видно также, что принимались в соображение и английские учреждения. Объяснительный текст к «табели», или пункты, вчерне исправлялись и дополнялись также самим царем.[1]

При столь ревностном желании Петра исправить администрацию и судопроизводство в России, он не мог не коснуться вопроса о необходи-

---

[1] См Пекарского, «Наука и лит.» II, 564. О всех этих учреждениях см. соч. Петровского, Градовского, Андреевского и пр.

мости составления нового уложения. Исправить и дополнить Уложение царя Алексея Михайловича считалось Петром делом крайней важности. Первый шаг в этом направлении сделан был указом 18-го февраля 1700 года, которым предписано свести Уложение с последующими законами. Была составлена палата из бояр, думных дворян, стольников и дьяков. До 1703 года она успела «свести» только три главы Уложения и была закрыта. В 1714 году учреждена новая комиссия, действовавшая по 1718 год. Она составила до десяти глав сводного Уложения, которое не имело никаких последствий.

В 1718 году Петр решился оставить прежний путь и прямо сочинить новое уложение, на основании законов русских, шведских и датских. В 1720 году образована для этой цели комиссия из русских и иностранцев. Однако и она не имела успеха и лишь номинально просуществовала до кончины Екатерины I. Дело было трудное. Нужно было не только собрать действующее право в одно целое, но и улучшить и дополнить его на основании представления о лучшем государственном управлении и тех образцов, которые имелись на западе. Во всяком случае, для исполнения такой задачи были нужны юристы, многосторонне образованные люди, между тем, как юридическое образование того времени не могло быть высоким.[1]

Петр Великий заметил однажды: «нигде в свете так нет, как у нас было, а отчасти и есть и зело тщатся всякие мины чинить под фортецию правды».[2] И Иван Посошков жаловался: «нам сие вельми зазорно: не точию у иноземцев, но и бусурмане суд чинят праведен, а у нас вера святая, благочестивая, на весь свет славная, а судная расправа никуда не годная и какие указы его императорского величества ни состоятся, все ни во что обращаются, но всяк по своему обычаю делают... российская земля во многих местах запустела, и все от неправды и от нездравого и неправого рассуждения. И какие гибели ни чинятся, а все от неправды».[3]

Петр до гроба не переставал бороться против этого зла. Весьма часто и он жаловался на тщетность строгого наказания виновных, на несоблюдение предписываемых им правил, на презрение к закону. Успех его стремлений в этом отношении был ничтожен. Незадолго до своей смерти Петр в указе о различии штрафов и наказаний за государственные и пар-

---

[1] См. мое сочинение об Иване Посошкове, т. II, под заглавием «Мнения Посошкова», Москва 1879 г., 163 и след.; далее соч. Градовского, «Начала рус. гос. пр.», I, 41. Пахмана, — «Ист. кодификации», Спб., 1876 г. I, 244 и след.

[2] Соловьев, XVIII, 137.

[3] Соч. Посошкова, I, 87.

тикулярные преступления выразился следующим образом: «когда кто в своем звании погрешит, то беду нанесет всему государству; когда судья страсти ради какой или похлебства, а особливо когда лакомства ради погрешит, тогда первое станет всю коллегию тщиться в свой фарватер (то есть в свою дорогу) сводить, опасаясь от них извета, и увидев то, подчиненные в какой роспуск впадут, понеже страха начальника бояться весьма не станут, для того понеже начальнику страстному уже наказывать подчиненных нельзя... и тако по малу все в бесстрашие придут, людей в государстве разорят, Божий гнев подвигнут и тако паче партикулярной измены может быть государству не точию бедство, но и конечное падение» и пр.[1]

Были приняты разные меры и против медленности хода дел, «волокиты». Однако, как видно из множества указов Петра на этот счет, а также из жалоб современников, все старания правительства устранить это зло оказывались тщетными. Особенного внимания достоин указ Юстиц-коллегии о безволокитном и правом вершении дел. В нем сказано: «наипаче же смотреть судьям того всемерно, чтоб безвластные бедные люди и вдовы и сироты без меньшей самой волокиты, по безотступным своим докукам, на дела свои самые скорые вершения от судей впредь получали и от обидящих их защищены были, несмотря ни на какое лицо». В другом указе сказано о бедных людях, вдовах и сиротах «безгласных и беспомощных», что «его царское величество всемилосердым их защитителем есть и взыскателем обид их напрасных от насильствующих».[2]

Стремление царя к окончательному искоренению «неправды» развило в народе и без того уже сильную страсть к доносам. Постоянно росло число анонимных доносов, между которыми были и ложные. Личная ненависть и чувство мести имели простор. Бесконечная масса случаев столкновений сослуживцев между собою составляет характеристическую черту этой эпохи. Множество печальных эпизодов обвинения и наказания неправедных судей, продажных чиновников, грабивших казну аферистов, свидетельствуют о неблагоприятных условиях, при которых трудился Петр. Люди, пользовавшиеся доверием царя, довольно часто враждовали между собою, доносили друг на друга. Происходили столкновения между Курбатовым и Меншиковым, между Ягужинским и Шафировым, между Ромодановским и Долгоруким и пр. Многие сановники оканчивали свою карьеру плачевным образом. Виниус недобросовестностью навлек на себя гнев царя; Курбатов находился к концу жизни под судом; сибирский гу-

---

[1] П. С. З., № 4460.
[2] П. С. З., №№ 3290, 3298, 3608.

бернатор Гагарин был казнен за многие случаи продажности и казнокрадства; обер-фискал Нестеров, привлекший к суду многих недобросовестных людей, сам подобными же поступками навлек на себя беду и был колесован. Шафиров за нарушение законов был приговорен к смертной казни и помилован лишь в последнюю минуту, на эшафоте. Даже Меншиков не раз находился в опасности окончить свою деятельность подобным же образом. Рассказывали о следующем анекдоте, случившемся в последнее время царствования Петра. Бывши однажды в Сенате и услышав о некоторых воровствах, он в гневе сказал генерал-прокурору Ягужинскому: «напиши указ, что всякий вор, который украдет настолько, чего веревка стоит, без замедления должен быть повешен». Ягужинский возразил: «всемилостивейший государь, разве хочешь ты остаться императором один, без подданных? Все мы воруем, только один больше и приметнее другого».[1]

Особенно последние годы царствования Петра, со времени его возвращения из-за границы, в 1717 году, были эпохою террора, беспощадного преследования нарушителей «правды». Бывали случаи наказания и невинных; вообще же жестокость царя в этих делах объясняется не произволом азиатского деспота, а чувством долга государя, заботившегося о благе народа. Мы помним, что, когда во время стрелецкого розыска патриарх просил царя прекратить пытки и казни, Петр возразил ему: «я исполняю богоугодное дело, когда защищаю народ и казню злодеев, против него умышлявших». То же самое мог он сказать о своей строгости при наказании казнокрадства, продажности, лихоимства и пр. Мысль о преобразовании, об улучшении быта народа, о поднятии уровня нравственности находилась в самой тесной связи с этою неумолимою строгостью Петра, одобряемою, впрочем, не только современниками-иностранцами, каковы были, например, ганноверский резидент Вебер или французский дипломат де-Лави и пр., но также и настоящими русскими патриотами, каким был Иван Посошков.

Мысль о реформе не покидала Петра до гроба. Еще в самом конце своего царствования он мечтал об учреждении особенной коллегии, обязанной представлять проекты разным улучшениям государственного быта. Он понимал, что государство нуждается постоянно в обновлении, что никогда не должно довольствоваться существующим. Не будучи знакомым с сочинениями Крижанича, он держался правила последнего, заметившего о государстве «потребна ему есть неустойна поправа».[2]

---

[1] Штелин, I, 48.
[2] Соч. Крижанича, I, III.

Глава II. Хозяйственный быт

«Деньги суть артериею войны», сказано в письме Петра к Сенату. Для решения многосложных политических задач царь нуждался в весьма значительных материальных средствах. Особенно же постоянные войны, содержание войска и флота требовали громадных сумм. К сожалению, данные о размерах бюджета, о доходах и расходах государства и о состоянии флота и войска за это время весьма скудны. Мы узнаем, что к концу царствования Петра регулярная армия состояла из 210 000 чел., флот из 48 линейных кораблей и 800 других судов с экипажем в 28 000 чел.[1] В 1710 году государь велел в первый раз сличить приход с расходом: оказалось, что, при общем доходе около 3 миллионов рублей без малого половина этой суммы употреблялась на содержание войска, а пол-миллиона рублей на расходы содержания флота.[2] Тут Петр не щадил ни денег, ни людей. Условием внутреннего преобразования был успех в области внешней политики. Цель была достигнута. Войско и флот находились в таком состоянии, что могли внушать другим державам высокое понятие о значении сил и средств России.[3]

Были и другие расходы, до того времени не имевшие столь значительных размеров. Более тесные сношения с Западною Европою требовали содержания резидентов при иностранных дворах. Уже в 1704 году содержание Матвеева в Гааге обошлось в 27 000 гульденов. В 1706 году получали: Урбих в Вене 9 000 рублей, Толстой в Константинополе 4 225 руб., Матвеев в Англии 6 265 руб.[4] Зато для содержания своего двора Петр не нуждался, в больших суммах. Между тем, как в конце царствования его государственные доходы достигали суммы 10 миллионов руб., содержание двора, как рассказывали современники, стоило не более 50 000 руб.[5]

Для покрытия государственных расходов нужно было думать о новых источниках доходов. Усложнение финансовой системы, изобретение новых средств для доставления казне необходимых денежных сумм, во многих случаях повреждение экономических интересов посредством чрезмерной строгости при взимании налогов, обусловливаемой недостаточным пониманием общественно-хозяйственного организма — все это

---

[1] Соловьев, XVIII, 163.

[2] Там же, XVI, 44.

[3] О войске см. соч. Брикса, «Gesch. d. russ. Heereseinrichtungen», Berlin, 1867. О флоте см. соч. Елагина, Веселого и пр.

[4] Соловьев, XV, 90, XVI, 14.

[5] Vockerodt, 117.

было характеристическою чертою в истории государственного хозяйства при Петре.

Явилась новая должность «прибыльщиков», которые стали искать во всем прибыли государству и сообщали свои мнения о новых источниках доходов. Первым прибыльщиком сделался Алексей Александрович Курбатов, по предложению которого была введена гербовая бумага (1699). В актах 1705 года встречаются имена еще других прибыльщиков; то были большею частью люди незнатного происхождения, которые, однако, скоро получали довольно важные места. Курбатов сделался вице-губернатором в Архангельске, другой прибыльщик, Ершов, бывший крепостной человек князя Черкасского, вице-губернатором московским.[1]

Рублевик Петровского времени.
С рисунка, находящегося в «Описании русских монет» Шуберта.

Эти люди обнаруживали необычайную изобретательность и замечательную рабочую силу то указывая на возможность введения новых податей и налогов, то объясняя вредное действие той или другой привилегии, то стараясь собирать недоимки и пр. Приступили к выпуску легковесной монеты, к отдаче на откуп рыбных ловель, к обложению сборами бород, бань, дубовых гробов и пр. Соль стала гораздо дороже прежнего; подушная подать сделалась страшно тягостною для народа. Иностранцы, как, например, Плейер, фан-дер-Гульст, Перри и др., в весьма резких выражениях порицали образ действий прибыльщиков и прочих финансовых чиновников, не обращавших достаточного внимания на экономические силы

---

[1] Соловьев, XV, 95.

народа, беспощадно преследовавших несостоятельных должников казны и разорявших народ. Фокеродт выразил предположение, что рано или поздно чрезмерное насилие сборщиков налогов должно будет повести к какому-нибудь кризису.[1]

О мере страданий народа можно судить по следующему письму самого «прибыльщика» Курбатова к Петру, в 1709 г.: «от правежей превеликой обходится всенародный вопль, а паче в поселянах, яко не точию последнего скота, но инии беднейшие и домишков своих лишаются. И ежели вашим призрением ныне вскоре отсрочкою помилованы не будут, то в сих последних сего года месяцах премногое приимут разорение и, Бог весть, будут ли впредь инии даней ваших тяглецы... а впредь, по благом окончании войны сея, могут по-малу и во всем исправиться».[2] Недаром Посошков в своем сочинении «О скудости и богатстве» требовал осторожности в обращении с народом, замечая в главе «о правосудии»: «в поборех за гривну из человека хотят душу вытянуть, а где многия тысячи погибают, того ни мало не смотрят... а что тем собиранием своим бед наделают людям, того не смотрят и не радеют о том» и пр.[3]

Петр старался действовать в духе воззрений Посошкова. В указе от 26-го августа 1713 года он, «милосердуя о народах государств своих, ревнуя искоренить неправедные, бедственные, всенародные тягости», изъявил сожаление о том, что «возрастают на тягость всенародную великие неправды и грабительства, тем многие всяких чинов люди, а наипаче крестьяне, приходят в разорение и бедность». Поэтому Петр изъявил намерение «искоренить повредителей интересов государственных и во всяких государственных делах неправды и тяготы, а именно в сборах». В другом указе того же года предписывается, чтобы при сборе подушной подати с сибирских мастеровых людей их «ни в чем не привлекали и не волочили и не убытчили и нигде б их не держали, потому что без них... пробыть невозможно».[4] Все это не помогало, и современники продолжали ратовать против невнимания к экономическому положению народа при собирании налогов, против проделок губернаторов и целовальников, против вредной деятельности прибыльщиков. Штраленберг замечает, что губернаторы всевозможными способами разоряли вверенные их управлению страны; так, например, чиновники, отправляемые ими для сбора податей, являлись

---

[1] Vockerodt, 118.
[2] Соловьев, XV, 382.
[3] Соч. Посошкова, I, 106.
[4] П. С. З. №№ 2707 и 2727.

с требованиями казны обыкновенно в то время, когда крестьяне, в самую горячую рабочую пору, не имели наличных денег и вследствие того должны были продавать своих лошадей и коров и свой хлеб за половинную цену. Лишенные скота и возможности продолжать хозяйство, крестьяне поэтому бежали иногда даже за границу. Штраленберг насчитывает до 100 000 человек, бежавших в Польшу, Литву, Турцию и Татарию.[1] После введения казенной продажи соли в 1705 году, отчего произошло значительное повышение цены на этот предмет, правительство жаловалось, что из-за злоупотреблений чиновников «подлые» люди не имеют возможности купить соли в малом количестве, «отчего многие бедные в неисцелимые болезни впадают, а с жалобами на таких воров придтить не смеют». Правительство до того было раздражено таким образом действий целовальников, что грозило смертною казнию и конфискованием имущества таким «ворам» и обещало доносчикам половину конфискованного имущества.[2]

Петр сам не столько заботился прямо о финансовом управлении, сколько предоставлял себе решение задач хозяйственной полиции. В бесчисленных указах мы находим его личные воззрения на этот предмет. И в области производства и потребления, как и во многих других отношениях, Петр хотел быть наставником своего народа. Он учил подданных, как должно работать; он желал развить народное богатство. Во многих отраслях технологии он был экспертом, и поэтому считал себя в праве предписывать всем и каждому, как должно действовать в качестве купца, ремесленника или земледельца. В одном из его указов сказано: «наш народ яко дети; неучения ради, который никогда за азбуку не примутся, когда от мастера не приневолены бывают, которым сперва досадно кажется, но когда выучатся, потом благодарят, что ясно изо всех нынешних дел: не все ль неволею сделано, и уже за многое благодарение слышится, от чего уже плод произошел».[3]

Во время своих путешествий и в личных сношениях с иностранцами, находившимися в России, он мог убедиться в превосходстве экономического развития Европы. Учреждая в 1712 году «коллегиум для торгового дела исправления», он считал полезным, чтобы в этом учреждении участвовали «один или два человека иноземцев, дабы лучший порядок устроить, ибо без прекословия есть, что их торги несравнительно лучше наших».

---

[1] Перри, нем. изд., 300, 403. Strahlenberg, «Das nord- und östliche Theil von Europa und Asien», 238.
[2] П. С. З. № 4007.
[3] П. С. З. № 4345.

Петр в разработке правил народной экономии боролся с большими затруднениями. Он часто жаловался, что «из всех дел администрации торговля представляет наиболее затруднений», но при этом иностранцы признавали, что Петр «относительно пользы торговли для России имел довольно верные соображения».[1] Когда однажды заключение торгового договора с Голландиею замедлилось, Остерман утешал голландского резидента де-Би следующими словами: «между нами, я вам скажу всю правду: у нас здесь нет ни одного человека, который бы понимал торговое дело; но я могу вам сказать наверное, что царское величество занимается теперь этим делом». По случаю проведения главных начал политики меркантилизма, Петр однажды заметил голландскому резиденту, жаловавшемуся на разные неудобства торговой полиции Петра: «приложение принципов всегда трудно, но с течением времени все интересы примирятся».[2]

Органически связанные между собою меры Петра для усиления торговли и промышленности, впрочем, были вызваны не только желанием обеспечить материальный быт народа, но и надеждою, благодаря развитию экономической деятельности в России, располагать большими средствами для государственного хозяйства. Путем усиления вывоза, ограничения привоза, путем учреждения фабрик, оружейных заводов, путем развития горного искусства, разными распоряжениями для обеспечения интересов торгового и промышленного сословия — он надеялся одновременно открыть новые источники для доходов казны и приучить народ к разным новым отраслям производства.

Вследствие того, по приказанию Петра, постоянно по всему государству разъезжали знатоки различных товаров для отыскания предметов, необходимых для производства оных. Искали и находили то серебряные руды, то «краску марену», то каменный уголь, о котором Петр заметил, что «сей минерал если не нам, то нашим потомкам весьма полезен будет», то селитру, торф и пр. Петр заставлял всех и каждого участвовать в производстве и экономическом труде, приглашая «кадетов знатных фамилий» заниматься торговлею, а не быть праздными, устраивая рабочие дома для праздношатающихся, заставляя работать монахов и монахинь и принимая разные меры для того, чтобы рабочие силы колодников и артистов обращались на общую пользу.

И производство, и потребление должны были находиться под непосредственным надзором правительства. Так, например, оно запрещало де-

---

[1] Vockerodt, 73.
[2] Соловьев, XVI, 194.

лать узкие полотна, приказывало делать широкие «против приготовляемых в других европейских государствах», потому что «широкие полотна более расходятся». — Точно также правительство заботилось о сбережении лесов, предписывало старостам и приказчикам наблюдать, чтобы мельницы в селениях от вешней и дождевой воды не были повреждены; приучало дровосеков к распилке дров и строго приказывало, «чтобы работные люди изучались в два года пилованью дров», запрещало, под страхом наказания каторгою и конфискования имущества, торговать «скобами и гвоздями, употребляемыми на подбивку сапогов и башмаков мужских и женских», учреждало почтовые сообщения, учило публику как делать кровли, как строить дороги, отовсюду старалось собирать данные о ценах разным товарам, заботилось об учении детей арифметике, вводило новые способы собирания хлеба и пр. Едва ли мы ошибаемся, приписывая значительную долю таких мер, распоряжений, наказов личному влиянию государя, постоянно имевшего в виду соглашение интересов внешней политики со стремлением развить народное богатство. Для всех современников и участвовавших в управлении государством и для прочих подданных Петра, эта деятельность царя-наставника не могла не быть некоторым образом политико-экономическою школою.[1]

Недаром Петр был назван «первым лесоводом в России».[2] До него не было издано никакого общего постановления о лесах. Правительство о лесном хозяйстве не заботилось. Петру был нужен лес для кораблестроения, лес известных пород, самых крупных размеров и совершенно здоровый. Деревья, представлявшие такие качества, не могли встречаться часто, даже и при тогдашнем изобилии лесов. Вот почему Петр обратил строгое внимание на охранение корабельного леса. Было запрещено рубить заповедные леса, годные на корабельное строение, под страхом смертной казни, «без всякой пощады, кто-б ни был». Таких указов множество. Иногда они прибивались к столбам в деревнях, читались в церквах «приходским людям, чтоб в том неведением никто не отговаривался». Из некоторых грамот видно, что строгие наказания были часто приводимы в исполнение. Так как заповедные леса не были ничем обозначены в натуре, и потому народ не мог знать, где дозволено и где не дозволено рубить, то Петр велел (в 1720 г.) по Неве и Финскому заливу, отмерив от берегов указные расстояния, провести межи в три сажени шириной и построить на них, для страха, через каждые 5 верст по виселице. В Петербурге, на месте нынешнего Гостиного двора, была большая березовая роща, и в ней Петр строго

---

[1] См. мое соч. о Посошкове, 91—93.
[2] См. статью Зобова в «Лесном Журнале» 1872 г., август.

воспретить всякую рубку; несмотря на то, жители Петербурга, в том числе и чиновные, начали рубить в ней. Петр велел десятого из виновных повесить, а всех остальных наказать кнутом. Екатерина упросила Петра не наказывать никого смертью, и наказание было смягчено: вместо смерти пошли в дело кнут, шпицрутены, каторга.[1] Несмотря на всю строгость, эти указы нарушались довольно часто. Для государственных целей, впрочем, Петр не щадил лесов. Постройка молов в Ревеле и Балтийском порте, к тому же не имевшая вовсе успеха, нанесла страшный ущерб лесам прибалтийского края.[2] Зато Петром были приняты меры для того, чтобы в некоторых местах был посеян новый лес. Встречаются распоряжения и указы Петра, из которых видно, что он понимал сбережение лесов не только ради пользы флота, но и ради сбережения вообще. Так, например, было приказано поташ делать из остаточного лесу, а именно из сучьев, из старых бочек и т. п. Из отрубков и сучьев велено делать пушечные колеса, косяки, спицы, станки пушечные. Далее, было запрещено из соснового дерева делать выдолбленные гробы. В инструкции «вальдмейстерам» встречаются правила, имеющие народнохозяйственное, общеполезное значение.[3]

Придерживаясь правил меркантилизма, Петр устраивал множество фабрик и мануфактур, и число заводов росло весьма быстро. При некоторых случаях поощрения той или другой отрасли промышленности или земледелия правительство прямо указывало на цель, имевшуюся в виду при этом, а именно на необходимость избежания платить деньги иностранцам за тот или другой товар. Современники замечают, что Петр приглашал пастухов из Силезии для развития шерстяной промышленности, с тою целью, «чтобы не платить столько денег за шерсть и за сукно англичанам»,[4] или что он устраивал мануфактуры «шелковых изделий, ибо знал, что привоз таковых товаров стоит много денег».[5]

До Петра Россия получала пушки и оружие вообще главным образом из-за границы. При нем устроены были железные заводы, на которых делали пушки, ружья, гранаты и пр., далее пороховые заводы; иностранные мастера должны были учить русских, чтоб можно было заменить первых последними. С привозных товаров, которые можно было делать в России, взималась высокая пошлина. В дальние страны, например, в Испанию,

---

[1] Шелгунов, «Ист. р. лесного законодательства», 57.
[2] Vockerodt, 85.
[3] См. мое соч. о Посошкове, I, 132—135.
[4] Weber, «Verändertes Russland.», I, 222.
[5] Marperger, «Moscovitischer Kaufmann», Hamburg, 1728, 142.

были отправлены русские корабли с разными русскими товарами; в Тулоне, Лиссабоне и прочих городах были учреждены консульства. Заключение торговых договоров между Россией и другими державами, постройка Петербурга и меры, принятые для привлечения туда главной части внешней торговли, мысль об учреждении колоний на островах южной Азии и на острове Мадагаскаре, — все это заключает в себе доказательства, что Петр обращал особенное внимание на торговлю, что он лично занимался частностями этой отрасли администрации и разделял главные воззрения западноевропейской школы меркантилистов. В 1705 году он с радостью сообщил Меншикову, что успел сделать себе «к празднику» кафтан из русского сукна. При учреждении Берг-коллегии Петр заметил: «наше российское государство пред многими иными землями преизобилует и потребными металлами и минералами благословенно есть, который до нынешнего времени без всякого прилежания исканы, паче же не так употреблены были, как принадлежит, так что многая польза и прибыток, который бы нам и подданным нашим из оного произойти мог, пренебрежен» и пр.[1]

Старания Петра развить торговлю и промышленность лишь отчасти имели успех. Многие отрасли экономической деятельности народа, несмотря на все усилия правительства, не только при Петре, но и гораздо позже, еще оставались мало развитыми.[2]

Разные меры, принятые Петром для поощрения торговли, оказались сопряженными со многими неудобствами и вызывали жалобы со стороны купцов. К тому же последние страдали весьма часто от произвола приказных людей, хотя Петр и твердил во многих указах, что нужно щадить торговый класс ради пользы государства. Не всегда иностранцы были довольны распоряжениями Петра. Когда, вскоре после возвращения из Западной Европы в 1696 году царь приказал: «купецким людям торговать так же, как торгуют иных государств торговые люди, «компаниями», голландцы испугались, ожидая, что эта мера будет содействовать быстрому развитию самостоятельной торговли русских. Вскоре, однако, голландский резидент мог известить своих соотечественников о том, что нет повода к опасениям: «что касается торговли компаниями, то это дело пало само собою: русские не знают, как приняться за такое сложное и трудное дело».[3] Желая направить движение внешней торговли к Балтийскому морю, Петр требовал, чтобы товары отправлялись не как прежде, к Архангельску, а к Петербургу. Про-

---

[1] П. С. З. I, № 3464.
[2] О меркантилизме Петра см. соч. В. Штида, в «Russische Revue», IV, 193—246.
[3] Соловьев, XIV, 309, XV, 91.

тив этих распоряжений начали сильно хлопотать купцы голландские, которые издавна устроились в Аргангельске и вовсе не желали развития русской торговли на Балтийском море.[1] Особенно Меншиков был сторонником мер в пользу Петербурга, между тем как другие сановники, по рассказам современников, старались всеми мерами отклонить царя от распоряжений, имевших целью дать направление внешней торговли через Петербург.[2]

Русская деревня в конце XVII столетия.
С редкой гравюры того времени Гетериса.

В 1722 году к Петербургу пришло 116 иностранных кораблей; в 1724 году их было уже 240.[3]

Старания Петра приучить русских к занятию внешнею торговлею оставались тщетными. За исключением одного предприимчивого и способного купца, Соловьева, несколько лет весьма удачно занимавшегося в Амстердаме торговлею в больших размерах, другие русские купцы не обладали для подобных операций ни опытностью, ни знанием дела, ни средствами. В 1722 году Бестужев писал из Стокгольма, что туда приехали из Ревеля в Або русские купцы с мелочью, привезли немного полотна, ложки деревянные, орехи каленые, продают на санях и некоторые на улице кашу варят у моста, где корабли пристают. Узнавши об этом, Бестужев запретил им продавать орехи и ложки, и чтоб впредь с такою безделицею в Стокгольм не ездили и кашу на улице не варили, а наняли себе дом и там свою нужду исправляли. Бестужев писал, что шведы насмехаются над этими купцами.[4]

---

[1] Там же, XVI, 210.
[2] Vockerodt, 70—73.
[3] Соловьев, XVIII, 164.
[4] Соловьев, XVIII, 164. Русские купцы в Стокгольме бранились, дрались между собою и пр.

Подражая во многих отношениях Западной Европе, Петр старался о введении цехового устройства. В «Регламенте или уставе главного магистрата» сказано: каждое ремесло должно было иметь «свои особливые цунфты (цехи) или собрания ремесленных людей, и над оными алдерманов (или старшин) и свои книги, в которых регулы, или уставы, права и привилегии ремесленных людей содержаны». Мануфактур-коллегии было поручено составить такие уставы.[1] Все это было начато, «понеже всякое каждого города изобилие при Божией помощи и доброй полиции, в начале от корабельного морского хода, также от свободного и безобидного во всем купечестве и искусного рукоделия, собственную свою имеет силу и умножительное действо». Приведение в исполнение проекта о цехах встретило разные затруднения. Петр строго требовал ускорения этого дела. В 1722 году он писал обер-президенту главного магистрата: «ежели в Петербурге сих двух дел, т. е. магистрата и цехов, не учините в пять месяцев или полгода, то ты и товарищ твой, Исаев, будете в работу каторжную посланы». В апреле 1722 года, по выходе из сената, велено Димитрию Соловьеву «учинить с иностранных учреждений о цехах известие и внесть в сенат». Соловьев обещал сделать это к завтрашнему утру.[2]

Учреждение цехов так и не привилось в России. Старания Петра оказались в этом отношении тщетными. Подражание образцам Западной Европы не всегда могло иметь успех.

Гораздо менее торговли и промышленности Петра интересовало земледелие. Положение крестьян при нем стало не лучше, а хуже. Некоторые меры, принятые царем для поощрения промышленности, оказались гибельными для земледельческого класса. «Подлым народом» Петр считал себя в праве располагать совершенно по своему произволу, не обращая внимания ни на права крестьян, ни на их интересы. Целыми тысячами употреблялись рабочие на верфях в Воронеже, Азове, Архангельске, Петербурге или работали при постройке новых городов и крепостей. В таких местах между рабочими, при невнимании к их нуждам, продовольствию и к санитарной части, бывала ужасная смертность. Показание Фокеродта, что при сооружении таганрогской гавани погибло от голода и болезней 300 000 человек, очевидно преувеличено; подобные цифры, относящиеся к постройке Петербурга, также едва ли заслуживают доверия; однако, постоянные жалобы крестьян на чрезмерные работы, на ужасную тягость,

---

[1] П. С. З. № 3708.
[2] Соловьев, XVIII, 178.

вечно повторявшиеся случаи бегства крестьян массами, свидетельствуют об ужасных страданиях низшего класса.

Фокеродт сообщает о повсеместной жалобе на убавление населения при Петре. Причинами этого явления он называет налоги, рекрутчину, набор рабочих для постройки каналов и пр., причем люди массами умирают с голоду. Этот же писатель сообщает, что, «по случаю последнего похода в польские владения,[1] русские в одной Литве открыли не менее 200 000 таких крестьянских дворов, жители которых были принуждены возвратиться в Россию», и пр.

Курная изба в конце XVII столетия.
С редкой голландской гравюры того времени.

Законы в отношении к беглым крестьянам становились все строже и строже. Вообще правительство к крестьянам относилось особенно строго, а иногда и жестоко, принимая только в виде исключения меры к обеспечению интересов крестьян. При характере законодательства, более и более лишавшего крестьян всех прав, административные меры, внушения, надзор, контроль над господскими распоряжениями — не могли иметь успеха. Незаметно узел прикрепления затягивался туже и туже, земля ускользала из-под крестьян, и они из прикрепленных к земле делались крепостными своих

---

[1] Вероятно, здесь разумеется поход Миниха в Польшу в 1783 году. Vockerodt, 82, 87, 113.

господ, наравне с холопами.¹ Случаи продажи крестьян без земли во время царствования Петра становятся чаще. И «ревизии» оказали вредное действие на положение крестьян, так как первая ревизия 1719 года зачислила крестьян в один разряд с задворными, деловыми и дворовыми людьми. Отринув различие между холопом и между крестьянином и кабальным слугою, не составлявшим прежде исключительной собственности господ, ревизия тем самым сравнила их с полными холопами и вполне утвердила все притязания господской власти над прежними полусвободными людьми. Подати были переложены с земли на души; сбор податей непосредственно лег на самых владельцев; в исправности платежа стали уже отвечать не сами плательщики, а их господа. Таким образом, усиливалась власть господ над крестьянами.² Новым видом крепостного права были «заводские» крестьяне, приписанные к фабрикам. Таких рабочих было очень много, и этот вид зависимости недаром казался народу особенно тягостным. В сравнении с гибельными действиями таких общих постановлений, некоторые указы против «разорителей» крестьян не имели значения.³ В принципе, однако, Петр заступался за крестьян. В указе от 15-го апреля 1721 года государь, признавая всю безнравственность продажи врозь крестьян, говорит следующее: «обычай был в России, который и ныне есть, что крестьян и деловых и дворовых людей мелкое шляхетство продает врозь, кто похочет купить, как скотов, чего во всем свете не водится, а наипаче от семей, от отца или от матери, дочь и сына помещик продает, отчего не малый вопль бывает, и его царское величество указал оную продажу людям пресечь». Но правительство сомневалось в возможности проведения этой меры, и потому, тотчас после приказания «пресечь оную продажу», оговаривается: «а ежели невозможно того будет вовсе пресечь, то бы хотя по нужде и продавать целыми фамилиями или семьями, а не порознь». Очевидно, все это было лишь предположением, а не действительным распоряжением, ибо в заключение сказано: «и о том бы при сочинении нынешнего уложения изъяснить, как высокоправительствующие господа сенаторы заблагорассудят».⁴

По рассказу одного современника-иностранца, кто-то советовал Петру освободить крестьян, но царь заметил, что таким народом можно управлять лишь с крайнею строгостью.⁵ Из сочинения современника Пет-

---

[1] Беляев, «Крестьяне на Руси», 196.
[2] Беляев, 254—255.
[3] См., например, П. О. З. № 3294, 31.
[4] П. С. З. № 3770.
[5] Вебер, «Verändertes Russland», II, 174.

ра, Посошкова, мы знаем, что «крестьянин села Покровского» всецело разделял в этом отношении воззрения государя.

Зато Петр в совсем ином отношении оказал существенную пользу земледелию в Россию — постройкою каналов. Мы видели, что уже в 1698 году в проекте Френсиса Ли говорилось о возможности подобного «усовершенствования природы». Уже до этого начались работы для прорытия канала, соединявшего Волгу с Доном. Сначала англичанин Бэли, затем немец Бракель, наконец, известный Джон Перри руководили этою работою, обращавшею на себя внимание Западной Европы. Между бумагами Лейбница был найден подробный план местности между Иловлею и Камышенкою, притоками Волги и Дона. Однако эти работы не повели к желанной цели, и сооружение этого канала не состоялось.

Мостовая дорога в Новгородской губернии в конце XVII столетия.
С редкого офорта того времени Гетериса, находящегося в собрании П.Я. Дашкова.

После заложения Петербурга явилось желание соединить эту новую гавань водными путями с разными областями России. Самолично Петр участвовал в топографических исследованиях близ Вышнего-Волочка для постройки известного канала, которая была окончена в 1711 году. При этом отличился особенною деятельностью Михаил Сердюков. Еще в двадцатых годах нашего (XIX-го) века один старый крестьянин, которому было 120 лет от роду, помнил, что сам видел Петра и Сердюкова при занятии делом постройки этого канала.[1] Из писем Меншикова к царю от 1717 года мы узнаем, как зорко Петр следил за этими работами.[2] К концу своей

---

[1] Stuckenberg, «Beschreibung aller Kanäle», Petersburg, 1841, стр. 483. Wittenheim, Ueber Russlands Wasserverbindungen», Mitau und Leipzig 1842, 4 и 5.
[2] Соловьев, XVI, 208.

жизни Петр особенно интересовался Ладожским каналом, над постройкою которого трудился Миних. В подробной записке, представленной сенату, Петр объяснял великую пользу дела.[1] Собственноручно он принимал участие при начале постройки канала, довольно часто приезжал для наблюдения за успешным ходом работы.[2] Сын Миниха в своих записках подробно рассказывает о радости Петра, когда он, после удачного окончания одной части канала, объехал ее. Обняв Миниха и поблагодарив его за радение, Петр, по возвращении в Петербург, сказал императрице: «я был болен, но работа Миниха сделала меня здоровым; я надеюсь со временем вместе с ним ехать водою из Петербурга и в Головинском саду при реке Яузе в Москве стать».[3]

Если принять в соображение, что постройка каналов в некоторых государствах состоялась лишь довольно поздно, что, например, известный «Canal du midi» во Франции относился к эпохе кардинала Мазарини, что в Англии даже еще около середины XVIII века при постройке каналов приходилось бороться с предрассудками, потому что были люди, считавшие такое стремление к «усовершенствованию природы» грешным, то нельзя не признать, что Петр сумел извлечь пользу из своих заграничных путешествий, доставивших ему — особенно в Голландии — возможность составить себе точное понятие о пользе и значении подобных средств сообщения для народного хозяйства.

Глава III. Церковь

Петр, ни в чем не изменяя догматов церкви, подвергнул коренной перемене духовную администрацию, отношение государства к церкви. Уже в 1700 году, как мы видели, происходит фактическая отмена патриаршеского достоинства; к 1721 году относится учреждение Синода. «Блюститель патриаршего престола», Стефан Яворский, находился во многих отношениях в полной зависимости от светской власти; его положение не может быть сравнено с местом, занимаемым прежними патриархами. «Монастырским приказом», которому было поручено управление духовными делами, заведовали главным образом светские сановники.[4]

---

[1] Там же, XVI, 209.
[2] Wittenheim, 6.
[3] Зап. Миниха, сына фельдмаршала, 19—21. Штелин, анекдоты, II, 123.
[4] Горчаков, «Монастырский приказ», Спб., 1868.

Петр не занимался изучением богословских вопросов. Некоторые отзывы его свидетельствуют об известной доле рационализма в его воззрениях, о терпимости, о либерализме в делах религиозных. Особенно ненавидел он ханжество и был завзятым противником средневековых, византийских воззрений, господствовавших в народе. Монашеский аскетизм ему казался чудовищным, болезненным и достойным резкого порицания явлением. В указе Петра о монастырях (1723 года) сказано: «когда некоторые греческие императоры, покинув свое звание, ханжить начали и паче их жены, тогда некоторые плуты к оным подошли и монастыри уже в самых городах строить испросили и денежной помощи требовали: еще ясе горше, яко не трудится, но трудами других туне питатися восхотеть, к чему императоры весьма склонны явились и великую часть погибели самим себе и народу стяжали, на одном канале от Черного моря даже до Царьгорода на 30 верстах с 300 монастырей было и так, как от прочего неосмотрения, так и от сего в такое бедство пришли; когда турки осадили Царьгород, ниже 6 000 человек воинов сыскать могли. Сия гангрена и у нас зело было распространяться начала под защищением единовластников церковных; но еще Господь Бог прежних владетелей так благодати своей не лишил, как греческих, которые (т. е. русские) в умеренности оных держали. Могут да у нас монахи имя свое делом исполнить? Но сего весьма климат северной нашей страны не допускает и без трудов своих или чужих весьма пропитатися не могут» и пр. Немного позже, в указе 1724 года, сказано: «большая часть монахов тунеядцы суть и, понеже корень всему злу праздность, то сколько забобонов (суеверий), расколов и возмутителей произошло, всем ведомо есть... большая часть бегут от податей и от лености, дабы даром хлеб есть» и т. д.[1]

В преувеличенной обрядности, схоластических мелочах и догматических тонкостях Петр видел опасность лицемерия и ханжества. Будучи непримиримым врагом внешнего благочестия и фарисейства, замечая в народе сильное развитие этого порока, Петр мечтал о средствах искоренить это зло. Его занимала мысль составить такую книгу, в которой с обличением лицемерия предлагалось бы наставление о правильном благочестии. При составлении программы такого сочинения Петр удивился тому, что между десятью заповедями нет заповеди, запрещающей лицемерие, и старался в довольно подробном изложении доказать, что лицемерие содержит в себе грехи против всех заповедей.

---

[1] Соловьев, XVIII, 203—204.

Весьма строго Петр преследовал и наказывал виновников ложных чудес; далее он останавливал учреждение лишних церквей и часовень. Особенно же строго он требовал беспрекословной преданности духовных лиц светской власти.[1]

Русский крестьянин в XVIII столетии.
С гравюры того времени Дальстена.

В новейшее время сделалось известным, что Петр при составлении «Духовного Регламента» принимал самое деятельное участие. Редакция этого важного памятника, быть может, должна считаться еще более трудом Петра, нежели трудом Феофана Прокоповича. Тут, между прочим, сказано: «дурно многие говорят, что наука порождает ереси: наши русские раскольники не от грубости ли и невежества так жестоко беснуются? И

---

[1] См. соч. Чистовича о Феофане Прокоповиче в «Сборнике статей р. отд. Ак. Наук», Спб., 1868, IV, 103, 109, 124, 127.

если посмотреть на мимошедшие века чрез историю, как чрез зрительную трубу, то увидим все худшее в темных, а не в светлых учением временах». При замене патриаршества коллегиальным управлением, т. е. Синодом, излагалось превосходство нового учреждения следующим образом: «от

Каторжник в XVIII столетии.
С гравюры того времени Дальстена.

соборного правления нельзя опасаться отечеству мятежей и смущения, какие могут произойти, когда в челе церковного управления находится один человек: простой народ не знает, как различается власть духовная от самодержавной, и, удивленный славою и честию верховного пастыря церкви, помышляет, что этот правитель есть второй государь, самодержцу равносильный, или еще и больше его, и что духовный чин есть другое лучшее государство, и если случится между патриархом и царем какое-нибудь разногласие, то скорее пристанут к стороне первого, мечтая, что поборают по самом Боге».

Таким воззрением на отношение светской власти в духовной обусловливалась несколько скромная роль последней. Понятно, что Петр был очень доволен деятельностью Феофана Прокоповича, во всем поддерживавшего и отстаивавшего взгляды государя.

Замечательнейшие духовные лица эпохи Петра, Димитрий Ростовский, Стефан Яворский и Феофан Прокопович, были малороссийского происхождения. В Киеве было заметно некоторое влияние западноевропейского духовного просвещения; здесь духовные лица являлись представителями научной эрудиции; между ними встречались стихотворцы и писатели.

Боярская усадьба в конце XVII столетия.
С редкой голландской гравюры того времени.

Димитрий, как составитель Четьих-Миней, пользовался уже некоторою известностью, когда он в 1700 году был вызван из Малороссии и сделан митрополитом тобольским. Он, однако, не мог свыкнуться с мыслию об отправлении в Сибирь, заболел с горя, и Петр позволил ему остаться в Москве, а в 1702 году он получил место ростовского митрополита. Здесь он до гроба трудился на пользу духовного просвещения, завел училище при своем архиерейском доме для лиц, готовившихся к духовному званию, сам исполнял учительские обязанности, в то же время продолжая свои научные занятия и поддерживая светскую власть в деле преобразования. Рассказывают о Димитрие следующий случай. Однажды в 1705 году, когда после обеда он шел из собора домой, к нему подошли два человека, не старые, но с бородами, и сказали ему: «владыка-святый, как ты велишь? велят нам по указу государеву бороды брить, а мы готовы головы наши за бороды положить: лучше нам пусть отсекутся наши головы, чем бороды обреются?» Изумленный митрополит не нашел, что вдруг отвечать им от писания и спросил: «что отрастет — голова ли отсеченная, или борода обритая?» Те, помолчавши, отвечали: «борода отрастет, а голова нет». «Так вам лучше не пощадить бороды, которая, десять раз обритая,

Михаил Иванович Сердюков.
С портрета, принадлежащего Институту Путей Сообщения.

отрастет, чем потерять голову, которая, раз отсеченная, уже не отрастет никогда, разве в общее воскресение», сказал митрополит и пошел в свою келию. Но за ним пришло много лучших горожан, и был у них длинный разговор о брадобритии. Тут митрополит узнал, что многие, обрившиеся по указу, сомневаются о спасении, думают, что потеряют образ и подобие Божие. Митрополит должен был увещевать их, что образ Божий и подобие состоят не в видимом лице человеческом, но в невидимой душе, притом бреются бороды не по своей воле, по указу государеву, а надобно повиноваться властям в делах, непротивных Богу и не вредящих спасению. После этого разговора Димитрий счел своею обязанностью написать рассуждение «Об образе Божии и подобии в человеце», которое несколько раз печаталось по приказанию Петра. Кроме того, он писал духовные драматические сочинения, или мистерии, «Розыск о раскольничьей Брынской вере» и пр. Димитрий скончался в 1709 году; в гробе под голову и под все тело, по его завещанию, постланы были его черновые бумаги. Кроме книг у него ничего не осталось.[1]

Стефан Яворский.
Факсимиле с гравированного портрета Зубова.

Стефан Яворский пользовался славою необыкновенно искусного церковного оратора. В качестве «Блюстителя патриаршего престола» он имел лишь ограниченное влияние. С одной стороны, он отличался религиозною нетерпимостью, с другой — угождал царю, льстил ему. Несколько раз он выражал желание возвратиться в Малороссию, но Петр не соглашался на увольнение его, как рязанского митрополита. Можно считать вероятным, что Яворский надеялся на восстановление патриаршего сана и на предоставление ему этой должности, однако, эти надежды оказались тщетными. Подчас обнаруживалось в Яворском некоторое отвращение к реформам Петра, и встречались в его проповедях некоторые полемические намеки против брадобрития, против фискалов и пр. Косвенно он довольно резко

---

[1] Соловьев, XV, 125—126, XVI, 26—28. Пекарский «Наука и лит.», I, 378, 418—416.

порицал шумные попойки царя. Однако вообще он был осторожным, уступчивым в отношении светской власти. Яворский принадлежал к завзятым противникам протестантизма. В одной из своих проповедей он сильно нападает на Лютера, называя его: «червь, ядом адским наполненный, треокаянный еретик, мерзкий ересиархо, богомерзкий блюзнерцо, глухий аспиде» и пр.[1] Вообще, он любил ратовать против ереси иностранцев; в преследовании раскольников он поступал резко и жестоко и этим даже, при большой терпимости Петра и Феофана Прокоповича, подвергся разным неприятностям. Полемическое сочинение Яворского «Камень веры» было напечатано после его кончины. При учреждении Синода он был назначен председателем этой коллегии, но и тут не имел сильного влияния.[2]

Подворье Стефана Яворского в Петербурге.
С рисунка, приложенного к «Описанию Петербурга» Рубана.

В противоположность Яворскому, Феофан Прокопович был настоящим единомышленником царя. Он особенно благосклонно и терпимо относился к протестантам. Своим образованием он был отчасти обязан богословской науке протестантов, подвинувших вперед библейскую филологию, критику, церковную историю. Ему не нравились ни иезуитская школа

---
[1] Пекарский, II, 4.
[2] См. Сол., XV, 119, XVI, 22, 239, 336, 358, и биографию Яворского, составленную Терновским в «Др. и Нов. России» 1879, сентябрь.

в схоластическом богословии, ни католическая обрядность в церковном богослужении и церковной практике. Сделавшись профессором богословия, он выбрал себе образцами протестантских ученых, как, например,溙ргарда, Квенштета и других, и проложил новую тропу русскому богословию. В юношестве, слышав в Риме из уст папы Иннокентия XII публичные проклятия на лютеран, кальвинистов и прочих схизматиков, он тайно смеялся над

Феофан Прокопович.
С гравированного портрета того времени.

этими проклятиями, как над пустым громом. Он любил сочинения Буддея, Декарта, Бекона и других ученых Западной Европы. Его не раз обвиняли в склонности к протестантизму. В первый раз он своим красноречием обратил на себя внимание царя во время пребывания последнего в Киеве в 1706 году: затем он произнес замечательную проповедь после Полтавской битвы. Он был при Петре во время Прутского похода. В 1715 году он, по желанию Петра, переселился в Петербург, где, несмотря на козни многочисленных противников, сделался полезным сотрудником Петра.

Тотчас же после приезда в Петербург Феофан в одной проповеди намекнул на недоброжелателей Петра, на противников нововведений: «помыслить бо кто — и многие мыслят, что не все весьма люди сим долженством обязаны суть, но некии выключаются, именно же священство и монашество. Се терн, или, паче рещи, жало, но жало се змиино есть, папежский се дух» и пр.[1] Феофан не мог надивиться фарисейству, страсти к внешней обрядности, к богословским прениям в народе, и сильно ратовал против нетерпимости. Не раз он сталкивался и с Яворским, обвинявшим его в склонности к ереси. Петр оставался в близких сношениях с Феофаном, бывал его частым гостем и любил беседовать с ним о вопросах духовной администрации. Вместе с Феофаном Петр трудился над составлением «Духовного Регламента».

Подворье Феофана Прокоповича в Петербурге.
С рисунка, приложенного к «Описанию Петербурга» Рубана.

Царь объявил, что «для лучшего управления мнится быть удобно Духовной Коллегии». Яворский не разделял этого мнения государя; Феофан же разделял его, и потому должен был принять на себя составление регламента для новой коллегии.

В «Духовном Регламенте» особенное внимание обращается на необходимость образования и просвещения в духовенстве. Недаром иностранцы, бывавшие в России, в своих записках в один голос осуждали грубость нравов и невежество духовенства. Недаром и русские патриоты, как, на-

---

[1] Чистович, биогр. Феофана, 29.

пример, Иван Посошков, постоянно требовали мер для поднятия уровня духовного просвещения. Замечательные представители, как, например, Феодосий, митрополит новгородский, Феофан Прокопович, заботились об учреждении школ, семинарий для духовных лиц и пр. Из множества узаконений и предписаний правительства, из переписки царя с Курбатовым, Питиримом и пр. мы узнаем, что лучшие люди того времени думали о реформах в быте духовенства. Заведовавший Монастырским приказом Мусин-Пушкин постоянно заботился об открытии школ. Почти столь же резко, как в сочинениях Маржерета, Олеария, Коллинса, Перри и пр., хотя и в других выражениях, в «Духовном Регламенте» говорилось о невежестве духовенства, о необходимости улучшения быта священников и монахов, об упадке просвещения, об обязанности архиереев заботиться об истреблении всех существующих суеверий. Далее подробно говорилось об учебных предметах в духовных школах, об обязанностях учеников, о методе учения, о строгих мерах поощрения к прилежному и успешному учению. Для учреждения большой духовной семинарии был назначен дом и определены значительные денежные средства. Кончина Петра прервала работу приготовления этого полезного предприятия. После него дом несколько лет сряду стоял впусте, а затем, в 1743 году, был отдан в распоряжение канцелярии полициймейстера.[1]

В первое время существования Синода возникали разные спорные вопросы о круге деятельности, о размерах компетентности нового учреждения. Царь часто должен был по собственному усмотрению решать такие вопросы. Бывали случаи столкновений между Сенатом и Синодом. Вообще же деятельность обоих высших учреждений свидетельствовала о том, что сановники, которым было вверено управление делами, были в состоянии руководствоваться соображениями царя, следовать его указаниям, трудиться в его духе. После кончины его и в Сенате, и в Синоде было заметно отсутствие инициативы царя-преобразователя, эксперта-дельца, сильного волею и одаренного проницательным умом администратора.

Образ действий Петра в отношении к раскольникам, с одной стороны, обнаруживает его религиозную терпимость, с другой — свидетельствует о желании государя во всех отношениях руководствоваться интересами светской политики. Высказанное Петром относительно иностранцев правило, что правительство «охотно предоставляет каждому христианину

---

[1] Чистович, 136 и след.

на его ответственность пещись о блаженстве души своей», по мнению Петра, могло относиться и к раскольникам; Петр в области религии держался либеральных начал. При свидании с польским королем в Биржах, в 1701 году, Петр был в церкви и внимательно приглядывался к католическому богослужению, расспрашивая, что́ значит то или другое действие. Один из польских сенаторов заметил ему, что в его власти соединить церковь греческую с латинскою. Царь отвечал: «Господь действительно дал царям власть над народами, но над совестью людей властен один Христос и соединение церквей может совершиться только с Божией воли».[1]

В следующем году царю случилось ехать из Архангельска к Финскому заливу через Выг, где жило много раскольников. Когда разнеслась страшная весть о приближении Петра, одни из братьев и сестер начали готовиться к смерти, приготовили смолу и солому в часовне, другие сбирались бежать; но гроза прошла; когда государю доложили, что по Выгу живут раскольники, то он сказал: «пускай живут», и проехал далее. Другой раз он спросил: «каковы купцы из раскольников, честны ли и прилежны ли»? Когда ему отвечали, что честны и прилежны, то он сказал: «если они подлинно таковы, то по мне веруют чему хотят, и когда уже нельзя их обратить от суеверия рассудком, то, конечно, не пособит ни огонь ни меч; а мучениками за глупость быть — ни они той чести недостойны, ни государство пользы иметь не будет». Зато Петр требовал, чтобы раскольники работали усиленно на железных заводах близ Выговской пустыни, объявляя при этом, что «за то царское величество дал им свободу жить в той Выговской пустыне и по старопечатным книгам службы свои к Богу отправлять». Когда раскольники жаловались на некоторые притеснения, Меншиков в 1711 году издал указ, «чтобы никто общежителям Андрею Денисову с товарищи и посланным от них обид и утеснения и в вере помешательства отнюдь не чинили под опасением жестокого истязания». В 1714 году брат Андрея Денисова, Семен, был схвачен в Новгороде духовною властью. Раскольники, поддерживаемые в этом деле начальником олонецких заводов, Геннином, обратились к Петру с просьбою о помощи; Петр велел привести к себе Семена Денисова и, как сказано в современному рассказе об этих событиях, «испытав из тиха та словах и поговоря мало, ни его отпустити, ни испытати жестоко не повеле, такожде митрополиту не повеле, оставил его тако». Семен Денисов просидел четыре года в монастыре, наконец ему удалось уйти из Новгорода. Из переписки Геннина с царем видно, что духовенство относилось к раскольникам гораздо

---

[1] Соловьев, XIV, 358.

строже, чем царь. Когда был арестован раскольник Давида Викулич, Геннин опять заступился за раскольников и царь велел выпустить Викулича. Основной взгляд Петра на дело заключался в проповедуемом им правиле: «С противниками церкви с кротостью и разумом поступать по апостолу... и не так, как ныне, жестокими словами и отчуждением».[1]

Старообрядческая Выгорецкая пустынь в XVIII столетии.
С весьма редкого иконописного рисунка, находящегося в собрании П.Я. Дашкова.

Зато Петр требовал от раскольников двойной подати и этим перенес, так сказать, вопрос о расколе из области церкви на почву государственного хозяйства. Раскольники сделались достойными внимания с точки зрения финансов, бюджета.

Но в то же время правительство не переставало действовать путем обучения, просвещения, причем некоторая строгость была соединена с кротостью. Для этой цели Петр желал воспользоваться игуменом Переяславского монастыря Питиримом, бывшим прежде раскольником и потому хорошо знавшим своих прежних собратий, для обращения раскольников увещательными средствами.

В 1722 году вышел синодский указ, или «Пастырское увещание к обращению раскольников в недра православной церкви». В заключение этого указа Синод объявлял: «да всяк, кто-б ни был, ежели в книгах покажется кому некоторое сомнительство, приходил бы с объявлением оного

---

[1] Соловьев, XVI, 326.

сомнительства в Святейший Правительствующий Синод, безо всякого подозрения и опасения, и таковому в оном Синоде то сомнительство изъяснено будет от Святого Писания и оный сомнитель по тому рассуждению сомнительства своего удовольствуется решением». В другом указе Синод уверял, что не намерен никаким образом раскольников «удерживать и озлоблять», а только «с усердием требует свободного с ними о противности разглагольствия», прося расколоучителей «показаться нескрытно, безо всякой боязни, и в разглагольствии наблюдать надлежащую токмо учтивость и не употреблять невежеских поступков», так что каждый «имел бы в объяснению мнения своего голос свободный». Прибавлено даже следующее: «которые явятся к обращению к святой церкви непреклонны, и останутся при прежнем своем мнении, тем дана будет неудержанная свобода» и пр. Срок для таких объяснений или «разглагольствия» был определен от 1-го марта 1722 до 1-го марта 1723 года. Кто не явится и станет продолжать распространять раскол, будет строго наказан «безо всякой пощады и помилования».[1]

Едва ли много раскольников откликнулось на приглашение Синода. По всей вероятности, раскольники опасались входить в столь близкие отношения к власти, отважиться на «разглагольствие», которое могло повести чрезвычайно далеко и вовлечь раскольников в беду.

Склонность правительства к кротким мерам не была, впрочем, общим правилом. До 1744 года и после, много было принято мер довольно строгих в отношении к раскольникам. Петр отличался терпимостью только к догматическим вопросам; но он хорошо знал, что раскольники были самыми отчаянными противниками преобразований, самыми ревностными распространителями учения о новых временах как временах антихриста, знал, что эти люди толпами бегают и кроются в лесах и пустынях, лишая государство рабочих сил, отбывая от службы. Светская власть из-за своих государственных интересов не могла смотреть спокойно и равнодушно на раскольников. Нужно было наблюдать за расколом, усиливать контроль относительно числа раскольников, привлекать их к участию в государственных повинностях. В 1716 году было объявлено Сенатом: «чтоб все люди у отцов своих духовных исповедовались повсягодно». На тех, кто не исполнял этого требования, «класть штрафы против дохода с него втрое, а потом им ту исповедь исполнить же». Переписать всех раскольников[2] было дело чрезвычайно трудное. Раскольники считали, не без основания,

---

[1] П. С. З. № 3891 и 3925.
[2] П. С. З. № 2991 и 2996.

опасным делом объявить себя раскольниками; это значило отдаться в руки правительству, которое, если и не будет преследовать, то будет наблюдать, причем нельзя будет тайком распространять свое учение: новоприбылые будут явны. Раскольники стали подкупать священников, которые должны были показать, кто у них в приходах исповедуется и кто нет. Тут начались доносы на укрывающихся раскольников и на неисполняющих свой долг священников. Питирим писал Петру о десятках тысяч раскольников, которые «государственному благополучию не радуются, но паче несчастию радуются, и всегда стремятся возвысить свой злой рог к обладанию на церковь и на гражданство». Требуя весьма строгих мер, Питирим доносил, что «попы едва не все укрыли раскольщиков, то писали исповедующимся, то никак не писали», так что не уплачиваются штрафы от неисповедующихся, ни двойной оклад от раскольников.[1]

В 1721 году 17 мая Синод приказал отбирать «у кого явились харатейные и старопечатные книги»; далее были приняты разные меры для поимки лжеучителей; в 1722 году возобновляется указ о присылке ведомостей о небывших на исповеди и о раскольниках; о некоторой строгости свидетельствуют разные предписания, как, например, об отдаче конфискованного у раскольников имения в Синод, о православном крещении детей записных раскольников, о запрещении браков «обоих раскол держащих лиц», об отправлении тайных раскольников на каторгу, о запрещении писать иконы «по раскольническому мудрованию» и пр.[2]

Число наказанных раскольников было весьма значительно, как видно из указа, данного Петром Сенату 16 октября 1722 года. В нем сказано между прочим: «раскольщиков отнюдь в Сибирь посылать не велите, ибо там и без них раскольщиков много; а велите их посылать в Рогервик, где делают новый гавань».[3] В январе 1723 года Синод издал указ о крепком содержании посылаемых в монастыри раскольнических монахов и монахинь. Незадолго до кончины Петра еще были приняты некоторые меры, стеснявшие права и свободу раскольников; в разных местах поставлены были заставы для поимки беглых раскольников и пр.[4]

Мы видели выше, что уже в девяностых годах XVII века ходил слух о некоторой склонности Петра к католицизму. Мы знаем, однако, что этот слух был лишен основания. Царь соблюдал некоторый нейтралитет между

---

[1] Соловьев, XVI, 329.
[2] П. С. З. №№ 3183, 3232, 3784, 3854 пункт 13, 3870, 4009, 4113, 4519.
[3] Там же, № 4109.
[4] Там же, №№ 4153, 4467, 4596.

исповеданиями. Из лиц, его окружавших, Гордон был католиком, Лефорт — кальвинистом, Перри — приверженцем англиканской церкви и пр., зато в России строжайше было запрещено действовать в пользу распространения какого-либо исповедания.[1]

Дипломатические отношения между Россиею и папою при Петре бывали редким исключением. В 1707 году Куракин находился в Риме, имея поручение требовать, чтобы папа не признавал на польском престоле короля Станислава Лещинского. Когда папа при этом случае требовал, чтобы царь дал грамоту о свободном отправлении римского богослужения и построении римских церквей в России, Куракин уклонился от решительного ответа.[2]

Несколько раз был поднят иностранцами-католиками вопрос о соединении церквей. По случаю отправления Куракина в Рим, в Вене считали вероятным, что ему было поручено действовать именно в пользу соединения церквей.[3] Однако такие слухи были лишены основания. Подобное же предложение, сделанное парижскою Сорбонною в 1717 году, не имело никакого успеха.[4]

В этом же духе со стороны англиканской церкви была сделана попытка сближения с православною церковью. Двое епископов обратились к Петру с письмом; старались подействовать и на Головкина; но все это осталось без последствий.[5]

Мы помним, что Василий Васильевич Голицын был покровителем иезуитов. Петр, напротив, не раз выражался довольно резко о иезуитском ордене. В 1719 году 18-го апреля майор Румянцов получил собственноручный царский указ: «ехать в езувитский монастырь, в полночь, осмотреть там и взять все их письма, а как рассвенет, объявить им указ, и потом, дав им убраться, послать с Москвы за рубеж с добрым провожатым; однако велеть их задержать в Можайске, а тем временем письма их через учителей наших школ пересмотреть и буде какие письма явятся подозрительные, то оные перевесть и привезти с собою, а их не отпускать. Понеже слышим, что оные учеников многих в свой закон привели, а наипаче из мещанского, того також освидетельствовать, а кои приличатся в сем или

---

[1] Соловьев, XIV, 321.
[2] Там же, XV, 228.
[3] Guerrier, Leibniz, 99—104.
[4] Толстой, «Catholicisme romain en Russie» I, 159. Соч. Пирлинга «La Sorbonne et la Russie». Paris 1882.
[5] Соловьев, Приложения к XVII тому.

ином, арестовать».¹ В конце 1723 года издан был любопытный указ, чтоб католики, живущие в Петербурге, требовали пасторов только из французов: предпочтение, оказанное галликанской церкви, как более свободно относящейся к папе, понятно; кроме того побуждением могли служить и дружественные отношения к Франции.²

История иностранцев в России в эпоху Петра свидетельствует о мере терпимости его в отношении к разным исповеданиям. Феофан Прокопович разделял воззрения государя. Иностранцы, как, например, Плейер и Гвариент, замечали, что Петр обращал гораздо меньше внимание на внешние обряды, на религиозные церемонии, чем прежние государи.³ Однако было бы несправедливо обвинять Петра в религиозном индифферентизме. Многие случаи свидетельствуют об истинном благочестии царя. Его попытки преобразований в области церкви в духе прогресса не имели успеха. Достойно внимания, что Фокеродт, вполне одобрявший деятельность Петра в этом направлении, выражает сомнение, можно ли считать особенно «политичным»⁴ стремление царя распространить просвещение в духовном сословии. «Разумные люди», замечает Фокеродт, «полагают, что Петр не успел бы провести свои реформы, если бы имел дело с более опытным духовенством,⁵ которое пользовалось бы в народе большим уважением и умело бы располагать общим мнением в свою пользу».⁶

Глава IV. Просвещение

Лейбниц, следя с большим вниманием за мерами Петра для распространения просвещения, считал его благодетелем человечества. Царь, по его мнению, был избранным орудием Провидения для насаждения цивилизации среди «скифов»; он считал Петра чрезвычайно способным извлечь наибольшую пользу из примера культуры Китая, с одной стороны, и из образцов умственного и нравственного развития в Западной Европе — с другой. Для России Лейбниц считал громадною выгодою то обстоятельство, что в ней, пользуясь примерами истории развития других стран и

---

¹ Соловьев, XVI, 346. П. С. З. № 3356.
² Там же, XVIII, 217.
³ Устрялов, III, 622 и 657.
⁴ «Ob. Petrus en bon politique gehandelt pape».
⁵ «Mit einer habilerent Clescée».
⁶ Zeitgenöss, Besichte, 17.

народов, можно избежать многих ошибок, сделанных в разных случаях. «Дворец, построенный совершенно сызнова, замечает Лейбниц, во всяком случае может быть устроен удобнее, чем здание, над которым трудились в продолжение нескольких столетий, постоянно делая перестройки, починки, поправки».[1] Так писал Лейбниц в 1712 году. Два года позже Петр, по

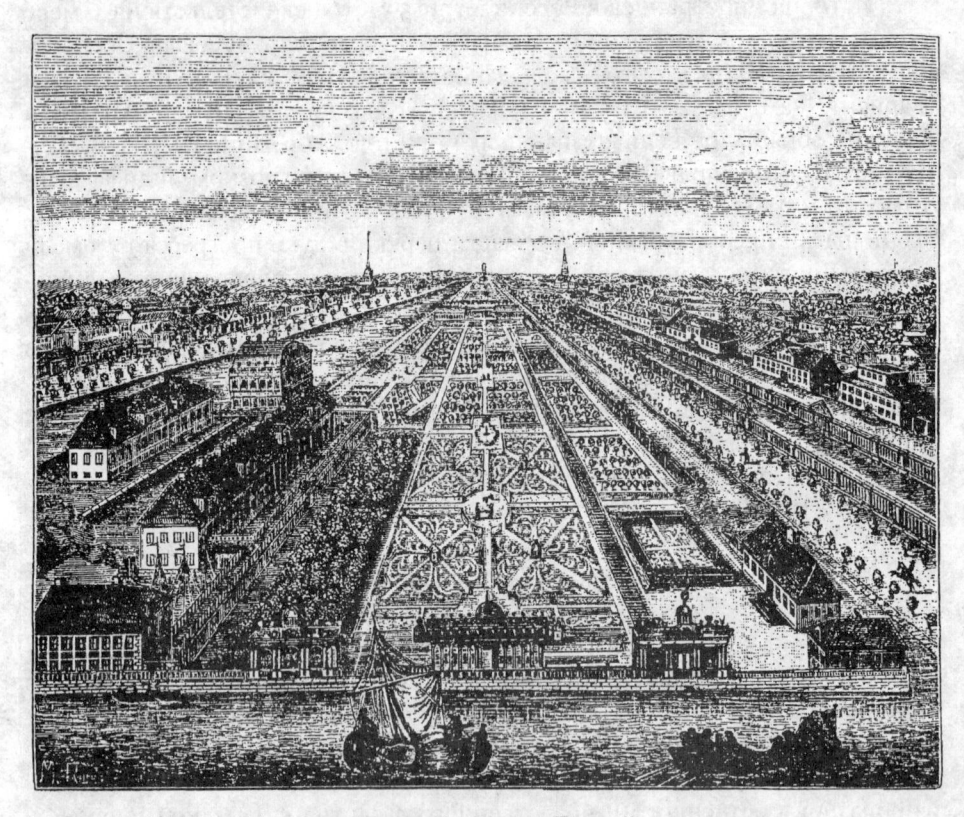

Петербург при Петре Великом. Летний сад и дворец.
С гравюры 1716 года.

случаю спуска корабля «Илья Пророк», произнес речь, в которой выразился о месте, занимаемом Россиею в истории просвещения, следующим образом: «кому из вас братцы мои, хоть бы во сне снилось, лет 30 тому назад, что мы с вами здесь, у Балтийского моря, будем плотничать, и в оде-

---

[1] Guerrier, прилож. 207.

ждах немцев, в завоеванной у них же нашими трудами и мужеством стране, воздвигнем город, в котором вы живете; что мы доживем до того, что увидим таких храбрых и победоносных солдат и матросов русской крови, таких сынов, побывавших в чужих странах и возвратившихся домой столь смышлеными; что увидим у нас также множество иноземных художников

Петербург при Петре Великом. Адмиралтейство.
С гравюры 1716 года.

и ремесленников, доживем до того, что меня и вас станут так уважать чужестранные государи? Историки полагают колыбель всех знаний в Греции, откуда (по превратности времен) они были изгнаны, перешли в Италию, а потом распространились и по всем европейским землям, но невежеством наших предков были приостановлены и не проникли далее Польши; а поляки, равно как и немцы, пребывали в таком же непроходимом мраке невежества, в каком мы пребываем доселе, и только непомерными трудами правителей своих открыли глаза и усвоили себе прежние греческие искусства, науки и образ жизни. Теперь очередь приходить до нас, если только вы поддержите меня в моих важных предприятиях, будете слушаться без всяких отговорок и привыкнете свободно распознавать и

Петербург при Петре Великом. Гостинный двор.
С гравюры 1716 года.

изучать добро и зло. Указанное выше передвижение наук я приравниваю к обращению крови в человеческом теле, и сдается мне, что со временем они оставят теперешнее свое местопребывание в Англии, Франции и Германии, продержатся несколько веков у нас и затем снова возвратятся в истинное отечество свое — в Грецию. Покаместь советую вам помнить латинскую поговорку: ora et labora (молись и трудись) и твердо надеяться, что, может быть, еще на нашем веку вы пристыдите другие образованные страны и вознесете на высшую степень славу русского имени».[1]

Петр сам учился многому и до гроба не переставал учиться. Он был неумолимо строгим наставником своего народа. На войны он смотрел как на полезную для себя и для народа школу. Но среди войн он не переставал заботиться о заведении училищ, бороться с невежеством в русском обществе. Тотчас же после возвращения из-за границы в Россию в 1698 году он стал думать об учреждении школ и переписывался об этом предмете с Виниусом, Курбатовым и пр. С радостью Виниус, уже в 1701 году, писал царю, что «собрано в школы 250 ребят, из которых выйдут хорошие инженеры, артиллеристы и мастера».[2] В 1703 году Курбатов писал Головину,

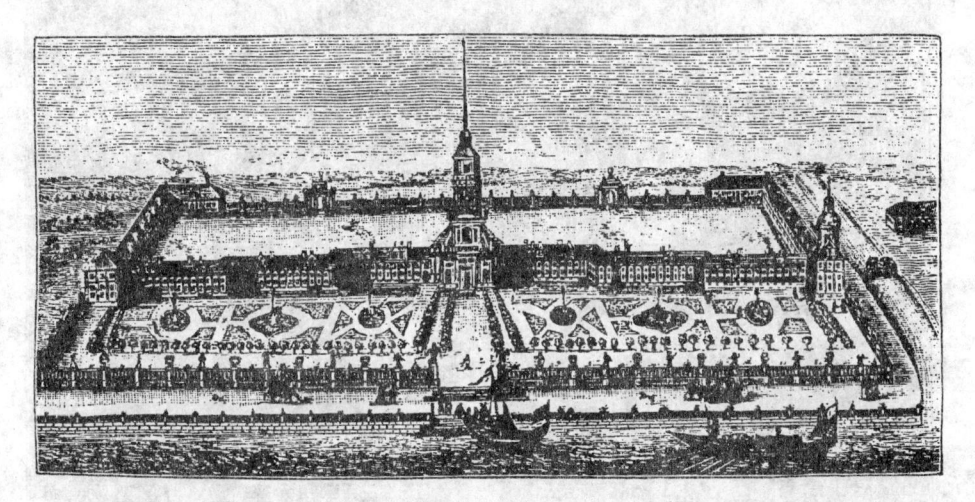

Петербург при Петре Великом. Александро-Невская лавра.
С гравюры 1716 года.

что «прибрано и учатся 200 человек», что наставники — англичане и что к ним приставлен помощником Леонтий Магницкий. Потом Курбатов писал: «прибрано учеников со 180 человек охотников всяких чинов людей и учатся все арифметике, из которых человек с десять учат радиксы и готовы совершенно в геометрию» и пр.[3] Достойно внимания в письме Курбатова следующее замечание: «а ныне многие из всяких чинов и прижиточ-

---

[1] Weber, Verändertes Russland, I, стр. 11.
[2] Соловьев, XIV, 357.
[3] Там же, XV, 99—100.

ные люди припознали тоя науки сладость, отдают в те школы детей своих, а иные и сами недоросли и рейторские дети и молодые из приказов подьячие приходят с охотою немалою» и т. д. Особенно Курбатов хвалил учебник арифметики, составленный Магницким.[1]

Петербург при Петре Великом. Екатерингоф.
С гравюры 1716 года.

После занятия Мариенбурга, при котором был взят в плен тамошний пробст Эрнст Глюк, царь определил ему ежегодное жалованье в 3000 руб. с тем, чтобы Глюк открыл в Москве первоначальную гимназию для разночинцев. В весьма широкой учебной программе гимназии Глюка мы встречаем, между прочим, философию картезианскую, новые языки, катехизис Лютера, стилистику, астрономию, историю, грамма-

---

[1] Соловьев, XV, 397.

тику, риторику, фехтование, танцевание и пр. Школа эта, впрочем, существовала недолго; тут, однако, учились некоторые известные люди, например, из иностранцев Блюментрост, из русских братья Веселовские и пр.[1]

Петербург при Петре Великом. Зимний дворец.
С гравюры 1716 года.

Устроенный в 1706 году в Москве за Яузою гошпиталь, которым заведовал доктор Бидлоо с двумя помощниками-русскими, должен был сделаться в то же время медицинскою школою. В 1712 году Бидлоо доносил царю, что было у него всего 50 учеников и что многие из них приобрели основательные познания в хирургии.[2]

---

[1] Пекарский, «Ист. Ак. Наук» Спб., 1870, I, стр. XVIII и след.
[2] Соловьев, XVI, 15—16.

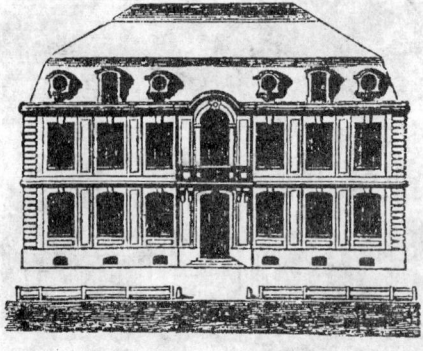

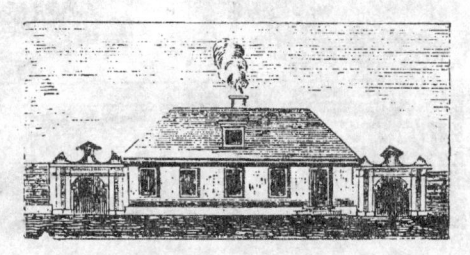

Петербург при Петре Великом. Типы домов в Петербурге.
С гравюры того времени.

В 1714 году явился указ: «послать во все губернии по несколько человек из школ математических, чтоб учить дворянских детей цифири и геометрии, и положить штраф такой, чтоб не вольно будет жениться, пока сему не выучится». В Петербурге были учреждены разные частные школы, инженерное училище, морская академия. Разные иностранцы, например, немец Вурис, француз Сент-Илер (St.-Hilaire), швед Вреех, итальянец Гаджини, — основали разные училища, В Петербурге при оружейной канцелярии, «ради общенародной во всяких художествах пользы, против обычаев государств европейских, зачата была небольшая академия, ради правильного обучения рисования иконного и живописного и прочих художеств».[1] Шведские военнопленные даже в Тобольске устроили учебное заведение по образцам западноевропейской педагогики.[2]

Книгопечатание при Петре приняло довольно значительные размеры. Учрежденная по предложению царя в Амстердаме типография Тессинга и Копьевского издала множество русских книг, большею частью переводов иностранных сочинений, например, басни Эзопа, сочинение Квинта Курция об Александре Македонском, календари, учебники морских и военных наук. Затем и в России росло число типографий. После Полтавской битвы Петр дал приказание собирать разные материалы для русской истории; также им было выражено желание, чтобы был напечатан перевод истории Троянской войны. Явились переводы сочинений Вобана, Пуфендорфа, разные книги о механике, архитектуре, воспитании детей и пр. Полезными сотрудниками Петра в типографском деле были, между прочим, Поликарпов и Аврамов.

Петр заботился также о покупке коллекций книг, выписывал их из-за границы, велел перевезти довольно богатое собрание разных сочинений из Курляндии в Петербург и пр.[3] В 1721 году он отправил секретаря медицинской канцелярии по иностранной переписке, Шумахера, за границу с разными поручениями, касавшимися более ученых и наук. Между прочим, Шумахер должен был купить некоторые ученые коллекции. Таким образом и благодаря покупкам, сделанным царем во время его путешествий, устроилась «кунсткамера». Сохранились письма царя к разным лицам, доставлявшим ему предметы для кунсткамеры, а также анекдоты о старании Петра привлечь публику к посещению этой коллекции.[4]

---

[1] Соловьев, XVI, 201, 307 и след., 321.
[2] Пекарский, «Наука и лит.» I, 133 и след.
[3] Там же, «Наука и лит.» 46 и след.
[4] Там же, «Наука и лит.» I, 48—54, Штелин, анекдоты, М. 1830. I, № 27.

Вид Петербургской набережной при Петре Великом.
С гравюры того времени Зубова.

Вид Петербургской набережной при Петре Великом.
С гравюры того времени Зубова.

Многие указы свидетельствуют о любознательности царя и его старании содействовать развитию просвещения. В 1720 году повелено: «во всех монастырях, обретающихся в российском государстве, осмотреть и забрать древние жалованные грамоты и другие курьезные письма оригинальные, также книги исторические, рукописные и печатные, где какие

Петербург при Петре Великом. Дом князя Меншикова на Васильевском острове. С гравюры 1716 года.

потребные к известию найдутся». Далее он распорядился, чтобы физические инструменты, картины, статуи, книги и пр. не были обложены никакою таможенною пошлиною.[1] По случаю посещения Петром развалин древнего города Булгара на Волге, по указу его, были списаны точные копии со всех надгробных надписей и переведены на русский язык; им же

---

[1] «Осьмнадцатый век», I, 505, IV, 265.

были приняты меры для сохранения в целости остатков развалин этих замечательных памятников.[1]

Уже во время первого путешествия Петра за границу зашла речь об учреждении в России Академии Наук. Лейбниц говорил еще в 1697 году о пользе такого учреждения; Ли, в своем проекте реформ, указал на английскую «Royal Society» как на образец Академии Наук. В 1706 году был

Ива в Александровском парке, сохранившаяся от времен Петра Великого.
С рисунка, сделанного с натуры А.П. Норовлевым.

представлен проект устройства целой системы научных и учебных учреждений, причем неизвестный автор — быть может, это был вышеупомянутый грек Серафим — обращал особенное внимание на богословские науки.[2] Иван Посошков предлагал устроить в Москве «великую академию, всех наук исполненную», причем даже советовал приглашать учителей «хотя бы из лютерской веры».[3] Лейбниц составил для царя несколько записок, в которых указывал на способы осуществления желания Петра распространить в России просвещение. После Полтавской битвы Лейбниц изъявил готовность сделаться руководителем академии наук и художеств в России. Одновременно с Лейбницом и Гейнрих Фик был занят составлением записок об учреждении академии.

---

[1] Древние города и другие булгарско-татарские памятники в Казанской губернии, С. М. Шпилевского. Казань, 1878, стр. 239.

[2] Пекарский, «Ист. Акад. Наук», I, XXI.

[3] Рукоп. в библ. Акад. Наук.

Осуществление любимого плана Петра состоялось лишь после его кончины. Но уже в начале 1724 года Петр утвердил проект учреждения академии, составленный Блюментростом и Шумахером, а затем началась переписка с разными заграничными учеными, которые изъявляли готовность переселиться в Петербург для занятия мест в академии, открытие которой воспоследовало лишь при Екатерине I.[1]

Петербург при Петре Великом. Первоначальный вид Исаакиевского собора.
С гравюры того времени.

Средоточием и выражением главных начал, которыми при своей деятельности руководствовался царь-преобразователь, сделалась новая столица. Здесь, благодаря мерам, принятым Петром, развились оживленные торговые сношения с Западною Европою; сюда приезжало множество иностранцев, с которыми Петр любил беседовать непринужденно о всевозможных предметах, сидя за стаканом вина в устроенной по приказанию царя «австерии».

---

[1] См. отзыв Фокеродта об Академии Наук в моей статье о записки Фокеродта в «Журнале Министерства Нар. Просв.» CLXXI, отд. 2, стр. 208 и след.

Здесь в 1711 году была устроена первая типография, а в следующих годах последовало открытие еще других типографий. Здесь было построено еще при Петре несколько дворцов, например, великолепный дом Меншикова, в котором было отпраздновано бракосочетание племянницы Петра с герцогом Курляндским, причем в числе увеселений была устроена курьезная свадьба карлика Волкова, на которую собрано со всей России до 70 карликов и карлиц. При заложении Васильевской части города образцом должен был служить Амстердам, однако прорытие предполагаемых каналов на Васильевском острове не состоялось. В новой столице были помещены: библиотека, кунсткамера, здание коллегий; началась постройка биржи, галерной гавани, адмиралтейства, Исаакиевского собора, в Летнем саду был построен небольшой дворец, перед окнами которого Петр посадил собственноручно несколько дубовых дерев. В 1711 году был заложен Зимний дворец, отстроенный впоследствии для дочери Петра, Елизаветы, знаменитым архитектором Растрелли. Ко времени Петра относится еще постройка в Петербурге некоторых протестантских церквей, заложение литейного завода, Невского проспекта, многих фабрик и мануфактур; в окрестностях Петербурга возникли дворцы: Екатерингофский, Петергофский и Ораниенбаумский и др.[1] В Петербурге была учреждена Академия; сюда должен был переселиться из Москвы Сенат; тут, в своем «парадизе», любил пребывать и сам Петр. Возвращение двора в Москву при Петре II оказалось возможным лишь на короткое время. Предсказание Алексея и его приверженцев, что новая столица останется «в пусте», не сбылось. Петербург оставался столицею и в позднейшее время; мало того: новый город должен был сделаться как бы местом воспитания русской публики, знакомившейся ближе и ближе с западноевропейскими приемами общежития. И такому воспитанию русского общества Петр посвятил себя в последние годы своей жизни с обычною ему энергиею и со свойственною ему строгостью. Наравне с сочинениями о военном искусстве, с учебниками по арифметике, географии, истории, переводились на русский язык и чисто дидактические и педагогические сочинения. К таким переводам относится «Юности честное зерцало, или показание к житейскому обхождению», собранное из разных авторов. На заглавном листе этой книги, изданной в 1717 году, сказано, что она «напечатается повелением царского величества». Она издавалась несколько раз и была, как кажется, сильно распространена в русской публике. Главное содержание ее заключается в правилах, как вести себя в обществе. Она касается лишь внешней стороны человека. На первом плане

---

[1] Reimers, St.-Petersburg am Ende seines ersten Jahrhunderts. St.-Petersburg, 1805, два тома.

находятся наставления о сохранении в чистоте ногтей, рта, запрещение громко чихать, сморкаться и плевать и т. п. Все это могло быть не бесполезно. Русские, удивлявшие до того времени иностранцев грубостью нравов, неряшливостью, неопрятностью, должны были научиться прилично стоять, сидеть, ходить, есть и пить, кланяться и пр. «Юности честное зерцало» было привозным продуктом наравне с французским вином и брюссельскими кружевами, в которых нуждались высшие классы русского общества.[1]

Колымага Петра Великого.
С гравюры того времени.

Совершенно изменилось в эпоху Петра положение женщины в обществе. Вскоре после возвращения из-за границы, в 1698 году, царь приказал, чтобы женщины участвовали в разных увеселениях. Затем, после путешествия 1717 года, появился указ «об ассамблеях», общественных собраниям, зимних увеселениях. Оные были учреждены на первый раз в Петербурге и о времени их открытия объявлялось с барабанным боем на площадях и перекрестках. Ассамблеи распределялись между чиновными лицами, жившими в Петербурге, без соблюдения, впрочем, какой-либо очереди. Сам государь назначал, в чьем доме должно было быть ассамблее. Несмотря на то, у кого бы ни происходила ассамблея, — хотя бы у самого царя, — вход на нее был доступен каждому прилично одетому человеку, за исключением слуг и крестьян. Вследствие этого на ассамблеи собирались: чиновные особы всех рангов, приказные, корабельные мастера и иностранные матросы. Каждый мог являться с женою и домочадцами. Петр приглашал на ассамблеи и духовных лиц. Первым условием ассамблеи государь постановил отсутствие всякого стеснения и принужденности. Так, ни хозяин, ни хозяйка, не должны были встречать никого из гостей,

---

[1] См. мою статью «Zur geschichte der didaktischen Literatur in Russland im 18 Jahrhundert», в журнале «Russ. Revue» VIII, 272 и след.

даже самого государя или государыню и членов их семейства. В комнате, назначенной для танцев, или в соседней с нею, должны были быть приготовлены: табак, трубки и лучины для их закуривания. Здесь же стояли столы для игры в шахматы и в шашки, но карточная игра на ассамблеях не допускалась. Главным увеселением на ассамблеях полагались танцы; посредством их должны были сближаться молодые люди и девицы, знакомиться дамы с мужчинами, а потому в глазах русских старого покроя танцы казались сперва увеселением крайне безнравственным.

Дворец Петра Великого на Петровском острове в Петербурге.
С гравюры того времени.

Все это прививалось несколько туго к русскому обществу. Дамы и кавалеры на ассамблеях дичились друг друга, не завязывали между собою разговоров, и после каждого танца тотчас же расходились в разные стороны. По словам одного из современников, на ассамблеях «все сидели, как немые, и только смотрели друг на друга». Вообще, если бы на первых порах сам Петр не присматривал за ассамблеями и не распоряжался бы на них своею государскою властью, то они, по всей вероятности, не вошли бы в обычай. Петр иногда сам управлял танцами, становясь в первой паре. По свидетельству одного современника-иностранца, Петр и Екатерина танцевали очень ловко и проворно, как самые молодые люди; также и дочери Петра танцевали очень охотно. Спустя три года по введении ассамблей в

Петербурге, они были заведены и в Москве; кроме того были устраиваемы по желанию царя маскарады, концерты и пр. Понятно, что с учреждения ассамблей женщина стала являться в положении, отличном от прежнего. Теперь она, вместо смиренной и молчаливой хозяйки дома, подносившей гостю с глубокими поклонами чарку водки, являлась царицею празднества. При Петре было введено, чтобы хозяин, во время бала, подносил букет цветов, живых или искусственных, той даме, которую он хотел отличить. Дама эта распоряжалась танцами и в конце бала торжественно отдавала букет тому из кавалеров, в доме которого она хотела танцевать следующий раз, и т. п. Одною из главных целей Петра при учреждении ассамблей была — соединить все русское общество в один кружок и сблизить русских с иностранцами. Отчужденность русских от иностранцев выражалась между прочим тем, что русские дамы обыкновенно выбирали себе кавалеров только из русских, обходя иностранцев, чем эти последние очень обижались. Некоторые, однако, из русских дам чрезвычайно были любезны и с иностранцами, мало чем уступали француженкам и немкам в обращении и светскости, а в некоторых отношениях имели даже над ними и преимущество.

Понятно, что ассамблеи времен Петра не отличались тою утонченностью обстановки, которою, вскоре после него, например, уже при Анне Иоанновне, отличались собрания высшего круга. На Петровских ассамблеях пили лихо. Грубость нравов, однако, исчезала мало-помалу, чему в особенности способствовало присутствие дам в мужском обществе, и в царствование императрицы Елизаветы ассамблеи переродились в такие балы, которые мало чем уступали изящным Версальским собраниям.[1]

Такого рода явления становились вразрез с прежними нравами и обычаями русских людей. Национальному началу, до того времени господствовавшему в русском обществе, был противопоставлен принцип космополитизма. Коренное изменение положения женщины должно было оказать сильное влияние на нравы и обычаи общества и даже на государственный строй. В последнем отношении довольно значительная доля успеха деятельности Петра, как наставника русских в приемах общежития, принадлежала Екатерине, которая оказалась необычайно способною поддерживать приличие, роскошь и пышность двора, придавать придворным празднествам некоторую прелесть и участвовать с достоинством при разных увеселениях Петра. В последнее время этого царствования при дворе происходили театральные представления, в которых участвовали племянницы государя; Екатерина имела в своем распоряжении полный оркестр.

---

[1] См. статью г. Карновича об ассамблеях в «Др. и Н. России» 1877. I, 77—84.

Иностранцы, как, например, Бассевич, Берггольц, герцог Лирийский, Вебер и пр., находили, что нравы и обычаи русского двора не отличались от приемов, господствовавших на западе.

Для будущности России было важно появление уже при Петре значительного числа иностранных воспитателей и воспитательниц для дочерей и сыновей высших классов русского общества. Петр сам старался дать своим дочерям тщательное образование. В домах некоторых знатных фамилий, например, Трубецких, Черкасских и пр., явились французские гувернантки. Иностранцы хвалили русских за тщательность, с которою они заботились о детском воспитании. Новое поколение вырастало при совершенно иных и довольно благоприятных условиях. Не во всех отношениях, пожалуй, такое подражание иноземным обычаям было полезно и благотворно. Не без основания князь Щербатов в своем сочинении «О повреждении нравов» приписывает Петру важную долю в развитии в русском обществе склонности к чрезмерной роскоши, к разврату и пр. Однако эти явления не представляют собою доводов для отрицания пользы преобразовательной деятельности Петра вообще. Всякого рода эмансипация заключает в себе некоторую опасность употребления во зло новоприобретенной свободы. В конце концов, несмотря на многие неудобства светских приемов, господствовавших в образованном обществе Западной Европы, салонная утонченность, служившая образцом для русского общества, была менее опасною, чем замкнутость византийско-средневекового аскетизма, которая служила правилом до Петра. Сближение с Западною Европою в внешних формах «людскости» способствовало заимствованию у запада лучших идей прогресса, возникавших в Англии, Франции и Германии. И здесь, особенно женщины, оказались способными учиться у запада; женщинам же было предоставлено играть весьма важную роль во время десятилетий, следовавших за эпохою Петра. При императрице Елизавете употребление французского языка сделалось правилом при дворе и в высших слоях русского общества; при Екатерине II восторжествовали многие начала, проповедуемые в литературе просвещения Англии и Франции; Александр I воспитывался под надзором своей бабки, называвшей себя «ученицею Вольтера» и давшей ему в воспитатели швейцарца Лагарпа. Никто не станет отрицать, что исходною точкою всех этих явлений главным образом служит деятельность Петра-Преобразователя.[1]

---

[1] См. соч. Иконникова, «Русская женщина в эпоху Петра Великого», Киев, 1876, и мое соч. «Die Frauenfrage in Russland im Zeitalter Peters des Grossen. Russ. Revue. XV, 97—130.

Заглавный лист издания географии Петровского времени.
С подлинного заглавного листа.

Ассамблея при Петре Великом.
Гравюра Хельма в Штутгарте по картине профессора Хлебовского.

ЧАСТЬ ШЕСТАЯ

Глава I. Сотрудники Петра

Иван Посошков говорил о Петре: «наш монарх на гору аще сам десять тянет, а под гору миллионы тянут: то как дело его споро будет?»[1]

Сам Петр жаловался на недостаток в сотрудниках. Мы помним, что в одном из писем его к Екатерине сказано: «левшею не умею владеть, а в одной руке принужден держать шпагу и перо; а помощников сколько, сама знаешь».[2]

Помощников действительно было мало, противников, «тянувших под-гору», множество. Масса народа не могла считаться сотрудником Петра. Весьма лишь немногие входили в его положение, имели возможность вникнуть в самую суть его мыслей. Еще менее было лиц, желавших успеха преобразовательной деятельности Петра.

На окончательный успех реформ Петра можно было надеяться лишь или при весьма продолжительном царствовании его, или при образовании группы сотрудников, вполне способных продолжать в духе Петра то, что им было начато. Правда, нельзя было ожидать превращения России вновь из европейского государства в азиатское, однако существовала опасность реакционного движения против духа реформ Петра. Спрашивается: удалось ли Петру образовать школу деятелей, готовых и способных бороться с этою опасностью реакции?

Нельзя было удивляться тому, что иностранцы, как, например, Гордон и Лефорт, Виниус, Остерман, Миних и др., поддерживали образ дей-

---

[1] Соч. Посошкова, I, 95.
[2] Письма рос. гос., I, 21—23.

ствий Петра. Их положение, их карьера обусловливались успехом нововведений Петра. Нельзя отрицать, что Миних и Остерман в продолжение шестнадцати лет, следовавших за царствованием Петра, значительно содействовали успеху его предначертаний, поддержанию значения России в ряду европейских государств, продолжению деятельности русского правительства в духе Петра. Россия им весьма многим была обязана. Однако господствовавшая в России и после Петра ненависть к иностранцам легко могла положить конец их деятельности, что и случилось в 1741 году. Поэтому нельзя было не желать, чтобы между русскими нашлись люди, способные и намеренные идти дальше по указанному Петром направлению.

Между русскими, к счастью, не было недостатка в даровитых и энергичных людях. Курбатов переписывался с Петром о разных мерах к реформам, об отмене патриаршества, о заведении школ, о немецком платье, о вопросах внешней политики, о финансовых делах и пр. и оказался чрезвычайно полезным сотрудником государя. Украинцев принадлежал к самым опытным дельцам в области внешней политики и оказывал царю существенные услуги в Малороссии, в Польше, в Константинополе и пр.; Куракин, Матвеев, Толстой, Неплюев, Волынский и др. были замечательными дипломатами; Макаров служил царю ревностно и успешно в качестве кабинет-секретаря; в области народной экономии Строгановы, Демидовы, Гончаровы, Соловьевы и пр. оказались способными руководствоваться советами Петра и отличались рабочею силою, предприимчивостью, знанием дел и способностию трудиться в духе его; люди незнатного происхождения, представители массы народа, как, например, Кирилов, Сердюков, Посошков и т. п., сделались единомышленниками царя. Однако весьма немногим из всех этих тружеников было суждено продолжать свою деятельность на пользу России после Петра. Многие пали жертвою доносов и поклепов своих недоброжелателей; некоторые из них погибли вследствие разных обвинений, не лишенных основания. Политическая карьера в то время представляла собою страшные опасности. Можно было считать исключением, если кто-либо, занимавший видное место, до своей кончины оставался в полном блеске своего положения. Высшие сановники, игравшие весьма важную роль при дворе, привыкшие к роскоши и к власти, весьма часто оканчивали свою жизнь в печальной ссылке, в бедности, в уединении. Такова была участь кн. В. В. Голицына, Остермана, Толстого, Меншикова и др. Были также частые случаи жестокой смерти на эшафоте: примерами могут служить Нестеров, Гагарин, Волынский и др.

К тем немногим людям, начавшим свою карьеру при Петре и принадлежавшим к его школе, бывшим «птенцами» Петра и трудившимся в его духе еще долго после него, можно отнести Неплюева и Татищева.

Иван Иванович Неплюев.
С портрета, принадлежащего Н.И. Путилову.

Вскоре после возвращения из-за границы, где он учился, Неплюев, как мы видели, в качестве дипломата был отправлен в Константинополь. В его автобиографии заключаются многие данные, свидетельствующие о безграничном уважении к гениальности и личности царя. Неплюев умел ценить значение Петра для России. Рассказывая, что по получении известия о кончине государя он пролежал более суток в беспамятстве, Неплюев замечает: «да иначе бы мне и грешно было: сей монарх отечество наше привел в сравнение с прочими; научил узнавать, что и мы люди; одним словом, на что в России ни взгляни, все его началом имеет, и что бы впредь ни делалось, от сего источника черпать будут».[1] Несколько десяти-

---

[1] Русский Архив, 1871. 651.

летий сряду Неплюев трудился в духе Петра в качестве дипломата в Турции, администратора в Малороссии и на Урале, главнокомандующего в Петербурге в первое время царствования Екатерины II.

Василий Никитич Татищев.
С портрета, принадлежащего Н.И. Путилову.

И Татищев был типом школы Петра. Многосторонностью занятий, разнообразием познаний, рабочею силою, неутомимостью он походил на Петра. Равно как и Петр, Татищев в молодости был весьма многим обязан пребыванию на западе. Впоследствии он трудился в качестве дипломата, директора горных заводов, администратора среди инородцев. Он участвовал в некоторых событиях Северной войны и Прутском походе. Во время своих путешествий за границею, в Швеции, в Саксонии, он покупал множество книг математического, исторического, географического и военно-технического содержания. По желанию Петра, он особенно подробно занимался географиею России. Впоследствии он сделался первым русским историографом. Жизнь и деятельность Татищева служат свидетельством благоприятного влияния, оказываемого преобразованием России на способных и склонных к учению русских людей.[1]

Примером такого же полезного влияния служит и жизнь Толстого: уже выше было указано нами на значение путешествия его за границу в 1697—1698 годах. Пребывание в Италии и в других странах развило в нем политические способности. Он, как мы знаем, был ловким дипломатом в Турции. После кончины Петра он содействовал возведению на престол Екатерины. Французский посол Кампредон называет его «умнейшею головою в России», «правою рукою императрицы» и пр.

Князь Яков Федорович Долгорукий.
С портрета, принадлежащего Ю.В. Толстому.

Никто из представителей школы Петра не был столько близким царю человеком, как князь Александр Данилович Меншиков. Навлекая на себя гнев царя сребролюбием, алчностью, произвольными действиями, он был любим Петром за необычайные способности, расторопность, решимость, энергию.

Меншиков был очень незнатного происхождения, сын придворного конюха. Известие, что «Алексашка» в молодости торговал пирогами, ве-

---

[1] См. соч. Н. Попова, о Татищеве. М. 1861 и статьи К. Н. Бестужева-Рюмина в «Др. и Н. России». 1875.

роятно, не лишено основания; он родился, как и Петр, в 1672 году. Наружность его была замечательна; он был высокого роста, хорошо сложен, худощав, с приятными чертами лица, с очень живыми глазами; любил одеваться великолепно и был очень опрятен. В нем вскоре сделались заметны большая проницательность, необыкновенная ясность речи, отражавшая ясность мысли, ловкость, с которою он умел обделать всякое дело, искусство выбирать людей.

Императрица Екатерина I.
С гравированного портрета Хубракена.

Петр ценил высоко замечательные качества своего любимца, порою строго порицая его чрезмерное честолюбие и грозя ему строгим наказанием за алчность. Во многих письмах Петра к фавориту последний назван «мейн герц», «мейн фринт» (друг), и «мейн герценкин» (Herzenskind), «мейн либе камрат», «мейн либе брудер» и т. п., что, впрочем, не мешало частым порывам гнева царя на Меншикова. До последнего времени Петр давал ему самые сложные поручения, вверял ему чрезвычайно важные должности, оказывал ему милость, осыпал его наградами. В Северной войне Меншиков и как полководец, и как дипломат, и как администратор оказывал Петру самые существенные услуги.

Петр I и Екатерина I, катающиеся в шняве, по Неве.
С гравюры того времени Зубова, 1716 года.

Меншиков был некоторым образом соперником царевича Алексея, подобно тому как герцог Альба когда-то был соперником Дон-Карлоса. В то время, когда Петр (в 1715 г.) писал сыну о престолонаследии: «лучше будь чужой добрый, нежели свой непотребный», он, быть может, имел в виду Меншикова, который и сделался фактическим наследником Петра и управлял Россиею более двух лет во время царствования Екатерины I и в начале царствования Петра II.

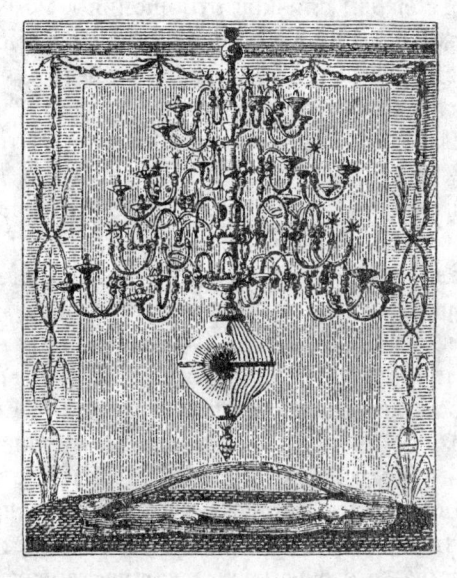

Паникадило, точеное Петром I.
С рисунка, находящегося в книге «Кабинет Петра Великого» Беляева.

Зато грабежи, которые позволял себе Меншиков в Польше и Малороссии, возбуждали сильнейшее негодование Петра. К счастью для Меншикова, у него была при царе сильная покровительница, царица Екатерина; она в крайних случаях заступалась за своего старого приятеля. Однажды, в 1712 году, отправляя Меншикова в Померанию, Петр писал ему: «говорю тебе в последний раз: перемени поведение, если не хочешь большой беды. Теперь ты пойдешь в Померанию, не мечтай, что ты будешь там вести себя, как в Польше; ты мне ответишь головою при малейшей жалобе на тебя». Но, несмотря на эти угрозы, Меншиков в Пемерании действовал так, что еще более раздражил царя. Еще в конце своего царствования, Петр однажды говорил Екатерине: «Меншиков в беззаконии зачат, во грехах его родила мать его и в плутовстве скончает живот свой, и, если он не исправится, то быть ему без головы». Нельзя не признать, что царь по справедливости мог приговорить Меншикова к смертной казни точно так же, как он осуждал людей вроде Гагарина, Нестерова, Шафирова, но не должно забывать, во-первых, личной дружбы между светлейшим князем и государем, а далее, необычайной, нелегко заменимой опытности Меншикова в делах. Дружба бескорыстного и честного Лефорта могла быть дороже царю, нежели близкие отношения к нему Меншикова; зато как государственный деятель Меншиков стоял гораздо выше скромного швейцарца. Апраксин раз в письме к царю заметил, что без Меншикова все дела могли бы легко прийти в замешательство. Когда он однажды во время царствования Екатерины был в отсутствии в Курляндии, тотчас же сделался заметным некоторый застой в управлении делами. Меншиков был другом, понимавшим значение мыслей царя-преобразователя, трудившимся в том самом направлении, в каком работал сам царь. Недаром он и при нем, и после него занимал столь высокое место.[1]

Другом, товарищем и сотрудником Петра была и Екатерина. Отношения к ней царя, в сравнении с первым браком Петра, свидетельствуют о важной перемене, происшедшей в России за все это время. В противоположность мало способной и мало развитой Евдокии, Екатерина, несмотря на свое самое скромное происхождение, вскоре сумела составить себе положение. О душевно близком отношении Петра к Екатерине свидетельствует переписка обоих. Здесь обнаруживается безусловная преданность друг другу; она разделяла труды и опасности царя, весьма часто бывала с ним в дороге, следила за его успехами, сочувствовала его радости и его горю, умела шутить с ним, успокоивать его в случаях крайнего раздражения или болезненных припадков.

Екатерина происходила из семейства Скавронских, переселившихся из Литвы в Лифляндию.[2] Многие частности, рассказываемые о ее молодости, имеют характер и значение легенды. Достоверно известно, что она, живя в доме пробста Глюка, была взята в плен, в 1702 году, при завоевании Мариенбурга, и что вскоре после этого Петр познакомился с нею в доме Меншикова. В 1711 году, значит, после рождения ее дочерей, Анны и Елизаветы, Петр объявил ее своею супругою.[3] Формальное бракосочетание происходило 19-го февраля 1712 года в Петербурге.[4]

---

[1] Соловьев, XIV, 287 и след. Устрялов, IV, 1—207 и след. Поссельт; Лефорт I, 546—561. Есипов, биогр. Меншикова в «Р. Архиве» 1876, II, 233 и след. III, 47.
[2] См. статью Грота в XVIII т. «Сборника Второго Отделения Академии Наук».
[3] См. письмо Алексея у Устрялова VI, 312.
[4] См. статью Бычкова в «Др. и Н. России». 1877. I, 323—325.

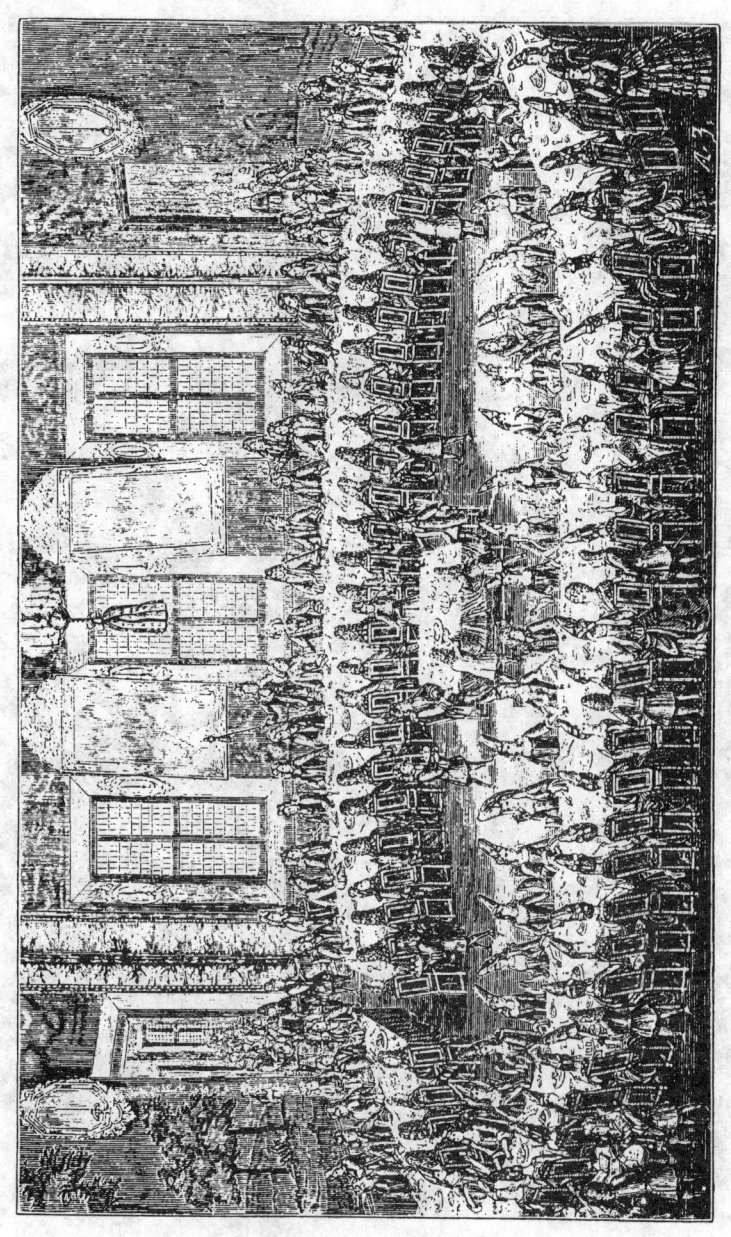

Изображение свадьбы Петра Великого.
С гравюры 1712 г.

Свадьба карликов в 1710 году.
Гравюра на дереве Паннемакера в Париже с голландской гравюры того времени Филинса.

Маскарад в Москве, в 1722 году.
С весьма редкой гравюры того времени, находящейся в собрании Д.А. Ровинского.

Петр Великий на Лахте.
Гравюра Клосса в Штутгарте по рисунку художника Н.П. Загорского.

Не определив подробнее, в чем собственно состояли заслуги Екатерины по случаю Прутского похода, Петр намекнул на это в манифесте о короновании Екатерины. Частности, рассказываемые в сочинениях вроде Вольтеровой «Истории Петра Великого», не имеют значения. Вопрос о намерении Петра назначить Екатерину наследницею престола должен оставаться открытым. 5 февраля 1722 года появился указ Петра, в силу которого государь имеет право назначать своим наследником кого ему угодно. Можно было считать вероятным, что это постановление было направлено против сына царевича Алексея. Как бы в оправдание образа действий Петра, Феофан Прокопович написал сочинение под заглавием «Правда воли монаршей», в котором старался доказать разумность этого установления. Но Петр не успел воспользоваться своим правом назначить себе преемника.

Уже в конце 1721 года, значит, вскоре после принятия Петром императорского титула, Сенат и Синод решили именовать Екатерину «Ее Величеством Императрицею». В 1723 году Петр вознамерился короновать Екатерину и 15 ноября был написан манифест, в котором после некоторых замечаний о войнах сказано между прочим: «в которых вышеписанных наших трудах наша любезнейшая супруга, государыня императрица Екатерина, великою помощницею была, и не точно в сем, но и во многих воинских действиях, отложа немочь женскую, волею с нами присутствовала и елико возможно вспомогала, а наипаче в Прутской кампании с Турки, почитай отчаянном времени как мужески, а не женски поступала, о том ведомо всей нашей армии и от них, несомненно, всему государству» и пр.[1]

Коронация Екатерины совершилась в Москве, с великим торжеством, 7 мая 1724 года. Впоследствии рассказывали, что Петр желал этою церемониею указать на Екатерину как на преемницу. Во всяком случае, при ее воцарении изречения Петра в этом тоне служили аргументацией в поддержание прав Екатерины. Как бы то ни было, коронация Екатерины являлась нововведением. За исключением коронации Марины Мнишек, не было подобного события в истории России.

Много было рассказываемо о разладе, происшедшем будто бы между Екатериною и Петром незадолго до кончины последнего, по случаю якобы существовавшей между императрицею и камергером Монсом любовной связи. Частности в этих рассказах, очевидно в значительной доле основанных на слухах и предположениях, имеют характер анекдотов, а не фактически доказанного исторического события. Можно допустить разве лишь временное или скорее минутное расстройство благоприятного отношения

---

[1] Соловьев, XVIII, 243—244.

между супругами, после чего между ними тотчас же восстановилось полное согласие.[1]

То обстоятельство, что Екатерина и Меншиков, лица самые близкие Петру, лица, которых он называл своими «герценкиндер», сделались преемниками его, не могло не содействовать обеспечению результатов преобразовательной деятельности Петра. Напрасно недоброжелатели России в минуту кончины Петра надеялись на анархию в России, на какую-то реакцию против системы его царствования. Хотя и краткое управление делами Екатерины и Меншикова заключало в себе достаточное доказательство, что Петр успел создать школу государственных людей, способных и готовых действовать в духе его; дальнейшая судьба России была обеспечена.

Глава II. Личность Петра

«Какой-де он государь?» спрашивали часто в народе, недовольном образом действий Петра, потому что он во всех отношениях отличался от своих предшественников. Прежние цари были полубогами; они молились и постились, любили окружать себя блеском торжественного и пышного церемониала. Петр, напротив, держал себя во многих отношениях как бы частным человеком, работал и веселился наравне с представителями разных классов общества, не гнушался и компании скромных людей, столь же охотно вращаясь в среде матросов и плотников, как и беседуя с государями, министрами, дипломатами и полководцами. Прежние цари занимались немного, не имели понятия об упорном труде, по целым часам смотрели на работы придворных золотых дел мастеров или прислушивались к нелепой болтовне придворных шутов. Петр вставал рано, около 4 часов утра, занимался государственными делами, обыкновенно в 6 часов отправлялся в Адмиралтейство или в Сенат и трудился в разных занятиях до ночи, употребляя минуты отдыха для работы за токарным станком или для осмотра разных инструментов, приборов, орудий или для посещения фабрик и мастерских. Труд для него был наслаждением; он знал цену времени, не раз восставая против русского «сейчас». Нельзя удивляться, что трудившийся неусыпно, действовавший быстро и решительно государь редко оставался доволен трудом других, требуя от всех и каждого такой

---
[1] См. соч. Костомарова о Екатерине, в «Древней и Новой России», 1877. I, 149.

же неутомимости и силы воли, какою отличался он сам. Иностранцы, следившие за ходом дел, замечали, что в отсутствие царя работы по управлению государством или шли гораздо медленнее или останавливались совершенно.

Петр Великий на смертном одре.
С портрета Никитина, писанного с натуры.

Петр не любил роскоши, ел скромно, иногда спал на полу, ездил в одноколке и пр. Зато он любил шумную пирушку в кругу приятелей, веселье, разгул, попойки. Шутки и потехи иногда доходили до ужасающих размеров. Сложность комизма задумываемых их маскарадов, пародий, шуточных празднеств трудно постижима. Никто не станет отрицать, что устроенная Петром свадьба шута Тургенева в 1695 году, такое же празднество в 1704 году, свадьба Зотова в 1715 году и пр. отличались особенною грубостью шуток, юмором для нашего века и нрава едва понятным. Нельзя, однако, не вспомнить при этом, что и при других дворах в XVII и XVIII столетиях встречались потехи, свидетельствующие о свойственном тем временам вкусе, не подходящем к нашим нравам и наклонностям. Избавившись от чопорности прежнего этикета, господствовавшего в Кремле, но не успев усвоить себе утонченность нравов западноевропейского высшего общества, русский двор при Петре мог легко предаваться увеселениям, отличавшимся грубыми шутками, буйным разгулом, необузданною

Бронзовая маска Петра Великого.
Со снимка, находящегося в Академии Художеств.

игрою воображения. Самое неприятное впечатление на нас производят потехи Петра, в которых заключалось подражание духовным обрядам, как, например, славление, церемонии при выборе князя-папы, в которых должны были разыгрывать важные роли сановники, как, например, Ромодановский, Зотов, Бутурлин и пр. Во многих подобных шутках Петр, в частностях этих потех, как и в других отношениях, имевший инициативу, приближается к Ивану Грозному и к его образу действий в эпоху опричины. Нет сомнения, что некоторые торжественные процессии были задуманы им самим, что он с непонятною для нас основательностью занимался составлением программ для разных комических празднеств.[1] Укажем, как на образчик юмора Петра, на пятидневный маскарад, происходивший в начале 1722 года в Москве. Торжественный въезд в Москву происходил в следующем порядке. Впереди всех ехал шутовский маршал, окруженный

Гробница Петра Великого в Петропавловском соборе.
В ее современном виде.

---

[1] См. статью Семевского о шутках и потехах в V т. «Рус. Старины». Многие частности в сочинениях современников: Штраленберга, Вебера, Фокеродта, Берггольца и пр.

группою самых забавных масок. За ним следовал глава «всепьянейшего собора», князь-папа И. И. Бутурлин, в санях в папском одеянии. В ногах у него красовался верхом на бочке Бахус. Потом ехала, верхом на волах, свита князь-папы, т. е. кардиналы. После них в маленьких санях, запряженных четырьмя пестрыми свиньями, двигался царский шут, наряженный в

Кукла Петра Великого, находящаяся в Петровской галерее в Эрмитаже.
С рисунка, находящегося в книге «Кабинет Петра Великого» Беляева.

самый курьезный костюм. Затем следовал Нептун, в короне, с длинною седою бородою и с трезубцем в правой руке. За ним ехала в гондоле «князь-игуменья» Стрешнева, в костюме аббатиссы, окруженная монахинями.

После нее ехал со свитой настоящий маршал маскарада, князь Меншиков, в огромной лодке, в костюме аббата. Затем, в следующих повозках, имевших отчасти вид лодок, следовали в разных замысловатых костюмах княгиня Меншикова, князь Ромодановский, царица Прасковья Феодоровна, Апраксин; далее следовал огромный корабль, на котором командовал сам Петр, и пр., и пр.[1]

Спальня Петра Великого в Марли, в Петергофе.
В ее современном виде.

О богатстве воображения царя, о многосторонности его познаний, о его юморе, свидетельствуют его письма, в которых поражает весьма часто оригинальность оборотов, сила выражений, смелость сравнений, изобилие ссылок на исторические факты, на мифологию; множество чужих слов,

---
[1] См. статью Шубинского в «Историческом Вестнике» 1882. II, 149—541.

прибауток и истинно комических мыслей придают этим, к сожалению все еще не изданным в полной коллекции, памятникам чрезвычайную прелесть. Письма Петра, как мы видели в разных частях нашего труда, служат чуть ли не важнейшим источником истории его царствования, его деятельности вообще.

Одноколка Петра Великого.
Со старинной гравюры.

Карета Петра Великого, хранящаяся в Петровском цейхгаузе в Воронеже.
С фотографического снимка.

Нельзя не удивляться широким размерам энциклопедического образования Петра. О его занятиях естественными науками мы уже говорили по случаю указания на значение первой поездки царя за границу. На искусства, на живопись и архитектуру, он стал обращать внимание гораздо позже. Он велел снять планы и рисунки знаменитого дворца в Ильдефонзо в Испании; при постройке разных дворцов в России ему служили образцами прекрасные здания такого рода в Западной Европе; он заботился о составлении коллекций картин, гравюр, предметов скульптуры. Устройство великолепных парков под непосредственным личным наблюдением Петра, например, в Петергофе, в Екатеринентале и пр., обнаруживает в нем любовь к природе, склонность к изящному садоводству.

Кресло Петра I.
Со старинной гравюры.

Лошадь Петра Великого.
С рисунка, находящегося в книге «Кабинет Петра Великого» Беляева.

Уже в XVII столетии современники удивлялись подробности и размерам познаний царя в области географии. Уже тогда его интересовал вопрос о возможности проезда в Китай и Индию через Ледовитый Океан или вопрос, соединена ли Новая Земля с материком или нет.[1] Во Флоренции уже в 1698 году боярину Шереметеву показывали карту Черного моря, составленную Петром.[2] По случаю походов и путешествий царь всюду

Собаки Петра Великого.
С рисунка, находящегося в книге «Кабинет Петра Великого» Беляева.

Дворец Петра Великого в Петрозаводске, ныне не существующий.
С рисунка, приложенного к книге «Путешествие Петра Великого на Олонец».

---

[1] Crull, 208.
[2] Журнал путешествия Шереметева, стр. 85.

любил собирать топографические данные, изучать особенно водные пути сообщения, узнавать о продуктах каждой посещаемой им области. Сооружение географических экспедиций самим Петром обнаруживает в нем не только пытливость и любознательность, но и необычайное умение заниматься проблемами землеведения. Открытие Берингова пролива, замечательнейший факт в истории подобных событий после подвига Колумба,

Церковь, построенная по рисунку Петра I в Петрозаводске.
С рисунка, приложенного к книге Озерецковского «Путешествие к северным озерам», 1792 г.

было ничем иным, как лишь решением задачи, поставленной Петром, приведение в исполнение составленной им для ученой экспедиции программы. То, что было сделано в то время и несколько позже знаменитыми путешественниками, как, например, Гербером, Мессершмидтом, Лангом, Берингом и пр., состоялось большею частью по личной инициативе царя.[1] При нем в России были начаты геодезические работы в больших размерах, появились многие географические карты, составлен Кириловым атлас России[2] и пр.

Домик в селе Белая Гора, Олонецкого уезда, где, по преданию, жил Петр I во время разработки шахты на Псавдийских мраморно-плитных ломках.
С рисунка, сделанного с натуры А.П. Норовлевым.

Петр, во все время своего царствования, хворал часто, иногда опасно. В 1692 году ожидали его кончины. Нередко он страдал перемежающеюся лихорадкою. Мы видели, что он иногда, и не безуспешно, лечился на минеральных водах. С 1722 года хронические недуги Петра приняли серьезный характер. В 1724 году, болезнь видимо усиливалась. А между тем Петр не переставал трудиться, путешествовать, не щадя себя. Никакая натура не могла выдерживать такой деятельности. Осенью 1724 года с ним сделался сильный припадок, но, несмотря на это, он отправился осматри-

---

[1] Baer, Peters Verdienste um die Erweiterung geographischer Kenntnisse, стр. 48.
[2] Otto Struve, Ueber die Verdienste Peters d. Gr. um die Kartographie Russlande, Russ. Revue (1876). VIII, 1—19.

вать Ладожский канал, потом поехал на Олонецкие железные заводы, оттуда в Старую Русу; в первых числах ноября, возвращаясь в Петербург, он увидал, что у местечка Лахты плывший из Кронштадта бот с солдатами сел на мель; не утерпев, Петр сам поехал к нему и помогал стаскивать

Дом, где жил Петр Великий в бытность свою в Вологде.
С фотографического снимка.

судно с мели и спасать людей, причем стоял по пояс в воде. Припадки немедленно возобновились. В январе болезнь усилилась. 27-го числа он потребовал бумаги, начал было писать, но перо выпало из рук его; из написанного могли разобрать только слова: «отдайте все...», потом он велел позвать дочь Анну для того, чтоб она написала под его диктовку, но когда она подошла к нему, то Петр не мог уже сказать ни слова. На другой день, 28-го января, его не стало.[1]

Отзывы потомства

Со времени Петра и поныне встречаются постоянно диаметрально противоположные один другому отзывы о личности Петра, о его заслугах, о значении его царствования в истории России. Раскольники ненавидели

---

[1] О болезнях Петра см. соч. Задлера. «Peter, d. Gr. als Mensch und Regent», St.-Petersburg, 1872, стр. 217—219. Рихтер, Gesch. d. Medicin in Russland. Moskau, 1817. III, 80—91. Соловьев, XVIII, 245—247 и в приложении, стр. 354, рассказ Кампредона.

Петра; меньшинство, к которому принадлежали патриоты, вроде Посошкова, восхваляли его. Из иностранцев-современников, между прочим,

Дворец Петра Великого в Ревеле.
С рисунка, сделанного с натуры А.П. Норовлевым.

Памятник Петру Великому на Сенатской площади в Петербурге.
С гравюры Набгольца 1791 года.

Петр Великий.
С гравюры Крамского, сделанной с портрета Никитина.

Фокеродт выразил сильные сомнения в пользе его царствования, в целесообразности его мер для преобразования России, тогда как другие наблюдатели, например, Перри, Вебер и пр., знавшие Петра лично и следившие зорко за его реформою, восхищались гениальностью государя,

Голова статуи Петра I, находящейся на Сенатской площади, в Петербурге.
С гравюры Генрикеца 1772 года.

Памятник Петру Великому у Красных сосен.
С рисунка, сделанного с натуры А.П. Норовлевым.

благотворным влиянием его деятельности. Все преемники Петра на престоле считали его образцом правителя. В самые трудные минуты своего царствования Екатерина II вспоминала Петра, задавая себе вопрос, как бы действовал он в каждом данном случае, между тем, как в то же самое время княгиня Дашкова, однажды в Вене, за столом у князя Кауница, в самых

Памятник Петру Великому на площади у Инженерного замка, в Петербурге.
С фотографического снимка.

резких выражениях порицала и личность, и деятельность Петра. Не у одних только знавших его лично встречается некоторая смесь уважения с боязнью и отвращением. Когда после Чесменской битвы в присутствии двора митрополит Платон говорил красноречивое слово и, внезапно сойдя с амвона, подошел к памятнику Петра и воскликнул: «Восстани теперь, великий монарх, отечества нашего отец! — восстани и воззри на любезное изобретение твое» и пр., то среди общего восторга и умиления, граф Кирилл Григорьевич Разумовский тихонько сказал окружавшим его: «Чего он его кличет: если он встанет нам всем достанется».[1]

Памятник Петру Великому в Кронштадте.
С фотографического снимка.

Уважение к Петру, удивление его подвигам заставило потомство сначала собирать отдельные черты его жизни: появились сочинения, имевшие характер сборников анекдотов; таковы труды Нартова, Крекшина, Штелина, Голикова, Вольтера. Нужно было идти дальше, заняться правильною, всестороннею, беспристрастною оценкою значения Петра в истории на основании изучения истории той эпохи вообще. Историографиею новейшего

---

[1] «Осьмнадцатый век». II, 490.

Памятник Петру Великому в Воронеже.
С фотографического снимка.

Памятник Петру Великому в Полтаве.
С фотографического снимка.

времени многое было сделано; много еще ей остается сделать в отношении к этому предмету. Результаты нашего труда главным образом совпадают с воззрениями на этот предмет того достойного труженика, памяти которого посвящено это сочинение. Эти результаты относительно значения Петра в истории следующие:

Памятник Петру Великому на озере Плещееве.
С фотографического снимка.

Второй памятник Петру Великому в Полтаве.
С фотографического снимка.

Развитие историческое происходит в сущности независимо от отдельных личностей. Россия и без Петра превратилась бы в европейскую державу; он не создал нового направления в историческом развитии России; но, благодаря гениальности и силе воли Петра-патриота, Россия особенно быстро и успешно подвинулась вперед в указанном ей уже прежде

Памятник Петру Великому в Липепке.
С фотографического снимка.

Памятник Петру Великому в Дербенте.

направлении. Народ, создавший Петра, может гордиться этим героем, бывшим как бы продуктом соприкосновения русского народного духа с общечеловеческою культурою. Глубокое понимание необходимости такого соединения двух начал, национального и космополитического, доставило Петру на вечное время одно из первых мест в истории человечества.

Памятник Петру Великому в Петрозаводске.

СОДЕРЖАНИЕ

От издателя	5
Введение	8

ЧАСТЬ ПЕРВАЯ

Глава I. Детство Петра	18
Глава II. Кризис 1682 года	35
Глава III. Начало регентства Софьи	54
Глава IV. Правление Софьи	71
Глава V. Падение Софьи	102
Глава VI. Немецкая слобода	124
Глава VII. Азовские походы	145

ЧАСТЬ ВТОРАЯ

Глава I. Путешествие за границу	166
Глава II. Русские за границею	210
Глава III. Иностранцы в России	227
Глава IV. Начало преобразований	237

ЧАСТЬ ТРЕТЬЯ

Глава I. Признаки неудовольствия	265
Глава II. Стрелецкий бунт 1698 года	275
Глава III. Общий ропот	291
Глава IV. Бунты на Юго-Востоке	306
Глава V. Царевич Алексей Петрович	325

ЧАСТЬ ЧЕТВЕРТАЯ

Введение	363
Глава I. Отношения к Турции до 1700 года	367
Глава II. Северная война до 1710 года	378
Глава III. Прутский поход	460

Глава IV. **Продолжение Северной войны
и дипломатические сношения во время путешествия
Петра за границу, 1711—1717 г.** 484
Глава V. **Окончание Северной войны** 532
Глава VI. **Отношения с Азией** 544
Глава VII. **Императорский титул** 558

ЧАСТЬ ПЯТАЯ

Глава I. **Государственные учреждения** 569
Глава II. **Хозяйственный быт** 582
Глава III. **Церковь** 595
Глава IV. **Просвещение** 611

ЧАСТЬ ШЕСТАЯ

Глава I. **Сотрудники Петра** 632
Глава II. **Личность Петра** 646

Издательская группа АСТ

Издательская группа АСТ, включающая в себя около **50 издательств** и редакционно-издательских объединений, предлагает вашему вниманию **более 20 000 названий книг** самых разных видов и жанров. Мы выпускаем классические произведения и книги современных авторов. В наших каталогах — интеллектуальная проза, детективы, фантастика, любовные романы, книги для детей и подростков, учебники, справочники, энциклопедии, альбомы по искусству, научно-познавательные и прикладные издания, а также широкий выбор канцтоваров.

В числе наших авторов мировые знаменитости: Сидни Шелдон, Стивен Кинг, Даниэла Стил, Джудит Макнот, Бертрис Смолл, Джоанна Линдсей, Сандра Браун, создатели российских бестселлеров Борис Акунин, братья Вайнеры, Андрей Воронин, Полина Дашкова, Сергей Лукьяненко, братья Стругацкие, Фридрих Незнанский, Виктор Суворов, Виктория Токарева, Эдуард Тополь, Владимир Шитов, Марина Юденич, Виктория Платова, Чингиз Абдуллаев; видные ученые деятели академик Мирзакарим Норбеков, психолог Александр Свияш, авторы книг из серии «Откровения ангелов-хранителей» Любовь Панова и Ренат Гарифзянов, а также любимые детские писатели Самуил Маршак, Сергей Михалков, Григорий Остер, Владимир Сутеев, Корней Чуковский.

Издательская группа АСТ

129085, Москва, Звездный бульвар, д. 21, 7-й этаж
Справки по телефону:
(095) 215-01-01, факс 215-51-10
E-mail: astpub@aha.ru   http://www.ast.ru

Книги издательской группы АСТ вы сможете заказать и получить по почте в любом уголке России. Пишите:

107140, Москва, а/я 140
ВЫСЫЛАЕТСЯ БЕСПЛАТНЫЙ КАТАЛОГ

Книги издательской группы АСТ
вы сможете заказать
и получить по почте
в любом уголке России. Пишите:

107140, Москва, а/я 140

ВЫСЫЛАЕТСЯ БЕСПЛАТНЫЙ КАТАЛОГ

Вы также сможете приобрести книги группы АСТ
по низким издательским ценам
в наших **фирменных магазинах:**

Регионы
- г. Архангельск, 103-й квартал, ул. Садовая, д. 18, тел. (8182) 65-44-26
- г. Белгород, пр. Б. Хмельницкого, д. 132а, тел. (0722) 31-48-39
- г. Калининград, пл. Калинина, д. 17-21, тел. (0112) 44-10-95
- г. Краснодар, ул. Красная, д. 29, тел. (8612) 62-55-48
- г. Курск, ул. Ленина, д. 11, тел. (0712) 22-39-70
- г. Н. Новгород, пл. Горького, д. 1/16, тел. (8312) 33-79-80
- г. Новороссийск, сквер имени Чайковского, тел. (8612) 68-81-27
- г. Оренбург, ул. Туркестанская, д. 23, тел. (3532) 41-18-05
- г. Ростов-на-Дону, пр. Космонавтов, д. 15, тел. (88632) 35-99-00
- г. Рыбинск, ул. Ломоносова, д. 1 / Волжская наб., д. 107, тел. (0855) 52-47-26
- г. Рязань, ул. Почтовая, д. 62, тел. (0912) 20-55-81
- г. Самара, пр. Кирова, д. 301, тел. (8462) 56-49-92
- г. Смоленск, ул. Гагарина, д. 4, тел. (0812) 65-53-58
- г. Тула, пр. Ленина, д. 18, тел. (0872) 36-29-22
- г. Череповец, Советский пр., д. 88а, тел. (8202) 53-61-22

Издательская группа АСТ
129085, Москва, Звездный бульвар, д. 21, 7-й этаж

Справки по телефону:
(095) 215-01-01, факс 215-51-10
E-mail: astpub@aha.ru   http://www.ast.ru